GUÍA PRÁCTICA PARA TENER BEBÉS

TR

Tracy Hogg y Melinda Blau

GUÍA PRÁCTICA PARA TENER BEBÉS TRANQUILOS Y FELICES

El sueño, la alimentación y la conducta: una guía completa,
desde los primeros meses hasta los primeros pasos

RBA

Título original: *The Baby Whisperer Solves All Your Problems*
Diseño e ilustración de cubierta: Estitxu
Compaginación: Estitxu

© del texto: Tracy Hogg y Melinda Blau, 2009
© de la traducción: Elena Martí Segarra
© de esta edición: RBA Libros, S. A., 2013
Avda. Diagonal, 189 - 08018 Barcelona
rbalibros.com/rba-libros@rba.es

Primera edición: abril de 2009
Primera edición en esta colección: enero de 2013
Segunda edición: mayo de 2013

Ref.: ONFI557
ISBN: 978-84-9006-480-1
Depósito legal: B-32873-2012
Impreso por LIBERDÚPLEX

Para mis hijas Sara y Sophie, que tanto amor me profesan (TH), para Henry, mi precioso nieto (MB), y para todos los bebés y niños pequeños que nos permiten amarlos y ser menos que perfectas.

Índice

Agradecimientos

En primer lugar quiero agradecer a todos los padres de «mis» bebés y niños pequeños sus historias, su colaboración y sus continuas aportaciones a mi página web.

Me gustaría dar las gracias especialmente a Melinda Blau y a su hijo Henry, no sólo por ser un bebé angelical, sino por haberse convertido además en nuestra especial mascota. ¡Pero que nunca se diga que fue nuestro conejillo de Indias!

Por último, dar las gracias a mi familia y fieles amigos, en especial a mi abuela, cuyo amor, consejos y fortaleza continúan sorprendiéndome cada día.

Tracy Hogg
Los Ángeles, California

Cuando en otoño de 1999 bajé de un avión para conocer a Tracy Hogg en Los Ángeles, ella me condujo a una modesta casa en el Valle Central de California, donde nos recibió una joven madre. Iba desaliñada y lo primero que hizo, literalmente, fue poner en brazos de Tracy a un bebé de tres semanas que no paraba de berrear. «Los pezones me están matando. No sé qué hacer», le dijo con lágrimas deslizándose por sus mejillas. «El niño quiere que le dé el pecho cada una o dos horas.» Tracy acercó el bebé a su cara, susurrándole «ssst… ssst… ssst» al oído, y en cuestión de segundos, el bebé se tranquilizó. Luego se dirigió a la madre y le dijo: «Ahí tienes, esto es lo que tu hijo te está diciendo».

A lo largo de estos últimos cinco años, he presenciado decenas de escenas similares: he visto cómo Tracy entra majestuosamente en un hogar, conecta con el bebé o el niño de uno o dos años y consigue dar con el quid del problema. Observar el trabajo de Tracy y estudiar la forma de explicarlo por escrito ha sido una delicia y un motivo de asombro constante para mí, así como llegar a conocerla durante el proceso. Gracias, Tracy, por invitarme a tu universo y por permitirme ser tu voz. Tres libros después, nos hemos hecho amigas y yo misma me he convertido en casi una experta a la hora de comunicarme con los bebés: justo a tiempo para poner en práctica mis conocimientos con Henry.

Este libro no habría sido posible sin la sensatez y la inteligencia de Eileen Cope de Lowenstein Literary Associates, nuestra intrépida agente, quien una vez más nos ha ido guiando desde la propuesta inicial hasta la obra terminada. Y tampoco sin la ayuda de Barbara Lowenstein, siempre entre bastidores, aconsejándonos, estimulándonos y, a veces, aguijoneándonos a todas para hacerlo aún mejor.

También estoy en deuda con nuestra editora en Atria Books, Tracy Behar, la cual compartió nuestra visión para este libro y lo mejoró; y con Wendy Walker y Brooke Stetson, quienes nos ayudaron a estar al día.

Y por último, aunque no menos importante, doy las gracias de corazón a mis numerosos parientes y amigos, que siempre están a mi lado a lo largo de todo el trabajo. Vosotros ya sabéis quienes sois.

Melinda Blau
Northampton, Massachusetts

Introducción

RESOLVER PROBLEMAS ESCUCHANDO AL BEBÉ

MI SECRETO MÁS IMPORTANTE

CÓMO ME CONVERTÍ EN «LA SEÑORA ARREGLALOTODO»

Queridas mamás y papás, bebés y niños pequeños, con alegría y humildad os ofrezco lo que en muchos sentidos es mi secreto más importante: cómo solucionar cualquier problema. Siempre me he sentido orgullosa de mis dotes para ayudar a los padres a entender y cuidar de sus hijos pequeños y me siento honrada cada vez que una familia me pide que entre en su vida. Es una experiencia muy íntima y sumamente gratificante. Al mismo tiempo, convertirme en autora ha hecho de mí un personaje popular. Desde la publicación de mis dos primeros libros en 2001 y 2002, he vivido una serie de aventuras y sorpresas que jamás hubiera podido imaginar de jovencita en mi Yorkshire natal. Aparte de mis habituales consultas privadas, he sido invitada a distintos programas de radio y televisión. He viajado por todo el país y por todo el mundo y he conocido a algunos de los padres e hijos más maravillosos, los cuales me han abierto sus hogares y sus corazones. Y a través de mi página web, también me he relacionado con miles de padres más, leyendo y respondiendo a sus mensajes de correo electrónico y uniéndome a ellos en mis sesiones de chat.

Pero no os preocupéis. A pesar de mi recién adquirido éxito público, continúo siendo la misma persona de siempre, aún sigo ahí abajo, trabajando en las «trincheras». No obstante, en cierto modo, sí *he cambiado* un poco: ya no soy sólo «la mujer que susurra a los bebés». Ahora además me he convertido en «la señora Arreglalotodo». Y todo ha sido gracias a vosotros.

En mis viajes, en mi página web y en mi buzón de correo, he recibido muchas cartas y mensajes de agradecimiento de madres y padres que han seguido mis consejos. Pero también me he visto inundada de peticiones de ayuda de aquellos de vosotros que comprasteis mi primer libro demasiado tarde. Quizás estáis tratando de acostumbrar a vuestro bebé a una rutina estructurada, como yo os sugiero, pero no estáis seguros de si los mismos principios son igualmente válidos para los bebés de ocho meses y para los recién nacidos. Quizás estáis confundidos y os preguntéis por qué vuestro hijo no está haciendo lo que hacen otros niños y niñas de su edad. O puede que tengáis que afrontar una alteración del sueño profundamente arraigada, dificultades a la hora de alimentar a vuestro bebé o algún otro problema relacionado con su comportamiento; o bien, pobres de vosotros, las tres cosas a la vez. Sea cual sea el dilema, la cantinela angustiada es casi siempre la misma: «¿Por dónde empiezo, Tracy? ¿Qué debo hacer primero?». Y seguro que también os preguntáis por qué algunas de las estrategias que propongo en el libro parecen no funcionar con *vuestro* bebé (véanse las páginas 17-21).

Hasta el día de hoy, he estado sorteando este tipo de preguntas y he atendido a algunos de los casos más difíciles con los que me he encontrado nunca: un gemelo de tres meses que padecía un reflujo tan agudo que apenas podía comer sin vomitar y jamás dormía más de veinte minutos seguidos, de día o de noche; una niña de diecinueve meses que no quería ingerir alimentos sólidos porque se despertaba prácticamente cada hora para tomar el pecho; un bebé de nueve meses cuya angustia al separarse de sus padres era tan extrema que su madre no podía dejar de sostenerla en brazos ni un segundo; un niño de dos años, con la costumbre de golpearse la cabeza, cuyas rabietas eran tan frecuentes que a sus padres les daba miedo salir de casa. Fue resolviendo casos de este tipo como me gané el apodo de «la señora Arréglalotodo»; y por eso ahora sé que debo ayudaros más allá de las estrategias básicas que expuse en mis libros anteriores.

En esta obra, por tanto, quiero llevaros de la mano, calmar vuestros temores y mostraros cómo hacer uso de vuestro poder de padres. Quiero enseñaros lo que he aprendido a lo largo de toda una vida de escuchar a los bebés y responder a todas las preguntas que se me han hecho. Quiero enseñaros a pensar como yo. Huelga decir, sin embargo, que aunque yo intente ofrecer una lista de todos los problemas que os podéis encontrar, cada criatura y cada familia son distintas. Por eso, cuando una pareja de padres se dirige a mí con una problemática concreta, a fin de establecer qué está ocurriendo realmente en aquel hogar y con aquel bebé o niño pequeño, siempre les hago como mínimo una pregunta y a menudo una buena retahíla de ellas, tanto sobre su hijo como sobre lo que han estado haciendo hasta el momento con respecto a su situación. Entonces es cuando puedo elaborar un plan de acción apropiado. Mi objetivo es haceros entender mi forma de pensar y que vosotros mismos os acostumbréis a plantearos las preguntas adecuadas. Con el tiempo, vosotros también sabréis escuchar a los bebés y además os convertiréis en unos ases a la hora de resolver cualquier problema: o sea que seréis un señor o señora Arréglalotodo, por derecho propio. A medida que continuéis leyendo, quiero que recordéis este importante punto:

Un problema no es más que un tema que ha de tratarse o una situación que requiere una solución creativa. Hazte las preguntas adecuadas y obtendrás las respuestas correctas.

APRENDER A CONECTAR

Si has leído mis libros anteriores, sabrás que para saber lo que nos está diciendo un bebé primero hay que observarlo, respetarlo y comunicarse con él. Esto significa que eres capaz de ver a tu bebé como él o ella es *realmente*: con su personalidad y sus rarezas particulares (por favor, no te lo tomes como un insulto; todos las tenemos), de manera que adaptarás las distintas estrategias que propongo a su carácter específico.

Con frecuencia me han dicho que soy de las pocas especialistas en recién nacidos que adopta el punto de vista del bebé. Bien, es que *alguien* tiene que hacerlo, ¿no te parece? Ha habido padres que se han quedado mirándome como si estuviese loca cuando me he presentado a su bebé de cuatro días. Y padres de niños más mayores me han contemplado boquiabiertos cuando, por ejemplo, les he «traducido» los tristes lloros de su hijita de ocho meses porque de repente ha sido desterrada de la cama de sus padres, ya que *ellos* —sus padres— han decidido de la noche a la mañana que ya era suficiente: «Eh, mamá y papá, en primer lugar fue idea vuestra que yo durmiera con vosotros. Y ahora lloro porque ni siquiera sé lo que es una cuna y mucho menos cómo dormirme sin dos cuerpos grandes y cálidos a mi lado».

Otro de los motivos por los cuales suelo traducirles el «benguaje» (lenguaje de los bebés) a los padres es para que tengan siempre presente que la pequeña criatura que tienen entre los brazos o que corre alocadamente por la habitación, también tiene sentimientos y opiniones. En otras palabras, no se trata sólo de lo que nosotros, los adultos, queremos. ¡Cuántas veces he presenciado una escena como ésta!: una madre le dice a su pequeño: «A ver, Billy, deja eso, tú no quieres el camión de Adam, ¿verdad?». El pobre Billy todavía no habla, pero si pudiera, respondería: «Pues claro que lo quiero, mamá. Si no, ¿por qué crees que le he quitado el dichoso camión a Adam?». Pero su madre no lo escucha. Ella simplemente le arrebata el juguete de las manos o bien intenta convencerlo de que lo devuelva voluntariamente: «Vamos, sé buen chico y dale el camión a Adam». Y llegados a este punto, ¡casi puedo empezar a contar los segundos antes de que Billy explote y comience a berrear!

No me entiendas mal, no estoy diciendo que el mero hecho de desear el camión le dé derecho a Billy a usurpárselo a Adam —¡nada más lejos de mis intenciones!—. Yo detesto a los matones pero, créeme, no será culpa de Billy si al final acaba convirtiéndose en uno (ampliaré este tema en el capítulo 8). Lo que quiero decir es que debemos escuchar a nuestros hijos, *incluso cuando dicen cosas que no queremos oír*.

Las mismas técnicas que enseño a los padres de recién nacidos —observar el lenguaje corporal del niño, escuchar sus llantos, aminorar la marcha a fin de poder descubrir realmente lo que está ocurriendo— son igualmente importantes a medida que tu bebé crece hasta convertirse en un niño de entre uno y tres años e incluso mucho después. (No olvidemos que, de hecho, los adolescentes no son más que niños en cuerpos grandes, por tanto, cuanto antes aprendamos la lección, mejor.) A lo largo de este libro, te recordaré algunas de las técnicas que he desarrollado para ayudarte a conectar con tu bebé y para que aprendas a tomarte tu tiempo. Quienes ya me conocéis sin duda os acordaréis de mi afición por los acrónimos, tales como E. A. S. Y.[1] (comer, un rato de actividad, dormir y tiempo para ti) y S. L. O. W.[2] (parar, escuchar, observar y averiguar qué está ocurriendo), ambos de mi primer libro; y H. E. L. P.[3] (reprímete, fomenta la exploración, pon límites y elogia a tu hijo) del segundo, por nombrar unos pocos.

No pienses que me invento estas cosas para exhibir mi ingenio. Y tampoco lo hago porque crea que acuñar una serie de expresiones o acrónimos facilite la tarea de criar a un hijo. Sé de primera mano que ser padres lo es todo menos «E. A. S. Y.», fácil. Para los padres primerizos es especialmente difícil saber distinguir qué le está pasando al bebé, sobre todo para las madres primerizas, tan privadas de sueño; pero, en realidad, todos los padres, primerizos o no, necesitan ayuda. Yo únicamente intento proporcionaros recursos para que podáis usarlos cuando estéis mentalmente agotados. Así, por ejemplo, el acrónimo E. A. S. Y. (el tema del capítulo 1) os ayudará a recordar la secuencia de una rutina diaria estructurada.

También sé que la vida aún se complica más a medida que los bebés empiezan a gatear y la familia aumenta. Mi objetivo es mantener a vuestro hijo bien encarrilado y vuestra propia vida estable o, al menos, tan estable como sea posible, teniendo en cuenta que hay niños pequeños alrededor. En medio de una pelea con tu hijo o hijos, es fácil olvidar los buenos consejos y recaer en antiguas conductas. Lo que pretendo decir es, ¿cuán lúcido se puede estar cuando tu bebé grita hasta desgañitarse porque su hermano de dos años, que sonríe orgulloso, ha decidido que la cabeza de su hermanita recién nacida era un sitio tan bueno como cualquier otro para poner a prueba la puntería de su pequeño miembro? Lógicamente, yo no puedo estar presente en todos vuestros hogares, pero si tenéis en mente mis prácticos acrónimos, tal vez parecerá que estoy ahí, a vuestro lado, recordándoos lo que debéis hacer.

Infinidad de padres me han comentado que, de hecho, mis acrónimos les ayudan a centrarse y a recordar varias estrategias para calmar a su bebé, al menos en la mayoría de situaciones. Así pues, ahí va otro para vuestra despensa de trucos: «P. C.».

SED UNOS PADRES «P. C.»

No, no me refiero a *políticamente correctos.* (Que no cunda el pánico: ¡la mujer que susurra a los bebés no tiene ninguna intención de presentarse a las elecciones al congreso!) Los padres P. C. son *pacientes* y *conscientes*, dos cualidades que os serán útiles, independientemente de la edad de vuestro hijo. De manera invariable, cuando conozco a padres obsesionados por algún problema concreto, habitualmente relacionado con uno de los tres grandes temas: el sueño, la alimentación o el comportamiento, mi consejo siempre incluye uno de estos dos elementos, o ambos. Sin embargo, no sólo los problemas requieren paciencia y conciencia, también nuestras interacciones diarias. Jugar con el niño, una excursión al supermercado, estar con otros chicos y una gran cantidad de actividades cotidianas mejoran enormemente si papá y mamá son pacientes y conscientes.

Ningún padre es P. C. todo el tiempo, pero cuanto más practiquemos, más fácil será que se convierta en una forma natural de actuar. Mejoramos con la práctica. A lo largo de este libro, os iré recordando que seáis unos padres P. C., pero ahora dejad que os explique el significado de cada letra:

PACIENCIA. Educar bien exige paciencia, porque es un camino duro, difícil y aparentemente interminable; un proyecto que requiere una perspectiva a largo plazo. Un gran problema de hoy se convierte en un lejano recuerdo al cabo de un mes; no obstante, tenemos tendencia a olvidarlo cuando lo estamos viviendo. Queridos míos, he observado este fenómeno una y otra vez: padres que, en el fragor del momento, optan por lo que entonces les parece un camino fácil y luego se dan cuenta de que eso les ha conducido a un peligroso callejón sin salida. Y así es como empiezan los errores de crianza (ampliaré este tema más adelante). Por ejemplo, hace poco trabajé con una madre que solía consolar a su hija dándole el pecho; a los quince meses la criatura no tenía ni idea de cómo dormirse sola y pedía el pecho de su madre de cuatro a seis veces por noche. La pobre mujer, completamente exhausta, insistía en que estaba preparada para destetar a su bebé, pero a veces querer algo no es suficiente. Se debe tener la paciencia de hacer frente al periodo de transición.

Además, tener un hijo puede generar un gran caos. Por tanto, también necesitarás paciencia (y fortaleza interior) para tolerar el desorden, los líquidos que se derraman y las marcas de dedos por todas partes. A los padres que no tengan paciencia les resultará muy duro superar «las primeras veces» de sus hijos. ¿Qué niño pequeño consigue beber de una taza de verdad sin verter primero litros de líquido al suelo? Al cabo de poco, sólo se le escaparán unas gotas por las comisuras de los labios y, finalmente, logrará tragárselo casi todo. Sin embargo, esto no ocurre de la noche a la mañana y menos aún sin reveses y recaídas a lo largo del camino. Enseñar a un hijo a utilizar los cubiertos, a servir bebidas o a ir al baño y permitir que ande por un salón-comedor lleno de objetos que quiere tocar mientras se le repite «no-no» son cosas que exigen la paciencia de los padres.

De forma inconsciente, los padres que no poseen esta cualidad pueden llegar a provocar conductas obsesivas incluso en niños muy pequeños. Tara, una niña de dos años que conocí en uno de mis viajes, obviamente había aprendido bien las lecciones de su madre, Cynthia, una mujer ultraescrupulosa con la limpieza. Al entrar en casa de esta mamá, era difícil adivinar que allí vivía una niña que todavía gateaba. Cynthia pasaba la aspiradora a todas horas y constantemente perseguía a su hijita con un paño húmedo en la mano, limpiándole la cara, fregando las manchas de los líquidos que derramaba o volviendo a guardar los juguetes de Tara justo en el instante en que ella los dejaba. Pues bien, como dice el refrán, de tal palo tal astilla, así que «susio» fue una de las primeras palabras que pronunció la niña. Lo cual podría haber sido una monería, de no ser por el hecho de que Tara tenía pánico de aventurarse demasiado lejos ella sola y lloraba si la tocaban otros niños. Un caso extremo, diréis. Quizás, pero realmente somos muy injustos con nuestros pequeños cuando no les permitimos comportarse como los demás niños: ensuciarse un poco y hacer alguna que otra travesura de vez en cuando. Una maravillosa madre P. C. que conocí me explicó que, de forma regular, ella solía organizar una «noche guarra» con sus hijos, es decir, una cena sin cubiertos. Y ahí va una ironía sorprendente: cuando les damos a nuestros hijos permiso para que se desmadren, normalmente no van tan lejos como podríamos imaginar.

Tener paciencia es de vital importancia, sobre todo a la hora de intentar cambiar malos hábitos. Naturalmente, cuanto mayor sea el niño, más tiempo costará conseguirlo. Sin embargo, independientemente de la edad, se debe aceptar que los cambios requieren tiempo: el proceso no se puede acelerar.

Pero te diré una cosa: es más fácil ser paciente ahora y tomarse el tiempo necesario para enseñarle a tu hijo lo que esperas de él, que hacerlo más adelante. A fin de cuentas, ¿a quién te sería más sencillo pedirle que limpie lo que ha ensuciado: a un niño de dos años o a un adolescente?

 CONCIENCIA. Ya desde el momento en que una criatura respira por primera vez fuera de la matriz, sus padres deben tomar conciencia de quién es. Y tener siempre en cuenta la perspectiva de *su bebé*. Y lo digo tanto en sentido figurado como literal: sentaos en cuclillas a la altura de los ojos de vuestro hijo. Fijaos en cómo se ve el mundo desde su punto de vista. Pongamos, por ejemplo, que lleváis a vuestro hijo por primera vez a la iglesia. Agachaos; imaginad el panorama desde el asiento de vuestro hijo o desde su cochecito. Oled el aire. Intentad imaginar el impacto del incienso o las velas en la sensitiva nariz de un bebé. Escuchad. ¡Qué ruidoso es el vaivén de la gente, los cantos del coro, el retumbar del órgano! ¿No será demasiado para los oídos de vuestro niño? No os estoy diciendo que deberíais evitar los lugares nuevos. Más bien al contrario, es positivo exponer a los niños a nuevas experiencias, sonidos y personas. Pero si vuestro bebé llora repetidamente en entornos desconocidos, en tanto que padres conscientes sabréis que os está diciendo: «Es demasiado para mí. Por favor, id más despacio», o bien «Volved a intentarlo dentro de un mes». El hecho de ser conscientes os permitirá sintonizar con vuestro hijo y, con el tiempo, conocerlo y confiar en vuestros instintos a la hora de averiguar qué le ocurre.

Tener conciencia también implica pensar detenidamente las cosas antes de hacerlas, así como planificarlas con antelación. No esperes a que se produzca la catástrofe, sobre todo si ya has vivido la experiencia con anterioridad. Por ejemplo, si tras varias citas para jugar con otro niño ves que tu hijo y el hijo de tu amiga se pasan el rato peleándose y la mañana siempre acaba en sollozos, organiza una nueva cita con otro niño, aunque su mamá no te caiga tan bien. Una cita para jugar es una cita para *jugar*. Cuando quieras «salir» con tu mejor amiga, en lugar de obligar a tu pequeño a estar con un niño que no le gusta o con quien no se lleva nada bien, mejor que llames a una canguro.

Ser consciente también consiste en prestar atención a las cosas que le dices a tu hijo y a lo que haces con él y en ser coherente. Las incoherencias confunden a los niños. Así, si un día le adviertes: «En el salón no se come», y al día siguiente no le dices nada mientras engulle una bolsa de patatas en el sofá, a la larga tus palabras no tendrán ningún significado. Tu hijo te ignorará, ¿y quién podrá culparlo?

Por último, la conciencia es simplemente esto: estar alerta y ahí para ayudar a tu hijo. Me duele cuando veo que los padres no hacen caso de los llantos de sus bebés o niños pequeños. El lloro es el primer lenguaje de los niños. Si les damos la espalda, les estamos diciendo: «Tú no importas». Y al final, los bebés desatendidos acaban por dejar definitivamente de llorar, pero también de desarrollarse con normalidad. He visto a padres que no atendían a los llantos de sus hijos argumentando que así se les fortalecería el carácter («No quiero que sea un niño mimado» o «Le hará bien llorar un poco»). Y he visto a madres encogerse de hombros y decir: «Su hermanita me necesita… así que él tendrá que esperar». Pero entonces todo se complica y el niño tiene que esperar y esperar y esperar. *No existe ninguna buena razón para ignorar a un niño.*

Nuestros hijos nos necesitan, necesitan que estemos a su lado y que seamos fuertes y sabios para mostrarles el camino. Somos sus mejores maestros y, durante los tres primeros años, prácticamente los únicos que tienen. Tenemos que ser unos padres P. C. por ellos: para que puedan desarrollar lo mejor de sí mismos.

PERO ¿POR QUÉ NO FUNCIONA?

«¿Por qué no funciona?» es, con mucha diferencia, una de las preguntas que más suelen hacer los padres. Tanto si una madre está intentando que su hijo duerma más de dos horas seguidas, que su bebé de siete meses tome alimentos sólidos o que su pequeño de tres años deje de golpear a otros niños, con frecuencia oigo un: «Sí, pero…» como respuesta. «Sí, ya sé que me dijiste que tenía que despertarla durante el día para que pudiera dormir por la noche, pero…» «Sí, ya sé que me dijiste que esto requería tiempo, pero…» «Sí, ya sé que me dijiste que tenía que sacarlo de la habitación cuando empezara a ponerse agresivo, pero…» Estoy segura de que has captado la idea.

Mis técnicas de comunicación con el bebé *funcionan.* Yo misma las he utilizado con miles de bebés y las he enseñado a padres de todo el planeta. No hago milagros. Simplemente conozco bien mi trabajo y tengo muchos años de experiencia a mi favor. De acuerdo, es cierto que algunos bebés son más complicados que otros, igual que ocurre con los adultos. Y también es cierto que hay periodos de desarrollo, como cuando al niño le empiezan a salir los dientes o está a punto de cumplir los dos años, que pueden resultar algo difíciles para los padres, así como el hecho de sufrir alguna enfermedad inesperada (bien vosotros o vuestro hijo). No obstante, casi cualquier problema se puede resolver retrocediendo a los puntos básicos. Cuando los problemas persisten, normalmente es por culpa de la actitud de los padres o por algo que han hecho. Puede que esto suene cruel, pero recordad que yo siempre abogo por vuestro *bebé.* Por tanto, si estás leyendo este libro porque quieres cambiar un mal hábito y recuperar la armonía en tu familia, pero nada parece funcionar —ni siquiera mis sugerencias—, pregúntate con toda sinceridad si alguna de las afirmaciones siguientes responde a tu caso. Si te identificas con alguno de estos puntos, tendrás que modificar *tu* comportamiento o tu forma de pensar para poner en práctica las estrategias que yo te propongo.

 TE ADAPTAS AL RITMO DE TU HIJO EN LUGAR DE ESTABLECER UNA RUTINA. Si has leído mi primer libro, sabrás que creo firmemente en seguir una rutina estructurada. (Si no, te pondré al día rápidamente en el primer capítulo, donde se explica detalladamente el plan E .A. S. Y.) Lo ideal es comenzar el día que sales del hospital y llevas a casa a tu pequeño retoño. Aunque, por supuesto, si no empezaste entonces, también puedes introducir una rutina a las ocho semanas, a los tres meses o incluso después. Sin embargo, es algo que a muchos padres les cuesta y, cuanto mayor es el bebé, más difícil resulta. Por eso, a través de una desesperada llamada de teléfono o de un correo electrónico como éste, suelen ponerse en contacto conmigo:

Soy una madre primeriza y mi hija Sofia tiene ocho semanas y media. No consigo que siga una rutina, ya que es una niña muy incongruente. Lo que me preocupa es su errática conducta a la hora de comer y de dormir. Por favor, aconséjeme.

Éste es un caso típico de padres que se adaptan al bebé. La pequeña Sofia no es «incongruente»: simplemente es un bebé. ¿Y ellos qué saben, pobrecitos? Acaban de aterrizar en este mundo. Apuesto a que el comportamiento de la madre sí es incongruente, puesto que se está adaptando a su hija de ocho semanas y media: ¿y qué sabe una criatura tan pequeña sobre horarios de comer y dormir? Sólo lo que nosotros le enseñemos. Esta madre asegura que está intentando establecer una rutina, pero en realidad no está asumiendo la responsabilidad. (En el próximo capítulo hablaré de lo que se debe hacer en estos casos.) Mantener una rutina estable es igualmente importante para bebés y niños de más edad. Somos nosotros quienes tenemos que guiar a nuestros hijos, no adaptarnos a ellos. Nosotros debemos decidir a qué hora tienen que cenar y a qué hora tienen que acostarse.

 QUIZÁS SIN QUERER, HAS ESTADO COMETIENDO ERRORES EN LA CRIANZA DE TU HIJO. Mi abuela siempre me decía: «Empieza tal como tengas intención de continuar». Desafortunadamente, cuando surge un problema, los padres tienden a hacer *lo que sea* a fin de conseguir que su bebé deje de llorar o su niño se calme. A menudo, ese «lo que sea» se convierte en una mala costumbre que más adelante tendrán que erradicar y esto es un error de crianza. Por ejemplo, cuando el pequeño Tommy, de diez semanas, no logra conciliar el sueño porque mamá no ha estado atenta al momento en que él quería dormir —al momento óptimo para acunarlo y que echara una cabezadita—, su madre empieza a pasear con él arriba y abajo, a mecerlo y a zarandearlo. ¿Y qué sucede? Pues que el invento funciona y el niño se duerme en sus brazos. Al día siguiente, a la hora de la siesta, cuando Tommy se revuelve un poco inquieto en la cuna, su madre vuelve a tomarlo en brazos para sosegarlo. Puede que incluso ella misma se sienta reconfortada por este ritual y que la sensación de esa dulce criatura acurrucada contra su pecho le resulte deliciosa. Pero tres meses más tarde, si no antes, os garantizo que mamá estará desesperada, preguntándose por qué su hijo «odia la cuna» o «se niega a dormirse a menos que me ponga a mecerlo». Y no va a ser culpa de Tommy. De forma accidental, su madre ha hecho que él asociara los movimientos de mecerlo y el calor de su cuerpo con irse a dormir. Ahora él cree que esto es normal. No puede viajar al país de los sueños sin la ayuda de su madre y no le gusta su cuna, porque nadie le ha enseñado a sentirse cómodo en ella.

 NO ESTÁS INTERPRETANDO LAS SEÑALES QUE TE MANDA TU HIJO. Una madre me llama angustiada: «Mi bebé solía seguir la rutina, y ahora ha dejado de hacerlo. ¿Cómo consigo que vuelva a cumplir sus horarios?». Cuando oigo cualquier versión de la frase: *solía hacer tal o cual cosa y ahora no la hace*, no sólo significa que los padres están permitiendo que el niño domine la situación, sino que además implica que están prestando más atención al reloj (o a sus propias necesidades) que al bebé en cuestión (más información sobre este tema en las páginas 29-30). No están leyendo el lenguaje corporal de su hijo ni sintonizando con sus llantos. Incluso cuando los niños comienzan a decir sus primeras palabras, es fundamental observarlos. Por ejemplo, un niño propenso a la agresividad no entra simplemente en una habitación y empieza a pegar a sus compañeros. Más bien se va alterando hasta que al final explota. Un padre o una madre atentos aprenderán a detectar los primeros síntomas de nerviosismo y a reconducir la energía del niño a fin de evitar la explosión.

No estás teniendo en cuenta que los niños cambian constantemente. También escucho la frase, «él/ella solía…» cuando los padres no se percatan de que ha llegado la hora de hacer un cambio. Un bebé de cuatro meses que continúa con una rutina diseñada para los primeros tres meses (véase el capítulo 1) se volverá irritable. Una robusta criatura de seis meses que acostumbraba a dormir la mar de bien quizás empezará a despertarse por la noche si sus padres no introducen alimentos sólidos en su dieta. La verdad es que la única constante en la tarea de ser padres es el cambio (más información sobre este tema en el capítulo 10).

Estás buscando una solución fácil. Cuanto mayor es un niño, más difícil es romper un mal hábito causado por un error de crianza, tanto sea despertarse por la noche y pedir el pecho o el biberón, como negarse a sentarse en una trona para tomar una comida apropiada. Muchos padres, sin embargo, esperan que sus deseos se cumplan por arte de magia. Por ejemplo, Elaine me consultó acerca de cómo empezar a dar el biberón a su hijo, hasta entonces alimentado exclusivamente con el pecho y, más adelante, insistió en que mi estrategia no había funcionado. La primera pregunta que siempre hago es: «¿Durante cuánto tiempo lo has estado intentando?». A continuación, Elaine reconoció: «Sólo en la toma de la mañana, luego lo dejé». ¿Por qué abandonó tan pronto? Seguramente esperaba obtener resultados inmediatos. Entonces yo le recordé la «P» de P. C.: sé paciente.

Realmente no estás dispuesta/o a cambiar. Elaine tenía además otro problema: no estaba dispuesta a perseverar hasta el final. «Tenía miedo de que Zed se muriera de hambre si continuaba con el biberón», ésa fue la explicación que me dio. No obstante, había más motivos y, a menudo, uno de ellos es el siguiente: dijo que quería que su marido también pudiese alimentar al pequeño Zed de cinco meses, pero en realidad no deseaba ceder esa competencia exclusiva. Si estás intentando resolver un problema, has de querer solucionarlo y tener la determinación y el tesón de seguir hasta el final. Trázate un plan y *sé constante a la hora de ejecutarlo*. No retomes tus hábitos anteriores y no empieces a probar técnicas diferentes a cada momento. Si te mantienes constante con una opción, *funcionará…* siempre y cuando continúes perseverando en ella. Sé persistente. Insistiré tanto como haga falta: *debes mostrarte igual de constante y coherente con el nuevo método como lo fuiste con el anterior.* Es indudable que el temperamento de algunos niños los hace más reacios al cambio que otros (véase el capítulo 2); sin embargo, cuando les alteramos la rutina, al principio la mayoría se resiste (¡como los adultos!). Pero si somos constantes y no cambiamos las normas cada dos por tres, los niños acaban acostumbrándose al nuevo sistema.

Los padres a veces se engañan a sí mismos. Insisten en que han estado intentando una técnica determinada durante un par de semanas —pongamos, por ejemplo, mi método *pick up / put down*[4] o

P. U./P. D. (véase el capítulo 6)— y no les ha funcionado. Yo sé que esto no puede ser verdad, puesto que, tras una semana o incluso menos, P. U./P. D. funciona con cualquier bebé, tenga el temperamento que tenga. Y ciertamente, cuando les pregunto y les digo que sean sinceros, descubro que, efectivamente, probaron la técnica unos tres o cuatro días y funcionó; pero unos días más tarde, cuando el bebé se despertó a las tres de la madrugada, no siguieron con el plan original. Exasperados, recurrieron a alguna otra cosa. «Decidimos dejarlo llorar, hay gente que lo recomienda.» Yo no; hace que el bebé se sienta abandonado. La pobre criatura entonces no sólo está confundida porque le han cambiado las normas, sino que además tiene miedo.

Si no vas a seguir un método hasta el final, no inicies el proceso. Y si no puedes hacerlo sola, recluta a gente para que te ayude: tu marido, tu madre, tu suegra o una buena amiga. De lo contrario, someterás a tu hijo a la tortura de llorar desconsoladamente y, al final, te lo llevarás contigo a la cama para que se calme (más sobre este tema en los capítulos 5-7).

 ESTÁS INTENTANDO ALGO QUE NO CONCUERDA CON TU FAMILIA O TU PERSONALIDAD. Cuando sugiero una rutina estructurada o alguna de mis estrategias para romper un mal hábito, normalmente suelo intuir de antemano si funcionará mejor con mamá o con papá: uno es más disciplinado, el otro más blando o, aún peor, una víctima del síndrome del «pobre bebé» (véase la página 243). Algunas madres (o padres) me dicen: «No quiero que mi hijo llore». Y la verdad es que yo no estoy a favor de forzar a ningún bebé a hacer nada y tampoco creo en dejar que los niños lloren hasta la desesperación. No creo en exiliar a los niños a un solitario tiempo muerto, por corto que sea. Los bebés y los niños necesitan la ayuda de los adultos y debemos estar ahí para prestársela; especialmente cuando se quieren eliminar los efectos de un error de crianza, por muy costoso que sea. Si no te sientes cómoda implementando alguna técnica en concreto, no lo hagas, o bien procúrate refuerzos: haz que tu marido te releve por un tiempo o pide ayuda a tu madre, a tu suegra o a una amiga de confianza.

 NO ESTÁ ROTO Y, EN REALIDAD, NO NECESITAS ARREGLARLO. No hace mucho recibí un correo electrónico de los padres de un bebé de cuatro meses: «Mi bebé duerme durante toda la noche pero sólo pesa siete kilos. En su libro dice que debería pesar nueve. ¿Cómo puedo conseguir que engorde los dos kilos que le faltan?». ¡Cuántas madres darían su brazo derecho por tener un hijo que durmiera la noche entera! El supuesto problema de esta madre era que su hijo no encajaba en mi libro. Es posible que tuviera una constitución más menuda que la media. ¡No todo el mundo crece en una familia de Shaquille O'Neals! Si el peso de la criatura no preocupaba a su pediatra, mi consejo fue que se calmara y se limitara a observar a su hijo. Quizás en un par de semanas más empezaría a despertarse por la noche y eso sería un indicio de hambre y de que debería ingerir más comida durante el día; pero, por el momento, no había ningún problema.

 TUS EXPECTATIVAS NO SON REALISTAS. Algunos padres no son nada realistas acerca de lo que significa tener un *hijo*. Con frecuencia, son personas de mucho éxito en su trabajo, buenos líderes, inteligentes y creativos y contemplan el paso a la paternidad como otra gran transición en sus vidas y,

sin duda, lo es. No obstante, también se trata de una etapa muy distinta a las demás porque conlleva una responsabilidad inmensa: cuidar de otro ser humano. Una vez se es padre, no se puede volver atrás; uno no puede volver a su vida anterior como si nada hubiese cambiado. Los bebés a menudo *necesitan* tomar el pecho o el biberón por la noche. Los niños pequeños no se pueden tratar con la misma eficiencia que los proyectos de trabajo. Ellos no son pequeñas maquinitas que se puedan programar. Exigen cuidados, una vigilancia constante y toneladas de tiempo y cariño. Incluso si se dispone de ayuda, se *necesitará* conocer bien al niño y eso requiere tiempo y energía. Además, no importa en qué etapa se encuentre actualmente tu hijo, sea buena o mala, siempre debes tener en cuenta que dicha etapa pasará. De hecho, tal como reza el último capítulo, «justo cuando creas que ya lo has conseguido, todo cambia».

SOBRE ESTE LIBRO… Y LAS OLIMPIADAS DEL DESARROLLO

Este libro es una respuesta a vuestras peticiones. Habéis pedido que os aclare con más detalle algunas estrategias sobre las que estáis confundidos, así como que os dé soluciones a una extensa variedad de problemas. Además, muchos de vosotros me habéis solicitado pautas específicas para cada edad. Aquellos que habéis leído mis libros anteriores sabéis que no soy una gran aficionada a las tablas por edades, nunca lo he sido. Los retos a los que se enfrentan los bebés se pueden clasificar en categorías bien definidas. Por supuesto, es cierto que los bebés y los niños pequeños *generalmente* dan los grandes pasos en su desarrollo en momentos estipulados, pero lo normal es que no ocurra nada malo con aquellos que no siguen las pautas marcadas. Con todo, en respuesta a vuestras peticiones de mayor claridad y especificación, aquí he adaptado varias técnicas según distintos grupos de edades: del nacimiento a las seis semanas, de las seis semanas a los cuatro meses, de los cuatro a los seis meses, de los seis a los nueve meses, de los nueve meses al primer año, de uno a dos años y de los dos a los tres años. Mi intención es proporcionaros una mejor comprensión de cómo piensa vuestro hijo y de cómo ve el mundo. En cada capítulo, no describo necesariamente todas las categorías por edades, sino que dependerá del tema que estemos tratando. Por ejemplo, en el capítulo 1, que explica el método E. A. S. Y., hablo solamente de los primeros cinco meses, porque entonces es cuando los padres tienen dudas sobre la rutina, mientras que, en el capítulo 4, que trata acerca de gatear y dormir, empiezo a los seis meses, que es cuando comenzamos a introducir los alimentos sólidos.

Os habréis dado cuenta de que los tramos de edad son bastante amplios. De esta manera, se contemplan variaciones entre los distintos niños. Además, no quiero que mis lectores entren en lo que yo denomino las «olimpiadas del desarrollo»; es decir, comparar los progresos o los problemas de un niño con los de otro o sentir inquietud si su pequeño o pequeña no encaja en los parámetros de un perfil de edad determinado. He presenciado con demasiada frecuencia reuniones de madres que quedaban para que sus hijos jugaran juntos y que tenían bebés nacidos aproximadamente en la misma época. De hecho, muchas de ellas se conocieron en la sala de espera de la clínica o en las clases de preparto.

Aparentemente, las mamás se sientan a charlar, pero yo puedo ver cómo observan a los bebés de las demás, haciendo comparaciones y preguntas. Aunque una madre no *diga* nada en voz alta, casi puedo oírla cuando piensa: «¿Por qué mi Claire, que es sólo un par de semanas más joven que Emmanuel, es más pequeña que él? Y mira a Emmanuel, encima ya está intentando ponerse de pie…, ¿por qué Claire no lo hace todavía?». En primer lugar, en la vida de un bebé de tres meses, dos semanas son mucho tiempo ¡representan una sexta parte de su vida! En segundo lugar, leer tablas de edades, en general, suele elevar las expectativas de los padres. Y tercero, los niños poseen diferentes habilidades y puntos fuertes. Quizás Claire camine más tarde que Emmanuel (o no; es demasiado pronto para saberlo), pero también puede que empiece a hablar antes.

Os recomiendo que leáis *todas* las etapas, puesto que ciertos problemas que se presentan al principio pueden persistir más adelante; no es inusual que un problema propio de un bebé de dos meses aparezca a los cinco o seis. Y, por otro lado, vuestro hijo puede estar más avanzado en algún aspecto que no corresponda a su edad; por eso es una buena idea que tengáis ciertas nociones de lo que os espera.

También creo que existen los «momentos óptimos»: las mejores edades para enseñarle al niño alguna habilidad en particular, como dormir toda la noche; o para introducir un nuevo elemento en su vida, por ejemplo el biberón, si hasta ahora le has dado exclusivamente el pecho, o hacer que se siente en una trona para darle de comer. Precisamente, a medida que los bebés crecen hasta ser capaces de gatear, es cuando debes estar más atenta a los momentos óptimos para empezar cosas nuevas; si no, probablemente luego tendrás que pelear con él. Has de hacer planes con antelación. Si no has convertido algunas de las tareas que deben hacer los niños en un juego o en una actividad agradable, por ejemplo, vestirse solos e ir al lavabo, es muy posible que tu hijo se muestre reacio a la nueva experiencia.

Hacia dónde vamos a partir de aquí

En este libro se trata un amplio abanico de temas, ya que he intentado incluir todas las dificultades que cualquier madre/padre podría encontrar, lo cual no es fácil de condensar de forma compacta y ordenada. Todos los capítulos tratan una serie de problemas, pero cada uno de ellos es diferente, y está estructurado de forma que os ayude a ir más allá de las consideraciones básicas y a comprender mi manera de enfocar varios de los retos que tendréis que afrontar.

En cada capítulo, encontraréis muchos elementos específicos: mitos sobre la crianza de los hijos, listas de control y recuadros que resumen puntos de información importantes, además de ejemplos extraídos de la vida real: historias desde las trincheras. En todos los casos de estudio, así como cuando he reproducido correos electrónicos y mensajes

A lo largo de todo el libro, las preguntas que hago aparecerán destacadas en negrita, de manera que enseguida salten a la vista.

enviados a mi página web, los nombres y detalles que pudieran permitir la identificación de la persona en cuestión han sido modificados. He intentado atacar las cuestiones que más preocupan a los padres y compartir con vosotros el tipo de preguntas que suelo hacerles a fin de averiguar qué está sucediendo realmente. Al igual que una «apagafuegos», una consultora experta contratada por una empresa para analizar por qué los negocios no fluyen como debieran, tengo que imaginarme quiénes son los protagonistas, cómo actúan y qué ocurrió antes de que surgiera el problema en cuestión. A continuación, debo proponer una forma distinta de hacer las cosas, lo cual provocará una reacción diferente a la que los padres han estado obteniendo. Al descubriros mi manera de pensar sobre las dificultades que afectan a los bebés y niños pequeños y al mostraros cómo les encuentro una solución, también vosotros podréis convertiros en los «apagafuegos» de vuestra propia familia. Tal como he comentado anteriormente, mi objetivo es conseguir que penséis como yo, de manera que seáis capaces de resolver los problemas por vuestra cuenta.

A lo largo del libro, he procurado presentar un mismo número de referencias de niños varones y de niñas. Al hablar de padres y madres, sin embargo, resultó del todo imposible, ya que la mayoría de llamadas telefónicas, correos electrónicos y mensajes a mi página web proceden de madres y ese desequilibrio se refleja en estas páginas. Papá, si estás leyendo este libro, piensa que no te ignoré deliberadamente. Reconozco que (afortunadamente) hoy en día muchos padres se ponen manos a la obra y colaboran en todo; y alrededor de un 20 % incluso están en casa. ¡Espero que, gracias a vosotros, algún día ya no digamos que los padres no leen libros sobre el cuidado y la educación de los hijos!

Podéis leer este libro de principio a fin o bien consultar únicamente aquellas cuestiones que os preocupan y continuar desde ahí. No obstante, si no habéis leído mis dos libros anteriores, os recomiendo encarecidamente que, al menos, leáis los dos primeros capítulos enteros, puesto que resumen mi filosofía básica respecto al cuidado infantil y os ayudarán, además, a analizar por qué los problemas surgen a determinadas edades. Desde el tercer capítulo al décimo, se tratan en profundidad los tres grandes temas que más inquietan a los padres: la alimentación, el sueño y el comportamiento.

Muchos de vosotros me habéis dicho que, incluso más que mis buenos consejos, lo que más valoráis es mi sentido del humor. Os prometo que también encontraréis grandes dosis de humor a lo largo de estas páginas. Al fin y al cabo, si nos olvidamos de reír y de apreciar esos momentos tan especiales de calma y conexión con nuestros hijos (aunque no duren más de cinco minutos seguidos), ser padres, ya de por sí una tarea dura, podría resultar demasiado abrumador.

Quizás os sorprendan algunas de mis sugerencias y puede que no creáis que sean efectivas, pero a través de numerosos ejemplos veréis el éxito que han tenido en otras familias. Así que, ¿por qué no probarlas también en vuestro caso?

1

E. A. S. Y. NO ES NECESARIAMENTE FÁCIL (¡PERO FUNCIONA!)

ESTABLECER UNA RUTINA ESTRUCTURADA PARA TU HIJO

LOS BENEFICIOS DE E. A. S. Y.

Probablemente tú sigues una rutina cada mañana. Te levantas más o menos a la misma hora, quizás lo primero que haces es ducharte, tomarte el café, puede que te lances inmediatamente a la carretera para ir al trabajo o que salgas a dar un corto paseo con tu perro. Hagas lo que hagas, seguramente es casi lo mismo cada mañana. Y si, por casualidad, algo interrumpe esa rutina, puede estropearte el resto del día. Además, apuesto a que también existen otras rutinas a lo largo de tu jornada. Seguro que tienes la costumbre de cenar a una hora concreta. Y también que, al final del día, sueles realizar una serie de rituales propios, como arrumacos con tu almohada favorita (¡o con tu compañero/a!), deseando tener un buen descanso nocturno. Pero pongamos por caso que tu hora de cenar cambia o que debes dormir en una cama lejos de casa. ¿Verdad que te inquieta un poco y te sientes algo desorientado/a al levantarte por la mañana?

Naturalmente, cada persona es distinta en su necesidad de orden y rutina. En un extremo están aquellos cuyos días son absolutamente predecibles. En el otro, los espíritus libres, que tienden a vivir más a lo loco y sin horarios. Aunque, normalmente, incluso los más «imprevisibles» siguen algún tipo de rutina en su día a día. ¿Por qué? Pues porque los seres humanos, igual que la mayoría de animales, se desarrollan adecuadamente si saben cómo y cuándo se van a satisfacer sus necesidades y lo que les espera después. A todos nos gusta que haya cierto grado de certeza en nuestras vidas.

Pues bien, lo mismo les ocurre a los bebés y niños pequeños. Cuando una mamá primeriza sale del hospital y lleva a su bebé a casa, yo le sugiero que imponga una rutina en su vida de inmediato. Yo la llamo «E. A. S. Y.», un acrónimo que representa una secuencia previsible de acontecimientos que refleja, más o menos, la forma de vida de los adultos, aunque dividida en fases más cortas: comer (*Eat*), un rato de actividad (*Activity*) y dormir (*Sleep*), lo cual te deja un poco de tiempo para ti (*You*). No se trata de un *horario*, porque la vida de un bebé no puede ajustarse a ningún reloj. Es más bien una rutina que sirve para estructurar el día y dar coherencia a la vida familiar, lo cual es importante, ya que a todos nosotros, niños y adultos, así como a los bebés y a los niños más pequeños, lo previsible nos hace prosperar. Todo el mundo se beneficia de ello: el bebé sabe qué va a ocurrir a continuación.

Los hermanos, si los hay, tienen más tiempo para estar con mamá y papá y sus padres no están tan agobiados, puesto que también tienen tiempo para ellos mismos.

De hecho, yo ya *practicaba* el E. A. S. Y. mucho antes de darle nombre. Hace más de veinte años, cuando empecé a dedicarme al cuidado de neonatos y bebés de corta edad, una rutina estructurada me pareció lo más lógico. Los bebés necesitan que les enseñemos cómo funcionan las cosas y que les demos la mano mientras ellos lo intentan. El aprendizaje más efectivo se logra mediante la repetición. También expliqué a los padres con quienes trabajaba la importancia de una rutina estructurada, de manera que ellos la pudieran continuar en casa cuando yo me hubiese marchado. Les advertí que se aseguraran siempre de que el bebé hiciera algún tipo de actividad en lugar de irse directamente a dormir; así, su pequeño no asociaría el hecho de comer con el de dormir. Dado que las vidas de «mis» bebés eran tan predecibles y calmadas, prácticamente todos comían bien, aprendieron a jugar solitos durante periodos de tiempo cada vez más largos y se dormían sin necesidad de mamar, succionar el biberón o ser arrullados y mecidos por sus padres. A medida que estos bebés se iban convirtiendo en niños pequeños y preescolares, yo mantuve el contacto con sus padres, los cuales me informaron de que sus hijos no sólo se estaban desarrollando con toda normalidad en sus rutinas diarias, sino que además tenían mucha confianza en sí mismos y sabían que sus padres estarían con ellos si se los necesitaba. Los padres mismos aprendieron rápidamente a conectar con sus hijos y a interpretar sus mensajes, observando atentamente su lenguaje corporal y escuchándolos cuando lloraban. Y puesto que podían «leer» la mente de sus hijos, se sentían mejor equipados para sobrellevar cualquier dificultad que surgiera en el camino.

Cuando estuve preparada para escribir mi primer libro, mi coautora y yo inventamos «E. A. S. Y.», un sencillo acrónimo pensado para ayudar a los padres a recordar el orden de mi rutina estructurada. Comer, un rato de actividad, dormir —el curso natural de la vida—, y luego, como extra, tiempo para ti. Con E. A. S. Y., no es el bebé quien marca el ritmo, sino que eres *tú* quien asume la responsabilidad. Lo observas con atención e interpretas sus señales, pero *tú* tomas las riendas, animándolo suavemente a seguir una rutina que sabes que lo ayudará a crecer y a desarrollarse satisfactoriamente: comer, luego unos niveles apropiados de actividad y, por último, un buen sueño reparador. Tú eres quien guía a tu hijo. Tú marcas el ritmo.

El plan E. A. S. Y. proporciona a los padres, especialmente a los primerizos, la seguridad de saber que entienden a su bebé, porque enseguida aprenden a distinguir los distintos tipos de llanto de su hijo. Tal como me escribió una mamá: «A mi marido, a mí y a nuestra pequeña Lily, de seis meses, se nos considera un enigma entre nuestros compañeros de las clases de educación maternal, porque dormimos toda la noche y nuestra hija es un bebé de lo más agradable». Continúa contándome que iniciaron el plan E. A. S. Y. con Lily cuando ésta tenía diez semanas. Y como consecuencia, dice la mamá: «Ahora entendemos sus mensajes y tenemos una rutina —no un horario— que hace que nuestra vida sea previsible, fácil de controlar y divertida».

Lo he visto una y otra vez. Los padres que establecen mi rutina E. A. S. Y. tardan muy poco en saber qué necesita y qué quiere su hijo en cualquier momento determinado del día. Pongamos por caso que acabas de alimentar a tu bebé (la E de *eat*, comer), y que lleva despierto unos quince minutos (la A de *activity*, actividad), y luego empieza a mostrarse un poco nervioso e irritable. Lo más probable es que esté listo para irse a dormir (la S de *sleep*, dormir). De lo contrario, si ha estado durmiendo durante una hora (S) mientras tú (la Y de *you*, tú), con un poco de suerte, has aprovechado para descansar o dedicarte un tiempo a ti misma, cuando se levante no habrá nada que adivinar. Incluso si no llora (aunque si tiene menos de seis semanas, probablemente lo hará), la apuesta más segura es que tenga hambre. Y así, el ciclo E. A. S. Y. comienza de nuevo.

¿POR QUÉ INSTAURAR LA RUTINA E. A. S. Y.?

E. A. S. Y. es una forma sensata de afrontar el día, tanto para ti como para tu hijo. Es una rutina que consta de ciclos repetitivos de cada letra. La E (comer), la A (actividad) y la S (dormir) están relacionadas entre sí: normalmente los cambios en uno afectan a los otros dos. A pesar de que, durante los próximos meses, las necesidades de tu bebé irán cambiando a medida que crezca, el orden de las letras se mantendrá igual:

Eat (comer). Tu bebé empieza el día con una comida, que pasará de ser exclusivamente líquida a incluir alimentos sólidos a partir de los seis meses. Es menos probable que alimentes en exceso o de forma insuficiente a un bebé que sigue una rutina.

Activity (actividad). Los bebés se entretienen haciendo sonidos y gorgoritos a las personas que los cuidan, así como contemplando ensimismados las ondulaciones del papel pintado que decora la pared del salón. Sin embargo, a medida que tu bebé crezca, interactuará cada vez más con su entorno y empezará a explorarlo. Una rutina estructurada contribuye a evitar que los bebés se sientan sobreestimulados.

Sleep (dormir). El sueño ayuda a crecer a tu bebé. Además, si duerme varias siestas durante el día, conseguirá dormir cada vez más horas seguidas por la noche, porque los bebés necesitan estar relajados a fin de dormir bien.

You (tiempo para ti). Si tu bebé no sigue una rutina estructurada, cada día será diferente e imprevisible. Y aparte de que la pobre criatura se va a sentir deprimida, tú apenas si tendrás un segundo para ti.

¡ANOTADLO!

Los padres que registran los progresos diarios de su bebé *anotándolo todo* tienen menos problemas a la hora de mantener una rutina o de establecerla por primera vez. También son mejores observadores. Anotar los avances del bebé, aunque resulte tedioso en el momento de hacerlo (¡Dios sabe que tenéis muchas otras cosas que hacer!), os dará una perspectiva mucho más amplia. Detectaréis los patrones con más facilidad y veréis lo relacionados que están el hecho de dormir, de comer y de realizar un poco de actividad. Los días que vuestro bebé se alimente mejor, estoy segura de que estará menos alterado durante el tiempo que permanezca despierto y de que también dormirá mucho mejor.

Cuando E. A. S. Y. parece difícil

Cuando me documentaba para escribir este libro, examiné los expedientes de miles de bebés con los que había trabajado, así como las numerosas preguntas de padres que me habían contactado recientemente por teléfono, por correo electrónico o a través de mi página web. Mi objetivo era identificar las dificultades con las que habitualmente suelen encontrarse padres bienintencionados y comprometidos a la hora de intentar establecer una rutina estructurada. La mayoría de ellos no tiene dudas sobre la rutina en sí. Sus preguntas tienden a centrarse en alguna de las letras de E. A. S. Y. Me preguntan, por ejemplo: «¿Por qué las comidas de mi bebé son tan cortas?» (la E), «¿Por qué está irritado y no muestra ningún interés por sus juguetes?» (la A), o «¿Por qué se despierta varias veces durante la noche?» (la S). En este libro trataré diversas cuestiones de este tipo y ofreceré sugerencias para solucionar problemas específicos; los capítulos 3 y 4 están enteramente dedicados a temas de alimentación y del capítulo 5 al 7 se trata el tema del sueño. Pero también debemos analizar cómo *se relacionan* entre sí las tres grandes áreas y éste es el tema del presente capítulo. La alimentación afecta al sueño y a la actividad; la actividad afecta a la alimentación y al sueño; el sueño afecta a la actividad y a la alimentación y, naturalmente, todo ello te afectará a ti. Sin una rutina predecible, todo en la vida de un bebé puede convertirse en un caos, a veces de forma repentina. La solución es casi siempre E. A. S. Y.

No obstante, los padres me dicen que E. A. S. Y. no es necesariamente fácil. A continuación reproduzco un fragmento de la carta de Cathy, la madre de Carl, un bebé de un mes, y de Natalie, una niñita de veintidós meses. Sus palabras reflejan la confusión y las dificultades que acostumbran a experimentar los padres:

> *Mi hija mayor, Natalie, duerme muy bien (de un tirón de las siete a las siete, se acuesta ella sola y hace sus siestas durante el día). No recuerdo cómo conseguimos que adquiriera estos hábitos y necesitamos algunas pautas para guiar a Carl, desde ahora y en los próximos meses. Le doy el pecho y me temo que, sin querer, hago que se duerma cuando lo amamanto; además, a veces no sé distinguir si está cansado, si tiene hambre o si le duele la barriga por gases. Me hace falta un ejemplo de estructura básica que me ayude a saber qué le pasa, ¡ya que su hermana exige mucha energía y atenciones cuando está despierta! El [primer] libro de Tracy habla en términos generales sobre los periodos de tiempo que requieren las distintas etapas comer/actividad/dormir, pero me está resultando difícil adaptarlas a las horas del día y de la noche.*

Cathy tenía ventaja en un aspecto. Al menos se daba cuenta de que su problema era la falta de consistencia y su poca habilidad para interpretar las reacciones de Carl. Sospechaba, con bastante tino, que la solución era una rutina. Y al igual que muchos padres que han leído acerca de E. A. S. Y., lo único que necesitaba era un poco de confianza y algunas aclaraciones. No le costó demasiado aplicar el plan E. A. S. Y. después de hablar conmigo, puesto que Carl tenía sólo un mes, era lo suficientemente pequeño para adaptarse rápidamente a una nueva rutina. Además, cuando me enteré de que había pesado 3 kilos y 200 gramos al nacer, supe que no tendría ningún problema para realizar sus tomas cada dos horas y media o tres (ampliaré este tema más adelante). En cuanto Cathy instauró la rutina para su hijo, le fue mucho más fácil anticiparse a sus necesidades. (En la página 35 encontraréis una rutina de muestra para un bebé de cuatro semanas.)

Todos los bebés se desarrollan mejor cuando siguen una rutina, pero algunos, debido a su temperamento, se adaptan a ella más rápido y con mayor facilidad. Natalie, la primera hija de Cathy, que ahora ya gatea, fue una criatura sumamente tranquila y flexible; a este tipo de bebés yo los llamo «angelitos». Esto explicaría por qué Natalie dormía sus siestas y tenía un sueño tan sólido por las noches y también por qué Cathy no recuerda cómo lo logró. El pequeño Carl, sin embargo, era un tipo de bebé mucho más sensible, lo que yo llamo un bebé «susceptible», que con tan sólo un mes podía alterarse a causa de una luz demasiado brillante o porque su madre le sostenía la cabeza ligeramente más abajo al amamantarlo. Tal como explico con más detalle en el capítulo 2, el temperamento afecta a la forma en que un bebé reacciona prácticamente ante todo en su vida. Algunos necesitan más tranquilidad mientras comen, actividades menos estimulantes o una habitación más oscura para dormir. De lo contrario, estarán sobreexcitados y *rechazarán* entrar en una rutina.

> ## E. A. S. Y.:
> ### UNA RUTINA *DIURNA*
>
> E. A. S. Y. *no* debe seguirse por la noche. Cuando bañes a tu hijo y lo acuestes, asegúrate de que le has aplicado mucha crema protectora en el culito antes de ponerle los pañales. No lo despiertes para que haga ninguna actividad. Si el hambre lo desvela, dale de comer, pero vuelve a acostarlo enseguida. Ni siquiera le cambies los pañales a menos que hayas oído que ha hecho caca o (si el niño toma el biberón) que lo hayas olido.

En el caso de bebés menores de cuatro meses, también pueden surgir problemas si los padres no tienen en cuenta que deben adaptar la rutina E. A. S. Y. a los niños nacidos en circunstancias especiales, como los prematuros (véase el recuadro lateral de la página 37), los que sufren ictericia (recuadro lateral de la página 38) o tienen un peso menor de lo normal (véanse las páginas 37-39). Además, muchos padres malinterpretan cómo tienen que aplicar el plan E. A. S. Y. Por ejemplo, interpretan «cada tres horas» literalmente y se preguntan cómo aprenderá su hijo a dormir toda la noche si lo despiertan para alimentarlo y qué clase de actividad es adecuada en plena noche. (Ninguna: debéis dejar dormir al bebé; véase el recuadro lateral de la página 29).

A los padres también les cuesta implementar E. A. S. Y. cuando piensan en un «horario» y suelen concentrarse más en el reloj que en leer las señales que envía su bebé. Una rutina estructurada *no* es lo mismo que un «horario». Es importante repetir esto: *la vida de un bebé no puede ajustarse a las agujas de un reloj.* De hacerlo, tanto la madre como el bebé se sentirán frustrados. Merle, una madre de Oklahoma, me escribió desesperada tras haber «intentado sin éxito aplicar el horario E. A. S. Y.». Me saltó la alarma de inmediato, porque Merle había utilizado la palabra *horario*, que yo nunca uso. «Tengo la impresión de que cada día seguimos un horario diferente», escribió. «Sé que estoy haciendo algo mal pero ¿qué?»

Una *rutina estructurada* no es lo mismo que un horario. Un horario consiste en fraccionar el tiempo, mientras que E. A. S. Y. consiste en mantener un mismo patrón diario (comer, un poco de actividad y dormir) y en repetirlo varias veces cada día. Con esta rutina no estamos tratando de controlar a los niños, sino de *guiarlos*. La forma de aprendizaje de los humanos —al igual que la de otras especies— es hacer algo una y otra vez; y una rutina estructurada refuerza esta dinámica.

Como Merle, algunos padres malinterpretan lo que quiero decir con «rutina», a menudo porque ellos mismos tienden a vivir según un horario determinado. Así pues, cuando *sugiero* una rutina de tres horas para bebés menores de cuatro meses —digamos de siete de la mañana a diez, de diez a una, de cuatro a siete y de siete a diez de la noche—, las madres acostumbradas a regirse por el reloj quizás tendrán esas franjas horarias grabadas a fuego. Y tal vez incluso les dé un ataque de pánico si un día su bebé echa una cabezada a las diez y cuarto y el siguiente a las diez y media. Pero la vida de un bebé no puede ajustarse al ritmo de un reloj, sobre todo durante las seis primeras semanas. Habrá días en que todo saldrá bien y el niño seguirá la rutina sin problemas y otros en que no. Si estás demasiado ocupada controlando el reloj, en lugar de observar a tu bebé, te perderás señales importantes (como el primer bostezo a las seis semanas o la primera vez que a los seis meses se refriegue los ojos, gestos que indican que el pequeño tiene sueño: encontrarás más información acerca de los indicios de sueño en la página 182). Y entonces tendrás un bebé agotado que no conseguirá dormirse porque no se han respetado sus necesidades físicas.

El aspecto fundamental de E. A. S. Y. es leer las señales que te envía tu hijo —de hambre, de fatiga o de sobreexcitación—, lo cual es mucho más importante que cualquier horario. De esta manera, si un día tiene hambre un poco antes o parece cansado antes de que sea «hora» de ponerlo en la cuna, no dejes que el reloj se imponga. Utiliza el sentido común. Y créeme, querida, cuanto más eficiente seas a la hora de interpretar los llantos y el lenguaje corporal de tu bebé, más fácil te resultará guiarlo y superar cualquier obstáculo que se interponga en tu camino.

LA TABLA E. A. S. Y.

Cuando los padres regresan del hospital e inician la rutina E. A. S. Y., suelo aconsejarles que rellenen una tabla, como la que aparece a continuación (también os la podéis descargar de mi página web), de manera que puedan saber exactamente cuánto está comiendo su bebé, qué hace, cuántas horas duerme y cuánto tiempo le queda libre a mamá. Para bebés de más de cuatro meses, tal vez prefiráis adaptar esta tabla, eliminando las columnas de «evacuación intestinal» y «micción».

Comer						Actividad		Dormir	Tú
¿A qué hora?	¿Cuántos gramos (si toma el biberón) y cuánto rato (si toma el pecho)?	¿En el pecho derecho?	¿En el pecho izquierdo?	Evacuación intestinal	Micción	¿Qué ha hecho, y durante cuánto tiempo?	Baño (¿mañana o tarde?)	¿Cuánto rato?	¿Descanso? ¿Recados?

EMPEZAR CON LA RUTINA: PAUTAS PARA DIFERENTES EDADES

nacimiento

6 semanas

4 meses

6 meses

9 meses

Establecer una rutina por primera vez es más difícil cuanto mayor es el bebé, sobre todo si antes *nunca* había seguido ningún tipo de programa. Y dado que mi primer libro se centra principalmente en los primeros cuatro meses de E. A. S. Y., algunos padres de niños de más edad se encuentran perdidos. Al menos la mitad de las consultas que recibo provienen de padres que o bien han intentado algún otro método menos estructurado, como alimentar al bebé «a demanda», o bien han seguido un tipo de rutina distinto y no les ha satisfecho. Entonces descubren el plan E. A. S. Y. y se preguntan cómo empezar.

El E. A. S. Y. *es* diferente con bebés más mayores, y de la página 49 a la 55 expongo un plan diario que funciona con bebés de cuatro meses o más. Si bien es verdad que las dificultades de cada bebé no siempre pueden clasificarse en categorías perfectamente definidas, tal como expliqué en la introducción, he descubierto que ciertos problemas aparecen en grupos de edad determinados. En esta revisión de E. A. S. Y. me centraré en las siguientes etapas:

- Del nacimiento a las seis semanas.
- De las seis semanas a los cuatro meses.
- De los cuatro a los seis meses.
- De los seis a los nueve meses.
- De los nueve meses en adelante.

Os ofreceré una descripción general de cada etapa, además de un listado de las quejas más frecuentes y de sus probables causas. Incluso cuando las quejas parecen girar en torno a la alimentación o el sueño, al menos parte de la solución comporta siempre el establecimiento de una rutina si el bebé no sigue ninguna o el ajuste de la rutina que haya estado siguiendo hasta ese momento. Los números que aparecen entre paréntesis en la columna titulada «causas probables» indican las páginas del resto de capítulos donde podréis encontrar aclaraciones más detalladas sobre qué hacer en cada caso (de manera que no se repita la información).

No importa lo mayor que sea vuestro bebé; de todos modos os recomiendo que leáis enteras todas las secciones, puesto que, como os recordaré repetidas veces, *no podéis centrar vuestra estrategia exclusivamente en su edad.* Los niños, al igual que los adultos, son *individuos.*

CÓMO SE DESARROLLAN LOS BEBÉS

Tu bebé pasará de ser una criatura totalmente dependiente a ser una personita capaz de controlar mejor su cuerpo. Su rutina cambiará a medida que vaya creciendo y desarrollándose, lo cual ocurre, de la cabeza a los pies, en este orden general:

Del nacimiento a los tres meses: de los hombros y la cabeza hacia arriba, incluyendo la boca; la cabeza se irá reforzando permitiéndole sostenerla, levantarla y sentarse con ayuda de algún apoyo.

De los tres a los seis meses: de la cintura hacia arriba, incluyendo el torso, los hombros, la cabeza y las manos, permitiéndole darse la vuelta, alcanzar y tomar objetos y sentarse casi sin ayuda.

De seis meses a un año: de las piernas hacia arriba, lo cual incluye los músculos y la coordinación, que le permitirán sentarse solo, darse la vuelta, estar erguido, gatear y, finalmente, al cabo de un año o más tarde, caminar.

En ocasiones, vemos aparecer en bebés de seis meses problemas más propios de los de tres, especialmente si nunca han seguido una rutina. (Además, si no insisto constantemente en este punto, cuando este libro se publique recibiré cartas de padres que me dirán: «Pero mi bebé tiene cuatro meses y no está haciendo lo que usted describe en…».)

LAS PRIMERAS 6 SEMANAS: EL MOMENTO DE ADAPTARSE

Las primeras seis semanas son la época ideal para iniciar el plan E. A. S. Y., que por lo general suele comenzar como una rutina de tres horas. Tu bebé come, juega un poco después de sus comidas y luego tú preparas el ambiente para que duerma un buen rato. Mientras él duerme, tú también aprovechas para descansar y cuando se despierta, el ciclo vuelve a empezar. Durante las primeras seis semanas, además, tu bebé vivirá un proceso de enormes cambios y tendrá que adaptarse a él. Tan sólo unas semanas atrás, esta criatura permanecía imperturbable en un entorno confortable, cálido, donde comía las veinticuatro horas del día, los siete días de la semana, recluido en tu útero; y ahora ha ido a parar a un hogar lleno de ruidos y de gente yendo de un lado a otro. Y se supone que debe alimentarse a través de un pezón o de una tetina. A ti la vida también te ha cambiado de forma drástica; y, sobre todo si eres una mamá primeriza, ¡a menudo te sentirás tan confundida como tu bebé! Si se trata de tu segundo o tercer hijo, seguramente tendrás a sus hermanos alrededor, quejándose sobre esa «cosa» llorona que de repente parece haber monopolizado el tiempo de todo el mundo.

En este momento, el bebé no controla prácticamente nada, excepto su boca y la utiliza para mamar y para comunicarse. Toda su existencia consiste en comer, succionar y llorar. El llanto es su

PREGUNTAS PARA CUANDO EL BEBÉ LLORA

Cuando un bebé de seis semanas o menos llora, siempre será más fácil determinar qué necesita si uno sabe en qué momento de su rutina diaria se encuentra. Hazte las siguientes preguntas:

¿Es hora de darle el pecho o el biberón? (hambre)

¿Tiene los pañales mojados o sucios? (incomodidad o frío)

¿Ha estado sentado en el mismo sitio o en la misma posición sin ningún cambio de escenario? (aburrimiento)

¿Ha estado despierto más de 30 minutos? (agotamiento)

¿Has recibido muchas visitas o ha habido mucha actividad en tu casa? (sobreexcitación)

¿Está haciendo muecas y levanta las piernas hacia arriba? (gases)

¿Llora desconsoladamente durante sus comidas o durante la hora siguiente a la comida? (reflujo gastroesofágico)

¿Está escupiendo? (reflujo gastroesofágico)

¿Hace demasiado calor o frío en su habitación, está muy abrigado o muy ligero de ropa? (temperatura corporal)

voz, su única forma de hablar. De las veinticuatro horas del día, los bebés lloran una media de entre una y cinco. Y a la mayoría de padres cada minuto les parece que dura cinco. (Lo sé porque he pedido a muchos padres que cerraran los ojos mientras les hacía escuchar una cinta de dos minutos con los llantos de un niño; y al preguntarles, a continuación, cuánto tiempo creían que había durado, ¡casi todos me respondían que el doble o el triple!)

Nunca deberíamos ignorar los llantos de un bebé ni, en mi opinión, dejarlo llorar hasta que se canse. Lo que debemos hacer es intentar descubrir qué nos está diciendo. Cuando los padres de niños pequeños tienen problemas con la rutina E. A. S. Y., normalmente es porque no interpretan correctamente el llanto de sus bebés. Es comprensible: ahí tenéis a ese pequeño extraño cuyo único lenguaje es llorar, un idioma que los adultos no hablamos. Por eso, al principio, es tan duro para vosotros entender qué quiere deciros vuestro hijo.

Habitualmente los llantos llegan a su punto álgido a las seis semanas, momento en que los padres atentos y observadores ya suelen haber aprendido este lenguaje. Dado que prestan una gran atención a los movimientos del bebé, a menudo actúan antes de que éste comience a llorar. Pero también saben cómo suena el llanto por hambre —un ligero sonido como de tos que sale de la parte trasera de la garganta, es corto al principio y luego se va haciendo más continuado, con un ritmo tipo uaa, uaa, uaa— comparado con uno de agotamiento, que comienza con tres alaridos cortos, seguidos por un llanto fuerte y después dos respiraciones cortas y otro llanto más largo y, a menudo, más fuerte. Asimismo, conocen bien a *su propio bebé*: al fin y al cabo, algunos lloran menos que otros para expresar que tienen hambre. Hay bebés que sólo se agitan ligeramente o enrollan un poco la lengua; en cambio, otros se desesperan y se ponen absolutamente frenéticos con la primera punzada de hambre.

Si enseguida aplicáis el método E. A. S. Y. con vuestro bebé, os garantizo que aprenderéis a leer sus señales más rápidamente y seréis más eficientes a la hora de averiguar por qué llora. También os será útil echar un vistazo a vuestra tabla diaria. Digamos, por ejemplo, que el bebé ha comido a las siete de la mañana. Si empieza a llorar unos diez o quince minutos después y no lográis apaciguarlo, podéis estar casi seguros de que *no* es hambre. Lo más probable es que se trate de algún trastorno digestivo (véanse las páginas 114-120) y que sepáis que tenéis que hacer algo para calmarlo que no sea darle más comida, lo cual haría que se sintiera aún peor. En la página 36 encontraréis las quejas más comunes.

Un típico día E. A. S. Y. para un bebé de cuatro semanas

E	7 h	Comida.
A	7.45 h	Cambio de pañales; juega y habla un poco con él; observa si hay indicios de sueño.
S	8.15 h	Envuelve a tu bebé y acuéstalo en la cuna. Será su primera siesta de la mañana, y quizá tardará unos quince o veinte minutos en dormirse.
Y	8.30 h	Mientras él duerme, aprovecha para echar una cabezadita.
E	10 h	Comida.
A	10.45 h	Véase 7.45 h anteriormente.
S	11.15 h	Segunda siesta de la mañana.
Y	11.30 h	Da una cabezada o al menos relájate.
E	13 h	Comida.
A	13.45 h	Véase 7.45 h anteriormente.
S	14.15 h	Siesta de la tarde.
Y	14.30 h	Da una cabezada o al menos relájate.
E	16 h	Comida.
A	16.45 h	Véase 7.45 h anteriormente.
S	17.15 h	Siesta de 40 a 50 minutos, así estará lo suficientemente descansado para no dormirse durante el baño.
Y	17.30 h	Relájate haciendo algo que te guste.
E	18 h	Primera comida de refuerzo.
A	19 h	Baño, pijama, canción de cuna o cualquier otro ritual para ir a dormir.
S	19.30 h	Otra cabezadita.
Y	19.30 h	Aprovecha para cenar.
E	20 h	Segunda comida de refuerzo.
A		Ninguna.
S		Vuelve a acostarlo enseguida.
Y		¡Disfruta este breve tiempo libre!
E	22-23 h	Toma nocturna ¡y cruza los dedos hasta mañana!

Nota: Tanto si el bebé mama como si toma el biberón, recomiendo esta rutina —con variantes según las ocasiones— hasta los cuatro meses. El tiempo destinado a la actividad será más corto en bebés más pequeños y, a medida que crezcan, irá aumentando progresivamente. También recomiendo, a las ocho semanas, fusionar las dos «comidas de refuerzo» en una sola (entre las 17.30 y las 18 h). Y continuar con la toma nocturna hasta los siete meses, a menos que el bebé sea muy dormilón y no se despierte. (Las comidas de refuerzo y las tomas nocturnas se explican en la página 99.)

QUEJAS FRECUENTES	CAUSAS PROBABLES
1. No consigo que mi bebé se adapte a una rutina de tres horas. Ni siquiera logro que aguante veinte minutos seguidos haciendo alguna actividad.	1. Si tu bebé pesó menos de 2 kilos y 900 gramos al nacer, tal vez *necesitará* comer cada dos horas al principio (véase «E. A. S. Y. según el peso», página 39). No intentes mantenerlo despierto para realizar ninguna actividad.
2. Mi bebé suele quedarse dormido durante las comidas y al cabo de una hora ya parece tener hambre otra vez.	2. Esto es típico en cierto tipo de bebés: prematuros, con ictericia, con bajo peso al nacer o bebés que simplemente duermen mucho. Tendrás que alimentarlo con más frecuencia y definitivamente esforzarte por mantenerlo despierto mientras esté comiendo (páginas 104-105). Si le das de mamar, la causa podría ser que no se prende bien al pecho o que tú no produces suficiente leche (páginas 106-112).
3. Mi bebé a menudo quiere comer cada dos horas.	3. Si tu bebé pesa 2 kilos y 900 gramos o más, puede que no se esté alimentando de forma eficiente. Vigila que no se acostumbre a «picar» (página 103). Si le das de mamar, la causa podría ser que no se prende bien al pecho o que tú no produces suficiente leche (páginas 106-112).
4. Mi bebé busca el pecho continuamente y por eso pienso que tiene hambre, pero luego veo que sólo come un poco en cada toma.	4. Puede que no succione el tiempo suficiente y que use el biberón o el pecho como chupete (página 105). Quizá se esté acostumbrando a picotear (página 103). Comprueba tu suministro de leche haciéndote una extracción (página 109).
5. Mi bebé no hace siestas regulares.	5. Puede que esté sobreexcitado por un exceso de actividad (páginas 200-202). O quizás tú no estés perseverando lo suficiente a la hora de acostarlo despierto (páginas 183-187).
6. Mi bebé duerme muy bien sus siestas, pero a menudo está despierto por las noches.	6. Tu bebé ha confundido la noche con el día y sus cabezadas diurnas le roban horas de sueño por la noche (páginas 178-180).
7. Nunca sé qué quiere mi bebé cuando está llorando.	7. Posiblemente tu bebé sea del tipo susceptible o gruñón (véase el capítulo 2); o puede que tenga algún problema físico como gases, reflujo o cólicos (páginas 114-120). En cualquier caso, sea cual sea la causa, a ambos os irá mejor si sigues la rutina E. A. S. Y.

E. A. S. Y. SEGÚN EL PESO

Cuando la madre de un bebé de menos de seis semanas tiene problemas con el programa E. A. S. Y., normalmente le pregunto: **¿Tuviste un embarazo normal y a término?** Incluso aunque la respuesta sea «sí», le pregunto también: **¿Y cuánto pesó el niño al nacer?** El método E. A. S. Y. está pensado para recién nacidos con un *peso normal* —2 kilos y 900 gramos—, es decir, para bebés generalmente capaces de aguantar tres horas entre comida y comida. Si tu bebé tiene un peso superior o inferior, la rutina tendrá que ajustarse a sus necesidades. Tal como indica la tabla «E. A. S. Y. según el peso» de la página 39, un bebé de peso medio tarda de veinticinco a cuarenta minutos en tomar sus comidas (dependiendo de si mama o se le da el biberón y de si engulle la leche o ingiere a un ritmo más pausado). El tiempo destinado a actividades (que incluye un cambio de pañales) es de treinta a cuarenta y cinco minutos. Y el rato que debería dormir, teniendo en cuenta que necesitará aproximadamente quince minutos para conciliar el sueño, es de una hora y media a dos. Un bebé de estas características recibiría sus comidas, por ejemplo, a las 7, a las 10, a la 1, a las 4 y a las 7 de la tarde durante el día y a las 9 y a las 11 por la noche (una estrategia que ayuda a prescindir de la toma de las 2 del mediodía; véase «Llenarle la tripa», páginas 99 y 195). Este horario es sólo una *sugerencia*. Si tu bebé se despierta a las 12.30 en lugar de a la 1 y reclama su comida del mediodía, dale de comer.

Los bebés que al nacer tienen un peso superior a la media —de 3 kilos y 700 a 4 kilos y 600 gramos, por ejemplo— suelen comer de forma más eficiente y tomar más alimento en cada comida. Pero, aunque pesen más, deben seguir la rutina de tres horas indicada anteriormente. La edad y el peso son cosas distintas: un bebé puede pesar unos 3 kilos y 700 gramos o más, pero en cuanto al desarrollo aún es un recién nacido que necesita comer cada tres horas. Yo adoro trabajar con ese tipo de bebés, porque puedo conseguir que duerman periodos más largos por la noche desde las dos primeras semanas.

No obstante, algunos bebés, dado que son

CIRCUNSTANCIAS ESPECIALES: NACIMIENTOS PREMATUROS

La mayoría de hospitales someten a los bebés prematuros a una rutina de dos horas hasta que alcanzan los 2 kilos y 300 gramos, el peso mínimo para poder llevar al bebé a casa. Esto es una buena noticia para los padres, porque significa que cuando llega a casa, la criatura ya está acostumbrada a ese horario. Sin embargo, dado que sus diminutos sistemas internos son tan pequeños y no están del todo desarrollados, los bebés prematuros son más propensos a padecer otros problemas, entre ellos reflujo gastroesofágico (lo que corresponde a ardores de estómago en el bebé, véanse las páginas 116-118) e ictericia (véase el recuadro lateral de la página 38). Además, los bebés prematuros son, por definición, más frágiles. Y más incluso que los recién nacidos con bajo peso, los prematuros tienden a dormirse mientras maman, así que tienes que estar muy alerta y despertarlos si ves que se duermen. Asimismo, tienes que proteger su sueño creando unas condiciones similares a las del útero materno: envolviéndolos y dejándolos dormir en una habitación tranquila, cálida y a oscuras. Recuerda que se supone que estos niños no deberían estar todavía aquí y quieren, además de que lo necesitan, dormir.

prematuros o bebés simplemente más pequeños, pesan *menos* al nacer. Y no están preparados para una rutina de tres horas. Cuando los padres vuelven a casa del hospital e intentan que el bebé siga una rutina E. A. S. Y., la queja más habitual es: «No consigo que haga ni veinte minutos de actividad seguidos», o bien: «Se duerme durante las comidas». Estos padres quieren saber cómo mantenerlos despiertos. La respuesta es sencilla: *no deben* hacerlo, al menos no para realizar ninguna actividad. Si fuerzas a un bebé de poco peso a estar despierto, lo estarás sobreexcitando y entonces empezará a llorar. Y tan pronto logres calmarlo, lo más probable es que vuelva a tener hambre porque habrá estado llorando, lo cual consume parte de su energía. Llegado ese punto, tú estarás totalmente confundida sobre la causa de sus llantos. ¿Tiene hambre? ¿Está cansado? ¿Tiene gases?

Por la noche, los bebés pequeños sólo aguantan sin comer unas cuatro horas como máximo; por tanto, durante las primeras seis semanas, por las noches se los ha de alimentar normalmente dos veces. Aunque si únicamente aguantan tres horas, tampoco pasa nada. Necesitan comer. Y es que, de hecho, los bebés han de comer y dormir mucho al comienzo de su vida, porque queremos que engorden y crezcan. Pensad en los cerditos recién nacidos: se alimentan, emiten unos cuantos bufidos y luego vuelven a dormirse. Todas las crías de animales lo hacen, ya que necesitan ganar peso y ahorrar energía.

Si tu bebé pesa menos de 2 kilos y 900 gramos, al principio haz que siga una rutina de *dos horas*: dale de comer durante treinta o cuarenta minutos, reduce el tiempo de actividad a unos cinco o diez minutos y luego deja que duerma una hora y media. Cuando esté despierto, no esperes que te sonría o te haga gorgoritos y ofrécele los mínimos estímulos. Si se alimenta cada dos horas y duerme el tiempo que necesita para crecer, sin duda irá ganando peso. Y a medida que tu bebé vaya engordando, seguramente aguantará más tiempo entre comidas y tú podrás mantenerlo despierto más rato, de manera que sus periodos de actividad sean cada vez más largos. Si al poco de nacer sólo podía resistir diez minutos despierto, cuando alcance los tres kilos serán veinte, y con medio kilo más ya podrá estar despierto hasta cuarenta y cinco minutos. A medida que tu bebé vaya aumentando de peso, tú alargarás gradualmente la rutina inicial de dos horas, de forma que al llegar más o menos a los tres kilos ya seguirá la rutina E. A. S. Y. de tres horas.

LA RUTINA E. A. S. Y. SEGÚN EL PESO: LOS PRIMEROS 3 MESES

Esta tabla muestra cómo el peso al nacer condiciona la rutina de tu bebé (pasados los cuatro meses, incluso los bebés de menor peso son capaces de comer cada cuatro horas). Ahora tendrás que hacer un poco de matemáticas para sacar tus cálculos. Apunta la hora a la que suele despertarse tu hijo y anota *periodos de tiempo aproximados* basados en su peso y en la información de la columna titulada «con qué frecuencia». Deja margen para las variaciones: más que la franja horaria en sí, lo que realmente importa es la previsibilidad y el orden. La columna «cuánto tiempo» te indica qué puedes esperar de cada letra; «con qué frecuencia» hace referencia a cada nueva repetición del ciclo E. A. S. Y.

A fin de simplificar, he omitido la letra «Y», de tiempo para ti. Si tu bebé pesa más de 3 kilos y 700 gramos, recuperarás tu descanso nocturno mucho antes que los padres con bebés más pequeños. Si tu bebé pesa menos de 2 kilos y 900 gramos, no tendrás demasiado tiempo para ti misma, sobre todo durante las primeras seis semanas. Pero que no cunda el pánico: esta fase se supera en cuanto el bebé alcanza los 3 kilos y 200 gramos y, a partir de entonces, la situación mejora muchísimo, porque tu hijo aprende a entretenerse solito y tú también dispones de más tiempo para hacer cosas en casa mientras él está despierto.

Peso	2.300-2.900 g		2.900-3.700 g		Más de 3.700 g	
	Cuánto tiempo	Con qué frecuencia	Cuánto tiempo	Con qué frecuencia	Cuánto tiempo	Con qué frecuencia
Comer	30-40 minutos		25-40 minutos		25-35 minutos	
Actividad	5-10 minutos al principio; 20 minutos a los 2.900 g, prolongar gradualmente hasta 45 minutos cuando el peso alcance los 3.200 g.	La rutina se repite cada 2 horas durante el día, hasta que el bebé pesa 2.900 g; entonces ya puedes cambiar a una rutina de 3 horas. Al principio, estos bebés necesitan comer cada 4 horas por la noche.	20-45 minutos (incluyendo el cambio de pañales, vestirlo y, una vez al día, un baño).	La rutina se repite cada 2.30-3 h (para bebés con menor peso) durante el día; las primeras 6 semanas, por la noche, tramos de 4 a 5 horas, de modo que podrás suprimir la toma de la 1 o las 2 a.m.	20-45 minutos (incluyendo el cambio de pañales, vestirlo y, una vez al día, un baño).	La rutina se repite cada 3 h durante el día; a las 6 semanas estos bebés ya pueden prescindir de la toma de la 1 o las 2 a.m., y pueden dormir de 5 a 6 h seguidas, de las 11 a las 4 o 5 a.m.

DE LAS 6 SEMANAS A LOS 4 MESES: CUANDO EL BEBÉ SE DESPIERTA INESPERADAMENTE

En comparación con las primeras seis semanas en casa —el clásico periodo posparto—, aproximadamente durante los dos meses y medio siguientes la situación se estabiliza para todo el mundo. Te sientes más segura y, con suerte, menos estresada. Tu hijo ha ganado algo de peso —a estas alturas, incluso los bebés de bajo peso han llegado a su peso normal— y es menos probable que se duerma durante las comidas. Durante el día, el bebé aún necesita alimentarse cada tres horas; sin embargo, a medida que se acerque a los cuatro meses, irá espaciando más sus tomas (y a partir de entonces, comerá cada cuatro horas; véase la siguiente sección, página 43). Ahora tu hijo puede soportar periodos más largos de actividad y también es probable que duerma más horas seguidas por la noche, de las 11 de la noche a las 5 o 6 de la madrugada, por ejemplo. Y a lo largo de los próximos dos meses y medio, los llantos, que posiblemente llegaron a su punto más alto alrededor de las seis semanas, lentamente habrán empezado a disminuir. A continuación expongo una lista de las quejas que suelo escuchar con más frecuencia en esta etapa:

QUEJAS COMUNES

1. No consigo que mi bebé duerma más de tres o cuatro horas seguidas por la noche.

2. Mi bebé *dormía* unas cinco o seis horas por la noche, pero ahora se despierta con mucha más frecuencia y siempre a horas distintas.

3. No consigo que mi bebé duerma siestas de más de treinta o cuarenta y cinco minutos.

4. Mi bebé se despierta cada noche a la misma hora, pero cuando intento darle de comer apenas toma unos mililitros de leche.

CAUSAS PROBABLES

1. Puede que no coma lo suficiente durante el día; quizás también deberías «llenarlo» antes de acostarlo (páginas 99 y 195).

2. Tu bebé probablemente esté dando un estirón de crecimiento (páginas 120-123 y 197-198) y necesite más alimento durante el día.

3. Es muy probable que estés malinterpretando las señales de tu bebé y, o bien no lo acuestas cuando muestra los primeros signos de fatiga (página 182) o vas a su encuentro en cuanto hace el más leve movimiento, lo que le impide volver a dormirse por su cuenta (páginas 189-190).

4. Cuando un bebé se despierta habitualmente, casi nunca es porque tiene hambre. Lo más probable es que lo haga por costumbre (páginas 191-192).

Como podéis ver, el problema que se presenta normalmente en bebés de esta edad es una interrupción repentina, e inexplicable (al menos para los padres), de la parte «S», dormir, de su rutina. Dormir de día *y* de noche puede ser caótico y muy pesado, sobre todo si el bebé no sigue una rutina estructurada. Los padres se preguntan si alguna vez podrán recuperar su descanso nocturno. Naturalmente, hay ocasiones en que el bebé se despierta de noche porque está hambriento —suelen hacerlo cuando tienen el estómago vacío—, pero no siempre es así. Dependiendo de lo que hagan los padres cuando sus hijos se despiertan por la noche o durante las siestas, sus bienintencionadas acciones pueden sembrar las semillas de futuros errores de crianza.

Pongamos por caso que tu bebé se despertó una noche y lo tranquilizaste dándole el pecho o el biberón. Funcionó como por encanto y por eso ahora piensas: «Mmmm, ésta es una buena estrategia». A tu bebé también le gustó. Pero, sin querer, le estás enseñando que necesita succionar para que consiga volver a dormirse. Créeme, cuando tenga seis meses, pese mucho más y aún quiera mamar o tomar el biberón varias veces cada noche, te arrepentirás de aquel rápido apaño. (Y tendrás suerte si rectificas entonces: he asesorado a unos cuantos padres cuyos hijos ya tienen casi dos años ¡y todavía se despiertan varias veces en plena noche para que mamá les proporcione un reconfortante tentempié!)

¿HAS VUELTO AL TRABAJO?

Entre los primeros cuatro y seis meses, muchas madres vuelven a su anterior empleo o bien empiezan a trabajar a media jornada. Algunas lo hacen porque lo necesitan, otras porque quieren. Sea como sea, el cambio puede causar problemas técnicos en la rutina E. A. S. Y.

- **Antes de que volvieras al trabajo, ¿tu bebé estaba ya acostumbrado a la rutina?** Cuando se trata de bebés, una buena norma general es no hacer nunca demasiados cambios de golpe. Si sabes que vas a regresar al trabajo, instaura la rutina E. A. S. Y. al menos un mes antes. Si ya has comenzado a trabajar, quizás tendrás que pedir un par de semanas libres para estabilizar la situación en casa.

- **¿Quién se hace cargo del bebé durante tu ausencia? Y esa persona, ¿entiende la importancia de una rutina y hace que tu hijo la siga? El comportamiento de tu bebé, ¿es diferente con la persona que lo cuida o en la guardería que cuando está contigo?** El método E. A. S. Y. no funciona si no se mantiene con rigor. Puede que no sepas con certeza si tu canguro o la persona que se encarga de tu pequeño cumple la rutina que le has especificado, excepto si el bebé parece «pachucho» cuando vuelves a estar con él. Por otro lado, también puede que esa persona sea *más estricta* que tú con la rutina de tu hijo. Algunas madres, sobre todo cuando les da un ataque de culpa, hacen que la estructura se tambalee; por ejemplo, piensan: «Ya sé que no le toca… pero lo dejaré despierto un poco más y al menos así podré pasar un ratito con él».

- **¿Cuánto se involucra papá? Si estás intentando hacer algunos cambios en la rutina de tu hijo, ¿hasta qué punto estás dispuesta a permitirle a tu pareja que se implique?** Me doy cuenta de que muchas madres me dicen que quieren seguir un plan estructurado pero, en realidad, luego no lo llevan a cabo. Sus compañeros, en cambio, que quizás son los que menos están en casa, son más disciplinados a la hora de aplicar una rutina.

- **Aparte de tu regreso al trabajo, ¿se ha producido algún otro gran cambio en tu hogar?** Los bebés son seres muy sensibles. Sintonizan con su entorno más inmediato de un modo que nosotros todavía no alcanzamos a comprender. Sabemos, por ejemplo, que los bebés de madres deprimidas también tienen tendencia a llorar más. Por tanto, un cambio en el trabajo, un traslado, una nueva mascota, alguna enfermedad en la familia o, en definitiva, cualquier cosa que perturbe el equilibrio del hogar, también puede provocar un trastorno en la rutina de tu hijo.

DE LOS 4 A LOS 6 MESES: «4/4» Y LOS PRIMEROS ERRORES DE CRIANZA

Ahora el nivel de conciencia de tu bebé ha aumentado e interactúa más con el mundo que le rodea que hace unos meses. Recuerda que los bebés se desarrollan de la cabeza hacia abajo, aprendiendo a controlar primero la boca, después el cuello y la columna vertebral, los brazos y las manos y, por último, las piernas y los pies (véase el recuadro de la página 32). Así, al cumplir los cuatro meses, tu bebé no tendrá problemas para mantener erguida la cabeza y empezará a comprender algunas cosas. Además, también está aprendiendo a darse la vuelta o tal vez ya pueda hacerlo. Con tu ayuda, puede sentarse bastante recto, de manera que su perspectiva también va cambiando. Se da más cuenta de los patrones y la rutina. Su sentido de la percepción se ha ido agudizando y cada vez distingue mejor de dónde provienen los sonidos. Asimismo, va entendiendo la relación causa y efecto de las cosas y, por eso, le atraen tanto los juguetes que se mueven y reaccionan cuando los toca. Su memoria también ha mejorado considerablemente.

A raíz de estos progresos en su desarrollo, la rutina diaria de tu bebé naturalmente también debe modificarse, y de ahí mi regla general «4/4», es decir, «cuatro meses / rutina E. A. S. Y. de cuatro horas». Llegado este punto, la mayoría de bebés están preparados para pasar de una rutina de tres horas a una de cuatro. Es lógico: de día, el bebé puede jugar durante periodos de tiempo más largos y, de noche, dormir más horas seguidas. Si antes solía despertarse por la mañana porque tenía hambre, ahora lo hace principalmente por costumbre —su propio reloj interno—, y no necesariamente porque quiera comer. Muchos bebés se despiertan de forma espontánea entre las 4 y las 6 de la madrugada, hablan solos un rato, juguetean un poco y luego se vuelven a dormir. Esto si sus padres no se apresuran a entrar en la habitación, que es como suelen empezar la mayoría de errores de crianza.

Ahora vuestro hijo también come de manera más eficiente y vaciar un biberón o un pecho le cuesta sólo entre veinte y treinta minutos aproximadamente. Por tanto, con un cambio de pañales incluido, la fase E, de comer, dura como máximo unos cuarenta y cinco minutos. Y la fase de actividad también es diferente: ahora el bebé es capaz de permanecer despierto mucho más tiempo, por lo general una hora y media a los cuatro meses y dos horas a los seis. Muchos pequeños dan una cabezada de un par de horas por la mañana, pero aunque tu bebé se despierte al cabo de hora y media, lo más normal es que pueda continuar despierto esa media hora que le falta mientras lo preparas para su próxima toma. Sobre las 2 o las 2.30 h, tu bebé querrá otra siesta, que acostumbra a durar una hora y media.

En la página siguiente, podrás comparar, a través de dos columnas, cómo cambia la rutina E. A. S. Y. cuando tu bebé cumple los cuatro meses de edad. Podrás eliminar una comida, ya que ingiere más alimento en cada toma, y concentrar las tres siestas en dos (manteniendo siempre la cabezadita de última hora de la tarde); de este modo alargarás las horas de vigilia de tu bebé. (Si tienes problemas a la hora de cambiar de una rutina de tres horas a una de cuatro, encontrarás un plan detallado para llevar a cabo esta transición en las páginas 52-55.)

RUTINA E. A. S. Y. DE 3 HORAS

E: 7 h Despertarse y comer

A: 7.30 h o 7.45 h (dependiendo de lo que tarde en comer)

S: 8.30 h (una hora y media de siesta)

Y: Tiempo libre para ti

E: 10 h Comida

A: 10.30 o 10.45 h

S: 11.30 h (una hora y media de siesta)

Y: Tiempo libre para ti

E: 13 h Comida

A: 13.30 o 13.45 h

S: 14.30 h Siesta de la tarde

Y: Tiempo libre para ti

E: 16 h Comida

S: Siesta entre 17-18 h (aproximadamente cuarenta minutos) para que aguante hasta la próxima comida, y no se duerma durante el baño.

E: 19 h (juntar comidas a las 19 h y las 21 h, sólo en caso de estirón)

A: Baño

S: 19.30 h Hora de irse a dormir

Y: Tiempo libre para ti

E: 22 h o 23 h Toma nocturna

RUTINA E. A. S. Y. DE 4 HORAS

E: 7 h Despertarse y comer

A: 7.30 h

S: 9 h (de una hora y media a dos de siesta)

Y: Tiempo libre para ti

E: 11 h Comida

A: 11.30 h

S: 13 h (de una hora y media a dos de siesta)

Y: Tiempo libre para ti

E: 15 h Comida

A: 15.30 h

S: Siesta entre 17-18 h

Y: Tiempo libre para ti

E: 19 h (juntar comidas a las 19 h y las 21 h, sólo en caso de estirón)

A: Baño

S: 19.30 h Hora de ir a dormir

Y: Tiempo libre para ti

E: 23 h toma nocturna (hasta los siete u ocho meses, o hasta que el bebé haya incorporado del todo la comida sólida)

Estas dos muestras de rutina corresponden a días ideales. Lógicamente, tu bebé no seguirá de manera exacta los horarios indicados. Su rutina puede verse afectada por el peso: es probable que, a los cuatro meses, un bebé más pequeño sólo sea capaz de adaptarse a una rutina de tres horas y media, pero casi seguro que a los cinco o, como máximo, a los seis meses ya podrá seguir la de cuatro horas, dependiendo también de sus características en cuanto a temperamento, ya que hay bebés que duermen más y bebés que tardan menos tiempo en ingerir sus comidas. Puede que tu hijo haga variaciones de quince minutos aquí y allí en su propia rutina. Un día quizás dormirá menos en la siesta de la mañana y más en la de la tarde, otro lo hará al revés o bien irá alternando entre las dos opciones. En cualquier caso, lo más importante es que tú sigas siempre el esquema: comer / un rato de actividad / dormir (ahora a intervalos de cuatro horas).

No es de extrañar, pues, que la mayoría de quejas que escucho en esta fase estén relacionadas con problemas a la hora de seguir la rutina:

QUEJAS FRECUENTES

1. Mi bebé termina sus tomas tan deprisa que me temo que no está comiendo lo suficiente. Además, eso desbarata su rutina.

2. Mi bebé nunca come o duerme a la misma hora.

3. Mi bebé continúa despertándose frecuentemente por las noches y nunca sé si debo darle de comer o no.

4. Mi bebé duerme toda la noche, pero luego se despierta a las 5 de la madrugada y quiere jugar.

5. No consigo que mi bebé dé cabezadas de más de media hora o cuarenta y cinco minutos y, a veces, incluso se niega rotundamente a dormir la siesta.

CAUSAS PROBABLES

1. Las comidas tal vez no sean ningún problema: a estas alturas algunos bebés ya comen de manera bastante eficiente. Tal como expliqué anteriormente puede que estés tratando de seguir una rutina E. A. S. Y. pensada para bebés más jóvenes: ciclos de tres horas en lugar de cuatro (véanse las páginas 49-55 para aprender cómo realizar la transición).

2. Es normal que se produzcan algunas variaciones en la rutina diaria del bebé. Pero si «pica» y sólo duerme a ratos —ambos comportamientos debidos a negligencias de los padres—, entonces significa que nunca hace una comida completa ni descansa de forma adecuada. Necesita seguir una rutina estructurada y adaptada a un bebé de cuatro meses (páginas 49-55).

3. Si se despierta de forma errática, es que tiene hambre y necesita más comida durante el día (páginas 195-200); si lo hace por costumbre, significa que, sin querer, has fomentado ese mal hábito (páginas 191-192). También puede que aún le hagas seguir una rutina de tres horas, en lugar de una de cuatro.

4. Puede que respondas demasiado pronto a sus típicos ruiditos de primera hora de la mañana; y de esta manera, sin darte cuenta, quizás le hayas enseñado que es una buena idea despertarse tan temprano (páginas 189-190).

5. Puede que esté demasiado excitado antes de sus siestas (páginas 245-246), o que duerma poco a consecuencia de una falta de rutina, de seguir una inadecuada (páginas 224-230) o de ambas cosas.

Además de lo mencionado anteriormente, también es posible ver que persisten ciertas dificultades que no habían sido consideradas anteriormente: semillas de negligencia en la crianza plantadas hace un tiempo que empiezan a florecer y se manifiestan tanto en problemas a la hora de comer como de dormir (por tanto, no olvidéis leer la sección anterior «De las seis semanas a los cuatro meses», si os la habéis saltado). Los padres deben afrontar un gran número de problemas y no ven las cosas claras en medio de tanto caos. En algunos casos, es porque no adaptaron la rutina E. A. S. Y. a la vida de su hijo, cuando su nivel de desarrollo había avanzado. No se percataron de que tenían que pasar de alimentarlo cada tres horas a cada cuatro, que los periodos de vigilia del bebé debían ser más largos o que las siestas eran tan importantes como el sueño nocturno. En otros, las dificultades se deben a incoherencias de los padres. En este caso porque han ido recopilando un sinfín de consejos contradictorios de libros, amigos, Internet o la televisión y fueron probando distintas estrategias cada vez, cambiándole constantemente las normas al bebé, con la esperanza de que *alguna* de ellas al final funcionara. Además, puede que mamá haya vuelto a trabajar a tiempo completo o parcial (véase la página 42). Éste y otra clase de cambios en el hogar pueden perturbar la rutina del bebé. Sean cuales sean las circunstancias, el problema normalmente se agrava a esta edad porque hace tiempo que se arrastra y, en muchos casos, porque el niño nunca ha seguido ningún tipo de rutina. De hecho, yo siempre hago la misma pregunta clave a los padres de bebés de cuatro meses (e incluso mayores): **¿Vuestro bebé ha seguido alguna vez una rutina estructurada?** Si la respuesta es «no», o «antes sí», les digo que deben comenzar a aplicar el método E. A. S. Y. Al final de este capítulo, de las páginas 49 a 55, os expongo un plan detallado, paso a paso, para ayudar a vuestro hijo a hacer esa transición.

De los **6** a los **9** meses: ELIMINAR LAS INCONGRUENCIAS

En esta etapa, la estructura E. A. S. Y. cambia de forma importante, aunque todavía sigamos con la base de una rutina de cuatro horas; y los padres acostumbran a quejarse de los mismos problemas que afectaban a bebés ligeramente más pequeños. Sin embargo, a los seis meses, el bebé también da un gran estirón de crecimiento. Es el momento óptimo para introducir alimentos sólidos y, más o menos a los siete meses, suprimir la toma nocturna (véase la página 127). Ahora se necesita más tiempo para dar de comer al bebé —y la operación es mucho más sucia—, ya que él debe aprender una forma completamente distinta de alimentarse. Los padres tienen montones de dudas y preguntas sobre la toma de alimentos sólidos (a las cuales respondo en el capítulo 4). Y es perfectamente natural: al principio, los bebés son como máquinas de engullir, pero al llegar a los ocho meses su metabolismo empieza a cambiar. Acostumbran a volverse más delgados porque pierden la grasa típica del bebé, que servía para proporcionarles la fuerza necesaria para moverse. En este momento es más importante que calibréis la dieta de vuestro hijo por la calidad, no por la cantidad.

En esta fase también desaparece la siesta del final de la tarde y la mayoría de criaturas reducen sus cabezadas a dos al día, las cuales, idealmente, deberían durar de una a dos horas. Para los bebés de esta edad, echar un sueñecito ya *no* es su pasatiempo preferido. Tal como lo expresó la mamá de un pequeño de siete meses: «Creo que es porque ahora Seth es consciente del mundo que lo rodea y es capaz de moverse más, por eso no quiere dormir. ¡Quiere verlo *todo*!». Y es bien cierto, puesto que ahora el desarrollo físico asume un papel central. Tu bebé ya puede mantenerse erguido —a los ochos meses incluso podrá sentarse solito— y cada vez coordina mejor sus movimientos. También será mucho más independiente, sobre todo si has fomentado en él esa actitud, permitiéndole jugar por su cuenta.

Las quejas más frecuentes en esta etapa son prácticamente las mismas que vimos en los padres de bebés de cuatro a seis meses; excepto, lógicamente, que los hábitos están mucho más arraigados y cuesta más cambiarlos. Trastornos relacionados con la comida o el sueño, que en épocas anteriores se podían remediar en pocos días, pueden ser bastante complejos de tratar, pero nunca imposibles de corregir. Simplemente, ahora se necesita algo más de tiempo para solucionar los problemas.

Aparte de eso, el gran tema que aparece a esta edad es la falta de coherencia. Habrá días en los que tu bebé dormirá una larga siesta por la mañana, otros lo hará por la tarde y, otros, incluso decidirá prescindir totalmente de una de sus dos cabezadas. Un día comerá con deleite y al siguiente más bien preferirá saltarse las comidas. Algunas madres se adaptan tranquilamente a estos altibajos, mientras que otras se tiran de los pelos. La clave para sobrevivir es doble: si tu bebé no sigue la rutina, al menos tú sí puedes hacerlo. Y, además, debes tener presente este dicho: *Justo cuando creas que ya lo has conseguido, todo cambia* (véase el capítulo 10). Como señaló la madre de un bebé de siete meses (que siguió el método E. A. S. Y. con su hijo desde que regresó a casa del hospital): «Si algo he aprendido, es que prácticamente todos los bebés que siguen esta rutina son distintos; de hecho, es sencillamente cuestión de hacer lo que os vaya bien a los dos».

Al leer algunos de los mensajes que llegan a mi página web, me doy cuenta de que a menudo lo que para una madre es una pesadilla a otra le parece una situación ideal. En una de las páginas dedicadas a E. A. S. Y., una madre canadiense se quejaba porque su hija de ocho meses se había «desmadrado». Explicó que la pequeña se despertaba a las 7, tomaba el pecho, comía cereales y fruta a las 8, se bebía un biberón a las 11, dormía hasta la 1.30 del mediodía y entonces comía verduras y fruta. A las 3.30 de la tarde tomaba otro biberón, dos horas después cenaba (cereales, verduras y fruta), un último biberón sobre las 7.30 y una siestecita hasta las 8.30 al anochecer. El problema de la madre: su hija sólo hacía una siesta al día. «He perdido el control de la situación», exclamaba, y acto seguido suplicaba a otras madres del foro: «¡Necesito que me ayudéis! ¿Qué hago?!».

Tuve que releer aquel mensaje un par de veces porque, por mucho que me esforzara, no entendía dónde estaba el *problema*. Sí, su hijita estaba creciendo y cada vez aumentaba su capacidad de permanecer despierta durante periodos más largos de tiempo. Pero comía la mar de bien, hacía una siesta de dos horas y media durante el día y, por la noche, dormía sus buenas diez horas y media de un tirón. Recuerdo que pensé: «Algunas madres darían un ojo de la cara por estar en tu situación». Lo cierto es que los bebés de nueve meses o más, al poder mantenerse despiertos cada vez más horas, pueden empezar a prescindir totalmente de la cabezada de la mañana y hacer una siesta larga —de hasta tres horas—por la tarde. Comen, juegan, comen de nuevo, juegan un rato más y luego se van a dormir. En otras palabras: «E. A. S. Y.» se convierte en «E. A. E. A. S. Y.». Saltarse una siesta puede ser un desajuste momentáneo o puede significar que a partir de ahora a tu bebé le basta con una sola siesta al día. Si únicamente con una cabezada tu bebé parece irritable y malhumorado, puedes introducir otra siesta o bien alargar siestas demasiado breves mediante el método P. U./P. D. (páginas 244-247).

En mi página web, también recibo muchas consultas de padres con bebés de esta edad que intentaron aplicar E. A. S. Y. o algún otro tipo de rutina, cuando su bebé eran más pequeño. Y cuando tiene más de seis meses deciden volverlo a probar. Aquí tenéis un mensaje típico:

Cuando mi hija tenía un par de meses, intenté hacer que siguiera la rutina E. A. S. Y., pero me costaba tanto hacer que durmiera las horas y las atenciones eran tan constantes que lo dejé correr. Ahora que es más mayorcita me gustaría intentarlo de nuevo y también quisiera ver ejemplos de horarios de otros bebés.

7 h	Despertarse y comer
7.30 h	Actividad
9h o 9.30 h	Siesta de la mañana
11.15 h	Pecho o biberón (tentempié)
11.30 h	Actividad
13 h	Comida del mediodía (sólidos)
13.30 h	Actividad
14h o 14.30 h	Siesta de la tarde
16 h	Pecho o biberón (tentempié)
16.15 h	Actividad
17.30 o 18 h	Cena (sólidos)
19 h	Actividad (incluyendo el baño y el ritual para irse a dormir, que consiste en una toma de pecho o un biberón, un libro, y acostar al bebé)

Sólo por curiosidad, busqué en la página web mensajes de otras madres con bebés que tuvieran entre seis y nueve meses para comparar sus rutinas E. A. S. Y. Al ponerlas unas al lado de otras, surgió un patrón asombrosamente parecido. La rutina que seguían la mayoría de estos bebés era, más o menos, como muestro en el recuadro de la izquierda.

Este esquema es típico pero, por supuesto, existen muchas variaciones sobre el mismo tema: algunos bebés, a esta edad, todavía se levantan a las 5 de la madrugada y necesitan un chupete o un biberón extra para volverse a dormir.

Otros hacen siestas mucho más breves de la hora y media o dos que sería deseable o echan sólo una cabezada al día, lo cual puede provocar que el periodo de actividad que sigue sea realmente irritante y agotador para los padres. Y, lamentablemente, algunos bebés aún se desvelan varias veces en plena noche, incluso pasados los seis meses. Así pues, no debemos fijarnos solamente en las horas del día. Seguiré insistiendo en esta idea: *E. A. S. Y. no consiste en franjas horarias.*

E. A. S. Y. UNA VEZ TRANSCURRIDOS **9** MESES

En algún momento entre los nueve meses y el primer año, tu bebé podrá aguantar cinco horas entre comida y comida. Comerá tres veces al día, igual que el resto de la familia, y tomará un par de refrigerios para entretener el hambre. Podrá estar activo de dos horas y media a tres y, habitualmente, alrededor de los dieciocho meses —antes en algunos niños, más adelante en otros—, ya pasará el día con una única siesta larga por la tarde. Llegados a este punto, técnicamente ya no estamos siguiendo E. A. S. Y., sino que el bebé más bien sigue la variante E. A. E. A. S. Y., que continúa siendo una rutina estructurada. Es posible que no todos los días sean exactamente idénticos, pero los patrones son igual de predecibles y repetitivos.

EMPEZAR CON LA RUTINA E. A. S. Y. A LOS 4 MESES O MÁS

Si tu bebé tiene cuatro meses o más y *nunca* ha seguido una rutina, es hora de empezar a estructurarle la jornada. No obstante, ahora que el bebé ya es mayor, el proceso es diferente por tres razones importantes:

1. SE TRATA DE UNA RUTINA DE CUATRO HORAS.

A veces los padres no se dan cuenta de que han de ajustar la rutina al paulatino desarrollo de su hijo. Ahora su pequeño come de manera más eficiente y puede estar activo durante periodos de tiempo cada vez más prolongados; en cambio, siguen alimentando a su bebé cada tres horas y el efecto de eso es el retraso de su reloj biológico. Por ejemplo, Harry, el hijo de seis meses de Diane y Bob, de repente comenzó a despertarse por la noche, aparentemente hambriento. Y, con las mejores intenciones del mundo, le dieron de comer por las noches. Sabiendo, además, que necesitaba más alimento durante el día, en lugar de darle de comer cada cuatro horas, empezaron a alimentarlo cada tres, como en los primeros meses, creyendo, bastante acertadamente, que Harry estaba dando un estirón. Pero ésta es una solución para un bebé de tres meses, no para uno de seis, que debería comer cada cuatro horas *y* dormir toda la noche seguida. (Lo que tendrían que hacer sus padres es darle *más comida* en cada toma; explico cómo hacerlo en el capítulo 3, páginas 120-122.)

2. SE UTILIZA MI MÉTODO PICK UP/PUT DOWN (P. U./P. D.) PARA HACER CAMBIOS.

Con bebés de más de cuatro meses, los problemas para dormir forman parte invariablemente de las razones que impiden seguir una rutina diaria, eso sí, no son la única causa. En este momento es cuando yo presento la técnica P. U./P. D. a padres atribulados y escépticos, un método que raramente aconsejo para bebés más pequeños (una descripción detallada de esta estrategia clave para dormir es el tema del capítulo 6).

3. ESTABLECER UNA RUTINA ESTRUCTURADA UNA VEZ CUMPLIDOS LOS CUATRO MESES ES CASI SIEMPRE BASTANTE COMPLICADO, SOBRE TODO POR CULPA DE CIERTOS ERRORES QUE LOS PADRES HAN COMETIDO SIN QUERER.

Dado que ellos ya han probado otros métodos o una mezcla de varios, su bebé está confundido. Y en la mayoría de casos, ya ha adquirido algún mal hábito, como dormirse mientras toma el pecho o despertarse repetidamente durante la noche. Por tanto, hacer que un bebé de más edad siga la rutina E. A. S. Y. siempre implica más trabajo y compromiso, un poco de sacrificio y una gran dosis de coherencia. No olvidéis que esos malos hábitos tardaron al menos cuatro meses en desarrollarse. Sin embargo, *si sois constantes en la implementación del plan,* no os costará, ni mucho menos, tanto tiempo libraros de ellos. Evidentemente, cuanto mayor sea el niño, más difícil será cambiar su rutina, sobre todo si aún se despierta por la noche y no está acostumbrado a ninguna clase de estructura durante el día.

Dado que los bebés son individuos y que lo que ocurre en cada uno de sus hogares es distinto, necesito averiguar exactamente qué han estado haciendo los padres, a fin de poder adaptar mis estrategias de la forma más adecuada. Si habéis leído hasta aquí, ya deberíais suponer el tipo de preguntas que les haría a aquellos padres cuyo hijo nunca ha seguido una rutina:

ACERCA DE LA «E» (comer): **¿Con qué frecuencia dais de comer a vuestro hijo? ¿Cuánto duran sus comidas? ¿Cuántos mililitros de leche artificial o de leche materna toma durante el día?** Si está a punto de cumplir los seis meses, ¿habéis introducido también alimentos sólidos en su dieta? Aunque se trate solamente de una guía, comprobad dónde se sitúa vuestro hijo en las tablas «E. A. S. Y. según el peso» (página 39) y «Alimentación» (página 100). Si come cada tres horas o menos, no es suficiente para un bebé de cuatro meses o más. Si sus comidas son demasiado breves, puede que se haya habituado a picar; y, si son demasiado largas, puede que esté utilizando a su mamá como chupete. Además, los bebés que a los cuatro meses todavía no siguen ninguna rutina, a menudo comen demasiado poco durante el día y se despiertan por la noche para tomar el alimento que les falta. Y si tienen más de seis meses, suelen necesitar más sustento del que proporciona una dieta líquida. Antes de introducir la rutina E. A. S. Y., quizás queráis leer también el capítulo 3.

ACERCA DE LA «A» (actividad): **¿Está más alerta que nunca? ¿Ha empezado a darse la vuelta? ¿Qué tipo de actividades realiza vuestro hijo durante el día: juega encima de una alfombra, se reúne con otras madres y niños, se sienta frente al televisor?** A veces resulta más difícil establecer una rutina con bebés más activos, en especial si nunca han seguido ninguna. También debéis aseguraros de no estar haciendo demasiados juegos y actividades con vuestro hijo, puesto que entonces os costará tranquilizarlo a la hora de las siestas y de ir a la cama y, además, también os resultará más complicado darle las comidas.

ACERCA DE LA «S» (dormir): **¿Duerme como mínimo seis horas seguidas cada noche —cosa que ya debería hacer a los cuatro meses— o aún se despierta para que le deis de comer? ¿A qué hora se despierta por la mañana? Y vosotros, ¿qué hacéis: entráis enseguida en su habitación o lo dejáis que juegue independientemente en la cuna? ¿Duerme bien sus siestas y cuánto tiempo duran? ¿Soléis acostarlo en la cuna para las siestas o simplemente dejáis que caiga rendido y se duerma allí donde esté en ese momento?** Las preguntas sobre los patrones de sueño del bebé me sirven para evaluar si le habéis permitido a vuestro hijo que aprendiera a relajarse solito y a dormirse por su cuenta, si os habéis encargado vosotros de sus hábitos al dormir o bien si habéis dejado que él llevara la voz cantante. Esto último, obviamente, acarrea problemas.

ACERCA DE LA «Y» (tiempo para ti): Mamá, **¿últimamente has estado más estresada que de costumbre? ¿Has estado enferma? ¿Deprimida? ¿Recibes apoyo de tu pareja, de tu familia, de tus amigos?** Hace falta mucha energía y dedicación para implantar una rutina si hasta ahora tu vida ha sido más bien caótica. Si no estás preparada para acelerar el ritmo, antes de hacer nada, asegúrate de cubrir tus necesidades de persona adulta. Será prácticamente imposible que puedas atender a tu hijo si sientes que eres *tú* quien necesita cuidados. Si no tienes ayuda, consíguela. Tener a alguien al lado que te eche una mano y te dé un respiro es fantástico, e incluso un hombro sobre el que llorar es mejor que nada.

A la hora de introducir una rutina por primera vez, lo más importante a tener en cuenta es que raramente ocurren milagros de la noche a la mañana; el proceso puede tardar tres días, una semana, dos quizás, pero nunca tendrá lugar de un día para otro. Siempre que intentes instaurar un nuevo régimen en la vida de un bebé de cualquier edad, vas a encontrar resistencia. He asesorado a suficientes padres en mi carrera para saber que algunos de vosotros realmente esperáis que se produzca magia. *Decís* que queréis que vuestro hijo siga la rutina E. A. S. Y., pero, para lograrlo, debéis emprender ciertas acciones. Debéis controlar y guiar a vuestro bebé, al menos hasta que haya asumido el nuevo esquema de vida. En el caso de que vuestro hijo nunca haya seguido una rutina, es muy posible que durante algunas semanas tengáis que renunciar a algo: a vuestro propio tiempo. A muchos padres les cuesta aceptarlo, como a una madre, que me insistió en que haría «lo que fuese» para empezar con su hijo el plan E. A. S. Y., y mientras tanto me bombardeó a preguntas del tipo: «¿Tendré que estar en casa cada día a fin de que siga la rutina? ¿O puedo salir con él y que haga las siestas en el asiento del coche? Y si tengo que quedarme en casa, ¿cuándo podré salir con él? Por favor, ayúdeme».

¡Ten un poco de perspectiva, querida! Una vez que tu hijo se haya acostumbrado a la rutina E. A. S. Y., no tendrás por qué sentirte como una prisionera. Haz tus recados adaptándote al horario de tu bebé. Por ejemplo, le puedes dar de comer y destinar su tiempo de actividad a que te acompañe en el coche a hacer recados. O también puedes darle la comida y hacer un poco de actividad con él en casa y, luego, dejar que haga la siesta en el asiento del coche o en el carrito. (Aunque quizás tu hijo no dormirá durante mucho tiempo si es de los que se despiertan cuando el motor del coche arranca; más información sobre factores que entorpecen la rutina en las páginas 180-181.)

No obstante, si estás intentando implantar una rutina por primera vez, lo *ideal* sería que tú y tu pareja permanecierais en casa durante un par de semanas; así le podréis dar a vuestro hijo la oportunidad de habituarse a la novedad y, si no es posible que sean dos, por lo menos una semana. *Debéis dedicar un tiempo a realizar el cambio*. Durante esta crítica fase de introducción, procurad que sus comidas, sus ratos de actividad y sus cabezadas tengan lugar en un entorno familiar. Son sólo una o dos semanas, no el resto de vuestra vida. Y sí, es verdad que tendréis que soportar un poco más de irritabilidad y mal humor, incluso de llantos, mientras el bebé se adapta a los cambios. Los primeros días serán especialmente duros, porque vosotros ya lo habíais acostumbrado a otra manera de funcionar y ahora debéis *deshacer* sus antiguos patrones. Pero si sois perseverantes, E. A. S. Y. *funcionará*. Tal como indica el dicho: «Funcionará si tú haces que funcione».

Planteároslo de este modo: al principio de marcharos de vacaciones, ¿verdad que no estáis plenamente de «humor vacacional»? ¿Y no os cuesta unos días reducir la marcha y dejar atrás las preocupaciones y responsabilidades del trabajo? Pues para los bebés es lo mismo. Sus mentes están fijadas en el antiguo orden de cosas. Por eso, cuando intentéis cambiárselo, vuestro hijo os va a decir (con sus llantos): «Pero ¿se puede saber qué estáis haciendo? ¡Nosotros nunca lo hacemos así! ¡Grito con todas mis fuerzas, pero no me escucháis!».

La buena noticia es que la memoria de los bebés es relativamente corta. Si sois igual de persistentes con el nuevo sistema como lo fuisteis con el anterior, al final el niño acabará por acostumbrarse. Y tras algunos días o semanas, ciertamente difíciles, comprobaréis que ha valido la pena: no habrá más comidas erráticas, ni noches en vela, ni días frustrantes en que no entendáis qué os está pidiendo vuestro bebé.

Yo siempre sugiero que los padres se reserven un mínimo de cinco días para introducir E. A. S. Y. (véase el recuadro inferior para valoraciones específicas de cada edad). Y si fuera posible, uno de los dos debería tener la semana libre. A medida que leáis el siguiente apartado, «El plan», puede que os sorprenda que os recomiende seguir los horarios sugeridos con bastante rigidez, cuando en repetidas ocasiones os he dicho que *no* os guiaráis por el reloj. Sin embargo, *sólo* a fin de superar este periodo de readaptación, deberéis ser muy estrictos con los horarios y mucho más inflexibles de lo que yo aconsejaría en circunstancias normales. Cuando vuestro hijo ya siga una rutina estructurada, no tendrá ninguna importancia que hagáis modificaciones de media hora aquí y allá. Pero al principio, haced un esfuerzo para que el bebé se ajuste a los horarios que os recomiendo.

EL PLAN

DÍAS UNO Y DOS. En este primer momento, no intervengáis; limitaros a observar a vuestro hijo durante dos días enteros. Prestad atención a todo lo que haga. Releed las preguntas que suelo hacer (página 50) e intentad analizar los efectos de no tener una rutina estructurada. Tomad nota de cuándo come, de cuánto duran sus siestas, de la hora a la que se duerme, etc.

La noche del día dos, como preparación para el día tres, debéis iros a dormir después de acostar al bebé y hacer lo mismo durante las noches sucesivas. Necesitareis estar descansados para resistir los días (o semanas) que se avecinan. Puesto que al menos uno de los dos se ha organizado para quedarse en casa esa semana —pongamos que ha sido la madre—, lo ideal es que aproveche para dar una cabezadita mientras el bebé hace la siesta. La mayoría de cosas en la vida se pueden posponer por un tiempo. Y a pesar de que los días siguientes serán algo duros, agradecerás el sacrificio cuando veas lo maravillosamente bien que tú y tu hijo os sentiréis al seguir una rutina.

DÍA TRES. El día comienza oficialmente a las 7 de la mañana. Si tu bebé está dormido, despiértalo, incluso si normalmente duerme hasta las 9. Si se despierta a las 5, aplica el método P. U./P. D. (páginas 224-225) para intentar que vuelva a dormirse. Si tiene la costumbre de levantarse tan temprano y, sobre todo, si tú lo sueles sacar de la cuna a esa hora para jugar un rato con él, ten por seguro que va a protestar. Es posible que acabes aplicando P. U./P. D. durante una hora o más, porque él insistirá en mantenerse despierto. *En ningún caso* lo lleves a tu cama, un error que muchos padres cometen cuando sus hijos se despiertan tan pronto.

Sácalo de la cuna y dale el desayuno. A continuación, un rato de actividad. Generalmente, un bebé de cuatro meses puede jugar de una hora y cuarto a una hora y media sin cansarse; uno de seis meses, aguantará perfectamente hasta dos horas; y un bebé de nueve meses, podrá estar activo de dos a tres horas. Tu hijo debería encontrarse en algún punto de esta escala. Algunos padres insisten: «Mi bebé no podrá permanecer despierto tanto rato», y yo les digo que hagan lo que sea para que no se duerma, bailarle flamenco, si hace falta. Cantadle canciones, haced muecas divertidas, llamad su atención con montones de silbidos y ruidos varios.

De acuerdo con la rutina de cuatro horas de la página 44, empieza a preparar a tu bebé para la siesta de la mañana unos veinte minutos antes de la hora a la que realmente quieras que se duerma; a las 8.15 h, por ejemplo. Si eres extraordinariamente afortunada y tu bebé es de los que se adaptan con facilidad, tardará los típicos veinte minutos en ponerse cómodo y luego dormirá una hora y media o dos. Sin embargo, la mayoría de bebés que no han seguido una rutina jamás se resisten a echar una cabezada, así que tendrás que recurrir a P. U./P. D. para hacer que se duerma. Si te esfuerzas y lo haces correctamente —volviendo a poner al niño en la cuna justo en el instante en que deja de revolverse—, transcurridos entre veinte y cuarenta minutos acabará sucumbiendo al sueño. Sí, es verdad, a algunos bebés les cuesta más; yo misma he tenido que hacerlo durante una hora u hora y media, gastando casi todo el tiempo que, en su rutina, el bebé tenía destinado a dormir. Pero recordad aquel antiguo dicho: «Nunca es más oscuro que un minuto antes de amanecer». El método requiere resolución y paciencia, y un poco de fe también: funciona, te lo garantizo.

Si has tenido que aplicar la técnica P. U./P. D., tu bebé no dormirá más allá de cuarenta minutos (ten en cuenta que has invertido prácticamente esa misma cantidad de tiempo para lograr que conciliara el sueño). Si se despierta antes, regresa a su habitación y vuelve a la carga con el método P. U./P. D. Quizás pensarás que esto es de locos. Si ha dormido durante cuarenta minutos y se supone que su siesta debe durar una hora y media, tal vez te costará otros cuarenta minutos conseguir que se duerma de nuevo, y entonces sólo le quedarán diez minutos. Confía en mí: estás cambiando su rutina y así es como debes hacerlo. Aunque haya dormido diez minutos, despiértalo a las 11, a tiempo para que tome su tentempié; de esta manera, tú no te desorganizas y sigues adelante con el programa previsto.

ES UN MITO: LAS CABEZADAS NO DEJAN DORMIR POR LA NOCHE

Entre los cuatro y los seis meses, muchos bebés hacen una pequeña siesta de unos treinta o cuarenta minutos por la tarde, incluso cuando ya son las 5 de la tarde. Los padres temen que esa cabezadita extra no los deje dormir por la noche. No obstante, ocurre justamente lo contrario: cuanto más descanse el bebé durante el día, mejor dormirá por la noche.

Tras haberle dado de comer, realiza alguna actividad y, de nuevo, lleva a tu hijo a su dormitorio alrededor de las 12. 40 h, veinte minutos antes de la siesta de la 1 del mediodía. Esta vez puede que sólo tarde esos veinte minutos en dormirse. Si no duerme como mínimo una hora y cuarto, vuelve a utilizar el método P. U./P. D. Quizás permanecerá dormido más tiempo, pero asegúrate de despertarlo a las 3 de la tarde, cuando le toca comer.

El día resultará bastante agotador para los dos y es posible que, al llegar la tarde, tu bebé esté más cansado que de costumbre. Después de que haya comido y jugado un rato, presta atención a cualquier síntoma de somnolencia. Si bosteza, deja que eche una siestecita entre las 5 y las 6 de la tarde. Si en lugar de bostezar ves que está jugando la mar de feliz, ponlo en la cama más temprano, a las 6 o 6.30 (no a las 7, como indica la rutina). Si se despierta a las 9, aplica la técnica P. U./P. D. Dale una toma nocturna entre las 10 y las 11 de la noche (las tomas nocturnas se explican detalladamente en las páginas 99 y 195-196).

Es bastante probable que el bebé vuelva a despertarse a la 1 o a las 2 de la madrugada. Te tocará recurrir al método P. U./P. D. de nuevo. Tal vez te cueste una hora y media y luego él duerma sólo tres horas seguidas. Continúa insistiendo toda la noche si es necesario, hasta las 7 de la mañana. Entonces habrás llegado al cuarto día.

DÍA CUATRO. Aunque a las 7 de la mañana tu hijo esté durmiendo y tú absolutamente exhausta, despiértalo. Pasarás por el mismo proceso que el día tres, pero ahora en lugar de tardar cuarenta minutos o una hora con el método P. U./P. D. para que tu hijo se duerma, seguramente te costará sólo treinta minutos. Y además es probable que duerma más. Nuestro objetivo es que duerma siestas de, al menos, una hora y media cada vez. De todos modos, sé razonable: si ha dormido una hora y cuarto y se lo ve feliz al despertarse, sácalo de la cuna. De lo contrario, si sólo ha dormido una hora, mejor volver a practicar el método P. U./P. D., porque la mayoría de bebés experimentan un rápido retroceso al acostumbrarse a hacer siestas más cortas. Si está cansado, acuérdate de dejar que duerma la siesta de las 5 de la tarde.

DÍA CINCO. Al llegar al quinto día, la situación debería haber mejorado considerablemente. Quizás aún tendrás que recurrir a la técnica P.U./P.D., pero ahora será por mucho menos tiempo. Con un bebé de seis meses, el proceso puede durar siete días en total: dos de observación y cinco para cambiarle los hábitos. Cuando el bebé ya tiene nueve meses, establecer la nueva rutina se podría alargar hasta dos semanas (el peor caso que he visto), ya que el bebé está tan acostumbrado a la suya propia que, al intentar modificársela, se mostrará mucho más intratable que un bebé de menor edad.

El escollo más grande es que los padres temen que el caos pueda durar para siempre. Tras dedicar cuatro días a cambiar la rutina del pequeño Sam, de cinco meses, Verónica, su madre, expresó su asombro ante el hecho de que ella y su marido ahora pudieran tomarse una copita de vino tranquilamente después de cenar, sin miedo a que su hijo les estropeara la noche. «No puedo creer que nos costara tan poco tiempo», me comentó. Y yo le dije, como les digo a todas las madres: «El plan funcionó porque fuiste igual de coherente a la hora de imponer la nueva rutina que con el sistema anterior». También advertí a

Verónica que a veces, especialmente en el caso de los niños varones (los cuales, según he observado con los años y, tal como también indican las investigaciones de género, tienden a tener un sueño más frágil), un bebé se portará de maravilla durante una semana y luego hará un retroceso y empezará a despertarse de nuevo en plena noche o a dormir siestas demasiado breves. Cuando esto ocurre, muchos padres creen erróneamente que mi plan ha fallado. Pero debéis ser tan coherentes al seguir esta nueva rutina como lo fuisteis en la época del caos. Si el bebé sufre una regresión, volved a aplicar el método P. U./P. D. Os aseguro que, puesto que el bebé ya lo ha experimentado antes, cada vez que reapliquéis la técnica, ésta tardará menos tiempo en surtir efecto.

La rutina es la clave. Seguiré recordándoos la importancia de E. A. S. Y. a lo largo de todo el libro. Si le dedico tanto tiempo y atención es porque detrás de la mayoría de problemas que suelen tener los padres para criar a sus hijos se encuentra, muy a menudo, una gran falta de orden y coherencia. Esto no quiere decir que, con una buena rutina, desaparecerán por completo los problemas del bebé a la hora de comer, dormir y comportarse (los cuales trato en mayor profundidad en los capítulos 3-8). Con todo, es mucho más fácil encontrar soluciones si la jornada de tu hijo está estructurada.

2

LOS BEBÉS TAMBIÉN TIENEN EMOCIONES

RECONOCER ESTADOS DE ÁNIMO DURANTE EL PRIMER AÑO

VISITA A UNA VIEJA AMIGA

El pequeño Trevor, de ocho meses, está tumbado de espaldas jugando felizmente sobre una alfombra en el salón, mientras su mamá, Serena, y yo charlamos, sobre todo de cómo ha crecido Trevor y de cómo cambian los bebés en tan sólo seis meses. Los conocí a los dos cuando el niño tenía sólo un día. En esa época, mi trabajo consistía en enseñarle a Serena cómo darle el pecho a su hijo. Hacer que Trevor empezara enseguida con la rutina E. A. S. Y. fue relativamente sencillo porque era lo que yo llamo un bebé «de libro», una criatura fácil de tratar y de las que hacen con bastante exactitud aquello que los manuales indican para las distintas edades (más información sobre los bebés «de libro» y otros tipos de bebés, en las páginas 63-69). A lo largo de los siguientes seis meses, Trevor fue superando en el momento preciso cada uno de los estadios predecibles de su desarrollo físico y mental. Y tal como ilustra la pequeña estampa que incluyo a continuación, su vida emocional también iba desarrollándose como corresponde a un bebé de su edad.

Mientras Serena y yo hablamos, Trevor se entretiene con los juguetes que cuelgan encima de su alfombra de colores. Transcurren diez minutos y entonces el niño comienza a emitir pequeños ruiditos del estilo: «ñe, ñe»; no llegan a ser llantos propiamente dichos, pero son lo suficientemente expresivos como para hacerle saber a su madre que necesita un cambio de escenario. Y como si le hubiera leído el pensamiento, Serena dice: «Oh, vaya, ¿te estás aburriendo, cariño?». (De hecho, Serena simplemente interpreta las señales que le manda su hijo.) «A ver, ahora vamos a sentarte aquí.» Trevor levanta la vista hacia su madre, feliz por las atenciones recibidas y, después de haber sido reubicado, continúa jugando igual de contento con otro juguete. Serena y yo retomamos nuestra conversación mientras el pequeño, situado cerca de nosotras, experimenta lleno de curiosidad con los extraños crujidos que surgen de la pelota multicolor que tiene delante.

Serena me pregunta si me apetece una taza de té, una oferta que yo, inglesa hasta la médula, jamás podría rechazar. No hay nada como una buena taza de té caliente, decimos siempre nosotros. Serena se levanta para dirigirse a la cocina y, justo cuando llega a la puerta, Trevor comienza a lloriquear.

«¿Ves, Tracy? Esto es lo que te quería decir», me comenta su madre, refiriéndose al verdadero motivo por el cual me había llamado. «De repente, es como si todo su mundo girara alrededor de mí. No puedo irme de la habitación donde él se encuentra sin que se disguste», añade, casi pidiendo perdón.

En efecto, entre los siete y los nueve meses, el mundo de un bebé gira alrededor de la persona que cuida amorosamente de él la mayor parte del tiempo y que, normalmente, es mamá. La mayoría de niños desarrollan un sentimiento de miedo ante la marcha de su madre, algunos sólo en un grado menor, mientras que a otros les afecta de un modo terrible. De nuevo, en esto Trevor también cumple con lo que señalan los libros. Sin embargo, esta breve historia no trata únicamente de la ansiedad que sienten los bebés al separarse de sus madres (tema que explico en mayor detalle en las páginas 87-90). Trata de un fenómeno mucho más importante, del cual la ansiedad por separación es sólo una pequeña parte: la vida emocional de tu hijo.

¿MI BEBÉ TIENE VIDA EMOCIONAL?

Muchos padres se sorprenden cuando les hablo de estadios emocionales del bebé durante su primer año de vida. Llevan el control de lo que comen sus hijos y de cuánto duermen, y son conscientes y a veces se preocupan por los momentos en que alcanzan los diversos niveles de desarrollo físico e intelectual. No obstante, parecen tener menos conciencia —y en consecuencia, menos interés— por la salud emocional de su bebé; por las habilidades que lo ayudan a controlar sus estados de ánimo, tener empatía hacia los demás y mantener buenas relaciones. La salud emocional no es algo que los padres debieran dar por sentado, sino que es algo que ha de enseñarse. *Y tenemos que empezar a hacerlo pronto.*

Enseñar a un bebé a ser sano emocionalmente es igual de importante que enseñarle cómo ir a dormir, controlar su dieta, alentar sus logros físicos o enriquecer su mente. Estamos hablando de los estados de ánimo y de la conducta de vuestro hijo: de su «inteligencia emocional», para usar el concepto que popularizó el psicólogo Dan Goleman en su libro del mismo nombre, publicado en 1995. El libro de este autor resumía los resultados de distintas investigaciones llevadas a cabo en las últimas décadas, durante las cuales los científicos han estado explorando los muchos tipos de «inteligencia» que existen, no sólo el que produce genios académicos. Y de todos los tipos, tal como han demostrado numerosos estudios, el más importante sea quizás la inteligencia emocional, la base sobre la que se construye cualquier otra habilidad y aptitud. No obstante, no necesitáis ojear todas esas investigaciones ni ser psicólogos para daros cuenta de la importancia que tiene la inteligencia emocional. Simplemente, mirad a vuestro alrededor. Pensad en los adultos que conocéis. ¿No habéis conocido nunca a nadie cuyo coeficiente intelectual se sale del baremo habitual y, sin embargo, es incapaz de conservar un empleo porque tiene «problemas emocionales»? ¿No hay muchos artistas excepcionales o científicos brillantes que no saben cómo relacionarse con otras personas?

Espera un segundo, Tracy, te estarás diciendo a ti misma justo en este momento, mientras observas a tu bebé que está al otro lado de la habitación, tenga seis semanas, cuatro u ocho meses. Sin duda querrás preguntarme: «¿No crees que es algo pronto para estar hablando de las *emociones* de mi bebé?».

En absoluto. Nunca es demasiado pronto. Cuando nació, tu hijo expresó sus emociones con aquel primer y enérgico llanto en la sala de partos. A partir de entonces, su desarrollo emocional —la forma en que reacciona ante los acontecimientos, su estado anímico general, su capacidad de autorregular y tolerar la frustración, su nivel de actividad, hasta qué punto se excita y cuánto cuesta tranquilizarlo, su sociabilidad, su reacción frente situaciones nuevas— irá avanzando al mismo ritmo que su desarrollo mental.

Los sentimientos de los bebés

La vida emocional de los bebés, exactamente igual que la nuestra, está regulada por el sistema límbico, una pequeña parte del cerebro que también se conoce como «cerebro emocional». No te preocupes, cariño, no pretendo darte una lección de anatomía. De hecho, la verdad es que las explicaciones científicas detalladas me marean. Todo lo que debes saber es que, al nacer, tu bebé tenía aproximadamente la mitad del circuito neuronal necesario para empezar a experimentar emociones. Dado que el sistema límbico se desarrolla de abajo a arriba, lo primero que madura son sus estructuras límbicas más bajas. Esta parte más baja del cerebro incluye la amígdala, con forma de almendra, que es como la oficina central de nuestras emociones. La amígdala alerta a otras partes del cerebro de que hay algo contra lo cual merece la pena reaccionar. En otras palabras, es la responsable de generar emoción pura: la espontánea respuesta al estrés agudo en el cerebro que provoca una aceleración del pulso y una descarga de adrenalina. El sistema límbico superior comienza a desarrollarse entre los cuatro y los seis meses, que es cuando la mente toma conciencia de las emociones. Aunque el cerebro de tu hijo continúa madurando hasta bien entrada la adolescencia, consideremos lo que ocurre sólo durante el primer año (en el capítulo 8 analizaremos los años de la infancia y las etapas posteriores):

Menos de cuatro meses. Incluso cuando tu bebé es una criaturita diminuta, su cerebro primitivo lo controla todo. Las emociones al nacer son espontáneas y algo incontrolables, tales como una mueca en respuesta al dolor por tener gases, por ejemplo. Sin embargo, al cabo de unas pocas semanas, el bebé sonreirá y también empezará a imitarte y eso es un síntoma de que ya está conectando con *tu* estilo emocional. Llorará para expresar que está incómodo o cansado y sonreirá y hará gorgoritos y ruiditos cuando se sienta feliz o excitado. Empezará a sostenerte la mirada cada vez durante más tiempo, desarrollará una sonrisa social y hará asociaciones simples pero importantes: si lloro, alguien vendrá a tomarme en brazos. Entonces el bebé comenzará a darse cuenta de que mediante llantos y expresiones faciales puede hacerte reaccionar para que satisfagas sus necesidades. Cuando tú respondes a esas señales, él aprende a confiar y cuando tú sonríes y lo imitas, él aprende a interactuar.

Recuerda, querida, que llorar es la única forma que tiene tu bebé de manifestar sus emociones y necesidades. Cuando tu hijo llora, no significa que seas una mala madre. Sencillamente es su manera de decir: «Necesito tu ayuda porque soy demasiado pequeño para hacerlo solito». El llanto, que a los padres primerizos les suena bastante ambiguo, es especialmente intenso de las seis a las ocho primeras semanas. Puede que tardes algunas de ellas en comprenderlo, pero pronto sabrás distinguir entre los llantos de hambre, aburrimiento, agotamiento y dolor. Si además conectas con el lenguaje corporal de tu hijo, te resultará más fácil interpretar esas señales. Y, tal como expliqué en el primer capítulo, aún mejor si el bebé sigue una rutina; en ese caso, tanto la hora del día como el momento de la rutina en que se encuentre te dirán mucho sobre sus emociones.

No obstante, a pesar de todo su encanto y sus cualidades absolutamente cautivadoras, de todos sus llantos y de todas sus quejas, los científicos sospechan que, de hecho, tu bebé al principio todavía no siente las emociones *en su interior.* En un experimento realizado con bebés de dos y tres días, se les administraron pequeñas cantidades de agua mezclada con vinagre o azúcar. Las expresiones faciales de los bebés mostraban claramente repugnancia (nariz arrugada, ojitos entrecerrados, lengua hacia afuera) o agrado (boca abierta, cejas elevadas). Sin embargo, mediante el uso de escáneres cerebrales los investigadores pudieron ver que había muy poca actividad en la corteza límbica, la zona del cerebro donde realmente se *sienten* las emociones.

Tal vez te sirva de consuelo saber que cuando tu bebé llora, sus llantos son un acto reflejo y más adelante no recordará el dolor. Esto no quiere decir que yo abogue por dejar llorar a los niños. No, de ninguna manera. Eso va contra mi filosofía del cuidado infantil. Más bien defiendo todo lo contrario, creo que mientras respondas a las llamadas de tu bebé y prestes atención a su «voz», los llantos no le causarán ningún daño duradero. También por esa misma razón a menudo recomiendo el uso de chupetes para los niños (véase la página 198), ya que los ayudan a calmarse por sí solos, una habilidad emocional clave. De todos modos, el factor más importante es *tu* respuesta a los llantos de tu hijo. Diversos estudios han demostrado que cuando los padres saben interpretar y reaccionar ante los diferentes tipos de llanto, sus bebés pasan sin apenas dificultades a lo que los expertos denominan «comunicación sin lloros», lo cual tiene lugar en algún momento entre las doce y las dieciséis semanas. A esa edad, la mayoría de bebés se han tranquilizado y lloran menos tiempo al día. También resulta más fácil saber qué quieren y sosegarlos.

ENTRE LOS CUATRO Y LOS OCHO MESES. Cuando el sistema límbico superior entra en acción, el cerebro de tu bebé da un gran paso adelante. Empezará a reconocer rostros familiares, lugares y objetos e interactuará mucho más con su entorno; incluso disfrutará de la compañía de otros niños. También se percatará de la mascota de la familia. Dependiendo del temperamento de tu bebé, de lo cual hablo en las próximas páginas, en esta etapa suele haber más alegría y risas que angustia y lágrimas. Te darás cuenta de que comienza a *sentir* y a comunicar sus emociones a través de sus expresiones faciales y de sus balbuceos y no sólo a través de sus llantos.

Ahora la vida emocional de tu bebé es más compleja. Algunos niños, a esta temprana edad, incluso empiezan a mostrar signos rudimentarios de que son capaces de controlar sus emociones. Por ejemplo, si acuestas a tu bebé para una siesta y él se revuelve un poco en la cuna, habla un rato consigo mismo, succiona su chupete o se abraza a su peluche o manta favorita hasta que se duerme solito, significa que ya ha aprendido a consolarse y a apaciguarse. Esto acostumbra a suceder antes en bebés de temperamento estable, pero la capacidad de calmarse por sí mismos, al igual que otras habilidades emocionales, se aprende. De la misma manera que coges a tu hijo de las manos para ayudarlo a caminar, también puedes ayudarlo a dar sus primeros pasos emocionales.

Incluso aunque tu bebé no parezca controlar sus sentimientos, ahora probablemente te será más fácil consolarlo. Tal vez llore de aburrimiento si lo dejas demasiado tiempo en la misma posición o en el mismo sitio, o muestre enfado cuando se le quita un juguete o cuando se lo cambia de postura. En algunos pequeños también pueden detectarse signos de una testarudez que se va intensificando. Un bebé de seis meses ya puede chillar y darse puñetazos en el pecho. Además, también es capaz de manipular a aquellos que lo rodean. Puede «flirtear» con los adultos a fin de atraer su atención, observar una cara para ver si la persona responde a sus quejidos y mostrarse satisfecho y casi orgulloso cuando finalmente consigue que lo aúpen.

Cada vez más, tu bebé se convertirá en una presencia social y emocional. Te hará saber cuáles son sus preferencias en cuanto a los alimentos, las actividades y las personas. No sólo imitará sonidos, sino también las inflexiones de tu voz. Se retorcerá ostensiblemente si lo dejas en lugares confinados e incluso puede que se muestre reacio ante la mera perspectiva de que lo sujetes en el carrito o en la trona. Aunque de hecho aún no juegue con ellos, ahora se interesará más por otros bebés. Dependiendo de su temperamento, puede que tenga miedo de niños más activos o de gente que no conoce. Al esconder la cabeza en tu hombro (o llorar), te estará diciendo: «¡Sácame de aquí!». Ahora tu hijo no sólo experimenta sus sentimientos (si hasta el momento tú has sido receptiva), sino que espera que los demás reaccionen ante ellos.

DE OCHO MESES A UN AÑO. A esta edad, los bebés sienten y comunican más de lo que pueden expresar, pero si observas atentamente a tu pequeño verás cómo giran esas minúsculas ruedecitas y cómo sus emociones —negativas y positivas— van y vienen a lo largo de su jornada. Es una presencia real en tu hogar y disfruta enormemente con tu compañía. Puedes llamarlo desde el otro lado de la habitación y él se girará como diciendo: «¿Qué pasa?». Tu bebé ha adquirido un nuevo sentido de sí mismo. Seguramente le encanta que sostengas un espejo delante de él: sonreirá, dará palmaditas o besará su propia imagen. También sentirá una conexión más profunda contigo y con las personas que cuidan de él con asiduidad; y quizás se muestre reticente ante los extraños, hundiendo la cabecita en tu hombro hasta sentirse más confiado.

Conoce la diferencia entre adultos y niños. Es un gran imitador. Y su memoria es mucho mejor porque, entre los siete y los diez meses, esa parte de su cerebro, el hipocampo, ya está prácticamente formada del todo. La buena noticia es que se acuerda de varias personas en su vida y de los libros que le habéis leído. Y la mala es que, si le cambias la rutina ahora, tendrá una reacción emocional muy fuerte ante cualquier novedad. Además, algunos niños se frustran porque sus habilidades comunicativas están bastante por detrás de su actividad mental y no pueden expresar aquello que necesitan. Puede que a esta edad se vuelvan algo agresivos o autodestructivos (que se den golpes en la cabeza, por ejemplo). A partir de ahora las quejas también se convierten en un hábito frecuente y, seguramente, no querrás fomentarlo.

La fase de desarrollo del «benguaje» (lenguaje de los bebés) puede resultar frustrante tanto para los padres como para el hijo. Siempre es buena idea animarlo a que te *muestre* qué es lo que le hace falta. Sin embargo, seguir una rutina elimina mucha incertidumbre del proceso. Si se está dando golpes enfurecido contra la puerta del frigorífico y ya han pasado cuatro horas desde el desayuno, ¡lo más probable es que tenga hambre!

Así pues, es bastante obvio que hacia el final del primer año tu hijo ya posee una rica vida emocional. Pero los niños no llegan a este mundo sabiendo cómo manejar la frustración, cómo tranquilizarse o cómo compartir con los demás; todas estas habilidades forman parte de una competencia emocional que debe desarrollarse. Y es tarea nuestra enseñarles *conscientemente* cómo hacerlo. Algunos padres esperan demasiado y entonces los malos hábitos, como los berrinches crónicos, son más difíciles de erradicar. Otros, ignorando hasta qué punto su propio comportamiento enseña al niño justo lo contrario de lo que ellos quieren conseguir, tienden a elegir la opción que suponga una menor resistencia. Se rinden y piensan: «¿Y qué más da?». Éste es el inicio de los errores de crianza.

Pensad en el perro de Pavlov, que salivaba cada vez que el científico hacía sonar una campana porque la había escuchado cada vez que le daban de comer. Los bebés también funcionan así. Asocian rápidamente vuestra reacción con sus acciones. Por tanto, si hoy te pones a reír cuando tu frustrado bebé de nueve meses tira al suelo su bol de cereales porque está aburrido y no quiere comer más, te prometo que mañana volverá a hacerlo, esperando verte reír de nuevo. La segunda vez que lo haga, seguro que no te parecerá nada gracioso. O bien digamos que estás intentando que tu pequeño de un año se lave las manos, pero mientras lo acompañas al lavamanos él rompe a llorar. Entonces te dices a ti misma: «¡Bueno, qué más da! Hoy no nos lavaremos las manos». Puede que tú no relaciones ambos hechos, pero al cabo de uno o dos días, cuando te encuentres en la cola de la caja del supermercado y tu hijo alargue la mano hacia esos caramelos tan estratégicamente colocados, le dirás: «No», y él ya sabrá que puede utilizar un truco ante el que cederás. Empezará a llorar y, si no le haces caso, llorará cada vez más fuerte hasta que finalmente te rindas.

Ayudar a tu bebé a que desarrolle su competencia emocional es tan importante como alentar sus primeras tentativas de gateo o sus primeras palabras. De hecho, la forma en que respondas a los llantos, quejas y otros estados emocionales de tu hijo va a determinar, hasta cierto punto, el tipo de emociones que te esperan cuando crezca. Pero no esperes que tenga una rabieta en toda regla para convencerte. Ten presente lo que solía decir mi abuela: «Empieza tal como tengas intención de continuar». Dicho de otra manera, procura que tu bebé no adquiera malos hábitos que luego tendrás que corregir. Ya sé que esto es más fácil de decir que de hacer. Algunos bebés son más difíciles que otros, pero a todos se les puede enseñar. El truco es conocer bien a tu bebé a fin de poder adaptar las estrategias a sus necesidades. En la sección que sigue, estudiaremos el delicado equilibrio entre temperamento y educación.

Naturaleza: el temperamento de tu hijo

Al menos en parte, la configuración emocional de cada bebé está predeterminada por su herencia biológica: por los genes y la química cerebral. Si analizas tu propio árbol genealógico, verás cómo el temperamento se hereda de una generación a otra, como si fuera una especie de virus emocional. ¿Verdad que alguna vez has dicho que tu bebé era «tan tranquilo como yo» o tan «tímido como su padre»? O quizás tu madre haya comentado: «Esta conducta tan agresiva de Gretchen me recuerda a tu abuelo Al» o «Davy es tan gruñón como la tía Sue». Sin lugar a dudas, el temperamento de un bebé es innato: ésta es la parte *natural* de la ecuación. Sin embargo, la cosa no acaba ahí. Tras haber estudiado a gemelos univitelinos, con exactamente los mismos genes pero rara vez con la misma personalidad al llegar a la edad adulta, los científicos han concluido que el entorno —la educación— ejerce una influencia igual de importante que la genética. Así pues, veamos tanto el papel de lo innato como de lo adquirido.

Las niñeras, puericultoras, pediatras y aquellos que han tratado a tantos niños como yo, están de acuerdo en que los bebés son diferentes *desde que nacen.* Los hay que son muy sensibles y lloran más que otros y los hay que apenas se inmutan por lo que ocurre a su alrededor. Algunos parecen recibir el mundo con los brazos abiertos y, en cambio, otros observan su entorno con recelo.

En mi primer libro definí cinco grandes tipos de temperamento: *angelito, de libro, susceptible, movido y gruñón.* Algunos profesionales e investigadores que han clasificado los distintos temperamentos de los niños citan tres o cuatro tipos, mientras que otros afirman que existen al menos nueve. En otros casos, contemplan el carácter de los bebés a través de una lente particular, como su capacidad de adaptación o su nivel de actividad. Y también utilizan diferentes denominaciones para distinguir los tipos. Pero la mayoría de observadores coinciden en el concepto básico: el temperamento —a veces también llamado «personalidad», «naturaleza» o «disposición»—, es decir, la materia prima con la que los bebés llegan al mundo. El temperamento afecta a su manera de comer, de dormir y de reaccionar ante los estímulos del mundo que les rodea.

El temperamento es una realidad. A fin de poder trabajar *con* el temperamento de vuestro bebé, antes debéis entenderlo de verdad. Rebuscando en mi archivador mental, he encontrado a cinco niños que ejemplifican a la perfección cada tipo y les he dado un seudónimo que empieza con la misma letra: Alicia (*angelito*), David (*de libro*), Susana (*susceptible*), Manuel (*movido*) y Gabriela (*gruñón*). Y a continuación encontraréis una breve descripción de cada tipo. Ciertamente, unos tipos son más fáciles de manejar que otros (en el próximo apartado especifico además en qué forma los cinco tipos difieren a lo largo del día y cómo les afectan —a ellos y a ti— sus estados de ánimo). Ten en cuenta que estas descripciones destacan características y conductas *dominantes.* Quizás reconozcas a tu hijo en un tipo concreto o quizás te parezca que es una mezcla de dos de ellos.

ANGELITO. Alicia, que ahora tiene cuatro años, es justo lo que sugiere su etiqueta: un encanto, una niña que se adapta con facilidad a su entorno y a cualquier cambio que surja en su camino. De bebé, raramente lloraba y, cuando lo hacía, era fácil interpretar sus señales. Su madre apenas recuerda las típicas rabietas de sus dos años; en resumidas cuentas, no es difícil de tratar porque su estado emocional predominante es apacible y estable (no es de extrañar que algunos investigadores hayan calificado a estos niños como del tipo «fácil»). Tampoco es que Alicia nunca se enfade; pero, cuando lo hace, no cuesta demasiado distraerla o calmarla. Y cuando contaba solamente unos meses, nunca la alteraban los ruidos estridentes o las luces brillantes. Además, siempre se la ha podido llevar a todas partes; su madre podía recorrer una tras otra todas las tiendas del centro comercial, por ejemplo, sin preocuparse de que su hija pudiera romper a llorar y montar un numerito. Desde que era una criatura diminuta, Alicia dormía la mar de bien. A la hora de ir a la cama, su madre simplemente la acostaba en la cunita y ella se dormía felizmente con su chupete, sin necesidad de más tácticas. Y por la mañana, al despertarse, hablaba con sus peluches hasta que alguien entraba en la habitación. Cuando cumplió los dieciocho meses, se adaptó fácilmente a una cama de niña mayor. Ya de bebé, Alicia era un ser muy sociable y sonreía a cualquier persona que se le acercara. Hasta el día de hoy, se adapta sin problemas a las nuevas situaciones, a los grupos de juegos o a otros escenarios sociales. Incluso cuando nació su hermanito el año pasado, ella asumió el cambio con tranquilidad. Adora ser la pequeña ayuda de mamá.

DE LIBRO. David, de siete meses, ha superado cada etapa con la precisión de un reloj. A las seis semanas experimentó un estirón de crecimiento, a los tres meses ya dormía toda la noche sin despertarse, a los cinco aprendió a darse la vuelta y a los siete, a sentarse. Y apuesto a que, al cumplir el primer año, ya estará caminando. Como es un niño tan previsible, a su madre le resulta muy sencillo interpretar sus señales. La mayor parte del tiempo, su temperamento es sereno, aunque también tiene sus momentos de irritabilidad, tal como describen los libros. No obstante, sosegarlo es una tarea poco complicada. Siempre y cuando su madre introduzca los cambios y las novedades de forma lenta y gradual —una buena regla general para todos los bebés—, David se deja llevar. Todas sus «primeras veces» hasta ahora, como su primer baño, la primera vez que probó alimentos sólidos o su primer día en la guardería, han tenido lugar sin apenas incidentes. David tarda veinte minutos en dormirse para hacer una siesta o para pasar la noche —el tiempo «estándar» para un bebé—, y si está inquieto, con darle unas palmaditas de más y susurrarle un tranquilizante *shhh…shhh…* al oído será suficiente. Desde que tenía ocho semanas, David se entretenía con sus propios deditos o con cualquier juguete sencillo y, desde entonces, a cada mes que cumplía se ha vuelto un poco más independiente, jugando por su cuenta durante periodos cada vez más prolongados. Dado que solamente tiene siete meses, todavía no «juega» con otros niños, pero no le intimida estar con ellos. Se porta bastante bien en los lugares nuevos y su madre ya se lo ha llevado en un viaje de punta a punta del país para visitar a sus abuelos. Al regresar a casa, le costó algunos días volver a orientarse, pero eso es normal cuando un bebé viaja a través de distintas zonas horarias.

SUSCEPTIBLE. Susana, de dos años, pesó sólo 2 kilos y 750 gramos al nacer, un peso ligeramente por debajo de la media, y se mostró ultrasensible desde el principio. Tres meses después, había aumentado de peso, pero emocionalmente era un bebé muy nervioso y se excitaba con facilidad. Se estremecía al oír el menor ruido y parpadeaba y giraba la cabeza ante las luces brillantes. Lloraba con frecuencia y sin motivo aparente. Durante los primeros meses, sus padres tenían que arroparla y asegurarse de mantener su dormitorio lo suficientemente cálido y oscuro para que ella pudiera dormir. El más leve ruido la perturbaba y luego le costaba mucho volver a conciliar el sueño. A esta niña, cualquier novedad se le debe presentar con extrema lentitud y muy gradualmente. Se han realizado numerosas investigaciones sobre bebés como Susana. Con calificativos como «cohibidos» y «altamente reactivos», representan alrededor del 15 % de todos los niños. Diversos estudios indican que, de hecho, su sistema interno es diferente al de las demás criaturas de su edad. Al poseer una mayor cantidad de hormonas del estrés, el cortisol y la norepineprina, que activan el mecanismo de respuesta al estrés agudo, indudablemente estos bebés *experimentan* el miedo y otros sentimientos de manera más intensa. Susana encaja a la perfección con este perfil. Tímida ante los desconocidos, de bebé enseguida escondía la cabeza en el hombro de mamá. Y ahora, de niña, es vergonzosa, temerosa y prudente. Tiende a aferrarse a las faldas de su madre ante cualquier situación nueva. En su grupo de juegos, cada vez se siente más cómoda con el resto de compañeros, un conjunto de niños de carácter sosegado cuidadosamente seleccionado; aunque a su madre aún le cuesta abandonar la sala sin que ella se inquiete. Con ayuda, Susana sale de su cascarón, pero esto les exige mucho tiempo y paciencia a sus padres. Es un hacha con los puzzles y los juegos que requieren concentración, una característica que probablemente conservará cuando empiece a ir a la escuela. Los niños susceptibles se convierten a menudo en buenos estudiantes, quizás porque las tareas solitarias les resultan más llevaderas que correr con sus compañeros de clase por el patio.

MOVIDO. Manuel, de cuatro años, es un gemelo bivitelino. La gente que conoce a ambos hermanos diferencia a David como «el más salvaje». Su nacimiento ya anticipó su naturaleza: un sonograma previo al parto mostró a su hermano en la posición más baja; sin embargo, David, de alguna manera, logró abrirse paso por delante de Alexander para emerger primero. Y lo ha continuado haciendo desde entonces. Es agresivo y muy gritón. De bebé, y cuando empezó a gatear, sus fuertes gritos siempre hacían saber de inmediato a sus padres: «Os necesito... ¡ahora!». En situaciones sociales, tales como reuniones familiares o grupos de juego, él tiene que protagonizar la acción. Siempre quiere el juguete con el que su hermano o cualquier otro niño está jugando en ese momento. Le encantan los estímulos y se siente atraído hacia los objetos que hacen ruidos estrepitosos, brillan o provocan alguna sorpresa. Nunca ha dormido bien e incluso ahora, con cuatro años, sus padres deben persuadirlo cada noche para que se acueste. No tiene problemas para comer y es un niño robusto, pero no consigue estar sentado ante una mesa durante demasiado tiempo. David se sube constantemente y de forma temeraria por donde puede. Por eso, no es de extrañar que a menudo se encuentre en situaciones peligrosas. A veces muerde o da empujones a otros niños. Y monta berrinches cuando sus padres no le dan lo que desea o no se lo dan tan rápido como él quiere. Se estima que un 15 % de los niños son como David. Los investigadores se refieren a ellos como «agresivos», «desinhibidos», como niños «hiperactivos» o «altamente reactivos». Si alguien tiene la impresión de que las criaturas movidas representan un reto para sus padres, es así. No obstante, tratados adecuadamente, también son líderes natos. Pueden convertirse en capitanes de equipos deportivos en el instituto y, de adultos, en exploradores o empresarios sin miedo de aventurarse allí donde otros nunca se atrevieron. Lo más duro es conseguir que canalicen toda esa maravillosa energía.

GRUÑÓN. Gabriela parece estar resentida contra el mundo, y eso que sólo tiene tres años. De bebé, costaba horrores hacerla sonreír. Vestirla y cambiarle los pañales ha sido siempre una labor complicada. Ya desde que era pequeñísima solía ponerse rígida en el cambiador y luego se mostraba nerviosa e irritable. Durante los primeros meses, odiaba que la envolviesen y acostumbraba a llorar furiosa mucho rato cada vez que sus padres lo intentaban. Afortunadamente, ellos hicieron que siguiera una rutina tan pronto como llegó a casa del hospital, pero cuando se producía algún cambio o imprevisto, Gabriela expresaba su disgusto llorando y berreando con fuerza. Darle de comer también ha sido difícil desde el principio. Su madre la amamantó, pero le costó mucho lograr que se prendiera bien al pecho y que se mantuviera ahí el tiempo suficiente. A los seis meses abandonó porque, sencillamente, era demasiado duro darle de mamar. Gabriela también tuvo dificultades para adaptarse a una dieta sólida e incluso hoy en día come poco. Se impacienta si no tiene la comida delante cuando le apetece comer y si no se la preparan exactamente como a ella le gusta. Es muy caprichosa con la comida y prefiere ciertos alimentos a todos los demás, negándose a probar ninguna otra cosa, por mucho que sus padres se empeñen en persuadirla. Es sociable cuando quiere, pero tiende a mantenerse al margen hasta que ha valorado cada nueva situación. La verdad es que prefiere jugar por su cuenta y no suele agradarle que otros niños ocupen su espacio. Cuando miro a Gabriela a los ojos, veo un alma vieja; es como si hubiese estado aquí antes y no le entusiasmara la idea de haber vuelto. Sin embargo, esta niña es también todo un carácter; sabe lo que quiere y no duda en manifestarlo. Los niños gruñones enseñan a sus padres a tener paciencia. Y también saben marcar fronteras y defender su propio espacio. Simplemente, es imposible presionarlos, un rasgo que más adelante les hará perseverar ante los problemas. Tanto de niños como de adultos, suelen ser muy independientes y saben divertirse y cuidar bien de sí mismos.

MOMENTOS COTIDIANOS: LOS CINCO TIPOS

El temperamento es un factor fundamental en la manera en que pasa el día vuestro bebé o vuestro niño. Las sucintas descripciones que aparecen a continuación son fruto de años de observarlos. Os ofrezco esta información sólo a modo de guía, no porque vuestro hijo *deba* comportarse de una manera concreta.

ANGELITO

COMER: Por regla general, de bebés suelen comer bien; si se les da la oportunidad, se muestran abiertos a probar nuevos alimentos (sólidos).

ACTIVIDADES: Son moderadamente activos; juegan de forma independiente desde muy pequeños.

Estos bebés poseen una alta tolerancia al cambio; se los puede llevar a todas partes. También son muy sociables, les gusta interactuar y saben compartir, a menos que se sientan abrumados por la agresividad de otro niño.

DORMIR: Se duermen con facilidad y solos; a las seis semanas ya duermen varias horas seguidas. Cumplidos los cuatro meses, harán una buena siesta de un par de horas por la mañana, otra de hora y media por la tarde y, hasta los ocho meses aproximadamente, una cabezadita de cuarenta minutos a última hora de la tarde.

ESTADO DE ÁNIMO: Normalmente son tranquilos y optimistas y ni los estímulos ni los cambios suelen afectarles demasiado. Su humor es estable y predecible. A los padres les resulta sencillo saber lo que necesitan, ya que sus señales emocionales son muy evidentes. Por tanto, en el caso de estos bebés, el hambre no suele confundirse con la fatiga.

DESCRIPCIONES FRECUENTES: Más bueno que el pan. Ni me enteré de que tenía un bebé en casa. Podría tener cinco hijos más como él. Fuimos realmente afortunados.

DE LIBRO

COMER: Son muy parecidos a los bebés angelito, aunque quizás los alimentos sólidos deban introducirse más lentamente.

ACTIVIDADES: Son moderadamente activos. Dado que alcanzan todas las etapas en el tiempo estipulado, es fácil escogerles juguetes apropiados a su nivel. Algunos son auténticos emprendedores; otros se rezagan un poco.

DORMIR: En general necesitan los veinte minutos de rigor para dormirse, el tiempo estándar que tarda un bebé en pasar desde un estado de cansancio hasta el de sucumbir al sueño. Si están especialmente sobreexcitados, tal vez uno de los padres tendrá que arrullarlo un poco más.

ESTADO DE ÁNIMO: De manera similar a los bebés angelito, también son poco reactivos. De hecho, siempre y cuando alguien preste atención a sus señales de hambre, sueño, sobreexcitación, etc., se muestran bastante imperturbables.

DESCRIPCIONES FRECUENTES: Lo hace todo en el tiempo que indican los libros. Es apacible a menos que necesite algo. Un niño fácil de criar.

SUSCEPTIBLE

COMER: Tienden a frustrarse enseguida y cualquier cosa puede hacerles perder el deseo de comer: reflujo, la posición corporal, el estado de la habitación. Si toman leche materna, pueden tener problemas a la hora de prenderse al pecho y quizás les cueste adquirir un buen ritmo de succión. Si se les habla demasiado alto, serán reacios a cualquier tipo de cambio. Y al principio rechazarán los alimentos sólidos: no queda más remedio que ser perseverante.

ACTIVIDADES: Son muy cautelosos respecto a todo lo nuevo: juguetes, situaciones, gente; necesitan mucho apoyo para adaptarse en esos momentos, así como para superar cualquier fase de transición. Sus niveles de actividad acostumbran a ser bajos y se les ha de animar para que participen en los juegos. Suelen estar menos sensibles por la mañana y prefieren jugar de forma individual a hacerlo en grupo. Mejor evitar las citas para jugar con otros niños por las tardes.

DORMIR: Es sumamente importante envolver bien a estos bebés y evitar cualquier factor que pueda excitarlos. Si no os dais cuenta de que les ha entrado sueño y no los acostáis de inmediato en la cuna, acaban tan agotados que cuesta al menos el doble de tiempo conseguir que se duerman. Durante el día, tienden a dormirse de nuevo un buen rato a media mañana y hacer sólo una siesta corta por la tarde.

ESTADO DE ÁNIMO: A veces se ponen nerviosos en la sala de partos, donde la intensidad de las luces parece abrumarlos. Se irritan con mucha facilidad, enseguida reaccionan ante los estímulos externos y, a menudo, les disgustan.

DESCRIPCIONES FRECUENTES: Un verdadero llorica. A la mínima explota. No le gustan los desconocidos. Siempre acaba sobre mi falda o aferrándome la pierna.

Movido

COMER: En lo que respecta a la comida son muy parecidos a los bebés angelito, aunque los que toman el pecho pueden ser muy impacientes. Si la leche de mamá baja demasiado lentamente, soltarán el pezón como diciendo: «¡Eh! Pero, ¿qué pasa?». A veces, es necesario darles un suplemento con el biberón hasta que la leche comience a fluir realmente.

ACTIVIDADES: Desbordan energía, son luchadores y muy activos. Están preparados para lanzarse a actuar en casi cualquier situación y, cuando lo hacen, controlan muy poco sus impulsos y no son nada precavidos. También son altamente reactivos y pueden ser agresivos con sus iguales. Dado que suelen mostrarse más cooperativos por las mañanas, mejor evitar los grupos de juego por la tarde, para que puedan calmarse.

DORMIR: De bebés, detestan que los envuelvan, pero es absolutamente necesario bloquear cualquier estímulo visual. Suelen resistirse a hacer la siesta o a los rituales para ir a dormir, porque no quieren perderse nada. Con un poco de suerte, aunque no duerman mucho por la mañana, seguro que harán una larga siesta por la tarde; esto último es clave para que estos niños tengan un buen descanso nocturno.

ESTADO DE ÁNIMO: Cuando quieren algo, lo quieren ¡ya! Muy suyos, tremendamente gritones y, con frecuencia, testarudos; su humor es voluble y pueden pasar con rapidez de la alegría a la tristeza y de nuevo a la alegría. Adoran la acción, pero tienen tendencia *al exceso*, lo que puede desembocar en un berrinche. Una vez empezadas, sus pataletas son muy difíciles de frenar. Las etapas de transición también pueden resultar bastante duras.

DESCRIPCIONES FRECUENTES: Un terremoto. Siempre anda metido en algún lío. No tengo la energía suficiente para seguirla. Esta niña no le tiene miedo a nada.

Gruñón

COMER: Son muy impacientes. Si toman el pecho, no les gusta esperar que a mamá le baje la leche; a veces resulta más conveniente darles el biberón. Sin embargo, en ambos casos, las comidas pueden durar bastante tiempo, cosa que acostumbra a fatigarlos. No se adaptan fácilmente a una dieta sólida y, cuando finalmente lo consiguen, insisten en tomar los mismos alimentos una y otra vez.

ACTIVIDADES: La actividad no es su fuerte y prefieren jugar por su cuenta y usar los ojos y las orejas más que el cuerpo. Si están enfrascados en alguna actividad u ocupados con algún juguete, no soportan que los interrumpan y les cuesta terminar una cosa y empezar otra.

DORMIR: Para estos bebés es complicado conciliar el sueño. Al ser tan resistentes, a menudo acaban agotados y están nerviosos antes de irse a la cama. En lugar de dormir largamente, también tienden a hacer siestas más bien cortas, de unos cuarenta minutos como máximo, lo cual pone en marcha un círculo vicioso.

ESTADO DE ÁNIMO: Como solemos decir en Yorkshire, estos bebés están a menudo «a punto de explotar». Igual que una olla hirviendo a fuego lento, que debes vigilar continuamente para impedir que el contenido se derrame, tienes que observar siempre sus señales emocionales. La más ligera variación en su rutina les puede provocar una rabieta: perderse una siesta, una actividad estimulante, demasiadas visitas. Sin una rutina, sus vidas son un torbellino constante y, al final, pueden acabar acaparando todo tu tiempo.

DESCRIPCIONES FRECUENTES: ¡Vaya cascarrabias! Al parecer, prefiere jugar solo. Me siento como si a cada momento estuviera esperando su próximo berrinche. Siempre tiene que salirse con la suya.

EDUCACIÓN: CÓMO PUEDEN LOS PADRES MEJORAR EL TEMPERAMENTO DE SUS HIJOS

El temperamento no es una sentencia de por vida. A pesar de que la naturaleza proporciona a los bebés el carácter con el que vienen al mundo, sus experiencias —la educación que reciben, empezando desde la infancia— los condicionan justo en la misma medida. Dicho de otra manera, la vida emocional de vuestro bebé estará determinada tanto por su temperamento, que se manifestará ya en los primeros días después del nacimiento, como por su historia vital: acontecimientos, experiencias y, lo más importante, la gente que cuida de él. Los padres pueden tener un efecto beneficioso en el temperamento de los niños o bien todo lo contrario, ya que sus jóvenes cerebros todavía son moldeables. Esto lo sabemos porque diversos estudios han demostrado que el comportamiento de los padres puede modificar las conexiones cerebrales del bebé. Por ejemplo, los bebés de madres deprimidas se vuelven irritables y retraídos ya desde el primer año de vida y les cuesta más sonreír que a los bebés de madres no deprimidas. Del mismo modo, el sistema límbico de los bebés maltratados es diferente del que tienen los niños que no han sufrido malos tratos.

Éstos son ejemplos extremos de las formas en que sabemos que el entorno puede afectar al temperamento. Sin embargo, esta plasticidad del cerebro también puede funcionar de maneras más sutiles. Durante mi trayectoria profesional, he conocido a bebés susceptibles que han superado su timidez y se han convertido en adolescentes sociables y desenvueltos. Y también he visto cómo niños gruñones, al crecer, encontraban su propio lugar en el mundo. Además, sé de muchos niños movidos que, de adultos, se transforman en líderes responsables y no en alborotadores. No obstante, lo opuesto también es cierto. Cualquier tipo de niño, independientemente de lo buena que sea su disposición innata, está en peligro, si sus padres no atienden a sus necesidades y deseos. Un bebé angelito podrá convertirse en un refunfuñón, y un niño de libro, en un auténtico terror.

Constantemente recibo mensajes de correo electrónico que comienzan con la frase: «Mi hijo era un bebé angelito, pero ahora…». Así pues, ¿qué ocurre con estos niños? ¿Por qué cambian? Bien, analicemos el triste caso de Yancy, un bebé sano que pesó 3 kilos y 700 gramos al nacer. Su madre, Amanda, es una abogada del mundo del espectáculo de cerca de cuarenta años. Al igual que muchas mujeres de hoy, al terminar sus estudios Amanda luchó por labrarse una carrera profesional; estaba tan decidida a establecerse y triunfar en su especialidad que de los veinte a los treinta y tantos años se concentró exclusivamente en su trabajo. Tras alcanzar el sueño de montar su propio despacho, con algunas de las mayores estrellas de Hollywood como clientes, conoció a Matt, un compañero de profesión. Después de casarse, ambos sabían que querían tener hijos «algún día»; así que cuando a los treinta y siete años, Amanda descubrió que estaba embarazada, decidió dejar las dudas a un lado y se dijo: «Supongo que es ahora o nunca».

Amanda aplicó las mismas técnicas de gestión a su nuevo «proyecto», tal como había hecho con los casos que llevaba en su bufete. Cuando Yancy nació, su madre ya había conseguido plaza en una guardería y tenía un armario lleno de leche maternizada y biberones. Había planeado darle el pecho pero quería flexibilidad…, sólo por si acaso. Tenía intención de regresar al trabajo después de una baja de seis semanas.

Afortunadamente, Yancy resultó ser un bebé muy cooperativo. «Bueno como el pan», era la frase que se escuchaba más a menudo en su casa durante aquellos primeros días. El niño dormía bien, comía bien y se lo veía siempre feliz. Al reincorporarse al trabajo, tal como había previsto, Amanda continuó amamantando a Yancy por las mañanas, dio instrucciones a la niñera para que le diera el biberón durante el día y volvía a darle el pecho al regresar de la oficina. Sin embargo, cuando su hijo tenía unos tres meses, Amanda estaba fuera de sí. «No sé qué ha sucedido», me dijo un día por teléfono llorando. «Ya no duerme tan bien como antes. Solía dormir de un tirón de las 11 de la noche a las 6 de la mañana, pero ahora se despierta dos o tres veces cada noche. He tenido que volver a las tomas nocturnas porque parece tener hambre y no quiere que le dé el biberón de ninguna manera. Así que ahora yo estoy exhausta y él totalmente descontrolado.»

Como Amanda había vuelto a trabajar tan pronto, se sentía culpable por no pasar más tiempo con su hijo. Y en lugar de hacer que Yancy cumpliera la estructurada rutina que había seguido desde que nació, le había ordenado a la niñera que mantuviera al niño despierto hasta más tarde, de modo que ella pudiera estar con él al regresar a casa y darle la última toma de pecho. La mayoría de los días, en lugar irse a la cama a las 7 de la tarde, Yancy estaba despierto hasta las 8 o las 9. Si antes le habían dado una comida de refuerzo y luego una toma nocturna antes de acostarlo, ahora, a medida que su rutina había empezado a modificarse, estas estrategias de llenar su barriguita se habían abandonado por completo. Su sueño ya no era apacible porque se iba a dormir excesivamente cansado. Y cuando Yancy se desvelaba por la noche, Amanda recurría a la solución más a mano —su pecho— porque no sabía qué otra cosa hacer. Lo que comenzó como un arreglo rápido se convirtió en un flagrante caso de error de crianza. De repente, su bebé angelito se comportaba más bien como un bebé gruñón, puesto que lloraba inconsolablemente. Estaba «descontrolado» porque le habían alterado su rutina. Y en cuanto su madre había empezado a ocuparse de él por la noche, Yancy enseguida se acostumbró a esperar que lo hiciera. Durante el día, mientras Amanda estaba fuera trabajando, también comenzó a rechazar el biberón. Él quería solamente el pecho de su madre (de hecho, algunos bebés emprenden verdaderas huelgas de hambre; véase el recuadro de la página 132).

Dado que la disposición natural de Yancy era tan tranquila y acomodaticia, no fue difícil que recuperara el ritmo de su rutina anterior. A fin de que pudiésemos remediar las consecuencias de aquel desbarajuste, Amanda accedió a volver de la oficina a casa antes, al menos durante un par de semanas. Puesto que el niño se despertaba de forma errática, deduje que estaba dando un estirón. Sin embargo, en lugar de que esperara recibir sus comidas por la noche, yo quería incrementar las calorías que ingería durante el día, así que añadimos 30 gramos de leche a cada uno de sus biberones diurnos y retomamos la costumbre de juntar comidas a las 5 y a las 7 de la tarde y la toma nocturna de las 11. También le adelantamos la hora de irse a la cama, fijándola en las 7 de la tarde. Además, nos aseguramos de que Yancy no hiciera siestas de más de dos horas y media durante el día, para que no le robaran tiempo a su descanso nocturno.

La primera noche fue un poco infernal, ya que le hice prometer a Amanda que no le daría de comer a Yancy cuando se despertara. Le expliqué que, aumentando sus calorías como estábamos haciendo, su hijo se acostaba con más alimento en el estómago de lo que era habitual y que, por tanto, no se moriría de hambre. Yancy se despertó tres veces y cada vez Amanda lo tranquilizó con el chupete y con mi método de susurrarle «shh» al oído y darle palmaditas suaves en la espalda (véase la página 185). Nadie pudo dormir mucho aquella noche. Pero la segunda, tras un día de comidas abundantes y sólidas siestas, el niño se despertó solamente una vez y, en lugar de tardar cuarenta y cinco minutos en volverlo a dormir, a su madre le costó sólo diez. La tercera noche durmió de un tirón. ¿Y sabéis qué?, volvía a ser el bebé angelito de Amanda y Matt y la calma había regresado a su hogar.

Porque, por supuesto, de la misma manera en que unos padres pueden «arruinar» el buen temperamento de su hijo, lo contrario también es cierto, afortunadamente. Podemos hacer muchísimo para ayudar a nuestros hijos a superar la timidez, canalizar la agresividad, autocontrolarse y mostrarse más predispuestos a implicarse en situaciones sociales. Por ejemplo, Betty sabía y aceptaba que su tercer retoño, Ilana, era una mezcla entre bebé susceptible y bebé gruñón. Cuando Ilana soltó su primer grito en el paritorio, miré a su madre y le dije: «Me temo que tenemos a un bebé gruñón entre manos». He estado en tantos partos y he acompañado a tantas criaturas a casa, que sé perfectamente que las diferencias se establecen ya desde el nacimiento: los bebés susceptibles y los bebés gruñones actúan como si no quisieran nacer.

A medida que Ilana fue creciendo, se cumplió mi profecía inicial. Se convirtió en una niña vergonzosa, a menudo malhumorada y a punto de coger un berrinche en cualquier momento. Betty, que tenía experiencia con sus otros dos hijos, se daba cuenta de que Ilana nunca sería una niña alegre y feliz. No obstante, en lugar de lamentarse por lo que su hija no era o intentar cambiar su naturaleza, ella se concentró en lo que Ilana era realmente. A partir de ahí, se esforzó para que siguiera una buena rutina, protegió sus horas de descanso y prestó mucha atención a sus altibajos emocionales. Nunca la forzó a sonreírle a los extraños ni insistió para que realizara alguna actividad. No se preocupó por el hecho de que Ilana siempre fuese la última en probar nuevas cosas o que a veces ni siquiera quisiera intentarlo. Por otro lado, también se percataba de que su hija era una niña creativa y brillante y procuró fomentar esas cualidades. Jugaba a numerosos juegos de fantasía con ella, le leía cuentos a todas horas y, en consecuencia, Ilana enseguida adquirió un vocabulario sorprendentemente amplio. La paciencia de Betty valió la pena. Con la gente que conocía y, siempre y cuando se le concediera el tiempo suficiente para «entrar en calor», Ilana podía mostrarse incluso muy comunicativa.

Actualmente, esta niña está a punto de ir al jardín de infancia. Todavía es una pequeña de personalidad muy introvertida, pero en el ambiente adecuado consigue salir de su cascarón. Además, tiene la suerte de que su madre sigue esforzándose por allanarle al máximo el camino. Betty ya ha tenido una charla con la nueva maestra de Ilana, aconsejándole sobre las mejores formas de aproximarse y tratarla. Al conocer perfectamente el carácter de su hija, Betty es consciente de que, como mínimo, la primera semana en su nueva clase va a ser un gran cambio y todo un reto para Ilana. Pero con una mamá tan comprensiva y cariñosa, estoy convencida de que se adaptará con éxito al nuevo entorno.

He visto incontables ejemplos más de padres cuya paciencia y concienciación han ayudado a suavizar un tipo de temperamento que quizás en otras familias hubiese sido problemático. He aquí otro caso: antes incluso de que Katha naciera, su madre, Lillian, ya sabía que el bebé que llevaba en su vientre era una pequeña muy activa y decidida. En su útero, Katha daba patadas sin cesar, como si quisiera mandarle un mensaje a su madre: «Aquí estoy y mejor que te vayas preparando». Una vez en el mundo, Katha no decepcionó a nadie. Era el típico bebé movido que exigía el pecho de su madre y lloraba inmediatamente si la leche tardaba demasiado en comenzar a fluir. Al parecer más interesada en mantenerse despierta que en dormir —no fuera a ser que se perdiera algo—, Katha se resistía a meterse en la cuna y normalmente se las apañaba para librarse de la mantita en que la habían envuelto. Afortunadamente, Lillian instauró una rutina estructurada desde el primer día. A medida que su pequeña fierecilla crecía, se aseguró de que Katha, que a los nueves meses ya andaba, tuviera sobradas oportunidades de descargar su energía por las mañanas. Ambas pasaban mucho tiempo fuera de casa, al aire libre, cosa que sin duda resulta mucho más fácil en el soleado sur de California. Y por las tardes, dado que su madre sabía cuánto le costaba a Katha serenarse, realizaban actividades más tranquilas. Más adelante, cuando la hermanita de Katha apareció en escena, la situación fue particularmente delicada. Como era de esperar, a esta niña no le hacía ninguna gracia compartir las atenciones de mamá. Pero Lillian lo solucionó creando lugares especiales en casa para ella, espacios que eran «sólo para niñas grandes» («y donde el bebé no podía entrar»). Además, también se organizó para poder pasar ratos a solas con su energética hija mayor. Hoy, a los cinco años, Katha continúa siendo una niña valiente y aventurera, pero también es educada y bastante dócil, porque sus padres siempre la han vigilado y han puesto freno a su temeraria conducta cuando ella era incapaz de controlarse. Katha es también una atleta precoz, lo cual, indudablemente, es fruto de todas las escaladas y juegos de pelota a los que su madre la había animado. Lillian nunca se hizo ilusiones de que su primogénita cambiara de temperamento. En lugar de esperar milagros, trabajó a conciencia para sacar lo mejor de la naturaleza de Katha; una estrategia que aconsejo a todos los padres.

POR QUÉ ALGUNOS PADRES NO «VEN» CÓMO SON REALMENTE SUS HIJOS

Está claro que criar a niños como Katha supone un reto mucho mayor que criar a otro tipo de pequeños. Pero, en cualquier caso, todos ellos evolucionan mejor con padres pacientes y conscientes (P. C.), como Lillian, que entienden y aceptan el temperamento particular de sus hijos y que, por tanto, son capaces de estructurarles la jornada adecuadamente y de disciplinarlos cuando es necesario. Ésta es la situación ideal, por supuesto. Sin embargo, muchos padres no siempre llegan a ver y, en algunos casos no quieren, lo que tienen justo delante de los ojos.

Cuando, por primera vez, llevan a su retoño a casa, la propia percepción que tienen del bebé está a menudo ensombrecida por las expectativas que se habían creado. Prácticamente todas las parejas que esperan un hijo, ya sea el primero, el segundo o el tercero, tienen ideas preconcebidas sobre cómo será esa criatura y de lo que él o ella será capaz de hacer. Normalmente nuestras fantasías reflejan quiénes somos. De modo que la que es deportista se imagina en pleno campo de fútbol o golpeando pelotas de tenis con su hijo. En cambio, el abogado de éxito piensa en lo inteligente que va a ser su niño, la escuela donde estudiará y en las importantes cuestiones que ambos van a discutir.

Con frecuencia, no obstante, los hijos de verdad no se parecen en absoluto a los que los padres habían soñado. Puede que hubiesen fantaseado con una criatura angelical, pero luego la realidad los golpea con un pequeño demonio, revoltoso y chillón, que les interrumpe las cenas y los despierta a media noche. En tales casos, yo suelo recordarles: «Bien, tenéis un bebé. Los bebés lloran. Es su única manera de comunicarse». Incluso un bebé angelito o uno de libro necesita periodos de adaptación y eso no ocurre en unos pocos días.

A medida que tu bebé vaya creciendo y algunos rasgos emocionales de su carácter se vuelvan más evidentes —sensibilidad, mal humor, belicosidad—, seguro que te hará pensar en tu vieja tía María o en un abuelo muy cascarrabias de tu pareja. Así pues, digamos que tu hijo es un bebé movido. Si eres una persona luchadora y te gusta la gente con mucha energía, puede que te jactes de ello: «Mi Charlie es tan decidido y enérgico como yo». En cambio, si las características típicas de los niños movidos más bien te agobian o te intimidan, probablemente tu reacción será justamente la opuesta: «Vaya, espero que Charlie no desarrolle un talante tan agresivo como su padre. Aunque me temo que va a convertirse en un matón». No hay duda de que nuestros hijos heredarán algunos rasgos de personalidad presentes en nuestras familias; sin embargo, tampoco disponemos de una bola de cristal. Incluso aunque tu hijo *te recuerde* una parte de ti mismo, de tu pareja o de algún pariente que aborreces y que preferirías que no se repitiera, de hecho, no tienes ni la menor idea de cómo va a ser finalmente tu hijo. *Él o ella es una persona diferente, con influencias diferentes y un camino totalmente propio por recorrer.* Y lo que es más importante, si enseñas a tu hijo movido a controlar sus emociones y a canalizar su energía, no tiene por qué convertirse en un matón.

El problema con los miedos y las fantasías es que cuando no nos dejan ver lo que realmente tenemos delante, nuestro hijo en la vida real sufre. Por tanto, uno de mis primeros mandamientos para tener un bebé feliz es el que se puede leer a la izquierda.

Grace, una mujer muy tímida, me llamó porque estaba preocupada por la ansiedad que a Mack le producían los extraños. Por teléfono me contó que su bebé, Mack, de siete meses, se estaba volviendo «exactamente como ella» a esa edad. Sin embargo, cuando conocí al pequeño, descubrí a un bebé de libro que simplemente se ponía un poco nervioso en presencia de gente desconocida. Pero, transcurridos unos minutos de adaptación, yo ya tenía a Mack felizmente sentado en mi regazo. «No puedo creer que esté sentado en tu falda», me dijo Grace boquiabierta. «Nunca quiere ir con nadie más que conmigo.»

> **Concéntrate en el hijo que tienes delante, y no en la fantasía del que te hubiera gustado tener**

Tras pedirle a Grace que analizara honestamente su propio comportamiento, surgió la verdad: ella nunca *permitía* que Mack se acercara a otras personas. Estaba continuamente encima de él y alejaba a todo el mundo de su hijo porque creía ser la única que entendía lo doloroso que era ser tan sensible. En su mente, ella era la única persona que podía protegerlo y que sabía cómo tratarlo. Incluso el papá de Mack estaba siendo apartado de su bebé. Y para agravar aún más la situación, Grace hacía lo que acostumbran a hacer muchos padres angustiados: expresar sus preocupaciones delante del niño.

Bueno, pensaréis, pero si Mack es sólo un *bebé*. Es imposible que comprenda lo que Grace quiere decir con: «Nunca quiere ir con nadie más». ¡Pamplinas! Los bebés aprenden escuchando y observando su entorno. Ni siquiera los investigadores pueden determinar con exactitud a qué edad los niños empiezan realmente a entender las cosas. No obstante, lo que sí sabemos es que captan los sentimientos de las personas que los cuidan y que comprenden cosas mucho antes de poder hablar. Siendo así, ¿quiénes somos nosotros para dar por sentado que esas pequeñas orejitas no lo están percibiendo todo? Cuando Mack oye: «Nunca quiere ir con nadie más», interpreta que no estará seguro, salvo con su madre.

Otra trampa en la que suelen caer los padres que no respetan la auténtica forma de ser de sus hijos es que a veces intentan forzarlos a comportarse como ellos quieren. Esto sucede a menudo cuando los bebés se vuelven más independientes. El siguiente mensaje, extraído de mi página web, representa un buen ejemplo:

Mi Chloe no soporta que la cojan en brazos. En cuanto la aúpo, empieza a retorcerse para que la baje al suelo, donde le encanta hacer exploraciones. Ahora ha perfeccionado su técnica de gateo, así que siempre quiere estar probándola. A veces me gustaría que me abrazara, o al menos que se me sentara en la falda y pudiéramos escuchar juntas una canción o mirar algún libro; pero lo cierto es que no tiene ningún interés. Definitivamente no es una niña «pegajosa», más bien todo lo contrario. Es muy independiente y prefiere ir a la suya. ¿Alguien más tiene un bebé independiente que odia que lo cojan?

Diría que Chloe tiene entre nueve y once meses. Es obvio que se trata de un bebé movido. El problema es que, mientras que a los bebés movidos no les importa que les hagan cuatro arrumacos cuando son más pequeños, en cuanto son capaces de moverse por su cuenta, los abrazos los asfixian. Esta madre debe aceptar que a *su* hija no le bastará con quedarse quieta en su falda y observar el mundo sentada desde ahí, como sí hacen algunos de los bebés de sus amigas. Puede que ansíe esa clase de proximidad y quizás consiga acercarse a ella unos minutos, cuando su bebé movido se muestre más receptivo: antes de acostarla, por ejemplo, cuando Chloe se relaje y esté más predispuesta a escuchar un cuento. Mientras tanto, sin embargo, lo mejor es que su madre reconozca y admire lo que su hijita es capaz de hacer, sobre todo cuando está en plena actividad, enfrascada en explorar el mundo.

Una mamá de Tennessee tenía un problema similar con su bebé susceptible, que tenía sólo cinco semanas cuando ella me escribió: «Mi esposo y yo somos muy sociables y nos gusta ir a casa de amigos. Sin embargo, Keith no se adaptó nada bien cuando lo hicimos. Incluso lo tuvimos un buen rato en el cuarto de los niños de nuestros amigos, intentando calmarlo, pero él no paró de llorar. ¿Alguna sugerencia?». Bueno, querida, tal vez tu hijo sea demasiado pequeño para sobrellevar tanto ajetreo. Desde su punto de vista, ir de visita a casa de otras personas supone un «gran» trajín: un viaje en coche y luego pasar la tarde-noche en una casa extraña, con todos esos adultos haciéndole mimos y achuchones todo el tiempo. A veces es inoportuno y en cierta manera os limita, pero tenéis que aceptar que él es así, al menos de momento. ¡Por el amor de Dios, tiene sólo cinco semanas! Dadle un poco de tiempo para situarse. Y luego, gradualmente, trabajad con él; fomentad y ayudadlo a desarrollar sus puntos fuertes y centraros en aquellos aspectos positivos que deseéis reforzar. No obstante, hay niños que simplemente son más sociables que otros y siempre lo serán.

Determinados tipos de padres, además, se toman personalmente la naturaleza de sus hijos, y entonces *sus* emociones también se añaden al problema. Todavía recuerdo a Dora, una madre que me llamó porque cada vez que intentaba coger en brazos a Evan, un bebé gruñón, su hijo le soltaba una bofetada. Dora lo interpretaba como un signo de rechazo y se sentía herida. Algunos días, cuando eso ocurría, Dora, que era bastante sensible, aún deseaba con más fuerza abrazar a su niño; otros, en cambio, le entraban ganas de devolverle el bofetón a ese pequeño ingrato (que, de hecho, tenía solamente siete meses).

«¿Cómo puedo corregir ese comportamiento?», me preguntó. La verdad es que, a los siete meses, el cerebro de los bebés todavía no está lo suficientemente desarrollado para entender la relación causa y efecto. La bofetada de Evan era su forma de decir: «Déjame bajar». Pero tampoco estoy diciendo que Dora deba ignorar el bofetón. Lo que tiene que hacer es frenarle la mano y decirle: «No pegues a mamá», aunque él no va a «entender» lo que eso significa realmente hasta que pasen otros seis meses (más información acerca de este tema en el capítulo 8).

COMPATIBILIDAD EMOCIONAL

La historia de Evan y Dora no es inusual. Con frecuencia, la visión que tienen los padres de la vida emocional de sus hijos se distorsiona cuando el temperamento de su bebé choca con su propio estilo emocional. En el caso de la madre de Chloe, por ejemplo, ella misma parecía un poco necesitada de afecto y su deseo de proximidad física le impedía ver el verdadero carácter de su hija. Lo cierto es que tú, querida lectora o lector, así como cualquier otro progenitor que lea este libro, tienes un temperamento único e irrepetible. También fuiste un bebé una vez y encajabas en alguna de las cinco categorías que he definido antes; o bien, eras una mezcla de dos o más. Una serie de experiencias te han ido influenciando desde entonces, pero tu temperamento —tu estilo emocional— continúa siendo un factor importante en la forma en que te relacionas con la gente y las situaciones.

Stella Chess y Alexander Thomas, dos reputados psiquiatras pioneros en el estudio del temperamento de los bebés, en el año 1956 ya acuñaron el término ***goodness of fit***, beneficios de la compatibilidad, para describir el grado de compatibilidad existente entre los padres y sus bebés. En otras palabras, un desarrollo sano no depende exclusivamente del temperamento de tu bebé; también tiene que ver con tus propias exigencias y expectativas; es decir, con tu capacidad de ver a tu bebé como es en realidad y poder adaptar tus estrategias a sus necesidades, no sólo a las tuyas. A pesar de que no dispongo de ninguna investigación basada en los siguientes tipos de padres, mi experiencia al haber trabajado con miles de ellos me ha proporcionado una idea bastante clara de lo que sucede cuando una madre o un padre con determinado estilo emocional interactúa con cada uno de los tipos de bebé:

Los padres confiados y seguros de sí mismos son tranquilos y flexibles, por lo que encajan bien con todos los tipos de bebé. Cuando son padres por primera vez, tienden a adaptarse a los cambios que se producen en su vida y a los altibajos que implica serlo. No suelen agobiarse por el trabajo; se dejan guiar por sus instintos «naturales», confían en sus intuiciones y se les da muy bien interpretar las señales de su hijo. Puesto que acostumbran a tomárselo todo con calma y son pacientes, no tienen problema con los bebés gruñones, están predispuestos a dedicar a los bebés susceptibles el tiempo extra que éstos necesitan y disponen de la energía y la creatividad que requiere criar a un bebé movido. Los padres confiados suelen ver lo mejor de las personas y, por eso, también buscan el lado más positivo del carácter de sus niños. Aunque tienen sus propias opiniones sobre diversos aspectos de la paternidad, también están muy abiertos a nuevas ideas y enseguida se dan cuenta cuando sus propias motivaciones están implicadas en algo que hace su bebé.

Los padres al pie de la letra lo hacen todo literalmente... «al pie de la letra». A veces se exponen a mucha frustración porque esperan que su bebé no se desvíe de la norma. Cuando surgen los problemas, este tipo de padres consultan ávidamente libros y revistas y buscan como locos en Internet, a fin de encontrar una situación exactamente igual a la suya y una receta para enderezarla. Acuden a mi página web quejándose de que su bebé no hace esto o aquello. Intentan que su hijo se adapte a lo que es típico, no necesariamente porque sea bueno para él, sino porque es «lo normal». Para estos padres, lo ideal es un bebé de libro que vaya superando las distintas etapas justo en su tiempo. También les va bien con los bebés angelito, ya que son niños con una gran capacidad de adaptación. No obstante, puesto que los padres al pie de la letra desean tan desesperadamente seguir un horario, es muy posible que se les pasen por alto las señales que su hijo les envía. Por tanto, no son del tipo más adecuado para los bebés susceptibles, que son sumamente sensibles, ni para los movidos, que no son nada conformistas. Los padres al pie de la letra suelen dar vueltas en círculo, probando diferentes horarios y estrategias según el libro o experto al que hayan decidido seguir aquel día. Probablemente la peor combinación sea con un bebé gruñón, al cual cada nuevo cambio le disgusta más. El punto fuerte de esta clase de padres estriba en su habilidad para investigar y solucionar problemas. Además, están totalmente abiertos a cualquier tipo de sugerencias.

Los padres tensos son muy sensibles. Puede que sean tímidos y, por tanto, para ellos es difícil acercarse a otros padres en busca de compañía o apoyo. Durante los primeros días de su reciente maternidad, las madres tensas lloran con frecuencia y se sienten incompetentes. Por su lado, los papás tensos tienen miedo de coger al bebé. Con un bebé angelito o de libro, este tipo de padres suele llevarlo bien, pero si la criatura tiene un mal día, como les ocurre de vez en cuando a todos los bebés, piensan que es culpa suya. No toleran demasiado bien los ruidos y les molestan enormemente los llantos, así que un bebé susceptible o gruñón raramente será lo más adecuado para ellos. Es probable que la mayor parte del tiempo se sientan frustrados y con las lágrimas a flor de piel. Si tienen un bebé gruñón, posiblemente se tomarán de forma personal sus cambios de humor. He conocido a parejas que me han llegado a decir: «El niño nunca sonríe porque nos odia». Los padres tensos tienden a sentirse abrumados, sobre todo, por los bebés movidos, los cuales enseguida se dan cuenta de que tienen la sartén por el mango. Aunque su extrema sensibilidad también tiene un lado positivo: les resulta muy fácil sintonizar con el bebé.

LOS PADRES DINÁMICOS y ambiciosos siempre están activos, siempre andan metidos en algún proyecto u otro. Son padres que no pueden quedarse quietos; y tal vez tengan problemas con el hecho de que un bebé los obligue a bajar el ritmo. También puede que tengan bastante genio. Los padres dinámicos acostumbran a ignorar los consejos. A pesar de que muchos de ellos me llaman para preguntarme qué deben hacer, si les diseño un plan, es probable que me salgan con un montón de «Sí, pero…», o de preguntas del tipo «¿Y qué pasa si…?». Dado que normalmente arrastran al bebé con ellos a todas partes, estos padres podrían agotar incluso a un equilibrado bebé angelito o a uno de libro; o peor, los podrían hacer sentir inseguros en medio de tanto caos. Y en el proceso, a menudo se pierden lo que tienen delante: la alegría de haber tenido un bebé que ya les gustaría a la mayoría de padres. Los padres dinámicos pueden enfadarse con un bebé susceptible, sentirse ofendidos por el mal humor o la falta de flexibilidad de un bebé gruñón y chocar con un bebé movido. Tienden a ser algo rígidos y a actuar de forma más bien drástica, como dejar llorar al bebé hasta el agotamiento, por ejemplo, en lugar de adoptar una solución más gradual y compasiva para los trastornos del sueño de su hijo. Empujados por sus propias necesidades, son muy estrictos y, en consecuencia, tienden a verlo todo en blanco y negro. La rutina E. A. S. Y. no les convence, ya que cuando oyen la palabra «rutina», piensan inmediatamente en un *horario*. Por otro lado, son padres muy creativos que exponen a sus hijos a un amplio abanico de experiencias y los animan a probar cosas nuevas y a asumir riesgos.

LOS PADRES TESTARUDOS parecen creer que lo saben todo y se sienten contrariados cuando su bebé no reacciona como ellos piensan que debería hacerlo. Se aferran con fuerza a sus ideas, a menudo son muy obstinados y les cuesta comprometerse. Este tipo de padres siempre se están quejando. Incluso aunque tengan un bebé angelito o uno de libro, encontrarán y se obsesionarán con la única cosa que su hijo no hace o, según su opinión, hace mal. A los padres testarudos les resulta difícil tolerar los llantos de un bebé susceptible. No les gusta la molestia de tener que estar continuamente calmando o persiguiendo a un bebé movido. Y se enfadan al descubrir lo terco que es su bebé gruñón y lo poco que sonríe, quizás porque les recuerda a su propio carácter. En definitiva, estos padres siempre encuentran la manera de criticar y censurar a todas horas a su hijo, independientemente del tipo de bebé que sea. Y para empeorar más las cosas, hablan mal de sus hijos y se quejan ante otras personas en presencia de sus bebés; y al hacerlo, estos padres convierten a sus pequeños precisamente en aquello que constantemente les dicen que son. Lo bueno de los padres testarudos es que tienen mucho aguante y tesón. En cuanto reconocen un problema, se muestran abiertos a escuchar sugerencias y están dispuestos a perseverar, incluso cuando el camino se pone difícil.

Tened en cuenta que los estilos emocionales descritos anteriormente son retratos llevados al extremo. Nadie encaja perfectamente en ninguna de estas categorías; la mayoría de nosotros podemos ver rasgos de nuestro propio carácter en cada una de ellas. Sin embargo, si somos sinceros, sabemos quiénes somos la mayor parte del tiempo. Con esto no estoy insinuando que los padres no puedan cometer errores. Sencillamente son humanos. Sus propias necesidades bullen siempre bajo la superficie y también tienen una vida e inquietudes, además de sus hijos (lo cual es muy positivo). Mi objetivo a la hora de mostraros estos posibles escenarios de «incompatibilidad» es agudizar vuestras conciencias, a fin de que tengáis un poco más presente cómo vuestra forma de ser y comportamiento puede afectar a la salud emocional de vuestro hijo. Desafortunadamente, cuando los padres son incapaces de ver a través del velo de sus propios intereses personales y cuando sus exigencias y expectativas no son compatibles con el temperamento y las aptitudes de sus hijos, su actitud puede dificultar seriamente la salud emocional del niño, especialmente el desarrollo de la confianza.

LA CONFIANZA: FACTOR CLAVE PARA LA SALUD EMOCIONAL

Inicialmente, la vida emocional de tu bebé se expresa mediante emociones puras, mayoritariamente a través de su repertorio de llantos y de su forma de interactuar contigo; éstas son sus primeras experiencias de comunicación y contacto, su creciente vinculación afectiva contigo. Al emitir gorgoritos y ruiditos, tu bebé intenta relacionarse y entablar una conversación para atraer tu atención y conectar (los científicos llaman a esta estrategia «protoconversación»). Sin embargo, hacen falta dos para que se produzca este baile social y emocional, por eso tu respuesta es crucial. Cuando tu bebé te sonríe o balbucea y tú le devuelves esas sonrisas o consuelas sus llantos, él sabe que estás ahí para ayudarle y ése es el comienzo de la confianza. Visto de esta forma, seguro que entiendes por qué llorar es algo positivo: significa que tu hijo espera que respondas a sus llantos. En cambio, un buen número de estudios han demostrado que los bebés a quienes se ignora acaban finalmente por dejar de llorar. Es inútil llorar si nadie acude a consolarte o a satisfacer tus necesidades.

La confianza establece las bases para la salud emocional de tu hijo en los siguientes años; es fundamental para que aprenda a comprender sus emociones, a controlarlas y a respetar los sentimientos de otras personas. Y dado que las emociones pueden estimular o inhibir las capacidades intelectuales y las aptitudes especiales de tu bebé, la confianza es también la base del aprendizaje y de las habilidades sociales. Varios estudios, realizados a largo plazo, han puesto de manifiesto que los niños que mantienen relaciones formativas no sólo tienen muy pocos problemas luego en la escuela, sino que además muestran confianza en sí mismos, desarrollan un sentido de la curiosidad acerca del mundo y están motivados a explorarlo (ya que se sienten seguros al saber que tú estarás ahí para socorrerlos si se caen). A diferencia de los niños a quienes les han faltado unos vínculos afectivos fuertes desde el principio, éstos también disponen de una mayor capacidad para interactuar con sus iguales o con personas adultas, puesto que sus primeras relaciones les han demostrado que pueden fiarse de los demás.

El desarrollo de la confianza empieza con la comprensión y aceptación del temperamento de tu bebé. El umbral de las reacciones emocionales de cada criatura seguramente será diferente. Por ejemplo, ante una nueva situación, un bebé angelito, uno de libro o uno movido es probable que se adapten rápidamente, mientras que un bebé susceptible o uno gruñón podrían disgustarse. Los bebés movidos, los gruñones y los susceptibles tienen las emociones a flor de piel y te hacen saber de forma clara y contundente lo que sienten. Los bebés angelito y los de libro necesitan relativamente poco para calmarse; sin embargo, los susceptibles, movidos y gruñones a veces parecen inconsolables. Como quiera que sea la manera en que tu hijo manifiesta sus emociones, no trates nunca de empujarlo a sentir de otra forma («Oh, vamos, no hay nada de qué asustarse»), ni de persuadirlo para que no las exprese. Lo que ocurre en realidad es que a los padres les incomodan las intensas emociones de sus hijos y, por eso, intentan convencerlos de que las repriman.

En lugar de negarle a un niño sus sentimientos —o a un bebé— *descríbeselos* («Vaya, cariño, debes de estar cansado, por eso lloras»). No te preocupes si tu bebé te entiende o no; con el tiempo, comprenderá lo que le dices. Luego, y esto es igual de importante, adapta tu respuesta a lo que *él* necesita en ese momento; si tu hijo es un bebé susceptible, tendrás que envolverlo y ponerlo en la cunita, pero no debes hacer eso si se trata de uno movido o gruñón, porque este tipo de bebés odian la sensación de reclusión. Con cada momento emocional y cada respuesta adecuada, irás construyendo una reserva de confianza.

Todos los bebés necesitan que respondamos a sus llantos y atendamos a sus necesidades; sin embargo, los bebés susceptibles, los movidos y los gruñones, en especial, son más complicados que el resto. A continuación expongo lo que tienes que recordar de cada uno de estos tres tipos:

SUSCEPTIBLE. Protege su espacio. Observa su entorno e intenta imaginar el mundo a través de sus sensibles ojos, oídos y piel. Cualquier clase de estimulación sensorial —una etiqueta en la ropa que le pique, el volumen del televisor demasiado alto, una luz deslumbrante en el techo…— puede ponerle los nervios de punta. Proporciónale muchísimo apoyo ante las situaciones nuevas, pero no lo sobreprotejas porque eso podría reforzar sus temores. Explícale todo lo que te dispongas a hacer —desde cambiarle los pañales hasta prepararlo para un viaje en coche—, incluso aunque pienses que aún no te entiende. En toda nueva situación, tranquilízalo asegurándole que estarás ahí para ayudarle. No obstante, deja que sea él quien tome la iniciativa; a veces tu hijo susceptible te sorprenderá. Al principio, socializa sólo con uno o dos niños (de carácter apacible).

MOVIDO. No esperes que permanezca quieto durante mucho tiempo. Incluso de muy pequeños, estos niños necesitan cambiar de postura y escenario con más frecuencia que otros bebés. Ofrécele numerosas oportunidades para que juegue activamente y realice exploraciones seguras, pero procura que no se sobreexcite. Recuerda que cuando está demasiado cansado, es más probable que sus propias emociones lo abrumen. Observa cualquier signo de agotamiento e intenta evitar las rabietas, ya que en el caso de los bebés movidos son casi imposibles de frenar. Si distraerlo con algo no funciona cuando está a punto de explotar, mejor que te lo lleves a otro sitio hasta que se calme. Asegúrate de que tus parientes y otras personas que lo cuidan entienden y aceptan la intensidad de sus emociones.

GRUÑÓN. Acepta el hecho de que probablemente no sonreirá ni reirá tanto como otros bebés. Ofrécele ocasiones de usar la vista y el oído, no únicamente el cuerpo. Mantente al margen cuando se ponga a jugar y déjalo escoger los juguetes con que quiere entretenerse. Puede que se frustre o se enfade ante situaciones o juguetes que no le resultan familiares. Ten cuidado durante las transiciones. Si está jugando y es hora de hacer la siesta, avísale («Ya casi es hora de guardar los juguetes») y luego dale unos minutos para que se haga a la idea. Al principio, socializa sólo con uno o dos niños.

ROMPER EL VÍNCULO DE CONFIANZA

Una tarde, fui invitada a observar a un grupo de niños durante una de sus sesiones de juegos; por lo visto, sus madres, que hacía muy poco habían decidido reunirse dos veces por semana, estaban preocupadas porque creían que sus hijos «no parecían llevarse bien». Las tres mamás, Martha, Paula y Sandy, eran amigas y los niños, Brad, Charlie y Anthony, tenían entre diez y doce meses. Los bebés, por supuesto, no «jugaban» realmente unos con otros. Más bien se divertían mientras sus madres charlaban. Este tipo de grupos son como minilaboratorios para mí, ya que me permiten contemplar cómo interactúan los niños y cómo se relacionan sus madres con ellos.

Brad, un bebé susceptible de diez meses, no quería unirse a los otros dos niños, un «problema» del cual su madre ya me había hablado. No paraba de levantar los brazos hacia Martha, deseaba claramente estar en su regazo. Y cuanto más intentaba ella disuadirlo («Vamos, Brad, con lo que te gustan Charlie y Anthony. Mira qué bien se lo están pasando con ese juego»), más fuerte lloriqueaba el pequeño. Martha, con la esperanza de que Brad finalmente se diera por vencido y se uniera a los otros dos niños, decidió ignorarlo. Y se puso a charlar de nuevo con las otras madres. Sin embargo, ninguna de sus tácticas funcionó. Brad continuó

SABOTEADORES DE LA CONFIANZA

Aquí tenéis una lista de los errores más comunes que suelen cometer los padres con sus bebés (y niños más mayores) y que pueden dar al traste con la confianza.

- No respetar —o peor, negar— los sentimientos del niño: «Pero si a ti te encantan los perritos. Venga, deja de llorar».

- Forzar a un bebé o a un niño pequeño a comer cuando está lleno: «Sólo una cucharadita más».

- Persuadir a un niño para que cambie de idea: «Vamos, cariño, Becky ha venido aquí con Billy para que jugarais juntos los dos».

- No comunicarse: antes incluso de que tu bebé hable, deberías mantener un diálogo continuado con él.

- Introducir situaciones nuevas sin avisar, como llevarlo a un grupo de juegos, por ejemplo, y dar por sentado que tu bebé o tu niño se sentirá a gusto.

- Escabullirte furtivamente de casa para evitar una escena (cuando te marchas a trabajar o a cenar fuera).

- Decir una cosa: «No puedes comer caramelos» y hacer otra: ceder cuando se pone a llorar.

lloriqueando y al final empezó a llorar. Martha tuvo que ponérselo en la falda, pero, llegado ese punto, ya era imposible consolarlo.

Al otro lado de la habitación, Charlie, un bebé movido, estaba entusiasmado, gateando de un juguete a otro. Al cabo de un rato, se encaprichó de una pelota que tenía Anthony e intentó quitársela, mientras el pobre Anthony se aferraba a ella con todas sus fuerzas. Finalmente, Charlie le dio un empujón a Anthony, que se cayó al suelo y se añadió al coro de llantos de Brad. Al aupar a su hijo del suelo para consolarlo, Sandy lanzó una mirada inconfundible a las otras dos madres: *nunca más*.

Paula, la mamá de Charlie, estaba mortificada. Era evidente que la escena le resultaba familiar. Trató de retener a Charlie en sus brazos, pero él se resistió. Cuanto más intentaba Paula que no se soltara, más gritaba el niño en señal de protesta y más se retorcía para librarse del abrazo de su madre.

¡Hablando de romper la confianza! En primer lugar, empujar a Brad a jugar con una multitud de niños (a un bebé como Brad, tres niños le parecen una habitación llena) fue como lanzar a la piscina a un niño que no sabe nadar. Y, en segundo lugar, intentar frenar o hacer entrar en razón a un bebé movido como él y sobreexcitado además, ¡fue echar más leña al fuego!

¿Qué podía haber hecho cada una de estas madres para lidiar con la situación y, al mismo tiempo, crear confianza en lugar de destruirla? Tal como le expliqué a Martha, ella debería haberse dado cuenta enseguida —incluso antes de llegar— de que el «problema» de Brad no iba a desaparecer simplemente por arte de magia. Ella debería haber comprendido y apoyado a su hijo («Está bien, cariño, no tienes por qué jugar si aún no te sientes preparado»). Tendría que haberle permitido que se sentara en su regazo *hasta que estuviese preparado.* No estoy diciendo que no tendría que haberlo presionado un poco; pero en lugar de empujarlo a jugar o ignorarlo, como hizo, debería haberlo animado con mucho tacto a unirse al resto de bebés. Podría haberse sentado con él en el suelo, señalándole quizás un juguete con el que ella supiera que a Brad le gustaba jugar. Aunque Martha hubiese sospechado que su hijo podría tardar seis meses en saltar a la palestra, tendría que haberlo dejado avanzar a su propio ritmo.

También le comenté a Paula que debería haber previsto con antelación lo que iba a pasar. Sabiendo que Charlie era un niño tan activo y propenso a excitarse, ella debería haber intervenido en el momento en que notó que su hijo empezaba a desmadrarse. Los signos de aviso de una pataleta empiezan normalmente con una subida del tono de la voz del niño, sus brazos y piernas se agitan nerviosamente y luego arranca a llorar. En lugar de dejar que Charlie diera rienda suelta a sus emociones, Paula debería habérselo llevado de la habitación antes para que se tranquilizara un poco y así, posiblemente, habría podido evitar la escena. Cuando un

¡QUE NO ESTÉ SOLO!

Nunca dejes solo a un bebé (o niño) emotivo. Los bebés no pueden controlar sus propias emociones, por eso debemos ayudarlos. Si tu bebé está llorando, dando golpes, sacudiendo los brazos y las piernas o fuera de control en algún otro sentido, un cambio de escenario casi siempre ayuda, especialmente si hay otros niños alrededor. Eso lo aleja del centro de la acción y lo distrae, que es una de las formas más efectivas de diluir las emociones de un bebé. Explícale siempre lo que siente en cada momento, aunque creas que no pueda entenderte. Tal vez hoy no entenderá lo que le dices, pero con el tiempo lo hará.

¡HORROR, LA TEMIDA CONSULTA DEL MÉDICO!

Muchos bebés empiezan a llorar en el instante en que llegan a la puerta del pediatra. Y quién puede culparlos. Los pequeños asocian la consulta con que los desnuden en medio de una habitación demasiado iluminada y encima luego ¡les claven una aguja! No seas una de esas madres que se disculpa cuando su hijo chilla al ver al médico: «Perdone, doctor, él no suele comportarse así. En realidad, usted le gusta mucho». Mentiras como ésta niegan los sentimientos del bebé. Sería mejor adoptar otro tipo de actitud, por ejemplo:

- Intenta concertar pocas citas antes de la primera inoculación.

- Sé sincera: «Ya sé que no te gusta estar aquí, pero no me separaré de ti».

- Pregunta cuándo vendrá el doctor a examinar a tu hijo y desvístelo en el último momento. Cógelo en brazos hasta que el médico llegue.

- Quédate al lado de tu bebé mientras el médico lo examina y habla con él.

- Si es hora de ponerle una inyección, no le digas: «Oh, vaya, qué doctor tan malo».

- Dile la verdad: «Cielo, tenemos que hacerte esto porque no queremos que te pongas enfermo».

- No tengas miedo de cambiar de pediatra si tienes la sensación de que el médico trata a tu hijo como un objeto; por ejemplo, si no le dirige la palabra ni lo mira directamente a los ojos.

niño explota, especialmente uno movido, no sirve de nada razonar con él ni intentar controlarlo. Insistí en que sacarlo de la habitación no era un castigo, sino una manera de ayudarlo a dominar sus emociones. A esta edad, cuando el cerebro de los bebés es incapaz de relacionar causa y efecto, ¡no podemos pretender hacerlos entrar en razón! Si en vez de eso Paula hubiese salido con él de la habitación, cogiéndole suavemente de la mano en lugar de intentar sujetarlo a la fuerza, le podría haber dicho: «Venga, vamos al dormitorio y te leeré un cuento. Luego, cuando te sientas más calmado, podrás volver a jugar con los otros niños».

Poco a poco y a su ritmo, el susceptible Brad se irá haciendo más valiente, más extrovertido y, más adelante, aprenderá a interactuar con los demás, aunque sólo cuando se sienta cómodo y seguro de sí mismo. El movido Charlie aprenderá que no es bueno avasallar a otros niños, pero no lo hará a menos que se lo contenga cuando está fuera de control. Tendrán que pasar algunos meses más hasta que Charlie pueda comprender lo que significa «calmarse», pero no es demasiado pequeño para empezar a aprender. Martha y Paula deben actuar como una red de seguridad para sus hijos, no como un par de agentes de policía. Incluso cuando los niños son demasiado pequeños para regular sus propias reacciones, se sienten más seguros cuando sus madres los ayudan a comportarse. Entonces ven que pueden confiar en mamá si la situación los asusta o abruma.

Y muy importante: les dije a las tres madres, en especial a Martha y a Paula, que tenían que aprender de esta experiencia lo que desencadenaba las reacciones emocionales de sus hijos y aquello que los apacigua. Con un poco de suerte, la próxima vez ellas intervendrán *antes* de que sus dos hijos se alteren demasiado y monten una escena. No obstante, la lección fundamental es que no pueden penetrar en las emociones de sus bebés. Tienen que saber verlos a través de ellas y explicárselas a sus hijos, sin dramatismos y sin tener también reacciones por sí mismas.

En lugar de reunirse por la tarde, también podrían considerar la posibilidad de quedar por la mañana, después de la siesta; a aquella hora, es más probable que los niños estén bien descansados. También pueden quedar una vez por semana en lugar de dos, que es mucho para los bebés que no han cumplido aún el primer año. Además, por muy buenas amigas que sean las madres, tendrían que prestar atención a la química existente entre sus niños y preguntarse a sí mismas: «¿Es ésta la mejor situación social para mi hijo?». Puede que Charlie se tranquilice, pero entretanto su temperamento básico tal vez sea demasiado impetuoso para un bebé como Brad. Incluso puede que tampoco sea la mejor compañía para Anthony, un niño de libro. Aunque es cierto, reunirse por la mañana seguramente ejercerá una influencia tranquilizadora en Charlie, que por las tardes no se encuentra precisamente en su mejor momento. Sin embargo, también por su bienestar, lo más adecuado sería que se relacionara con un grupo de niños más activos; y que, por ejemplo, se reunieran en un gimnasio o en un parque. En ese caso, él no sería el único niño movido y ese otro tipo de entorno le permitiría desahogar parte de su exceso de energía.

12 CONSEJOS PARA CREAR CONFIANZA

En el capítulo 8, explico cómo los padres pueden ayudar a sus hijos a evitar lo que yo llamo «emociones desbocadas»: sentimientos que arrasan con todo y que pueden anular los rasgos positivos de su carácter y sus mejores aptitudes. Sin embargo, una buena salud emocional, que permita al niño comprender sus emociones y ser capaz de dominarlas, requiere una sólida vinculación afectiva. Ya desde la más tierna infancia, el sentimiento de confianza se construye mediante doce estrategias diferentes:

1. CONECTA CON ÉL. Interpreta sus llantos y su lenguaje corporal de manera que puedas comprender por qué llora y de qué «humor» está. Si tu bebé está llorando, pregúntate: «¿Sé cuál es el temperamento de mi bebé?». ¿Es activo, sensible, de humor variable, de lágrima fácil y está irritable y malhumorado la mayor parte del tiempo? ¿Es inusual en él esta reacción? Si no eres capaz de describir la naturaleza emocional de tu hijo, es porque no estás prestando suficiente atención a sus señales y también puede significar que sus necesidades no están siendo satisfechas.

2. SIGUE UNA RUTINA E. A. S. Y. (VÉASE EL CAPÍTULO 1). Todos los bebés prosperan cuando su vida es predecible y tranquila; sin embargo, una rutina estructurada es especialmente importante en el caso de niños susceptibles, movidos y gruñones. Utiliza rituales predecibles para las transiciones cotidianas —comidas, siestas y hora de ir a la cama, baño, recogida de juguetes— de modo que tu bebé pueda saber qué le espera.

3. NO TE LIMITES A HABLAR A TU BEBÉ, DIALOGA CON ÉL. A mí me gusta pensar que mantengo un

AYUDA A TU BEBÉ A DESARROLLARSE

Criar y educar a un hijo siempre implica conseguir ese frágil equilibrio entre estar ahí para proteger al niño y darle libertad para que pueda explorar el mundo por su cuenta. A fin de recordarles a los padres que busquen ese punto medio, yo les sugiero «H. E. L. P.».[5]

Reprímete: No acudas inmediatamente. Concédete unos minutos para averiguar por qué llora tu bebé o por qué se aferra a ti como si le fuera la vida en ello.

Fomenta la exploración: Deja que tu bebé o tu niño descubra por sí solo la maravilla que son sus dedos o el nuevo juguete que acabas de colocar en su cunita. Si necesita tu ayuda, ya te lo hará saber.

Pon límites: Probablemente tú conoces el umbral de resistencia de tu bebé. Limita la cantidad de estímulos que recibe al día, el tiempo que está despierto, el número de juguetes que lo rodean y las opciones que se le presentan. Intervén antes de que sufra un exceso de estimulación.

Elógialo: Desde que es un bebé, empieza a aplaudir los esfuerzos de tu hijo, no los resultados («¡Mira qué bien! Estás metiendo el brazo en la manga del abrigo»). Sin embargo, tampoco te pases (Tu hijo *no* es «el chico más listo del mundo», ¡por muy inteligente que a ti te parezca!). Un elogio adecuado no sólo incrementa la autoestima de tu hijo, también le sirve de acicate.

diálogo fluido con los bebés y no una conversación unidireccional. Establece contacto visual cada vez que hables con tu hijo, no importa lo pequeño que sea. Aunque no podrá contestarte hasta pasados unos cuantos meses, un año o quizás más, él lo va percibiendo todo y habla contigo a su manera, con sus gorgoritos y sus llantos.

4. RESPETA EL ESPACIO FÍSICO DE TU BEBÉ. Incluso aunque creas que él no entiende tus palabras, explícale lo que estás a punto de hacer. Por ejemplo, cuando vayas a cambiarle el pañal, dile: «Ahora voy a levantarte las piernecitas y a ponerte un pañal limpio». Si te dispones a salir con él de paseo: «Ahora vamos a ir al parque y como hace frío voy a ponerte el abrigo». Y sobre todo, cuando lo lleves al pediatra, cuéntale lo que está pasando y tranquilízalo: «Cariño, ahora el doctor Schneck tiene que examinarte. No te preocupes, yo estaré aquí contigo». (Véase el recuadro de la página 83, «¡Horror, la temida consulta del médico!»)

5. NO IGNORES JAMÁS LOS LLANTOS DE TU BEBÉ Y EMPIEZA A DESCRIBIR SUS SENTIMIENTOS MUCHO ANTES DE QUE CREAS QUE ÉL PUEDE COMPRENDERLOS. Tu bebé intenta decirte algo sobre cómo se siente. Tú puedes hacer que se familiarice pronto con el lenguaje de las emociones dando nombre a sus distintos tipos de llantos («Tienes hambre: claro, hace tres horas que no comes» o «Ahora estás cansado y tratas de dormir un poco»).

6. DEJA QUE LOS SENTIMIENTOS DEL BEBÉ GUÍEN TUS ACCIONES. Por ejemplo, si cada vez que conectas el móvil cerca de tu bebé susceptible él se pone a llorar, significa que te está diciendo: «Esto es demasiado para mí». Deja que mire el aparato, pero sin la música.

7. AVERIGUA CON QUÉ MÉTODOS LOGRAS SOSEGAR A TU BEBÉ. Aunque envolver a los bebés es casi siempre una técnica efectiva, los de tipo movido y gruñón todavía se ponen más nerviosos cuando se sienten atados. Del mismo modo, a pesar de que el método palmadita con susurros (página 185) suele ayudar a dormir a un bebé, a uno de tipo susceptible probablemente le parecerá demasiado invasivo. El hecho de distraerlos funciona con casi todos los bebés, pero es posible que a los de tipo movido, gruñón o susceptible sea necesario alejarlos de una situación demasiado estimulante para que puedan calmarse.

8. TOMA MEDIDAS PARA ASEGURARTE DE QUE TU BEBÉ SE ESTÁ ALIMENTANDO BIEN, YA DESDE EL PRINCIPIO. Si tienes problemas a la hora de darle el pecho a tu hijo y los consejos de este libro no te ayudan, contacta de inmediato con una especialista en lactancia. Sufrir durante la fase de aprendizaje de su madre puede hacer que un bebé angelito o uno de libro se vuelvan desagradables, pero es particularmente perturbador para los bebés de tipo susceptible, movido y gruñón.

9. HAZ QUE NO SE SALTE SUS SIESTAS Y DUERMA LAS HORAS NECESARIAS POR LA NOCHE. Un bebé que duerme lo que necesita está más preparado emocionalmente para enfrentarse a lo que se le presente. Si tu bebé es del tipo susceptible, ten especial cuidado en ubicar la cuna en un lugar tranquilo y seguro y en apagar todas las luces a la hora de la siesta.

10. NO SOBREPROTEJAS A TU HIJO; DEJA QUE EXPLORE Y DISFRUTE DE SU INDEPENDENCIA. Recuerda mi acrónimo H. E. L. P. (véase el recuadro de la página anterior) cuando mires jugar a tu bebé. Observa qué clase de actividades le gusta hacer y respeta su ritmo. Si quiere volver a sentarse en tu regazo, deja que lo haga. En el caso de un bebé susceptible o gruñón, es más probable que se atreva a descubrir cosas nuevas si sabe que tú estás ahí para ayudarlo si te necesita.

11. PROGRAMA LAS ACTIVIDADES PARA LOS MOMENTOS EN QUE TU BEBÉ ESTÉ MÁS PREDISPUESTO. Agotar o sobreestimular a un bebé es casi siempre garantía de provocarle emociones desbocadas. Ten en cuenta el temperamento de tu hijo y la hora del día cuando hagas planes para hacer recados, visitar a parientes o quedar con otras mamás. No planifiques un encuentro para jugar con otros niños cuando a tu bebé le falte poco para la hora de la siesta. Si los bebés son más mayorcitos y, por tanto, ya pueden dar golpes, empujones y moverse de un lado a otro, evita juntar a un bebé susceptible con uno movido.

12. ASEGÚRATE DE QUE QUIENES SE ENCARGAN DE CUIDAR A TU BEBÉ, ADEMÁS DE TI, COMPRENDEN Y ACEPTAN SU TEMPERAMENTO. Si has contratado a alguien para que cuide de tu hijo, pasa unos cuantos días con esa persona para ver cómo reacciona tu bebé. Puede que a ti te encante una niñera, pero no pretendas que tu hijo la acepte sin un periodo previo de adaptación (véase el apartado «Ansiedad ante los extraños», página 374).

Ansiedad prolongada por separación: cuando el apego es causa de inseguridad

Infundirle confianza y saber interpretar las necesidades de tu bebé son habilidades vitales. Sin embargo, muchos padres confunden la sensibilidad con una vigilancia extrema, sobre todo aquellos que acuden a mí porque sus bebés sufren ansiedad por separación. Cuando les pregunto cómo es un día típico en su vida, enseguida me doy cuenta de que creen que ser unos buenos padres significa que deben cargar a todas horas con el niño, dejarlo dormir con ellos en la cama, y nunca, jamás, permitirle que llore. Responden inmediatamente al más mínimo balbuceo de su pequeño, sin esperar a comprobar si se trata sólo de un ruido normal de bebé o de una llamada de angustia. Y cuando no llevan a su hijo en brazos, están prácticamente encima de él, vigilándolo constantemente. En consecuencia, no pueden abandonar la habitación donde está el bebé sin que éste padezca una crisis. La mayoría de las veces, cuando contactan conmigo, ya han perdido el sueño, la libertad y los amigos. No obstante, racionalizan lo que les está ocurriendo diciendo: «Pero nosotros creemos en la crianza de apego»,[6] como si hablaran de una religión.

Sin duda, a fin de aprender cómo empatizar con sus propios sentimientos y leer las expresiones faciales de otras personas, los bebés necesitan sentir conexión y seguridad. Sin embargo, esta difusa noción de la crianza de apego o vínculo paternal a veces se sale de madre. Los bebés sienten apego cuando se los comprende. Podrías llevar a su hijo en brazos todas las horas del día, dejar que se durmiera en tu pecho y compartir la cama con él hasta que fuera un adolescente. Pero si no reconoces su especificidad, su carácter único, si no conectas con él ni le das lo que necesita, no va a sentirse seguro por mucho que lo mimes y lo cojas en brazos. Las investigaciones han demostrado que, de hecho, los bebés con madres asfixiantes se sienten menos seguros que aquellos cuyas madres reaccionan de forma oportuna, pero no inmediata ni excesiva.

Este hecho se ve de manera más clara en algún momento entre los siete y los nueve meses, una época en la cual prácticamente cualquier niño siente una *ansiedad por separación normal.* Se encuentran en un punto de desarrollo en que su memoria les permite darse cuenta de lo importante que es su madre, pero su cerebro todavía no está lo suficientemente maduro como para entender que cuando mamá se marcha, no significa que se haya ido para siempre. Si se tranquiliza adecuadamente al bebé, en un tono de voz animado y optimista («Tranquilo, no pasa nada. Vuelvo enseguida»); y si se tiene un poco de paciencia, este sentimiento de ansiedad normal desaparecerá al cabo de uno o dos meses.

Considerad, en cambio, lo que le sucede a un niño cuyos padres se muestran demasiado solícitos y sobreprotectores. Al bebé nunca se le permite sentir frustración y nunca se le ha enseñado a calmarse solito. Tampoco aprende a jugar de manera independiente porque sus padres creen que es tarea suya entretenerlo. Cuando empieza a experimentar la ansiedad por separación propia de su edad y llora reclamando la presencia de sus padres, éstos acuden corriendo a su rescate, reforzando sin querer sus miedos. Nerviosos, le dirán: «Estoy aquí, cariño, no te preocupes. Mamá está aquí»; y su tono de voz reflejará el pánico del bebé. Si esto dura más de una o dos semanas, lo más probable es que se convierta en lo que yo llamo un trastorno de *ansiedad prolongada por separación.*

Uno de los ejemplos más contundentes de este fenómeno fue Tia, una niña inglesa de nueve meses, cuya madre necesitaba ayuda desesperadamente, y cuando conocí a esta familia, comprendí por qué. En todos mis años como asesora de padres y madres, éste fue el caso más serio de ansiedad prolongada por separación que yo había tratado nunca. Decir que Tia era dependiente sería quedarme muy corta. «Desde el momento en que me levanto, me explicó Belinda, tengo que cargarla conmigo a todos lados. Juega sola dos o tres minutos como máximo. Y si no la cojo enseguida, empieza a gritar hasta el punto de hacerse daño o ponerse enferma.» Entonces, la madre recordó el día en que volvió a casa en coche, tras hacerle una visita a la abuela. Tia, que se sentía abandonada porque estaba en el asiento del coche y no en los brazos de su madre, rompió a llorar. Belinda trató de consolarla, pero los gritos de la niña continuaron subiendo de volumen. «Decidí que no podía seguir parando el coche a cada momento. Pero cuando llegamos a casa, vi que había vomitado.»

Con ayuda de varias de sus amigas, Belinda había hecho tímidos intentos de salir de la habitación mientras una de ellas sostenía a Tia en brazos. Una ausencia de tan sólo dos minutos podía provocar en su hija la histeria más exagerada. Invariablemente y aunque sus amigas estaban ahí para darle apoyo, la madre sucumbió y recurrió a su remedio habitual: «Tan pronto la cojo, deja de llorar al instante».

Para complicar aún más la situación, la niña todavía se despertaba durante la noche. En aquella casa, cuando se despertaba únicamente un par de veces, se consideraba que había sido una «buena noche». Martin, que en los últimos seis meses había intentado compartir la carga con su mujer, no lograba sosegar a Tia, que sólo quería a su mamá. Durante el día, con ella constantemente en sus brazos o chillando a pleno pulmón cuando no lo estaba, Belinda estaba exhausta. Además, le resultaba imposible hacer nada en casa y, menos aún, pasar un tiempo razonable con Jasmine, su hija mayor, de tres años. Y, por supuesto, había tenido que olvidarse de su pareja. Belinda y Martin apenas tenían un momento de paz para estar a solas.

A los pocos segundos de hablar con Belinda y de observar cómo interactuaba con Tia, vi claro que, sin darse cuenta, ella estaba reforzando los peores temores de su hija cada vez que se abalanzaba sobre ella y ponía fin a sus lágrimas. Al cogerla tan a menudo era como si le dijera: «Tienes razón: aquí abajo hay muchos peligros, es normal que tengas miedo». Además, también estaba el problema del sueño, pero antes había que solucionar la grave ansiedad por separación que sufría la niña.

Le dije a Belinda que dejara a Tia pero que continuara hablando con ella mientras terminaba de lavar los platos en el fregadero. Y que, si tenía que salir de la cocina, gritara un poco para que la niña pudiera oír su voz. También tuve que asegurarme de que Belinda no empleara más ese patético tono de «pobre bebé» para dirigirse a su hijita. Tenía que sustituirlo por un alegre y enérgico tono tranquilizador: «Vamos, vamos, Tia. ¿No ves que no me he ido a ningún sitio?». Cuando Tia, efectivamente, empezó a llorar, le sugerí a Belinda que en lugar de cogerla se agachara hasta estar a su mismo nivel. Podía consolarla y mimarla, pero no cogerla en brazos. Esta actitud era otra forma de decirle: «No te pasa nada, cariño, yo estoy aquí mismo». En cuanto el bebé comenzó a calmarse, aconsejé a su madre que la distrajera con algún juguete o cantándole una canción: cualquier cosa que le hiciera olvidar el miedo.

Les dije que regresaría al cabo de seis días. Me llamaron al cabo de tres. Al parecer, mis sugerencias no acababan de funcionar. Belinda estaba más exhausta que nunca y enseguida se le agotaron las ideas para distraer a Tia. Jasmine, sintiéndose aún más desatendida, había empezado a hacer pataletas, una manera de pedirle unas migajas de atención a su madre. En mi segunda visita, aunque Belinda y Martin no vieran muchos progresos, yo noté que Tia estaba un poco mejor, sobre todo en el salón. En la cocina, en cambio, donde Belinda realizaba la mayor parte de sus tareas, todavía se sentía bastante infeliz. Me di cuenta de cuál era la diferencia: en el salón, Tia se entretenía jugando sobre la alfombra rodeada de juguetes —las distracciones eran múltiples—, mientras que en la cocina permanecía sentada en un gimnasio de bebé. Por eso a la madre le resultaba mucho más difícil distraer a su hija, ya no le divertían los distintos chismes y artilugios que contenía el gimnasio y se aburría. Además, la niña se sentía recluida. No sólo tenía que soportar la separación de su madre —aunque fuera de menos de dos metros—, sino que encima no podía moverse.

CONSOLAR Y DISTRAER

Si tu bebé tiene entre siete y nueve meses y de repente comienza a llorar si te marchas de la habitación, o a tener problemas a la hora de dormir por la noche o de hacer la siesta, puede que sea el principio de la ansiedad normal por separación. Les ocurre a muchos bebés cuando se dan cuenta por primera vez de que sus madres pueden separarse físicamente de ellos. Este sentimiento de ansiedad normal no tiene por qué convertirse en un trastorno de ansiedad por separación prolongada si:

- Cuando tu hijo esté triste o enfadado, te agachas hasta estar a su altura y lo consuelas con tus palabras y abrazos, pero nunca aupándolo.

- Respondes a los llantos de tu hijo de forma optimista y relajada.

- Vigilas tu tono de voz: que no refleje pánico ni nerviosismo.

- En cuanto tu bebé se haya calmado un poco, lo distraes con algún juego, canción, etc.

- *Nunca* recurres a controlar de lejos el llanto de tu bebé para resolver trastornos del sueño. Rompe la confianza del niño y le transmite la idea de que, al fin y al cabo, él tenía razón: Tú lo habías abandonado.

- Juegas con él al cucú, así verá que aunque desaparezcas un momento, luego regresas.

- Das una vuelta a la manzana para que tu bebé experimente cortos periodos en los que estás ausente.

- Cuando salgas de casa, haces que tu pareja o la persona encargada de cuidar a tu hijo lo acompañe a la puerta para que allí tú le digas adiós con la mano. Puede que llore todo el rato que estés fuera, lo cual es normal si el bebé se ha vuelto dependiente de ti. No obstante, debes crearle un sentimiento de confianza.

Lo que le sugerí entonces a Belinda fue que comprara una gran alfombra de juegos para la cocina y que pusiera en ella algunos de los juguetes favoritos de Tia. Mamá además encontró una nueva mesa de actividades, con teclas de piano y un montón de botones y Tia estaba entusiasmada. La novedad hizo que a Belinda le resultara más fácil distraer a su hija. Y ahora, aunque su madre se negara a cogerla en brazos, la niña al menos podía acercarse gateando a ella. Poco a poco, Tia logró concentrarse en otras cosas durante más tiempo y su capacidad para jugar de forma independiente también aumentó.

No obstante, aún teníamos que trabajar para solucionar el problema del sueño. Tia nunca había dormido bien y, al igual que muchas madres, Belinda había optado por el camino más fácil durante meses, permitiendo que se quedara dormida en su pecho. Ahora, era la única manera de conseguir que su hija conciliara el sueño. Cuando había comprobado que la niña estaba completamente dormida, Belinda se levantaba muy despacio y se la llevaba a la cuna, que estaba… ¿lo adivináis?: en el dormitorio de sus padres, naturalmente. Así pues, ahora tenemos a esta niña, que durante el día se angustia si su madre no está permanentemente con ella, despertándose en su cunita en plena noche. Su pequeña mente de bebé le está diciendo: *Pero, ¿cómo he llegado hasta aquí? ¿Dónde está mamá y su pecho tan confortable? Seguro que nunca va a volver.*

Pusimos la cuna de Tia otra vez en su habitación y, a fin de que papá volviera a «pintar» algo en todo aquello, le enseñé cómo aplicar el método P. U./P. D. (véanse las páginas 224-225). Cuando Martin puso en práctica el método, le recomendé que le susurrara continuamente a su hija: «No pasa nada, ahora tienes que dormir, sólo eso». Al padre le costó unas cuantas noches de llantos y mucho empeño, pero perseveró.

Tras unos días de serenar a Tia, enseñándole a dormirse solita y ayudándola a pasar la noche entera en su cuna (más información sobre este tema en el capítulo 6), el bebé acabó despertándose sólo una vez por noche y, a veces, para asombro de sus padres, incluso dormía de un tirón. Por la mañana y por la tarde, sus siestas también mejoraron. Ahora que ya no estaba tan agotada, la ansiedad por separación disminuyó considerablemente.

Un mes más tarde, fue como visitar a otra familia. Al no tener que estar sosegando a Tia las veinticuatro horas del día, los siete días de la semana, Belinda pudo dedicar más tiempo a su otra hija Jasmine. Y Martin, que antes se sentía impotente, ahora formaba parte del *equipo*, contribuyendo junto a su mujer a la crianza de las niñas. Y no sólo eso; además, finalmente, había empezado a conocer a su hija pequeña.

JUGAR DE FORMA INDEPENDIENTE: EL PRINCIPIO BÁSICO DE LA SALUD EMOCIONAL

Los padres, con frecuencia, me preguntan cómo pueden divertir y entretener a sus hijos. Para los pequeños, el mundo en sí es una gran maravilla. Los niños, por naturaleza, raramente se aburren, a menos que los padres, sin querer, les enseñen a depender de los adultos para divertirse. Dada la inmensa cantidad de juguetes que existen hoy en día, que se agitan, traquetean, vibran, silban, cantan y les hablan, yo veo más bebés sobreestimulados que aburridos. De todos modos, es importante encontrar un equilibrio: asegúrate de que tu hijo recibe la dosis y el tipo adecuado de estimulación, pero también procura crear momentos de calma y periodos de descompresión. Al final, el niño sabrá ver cuándo se está pasando o cuándo está demasiado cansado para jugar, lo cual es un aspecto muy importante de su salud emocional; sin embargo, al principio eres tú quien debe guiarlo.

A fin de que tu hijo desarrolle el vigor necesario para jugar por su cuenta, debes ayudarlo, pero sin estar demasiado encima de él. Lo ideal es crear un ambiente en casa que le ofrezca al niño la posibilidad de explorar y experimentar de forma segura; al mismo tiempo, evita asumir el papel de «director de juegos». A continuación tienes una serie de pautas, diseñadas según las distintas edades, que te ayudarán a encontrar ese delicado equilibrio entre ayuda y sobreprotección:

DE RECIÉN NACIDOS A SEIS SEMANAS. A esta edad, las únicas actividades que deberías esperar de tu bebé son comer y dormir: su cuerpecito no da para más. Mientras le alimentas, háblale suavemente para que no se duerma. Intenta mantenerlo despierto durante unos quince minutos tras cada toma, de manera que aprenda a delimitar los periodos de las comidas y los de descanso. Pero que no te dé un ataque si ves que se duerme enseguida. Al principio, algunos bebés no aguantan más de cinco minutos despiertos; más adelante ya podrán prolongar su tiempo de vigilia. Por lo que se refiere a los juguetes, un bebé tan pequeño lo que quiere básicamente es ver tu cara y las de otras personas. Una gran «actividad» puede consistir en ir a visitar a la abuela o simplemente dar una vuelta con él y mostrarle cosas fuera y dentro de casa. Háblale como si comprendiera todo lo que le dices: «¿Ves? Éste es el pollo que voy a cocinar hoy para cenar» o «¡Mira que árbol tan bonito tenemos en el patio!». Guarda todos esos preciosos libros con dibujos que te regalaron cuando nació. Es mejor que lo sitúes cerca de una ventana para que pueda observar el exterior o que lo pongas en la cuna y pueda contemplar sus coloridos móviles.

DE SEIS A DOCE SEMANAS. Ahora tu pequeño ya puede jugar solito durante unos quince minutos o más, pero ten cuidado de no sobreestimularlo. Por ejemplo, no lo dejes dentro de un gimnasio para bebés más de diez o quince minutos. Le encantará sentarse en una silla de bebé, pero no actives ese dichoso mecanismo vibrador; sencillamente deja que se siente y observe lo que le rodea, sin que nada lo agite ni haga ruido. Y no lo pongas frente al televisor, que es *exageradamente* estimulante. Llévatelo contigo cuando vayas a hacer la colada, a cocinar o a tu escritorio para leer mensajes de correo electrónico y siéntalo cerca de ti. Continúa con la costumbre de hablarle; cuéntale lo que te dispones a hacer y reconoce también su presencia («Así pues, ¿qué *estás* haciendo ahora, cariño? Vaya, me parece que empiezas a estar un poco cansado»). Haz que comprenda bien pronto que el descanso es algo bueno.

DE TRES A SEIS MESES. Si no has estado *demasiado* encima de él, ahora tendrás un bebé que puede permanecer despierto aproximadamente una hora y veinte minutos (incluyendo el tiempo de las comidas). Debería ser capaz de jugar por su cuenta unos quince o veinte minutos seguidos y luego empezará a mostrarse irritable. Llegado ese punto, le faltará poco para necesitar una siesta, así que lo más conveniente será ponerlo en la cuna para que se vaya relajando. Si a estas alturas todavía no puede jugar por sí solo, normalmente significa que, de forma inconsciente, has hecho que dependiera de ti para recibir estímulos. Esto no sólo va a limitar tu libertad, sino que además le roba independencia a tu hijo y, en última instancia, le puede hacer sentir inseguro.

Sigue evitando un exceso de estimulación. En esta etapa tanto tú como tu pareja, los abuelos, los tíos y la vecina de al lado vais a disfrutar de su receptividad y capacidad de reacción. La abuela le sonríe y le hace muecas divertidas y, en un santiamén, el bebé también empieza a sonreír y a reír. Sin embargo, de repente, puede romper a llorar. En ese caso, estará intentando decir: «Por favor, ahora dejadme solo o ponedme en la cama. ¡Ya no quiero ver más las amígdalas de la abuela!». A esta edad, tiene un mayor control sobre su torso, puede mover la cabeza solo y coordinar el movimiento de sus brazos; de manera que, en lugar de limitarse a estar tumbado en su gimnasio, ya puede alcanzar cosas con la mano. Pero esta nueva energía física también tiene su inconveniente: puede que intente comerse su propia mano y le vengan arcadas, que se tire de las orejas o se arañe la piel. Todos los bebés se golpean a sí mismos. El problema es que los padres tienden a dejarse llevar por el pánico. Acuden corriendo y lo cogen tan rápidamente en brazos que, además del dolor del golpe, el pobre se asusta de que lo alcen de esa manera. Para él, es como subir de Ground Zero[7] al Empire State Building a la velocidad de la luz. Así pues, no caigas en el síndrome del «pobre bebé» (véase la página 243). Consuélalo por el daño que se ha hecho pero, al mismo tiempo, quítale importancia: «¡Uy, mira que eres bobo! Apuesto a que eso duele, ¿verdad?».

DE SEIS A NUEVE MESES. Al cumplir el medio año o un poco después, tu bebé ya podrá mantenerse despierto alrededor de las dos horas, incluyendo el tiempo de las comidas. Debería ser capaz de entretenerse por su cuenta durante media hora o más, pero acuérdate de cambiarlo de posición: por ejemplo, de la silla de bebé a su cuna, tumbándolo de espaldas para que contemple su móvil. Cuando pueda sentarse él solito, ponlo en un gimnasio. Les encanta manipular objetos. También le gustará meterse en la boca todo lo que encuentre, incluida la cabeza del perro. Éste es el mejor momento para mostrarle los libros de ilustraciones y cantarle canciones infantiles.

A esta edad es cuando los niños comienzan a establecer una conexión entre su propia conducta y los hechos que acontecen a continuación; por tanto, será fácil que en esta etapa se arraiguen los malos hábitos. Cuando las madres me explican que su hijo de entre seis y nueve meses llora para que lo aúpen tras cinco o diez minutos de actividad, les digo: «No lo cojáis». De lo contrario, le estáis enseñando que *cuando hago ese ruidito, mamá viene y me coge en brazos*. No es que vuestro hijo esté pensando: «Vaya, ya sé cómo meterme a mamá en el bolsillo». No te está manipulando conscientemente…, al menos de momento. Mi consejo es que no corras para alzarlo, sino que te sientes a su lado y lo calmes: «Venga, venga, tranquilo, no pasa nada. Estoy aquí contigo. ¿Por qué no juegas un ratito tú solo?». Distráelo con algún peluche que suene al apretarlo o con una caja sorpresa.

Asegúrate también de comprobar que el niño no llora porque está cansado o porque hay *dema-*

siado ajetreo a su alrededor: la aspiradora, otros hermanos, la televisión, su mesita de actividades y todos sus juguetes. Si se trata de lo primero, acuéstalo. Si es lo segundo, llévatelo a su habitación. Si no tiene habitación propia, crea un espacio seguro en el salón o en tu dormitorio donde pueda refugiarse cuando esté demasiado alterado. Otra forma de serenarlo es salir a pasear con él y hablarle suavemente y con cariño («Mira esos árboles. ¿A que son bonitos?»). No importa el tiempo que haga, llévatelo a respirar aire fresco. Y en invierno, ni siquiera te molestes en ponerle el abrigo; simplemente envuélvelo bien en una manta.

Ahora también debería dar comienzo su vida social. Aunque es verdad que a esta edad los bebés todavía no «juegan» juntos, es un buen momento para empezar a reunirse con algún grupo de niños por las mañanas. Lo cierto es que muchas madres norteamericanas ya salen de la clínica de maternidad como miembros de un «grupo de mamás» o bien se unen a uno cuando el bebé cuenta tan sólo unas semanas. No obstante, estos grupos son más para las madres que para el bebé. A los niños les encanta observarse unos a otros, y el hecho de que se vean y se dejen ver, es positivo para ellos. Pero no esperes que tu hijo se relacione activamente con los demás. Eso vendrá más adelante.

DE NUEVE A DOCE MESES. A estas alturas, tu hijo ya debería ser muy independiente, capaz de jugar por su cuenta *como mínimo* unos cuarenta y cinco minutos y de acometer tareas más complejas. Tendrás la impresión de que su capacidad de aprendizaje da un salto gigantesco. Podrá colocar anillos en un palo o meter un cubo en un agujero. Los juegos con agua o arena también son recursos maravillosos en estos meses. Las cajas grandes y los cojines gigantes les divierten enormemente, así como las ollas y las sartenes. Cuanto más tiempo juegue tu hijo independientemente, más ganas tendrá de estar solo, confiado de que tú estás ahí, entre bastidores, y de que, aunque no te vea, al menos volverás enseguida si él te llama. A esta edad, los niños no tienen ninguna noción del tiempo; así pues, una vez se sienten seguros, no les importa si desapareces durante cinco minutos o durante cinco horas.

Cuando una madre me dice: «Mi hijo no quiere jugar solo» o «Me obliga a sentarme con él y no puedo terminar mis tareas domésticas» e incluso «No deja que me acerque a otros bebés», entonces sospecho de inmediato que se ha producido algún error de crianza involuntario que probablemente empezó meses antes. El bebé lloró y su mamá lo debió de coger al instante, en lugar de animarlo a jugar por su cuenta. En esencia, la madre ha estado siempre pegada a su hijo y nunca le ha permitido realmente desarrollar su independencia. Puede que no lo haya llevado a jugar con otros niños; por tanto, el bebé nunca ha salido de la protegida y segura esfera de su familia y le dan miedo otros niños. O también puede que mamá trabaje fuera de casa y, sintiéndose culpable por dejar a su hijo en manos de alguna otra persona, haya propiciado sin querer esta situación de dependencia. Su sentimiento de culpa al marcharse le hace decir cosas como: «Lo siento, tesoro. Mamá debe irse a trabajar. ¿Vas a echarla de menos?».

Si tu hijo ha cumplido un año y continúa sin poder jugar sin tu ayuda, inscríbelo en un pequeño grupo de juego. También será el momento de eliminar sus juguetes de bebé. A los niños no les gusta seguir jugando con juguetes que ya conocen y cuyo funcionamiento han llegado a dominar. Un niño aburrido de sus juguetes tiene más tendencia a depender de un adulto para divertirse. Si tu hijo aún padece ansiedad por separación, pasa a un segundo plano y toma medidas para lograr que sea más independiente (véase el recuadro «Consolar y distraer», página 89). Reflexiona también sobre tus propias actitudes. Cuando dejas a tu hijo a cargo de otra persona, ¿le presentas a papá, a la niñera o a la abuela como alguien divertido y competente o de alguna manera le transmites la sensación de que el resto de adultos son sustitutos inferiores a ti? Tal vez te haga sentir importante ser la única a los ojos de tu hijo, pero a la larga a ambos eso os costará caro (emocionalmente).

Recuerda, además, que jugar es un asunto serio para los bebés. Las semillas del aprendizaje se desarrollan a partir de la salud emocional. Éstas se plantan en la infancia y, a medida que incrementas gradualmente el tiempo que tu hijo juega de forma independiente, estarás mejorando sus habilidades emocionales: su capacidad de entretenerse y divertirse solo, de explorar su entorno sin temor, de experimentar cosas nuevas. Jugar enseña a los niños pequeños a manipular objetos. A través del juego, aprenden la relación causa y efecto. Y aprenden también a aprender: a tolerar la frustración de no lograr que algo funcione al primer intento, a tener paciencia y a realizar las tareas una y otra vez. Si animas a tu hijo a jugar y luego te haces discretamente a un lado, seguro que se convertirá en un aventurero o un científico, un niño capaz de entretenerse solo y que jamás te dirá: «Mamá, me aburro».

3

LA DIETA LÍQUIDA DEL BEBÉ

LA ALIMENTACIÓN DE LOS PRIMEROS SEIS MESES

COMIDA, ¡GLORIOSA COMIDA!

Durante los primeros seis meses en la vida de tu bebé, la parte de las comidas dentro de la rutina E. A. S. Y. se refiere a su dieta líquida: leche materna, leche artificial o bien una combinación de ambas. Obviamente, es una perogrullada decir que la alimentación es importante para tu bebé. Todos sabemos que cualquier criatura viviente necesita comer para sobrevivir. Por tanto, no es de extrañar que, cuando rebusco entre mis llamadas, mensajes de correo electrónico y consultas a mi página web, los problemas relacionados con la alimentación sean prioritarios; y sólo se sitúan secundariamente cuando hay complicaciones del sueño. Y si has leído hasta aquí, sabrás que los problemas a la hora de dormir también pueden tener mucho que ver con la alimentación y viceversa. Un bebé descansado, come mejor; y un bebé adecuadamente alimentado, duerme mejor.

Si eres una de las madres afortunadas, tu hijo es de los que tienen un buen comienzo desde los primeros días de su vida. Al principio, los bebés son pequeñas máquinas de comer; necesitan ser alimentados a cada momento. Normalmente, la mayoría de bebés empiezan a tomar menos líquidos a partir de los seis meses. Algunos padres me comentan: «Mi bebé solía comer cada tres horas» o «Antes mi hijo tomaba más de 1.000 mililitros de leche, pero ahora sólo toma unos 600 o 700 mililitros». Bueno, querida, ¡es que el niño está creciendo! Y el crecimiento también conlleva un cambio de rutina. Recuerda, la regla general de los «4/4» significa que a los cuatro meses las comidas, en la rutina E. A. S. Y., pasarán a ser cada cuatro horas durante el día (véase la página 44).

Tanto las madres que dan el pecho como las que han optado por la lactancia artificial expresan el mismo tipo de preocupaciones (sobre todo en los primeros tiempos): ¿cómo sé que mi bebé está comiendo lo que necesita? ¿Con qué frecuencia debo alimentarlo? ¿Cómo puedo saber si tiene hambre? ¿Qué cantidad de leche se considera suficiente? Si parece hambriento una hora después de haber comido, ¿qué significa? ¿Voy a confundirlo si le doy el pecho y el biberón? ¿Por qué llora tras las comidas? ¿Cuál es la diferencia entre cólicos, gases y reflujo y cómo puedo saber si mi bebé padece alguna de estas molestias? En este capítulo encontraréis respuesta a éstas y a otras preguntas relacionadas con la alimentación. Aquí (y en los próximos cuatro capítulos) veréis muchas de las quejas más comunes que introduje en el primer capítulo. Pero ahora os enseñaré cómo atacar el problema y a descubrir qué es lo que va mal. A continuación, os ofreceré un buen número de estrategias y consejos sobre cómo actuar.

¿MI BEBÉ ESTÁ TOMANDO SUFICIENTE LECHE? ¿QUÉ ES LO *NORMAL*?

Todas las madres quieren cifras concretas: ¿cuánto debería ingerir un lactante y durante cuánto tiempo? Véase «Alimentación 101» en la página 100, una tabla que te guiará a lo largo de los primeros nueve meses; a esa edad, además de la dieta líquida, tu bebé ya debería estar tomando una amplia variedad de alimentos sólidos (véase el capítulo 4).

Al llegar a casa por primera vez con el bebé, darle de comer a menudo comporta incluir una buena dosis de experimentación; a veces notarás que estás dando dos pasos adelante y uno hacia atrás. Si lo alimentas con biberón, quizás tendrás que probar tetinas de diferentes formas y tamaños para ver cuál se adapta mejor a la boca de tu bebé. O si tu hijo es pequeño y parece ahogarse cuando come, tal vez tendrás que cambiar a una tetina de flujo lento: que controle el flujo pero no la gravedad. Si amamantas a tu hijo, deberás asegurarte de que se prende bien al pecho y de que está tragando la leche. Sin embargo, independientemente de cómo lo hagas, alimentar a un bebé puede ser todo un reto.

La mayor preocupación de las madres primerizas es: «¿Mi bebé está comiendo lo suficiente?». Una manera infalible de saberlo es observar su aumento de peso. En Inglaterra se envía a las madres a casa con una balanza y se les recomienda que pesen a sus hijos cada tres días. El incremento de peso habitual oscila entre los 15 y los 60 gramos al día. Pero incluso si tu bebé gana sólo unos 7 u 8 gramos diarios, no pasa nada; tu hijo estará bien, simplemente es que su constitución es menuda.

Siempre es aconsejable controlar el peso con el pediatra (y fijarse en los distintos síntomas de peligro que aparecen en el recuadro de esta página).

Cuando los bebés son más mayorcitos, el aumento de peso puede ser un asunto delicado. Si consultas una tabla de peso o tu pediatra se guía por alguna en concreto, recuerda que han sido pensadas para niños de constitución mediana. No obstante, algunos bebés son más grandes y otros más pequeños. Las viejas tablas de peso, diseñadas originalmente en la década de 1950, se guiaban por el peso habitual de bebés alimentados con leche maternizada, así que no te alarmes si tu hijo pesa menos de lo que marcan. En los bebés que toman el pecho el incremento de peso suele ser menor, al menos durante las primeras seis semanas. Dependiendo de la salud y de la dieta de la madre —pongamos, por ejemplo, que no come suficientes hidratos de carbono, los cuales aportan grasa a la leche—, es posible que su leche no engorde tanto como la leche artificial, cuyo valor nutricional es siempre el mismo. Además, si tu bebé nació con menos de 2 kilos y 800 gramos, su ritmo a la hora de ganar peso será menor que el de un bebé que pesó más al nacer.

Cuándo debes preocuparte por el peso de tu recién nacido

Pesa a tu bebé si estás preocupada, pero no cada día. Es normal que un lactante pierda hasta el 10 % de su peso corporal durante las dos primeras semanas de vida, puesto que, antes de nacer, había estado recibiendo un flujo de alimento constante a través de su cordón umbilical. Ahora, en cambio, depende de una fuente exterior —tú— para alimentarse. Sin embargo, deberías pedir consejo a un pediatra y, si das el pecho, a una asesora en lactancia en el caso de que tu bebé:

• Pierda más del 10 % de su peso al nacer.

• No recupere ese peso pasadas dos semanas desde su nacimiento.

• Se mantenga en el peso que tuvo al nacer durante dos semanas (el clásico «retraso del crecimiento»).

Tal como expliqué en el primer capítulo, es natural que los bebés más pequeños consuman menos alimento y que, por tanto, al principio necesiten comer con más frecuencia. Revisa la tabla «E. A. S. Y. según el peso», en la página 39, para asegurarte de que tienes en cuenta el peso de tu hijo al nacer y de que tus expectativas respecto a su ingesta son realistas. Los bebés prematuros o con un peso inferior a 3 kilos no tienen capacidad para comer gran cantidad en cada toma: sus pequeños estómagos no pueden digerir mucho de una sola vez. Este tipo de niños debe comer cada dos horas. A fin de que lo entiendas *visualmente*, te daré un ejemplo: llena una bolsa de plástico con la misma cantidad de leche materna o artificial que ingiere normalmente tu bebé, pero con agua; lo más probable es que sean entre 30 y 60 mililitros. Acerca la bolsa a la barriguita de tu hijo; es fácil ver que sencillamente allí no hay espacio suficiente para alojar cantidades más grandes. No esperes que coma como un bebé de 3 kilos y 200 gramos.

Aunque, por supuesto, independientemente del peso que tuvo tu hijo al nacer, su capacidad de consumir alimento irá aumentando día a día. También deberás considerar su desarrollo físico y su nivel de actividad. Así pues, ¡no compares a tu bebé de un mes con el de tu hermana de cuatro!

Recuerda que la tabla es sólo una *pauta aproximada*. Cualquier día, puede haber factores que afecten al apetito de tu hijo, como por ejemplo haber dormido poco por la noche o demasiados estímulos. Los bebés son como nosotros: hay días que tenemos más hambre y, por tanto, comemos más. Otros días, en cambio, comemos menos, ya sea porque estamos cansados o simplemente un poco «pachuchos». Durante sus días «malos», tu bebé probablemente también comerá menos. Por otro lado, si resulta que está dando un estirón de crecimiento (página 120), el primero de los cuales acostumbra a tener lugar entre las siete y las ocho semanas, entonces seguramente comerá más. Además, las edades son aproximadas y los distintos grupos algo arbitrarios. Incluso con los bebés que nacen a término, un niño de seis semanas podrá parecerse más a uno de ocho y, otro, parecerá más bien uno de cuatro. Analizad este mensaje de mi página web. Los comentarios entre corchetes y en cursiva son míos.

Mi hijo, Harry, tiene seis semanas y pesa 5 kilos y 200 gramos. Y hasta ahora ha estado tomando 115 mililitros de leche artificial cada tres horas. Me han dicho que esto es demasiado. [¿Quién?, me pregunto, ¿sus amigas, su vecina María, la cajera del supermercado? Fíjate que no menciona a su pediatra.] *Dicen que lo máximo deberían ser unos 900 mililitros, sin tener en cuenta el peso.* [¿Cómo no se va a tener en cuenta el peso del bebé?] *Harry consume un máximo de entre 1.000 y 1.200 mililitros. No sabemos qué hacer para ayudar a Harry a discernir su necesidad de comer de su necesidad de calmarse.*

Esta madre no actúa de manera muy inteligente al escuchar más los consejos de otras personas que sus propias intuiciones maternales. Tiene razón al no querer apaciguar a su hijo dándole de comer, pero necesita conectar con su bebé, no con sus amigas. A mí, de 1.000 a 1.200 mililitros, no me parece nada excesivo para un bebé grandote. No sé lo que pesó al nacer, pero supongo que sería alrededor del percentil 75, según las tablas universales de crecimiento. De hecho, Harry tan sólo está ingiriendo unos 200 mililitros más de lo que alguien le dijo a su madre que «supuestamente» debería tomar. Eso representa apenas un 20 % más, y el niño cuenta con su organismo para metabolizarlo. Además, al parecer, tampoco está picoteando (véase el recuadro de la página 103): toma sus comidas cada tres horas. Puede que incluso empiece a consumir 230 mililitros a medida que se acerque a las ocho semanas. Y también puede que sea un niño que necesite tomar alimentos sólidos un poco antes de lo habitual (véase el recuadro de la página 147). En consecuencia, yo a esta madre le diría: «Tú y tu hijo lo estáis haciendo la mar de bien, ¡no hagas caso de lo que te diga la gente!».

Aquí lo fundamental es que observes a *tu bebé*. Tenemos que fijarnos en el individuo concreto, no en la norma. Los manuales y las tablas (incluida la que aparece en la página 100) se establecen según los promedios. Me temo que muchas madres se obsesionan tanto con las cifras y con las opiniones de otras personas, que a veces desdeñan su propio sentido común. Existen muchas excepciones a la regla: bebés que comen más lentamente o más rápido de lo que marca la norma, bebés que comen más y bebés que comen menos. Hay niños que son más robustos, otros son más delgados. Por tanto, si un bebé parece tener mucho apetito, aguanta intervalos de tres horas entre comidas y se encuentra en el percentil 75 en lo que se refiere al peso, ¿no resulta completamente lógico alimentarlo más? Yo incluso me atrevería a decir que, si un bebé come cada tres o cuatro horas, no existe algo como alimentarlo *demasiado*. Si conoces bien a tu hijo, interpretas correctamente sus señales, aprendes las etapas típicas del desarrollo y luego usas tu sentido común para determinar el estado en que se encuentra tu bebé, probablemente sabrás lo que más le conviene. ¡Confía en ti misma!

«Llenarle la tripa»

Una forma de asegurarte de que tu hijo come lo suficiente es incrementar su ingesta durante el día, antes de las 11 de la noche. «Llenándole la tripa», como yo llamo metafóricamente a esta estrategia, podrás introducir más comida en su estómago, lo cual, a su vez, le permitirá dormir más horas nocturnas seguidas. Además, esto también es perfecto para los estirones, esos periodos de dos o tres días en que tu hijo come más de lo habitual (véanse las páginas 120-123).

La técnica de llenarle la tripa consta de dos fases: juntar comidas, es decir, darle de comer por la tarde, a intervalos de sólo dos horas, durante el periodo anterior a ponerlo a dormir: a las 5 y a las 7, por ejemplo, o bien a las 6 y a las 8; y la toma nocturna, entre las 10 y las 11 de la noche (dependiendo de hasta qué hora tú y tu pareja estéis despiertos). Con la toma nocturna, alimentas a tu bebé, literalmente, mientras duerme. No debes hablarle, ni encender las luces. Esta toma es más fácil hacerla con el biberón, porque sólo tienes que introducirle la tetina en la boca y eso activará su reflejo de succión. Si le das de mamar es un poco más complicado. Antes de ponerlo al pecho, acaríciale el labio inferior con el dedo meñique o con un chupete, así se despertará su reflejo de succión. De cualquiera de las dos maneras, al final de la toma nocturna tu bebé estará tan relajado que podrás acostarlo en la cunita sin que eructe.

Yo recomiendo comenzar con este sistema apenas el bebé llega a casa desde el hospital, pero también puedes empezar a emplear ambas estrategias en cualquier momento durante las primeras ocho semanas; y la toma nocturna la puedes alargar hasta los siete u ocho meses (cuando tu bebé ya estará ingiriendo entre 170 y 230 mililitros de leche y una cantidad considerable de alimentos sólidos). Hay bebés a los que cuesta más llenarles el depósito, por así decirlo. Puede que quieran las comidas de última hora de la tarde, pero no la toma nocturna. Si ése es el caso de tu hijo y tienes que escoger entre una cosa u otra, *concéntrate únicamente en la toma nocturna*. No te preocupes de juntar comidas por la tarde. Por ejemplo, dale de comer a tu pequeño a las 6, después báñalo y lleva a cabo el ritual de ir a dormir; luego, vuelve a darle otra toma a las 7, aunque seguramente no querrá más de 100 mililitros. Y por último, a las 10 o a las 11 (si tú o tu pareja soléis estar despiertos hasta tan tarde) intenta darle la toma nocturna, pero nunca después de esa hora. No te rindas tras intentarlo sólo durante una o dos noches. No es nada realista pensar que puedes cambiar los hábitos de un bebé en menos de tres días: a algunos incluso les cuesta una semana. Los milagros no existen pero, por lo general, la perseverancia obtiene su recompensa.

ALIMENTACIÓN 101

EDAD	SI LE DOY EL PECHO, ¿CUÁNTA LECHE?	SI LE DOY EL PECHO, ¿CUÁNTO TIEMPO?	¿CON QUÉ FRECUENCIA?	COMENTARIOS
Los primeros tres días.	60 mililitros cada dos horas (entre 460 y 520 mililitros en total).	El primer día: cinco minutos cada pecho. El segundo día: diez minutos cada pecho. El tercer día: quince minutos cada pecho.	Todo el día, siempre que el bebé lo desee. Cada dos horas. Cada dos horas y media.	Las madres que dan el pecho necesitan alimentar a sus hijos más a menudo a fin de que la leche fluya, lo cual suele ocurrir durante los primeros tres días; a partir del cuarto día, cambia a tomas de un solo pecho (véase la página 107).
Hasta las seis semanas.	De 60 a 150 mililitros por toma (de 7 a 8 tomas al día: la cantidad habitual está entre 520 y 690 mililitros diarios).	Hasta cuarenta y cinco minutos.	Cada dos horas y media-tres horas durante el día; juntar comidas al final de la tarde (véase la página 99). Dependiendo de su peso y de su temperamento, tu bebé debería ser capaz de dormir cuatro o cinco horas seguidas por la noche.	Al principio, los bebés alimentados con biberón pueden aguantar más tiempo entre comidas que los bebés que toman leche materna; normalmente, esta diferencia desaparece a las tres o cuatro semanas, siempre y cuando la madre no haya tenido ningún problema con el suministro de leche y el bebé enseguida se haya prendido bien al pecho.
De las seis semanas a los cuatro meses.	De 115 a 170 mililitros (las tomas diarias más la toma nocturna; la cantidad habitual se sitúa entre 690 y 920 mililitros).	Hasta treinta minutos.	Cada tres horas-tres horas y media; a las 16 semanas debería poder dormir entre seis y ocho horas seguidas por la noche. No sigas juntando comidas pasadas las ocho semanas.	Tu objetivo debería ser alargar el tiempo entre comidas durante el día, de manera que a los cuatro meses tu bebé coma aproximadamente cada cuatro horas. Sin embargo, si está dando un estirón y le das de mamar, quizás tendrás que «llenarle la tripa» (véase la página

Edad	Cantidad por toma	Duración de la toma	Frecuencia / rutina	Notas
De los cuatro a los seis meses.	De 145 a 230 mililitros por toma (cinco tomas, más la toma nocturna: un total de entre 750 y 1.000 mililitros).	Hasta 20 minutos.	Cada cuatro horas; el bebé debería poder dormir diez horas seguidas por la noche.	Entre los cuatro y los seis meses, el apetito de algunos bebés se ve afectado por la dentición y por su recién descubierta movilidad, así que no te alarmes si en ese periodo tu bebé come menos.
De los seis a los nueve meses.	Cinco tomas al día, incluyendo alimentos sólidos. La cantidad habitual de ingesta de líquido oscila entre los 920 y 1.380 mililitros. A medida que vayas introduciendo los alimentos sólidos, el consumo de líquido disminuirá en la misma proporción: por ejemplo, un bebé que antes tomaba 1.150 mililitros de líquido, ahora tomará 430 gramos de sólidos y 720 mililitros de líquido. Nota: 2 cucharadas de alimento sólido = 30 ml de líquido; 2 cucharadas de fruta o puré de verduras = ¼ de un tarro de 120 gramos, si no los preparas tú.	Dale la comida primero y después el biberón o diez minutos de pecho. A esta edad tragan los líquidos con bastante rapidez, así que en diez minutos pueden engullir más de lo que acostumbraban a consumir en media hora.	Una rutina típica: 7 h – líquido (de 150 a 230 mililitros, pecho o biberón). 8.30 h – sólidos «desayuno». 11 h – líquido. 12.30 h – sólidos «almuerzo». 15 h – líquido. 17.30 h – sólidos «cena». 19 h – pecho o biberón antes de ir a dormir.	Al principio, algunos bebés tienen dificultades para adaptarse a los alimentos sólidos. Puede que a tu hijo le gotee la nariz, se le enrojezcan las mejillas, se le irriten las nalgas o incluso que tenga diarrea, lo cual podría ser síntoma de alguna alergia alimentaria; consúltalo con tu pediatra. Que el bebé babee no significa necesariamente que le estén saliendo los dientes. El babeo empieza alrededor de los cuatro meses, cuando se desarrollan y maduran las glándulas salivales. Al introducir alimentos sólidos en la dieta de tu bebé (véase el capítulo 4), su ingesta de líquido disminuirá. Por cada 60 gramos de sólidos, debes restar 60 mililitros de líquido de cada toma.

Las primeras 6 semanas: cuestiones relacionadas con la alimentación

Incluso si tu bebé está aumentando de peso, durante las primeras seis semanas pueden surgir ciertos problemas relacionados con la comida. Las quejas más frecuentes durante esta etapa son: mi bebé se duerme durante las comidas y una hora después ya parece tener hambre otra vez.

> *Mi bebé se duerme durante las comidas y una hora después ya parece tener hambre de nuevo.*
> *Mi bebé quiere comer cada dos horas.*
> *Mi bebé busca el pecho continuamente y estoy siempre pensando que tiene hambre, pero luego sólo toma un poco leche cada vez.*
> *Mi bebé llora durante las comidas o poco después.*

Este tipo de quejas son lo que yo llamo problemas al gestionar la alimentación, cuestiones que, generalmente, se pueden resolver si la madre procura que el bebé siga una rutina estructurada y adecuada a su peso de nacimiento. También es importante aprender a distinguir los llantos de hambre de otro tipo de lloros, de modo que puedas saber cuándo dar al bebé una toma completa y que no se pase el día «picoteando» (véase más adelante).

Y más importante aún: si tu bebé sufre algún tipo de problema como reflujo, gases o cólicos, sintonizando con él será menos probable que lo sobrealimentes, cosa que sólo empeoraría su estado.

Claro, para mí, que he visto —literalmente— a miles de bebés es fácil decirlo; ¡pero bastante más difícil es para unos padres primerizos y faltos de sueño! Para ayudaros a averiguar qué le pasa a vuestro bebé y qué hacer al respecto, aquí tenéis la clase de preguntas que suelo hacer a mis clientes, seguidas de varias estrategias detalladas para corregir cada problema en particular:

¿Cuánto pesó el bebé al nacer? Yo siempre tengo en cuenta el peso de nacimiento del niño, así como cualquier otra circunstancia que pueda haberlo aminorado durante o justo después del parto. Si vuestro bebé nació prematuro, con bajo peso o con algún otro problema de salud, seguramente necesitará comer cada dos horas. Por el contrario, si pesó más de 3 kilos al nacer y no aguanta más de dos horas entre comidas, significa que algo está pasando. O no está recibiendo suficiente comida en cada toma o bien se ha acostumbrado a utilizar el pecho o el biberón a modo de chupete, para relajarse; de manera que puede acabar adquiriendo el mal hábito de «picotear»,

Las que dais el biberón ¡leed las instrucciones de los envases!

He conocido mamás que añaden más leche artificial al biberón de su bebé con la esperanza de que engorde más o reciba una dosis doble de nutrientes. Así, en lugar de una cucharada de leche en polvo por cada 60 mililitros de agua, ellas ponen dos. La leche artificial tiene una composición muy precisa. Si usas menos agua, tu bebé puede deshidratarse o sufrir estreñimiento, así que sigue las instrucciones al pie de la letra.

¿TU BEBÉ PICOTEA?

Los bebés pueden desarrollar una especie de hábito alimenticio por el cual nunca realizan una comida consistente, sino que se limitan a ir tomando pequeñas cantidades cada vez.

¿Cómo puede ocurrir?: si el bebé no sigue una rutina estructurada, los padres a menudo confunden la necesidad de succionar de su hijo con hambre. Y en lugar de darle un chupete entre comidas, muchas madres les dan el pecho o un biberón. Este error comienza en las seis primeras semanas, pero puede continuar repitiéndose durante meses, a medida que el bebé adquiere la mala costumbre de picar.

¿Cómo puedes saberlo?: tu bebé pesa 3 kilos o más, pero te pide comida cada dos horas y media o tres. También puede que nunca tome más de unos 60/90 mililitros de biberón o diez minutos de pecho en cada toma.

¿Qué debes hacer?: si das de mamar, comprueba que tu bebé se coge bien al pecho y hazte una extracción (véase la página 109), simplemente para descartar esos problemas. Aliméntalo de un solo pecho en cada toma, así sabrás que ingiere hasta la última leche, más grasa y cremosa (véase la página 108). Si tu bebé empieza a llorar dos horas después de haber comido, dale un chupete para que se calme: diez minutos el primer día, quince el segundo y así aguantará un ratito más entre toma y toma. Al hacer esto, incrementarás al mismo tiempo tu producción de leche. Si no puedes tranquilizarlo de ninguna manera, dale sólo un pequeño tentempié: menos tiempo de pecho o 30 mililitros menos de leche maternizada; ya recuperará la cantidad que le falta en la siguiente comida. Puede que tardes unos tres o cuatro días, pero si eres persistente, al final tu bebé comerá adecuadamente…, sobre todo si lo descubres durante las primeras seis semanas.

es decir, de ingerir poca cantidad de leche cada vez y no hacer nunca una toma completa (véase el recuadro anterior).

¿AMAMANTAS A TU HIJO O LE DAS EL BIBERÓN? Cuando se da el biberón no hay que hacer tantas conjeturas como cuando se amamanta; con el biberón, se *ve* claramente lo que el bebé ha consumido. Si pesa tres kilos o más y bebe de 60 a 150 mililitros de leche maternizada, pero parece tener hambre al cabo de tan sólo una hora, significa que estás malinterpretando sus llantos. Lo más probable es que simplemente necesite succionar. En lugar de otro biberón, dale un chupete. Si aun así parece que continúa con hambre, puede que no obtenga suficiente alimento en cada toma.

Si le das el pecho, tendrás que calcular cuánta leche ingiere tu bebé durante *el tiempo* de cada toma. Hasta las seis semanas, la mayoría de bebés tardan, como mínimo, de quince a veinte minutos en realizar una toma: si tardan menos, es posible que estén picoteando. Además, también deberás asegurarte de que tu bebé se prende correctamente al pecho y de que tu suministro de leche es adecuado. (En las páginas 106-112, encontrarás información y consejos detallados sobre la lactancia materna.)

¿CON CUÁNTA FRECUENCIA DAS DE COMER A TU HIJO? Los bebés de tamaño normal o superior a la media, al principio necesitan comer cada dos horas y media o tres; ni siquiera los bebés más robustos aguantan sin comer más tiempo. (También recomiendo «llenarles la tripa» al final del día; véase la página 99).

Si eres como la mamá que se queja: «Mi bebé tiene hambre a cada hora», puede que las tomas sean demasiado cortas (véase más adelante), o que tu hijo no esté recibiendo suficiente alimento en cada comida, así que tendrás que darle más. Si le das el biberón, la solución es sencilla: añade 30 mililitros a cada una de las tomas de tu bebé. Si le das de mamar, puede que tu hijo necesite más leche de la que estás produciendo o que el bebé no se prenda bien al pecho y, por tanto, esté obteniendo poca leche. Asimismo, esto puede provocar que tus pechos produzcan menos leche durante un periodo de dos o tres semanas. Cuando los bebés maman solamente diez minutos cada vez, el cuerpo de la madre *piensa* que no es necesario producir tanta leche, así que el suministro lácteo comienza a disminuir hasta que, finalmente, se agota (para más información sobre el suministro de leche, véanse las páginas 106-112). También es posible que tu bebé esté dando un estirón de crecimiento, aunque esto no suele suceder en las primeras seis semanas (véanse las páginas 120-123).

¿CUÁNTO TIEMPO SUELE DURAR UNA TOMA? En las primeras seis semanas y hasta la ocho, las tomas de un bebé de peso medio duran de veinte a cuarenta minutos. Si, por ejemplo, el bebé empieza a comer a las 10, a las 10.45 habrá terminado y a las 11.15 ya debería estar acostado para hacer una siesta de hora y media. Aunque los bebés alimentados con biberón también pueden quedarse dormidos mientras succionan, en cuanto alcanzan los tres kilos o más es menos probable que se duerman durante una toma que los bebés que maman. A los bebés que toman el pecho les suele entrar sueño aproximadamente a los diez minutos de haber empezado a mamar; la explicación es que han tomado un trago de suero, la primera parte de la leche, que es muy rica en oxitocina, una hormona que actúa como somnífero (véase el recuadro de la página 108: «Si la leche materna se etiquetara…»). Los bebés prematuros y los que padecen ictericia también tienden a quedarse dormidos antes de terminar sus tomas. En ambos casos, estos niños necesitan dormir de manera imperiosa, aunque se los debe despertar igualmente para que coman.

Que el bebé se duerma de vez en cuando mientras mama o toma el biberón no es el fin del mundo. Sin embargo, si se queda dormido durante más de tres comidas, quizás lo estés convirtiendo, sin querer, en un pequeño «picoteador». Además, si un bebé aprende a asociar el hecho de succionar con el de dormir, será más difícil enseñarle a dormirse solo. Y luego resultará aún más complicado, si no imposible, establecer cualquier tipo de rutina. (Para obtener más información sobre cómo se desarrolla este círculo vicioso en bebés que toman el pecho, véanse las páginas 111-112.)

Tras las comidas, procura que tu hijo permanezca un rato despierto, aunque sólo sea durante cinco minutos. Puedes despertarlo acariciándole suavemente la palma de la mano (no le hagas nunca cosquillas en los pies) o poniéndolo en posición vertical (como un muñequito, ¡verás cómo se le abren los ojos!). También puedes tumbarlo en el cambiador, cambiarle los pañales o simplemente hablarle durante unos minutos. Cuando lo tumbes de espalda, haz movimientos circulares con sus bracitos e imita el movimiento del pedaleo con sus piernas. Dedica sólo unos diez o quince minutos a intentar despertarlo; pasado ese tiempo, la oxitocina ya debería haber penetrado en su organismo. Después, considera que ya está en la fase «dormir» de la rutina E. A. S. Y., e inténtalo de nuevo en la próxima toma. Sé perseverante. Tenemos que enseñar a los bebés a comer de forma eficiente.

El problema es que, a menudo, a los padres les sabe mal despertar a su hijo. Y alegan excusas como: «Pobrecito, está cansado. Estuvo despierto toda la noche y ahora necesita dormir». Pero, ¿por qué creéis que pasó la noche en vela pidiendo que se le diera de comer? Pues porque quería recuperar el alimento que no estaba tomando durante el día. Si dejáis que el hábito arraigue, lo estaréis acostumbrando a picotear, no a comer debidamente; y cuando cumpla los cuatro meses, os preguntaréis si algún día conseguiréis dormir una noche entera.

ENTRE COMIDA Y COMIDA, ¿DEJAS QUE TU BEBÉ PASE UN TIEMPO SUCCIONANDO? Los bebés necesitan sus ratos de succión, sobre todo durante los primeros tres meses, así que esta pregunta me ayuda a analizar si un bebé está realmente succionando todo lo que necesita. Conozco muchísimas madres que no «creen» en los chupetes. Os prometo que yo siento auténtica vergüenza ajena cuando veo a un niño de dos años andando con uno en la boca. Pero ahora estamos hablando de *bebés*. El hecho de usar un chupete (página 198) evita que tu hijo esté incesantemente succionando tus pechos (o la tetina del biberón). Así pues, prueba a darle uno entre comidas. Es un modo de alargar de forma paulatina el intervalo de tiempo entre una toma y otra y de prevenir que tu bebé adopte el vicio de picotear. También es un recurso útil para los bebés que maman y, tras vaciar el pecho, continúan sin despegarse de él porque quieren succionar un rato más.

¿TU BEBÉ LLORA MUCHO JUSTO DESPUÉS DE SUS COMIDAS O BIEN DURANTE LA HORA SIGUIENTE? Un bebé que tiene hambre deja de llorar en cuanto se le da de comer. Te ha comunicado que necesitaba comida y tú se la has dado. Los bebés que lloran durante las comidas o poco después, no lloran porque todavía están hambrientos. Les ocurre alguna otra cosa. En primer lugar, descarta que el problema radique en tu propio cuerpo, que tu suministro de leche sea insuficiente o tengas algún conducto bloqueado, ya que esto frustraría los intentos de succión de tu hijo. Si tus pechos están bien, probablemente signifique que tu bebé llora de dolor, porque tiene gases o reflujo gastroesofágico, el término técnico para designar la acidez de estómago (véanse las páginas 114-120).

¿CUÁNTO DURAN LOS PERIODOS DE ACTIVIDAD DE TU BEBÉ? Recuerda que estamos hablando de niños de seis semanas o menos. Sus periodos de actividad no van a consistir en jugar al pilla-pilla. Algunos bebés, sobre todo los más pequeños, sólo pueden aguantar despiertos cinco o diez minutos después de las comidas. Analicemos el caso de Lauren, una niñita de tres semanas que pesó 2 kilos y 750 gramos al nacer, sólo un poco menos que la media: «Hemos estado intentando que siguiera la rutina E. A. S. Y. desde hace unos días», me escribieron preocupados sus padres. «Y nuestro problema es: en diez minutos, ella ya ha acabado de tomar el pecho; luego realizamos una actividad durante una media hora, al final de la cual empieza a alterarse demasiado y la acostamos para que duerma. Sin embargo, sus siestas apenas duran veinte o treinta minutos. Llegado este punto, ha transcurrido solamente una hora y media, demasiado pronto para comer de nuevo según la rutina E. A. S. Y.; por tanto, ¿qué hacemos con ella durante ese rato?».

En este caso poned a prueba vuestra habilidad para escuchar a los bebés. Podéis deducir por las palabras de sus padres que la pequeña Lauren no está comiendo adecuadamente. Dado que su mamá le está dando de mamar, también me gustaría saber si produce suficiente leche. Así que le aconsejaría que se hiciera una extracción (véase la página 109) para ver cuánta leche toma Lauren de cada pecho. Por otro lado, treinta minutos de actividad son una barbaridad para una pequeña de tan sólo tres semanas. ¿Cómo no va a acabar sobreexcitada, la pobre? Y si duerme únicamente veinte o treinta minutos es porque tiene hambre. Reconsideremos la situación en términos de adulto: si yo como sólo una rebanada de pan con mantequilla, luego me pongo a hacer ejercicio y después duermo una siesta, podéis estar seguros de que me levantaré con hambre. Lo mismo le sucede a Lauren: no come lo suficiente para mantener su nivel de actividad y tampoco puede dormir una siesta consistente porque tiene el estómago vacío. Sus padres deben volver a empezar desde cero; es decir, prolongar el tiempo de sus comidas y acortar sus ratos de vigilia. De esta manera, probablemente comerá mejor y, durante el día, dormirá siestas más largas.

Consejos para madres que dan de mamar: cómo conseguir que el bebé se coja bien al pecho y evitar (o corregir) un suministro de leche insuficiente

El cuerpo de la mujer es una creación milagrosa. Si gozas de buena salud, al quedarte embarazada tu organismo se prepara para producir leche y cuando nace tu bebé, todos los mecanismos se ponen en marcha para que puedas darle el alimento que necesita. Es un proceso natural, pero no todas las mujeres ni todos los bebés se adaptan a él inmediatamente, a pesar de lo que te digan algunos de esos fanáticos libros sobre lactancia materna. Son muchas las mujeres que tienen dificultades. Incluso aquellas que han tenido una asesora de lactancia en el hospital, a veces tienen problemas al llegar a casa. No pasa absolutamente nada si necesitas ayuda.

Cuando las madres primerizas acuden a mí con los llamados problemas de lactancia durante las seis primeras semanas del periodo «posparto» oficial, durante el cual toda la familia se está adaptando a la nueva situación (el recién nacido al mundo y la recién estrenada mamá a su bebé), normalmente todo se reduce a dos posibles causas: o bien el niño *no se prende bien al pecho* y la mala posición de su boquita no le permite succionar el máximo de leche, o bien la madre *no produce suficiente alimento.* Estos dos problemas, por supuesto, pueden estar relacionados. Cuando un bebé se prende bien al pecho y empieza a succionar, el cuerpo de la madre envía un mensaje a su cerebro: «Este bebé tiene hambre. Ponte manos a la obra y produce más leche». Obviamente, si el mensaje no llega bien al cerebro, la producción láctea será insuficiente.

Tal como indica mi tabla de alimentación (véase la página 100), los primeros días son distintos para los bebés que toman leche materna porque, al principio, los pechos de la madre secretan calostro (véase el recuadro en la página 108) hasta que empiezan a producir leche. A fin de obtener el máximo beneficio del calostro, el primer día debes alimentar al bebé continuamente, *todo el día*, cinco minutos con cada pecho. El segundo día, cada dos horas, diez minutos con cada pecho y el tercero, cada dos horas y media, de quince a veinte minutos cada pecho. Para ingerir el calostro, tu bebé necesita mucha energía para succionar con fuerza. Se trata de una sustancia tremendamente espesa y para el bebé es como hacer pasar miel por el agujero de un alfiler. A bebés con un peso inferior a 2 kilos y 750 gramos les puede resultar especialmente difícil. No obstante, los primeros días esta succión continuada es fundamental, puesto que cuanto más pronto empieces a producir leche, menos posibilidades tendrás de congestionarte.

UNA VEZ HAYAS EMPEZADO A PRODUCIR LECHE, DALE DE MAMAR A TU HIJO DE UN SOLO PECHO EN CADA TOMA. Dicho en otras palabras, no cambies al otro pecho hasta que el bebé haya vaciado el primero. Algunos expertos te aconsejarán que cambies de pecho pasados diez minutos, pero yo no estoy de acuerdo. Lee el recuadro para entender por qué. La leche materna está compuesta de tres partes. Si dejaras reposar una botella de leche materna durante media hora, verías cómo se separa. Un líquido acuoso descendería hasta el fondo, en el medio quedaría un líquido de color blanco azulado y, encima de todo, verías una sustancia espesa, cremosa y amarillenta. La parte acuosa, el suero, se segrega durante los primeros diez minutos de la toma. Por tanto, si cambias de pecho al cabo de diez minutos, no sólo harás que tu bebé se duerma sino que, además, le estarás dando doble ración de suero y ninguna de las partes

> ### ¿QUÉ PECHO ME TOCA AHORA?
>
> Una madre me escribió: «Me cuesta recordar con qué pecho le he dado de mamar a mi hijo. ¿Qué puedo hacer?».
>
> ¿Y de qué no se va a olvidar una mamá que anda corta de sueño? Ponte un imperdible en la camiseta o en el sujetador que uses para dar el pecho y así te acordarás. Otra sugerencia es acostumbrarse a llevar un diario de lactancia al comienzo, anotando con qué pecho se ha dado de mamar y cuánto ha durado cada toma. De esta manera, si tienes problemas, tendrás una idea más clara de lo que está pasando.

más cremosas y nutritivas que le siguen. En mi opinión, los bebés cuyas madres cambian de pecho reciben una gran cantidad de esta especie de «caldo», que calma mucho la sed, pero nunca disfrutan del sabroso postre que está al final. Y a menudo, éstos son los bebés que vuelven a tener hambre una hora después de haber comido y se malacostumbran a picar. Además, estos bebés corren el riesgo de desarrollar problemas digestivos, ya que el suero es muy rico en lactosa y demasiada lactosa puede provocar dolores de estómago.

ASEGÚRATE DE QUE TU BEBÉ SE PRENDE CORRECTAMENTE AL PECHO. Cómprate una caja de tiritas redondas, más bien pequeñas. Miden aproximadamente entre uno y dos centímetros de diámetro y se parecen a las dianas que se utilizan en las prácticas de tiro, que es precisamente lo que te estoy proponiendo. Antes de realizar una toma, colócate dos tiritas en el pecho, dos centímetros y medio por encima y por debajo del pezón respectivamente: éstos son tus «blancos». Recuesta a tu hijo en un cojín firme o un *boppie* un almohadón especialmente diseñado para dar de mamar, y sujétalo con el pliegue del codo, al nivel de tu pecho, para que no tenga que estirar el cuello. Coloca el pulgar en la tirita superior y el dedo índice en la inferior y luego aprieta. Entonces, con suavidad, sujeta la cabeza de tu bebé e introduce el pezón en su boca. Para asegurarte de que se ha prendido al pecho correctamente, mírate en un espejo o pídele a tu pareja, a tu madre (aunque ella nunca diera de mamar) o a una buena amiga que observen si los labios del bebé sujetan bien el pezón. Esto es lo que hay que buscar: que la boquita de tu bebé esté abierta y colocada contra el centro del pecho. Sus labios formarán un ceñido reborde alrededor del pezón y la areola. Si el bebé no se ha prendido bien al pecho, su labio inferior puede estar metido hacia adentro. O puede que tenga la boca por encima del pezón, en lugar de cubrirlo del todo. Si tus dedos no están sobre las tiritas, dos centímetros y medio por encima y por debajo del pezón, podrías tener dificultades para introducirlo entero en la boca de tu hijo.

La prueba más evidente de que el bebé no se prende correctamente a tus pechos está en *tu propio* cuerpo. He visto a muchas madres sufrir una auténtica agonía, con los pezones irritados y doloridos, incluso sangrándoles. Entonces es cuando la mamá piensa: «No importa, tengo que hacerlo por el bebé». Posiblemente está intentando ser la mejor madre del mundo; sin embargo, la triste verdad es que no está alimentando a su hijo como es debido. Si *no te sientes bien* al dar de mamar, confía en los síntomas de tu cuerpo. Un ligero escozor en los pezones durante los primeros dos o tres días es completamente normal, pero si las molestias se alargan más tiempo o empeoran, lo más seguro es que algo vaya mal. Si sientes pellizcos o dolor cuando tu bebé succiona, significa que no se prende bien a tu pecho. Si se te forma una llaga en el pezón, es que tus manos no están en la posición correcta. Si te sientes físicamente enferma, tienes fiebre, escalofríos, sudores por la noche y los pechos te duelen o se te han hinchado, es señal de problemas tales como una congestión o un conducto obstruido, que podrían desembocar en una mastitis o inflamación de la glándula mamaria. Si tienes fiebre o padeces otros síntomas durante más de una semana, haz que te visite un médico. Probablemente también valdría la pena que te pusieras en contacto con una asesora de lactancia materna, ella te ayudaría a conseguir que tu bebé se prendiera adecuadamente al pecho.

SI TU HIJO PESÓ MENOS DE 2 KILOS Y 750 GRAMOS AL NACER, DALE DE COMER CON MÁS FRECUENCIA, INCLUSO DESPUÉS DE LOS CUATRO PRIMEROS DÍAS.
Los problemas de suministro de leche suelen darse con bebés pequeños, porque el cuerpo de la mujer está diseñado para alimentar a bebés de tres kilos o más. Cuando el bebé no succiona con tanta fuerza o no traga tanta leche como lo haría uno más grande, el cuerpo de la madre reacciona en consecuencia y reduce su producción de leche. La solución es dar de mamar al bebé cada dos horas, lo cual no sólo lo ayuda a aumentar de peso, sino que garantiza el flujo continuado de la leche de su madre. En casos extremos, como es el de bebés prematuros, bebés nacidos a término de menos de 2 kilos y 300 gramos de peso o bebés que deben quedarse en el hospital por algún otro problema de salud, yo suelo aconsejar a las madres que se hagan extracciones entre comidas, para que no se interrumpa el suministro de leche (véase el recuadro de esta página). Es un trabajo duro para la madre, pero vale la pena el esfuerzo si se tiene intención de amamantar.

SI ESTÁS PREOCUPADA POR TU SUMINISTRO DE LECHE, HAZTE UNA EXTRACCIÓN PARA AVERIGUAR CUÁNTA LECHE PRODUCES. Cuando una madre no está segura de si su bebé picotea por costumbre o porque ella no produce suficiente leche, yo le sugiero que se haga lo que yo llamo una «recolecta», algo que hacíamos hace tiempo en nuestra granja de Yorkshire. Una vez al día, un cuarto de hora antes de una de las tomas, extráete la leche y comprueba qué cantidad sale. Digamos que son casi 1.000 mililitros; lo cual significa que tu bebé probablemente habría llega-

CÓMO INCREMENTAR EL SUMINISTRO DE LECHE

La clave para estimular los pechos está en la boca del bebé o bien en extraerse la leche:

Sin extracción: si no quieres realizarte una extracción láctea, ponte al bebé en el pecho cada dos horas durante unos cuantos días, eso hará que te suba la leche y empiece a fluir. Al prenderse a los pechos, el bebé los estimula, lo cual envía un mensaje al cerebro: «Produce leche». Tu hijo, entonces, será capaz de aguantar entre dos horas y media o tres antes de volver a comer porque estará ingiriendo lo suficiente en cada toma. Si el intervalo entre comidas no se alarga automáticamente durante los cuatro días siguientes, vigila que tu bebé no se esté acostumbrando a picar (véase la página 103).

Método de extracción: extráete la leche justo después de las tomas o bien espera una hora tras haber dado de comer y entonces hazle la extracción. Si tu bebé come cada dos horas, puede que te parezca extraño tener que extraerte la leche después, pero al hacerlo vacías completamente tus reservas. En la próxima toma, la succión del bebé advertirá a tu cuerpo de que produzca más leche, en lugar de dejar que tu hijo se alimente de las reservas que quedaron de una toma anterior.

De cualquiera de las dos maneras, tu suministro de leche debería aumentar.

do a succionar unos 500 mililitros más (la succión física es más efectiva que cualquier extractor). A continuación, dale esa misma leche en un biberón. Si todavía no lo has alimentado nunca con biberón, puedes dársela con una jeringa o una pipeta. También puedes ponerte a tu hijo en el pecho, dejarlo vaciar el resto y luego darle la leche que te has extraído anteriormente.

DUERME LO SUFICIENTE Y ALIMÉNTATE BIEN. Una de las ventajas de la leche artificial respecto a la materna es que sus componentes son siempre los mismos. Lo que recibe siempre tu bebé es lo que ves. Por el contrario, la leche materna cambia según el estilo de vida de la madre. La falta de sueño puede disminuir el suministro de leche e incluso reducir su contenido calórico. Obviamente, lo mismo puede ocurrir si se hace una dieta. Debes duplicar tu ingesta de líquido y beber 16 vasos de agua u otras bebidas equivalentes al día. Y a fin de reponer la energía que tu cuerpo está usando para fabricar y suministrar leche materna para tu bebé, también tendrás que añadir unas quinientas calorías de más a tu dieta diaria: el 50 % procedentes de hidratos de carbono y entre el 25 y el 30 % de grasas y proteínas. Ten en cuenta tu edad, así como tu peso habitual y tu altura. Puede que necesites más o menos de lo que se estipula como promedio. Y si tienes dudas, consulta a tu obstetra o a un experto en nutrición. No hace mucho, recibí una llamada de Maria, una mamá primeriza de treinta y cinco años que se preguntaba por qué su bebé de ocho semanas, que había comenzado a seguir una rutina de tres horas, había vuelto a comer cada hora y media. Al final, resultó que el problema era la dieta sin hidratos de carbono de su madre. Además, Maria practicaba dos horas de ejercicio al día. Cuando le dije que probablemente su flujo de leche había disminuido, me pidió unos cuantos «consejos» rápidos para incrementar su producción de leche. Sin embargo, le expliqué que no era eso lo único que necesitaba. Su ritmo de vida era demasiado activo para una madre que está amamantando. Incluso aunque hubiera tomado medidas para aumentar su suministro de leche, también le haría falta descansar más y volver a incluir hidratos de carbono en su dieta; de este modo, además, la *calidad* de su leche mejoraría.

SI ES NECESARIO, COMPLEMENTA LA DIETA DE TU HIJO CON LECHE ARTIFICIAL. Tuve una clienta, Patricia, cuyo médico le dijo que el pequeño Andrew no estaba ganando peso; el niño, además, tenía siempre mucho sueño y apenas respondía a ningún estímulo. Sin embargo, el médico no preguntó sobre la leche de Patricia, así que realizamos una extracción (véase la página 109). Al bombear, obtuvimos menos de 500 mililitros de leche. Patricia se disgustó mucho. «Pero es que yo quiero darle el pecho», insistió. Pues bien, por mucho que quisiera darle de mamar, *tenía* que complementar las comidas de su bebé con leche artificial, al menos hasta que su producción de leche aumentara. Añadimos leche artificial a la dieta de Andrew y su madre empezó a usar un extractor, aunque al principio se había negado en redondo a hacerlo. Al cabo de una semana, el suministro de leche de Patricia se incrementó, así que pudimos alimentar a Andrew con más leche materna y reducir la cantidad de leche artificial. La segunda semana, Patricia ya volvía a darle exclusivamente el pecho; no obstante, le sugerí que continuara extrayéndose leche para dársela al niño con biberón; de esta forma, papá también podría encargarse de alimentarlo. (Ésta es una sugerencia que siempre hago; véase la página 113).

RECORDATORIO IMPORTANTE:

A algunas madres que se extraen la leche les gusta «almacenarla por si acaso». A menos que tengan que operarte y sepas que no vas a estar físicamente disponible para dar de mamar a tu bebé, no te extraigas más de la cantidad necesaria para alimentarlo durante tres días. A medida que tu hijo crece y cambia, la composición de tu leche también se modifica. ¡Puede que la leche del mes pasado ya no resulte adecuada para éste!

VIGILA SI LAS COMIDAS DE TU BEBÉ DURAN REGULARMENTE MENOS DE DIEZ O QUINCE MINUTOS.
Cuando una madre que da el pecho me comenta: «Mi hijo de seis semanas tarda diez minutos en realizar sus tomas», se me dispara una alarma en el cerebro. Pero antes de precipitarme a sacar ninguna conclusión, intento descartar los dos problemas de lactancia más habituales preguntándole a la madre: **¿Te has hecho alguna extracción para saber cuánta leche estás produciendo? ¿Tienes los pezones irritados o doloridos? ¿Te estás congestionando?** Una respuesta afirmativa a la segunda o a la tercera pregunta podría indicar que el bebé no se prende correctamente al pecho. Seguramente la madre lo soporta estoicamente con una sonrisa, pero es probable que tenga algunos conductos bloqueados. En ese caso, recomiendo una asesora de lactancia o hago una llamada yo misma.

No obstante, el problema que he detectado más a menudo durante las primeras seis semanas de lactancia materna es que muchas madres no esperan el tiempo suficiente a que su bebé realice una toma completa. Cuando los bebés son muy pequeñitos, sobre todo con los de constitución menuda, se pueden tener problemas serios si se permite que este patrón de conducta persista. Veamos, por ejemplo, el caso de Yasmin, la madre de un pequeño de cuatro semanas llamado Lincoln. Ella me llamó porque su hijo tenía diversos problemas. No estaba aumentando de peso, sus siestas más largas duraban cuarenta y cinco minutos, aunque la mayoría eran sólo de veinte o veinticinco minutos y, por supuesto, huelga decir que Yasmin no podía ni imaginarse cómo hacer que Lincoln siguiera una rutina estructurada. «Tengo la sensación de estar montada en un potro desbocado, Tracy, y creo que me voy a caer de un momento a otro. No tengo el más mínimo control de la situación.»

Pasé toda la mañana con Yasmin y le dije que siguiera con su rutina como si yo no estuviera. Una hora más tarde, vi claro cuál era su problema. Yasmin, dando por sentado que su bebé ya había terminado de comer y que le tocaba pasar a la parte «dormir» de la rutina, lo acostó. No se percató de que Lincoln tan sólo había ingerido la primera leche; era imposible que hubiese llegado a la última, que empieza a fluir tras quince minutos de haber empezado una toma. Así pues, en lugar de haber comido sustanciosamente, ¡Lincoln se encontraba en una especie de coma provocado por la oxitocina! Diez minutos más tarde, se despertó. Por un lado, los efectos de la oxitocina habían desaparecido y, por otro, el pobre apenas tenía nada en el estómago. Era como si sólo hubiera tomado un vaso de leche desnatada. Entonces Yasmin le preguntó en voz alta: «Pero, cariño, si acabo de darte de comer… ¿Qué es lo que te pasa?». Y luego realizó todo el ritual de comprobar los pañales, envolverlo e intentar que se durmiera de nuevo dándole palmaditas en la espalda y susurrándole al oído. Lincoln, no obstante, seguía llorando y, veinte o treinta minutos después, todavía lloraba. ¿Por qué? Pues muy sencillo: tenía hambre. Yasmin trató de tranquilizarlo meciéndolo y caminando un rato con él en brazos. De todas formas, tras veinte o treinta minutos llorando sin parar, cualquier bebé estaría tan exhausto que, independientemente de lo que hicieras, se dormiría de nuevo, que es exactamente lo que hizo Lincoln. Sin embargo, y esto es lo que volvía loca a Yasmin, no se *quedaba* dormido. Y efectivamente, unos veinte minutos más tarde, Lincoln ya estaba otra vez despierto y su pobre madre no tenía ni la más remota idea de qué cosa debía hacer a continuación.

«A ver, le he dado de comer hace tan sólo una hora y se supone que debería aguantar como mínimo dos horas y media», se quejó. «Tracy, tienes que ayudarme.» Yo le hice un resumen de sus propias acciones y le expliqué que el origen del problema radicaba en que ella no se había dado cuenta de que Lincoln no terminaba sus comidas. En cuanto Yasmin comprendió lo que estaba sucediendo y decidió usar mis técnicas para despertar a su hijo cada vez que se adormecía durante una toma (véanse las páginas 104-105), el niño empezó a comer adecuadamente, a ganar peso y, por supuesto, a dormir mucho mejor.

La moraleja de esta historia es que prestéis atención a la duración de las comidas. Aunque también debo recordaros una vez más que cada bebé es diferente. Algunos comen de manera eficiente desde el primer día. Por ejemplo, Sue, de Michigan, escribió:

Mi querida hija tiene tres semanas y mama unos cinco minutos (por pecho) cada vez. Suele comer aproximadamente cada tres horas, pero me han dicho que debería mamar al menos durante diez minutos. ¿Algún consejo sobre cuánto tiempo debería tomar el pecho en cada toma?

Sue, es posible que tu querida hija sea uno de esos bebés que comen perfectamente desde el principio. A lo largo de los años he visto de todo, desde pequeños holgazanes que para comer necesitan estar pegados al pecho durante cuarenta y cinco minutos, hasta niños como tu hijita, que lo engullen todo en un santiamén. Aquí lo importante es que come cada tres horas, lo cual me indica que no está picando. A menos que su peso fuese inusualmente bajo, lo lógico sería pensar que toma todo el alimento que necesita. (No obstante, yo le aconsejaría a Sue que dejara de cambiar de pecho durante una misma comida; véase la página 107.)

Es indudable que las primeras seis semanas son fundamentales para todos los bebés; sin embargo, cuando se da el pecho, con frecuencia son especialmente peliagudas. Y a pesar de que este tipo de problemas puede persistir o volver a surgir más adelante, es ahora cuando debe intentar solucionarse.

Mi consejo más valioso: ¡da el pecho y el biberón!

A las madres que dan de mamar, yo siempre les recomiendo que también familiaricen a sus hijos con el biberón. Y aconsejo comenzar tan pronto como el bebé haya aprendido a prenderse bien al pecho y el flujo de leche de la madre sea bueno, lo cual suele ocurrir alrededor de las dos o tres semanas. A partir de entonces, dale un biberón a tu hijo como mínimo una vez al día. Conviértelo en un ritual: que sea papá quien le dé el biberón de antes de ir a dormir o la abuela el de media tarde. En este momento, tu bebé aún es bastante moldeable. Ahora bien, soy consciente de que mi consejo contradice las recomendaciones de otros especialistas. A algunas madres se les aconseja que alimenten a sus hijos exclusivamente con leche materna o que, al menos, esperen a que el bebé cumpla los seis meses antes de darle un biberón. Se les advierte que no empiecen antes a causa de la llamada «confusión de la tetina y el pezón» o porque su propia leche se puede agotar. ¡Tonterías! Yo jamás he tenido ninguno de esos problemas con mis bebés.

Además, no se trata únicamente de la salud de tu hijo. También debes tener en consideración tus propias necesidades y tu estilo de vida. Hay madres que se sienten felices de dar el pecho a sus hijos de manera exclusiva y tal vez tú seas una de ellas, pero es importante pensar también en el futuro. Por eso te propongo que te hagas las preguntas que encontrarás a continuación. Si respondes que sí a alguna de ellas, deberías plantearte la posibilidad de introducir el biberón en la dieta de tu bebé durante sus primeras semanas (si ya no te es posible porque tu hijo es más mayor, consulta «Del pecho al biberón», en las páginas 129-133).

¿Te gustaría que alguien más pudiera encargarse de dar de comer a tu bebé: su padre, la abuela o una niñera? Un bebé que toma tanto el pecho como el biberón le da un respiro a su madre y, además, puede ser alimentado por otras personas, lo cual es igualmente importante. De este modo, los demás también tienen la oportunidad de hacerle arrumacos, hablarle y estrechar los lazos afectivos que los unen a él.

¿Tienes pensado volver al trabajo o trabajar a tiempo parcial, antes de que tu bebé cumpla el primer año? Si vas a reincorporarte al trabajo y tu hijo no está acostumbrado a combinar la leche materna con el biberón, te arriesgas a tener que afrontar una huelga de hambre (véase el recuadro de la página 132).

¿Tienes intención de llevar a tu hijo a la guardería antes de su primer año? Ten en cuenta que la mayoría de centros no admiten bebés que no tomen el biberón.

Ahora que has empezado a dar de mamar, ¿estás segura de querer continuar? A diario recibo miles de mensajes de correo electrónico pidiéndome «permiso» para dejar de dar el pecho después de cierto tiempo, sean seis semanas, tres meses o medio año. Pero el hecho es que no existe ninguna fecha mágica, ningún momento óptimo para destetar a un bebé. Cuando *tú* decidas dejarlo, la transición te resultará mucho más suave si tu hijo ya está acostumbrado a los biberones.

¿Tu idea es dar el pecho durante un año o menos? En ese caso, *no pensarás* darle el primer biberón a tu hijo a los ocho o diez meses, ¿verdad? Si lo haces, es probable que tengas que luchar contra una fuerte resistencia por parte de tu bebé.

CUANDO COMER ES DOLOROSO: GASTRALGIA

Los bebés no nacen como seres humanos plenamente desarrollados; a veces su sistema digestivo necesita un poco más de tiempo para estar completamente maduro. Lo peor de cualquier afección gastrointestinal es que desencadena toda una serie de circunstancias y emociones que únicamente agravan el problema y hacen que sea más difícil resolverlo. Con frecuencia, los padres se sienten impotentes e ineptos porque no entienden qué le ocurre al bebé. Empiezan a cuestionarse sus propias habilidades como padres y esa inseguridad, a su vez, afecta a su comportamiento. Las madres, sobre todo, suelen ponerse tensas y se muestran preocupadas y angustiadas mientras dan de comer a sus hijos.

Cuando los padres me comentan que su hijo «está constantemente llorando», lo primero que pienso es que debe tener algún tipo de problema gástrico: gases, reflujo (ardor de estómago en los bebés) o cólicos (en contraposición a cualquiera de las otras dos afecciones, cuyos síntomas se confunden a veces con cólicos). El sistema digestivo de los recién nacidos es muy inmaduro. Han sido alimentados por vía intravenosa durante nueve meses y ahora deben alimentarse de forma independiente; por eso, las primeras seis semanas pueden ser un tiempo de adaptación.

«JUEGO DE LÁGRIMAS»

A fin de determinar por qué sufre un bebé, les hago a los padres una serie de preguntas específicas sobre el tipo de llanto del niño. Naturalmente, esto es sólo una parte de la información que necesito. También tengo que preguntarles por el peso de nacimiento del bebé, sus patrones de alimentación, de sueño y sus actividades; de esta forma puedo descartar diferentes causas, como hambre, agotamiento, sobreestimulación o bien, una mezcla de las tres cosas.

¿Cuándo suele llorar? Si llora tras las comidas, lo más seguro es que se trate de gases o reflujo. Si llora puntualmente cada día a la misma hora, podría padecer cólicos (si ya se han descartado las dos molestias mencionadas anteriormente). Si el llanto es errático e imprevisible, podría deberse simplemente a su propio temperamento: ciertos bebés lloran más que otros.

¿Qué aspecto tiene su cuerpo cuando llora? Si estira de los pies y levanta las piernas hasta el pecho, probablemente sean gases. Si se pone rígido y arquea la espalda, podría tener reflujo, aunque también podría ser su forma de aislarse del mundo.

¿Qué lo consuela cuando llora? Si hacerlo eructar o moverle las piernas como si pedaleara calma su llanto, seguramente le has ayudado a pasar una burbuja de gas. Si deja de llorar cuando lo sientas recto, por ejemplo en el asiento de un coche o en un balancín, podría ser reflujo. Estar en movimiento, el sonido del agua corriente o el ruido de la aspiradora pueden distraer a un bebé que padece cólicos, pero lo normal es que no se pueda hacer mucho para consolarlo si los tiene.

Los gases, el reflujo y los cólicos son enfermedades distintas, pero a los padres primerizos les suele resultar sumamente confuso diferenciarlas. Además, para complicar más las cosas, los pediatras a veces emplean el término general de «cólico» para definir las tres afecciones, entre otras razones porque ni siquiera los expertos se ponen de acuerdo sobre lo que es un cólico. Las siguientes descripciones deberían ayudaros a entender lo que se sabe de momento sobre estos problemas digestivos:

GASES

QUÉ SON: Aire que tu bebé traga al comer. A algunos bebés les gusta la sensación de engullir, así que tragan aire incluso cuando no están comiendo. Los gases pueden ser muy dolorosos para un bebé, igual que para un adulto. Cuando ese aire queda atrapado en el intestino, causa dolor, porque el cuerpo no tiene forma de deshacerse de él. El bebé sólo puede eliminarlo expulsándolo o eructando.

POSIBLES REACCIONES: Piensa en tu propio cuerpo y recuerda lo que se siente al tener gases. Seguramente tu bebé levantará las piernas hasta el pecho y contraerá la cara en una expresión de dolor. Además, su llanto tendrá un tono muy concreto: es un lloro intermitente y parecerá que le cuesta respirar, como si estuviera a punto de eructar. Puede que también ponga los ojos en blanco y (mientras no llora) haga una mueca que podría confundirse con una sonrisa (por eso la abuela insiste tan a menudo en decir que, «en realidad», aquella primera sonrisa sólo eran gases).

QUÉ HACER: Cuando ayudes a eructar a tu hijo, masájeale el costado izquierdo (su estómago se encuentra en la parte más blanda bajo la costilla izquierda) con la base de la palma. Si esto no funciona, aúpale de cara a ti, con los brazos colgando sobre tu hombro y las piernas bien rectas hacia abajo. Esta postura crea una vía de salida directa para el aire. Para hacer salir la burbuja de aire, hazle un masaje hacia arriba, como si alisaras un trozo de papel de empapelar. También puedes ayudar a tu bebé a eliminar los gases tumbándolo de espaldas, levantándole las piernas y haciendo un suave movimiento de pedaleo con ellas. Otra manera de animarlo a expulsar los gases es sostenerlo en brazos frente a ti y darle palmaditas en el culito, lo cual le indica que es allí donde debe ejercer fuerza. A fin de aliviar el malestar en el vientre de tu hijo, túmbalo sobre tu antebrazo, mirando hacia el suelo, y ejerce una ligera presión sobre su estómago con la palma de la mano. Asimismo, doblando una mantita de bebé hasta obtener una banda de unos diez centímetros y envolviéndosela alrededor de la cintura, a modo de faja improvisada, puedes conseguir el mismo efecto. Simplemente debes vigilar que no quede demasiado apretada.

REFLUJO GASTROESOFÁGICO

QUÉ ES: Ardor de estómago en el bebé, a veces acompañado de vómitos. En casos extremos, pueden producirse complicaciones y que el bebé regurgite un líquido teñido de sangre. La acidez de estómago es terriblemente dolorosa para los adultos, pero para los bebés es peor porque ellos no entienden lo que les pasa. Cuando tu bebé come, la comida entra en su boca y baja por el esófago. Si el sistema digestivo funciona correctamente, el esfínter del músculo que abre y cierra el estómago permite que la comida entre y se quede ahí. Si el tracto gastrointestinal está plenamente desarrollado, se da un patrón rítmico al tragar y entonces el esfínter se abre y se cierra como es debido. Sin embargo, cuando hay reflujo, el esfínter todavía está inmaduro y no se cierra bien después de haberse abierto. La comida no permanece en el estómago, sino que vuelve a subir y, lo que es peor, el ácido del estómago sube con ella, quemando el esófago del bebé.

POSIBLES REACCIONES: Si tu bebé escupe una o dos veces no deberías alarmarte. Todos los bebés sufren episodios de reflujo en algún momento u otro, sobre todo después de comer. Algunos lo padecen más a menudo y los hay que, sencillamente, son más sensibles a los trastornos digestivos. Cuando intuyo que se trata de reflujo, enseguida les pregunto a los padres: **¿El bebé nació de nalgas? ¿Se le enroscó el cordón umbilical alrededor del cuello durante el parto? ¿Nació prematuro? ¿Tuvo ictericia? ¿Nació con bajo peso? ¿A mamá le practicaron una cesárea? ¿Alguno de los adultos u otros niños en la familia suele tener acidez?** Un sí a cualquiera de estas preguntas indica una probabilidad alta de reflujo.

Si padece reflujo, tu bebé tendrá problemas a la hora de tomar sus comidas. Puede que resople y se ahogue porque su esfínter permanece cerrado, haciendo imposible que el alimento entre en el estómago. O puede que escupa o vomite minutos después de haber comido, porque el esfínter no se cerró tras penetrar la comida en el estómago. A veces también verás que escupe una especie de requesón acuoso incluso una hora después de una toma, ya que su estómago se contrae espasmódicamente y lo que estaba dentro sale de nuevo a través del esófago. Tal vez haga cacas explosivas. Al igual que un bebé con gases, es posible

ES UN MITO
SI EL BEBÉ NO ESCUPE ES QUE NO TIENE REFLUJO

Antiguamente, el diagnóstico de reflujo incluía escupir constantemente y/o vómitos fuertes y repentinos. Sin embargo, hoy sabemos que algunos bebés sufren el dolor y el problema sin estos síntomas. A raíz de esta confusión, el reflujo aún se diagnostica erróneamente como cólico. Muchos pediatras actualmente pueden sugerir tanto reflujo como cólico, pero algunos médicos de la vieja escuela diagnostican cólicos de manera automática cuando los llantos del bebé no tienen un motivo aparente (véase «Cólico», página 118). Otros sostienen que el reflujo es un tipo de «cólico». Esto podría explicar por qué algunos casos de cólico desaparecen «por arte de magia» alrededor de los cuatro meses. A esa edad, el músculo del esfínter, antes tan inmaduro, comienza a fortalecerse cuanto más se usa, más fuerte se hace y al bebé le resulta más fácil comer y digerir.

que también trague aire, pero con el reflujo, el trago va acompañado de un pequeño chillido. Normalmente, a los bebés que sufren reflujo les cuesta mucho eructar. Otro síntoma clave es que la única postura en que se sienten cómodos es sentados o cuando se los coge en brazos, recostándolos sobre el hombro. Cualquier intento de tumbarlos provoca auténticos ataques de llanto histérico, y por eso me saltan las alarmas cuando una madre me dice: «Sentado en el balancín es como más feliz está» o «Sólo se duerme en el asiento del coche».

El círculo vicioso que se establece con el reflujo gastroesofágico es que, cuanto más tenso está el bebé y cuanto más llora, mayor probabilidad hay de que sufra un espasmo y el ácido le suba por el esófago, haciéndolo sentir aún más incómodo. Y por mucho que pruebes todos los trucos del mundo, nada consigue calmarlo. En todo caso, seguramente estás utilizando los trucos equivocados. Puede que, a fin de aliviarle el malestar, tengas la costumbre de sacudirlo arriba y abajo, lo cual ayuda al ácido a ascender por el esófago. O quizá pensarás: «El problema es que necesita eructar», así que le darás palmaditas en la espalda, cosa que también hace subir el ácido por su esfínter, aún no del todo desarrollado. Tal vez atribuyas sus llantos y su malestar a esto o lo otro —generalmente cólicos o gases— sin darte cuenta de que padece ardor de estómago, molestia que requiere un tipo de tratamiento muy específico. Te sientes confundida y abandonas la rutina porque tienes dificultades a la hora de interpretar sus señales. Y mientras tanto, tu bebé está exhausto. Después de tanto llorar (lo cual consume mucha energía), vuelve a tener hambre y tú intentas darle de comer otra vez. Sin embargo, tu bebé enseguida se siente mal, quizás se ponga a vomitar y el ciclo continúa.

QUÉ HACER: Si tu pediatra dice que es un cólico, pide una segunda opinión a un pediatra gastroenterólogo, sobre todo si los adultos u otros niños de tu familia sufren problemas gastrointestinales. El reflujo suele ser hereditario. A menudo un historial médico y un reconocimiento exhaustivo son suficientes para diagnosticar el problema. A la mayoría de bebés se les diagnostica el reflujo sin necesidad de tests de laboratorio. En casos extremos o si tu médico cree que se pueden producir complicaciones a causa del reflujo de tu hijo, pueden realizarse varias pruebas: rayos X con un trago de bario, una ecografía, una endoscopia, un estudio de pH esofágico. El especialista determinará si el bebé padece reflujo y calibrará en qué grado; normalmente también podrá decirte aproximadamente cuánto tiempo le durará. Asimismo, te dará medicamentos e instrucciones para paliar el reflujo de tu bebé.

El tratamiento más común contra el reflujo es la medicación: antiácidos y relajantes musculares para bebés. Esta parte está en manos del médico. No obstante, además de llevarte a tu hijo a dar vueltas con el coche o convertirlo en un adicto a esos dichosos columpios mecánicos, también puedes hacer otras cosas, como por ejemplo:

ELEVA EL COLCHÓN DE SU CUNITA. Elévalo a un ángulo de cuarenta y cinco grados usando una manta o un par de libros: cualquier cosa que le permita dormir con la cabeza levantada. Los bebés que sufren reflujo se sienten mejor envueltos y en posición más bien vertical.

NO LE DES PALMADITAS A TU HIJO CUANDO INTENTES HACERLO ERUCTAR. Si le das palmaditas, le provocarás vómitos o romperá a llorar, lo cual pone en marcha el círculo vicioso. Mejor que le friegues suavemente el costado izquierdo de la espalda con un movimiento circular. Es más recomendable un ligero masaje, porque si le das palmaditas en la espalda, donde está el esófago, le estarás irritando una zona ya inflamada. Colócale los bracitos rectos sobre tu hombro y hazle friegas en sentido ascendente, así se creará una vía de salida por el esófago. Si transcurridos tres minutos todavía no ha eructado, deja de insistir. Si le ha quedado aire dentro, empezará a mostrarse nervioso. Álzalo con suavidad hacia adelante y el aire saldrá.

PRESTA ATENCIÓN A LAS COMIDAS. Evita hacer que coma demasiado o demasiado rápido (lo cual es más fácil que ocurra si lo alimentas con biberón). Si una toma de biberón dura menos de veinte minutos, es posible que el orificio de la tetina sea demasiado grande. Cámbiala por una tetina de flujo lento. Si se empieza a poner nervioso después de una toma, dale un chupete para apaciguarlo en lugar de alimentarlo de nuevo, cosa que aún lo angustiará más.

NO TENGAS PRISA POR DARLE ALIMENTOS SÓLIDOS. Algunos expertos sugieren que, cuando un bebé tiene reflujo, es mejor empezar a alimentarlo con sólidos antes de los seis meses, pero yo no estoy de acuerdo (véase «Un buen consejo», página 145). Si le atiborras demasiado el estómago, harás que su ardor se agrave. Dejará de comer si siente dolor.

POR MUCHO QUE EL BEBÉ LLORE, TÚ DEBES TRATAR DE MANTENER LA CALMA. El reflujo tiende a suavizarse alrededor de los ocho meses, cuando el esfínter está más maduro y tu bebé ya ingiere más alimentos sólidos. La mayoría supera el reflujo durante el primer año; los casos más graves pueden persistir hasta el segundo, pero son definitivamente una minoría. Si tu hijo es uno de los casos más severos, simplemente tendrás que aceptar que tu bebé no se va a adaptar a un patrón de alimentación normal: al menos no de momento. Mientras tanto, toma todas las medidas que puedas para que se sienta cómodo y recuerda que, tarde o temprano, lo superará.

CÓLICO

QUÉ ES: Ni siquiera los médicos se ponen de acuerdo sobre lo que es un cólico o sobre cómo definirlo. La mayoría lo consideran una compleja acumulación de síntomas caracterizados por un llanto estridente, excesivo e inconsolable, que parece ir acompañado de dolor e irritabilidad. Para otros, los cólicos son un término paraguas que engloba: *problemas digestivos* (alergias alimentarias, gases o reflujo), *problemas neurológicos* (hipersensibilidad o temperamento altamente reactivo) y *condiciones ambientales desfavorables* (padres nerviosos o negligentes, tensión en el hogar). Los bebés a quienes se diagnostica cólico pueden tener alguno o todos estos problemas; sin embargo, no en todos los casos se tratará necesariamente de cólicos. Algunos pediatras todavía emplean la regla del 3/3/3: tres horas de lloros ininterrumpidos, tres días a la semana, durante tres semanas consecutivas, lo cual, estadísticamente, equivale más o menos al 20 % de todos los bebés. El pediatra e investigador de los cólicos Barry Lester, autor del libro

For Crying Out Loud (Poner el grito en el cielo), describe el cólico como un «trastorno del llanto». Él define el problema de una manera sencilla: «Algo está haciendo llorar a ese niño de una forma inusual y, sea lo que sea, también afecta al resto de la familia». Lester está de acuerdo en que sólo un 10 % de los bebés, aproximadamente, tienen cólicos de verdad: fuertes ataques de llanto paroxístico que duran varias horas cada vez, a menudo a la misma hora del día y sin motivo aparente. Los recién nacidos parecen sufrir cólicos con más frecuencia que los bebés más mayores. Generalmente, los cólicos empiezan entre los diez días y las tres semanas siguientes al parto y perduran hasta que el bebé cumple los tres o cuatro meses, que es cuando acostumbran a desaparecer espontáneamente.

POSIBLES REACCIONES: Cuando una madre sospecha que su hijo tiene cólicos, yo primero descarto que se trate de gases o reflujo. Incluso aunque éstos se consideren tipos de cólico, como mínimo puedes tomar algunas medidas para paliar sus efectos, cosa que no podemos decir de los auténticos cólicos. Una diferencia importante entre los cólicos y el reflujo es que, a pesar de sus llantos, los bebés con cólicos igualmente aumentan de peso, mientras que muchos bebés que padecen reflujo lo pierden. Además, cuando hay reflujo, el bebé tiende a arquear la espalda hacia atrás durante sus ataques de llanto; en cambio, cuando tiene gases, levanta las piernas hacia arriba; y en ambos casos, los episodios de llanto suelen comenzar al cabo de una hora o menos de la última toma, mientras que los cólicos no tienen por qué estar relacionados con las comidas. Actualmente, algunos estudios apuntan a que el cólico no tiene absolutamente nada que ver con el dolor de estómago (aunque la palabra *cólico* proviene del término griego usado para designar el colon). Según estos estudios, los cólicos estarían causados por la incapacidad del bebé para consolarse a sí mismo ante la avalancha de estímulos que bombardean sus sentidos.

QUÉ HACER: El problema es que todos los bebés lloran. Lloran cuando tienen hambre, cuando están disgustados, enfadados o cuando les cambian su rutina. En diversas ocasiones, he ayudado a «curar» a bebés que supuestamente sufrían cólicos haciendo que siguieran una rutina estructurada, enseñando a los padres a interpretar las señales de su hijo, modificando la forma en que le daban de comer si era necesario (cambiando la tetina si el bebé tomaba el biberón o la posición de su cuerpo durante las comidas, así como la manera de hacerlo eructar), y descartando alergias a los alimentos (cambiando de leche artificial). Pero en esos casos, evidentemente, no se trataba de cólicos auténticos.

Es posible que el pediatra le recete un sedante suave al bebé (unas gotas para ayudarlo a dormir), que te recomiende que evites estimularlo demasiado o que te sugiera varios trucos del oficio, como el agua corriente, la aspiradora o tu secador de pelo, para distraerlo. Algunos puede que incluso te aconsejen que le des el pecho más a menudo, cosa que yo *rechazo* categóricamente, ya que si el problema radica en el aparato digestivo de tu hijo, sobrealimentarlo únicamente conseguirá que empeore. Sean cuales sean los consejos y sugerencias que recibas, recuerda que los cólicos de verdad no tienen «curación». Sencillamente hay que dejarlos pasar lo mejor que se pueda. Algunos padres están más preparados que otros para sobrellevar los cólicos de su bebé. Si vosotros no sois precisamente unos padres «confiados» y seguros de vosotros mismos (véanse las páginas 76-79), un niño con cólicos no será algo a lo que podréis enfrentaros de manera idónea. En ese caso, echad mano de vuestras reservas. Reclutad toda la ayuda que podáis. Y tomaros muchos respiros para no perder la calma a las primeras de cambio.

DE LAS **6** SEMANAS A LOS **4** MESES: LOS ESTIRONES DE CRECIMIENTO

En esta etapa muchas de las dudas sobre alimentación se han disipado. Tu niño probablemente ya es algo más robusto y come y duerme mejor; a menos, claro está, que tenga problemas gastrointestinales o que sea sumamente sensible a su entorno. En ese caso, es de esperar que, a estas alturas, tú hayas aprendido a aceptar su temperamento y a sintonizar con él para saber qué le pasa. Seguramente también sabrás cuál es la mejor manera de darle de comer y de hacer que se sienta cómodo después de las comidas; de modo que, usando tu sentido común, le harás la vida más fácil. Cuando los niños llegan a este momento, suelo recibir distintas variantes de las siguientes dos quejas:

No consigo que mi bebé duerma más de tres o cuatro horas seguidas por la noche.
Mi bebé dormía de un tirón cinco o seis horas cada noche, pero ahora se despierta con más frecuencia y siempre a horas diferentes.

Los padres *creen* que contactan conmigo para resolver un mal hábito de sueño, pero para su sorpresa, a esta edad, ambas quejas están relacionadas con la alimentación. A las ocho semanas la mayoría de bebés —*mis* bebés— ya duermen cinco horas seguidas por las noches, si no seis. Naturalmente, esto también depende del peso que tuvieron al nacer y de su temperamento; no obstante, tras las primeras seis semanas, al menos deberíamos estar moviéndonos en esa dirección, animándolos a dormir varias horas seguidas por la noche. Y con los niños que ya han empezado a hacerlo durante periodos de tiempo cada vez más largos, el hecho de despertarse por la noche suele deberse a los *estirones de crecimiento*: *una etapa que, generalmente, dura uno o dos días y en la que el cuerpo de tu bebé necesita más comida.* Esta vieja «mujer que susurra a los bebés» guarda unos cuantos trucos en la manga para cada ocasión.

Si tu hijo es de constitución mediana o tirando a robusto y *nunca* ha sido capaz de dormir más de tres o cuatro horas de una vez, yo lo primero que pregunto es: **¿Cuántas siestas hace el bebé durante el día y cuánto duran?** Podría ser que sus siestas diurnas le estuviesen robando horas de descanso nocturno (un tema que trato en las páginas 178-179, donde te aconsejo que nunca dejes dormir a tu bebé más de dos horas seguidas durante el día). Sin embargo, si sus siestas no son excesivamente largas y, aun así, no es capaz de dormir más de tres o cuatro horas seguidas por la noche, probablemente significa que le hace falta ingerir más alimento durante el día e irse a dormir con el estómago lleno. Si todavía no lo has hecho, te sugiero que le «llenes la tripa» (véanse las páginas 99 y 195).

En la segunda situación, cuando un bebé ha estado durmiendo cinco o seis horas de un tirón por la noche y de repente comienza a despertarse cada vez a una hora distinta, por lo general significa que está dando un estirón. Los estirones se producen por primera vez entre las seis y las ocho semanas y más adelante vuelven a ocurrir aproximadamente una vez al mes o cada seis semanas. El estirón que tiene lugar a los cinco o seis meses suele indicar que ha llegado el momento de introducir alimentos sólidos en la dieta del niño.

En bebés de constitución más grande, los estirones de crecimiento pueden darse antes, lo cual puede resultar desconcertante. Una madre me llamó y me dijo: «Mi hijo tiene cuatro meses, pesa 8 kilos 200 gramos y toma 240 mililitros de leche en cada comida, pero continúa despertándose una o dos veces por las noches». En ese caso, debes usar la lógica. Ya no puedes darle más líquido y es obvio que tu hijo necesita más alimento para crecer.

Los estirones en bebés que toman leche materna no deberían confundirse con problemas de lactancia típicos, como que el bebé no se prende bien al pecho o que la madre no produce suficiente leche; ambas cosas también provocan que el bebé se despierte por la noche, pero normalmente ocurren antes de las seis semanas. La pregunta que me ayuda a determinar si un niño está dando un estirón es: **¿Se despierta a la misma hora cada noche o lo hace de forma errática?** Si se despierta según un patrón errático, generalmente se trata de un estirón. Este mensaje de correo electrónico ilustra una escena típica:

> *Hace poco he empezado a seguir la rutina E. A. S. Y. con mi pequeña Olivia, de siete semanas, y la niña se ha adaptado francamente bien. Sin embargo, desde que comenzamos, su horario por la noche se ha vuelto más errático. Antes solía despertarse a las 2.45 de la madrugada. Últimamente, en cambio, parece no seguir un patrón regular, a pesar de que come y duerme más o menos a las mismas horas durante el día. Hemos ido anotándolo todo en un diario, pero la verdad es que no encontramos nada distinto en lo que hacemos cada noche como para provocar que a veces se despierte a la 1 y, otras, a las 4.30 de la madrugada. ¿Se podría hacer algo para que durmiera al menos hasta las 2.45 continuadamente, como hacía antes?*

En un caso como el de Olivia, enseguida tuve claro que se trataba definitivamente de un estirón de crecimiento, puesto que la niña había estado comiendo y durmiendo bien desde el principio y al parecer sus padres hicieron que siguiera una rutina de forma instintiva. Otro indicio evidente fue que, aunque se despertara habitualmente a las 2.45 de la madrugada, su madre escribió: «Desde que comenzamos, su horario por la noche se ha vuelto *más errático*» [la cursiva es mía]. Dado que el hecho de despertarse con más frecuencia coincidió con el inicio de la nueva rutina, sus padres lógicamente creyeron que ésta tenía algo que ver con el repentino cambio de hábitos nocturnos de Olivia. Sin embargo, el único problema en realidad es que la niña está hambrienta. Y si papá y mamá no entienden *qué es lo que están haciendo diferente* para que su hija haya cambiado su patrón de sueño, es porque no se trata de lo que ellos hagan, ¡sino de las necesidades del organismo de la niña!

Pongamos por caso que estamos hablando de un bebé que nunca ha dormido bien. Todavía se despierta un par de veces cada noche. Puede que esté dando un estirón, pero también puede que esté adquiriendo un mal hábito de sueño y que sus padres lo estén reforzando al darle de comer cada vez que se despierta. Así pues, ¿cómo podemos distinguir una cosa de otra? Una pista es la regularidad del bebé a la hora de despertarse: en general, los niños que se despiertan por costumbre lo hacen prácticamente siempre a la misma hora, incluso podrías poner el reloj en hora con ellos. Por el contrario, los bebés que se despiertan de forma errática suelen hacerlo porque tienen hambre. En cualquier caso, la prueba más eficaz es la ingesta de comida: si el bebé está dando un estirón, cuando su mamá le dé de comer, va a tomar una comida completa, ya que su cuerpo necesita ese alimento adicional. Si no toma más de unos 60 o 90 mililitros, es una prueba bastante concluyente de que estamos ante un mal patrón de sueño, no ante un bebé hambriento (véanse las páginas 191-192 para más información sobre niños que se despiertan por la noche de manera habitual).

La prescripción para un estirón de crecimiento es siempre la misma: incrementar la cantidad de comida en las tomas durante el día y, si aún no has empezado a hacerlo, añadir una toma nocturna hacia las 11 de la noche. A los niños que se alimentan con biberón, les daremos unos 30 mililitros más de leche maternizada durante el día. Con los que toman el pecho es un poco más complicado, porque debemos aumentar el *tiempo* de cada comida, más que la cantidad. De modo que si tu hijo sigue una rutina de tres horas, acórtala a dos horas y media. En el caso de que el bebé sea mayor y esté siguiendo la rutina «4/4» (página 44), tendremos que volver a darle de comer cada tres o tres horas y media. A algunas madres, este consejo las confunde, como a Joanie, una mamá de Florida que me dijo: «Tengo la sensación de que estamos yendo hacia atrás. Justo cuando había conseguido que siguiera una rutina de cuatro horas». Le expliqué a Joanie que se trataba sólo de una medida *temporal*. Al alimentar más a menudo a su pequeño Matthew, de cuatro meses, Joanie le estaba transmitiendo a su cuerpo que debía fabricar más leche y así, pocos días más tarde, ya estaría produciendo suficiente cantidad para satisfacer las necesidades del niño.

Los estirones pueden trastornar el sueño de tu bebé, bien a media noche o cuando lo acuestas para una siesta. Incluso los padres que son conscientes de que los niños dan estirones de manera periódica pueden no darse cuenta de que el supuesto trastorno de sueño, o un caso extremo de fobia a la cuna, es en realidad un problema de falta de comida. Una madre, cuyo hijo, David, tenía seis semanas, había estado siguiendo la rutina E. A. S. Y. durante tres días. Los primeros dos días, me escribió: «Funcionó de maravilla. Seguimos la rutina y me sentí muy orgullosa de él al ver que se dormía sistemáticamente en la cuna (con ayuda de un chupete). No obstante, hoy (el tercer día), ha estado llorando muy fuerte desde el momento en que hemos entrado en su habitación y hemos empezado nuestra rutina antes de la primera siesta. Además, desde ayer por la noche, ha estado comiendo con más frecuencia y sospecho que está dando un estirón. ¿Es posible que esta resistencia a dormir se deba a un estirón de crecimiento?».

Sin ninguna duda. El pequeño David está diciendo (a través de sus lágrimas): «No quiero ir a la cama. Aún tengo hambre. Así que dadme de comer». Si no se le da de comer, empezará a asociar el hambre con su dormitorio. Los bebés son criaturas primarias, pero aprenden muy deprisa por asociación. Si siempre te mandaran a tu habitación antes de que pudieras terminarte la cena, ¡seguro que tampoco querrías ir! Sentirías frustración y no te parecería un buen sitio.

MOMENTO CRÍTICO EN LAS TRINCHERAS

DAR LA TOMA NOCTURNA DEMASIADO TARDE

Janet me llamó porque su hijo se despertaba a las 4.30 o a las 5 cada madrugada. «Pero le estoy dando la toma nocturna», insistió. El problema era el siguiente: resulta que estaba dando de comer al pequeño Kevin, de cuatro meses, entre la media noche y la 1 de la madrugada. A su edad y por su tamaño (pesó 3 kilos y 700 gramos al nacer), debería estar durmiendo como mínimo cinco o seis horas por la noche. Pero como Janet, sin saberlo, estaba interrumpiendo su descanso nocturno con una toma demasiado tardía, su sueño no era plácido. Al fin y al cabo, los patrones de sueño de los bebés se ven afectados igual que los nuestros si estamos excesivamente cansados, alterados o nerviosos. Si se nos obliga a mantenernos despiertos, luego no conseguimos dormir profundamente y es más probable que nos pasemos la noche dando vueltas en la cama. Además, para colmo, Janet volvía a dar de comer a Kevin cuando se despertaba, a altas horas de la madrugada, cosa que reforzaba su *costumbre* de despertarse. (Recordad: si el bebé se despierta con la regularidad de un reloj, se trata de un hábito; si se despierta de forma esporádica, es hambre.) A fin de solucionar el problema, le sugerí a Janet que gradualmente adelantara la toma nocturna a las 10 o 10.30, pero que dejara de darle de comer cuando se despertaba (más información sobre cómo dar este paso en el capítulo 5, páginas 197-198). Asimismo, le aconsejé que le diera un poco más de comida a Kevin durante el día, añadiendo 30 mililitros de leche a cada uno de sus biberones.

Si tu bebé es reacio a la toma nocturna, también podrías reevaluar cómo lo estás alimentando durante el día. Un pequeño del que cuidé, Christian, tenía nueve semanas en aquella época, y por mucho que lo intentáramos su madre y yo, se negaba en redondo a tomar su comida de las 11 de la noche. Durante semanas, su madre le había estado dando de comer a las 5 y a las 8 de la tarde, y luego había querido darle otra toma a las 11, tan sólo tres horas después. Entonces Chris pesaba poco más de cuatro kilos, por eso no es de extrañar que no tuviera hambre a las 11 de la noche. Sin embargo, al cabo de dos horas, a la 1 de la madrugada, se despertaba muerto de hambre. Visto lo visto, decidimos ajustar sus comidas de la tarde. En lugar de los 200 mililitros que solía tomar a las 5, le dimos 60; adelantamos a las 7 su comida de las 8 y le dimos unos 170 mililitros en lugar de los 230 que tomaba. Dicho de otra manera, reducimos un total de 200 mililitros de sus tomas de la tarde. Después de comer realizaba una actividad —el baño—, y tras haber recibido su masaje, ya bien arropado en la cuna, estaba bastante cansado. A las 11, volvimos a darle de comer, es decir, cuando habían transcurrido cuatro horas desde su última toma; y ¿qué ocurrió? Pues que Chris engulló 230 mililitros a las 11 de la noche. Llegado ese punto, también pudimos deducir que necesitaba más comida durante el día, así que añadimos 30 mililitros a sus biberones. A partir de entonces, el niño durmió de un tirón desde su toma nocturna, a las 11, hasta las 6.30 de la mañana.

Recuerda que una toma nocturna no debe darse nunca más tarde de las 11 de la noche. De lo contrario, estaríamos interfiriendo en la rutina nocturna del bebé, lo cual debemos evitar; si le damos de comer por la noche, comerá menos durante el día y, además, se acostumbrará a levantarse por la noche con hambre. Y eso sí que sería ir hacia atrás, pues no queremos que nuestro bebé empiece una rutina similar a la de un lactante de seis semanas.

DE LOS 4 A LOS 6 MESES: ADQUISICIÓN DE HÁBITOS ALIMENTARIOS MÁS ADULTOS

Ésta es una etapa de relativa calma por lo que se refiere a la alimentación, siempre y cuando tu hijo siga una rutina estructurada, claro está. Si no es así, probablemente todavía estás lidiando con algunos de los problemas que aparecen en etapas anteriores, sólo que ahora son más difíciles de manejar. El bebé seguirá llorando para reclamar sus comidas pero, dependiendo de su temperamento (y de cómo le respondas), seguramente lo hará en un tono menos desesperado. Algunos bebés, en lugar de despertar a sus padres con un alarido de «¡Dadme de comer, tengo hambre!», incluso jugarán un rato solos por las mañanas.

A continuación están las cuestiones que más preocupan a los padres en este periodo. Puede que parezcan diferentes unas de otras, pero las tres se resuelven estableciendo o adaptando una rutina y ayudando a los padres a ver que su pequeño está creciendo y cambiando.

Mi bebé nunca come a la misma hora del día.

Mi bebé termina sus comidas tan deprisa que me temo que no está comiendo lo suficiente. Esto, además, desajusta toda su rutina.

Mi bebé parece haber perdido el interés en comer. Las comidas se han convertido en una cruz.

Apuesto a que adivinas cuál es la primera pregunta que hago cuando una madre acude a mí con alguna de las preocupaciones que he citado anteriormente: **¿Tu bebé sigue una rutina estructurada?** Si la respuesta es «no» —y normalmente lo es cuando los padres dicen que su hijo nunca come a la misma hora—, no se puede culpar al bebé de tener problemas con las comidas. Son los adultos quienes tienen que establecer las pautas. Naturalmente, es normal que se produzcan *algunas* variaciones en tu rutina diaria. Pero si tu bebé siempre come sin orden ni concierto, estoy convencida de que tampoco duerme nunca de forma consistente. Necesita seguir una rutina estructurada (véase «Empezar con la rutina E. A. S. Y. a los cuatro meses o más», páginas 49-55).

Si una madre insiste en que su bebé *ha estado* siguiendo una rutina, mi siguiente pregunta es: **¿Cada cuántas horas come tu bebé?** Si le están dando de comer cada dos horas, sé que el niño se ha acostumbrado a picotear, pues ningún bebé de cuatro meses o más necesita comer tan a menudo. Éste era precisamente el problema de la pequeña Maura. Con casi cinco meses, continuaba comiendo cada dos horas, incluso por la noche. Una amiga de la madre le había sugerido que añadiera cereales al biberón de Maura «para ayudarla a pasar la noche»: un cuento de viejas, ¡vaya si lo es! (véase «Es un mito», página 146). Dado que Maura nunca había tomado alimentos sólidos, aquellos cereales sólo habían servido para provocarle estreñimiento y todavía se levantaba en plena noche buscando el pecho de su madre. Así pues, en lugar de eso, aconsejé a sus padres, Jessica y Bill, que dieran de comer a Maura a las 6, a las 8 y a las 10; es decir, que le llenaran bien la tripa por la tarde y luego *no* le dieran ninguna toma por la noche, por mucho que la niña llorara. A fin de cuentas, Maura ya no era una recién nacida.

Era un bebé mayorcito cuyos padres le habían enseñado a picotear. La primera noche, como era de esperar, se despertó chillando varias veces entre las 10 de la noche y las 5 de la madrugada, pero Jessica y Bill no claudicaron. Y, para conseguir que Maura volviera a dormirse, papá utilizó mi método de P. U./P. D., (véase el capítulo 6). De todas maneras, fue una noche dura para los tres, sobre todo para mamá, que creía que estaba matando de hambre a su hija. Por la mañana, sin embargo, Jessica notó la diferencia: por primera vez en mucho tiempo (si es que lo había hecho antes alguna vez), Maura comió durante media hora seguida a las 5. Además, durante el resto del día, tomó sus comidas de forma bastante eficiente cada cuatro horas. La segunda noche transcurrió un poco mejor. Maura se despertó un par de veces y su padre hizo que se durmiera de nuevo; y al día siguiente, durmió de un tirón hasta las 6 de la mañana. Desde entonces, ha continuado comiendo y durmiendo según un horario regular. Por último, recomendé a Jessica y Bill que mantuvieran la toma nocturna hasta que su hija cumpliera los seis meses y que luego iniciaran la transición a los alimentos sólidos.

Si un bebé a esta edad todavía come cada tres horas, puede que no esté picando, pero yo sospecho que sus padres están intentando que siga una rutina que corresponde a un bebé más pequeño. A partir de los cuatro meses, el intervalo entre comidas debe alargarse a cuatro horas; pero este cambio ha de hacerse de forma gradual. Es injusto obligar a un bebé pequeñito a que espere, de repente una hora más entre toma y toma. Lo ideal, pues, es darle de comer un cuarto de hora más tarde durante cuatro días consecutivos. Afortunadamente, con los bebés de esta edad resulta relativamente fácil. Se divierten con sus juguetes y también si les haces muecas para que se rían o los llevas al parque a pasear; no te limites a darles un chupete, que es lo que harías con un bebé más pequeñito si tuvieras que retrasar una toma.

De un modo similar, los padres que están preocupados porque su hijo termina de comer «demasiado rápido» es posible que no se den cuenta de que el bebé está creciendo y de que sus necesidades están cambiando. En esta etapa, los bebés han aprendido a comer de manera más eficiente. Puede que tu hijo esté comiendo mucho pero tarde menos tiempo que antes en engullir ese alimento. Por supuesto, esto también dependerá de si el bebé toma el pecho o el biberón; en el primer caso, calcularemos la ingesta según el tiempo invertido en la comida; en el segundo, según los mililitros de leche artificial que añadimos al biberón.

Si toma el biberón, es muy sencillo saber si el bebé está comiendo lo suficiente, porque se puede medir en mililitros lo que está bebiendo. Haz un seguimiento de sus comidas durante unos días. Debería estar tomando entre 150 y 230 mililitros por biberón, *cada cuatro horas.* Por tanto, incluyendo una toma nocturna por la noche, el bebé estará ingiriendo un total de entre 750 y 1.000 mililitros al día.

Si tu bebé toma el pecho, a esta edad sus comidas deberían durar solamente unos veinte minutos, puesto que ahora es capaz de tragar en ese breve tiempo los mismos 150 o 175 mililitros de leche materna que antes le llevaba cuarenta y cinco minutos de succión. No obstante, si quieres estar más segura de la cantidad de leche que está consumiendo, hazte una extracción (véanse las páginas 109-110). A estas alturas, el suministro de leche ya no suele representar ningún problema.

En ambos casos, si tu hijo está cerca de cumplir los seis meses, ha llegado el momento de incorporar alimentos sólidos a su dieta, ya que ahora ha comenzado a moverse de verdad, arriba y abajo, y necesita algo más que leche para realizar sus actividades (véase el capítulo 4).

En cuanto a los bebés que «ya no parecen tener interés» por la comida, me temo que eso forma parte del lote. Entre los cuatro y los seis meses, los niños dan un salto adelante en su desarrollo. A partir de ahora, la curiosidad de tu bebé por todo aumentará y también lo harán sus movimientos. Y aunque coma más y mejor, estar sentado durante una comida le resultará aburrido en comparación con las nuevas maravillas que le depara el mundo que ve a su alrededor. Antes, una toma de pecho o un biberón era todo lo que tu bebé necesitaba para sentirse satisfecho. Como mucho, quizás echaba un vistazo al móvil que pendía sobre su cuna durante las comidas. Sin embargo, todo eso ya es agua pasada. Ahora puede girar la cabeza y alcanzar con los brazos las cosas que quiere, así que comer no es necesariamente una de sus prioridades. Incluso puede que durante una semana o dos no coopere en absoluto y se muestre del todo imposible. Toma medidas para remediarlo. Dale de comer en una zona relativamente libre de distracciones. Sujétale suavemente el bracito para que no empiece a toquetearlo todo. Si tu hijo es muy activo, también puedes envolverle un poco el cuerpo para que no se retuerza tanto. Ponte un trozo de tela con dibujos y colores chillones sobre el hombro, así tu bebé tendrá algo nuevo en que fijarse. A veces, debo admitirlo, lo mejor que puedes hacer es dejarlo y observar atónita y admirada en qué tipo de personita se está convirtiendo tu retoño.

DE LOS 6 A LOS 9 MESES Y MÁS ADELANTE: LOS PELIGROS DE LOS ERRORES DE CRIANZA

¡Hablando de saltos gigantes! Ahora tu bebé está a punto de entrar en el mundo real, al menos por lo que se refiere a la alimentación. Bueno, casi. A pesar de que en esta etapa algunas preocupaciones relacionadas con la comida aún se centran en la ingesta de líquido —en muchos casos, por problemas que no se solucionaron bien en meses anteriores—, ahora el centro de atención serán los alimentos sólidos. Se ha acabado vivir exclusivamente de una dieta líquida. En esta fase, tu bebé aprenderá primero a comer papillas, luego alimentos en trocitos pequeños y, finalmente, tomará las mismas comidas que tú (en el próximo capítulo encontrarás todo lo que necesitas saber sobre esta transición).

También recomiendo suprimir la toma nocturna aproximadamente a los siete meses (véase el recuadro de la página siguiente), a medida que tu hijo empieza a ingerir alimentos sólidos. Si sigues dándole esa última toma, estarás boicoteando el proceso de adaptación a la comida sólida, ya que

¿Cómo debo suprimir la toma nocturna?

El proceso para eliminar esta última toma —generalmente hacia los siete meses— debe realizarse mediante incrementos en la cantidad de leche ingerida durante el día realizados paulatinamente cada tres jornadas; de este modo, te aseguras de compensar durante el día lo que le estás quitando al bebé por la noche:

Día 1: Añade 30 mililitros de leche a la primera comida del día y, por la noche, elimina 30 mililitros de la toma nocturna. Si estás dando de mamar a tu hijo, vuelve a juntar comidas de manera que el niño consuma más calorías. Dale la toma nocturna (ahora unos 30 mililitros menos) media hora antes, a las 10.30 en lugar de a las 11 de la noche.

Día 4: Añade 30 mililitros a la primera comida, otros 30 a la segunda y resta 60 mililitros a la toma nocturna. Dale la toma nocturna (60 mililitros menos) a las 10 de la noche.

Día 7: Añade 30 mililitros a la primera comida, 30 más a la segunda y 30 a la tercera; elimina 90 mililitros de la toma nocturna y dásela a las 9.30 de la noche.

Días 10 (toma nocturna a las 9 de la noche); **14** (a las 8.30); **17** (a las 8); **20** (a las 7.30): Al continuar añadiendo mililitros durante el día y restándolos por la noche, cada tres días, acabarás dándole a tu bebé una toma de sólo unas decenas de mililitros a las 7.30 de la tarde.

cuantos más mililitros extra de líquido tome, menos hambre tendrá para ingerir esa misma cantidad en gramos de alimentos sólidos. Sin embargo, tal como indica el recuadro, al tiempo que suprimes la toma nocturna, debes aumentar la ingesta de comida durante el día. De no hacerlo así, tu bebé se despertará con hambre por la noche.

Otras preocupaciones frecuentes en esta etapa son:

Mi bebé todavía se levanta hambriento por las noches.
Estoy intentando que mi bebé se acostumbre al biberón, pero él lo rechaza.
Mi bebé usa una tacita para sorber, pero no quiere beber leche con ella, sólo agua o zumo de naranja.

Al igual que muchos de los problemas que surgen después de los seis meses, éstos probablemente sean fruto de ciertos errores cometidos sin querer por los padres. Los padres no fueron coherentes en sus estrategias. O simplemente no se pararon a pensar dos veces antes de actuar.

Analicemos la primera de las situaciones: si un bebé sigue despertándose pidiendo comida a los seis meses —y Dios sabe que los he visto hacerlo hasta con diecinueve meses— es porque los padres le han dado de comer en ocasiones anteriores cuando se ha despertado en plena noche, aunque luego el bebé sólo bebiera unos pocos mililitros. Tal como he señalado antes, cuando los bebés se despiertan a horas distintas, generalmente se trata de hambre. A los seis meses, esto no suele ocurrir, excepto cuando el niño está dando un estirón o ha llegado el momento de añadir alimentos sólidos a su dieta. En cambio, si se despiertan puntuales como un reloj, la causa suele radicar en la actitud de los padres. No es difícil que un bebé de seis meses o más adquiera el mal hábito de picar si empieza a despertarse por la noche y su madre le da un rato el pecho o le pone un biberón en la boca. En estos casos, cuando sin querer se genera el «vicio» de comer durante la noche en los niños —cosa que lógicamente afectará a su apetito diurno—, estamos de hecho ante un problema de sueño, no de alimentación. En lugar de darles de comer, lo que hay que hacer es calmarlos y que se duerman de nuevo; para conseguirlo, podéis usar mi método P. U./P. D. (véase el capítulo 6). ¿La buena noticia? Pues que con bebés mayores cuesta menos cambiar este hábito porque tienen suficiente grasa en el cuerpo como para aguantar varias horas entre comida y comida.

Las quejas segunda y tercera también se deben a errores por parte de los padres. Como ya sabéis, yo recomiendo comenzar dando algún biberón a los bebés enseguida, a partir de las dos primeras semanas de vida (véase el recuadro de la página 113). Por una serie de razones —los consejos de sus amigas, algo que han leído—, hay madres que piensan que dos semanas es «demasiado pronto». Luego, tres, seis o diez meses más tarde, recibo llamadas desesperadas de este estilo: «Soy una prisionera porque nadie más puede darle de comer a mi hija» o «Debo reincorporarme al trabajo dentro de una semana y me temo que mi pequeño se va a morir de hambre» e incluso: «Mi marido cree que nuestro hijo lo odia porque se pone a chillar cada vez que él intenta darle el biberón». Esto es lo que mi abuela tiene en mente cuando dice que uno debe comenzar una cosa tal como tenga intención de continuarla. Si una no se detiene un momento a preguntarse: «Vamos a ver… ¿cómo quiero que sea mi vida dentro de unos meses? ¿Estoy dispuesta a ser la *única* persona de la familia —y del mundo entero— capaz de alimentar a este bebé hasta que pueda beber de una taza?», quizás tendrá que vérselas con un buen problema más adelante.

Lo mismo sucede cuando hay que acostumbrar al bebé a beber de una taza para sorber. A continuación, tenemos un panorama frecuente: una mamá quiere que su hijo aprenda esta forma de beber, nueva y más adulta, dándole otra bebida que no sea ni leche materna ni leche artificial. A menudo suele ser un zumo de frutas, puesto que la madre supone que el bebé tendrá más ganas de beber de la taza si encuentra en ella algo dulce y exótico y no la aburrida y archiconocida leche. Algunas usan simplemente agua porque les preocupa añadir demasiado azúcar a la dieta de su bebé (con lo cual estoy de acuerdo). Pues bien, los bebés son como el perro de Pavlov. De manera que, tras unos cuantos meses de tomar ese «otro» líquido, cuando mamá intente sustituirlo por leche, él hará una mueca, queriendo decir: «Pero, mamá, ¿qué pasa? Dentro de *esta* taza se supone que debe haber otra cosa, leche no». Y entonces se negará categóricamente a beberla (para saber qué hacer, véase la página 134).

Si estás leyendo este libro antes de haber llegado demasiado lejos en cualquiera de estas dos carreteras secundarias, fantástico. Así podrás estar prevenida sobre los principales obstáculos. Si no, continúa leyendo. Tal vez tengas que librar una batalla, pero aún no está todo perdido.

Del pecho al biberón: los primeros pasos hacia el destete

Existen dos factores que influyen en lo que sucede cuando intentas que tu bebé se habitúe al biberón: su reacción ante la novedad y la tuya, el impacto que esto produce en tu cuerpo y en tu mente. Quizás quieras introducir el biberón porque tienes intención de destetar definitivamente a tu hijo o porque quieres hacer tu vida un poco más fácil sustituyendo una o más tomas de pecho por biberones. En ambos casos, sin embargo, tendrás que enfrentarte a esos dos factores. Cuanto mayor sea tu bebé, más difícil te resultará que acepte el biberón si se ha estado alimentando exclusivamente con leche materna. Por otro lado, cuando el bebé es mayor, también aumentará la facilidad para que tu cuerpo se adapte al cambio, ya que tu leche se agotará más rápidamente (véase el recuadro de esta página). No obstante, al mismo tiempo, muchas madres experimentan una fuerte reacción emocional al reducir el número de tomas de pecho y, sobre todo, al dejar de amamantar por completo a sus hijos.

Pero centrémonos primero en el bebé. El procedimiento será el mismo tanto para un bebé que jamás ha probado un biberón como para otro que haya tomado alguno meses antes y que ahora parezca haber olvidado cómo funciona. A diario recibo numerosos mensajes y llamadas de madres que han estado lidiando con ambos problemas. Aquí tenéis un ejemplo de mi página web:

Reducir las tomas de pecho: ¿cómo hacerlo con éxito?

Tanto si quieren dejar de amamantar definitivamente como si sólo desean aminorar la marcha, a muchas madres les preocupa cómo van a reaccionar sus pechos el primer día que se salten una toma. El plan que propongo más abajo da por sentado que el bebé está dispuesto a tomar el biberón y que tú quieres continuar dándole el pecho dos veces al día, por la mañana y después del trabajo. Si tu intención es abandonar por completo la lactancia materna, sólo tienes que seguir suprimiendo tomas.

Extráete la leche en lugar de saltarte comidas. Para evitar la congestión de los pechos, durante los doce primeros días continúa poniéndote al bebé en el pecho por las mañanas y a la hora en que desees darle la segunda toma. Durante el día, extráete la leche a las horas en que normalmente le dabas el pecho. Bombea un cuarto de hora por sesión durante los tres primeros días. Del cuarto al sexto día, bombea sólo diez minutos; del séptimo al noveno, cinco minutos; y del décimo al duodécimo, únicamente unos dos o tres minutos. Llegado ese punto, tus pechos se llenarán sólo antes de las dos tomas y no hará falta que sigas sacándote leche.

Utiliza un sujetador ajustado entre toma y toma. Un sujetador de deporte cómodo ayuda a tu cuerpo a reabsorber la leche.

Realiza diariamente de tres a cinco series de ejercicios de brazos. Haz como si lanzaras una pelota. Esto también contribuye a la reabsorción de la leche. Si fuera necesario, toma algún calmante indicado por tu médico cada cuatro o seis horas para aliviar el dolor. La congestión es poco frecuente cuando el bebé ya tiene ocho meses o más; la producción de leche se detiene mucho más rápido que, por ejemplo, a los tres meses.

¿Demasiado mayor para tomar el biberón?

A menudo se aconseja a las madres que se deshagan del biberón cuando el bebé cumple el primer año o a los dieciocho meses, como máximo. Para mí, en cambio, dos años sería la edad límite. Si al bebé le gusta chupar unos minutos el biberón acurrucado en el regazo de mamá o papá antes de irse a dormir, no es el fin del mundo.

Si se les deja a su aire, muchos niños abandonan voluntariamente el biberón hacia los dos años. Cuando lo quieren seguir utilizando más tiempo, generalmente es porque se les ha permitido usarlo como un chupete; por ejemplo, cuando el bebé ha comenzado a berrear en el supermercado, mamá enseguida le ha dado el biberón para que se callara y papá se lo ha metido en la boca cada vez que amenazaba con un berrinche en público. O también puede que los padres recurran al biberón para que duerma la siesta o para acostarlo cada noche. Algunos padres, con la esperanza de poder dormir una hora más, incluso dejan el biberón en la cuna del niño, lo cual no sólo conduce a un mal hábito, sino que además es peligroso. El bebé podría atragantarse o ahogarse. Por otro lado, si se deja que un bebé succione el biberón durante todo el día, se hinchará de líquido y seguramente comerá menos.

Si tu hijo tiene dos años o más y todavía anda con el biberón a cuestas, es hora de intervenir:

- Establece ciertas normas de base respecto al biberón: sólo antes de ir a dormir o sólo en el dormitorio.

- Cuando salgas, lleva algún tentempié por si tu hijo tiene hambre; no recurras al biberón para saciarlo y aprende a calmar sus rabietas de otra manera (véase el capítulo 8).

- Haz que el biberón resulte menos apetecible. Corta una raja oblicua en la tetina de aproximadamente medio centímetro. Espera cuatro días y luego corta otra en la dirección contraria, de manera que se forme una X. Una semana más tarde, corta primero dos triángulos y después los cuatro. Al final, quedará un gran aguajero cuadrado en la tetina y tu hijo perderá totalmente el interés por el biberón.

Hola, soy mamá de un pequeño de seis meses. ¿Podría alguien aconsejarme cómo empezar a darle el biberón a mi hijo? No quiero dejar de amamantarlo pero necesito un descanso. No hay forma de que acepte el biberón, y eso que lo hemos estado intentando durante las últimas doce semanas. Lo he probado prácticamente todo, tazas, biberones, leche materna, leche artificial, etc.

¡Doce semanas! Eso implica mucho tira y afloja y mucha frustración, tanto para ti como para tu bebé. Obviamente, esta madre no tiene demasiada prisa. ¡Imaginad que tuviera que volver al trabajo, como les pasa a muchas! Por ejemplo, recuerdo el caso de la madre de Bart, Gail, que le dio el pecho a su hijo durante los primeros tres meses y luego me llamó: «Voy a regresar al trabajo dentro de tres semanas; lo ideal y lo que a mí me gustaría es darle de mamar por la mañana, a última hora de la tarde y por la noche y darle biberones de leche artificial en el resto de comidas».

Independientemente de si has decidido pasarte al biberón y no piensas volver a dar el pecho jamás o si quieres combinar ambas cosas, mi consejo es que te asegures de estar preparada, que seas constante y te armes de valor para sobrellevar uno o dos días complicados. Por supuesto, si tu bebé ya tiene seis meses o más, puedes considerar la opción de pasar directamente a una taza para sorber y saltarte el biberón. Pero si decides seguir adelante…

ENCUENTRA UN TIPO DE TETINA LO MÁS PARECIDA POSIBLE A TU PEZÓN. Algunos fanáticos de la lactancia materna advierten sobre la «confusión de la tetina y el pezón» y utilizan ese argumento para aconsejar que no se dé el biberón antes de los tres o de los seis meses de edad (dependiendo del libro que hayas leído). En cualquier caso, los bebés pueden confundirse a causa del *flujo* de leche, no de la tetina en sí. Elige un tipo y, si tu bebé lo acepta bien, no le cambies la tetina cada dos por tres. Al pobrecito ya le cuesta lo suyo adaptarse al biberón; no hace falta que además vayas experimentando con diferentes clases de tetina; a menos, claro está, que el bebé se ahogue, escupa o se atragante. Si es así, compra una tetina de flujo lento, ya que están especialmente diseñadas para responder a la succión del bebé, a diferencia de las tetinas normales, que siguen goteando en su boquita aunque él deje de succionar.

EMPIEZA DÁNDOLE EL PRIMER BIBERÓN DEL DÍA A TU BEBÉ CUANDO MÁS HAMBRE TENGA. No coincido con quienes recomiendan empezar con el biberón cuando el bebé no está demasiado hambriento. ¿Cuál va a ser su incentivo para aceptar el biberón sino el hambre? No te extrañe si estás bastante nerviosa a la hora de darle ese primer biberón y prepárate también para enfrentarte a la reticencia y oposición de tu bebé.

NUNCA LO FUERCES A TOMAR EL BIBERÓN. Procura ponerte en su lugar y ver la situación desde el punto de vista de tu bebé. Imagínate qué debe de sentir después de haber succionado durante varios meses tu pezón de carne humana, siempre tan calentito, al probar una fría tetina de plástico por primera vez. A fin de que le resulte más atractiva (o algo más parecido a tu temperatura corporal), calienta la tetina bajo el grifo de agua caliente. Introdúcela con cuidado en su boca y frótala suavemente contra el labio inferior, lo que estimulará su reflejo de succión. Si al cabo de cinco minutos aún no chupa el biberón, detente o harás que le tome aversión. Espera una hora y vuelve a intentarlo.

EL PRIMER DÍA PRUÉBALO UNA VEZ CADA HORA. Sé persistente. Cualquier madre que afirme haber estado intentándolo durante doce semanas, incluso durante cuatro, no ha sido realmente constante. Lo más probable es que lo haya probado uno o dos días —puede que sólo unos minutos—, y luego se haya olvidado del tema. Más adelante, habrá empezado otra vez a sentirse atada o a preocuparse por no poder dejar a su hijo con una canguro. Así que lo intentará de nuevo. Sin embargo, a menos que se comprometa a perseverar cada día, tendrá pocas posibilidades de conseguirlo.

DEJA QUE TAMBIÉN LO INTENTEN PAPÁ, LA ABUELA, UNA AMIGA O UNA NIÑERA. Algunos bebés aceptan el biberón de otras personas y, en cambio, lo rechazan totalmente cuando son sus madres quienes se lo dan. Es una buena manera de introducir el biberón, pero mejor que no abuses de ella.

Al fin y al cabo, el objetivo de darle el biberón es tener más libertad. Pongamos por caso que has salido con tu bebé y preferirías no darle el pecho. Supongo que no querrás tener que llamar a papá o a la abuela cada vez que el niño tenga hambre, ¿verdad? En cuanto tu hijo se haya acostumbrado al biberón, tú también debes dárselo.

MOMENTO CRÍTICO EN LAS TRINCHERAS
HACER EL CAMBIO

Janna, una realizadora de televisión con quien trabajé, se marchaba cada día de la oficina y conducía casi cincuenta kilómetros, atascos incluidos, para dar de mamar a su pequeño Justin, de siete meses. Estaba al borde del ataque de nervios porque, después de tantos meses, ahora necesitaba realmente la flexibilidad que proporciona el biberón. Siguiendo mis sugerencias, le dio a Justin una toma de pecho antes de irse a trabajar y dejó un biberón de leche materna, que se había extraído previamente, para que la niñera se lo diera a mediodía. Sin embargo, el niño se negó a tomarlo y comenzó una huelga de hambre. Cada vez que Janna llamaba a casa para saber cómo iban las cosas, podía oír los llantos de su hijo de fondo. «Pensé que se estaba muriendo de hambre. Creo que nunca he sufrido tanto en un solo día.» Cuando Janna entró por la puerta aquella tarde, a las cuatro, Justin todavía lloraba porque quería tomar el pecho. Entonces ella le dio un biberón y, cuando él se puso histérico, su madre le dijo serenamente: «Muy bien, ya veo que ahora no tienes hambre». Y luego, a las seis, el bebé sí se tomó el biberón. Janna me llamó unas horas más tarde y me dijo: «Me gustaría darle el pecho esta noche». «No puedes, de ninguna manera», contesté tajante, «a menos que mañana quieras enfrentarte a otra huelga de hambre.» Le dije que mantuviera los biberones durante un par de días más y que, al cabo de cuarenta y ocho horas, podría volver a darle de mamar antes de acostarlo.

ESTATE PREPARADA PARA UNA HUELGA DE HAMBRE Y DISPUESTA A LIDIAR CON ELLA. Si tu bebé rechaza una y otra vez el biberón, no te mortifiques. Te aseguro que no se morirá de hambre, que es lo que temen todas las madres. Después de tres o cuatro horas sin mamar, la mayoría de bebés tomarán como mínimo unos 30 o 60 mililitros de leche, aunque he visto a algunos negarse a aceptar el biberón durante todo un día, aguantando hasta que mamá volviese a casa. Estos casos, sin embargo, son excepciones (y con todo, dichos bebés tampoco se mueren de inanición). Si eres persistente, el trauma de introducir el biberón quedará superado a las veinticuatro horas. A algunos bebés de más edad, habitualmente a los de temperamento gruñón, les puede costar dos o tres días.

A PARTIR DE AHORA, DALE SIEMPRE UN BIBERÓN AL MENOS UNA VEZ AL DÍA. Un error típico que suelen cometer las madres es no ser constantes a la hora de dar a sus hijos al menos un biberón al día. Los bebés siempre querrán volver a su antiguo método de alimentación. Es decir, si un bebé se empieza a alimentar con leche materna y, pongamos por caso, su madre tiene que estar una semana en el hospital, durante ese tiempo tomará el biberón, pero enseguida sabrá cómo comenzar a mamar de nuevo. Aunque es menos frecuente, si un bebé toma primero el biberón y luego su madre decide darle el pecho, siempre se sentirá cómodo también con el biberón. No obstante, no recordarán el segundo método que les hayas enseñado a no ser que lo sigas practicando. Cada día me llaman o me escriben mamás diciéndome: «Mi bebé solía tomar el biberón pero ahora parece haber olvidado cómo hacerlo». Naturalmente que lo ha olvidado: para él fue hace mucho tiempo. En estos casos, la madre debe comenzar desde cero; el método del recuadro indica cómo reintroducir el biberón.

«PERO ES QUE MI BEBÉ…»: MAMÁ Y SUS SENTIMIENTOS DE PÉRDIDA Y CULPA AL INICIAR EL DESTETE

Quisiera dar aún otro consejo a las madres antes de que comiencen el destete: que estén bien seguras de *querer* dar el biberón a sus hijos. En el caso de Janna (véase el recuadro de la página anterior), por ejemplo, su miedo a que Justin se muriera de hambre no se limitaba únicamente a su bienestar físico. También se sentía culpable por causarle ese «sufrimiento» y, pondría la mano en el fuego, ambivalente respecto a todo el proceso. Muchas madres lactantes tienen esa clase de sentimientos contradictorios a la hora de hacer el cambio al biberón.

Dar el pecho acostumbra a ser una experiencia en que se mezclan muchas emociones, sobre todo cuando una madre decide recuperar su vida anterior. Actualmente, con la gran presión que existe para que se amamante a los niños, muchas mujeres se sienten malas madres, con M mayúscula, tan sólo por plantearse la posibilidad de destetarlos. Se trata de un doble revés: por un lado, se sienten culpables y, por el otro, cuando finalmente abandonan la lactancia materna, las abruma un sentimiento de pérdida.

Hace poco, mirando mi página web, encontré por casualidad una serie de mensajes en respuesta a una madre que, durante nueve meses, tuvo dificultades para producir la leche necesaria para alimentar a su hijo. Decidida a darle el pecho «como mínimo un año», se sintió culpable por «desear un poco de libertad» y se preguntaba si «alguien se había sentido así alguna vez». ¡Pobrecita, si supiera cuántas madres sufren el mismo suplicio! Me alegró ver que las mamás que contestaron a su mensaje le ofrecieron el mismo tipo de comentarios que yo. Aquí tenéis una muestra:

En última instancia, es tu decisión. Tú sabes qué es lo mejor para ti y para tu hijo.

Nueve meses es una maravilla. Dar de mamar supone un gran compromiso, sea por el tiempo que sea, y yo siempre lo recomiendo a las madres que lo intentan, por breve que sea el periodo durante el que finalmente den el pecho.

Yo también tuve un montón de sentimientos contradictorios. Por un lado, quería continuar con la lactancia el máximo tiempo posible. Pero por el otro, quería recuperar mi libertad y mi propia identidad. Deseaba ser Rosa y no solamente la madre lactante de Marina. Sin embargo, cuando por fin me decidí a dejar de amamantar a mi hija, eché de menos la intimidad que compartíamos. Pero, en contrapartida, mis pechos volvieron a la normalidad. Ya no tuve que preocuparme más de si goteaban. Y pude dejar de dormir con un sujetador especial por las noches. Y además, ¡esa zona dejó de ser territorio restringido para mi querido esposo!

Dar de mamar es una experiencia maravillosa para algunas madres y yo estoy absolutamente a favor de la lactancia materna. Pero llega un momento en que hay que dejarla. Quizás te sentirás menos culpable al saber que no estás destetando a tu hijo porque estás harta de que te goteen los pechos o de extraerte la leche en el trabajo, sino por su bien, para que tu bebé pueda madurar y pasar a la fase siguiente. Una madre reconoció: «Se me rompió el corazón la primera vez que le di un biberón a mi hija y ella se lo tomó». De hecho, su hija, a los nueve meses, ya estaba lista para destetarse. «Al final, la perspectiva de destetarla resultó ser más traumática que el destete en sí», concluyó esta madre. «En cuanto acepté que los biberones eran una alternativa saludable y que no iban a reemplazarme, todo encajó a la perfección.»

TAZAS PARA SORBER: ¡AHORA YA SOY MAYOR!

Más o menos cuando empieces a pensar en incorporar alimentos sólidos a la dieta de tu hijo, también deberías pensar en acostumbrarlo a beber de una taza para sorber, de manera que pueda realizar la transición desde succionar líquidos a través de un pezón o una tetina a beber como los niños mayores. Tu hijo está creciendo y eso también forma parte de su proceso de madurez, por eso debes animarlo a que aprenda a alimentarse en lugar de ser alimentado. Tal como he comentado anteriormente, hay madres lactantes que pasan directamente de dar el pecho a enseñar a sus hijos a beber de una taza. Otras introducen el biberón antes o después y, al mismo tiempo, les muestran cómo beber de una taza.

Cuando una madre me dice: «Me resulta del todo imposible lograr que mi hijo beba de una taza», no puedo evitar preguntarme con cuánta perseverancia lo está intentando, qué errores habrá cometido en sus tentativas de enseñar a su hijo a usar la taza y si espera resultados de la noche a la mañana. Como de costumbre, yo formulo mis preguntas:

¿A qué edad le diste una taza por primera vez? Tanto si toma el pecho como si se alimenta con el biberón, a los seis meses es importante que el bebé comience a beber de una taza para sorber. También puedes darle un vaso de papel o una taza alta de plástico; sin embargo, las tazas para sorber son más adecuadas porque tienen un pico que regula la salida del líquido que contienen. Además, el niño puede sujetarlas sin ayuda, lo cual promueve su independencia. (Nunca *jamás* le des un vaso de cristal a un bebé o a un niño pequeño, ni siquiera a uno de cuatro o cinco años. He visto a demasiados niños llegar a las salas de urgencias con trozos de cristal clavados en los labios y en la lengua.)

¿Con cuánta frecuencia intentaste que bebiera de la taza? A fin de que tu hijo se habitúe a la taza para sorber, debes dejar que practique bebiendo de ella *diariamente*, durante un periodo de entre tres semanas y un mes. Le costará aún más tiempo si no practica cada día.

¿Has probado diferentes tipos de taza? Son pocos los bebés que aprenden de inmediato a beber de una taza. Si al tuyo de entrada no le gusta la idea, recuerda que es algo nuevo y extraño pa-

ra él. Ten en cuenta, además, que actualmente hay muchas clases de tazas en el mercado, algunas llevan un pico y otras una pajita. A los bebés que toman el pecho se les suelen dar mejor las tazas con pajita. De todos modos, independientemente del tipo de taza que compres al principio, pruébala como mínimo durante un mes. Evita cambiar constantemente de una a otra.

¿En qué posición está tu bebé cuando le das la taza? Muchos padres simplemente ponen una taza en manos de su bebé cuando está sentado en su trona o en su silla de bebé y luego esperan que el pobre sepa qué debe hacer con ella. En cambio, lo que debes hacer es sentar al bebé en tu regazo, de espaldas a ti. A continuación, guía sus manitas hasta las asas de la taza y ayúdalo a llevársela hasta la boca. Hazlo con mucha suavidad y elige un momento del día en que esté de buen humor.

¿Qué tipo de líquido —y en qué cantidad— sueles introducir en la taza? En este punto veo equivocarse a muchos padres: vierten demasiado líquido en la ta-za y entonces al bebé le cuesta mucho sujetarla; es demasiado pesada para él. Para empezar, yo aconse-jaría no introducir más de 30 mililitros de agua, leche extraída o leche artificial. Es mejor evitar los zumos de frutas porque el bebé no necesita ese azúcar de más. Y además, también te arriesgas a que siempre

> ## ¿Qué cantidad de líquido al día debo darle?
>
> En el momento en que tu hijo esté to-mando alimentos sólidos tres veces al día, debería ingerir a diario un mínimo de 450 mililitros de leche materna o artificial (hasta un máximo de 900 mililitros, en el caso de bebés mayores). La mayoría de madres dan a sus hijos un poco de líqui-do tras las comidas, para hacerlas bajar, y también les ofrecen una bebida para calmar su sed cuando han estado corre-teando arriba y abajo. Si tu hijo se ali-menta exclusivamente de leche materna, no lo destetes hasta que sepa beber eficientemente de una taza o al menos hasta que acepte tomar el biberón.

asocie la taza para sorber con esa bebida tan dulzona y luego rechace cualquier otro líquido.

¡Vaya, resulta que ya has cometido ese error! Y ahora tu hijo bebe de la taza como un campeón, pero se niega a beber leche en ella. En cualquier caso, lo que no debes hacer es quitarle la taza: se disgustaría y quizás acabaría asociando la taza con una experiencia negativa; incluso podría deshi-dratarse (sobre todo si ya se ha destetado y no toma el biberón). Empieza por ofrecerle dos tazas de líquido durante la comida. En una, vierte 30 mililitros de la bebida que le hayas estado dando —agua o zumo, por ejemplo—, y en la otra, pon 60 mililitros de leche. Una vez haya dado un sorbo de la taza de agua, retírala e intenta que beba la leche. Si se niega, déjalo y prueba de nuevo una hora más tarde. Incluso aunque ya sepa beber bien de la taza, intenta sentarte a tu hijo en la falda para darle otra vez la leche. Como en la mayoría de las cosas, si perseveras y procuras hacer que sea una experiencia divertida, cargada de cariño y no una técnica que debes enseñarle *inmediatamente*, tendrás muchas más posibilidades de conseguirlo con éxito.

Igual que sucede con el destete, puede que al ver a tu bebé con una taza en las manos te asalte una extraña mezcla de sentimientos porque lo ves más crecido. Es normal: les ocurre a la mayoría de mamás. Simplemente, déjate llevar y disfruta del viaje.

4

LA COMIDA ES MÁS QUE ALIMENTO

Alimentos sólidos y comer feliz para siempre

El gran viaje: de ser alimentado a alimentarse

Los bebés son criaturas asombrosas. Verlos crecer y desarrollarse a veces me quita el aliento. Tóma-te un momento para apreciar cómo progresan los bebés a la hora de alimentarse. (Tal vez te ayude echar un vistazo a la tabla de las páginas 139-140; en ella se muestra el avance que realizan los niños, durante los primeros tres años de vida, desde ser alimentados hasta comer por sí mismos.) Al principio, tu hijo se alimenta en el interior de tu vientre las veinticuatro horas del día, los siete días de la semana, bien cómodo y protegido. Obtiene todo lo que necesita a través del cordón umbilical, sin preocuparse por si succiona con suficiente fuerza. Y tú, mamá, tampoco necesitas preocuparte si tu leche sale con fluidez o si tienes que colocar el biberón en el ángulo correcto. Sin embargo, este confortable trayecto termina el día del parto, cuando a ambos os tocará trabajar más duro para con-seguir que el bebé reciba las cantidades de comida adecuadas, en el momento apropiado y que su tierno aparato digestivo no se vea sobrecargado.

Durante los primeros meses de vida tras el nacimiento, las papilas gustativas del bebé aún no están desarrolladas. Su dieta líquida es bastante sosa, pues consiste únicamente en leche materna o leche artificial; tanto una como la otra le proporcionan todos los nutrientes que necesita. Ésta es una etapa sorprendente. Como he comentado en alguna otra ocasión, los recién nacidos son como pequeños cerditos: se pasan el tiempo comiendo, comiendo y comiendo. En ningún otro momento de su existencia tu hijo volverá a ganar peso al mismo ritmo trepidante. Y es bueno que así sea: si pesaras 79 kilos y crecieras con la misma rapidez que tu bebé, al cabo de doce meses ¡pesarías al-rededor de 207 kilos!

A los dos os costará cierto tiempo lograr finalmente un buen ritmo, aunque la mayoría de padres acaban concluyendo que es relativamente sencillo alimentar a un bebé. Más adelante, hacia los seis meses —justo cuando empieces a sentirte cómoda con la dieta líquida de tu hijo—, llegará el momento de introducir alimentos sólidos. Entonces deberás ayudarlo a realizar una importante transición en su desarrollo: pasar de ser alimentado a saber alimentarse. No obstante, no es un paso que el niño pueda dar de la noche a la mañana y, en el camino, quizás también tendrás que superar algún que otro bache.

En este capítulo estudiaremos las distintas alegrías y dificultades que nos depara este asombroso viaje. Las papilas gustativas de tu bebé despertarán y él experimentará sensaciones nuevas en la boca, que harán su vida y la tuya mucho más interesante. Si afrontas esta etapa con actitud positiva y mucha paciencia, incluso podrás divertirte observando a tu retoño a medida que prueba cada nuevo alimento que tú le ofreces y hace intentos, por muy torpes y poco exitosos que sean al principio, de comer por su cuenta.

En algunos países se denomina a esta transición «destete», con lo cual se hace referencia al abandono de la lactancia o el biberón por parte del bebé y a su sustitución por la ingesta de alimentos sólidos. En cambio, en otros, el «destete» es únicamente el momento en que los bebés dejan de mamar o tomar el biberón, que puede coincidir o no con la «introducción» de comida sólida en su dieta. Por tanto, aquí hablaremos de estas transiciones como procesos independientes. (Aunque, lógicamente, ambas cosas están estrechamente relacionadas, ya que a medida que el bebé aprenda a comer alimentos sólidos, la cantidad de líquidos que ingerirá irá disminuyendo.)

El destete y la introducción de alimentos sólidos también están vinculados por otro motivo: ambos son signos de que tu bebé está creciendo. Reflexiona nuevamente sobre su rápida progresión: al principio tenías que sujetarlo para darle de comer; tu bebé se alimentaba en posición casi horizontal y era bastante vulnerable. Después, al hacerse más fuerte físicamente y coordinar mejor sus movimientos, ya podía retorcerse, girar la cabeza, apartar el pecho o el biberón con la manita, en definitiva: podía empezar a expresarse. A los seis meses, ya puede sentarse bastante erguido y es capaz de coger algunos objetos: una cuchara, el biberón, tu pecho; resulta evidente que quiere participar de forma más activa en eso del comer.

Por tu parte, puede que aceptes de buen grado estos cambios o puede que te entristezcan. A muchas de las madres que he conocido el destete les provoca sentimientos ambivalentes y las hay que incluso se sienten verdaderamente deprimidas. No quieren que sus bebés crezcan «demasiado» deprisa. Algunas esperan hasta los nueve o diez meses para introducir comida sólida, a fin de no «acelerar» el proceso. Sin duda, estos sentimientos son comprensibles, pero luego son precisamente estas madres quienes me llaman, cuando sus pequeños han cumplido ya los quince meses (o más), diciéndome que sus hijos tienen «problemas con la comida». Se quejan de que el niño todavía no toma alimentos sólidos o de que «come poco». Otras se sienten tristes porque su hijo se niega a sentarse en una trona o se enzarza en otras luchas de poder a la hora de comer. Tal como mostraré en este capítulo, algunos de estos problemas forman parte de la evolución y el desarrollo de los niños. Otros, en cambio, tienen su origen en lo que yo llamo «mala gestión de la alimentación», un tipo específico de error de los padres que ocurre cuando no se percatan de que cierto hábito necesita ser corregido o cuando, simplemente, no saben qué hacer al respecto. Sin embargo, los problemas también pueden surgir porque los padres, de hecho, no quieren ver crecer a su bebé.

Así pues, despierta, querida, y acepta la realidad tal como es. Tienes que dejar a un lado tu protagonismo y permitir que tu hijo aprenda a alimentarse de forma independiente. Sí, es verdad que ahora le resultará más duro hacerlo bien que cuando era un bebé de escasos meses y a ti te hará falta tener aún más paciencia. La recompensa, no obstante, será un bebé que disfrutará comiendo, tendrá ganas de experimentar y asociará la comida con sensaciones placenteras.

De ser alimentado a alimentarse: la aventura continúa

Esta tabla muestra la progresión del bebé cuando pasa de ser alimentado a comer por sí solo, las cuestiones básicas hasta llegar a ese punto y las preocupaciones más frecuentes de los padres (más allá de la típica duda: «¿está comiendo mi hijo lo suficiente?»). A lo largo de este capítulo, encontrarás información más detallada acerca de cómo introducir alimentos sólidos en la dieta del niño y de cómo resolver los problemas que puedan aparecer.

1. Edad	2. Ingesta	3. Horario recomendado	4. Preocupaciones frecuentes
Del nacimiento a las seis semanas (para más información, véase la página 102).	90 mililitros de líquido.	Cada dos o tres horas, dependiendo del peso al nacer del bebé.	El bebé se duerme durante las comidas y tiene hambre una hora después. Come cada dos horas. A menudo parece hambriento, pero luego sólo come un poco en cada toma. Llora durante las comidas o poco después.
De las seis semanas a los cuatro meses (para más información, véase la página 100).	115-145 mililitros de líquido.	Cada tres o tres horas y media.	Se despierta por la noche porque quiere comer (aparentemente, un problema de sueño, pero se soluciona con un plan de alimentación adecuado).
De los cuatro a los seis meses (para más información, véase la página 101).	175-230 mililitros de líquido. Si empiezas a darle alimentos sólidos tan pronto, coloca a tu hijo en una silla de bebé o dale de comer encima de tu regazo, elevándole la cabeza. A esta edad, los alimentos sólidos deberán triturarse finamente y quedar como un puré prácticamente líquido. Limita los alimentos sólidos a purés de pera, manzana y cereales especiales para bebé (excepto el trigo), ya que son los más fáciles de digerir. Dale una o dos cucharaditas antes de que tome el pecho o el biberón.	Cada cuatro horas. Aunque comiences a darle alimentos sólidos a esta edad, cosa que yo normalmente no aconsejo, los líquidos deben continuar siendo la base principal de su dieta.	Se termina el biberón o termina sus tomas de pecho demasiado deprisa: ¿está comiendo lo suficiente? ¿Cuándo hay que empezar a darle alimentos sólidos? ¿Qué tipo de alimentos deberíamos darle? ¿Cómo podemos enseñarle a masticar? ¿Cuál es la manera más apropiada de alimentarlo?

1. EDAD	2. INGESTA	3. HORARIO RECOMENDADO	4. PREOCUPACIONES FRECUENTES
De los seis a los doce meses.	Al principio deberá triturarse todo. Comienza dándole una o dos cucharaditas la primera semana, sólo en el desayuno; la segunda semana, en el desayuno y al mediodía; y la tercera semana, en las tres comidas del día. Incorpora un nuevo alimento cada semana, siempre a la hora del desayuno, y luego añádelo en el almuerzo y en la cena. Dale a tu hijo los alimentos sólidos cuando esté alerta y totalmente despierto. Si los primeros intentos le resultan frustrantes, sacia su hambre inicial con una breve toma de pecho o unos mililitros de leche artificial. En cuanto coja práctica, dale siempre comida sólida al principio. A medida que el bebé se adapte a la nueva forma de alimentación y empiece a masticar un poco, introduce alimentos de cierta textura. Gradualmente, y dependiendo más o menos de su apetito y capacidad, añade de 30 a 45 gramos de alimentos sólidos en cada comida. Los alimentos que se pueden comer con los dedos se introducen a los nueve meses o cuando el bebé ya puede sentarse solo.	Alimentos recomendados entre los seis y los nueve meses: frutas y verduras de sabor suave (manzanas, peras, melocotones, ciruelas, plátanos; calabaza, boniatos, zanahorias, judías verdes, guisantes); cereales; arroz integral, panecillos, pollo, pavo, pescado blanco cocido (como la merluza), atún en lata. A partir de los nueve meses, empieza a darle alimentos que pueda comer con los dedos. También puedes añadir a su dieta pasta, frutas de sabor más intenso (ciruelas pasas, kiwi, pomelo rosa) y otras verduras y hortalizas (aguacate, espárragos, calabacín, brócoli, remolacha, patatas, chirivía, espinacas, judías blancas, berenjena), así como también caldo de ternera o cordero. Si tú o tu pareja tenéis algún tipo de alergia alimentaria, consultad a vuestro pediatra antes de introducir alimentos nuevos.	Los niños tardan unos dos meses, cuatro a lo sumo, en adaptarse a una dieta sólida. A los nueve meses, la mayoría de bebés toman alimentos sólidos en el desayuno (aproximadamente a las 9 de la mañana), en el almuerzo (entre las 12 y la 1 del mediodía) y en la cena (entre las 5 y las 6 de la tarde). El pecho o el biberón a primera hora de la mañana, entre comidas (a modo de tentempié) y antes de acostarse. Hacia el final del primer año y a medida que aumentes la cantidad de alimentos sólidos, habrás reducido a la mitad los líquidos de su dieta, de manera que ahora los sólidos serán su sustento principal. Tu bebé beberá entre 450 y 920 mililitros de líquido al día, dependiendo de su tamaño. Una vez que sea capaz de comer alimentos con los dedos, empieza siempre las comidas dándoselos y luego dale otros alimentos con la cuchara. Alrededor de los nueve meses, puedes comenzar a darle refrigerios ligeros entre comidas —panecillos, galletas saladas, trocitos de queso—, pero ten cuidado de que no se «hinche» de tentempiés (véanse las páginas 159-160).

Etapa			
Del primer al segundo año.	Los alimentos ya no hay que triturarlos; a esta edad, tu hijo debería estar consumiendo una cantidad considerable de alimentos sólidos troceados y seguramente ya será capaz de empezar a comérselos él solito. Una vez a la semana, también puedes añadir los alimentos que aparecen en mi lista «Introducir con precaución», tales como productos lácteos, incluyendo yogures, queso, y leche de vaca (véase el recuadro lateral de la página 156), además de huevos enteros, miel, carne de ternera, melón, bayas, frutas cítricas aparte del pomelo rosa, lentejas y carne de cerdo. Yo aconsejaría ir con mucho cuidado, incluso evitar totalmente los frutos secos, que cuestan mucho de digerir y el bebé podría atragantarse con ellos; asimismo, también evitaría el marisco y el chocolate, ya que podrían causar alergias.	Tres comidas al día; pecho o biberón hasta que tu hijo se haya destetado por completo, generalmente en torno a los dieciocho meses, si no antes. Puedes darle tentempiés ligeros y saludables entre horas, siempre y cuando no le quiten el apetito cuando sea el momento de las comidas. Planifica al menos una de tus comidas junto a tu hijo y acerca su trona a la mesa; de esta manera empezará a acostumbrarse a la idea de comer en familia.	No come tanto como solía. Todavía prefiere el biberón a los alimentos sólidos Se niega a comer _____ [inserta el nombre de un alimento, zanahorias, por ejemplo]. Se niega a ponerse el babero. No quiere sentarse en la trona o intenta bajarse de ella. Ni siquiera intenta comer solo. Las comidas son un desastre, además de quedar todo hecho un asco. Lanza o tira la comida al suelo.
Del segundo al tercer año.	A los dieciocho meses y, sin duda alguna, al cumplir los dos años, tu hijo ya debería comer una gran variedad de alimentos, a menos que haya desarrollado alergias u otros problemas digestivos. La cantidad de comida que ingiera dependerá de su tamaño y de su apetito; algunos niños comen menos porque necesitan menos energía que otros. En esta fase, tu hijo debería estar comiendo lo mismo que el resto de la familia; resiste la tentación de preparar una cena distinta para él.	Tres comidas al día con tentempiés ligeros entre horas. A partir de los dos años tu hijo definitivamente ya tiene gustos y aversiones, incluso puede que tenga debilidad por el dulce. Evita darle demasiados refrigerios entre comidas o bien tentempiés de escaso valor nutritivo o con demasiado azúcar. De lo contrario, comerá menos durante las comidas. Como mínimo algunos días a la semana, organiza la cena, por ejemplo, con toda la familia; de este modo, tu hijo se habituará a comer en sociedad al tiempo que se alimenta como una persona adulta.	Es un «tiquismiquis» con la comida, no come de manera consistente. Fijación por algunas comidas (siempre quiere comer los mismos alimentos). Manías extrañas a la hora de comer (chilla si la comida se parte, no quiere tocar ni las patatas ni los guisantes, etc.). Sólo toma tentempiés. Se niega a sentarse a la mesa. Tiene unos modales espantosos. Tira la comida. Lo ensucia todo a propósito. Coge berrinches durante las comidas.

GESTIÓN DE LA ALIMENTACIÓN: ¿CRECISTE EN UN ESTABLO?

La gestión de la alimentación —hacer que tu hijo coma lo suficiente, a las horas que corresponde y en las cantidades adecuadas— es fundamental desde el día en que nace. En el capítulo anterior ya expliqué que, a una edad tan temprana como las seis semanas, una *mala* gestión de la alimentación puede derivar en una forma de comer errática, llantos, gases y otros problemas intestinales. No obstante, muchos padres consideran que (con un poco de ayuda) las primeras semanas y meses son relativamente sencillos, una vez se ha establecido una buena rutina. Sin embargo, en el momento en que se incorporan alimentos sólidos a la dieta, llevar a cabo una buena gestión de la alimentación vuelve a ser un asunto bastante delicado.

Cuando los niños son más mayores, hay cuatro puntos clave para gestionar su alimentación: *C*omportamiento (el de tu hijo), *A*ctitud (la tuya), *R*utina y *N*utrición. Para mi sorpresa, uniendo la primera letra de estos conceptos se forma la palabra BARN,[8] igual que lo que suelen preguntar los padres a sus hijos cuando quedan horrorizados ante sus malos modales en la mesa: «Pero, ¿acaso creciste en un establo?». Aunque, bien pensado, el acrónimo también podría ser BRAN,[9] un alimento muy saludable. En cualquier caso, la mayoría de problemas a la hora de comer están relacionados con uno, si no con más, de estos cuatro puntos. A continuación, analizaré cada uno de estos factores con más detalle.

COMPORTAMIENTO. Cada familia tiene una serie de valores vinculados a las comidas y a la forma de comer; cada una tiene su propia definición de lo que es correcto. Cuando se trata de comer, **¿qué consideras aceptable y qué no consientes de ninguna manera?** Tienes que pararte a pensar dónde están *tus* límites y transmitírselos a tu hijo, pero no cuando sea un adolescente, sino *ahora*. Empieza el primer día que sientes a tu bebé en una trona. Por ejemplo, la familia Carter tiene una actitud bastante relajada respecto a los modales en la mesa. Nunca regañan a sus hijos si juguetean con la comida; los Martini, en cambio, ordenan a sus niños que abandonen la mesa si hacen algo así. Y eso también incluye al pequeño Pedro, de nueve meses, al cual sacan de la trona en cuanto comienza a aplastar o a esparcir su comida. Mamá y papá interpretan su mal comportamiento como señal de que ha terminado de comer y entonces le dicen: «No, Pedro, nosotros no jugamos con la comida. Nosotros nos sentamos a la mesa a *comer*». Tal vez no entienda exactamente lo que sus padres le están diciendo (o tal vez sí), pero Pedro enseguida hará la asociación de que la trona es para comer, no para jugar. Lo mismo sucede con los modales en la mesa. Si consideras que son importantes y para mí ciertamente lo son, antes incluso de que tu hijo sea lo suficientemente mayor para decir «gracias», «por favor» y «¿puedo excusarme de la mesa, por favor?», debes decir esas palabras *por* él. Créeme, a un niño que comprende las normas de conducta en casa será una delicia llevarlo a un restaurante. Pero si en casa se le permite escabullirse de su trona o meter los pies en la bandeja de la comida, ¿qué podrá esperarse cuando salga fuera?

ACTITUD. Los niños nos imitan. Si tú te pasas el día picando o si siempre comes deprisa y corriendo, es muy probable que tu hijo tampoco aprecie una buena comida. Pregúntate a ti misma: **¿la comida es importante para ti? ¿Te preocupas por las comidas que sirves en casa y disfrutas comiendo?** Si no es así, seguramente tampoco prepararás tus platos de un modo muy apetitoso. Quizás lo sirves todo junto o tus comidas son absolutamente insípidas. O pongamos por caso que siempre estás haciendo dieta y que vigilas a rajatabla lo que comes. Quizás fuiste regordeta de pequeña e incluso se rieron de ti. He visto madres que dan a sus hijos una dieta baja en grasas o que se preocupan porque el niño «come demasiados hidratos de carbono». Ambas opciones son pobres nutricionalmente; las necesidades de los bebés y los niños en edad de gatear son distintas a las de los adultos. Además, el hecho de negarle ciertos alimentos o de etiquetar determinadas comidas (o en este mismo sentido, determinados tipos de cuerpo) como «malas» puede afectar a tu hijo y causarle, más adelante, trastornos serios de alimentación.

Otro aspecto relacionado con la actitud es la predisposición a dejar que los niños aprendan de sus propias experiencias. Desafortunadamente, algunos padres se ponen nerviosos y/o son reticentes a permitir que sus hijos experimenten y se ensucien un poco mientras aprenden. Si continuamente le limpias la boca a tu pequeño y siempre haces comentarios de lo «sucio» que lo deja todo, comer se convertirá pronto para él en una experiencia desagradable.

RUTINA. Sé que ya estás más que harta de oír la palabra «rutina», pero ahí va: ser coherente acerca de cuándo y dónde debe comer un niño, en lugar de hacerlo improvisadamente, hace que tu hijo sepa no sólo que la comida es importante, sino que él también lo es. Haz que las comidas sean una prioridad y no algo que cuelas entre tus llamadas telefónicas y tus citas. Y si es posible, procura realizar cenas en familia al menos dos noches por semana. Si tu bebé es hijo único, tú serás su modelo a seguir. Si tiene hermanos o hermanas, tanto mejor: tendrá más gente de quien aprender. Sé coherente también con las palabras que usas. Por ejemplo, si tu hijo está a punto de coger una rebanada de pan, tómale la mano y enséñale lo que debe decir: «Por favor, ¿puedo coger un poco de pan?». Si lo haces cada vez, cuando pueda decir las palabras, sabrá lo que se espera de él.

NUTRICIÓN. Aunque no podemos influenciar ni modificar la capacidad de comer ni el apetito de un niño (excepto genéticamente), la *elección* de las comidas, al menos en estos primeros años, está en manos de los padres.

EH, MAMÁ: ¿QUÉ HAY PARA CENAR?
LECTURAS RECOMENDADAS

Si estás desconcertada y no sabes qué hacer, estos tres libros te darán buenas ideas:

Super Baby Food, de Ruth Yarrow.

Mommy Made and Daddy Too: Home Cooking for a Healthy Baby and Toddler, de Martha y David Kimmel.

Anabel Karmel's Complete Bay and Toddler Meal Planner: 200 Quick and Easy Recipes.

Puede que tu hijo tenga sus propios gustos e incluso que éstos sean algo peculiares, pero al final, eres tú quien debe garantizar que su alimentación sea saludable. Si eres una persona observadora y te preocupa comer de forma sana, probablemente no tendrás problemas a la hora de decidir cómo alimentarlo. Pero si no lo eres, por favor, infórmate sobre las pautas para una buena nutrición. Y no me refiero únicamente a la etapa en que aún es un bebé. Cuando llegue el momento, generalmente a los dos años, en que tu hijo pueda comer lo mismo que el resto de la familia, quizás lo más fácil parecerá ir a ese restaurante donde regalan juguetes y se ofrecen comidas «felices». Sin embargo, si recurres a ese tipo de establecimientos demasiado a menudo, pondrás en peligro la nutrición de tu hijo. Llevar un diario de lo que cocinas normalmente puede ser muy útil, porque te hará más consciente de lo que estás sirviendo a tu familia. Habla con tu pediatra. Y si tienes amigos que sepan del tema, ellos también pueden darte ideas. Si no, ve a la biblioteca y consulta libros sobre alimentos y nutrición. En el recuadro lateral de la página anterior encontrarás tres que yo recomiendo muy a menudo.

Aunque una nutrición adecuada sea crucial, así como los cuatro puntos de B. A. R. N., quiero insistir en que, inevitablemente, habrá días en que tu hijo comerá de maravilla y otros en que la comida le importará un rábano. Quizás le chiflará un determinado plato o alimento durante un mes y luego, de repente, lo rechazará. O tal vez algún día te sorprenderá y querrá comer algo que tú llevabas meses intentando que probara. Pero no lo atosigues y, por favor, no te disgustes ni te enfades cuando se niegue a comer. Simplemente ofrécele siempre nuevas opciones, tal como hizo esta madre con su pequeño de diecinueve meses.

Dexter es feliz le cocine lo que le cocine o vayamos al restaurante que vayamos. A pesar de que no suele comer en grandes cantidades, a él le gusta todo y no le hace ascos a nada. Lo sé porque le he dado todo tipo de comidas desde el principio. Ni su padre ni yo le hemos obligado nunca a comer nada por la fuerza; le ofrecíamos aquello que estuviésemos comiendo en ese momento y él podía elegir si comerlo o no. Un ejemplo es el brócoli; Dexter odiaba el brócoli envasado en los potitos de bebé, lo odió las primeras veinte veces que se lo puse en el plato (a veces probaba un mordisco, a veces ni lo tocaba), hasta que un día se lo comió sin más y ahora le encanta.

Tampoco damos mucha importancia a los alimentos que toma. No le decimos: «Buen chico por haberte comido esos pepinos» o «si te comes el repollo, te daremos una galleta», puesto que eso implica que hay algo malo o asqueroso en ellos, como si comérselos fuera un esfuerzo que tuviéramos que recompensar.

Lo que yo quiero transmitiros es POR FAVOR... ¡ofreced comidas nuevas a vuestro hijo! Os asombraréis al descubrir las cosas que le pueden llegar a gustar. Cebollas rojas, pimientos, tofu, salsa picante, comida india, repollo, salmón, rollitos chinos, pan de cereales, berenjena, mango y rollos de sushi, ¡todo esto lo ha comido nuestro querido Dexter en los últimos días!

A medida que continúes leyendo las secciones siguientes de este capítulo, ten en mente los puntos clave de B. A. R. N.: comportamiento, actitud, rutina y nutrición. Empezando por la etapa de los cuatro a los seis meses, luego de los seis meses al año, del primer al segundo año y de los dos a los tres años, hablaré de lo que es típico que ocurra en cada periodo y de los problemas que suelen surgir. Como siempre, os insto a que leáis *todas* las secciones, ya que algunos niños tienen unas dificultades a los seis meses que a otros les aparecen durante el primer año de vida.

DE LOS 4 A LOS 6 MESES: FASE DE PREPARACIÓN

En algún momento alrededor de los cuatro meses, muchos padres empiezan a plantearse la posibilidad de dar alimentos sólidos a sus hijos. Llegado este punto, no les parece necesariamente un problema, pero sí les preocupan una serie de dudas:

- ¿Cuándo deberíamos comenzar a darle alimentos sólidos?
- ¿Qué tipo de alimentos deberíamos darle?
- ¿Cómo lograremos que mastique?
- ¿Cuál es el modo más apropiado de alimentarlo?

La mayoría de estas cuestiones tienen que ver con la predisposición. Los bebés nacen con un reflejo de protrusión de la lengua que inicialmente los ayuda a prenderse al pezón y succionar de forma eficiente. Cuando este instinto de protruir la lengua desaparece, entre los cuatro y los seis meses, significa que los bebés ya son capaces de deglutir alimentos blandos y espesos, como los cereales y los purés de fruta y verdura. En otras culturas, los padres les mastican la comida a sus hijos cuando empiezan a darles alimentos sólidos. Nosotros, sin embargo, somos afortunados: disponemos de batidoras y también podemos comprar comida de bebé preparada, como los potitos.

UN BUEN CONSEJO

A veces los pediatras aconsejan dar alimentos sólidos a los bebés que padecen reflujo, argumentando que probablemente estos alimentos más pesados permanecerán en el estómago. En tales casos, yo suelo recomendar a los padres que se pongan en contacto con un gastroenterólogo, quien podrá determinar si los intestinos del bebé están lo suficientemente maduros para digerir comida sólida. De lo contrario, el bebé podría padecer estreñimiento y, simplemente, se estaría sustituyendo un problema gástrico por otro.

A los cuatro meses, es muy probable que sea demasiado pronto para que tu bebé tome alimentos sólidos. Yo (y muchos pediatras) creo que es mejor ser conservadores y no empezar a introducir una dieta sólida hasta los seis meses aproximadamente. La razón es sencilla: antes de esa edad, el aparato digestivo de los bebés no está lo suficientemente maduro como para metabolizar comida sólida. Además, la mayoría todavía no son capaces de sentarse rectos y mantener la cabeza erguida y comer alimentos sólidos medio recostados les resulta mucho más difícil. La peristalsis, una serie de contracciones musculares rítmicas y coordinadas que ocurren automáticamente para hacer pasar los alimentos al esófago, tiene lugar de forma más efectiva cuando el torso está en posición vertical. Pensad en vosotros mismos: ¿acaso no os sería más fácil tomar una cucharada de puré de patatas sentados en una silla que tumbados? Por otro lado, los bebés más pequeños tienen más posibilidades de desarrollar alergias, así pues, vale la pena ser prudentes.

No obstante, está bien empezar a *pensar* en una dieta que incluya alimentos sólidos; lo importante es que observéis a vuestro hijo e intentéis detectar signos de que se está preparando para ingerir sólidos. Haceros las siguientes preguntas os ayudará:

Es un mito

No hay ningún estudio científico que apoye la creencia popular de que los alimentos sólidos ayudan al bebé a dormir mejor. Efectivamente, los bebés duermen más plácidamente con el estómago lleno, pero no tiene por qué estar lleno de cereales. La leche materna o artificial logra el mismo efecto sin necesidad de correr ningún riesgo de problemas digestivos o alergias alimentarias.

¿Parece que el bebé tiene más hambre que de costumbre? A menos que haya estado enfermo o echando los dientes (véase el recuadro lateral de la página 161), un incremento en las tomas generalmente indica que un bebé necesita más alimento del que puede suministrarle una dieta compuesta únicamente de líquidos. Entre los cuatro y los seis meses, un bebé de constitución media suele consumir alrededor de unos 920 o 1.030 mililitros de leche materna o artificial. A los bebés más robustos y activos, sobre todo aquellos cuyo ritmo de desarrollo físico es más acelerado, puede que una dieta exclusivamente líquida no les cubra todas las necesidades energéticas. Según mi experiencia, en el caso de bebés de peso medio, el nivel de actividad se convierte en un factor decisivo a partir de los cinco o seis meses, raramente antes. Sin embargo, si tu bebé es más grande que la media —por ejemplo, a los cuatro meses ya pesa 7 kilos y 400 gramos o 7 kilos y 800 gramos—, engulle toda tu leche o los biberones enteros en cada comida y aún parece necesitar más alimento, entonces sí debes plantearte el inicio de una dieta sólida.

¿El bebé se despierta en plena noche porque quiere el biberón? Si, al despertarse, tu bebé se termina un biberón entero, significa que el hambre lo ha desvelado. De todos modos, un bebé de cuatro meses ya no debería comer por las noches, así que primero tendrás que tomar medidas para eliminar esas comidas nocturnas (véase la historia de Maura en la página 124). En cuanto hayas aumentado su ingesta de líquido *durante el día*, si todavía parece tener hambre, puede que también necesite empezar a consumir alimentos sólidos.

¿Te has dado cuenta de si tu bebé ha perdido el reflejo de protrusión lingual? El reflejo de protrusión de la lengua es evidente cuando un bebé busca el pecho o saca la lengua pidiendo comida. Este acto ayuda a los bebés a succionar en sus primeros meses de vida, pero es contraproducente a la hora de ingerir alimentos sólidos. A fin de averiguar en qué estadio de desarrollo se encuentra tu hijo, introduce una cucharita en su boca y observa qué hace: si el reflejo aún no ha desaparecido, su pequeña lengua enseguida expulsará la cuchara. Pero incluso aunque haya perdido el reflejo, tu bebé necesitará tiempo para acostumbrarse a comer de una cuchara. Al principio, seguramente tratará de succionar la cuchara de la misma manera que succionaba el pezón.

Mientras comes, ¿tu bebé te mira como diciendo: «Eh, ¿y por qué a mí no me das de un poco de eso?» Ya a partir de los cuatro meses algunos bebés se dan cuenta de que nosotros también comemos; la mayoría, sin embargo, no lo hace hasta cumplidos los seis meses. Los hay que incluso imitan el movimiento de masticar. Normalmente, es entonces cuando los padres suelen considerar seriamente esos indicios y empiezan a ofrecer a su hijo unas cuantas cucharadas de comida triturada.

¿Tu bebé es capaz de sentarse sin utilizar ningún apoyo? Antes de comenzar a ingerir alimentos sólidos, es mejor que el bebé controle bastante bien los músculos del cuello y la espalda. Haz que tu hijo se siente primero en una silla de bebé y más adelante en una trona.

¿Tu bebé coge objetos con las manos y se los mete en la boca? Ésas son precisamente las habilidades que necesitará para comer alimentos con los dedos.

DE LOS 6 A LOS 12 MESES: ¡SOCORRO! ¡NECESITAMOS UN ASESOR EN COMIDA SÓLIDA!

A esta edad, prácticamente todos los bebés están preparados para empezar a consumir sólidos en serio. Algunos comenzarán antes y otros después, pero los seis meses son el momento óptimo. Dado que ahora son más dinámicos, los 920 mililitros o más de leche materna o artificial ya no les resultan suficientes para mantener toda su actividad. El proceso de sustitución llevará unos cuantos meses, pero de forma gradual tu hijo irá adquiriendo el hábito de realizar tres comidas al día. De todas maneras, continuará tomando el pecho o el biberón por las mañanas, entre comidas y por la noche. A los ocho o nueve meses, ya habrás incorporado a su dieta distintas clases de alimentos —cereales, fruta y verdura, carne de pollo, pescado— y tu bebé debería estar en el buen camino para llegar a comer alimentos sólidos con total normalidad. Al cumplir el primer año, los sólidos sustituirán a la mitad de su ingesta de líquido.

Más o menos durante esta etapa, la destreza manual de tu bebé también dará un salto gigante, lo que significa que será capaz coordinar sus deditos y usarlos a modo de pinzas para coger objetos pequeños. Tal vez a partir de ahora arrancar bolitas de pelusa de la alfombra se convierta en su actividad preferida. No obstante, lo ideal sería que tu objetivo fuera que esa recién adquirida habilidad de tu hijo la usara para coger trozos de alimentos con los dedos (véase el recuadro de la página 154).

Probablemente el periodo de los seis meses sea el más emocionante de todos y, para algunas madres, también el más frustrante, puesto que se trata de un constante probar y equivocarse. Tu niño está aprendiendo a saborear y a masticar un montón de alimentos nuevos, bueno, ¡al menos a mascarlos! En cuanto comience a coger pedazos de comida, necesitará desarrollar su coordinación para encontrar su boquita e introducir dentro de ella la comida. Al principio, será mucho lo que acabará en su pelo y en sus orejas, así como en el pequeño bolsillo atrapalotodo de su babero o en el suelo, cosa que tu perro agradecerá enormemente. Por tu parte, tendrás que ser tan creativa como paciente…, ¡y rápida a la hora de cazar objetos al vuelo! En este momento, también podrías comprarte un chubasquero (o un impermeable, como quieras llamarlo), o quizás mejor un buen traje de buceo, ¡que al menos te mantendrá seca!

Bromas aparte, durante esta etapa me suelen llamar muchos padres con una larga lista de preguntas. Tal como señaló la madre de un bebé de siete meses: «Hay un gran número de asesoras de lactancia materna ahí fuera, pero lo que yo y mis amigas necesitamos ahora es alguien que nos guíe sobre cómo dar comida sólida a nuestros hijos». Las preocupaciones que normalmente escucho con más frecuencia provienen de padres impacientes por introducir alimentos sólidos en la dieta de sus bebés o bien de padres que parecen estar teniendo problemas desde el principio. Sus quejas suenan más o menos así:

No sé por dónde empezar, ¿qué comidas le doy primero y de qué manera debo hacerlo?

¿Qué cantidad de comida sólida necesita el bebé, en comparación con la cantidad de líquidos?

Cuando consulto las tablas que aparecen en muchos libros, me temo que mi hijo no esté comiendo lo suficiente.

A mi bebé le está costando adaptarse a los alimentos sólidos (las numerosas variaciones sobre este tema incluyen que el bebé cierra la boca para que mamá no pueda ni siquiera introducir la cuchara; arcadas; atragantamientos).

Me preocupan las alergias alimentarias. He oído que son frecuentes cuando los bebés toman alimentos sólidos.

Si te ves reflejada en alguna de estas preguntas o afirmaciones, déjame tomarte de la mano y ser tu asesora de comida sólida. Como siempre, empezaremos con una serie de preguntas. Responderlas puede ayudarte a ver por dónde has de comenzar o en qué puntos tienes que hacer cambios. En cualquier caso, lo importante es tener en cuenta que, en esta fase, casi todas las madres se sienten confundidas por una cosa o por otra y eso cuando no tienen algún problema de verdad. Así pues, recuerda que no estás sola. Además, es mucho más fácil corregir problemas ahora, antes de que los malos hábitos —tanto los tuyos como los de tu hijo— tengan la oportunidad de desarrollarse y arraigar.

¿A qué edad empezaste a darle alimentos sólidos? Tal como he afirmado anteriormente, yo aconsejo a los padres que introduzcan alimentos sólidos en la dieta de sus hijos hacia los seis meses. Una de las razones por las que insisto en no comenzar antes es que recibo numerosas llamadas de padres con bebés de seis, siete e incluso ocho meses que empezaron con los alimentos sólidos antes de esa edad, digamos que a los cuatro meses. Las cosas fueron bien por un tiempo, pero luego el bebé topó con alguna dificultad y comenzó a rechazar la comida sólida. A menudo, aunque no siempre, esto coincide con el proceso de dentición, con un resfriado o con cualquier otro periodo vulnerable en la vida del bebé. Cuando estos padres contactan conmigo, acostumbran a decirme: «El niño parecía comer la mar de bien. Habíamos empezado a darle cereales y algo de fruta y verdura. Sin embargo, ahora sólo quiere leche otra vez». En la mayoría de los casos, esto es lo que sucedió: a medida que los padres añadieron alimentos sólidos a la dieta del bebé, también redujeron sus tomas de pecho o biberón; es decir, el tiempo que él dedicaba a succionar. Lo hicieron avanzar demasiado y demasiado deprisa. Y cuando a un bebé se lo priva de mamar de esa manera, cuando se lo desteta demasiado pronto, las posibilidades de que desee compensar esa pérdida y exija tomar más el pecho o el biberón son muchas.

Ten paciencia y no dejes de ofrecerle alimentos sólidos, pero continúa dándole también el pecho o el biberón. Si tú te muestras relajada al respecto, su reticencia a comer sólidos no debería alargarse más allá de una semana o diez días. Nunca lo fuerces a tomar comida sólida, pero *tampoco le des de comer por la noche*, aunque te parezca que tiene hambre. En lugar de eso, lo mejor es que sigas ofreciéndole alimentos sólidos durante el día. Y no te angusties. Si de verdad tiene hambre, al final acabará probándolos.

¿Tu hijo fue un bebé prematuro? Si así fue, puede que incluso los seis meses sean una edad demasiado temprana para iniciar una dieta sólida. Recuerda que su edad cronológica, contando desde el día en que nació, no es la misma que su edad de desarrollo, que es la que determina su capacidad y preparación para los distintos cambios. De modo que, si por ejemplo nació con un par de meses de antelación, cuando cumpla seis meses según el calendario su edad de desarrollo equivaldrá a unos cuatro meses. Otra forma de verlo es que, los primeros dos meses de su vida, tu pequeño debería haberlos pasado en el útero materno, no en el mundo exterior. Por tanto, ahora aún necesita tiempo para ponerse al día. A pesar de que él, al igual que la mayoría de bebés prematuros, a los dieciocho meses y, sin duda, cuando cumpla los dos años, tendrá el mismo aspecto que un bebé nacido a término, es muy posible que a los seis meses su aparato digestivo todavía no esté lo suficiente maduro para digerir alimentos sólidos. Retoma la dieta líquida e inténtalo de nuevo a los siete meses y medio u ocho.

¿Cuál es el temperamento de tu bebé? Piensa en cómo se ha comportado tu hijo ante otras circunstancias y transiciones nuevas para él. El temperamento siempre influye en cómo reacciona a su entorno, incluyendo su forma de adaptarse a las comidas nuevas. Así pues, introduce los alimentos sólidos en la dieta de tu bebé de acuerdo a su naturaleza:

ANGELITO. Por lo general, los bebés angelito suelen estar abiertos a nuevas experiencias. Introduce las comidas gradualmente y no tendrás ningún problema.

DE LIBRO. Los bebés de libro quizás necesitarán un poco más de tiempo para adaptarse, pero la mayoría lo hace según los plazos previstos.

SUSCEPTIBLE. Los bebés susceptibles tienden a rechazar la comida sólida al principio. Es lógico que si estos bebés son sensibles a la luz y al tacto, también necesitarán más tiempo para acostumbrarse a las nuevas sensaciones gustativas. Deberás ir muy despacio. No lo fuerces nunca, pero sé persistente.

MOVIDO. Los bebés movidos tienen tendencia a ser impacientes pero aventureros. Asegúrate de tenerlo todo preparado antes de sentarlos en la trona y vigila los objetos voladores cuando hayas terminado de hacerlo.

GRUÑÓN. Los bebés gruñones no se adaptan fácilmente a los alimentos sólidos y, cuando finalmente lo hacen, son muy reacios a probar comidas desconocidas. Cuando algún alimento les gusta, tienden a querer comerlo una y otra vez.

¿Durante cuánto tiempo has estado intentando darle comida sólida? Tal vez tu bebé no sea el problema: quizás tus expectativas son demasiado elevadas. Comer sólidos no es como beber un biberón entero o vaciar un pecho succionando. Imagínatelo por un momento: tras haberse alimentado exclusivamente de leche materna o artificial, ¿cómo debe ser para él sentir una masa pastosa en la boca? Algunos niños incluso tardan unos dos o tres meses en habituarse a la idea de tragar alimentos sólidos. Debes ser constante y tomártelo con mucha calma.

¿Qué tipo de alimentos le estás dando a tu hijo? La introducción de alimentos sólidos es un proceso gradual: se empieza dándole al bebé comidas muy trituradas, casi líquidas, hasta llegar a darle alimentos troceados que pueda comer con los dedos. Y además otra cosa: los últimos seis meses tu bebé ha comido reclinado y ahora su esófago debe acostumbrarse a comer en una postura diferente. Yo recomiendo comenzar con fruta; las peras, por ejemplo, son muy fáciles de digerir. Algunos especialistas también aconsejan dar cereales al comienzo; sin embargo, yo prefiero la fruta por su valor nutricional. Son muy pocos los bebés que toman cualquier tipo de alimento sólido desde el primer momento. Deberás empezar sólo con una cucharadita y es posible que tengas que intentarlo muchas veces.

Tal como ilustra la tabla «De ser alimentado a alimentarse», en las páginas 139-141, el proceso es muy lento y gradual. Cuando empieces a introducir alimentos sólidos, las primeras dos semanas sólo debes darle al bebé dos cucharaditas de puré de pera en el desayuno y en la cena y continuar con las tomas de pecho o biberón después de las siestas, en el almuerzo y antes de acostarlo. Suponiendo que tu hijo no sufra ninguna reacción adversa, podrás incorporar un segundo alimento, calabaza triturada, por ejemplo, y dárselo también en el desayuno; y el puré de pera dáselo por la noche. Prueba alguna otra fruta o verdura durante la tercera semana, siempre por la mañana. Ahora tu bebé ya estará comiendo tres alimentos nuevos. La cuarta semana puedes ofrecerle papillas de avena y darle alimentos sólidos también en el almuerzo, aumentando la cantidad a tres o cuatro cucharaditas por comida, dependiendo más o menos del peso y la capacidad de tu bebé. Durante las siguientes cuatro semanas, puedes añadir arroz o cebada, melocotones, plátanos, zanahorias, guisantes, judías verdes, boniatos y ciruelas.

Puedes elegir entre comprar alimentos infantiles preparados o cocinarlos tú misma. Cuando cuezas patatas y verduras para el resto de la familia, haz un puré para el pequeño. No lo mezcles todo. Recuerda que estás intentando ayudar a que tu bebé desarrolle sus papilas gustativas. ¿Cómo va a saber lo que le gusta y lo que no si está todo revuelto? Eso no significa que no puedas agregar un poco de compota de manzana a su plato de cereales para hacerlo más apetitoso, pero he visto a madres que preparan pollo con arroz y verduras para la familia y luego lo mezclan todo en la batidora para el bebé. Otras tienden a dar a sus hijos exactamente la misma papilla, día sí y día también. Estamos alimentando a un niño, no a un perro.

Si quieres cocinarle tú misma los purés al bebé, antes debes preguntarte: «¿Cuánto tiempo estoy dispuesta —y necesito— invertir en esto?». Si no tienes tiempo suficiente, que no cunda el pánico. La etapa de las papillas y purés dura sólo unos meses. A tu bebé no le perjudicará en absoluto tomar potitos envasados. Además, actualmente incluso las grandes empresas de alimentación están comercializando alimentos infantiles orgánicos y con menos aditivos. Sencillamente es cuestión de leer las etiquetas.

Si eres una de esas madres que se preocupan por si su hijo está comiendo «suficientemente», tómate una semana para estudiar la cantidad de comida que ingiere. Sin duda alguna, era más fácil calcular su ingesta de líquidos y aumentarla añadiendo unos mililitros más a sus biberones. Pero, ¿cómo saber a qué equivalen, nutricionalmente hablando, cuatro cucharadas de papilla de avena con compota de manzana? Lo que tienes que hacer es contar los gramos. Si preparas tú misma la comida del bebé, congélala en cubiteras, así te será más sencillo calcular las cantidades: un cubito equivale a una onza (28,7 gramos) y es más fácil de manejar (véase el recuadro lateral de la página siguiente). (Si utilizas el microondas para descongelar o recalentar comida, ten cuidado; remueve siempre el puré y comprueba su temperatura antes de dárselo al bebé.) Con los tarros de comida infantil preparada también es fácil medir la cantidad de alimento que toma tu hijo. Si se come un tarro entero en cada comida, simplemente lee en la etiqueta los gramos que contiene. Si sólo toma medio tarro o bien un cuarto, cuenta las cucharadas que ingiere y calcula la equivalencia en gramos.

Puedes hacer lo mismo con los alimentos que tu bebé come con los dedos. Si, por ejemplo, compras 115 gramos de pavo y hay cuatro lonchas en el envase, sabrás que cada loncha pesa 28,7 gramos (si hay más lonchas, entonces es obvio que cada una pesa menos). Con este mismo método, puedes calcular el peso exacto del queso u obtener una buena aproximación del mismo, así como de prácticamente cualquier otro alimento sólido. Sé que puede parecer muy pesado de

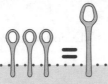

calcular o muy complicado (sobre todo si eres tan mala en matemáticas como yo). De hecho, yo esto sólo lo aconsejo a aquellos padres que están preocupados porque su bebé ha perdido entre el 15 y el 20 % de su peso (aunque normalmente hay una ligera fluctuación en el mismo), o porque sus niveles de energía son menores de lo habitual (en tales casos, les sugiero que además hablen con el pediatra o consulten a un nutricionista).

Lo fundamental es darle al bebé una dieta equilibrada de frutas, verduras, productos lácteos, proteínas y cereales de grano integral. No olvides que se trata de estómagos diminutos. Una manera de plantearse el tema del tamaño de las raciones es darle de una a dos cucharadas de comida por año de vida, es decir: durante el primer año, de una a dos cucharadas; a los dos años, de dos a cuatro cucharadas; a los tres, de tres a seis. Una «comida» consiste normalmente en dos o tres raciones. Puede que tu hijo coma menos o mucho más que esto, dependiendo de su constitución y de su apetito

¿Tu bebé rechaza la cuchara? Cuando empieces a alimentarlo con cuchara, ten cuidado al introducirla en la boquita de tu hijo. Si la metes demasiado adentro, podrías provocarle arcadas. Y si esto ocurriera una o dos veces, enseguida asociaría la cuchara con una experiencia desagradable. Si quieres saber qué se siente, ¡pídele a tu pareja que *te* dé de comer de esa manera!

Si tu bebé no tiene ningún problema con la cuchara, no tardará en intentar arrebatártela de las manos. Deja que lo haga, pero no esperes que sepa usarla correctamente tan pronto. Sin embargo, el simple hecho de juguetear con ella lo ayudará a prepararse para comer por su cuenta. Por supuesto, huelga decir que seguramente también te vas a volver loca, porque tu hijo querrá tener la cuchara siempre *en su mano*. Por eso, acostumbro a aconsejar a los padres que tengan un arsenal de tres o cuatro cucharas a punto. Primero le das de comer con una, permites que la coja y luego usas otra que hayas dejado a mano. Probablemente también se le caerán al suelo unas cuantas.

¿A tu bebé le dan náuseas o se atraganta con frecuencia? Si hace poco que has comenzado a alimentarlo con sólidos, es posible que se ahogue o tenga arcadas porque le introduces la cuchara demasiado dentro de la garganta (véase anteriormente), porque pones demasiada comida en cada cucharada o porque vas demasiado deprisa; quizás intentas ponerle una nueva cucharada en la boca cuando aún no ha tenido tiempo de deglutir la primera. También podría ser que los alimentos no estuviesen lo suficientemente triturados. Sea cual sea el motivo, tu hijo no tardará mucho en llegar a la siguiente conclusión: «Esto no es nada divertido. Prefiero tomar mis biberones». Por otro lado, puede que las náuseas estén relacionadas con tu propia impaciencia o con tu forma de alimentarlo. Algunos bebés, sobre todo los de tipo susceptible, necesitan más tiempo para habituarse a la sensación de tener papilla en la boca, además de mucha más paciencia por parte de sus padres (véase la página 64).

Si tu bebé siente náuseas o parece no disfrutar de sus primeros bocados de comida sólida, detente. Pruébalo de nuevo pasados unos días. Sigue intentándolo, pero jamás lo fuerces.

Si tu hijo ya ha superado esta fase inicial y has empezado a darle alimentos troceados, puede que de vez en cuando todavía se atragante o tenga arcadas, especialmente al probar comidas desconocidas. Conseguirás reducir al máximo estos incidentes si no le ofreces comida que pueda comer con los dedos demasiado pronto y si tienes mucho cuidado con los alimentos que eliges. Por ejemplo, una madre escribió en mi página web:

Ellie tiene casi seis meses, así que voy a empezar a darle alimentos que pueda comer con los dedos. Me dijeron que le diera cualquier cosa fácil de triturar, como pequeñas rebanadas de pan tostado o galletas duras que se ablandan al entrar en contacto con un líquido.

Bien, quienquiera que aconsejase a esta madre, tenía razón respecto a lo de darle al bebé alimentos fáciles de triturar; pero es más que probable que un bebé de seis meses se atragante al intentar comer una tostada o un biscote. En primer lugar, el pan tostado se deshace en minúsculas migas secas que la pequeña Ellie puede inhalar o que se le pueden quedar adheridas a la garganta. Y, en segundo lugar, a los seis meses la mayoría de bebés son demasiado pequeños para empezar a comer alimentos con los deditos. Es crucial que antes sean capaces de sentarse erguidos sin tu ayuda, cosa que no suele ocurrir hasta que cumplen los ocho o nueve meses. Además, tal como ya he comentado, los bebés tardan uno o dos meses en acostumbrarse a la sensación de tener alimentos hechos puré en la boca; por tanto, hay que esperar un poco antes de hacerles probar diferentes texturas. Tienen que practicar cómo empujar la comida hacia el paladar y aplastarla con la lengua hasta formar una masa blanda (véase el recuadro de la página 154).

Alimentos para comer con los dedos: puntos clave

Cuándo: a los ocho o nueve meses o cuando tu bebé sea capaz de mantenerse sentado en una trona.

Cómo: al principio, simplemente coloca la comida en la bandeja de su trona. Puede que empiece a aplastarla y esparcirla. No importa. Forma parte del proceso de aprendizaje. No le metas *tú* la comida en la boca: eso es justo lo contrario de lo que pretendemos. Come un poco. Los bebés imitan todo lo que hacemos. Ya verás que enseguida capta la idea, sobre todo si es algo rico y sabroso. Dale primero los alimentos para que coma con los dedos, antes de comenzar a darle de comer otros. Si ves que no se los come, no te preocupes. Continúa ofreciéndoselos al principio de cada comida y finalmente lo hará.

Qué: si tienes dudas acerca de qué constituye un buen alimento para comer con los dedos, pruébalo tú misma. La comida debería disolverse fácilmente en tu boca y no desmenuzarse en gránulos o migajas con los que el bebé podría atragantarse. Imagina que no tienes dientes: usa la lengua para empujar la comida hacia el techo del paladar y luego aplástala con unos cuantos lengüetazos. Sé creativa. Incluso una papilla de avena (con una consistencia ligeramente más dura de lo habitual), un puré de patatas o de boniatos o queso de Burgos se podrían comer con los dedos. Depende de tu nivel de tolerancia a la suciedad. La fruta madura es ideal, aunque a veces es mejor cortarla en trozos grandes o en forma de palitos, porque tiende a ser resbaladiza. Si vas a un restaurante, lleva contigo comida de casa para el bebé, pero si ves que el pobre mira deseoso lo que tú estás comiendo (y supera los requisitos mencionados anteriormente), deja que lo pruebe. He visto a bebés zamparse toda clase de comidas étnicas. Cuantas más veces le permitas a tu hijo comer por su cuenta, más rápido aprenderá y más disfrutará de sus comidas.

A continuación encontrarás algunas sugerencias más:

- Diversos tipos de cereales para el desayuno (evitar los copos al principio).

- Varios tipos de pasta (macarrones, tortellini, espirales): mézclala con puré de verduras y así le añadirás sabor y valor nutritivo.

- Minisalchichas de pollo.

- Lonchas de pollo o pavo.

- Atún en lata u otras clases de pescado cocido (que te haya sobrado de la cena, por ejemplo).

- Trozos de aguacate.

- Quesos semiblandos, como queso de hebra, queso americano, *cheddar* suave, quesitos «Babybel», quesitos de «La vaca que ríe».

- «Sándwiches locos»: retira la corteza del pan (o córtalo en diferentes formas con un molde cortagalletas) y úntalo con mermelada sin azúcar, *hummus*, queso cremoso, o queso de Burgos. También puedes hornearlos.

- Panecillos, solos o untados con alguna de las propuestas anteriores.

MOMENTO CRÍTICO EN LAS TRINCHERAS
LA RETICENCIA DE UNA MADRE A COMENZAR A DARLE A SU HIJO ALIMENTOS SÓLIDOS

Lisa, una trabajadora social de 28 años, se reincorporó al trabajo cuando su pequeña Jenna tenía seis meses. Había contratado a una niñera maravillosa para que la sustituyera pero, aun así, se sentía un poco culpable por dejar a su hija. Una de las primeras sugerencias de la niñera fue que Jenna iniciara una dieta sólida. Lisa, que había estado amamantando a su hija, al principio se opuso: «Creo que todavía es demasiado pequeña. La leche materna es mejor para ella y mi intención es extraérmela y volver a casa para darle su comida del mediodía». Tres semanas después, Jenna comenzó a despertarse por las noches pidiendo una toma. Lisa se quejó de que la niñera debía de estar dejándola «dormir demasiado» durante el día. La niñera le explicó que las siestas de la niña duraban lo mismo de siempre. «Pero el problema», añadió, «es que con la leche materna ya no tiene suficiente.» Tras hablar con su pediatra, Lisa accedió de mala gana a que la niñera empezara a dar alimentos sólidos a Jenna. La niña, un bebé angelito, se adaptó de inmediato a la nueva dieta y, al cabo de algunas semanas, ya comía distintos tipos de alimentos; como era de esperar, volvía a dormir de un tirón toda la noche. Lisa echaba de menos la experiencia de darle de mamar, pero compenso la pérdida al continuar con una toma a primera hora de la mañana y antes de acostar a Jenna: un momento especial para ambas.

¿Has sido constante a la hora de darle alimentos sólidos a tu bebé o le has ofrecido a veces el pecho o un biberón porque te resultaba más conveniente, porque disfrutas de la experiencia de amamantar o porque te sientes culpable? Si es así, podrías estar saboteando sin querer la transición de tu hijo hacia una dieta sólida.

Teniendo en cuenta la frenética agenda que parece llevar todo el mundo hoy en día, lo cierto es que resulta más fácil dar el pecho o verter leche artificial en un biberón que preparar una comida. Asimismo, tal como comenté en el capítulo anterior, algunas madres gozan tanto del vínculo afectivo especial que supone la lactancia materna que son muy reticentes a destetar a sus hijos. Y, sobre todo, si una madre ha vuelto a trabajar y se siente culpable por tener que dejar en casa a su bebé, puede que intente compensarlo dándole de mamar en cuanto regresa del trabajo. Sea cual sea el motivo de la inconstancia de mamá, el problema es que los niños aprenden por repetición lo que les espera. Si le das a tu hijo tres comidas de alimentos sólidos algunos días y, otros, sólo le ofreces sólidos en una o dos comidas, vas a confundirlo. Y cuando un niño se siente desconcertado, se refugiará en aquello que conoce y le da seguridad: succionar.

¿Después de comer tu bebé vomita, le salen sarpullidos, tiene diarrea o sus deposiciones son demasiado fluidas? Si es así, ¿qué clase de alimentos sólidos has empezado a darle y con qué frecuencia? Es posible que esté sufriendo algún tipo de reacción adversa, incluso alguna alergia, a un alimento en concreto. Aunque *él* no establecerá la conexión entre comer sólidos y sentirse mal, un bebé que siente dolor o está «pachucho» no tendrá demasiadas ganas de intentar nuevas experiencias. Por eso yo siempre advierto a los padres que vayan muy despacio a la hora de introducir alimentos sólidos en la dieta de su bebé. Empieza con *un solo* tipo de alimento, sólo uno. Durante la primera semana (o diez días, si tu hijo es especialmente sensible),

LA LECHE
LA BEBIDA DE LOS NIÑOS MAYORES

Cuando los bebés cumplen un año, la mayoría de pediatras aconsejan sustituir la leche materna o artificial por leche de vaca. La transición debe realizarse lentamente, como si se introdujera un nuevo alimento sólido, de manera que podamos asegurarnos de que al bebé no le provoca ninguna reacción alérgica. Empieza reemplazando la toma de la mañana con leche entera. Transcurridos entre unos días y una semana (según la sensibilidad de tu hijo), si no ha habido reacción alguna —ni diarrea, ni erupciones, ni vómitos—, dale leche entera también por la tarde y, finalmente, por la noche. Algunas madres prefieren introducir la leche de vaca mezclándola con leche materna o artificial. No obstante, yo estoy en contra de mezclar, porque eso altera la composición de la leche materna o artificial. Y si tu bebé sufre alguna reacción, ¿cómo sabrás si ha sido por culpa de la mezcla o de la leche misma?

dale ese alimento en el desayuno. Continúa ofreciéndoselo a lo largo de toda una semana, luego pasa a dárselo a mediodía e introduce un nuevo alimento por las mañanas. A medida que cada nuevo alimento supere la prueba, podrás combinarlo con el resto de comidas que hayas introducido previamente.

Habitualmente sugiero ofrecer las comidas nuevas por la mañana; de manera que, si surge algún problema, será menos probable que perturbe el descanso nocturno del bebé y el tuyo. Además, al aislar los diferentes alimentos de este modo, resulta más sencillo averiguar el origen del malestar de tu hijo.

Y, desde luego, si el tuyo es un bebé susceptible, con un organismo sensible o si en tu familia hay antecedentes de alergias, deberías ser especialmente cauta y observadora, puesto que tu hijo puede ser más propenso a padecerlas también. Las alergias pediátricas a alimentos han aumentado de forma espectacular en los últimos veinte años; los expertos estiman que afectan a aproximadamente entre el 5 y el 8 % de los niños. *Las alergias no mejoran dándole al bebé el alimento alergénico en cuestión; al contrario, empeoran.* Así pues, anota puntualmente en un diario qué comidas has ido introduciendo y cuándo. De este modo, si tu hijo sufre reacciones graves o leves, pero con frecuencia, dispondrás de una información muy valiosa al consultar con tu pediatra.

DE 1 A 2 AÑOS: MALA GESTIÓN DE LA ALIMENTACIÓN Y LAS OLIMPIADAS DE LA COMIDA

La pregunta: «¿Cuánto debería comer mi bebé?» se vuelve un poco peliaguda alrededor del primer cumpleaños, tanto porque cada bebé tiene una constitución y unas necesidades distintas, como porque su ritmo de crecimiento empieza a ser más lento a partir del primer año de vida. Entonces el apetito del bebé disminuye de forma natural porque ya no necesita la cantidad de calorías que requería el increíble proceso de crecimiento del primer año. Tal como escribió en mi página web la madre de una niña de un año: «Esto es lo que está comiendo Brittany actualmente, aunque hace dos semanas se negaba a comer nada, ¡así que tener una rutina de comidas es toda una novedad!». La mamá de Brittany logró tomárselo con calma e incluso reírse de la falta de apetito de su hija. Sin embargo, muchos padres

CARBURANTE ADECUADO
=
AUMENTO DE PESO ADECUADO

En las visitas periódicas al pediatra, éste comprobará la salud de tu bebé, lo pesará y controlará que el aumento de peso se corresponda a su edad y tamaño. Informa al médico de cualquier cambio en el nivel de energía de tu bebé. Si tu hijo tiene entre un año y dieciocho meses, un nivel energético bajo podría indicar que no está consumiendo suficientes sólidos en comparación con los líquidos o que los alimentos sólidos que toma no le aportan la energía que necesita. Si tiene más edad, podría significar que no está comiendo suficientes proteínas, alimentos que impulsarían su activo estilo de vida.

se alarman sobremanera: «¿Por qué mi bebé no come tanto como solía?». Yo les explico que, al llegar a esta etapa de sus vidas, tienen cosas más interesantes que hacer y que además ya no necesitan ingerir tanto alimento como antes. Otro factor que puede interferir en el apetito de los bebés es la dentición, que también se produce en esta época (véase el recuadro lateral de la página 161). Lo más importante que hay que recordar es que, pasado el primer año, prácticamente todos los bebés comen menos.

Al mismo tiempo, es de esperar que tu hijo haya expandido su repertorio de comidas. Ahora ya debería haber probado —y ser capaz de comer— una variedad considerable de sólidos, incluidos aquellos alimentos que pueda comer con los dedos. Algunos niños no llegan a ese punto hasta que cumplen un año; otros han estado tomando alimentos sólidos más o menos desde los nueve meses. No obstante, al año, casi todos los bebés están bien encarrilados. La mayoría de pediatras insta a los padres a introducir la leche de vaca en la dieta del bebé hacia el primer año (véase el recuadro lateral de la página 156), así como gran parte de los alimentos que hay que «introducir con precaución», tales como huevos y carne de ternera, puesto que la probabilidad de que los niños desarrollen alergias disminuye notablemente a esta edad (a menos que las padezcan otros miembros de la familia).

En este momento, tu bebé debería estar tomando cinco comidas al día, básicamente tres de sólidos y otras dos consistentes en 230 mililitros de líquido para conseguir un total de 460 mililitros de leche diarios. Dicho de otra manera, la mitad de su ingesta de líquidos debería ser sustituida por alimentos sólidos. Por tanto, si tu bebé todavía está engullendo 920 mililitros de leche materna, artificial, o de vaca (permitida por los pediatras a partir del primer año), tendrás que modificar esas proporciones reduciendo la ingesta de líquido y añadiendo más sólidos a su dieta. Si todo va según lo previsto, aproximadamente a los catorce meses tu hijo también comenzará a desarrollar la capacidad de coordinación necesaria para alimentarse solo, una habilidad que (con tu ayuda) continuará desarrollando a lo largo de los meses siguientes. Aunque, por supuesto, las cosas no siempre son de acuerdo a las previsiones. A esta edad, los problemas se dividen en una de estas dos categorías: una mala gestión de la alimentación y lo que yo llamo «las olimpiadas de la alimentación», que explicaré más adelante en este mismo apartado (páginas 161-165).

MALA GESTIÓN DE LA ALIMENTACIÓN. Cuando un niño de más de un año todavía prefiere tomar el biberón a comer alimentos sólidos, normalmente es que se ha producido algún tipo de mala gestión

LA MANIOBRA DEL HÁMSTER

Cuando se les da un alimento que no les gusta, algunos niños se lo meten en la boca pero no se lo tragan. Esta «maniobra de hámster», como yo la llamo, a menudo va seguida de arcadas. Si ves que tu hijo empieza a acumular comida en el interior de las mejillas, dile que la escupa. Elimina ese alimento de su dieta durante una semana y luego intenta introducirlo de nuevo.

en su alimentación; a menudo se trata de las consecuencias de un problema anterior que nunca se trató o que no se resolvió del todo. Por eso, planteo muchas de las preguntas que suelo hacer a los padres de bebés más jóvenes: **¿A qué edad empezaste a introducir alimentos sólidos en su dieta? ¿Qué le estás dando de comer a tu hijo? ¿Cuánto tiempo has estado intentando que tomara sólidos? ¿Has sido constante a la hora de darle comida sólida a tu bebé?**

Si comenzaste demasiado pronto a darle alimentos sólidos, es posible que tu hijo esté reaccionando en contra, tal como explico en la página 149. Si has empezado recientemente o si no has sido constante, lo más probable es que sólo te haga falta un poco más de paciencia para proseguir con la transición. A pesar de que los seis meses son la edad idónea, puede que a tu bebé le cueste algo más de tiempo adaptarse a una dieta sólida. En cualquier caso, recuerda que el objetivo es reemplazar la mitad de la ingesta de líquido por alimentos sólidos. Así pues, debes sumar los mililitros de leche que toma habitualmente tu hijo en el desayuno, el almuerzo y la cena y, a continuación, transformarlos en gramos de comida sólida. Por ejemplo, si normalmente en el desayuno el pequeño Dominic bebe un biberón de 180 mililitros de leche, la idea es que ingiera esa misma cantidad de comida sólida en gramos: pongamos por caso, treinta gramos de cereales, treinta gramos de fruta y treinta más de yogur (para calcular equivalencias, véase el recuadro lateral de la página 152).

Acuérdate de darle a tu bebé los alimentos sólidos *al inicio* de las tres comidas principales del día. Hasta que haya finalizado el destete, hacia los dieciocho meses para la mayoría de bebés, el biberón o una toma de pecho pueden ser su «tentempié» entre comidas. En cuanto esté acostumbrado a comer sólidos, también podrás ofrecerle una taza para sorber con agua o leche *durante* las comidas, lo cual calmará su sed *después* de comer

A veces el problema no son *todos* los sólidos, sino un tipo de alimento en concreto; los melocotones, por ejemplo. Si tu niño no es precisamente un aventurero por lo que se refiere a probar comidas nuevas, se muestra un poco «tiquismiquis» en esta etapa o incluso rechaza ciertos alimentos, es porque a esa edad los niños comienzan a expresar claramente sus gustos y preferencias por determinadas cosas. También puede significar que simplemente necesita un poco más de tiempo para que su boca se adapte a los nuevos sabores y sensaciones y que tú has de ser perseverante (aunque de forma relajada) y seguir ofreciéndole alimentos desconocidos para él.

Efectivamente, algunos niños son muy especiales a la hora de comer: hay muchas comidas que a esta edad no les gustan y que seguramente no les van a gustar nunca. Y otros necesitan comer menos que el resto. Lo que puede parecer «normal» para un niño quizás es demasiado o demasiado poco para otro. Si un niño no quiere terminar su plato, no lo obligues. De lo contrario, no le permitirás experimentar la sensación de estar lleno. Al cabo de los años he aprendido que si un bebé sigue una buena rutina, comerá satisfactoriamente. Y un niño problemático con la comida incluso llegará a probar alimentos nuevos. Limítate a darle sólo dos cucharaditas de cada nueva comida; de esa manera, al menos sabrá el sabor que tiene.

Mi norma básica es ofrecer un alimento nuevo durante cuatro días seguidos. Si tu hijo no lo come, déjalo estar e inténtalo una semana más tarde. Si a tu hijo le gustan muy pocas comidas (véase «Fijación por algunos alimentos», página 166), no te preocupes; a algunos adultos les ocurre lo mismo. No obstante, con frecuencia he visto que cuando los padres comen muchas clases de comidas diferentes y las dan a probar a sus hijos, pero sin forzarlos, éstos a menudo acaban disfrutando del placer de degustar una gran variedad de sabores. Tampoco te sorprendas si resulta que tu pequeño come boniatos con deleite durante un par de meses y luego, de repente, no los quiere ni ver. Tú déjalo hacer.

Cuando un niño es reacio a tomar sólidos, también suelo preguntar: **¿Tu bebé se despierta en plena noche para que le des el pecho o el biberón?** La ingesta de líquido, sobre todo las tomas nocturnas, puede interferir en el deseo de un niño de comer alimentos sólidos (por eso estoy en contra de permitir a los niños en edad de gatear que anden siempre con el biberón cerca). Por desgracia, he conocido a muchísimos padres cuyos bebés de un año o más continúan tomando leche por la noche; en los peores casos, *durante toda* la noche. Luego se preguntan perplejos por qué su hijo no quiere comer sólidos; pero, vamos a ver, no es en absoluto física cuántica: si el bebé se sacia de leche materna o artificial, ¿cómo le va a quedar espacio para comer además alimentos sólidos? No puede ser ningún misterio que no tenga hambre durante las comidas o que no esté particularmente interesado en los sólidos. Está lleno. Asimismo, dándole el pecho o el biberón a media noche, aunque tenga hambre, estás retrocediendo sin darte cuenta a una rutina de veinticuatro horas (para erradicar las tomas nocturnas en bebés mayores y niños pequeños, tienes que aplicar el método P. U./P. D.; véase el capítulo 6).

¿Tu hijo pica mucho entre comida y comida? Si es así, es posible que se sacie con los tentempiés y ya no tenga hambre a las horas de comer. Este problema suele aparecer durante los primeros dos años. Puede ser que tome demasiados refrigerios o que los alimentos que coma no sean los más adecuados. No estoy en contra de darle a un niño una galletita de vainilla de vez en cuando, pero prefiero tentempiés más sanos, como cualquier pieza de fruta o daditos de queso. En lugar de buscar excusas cuando tu hijo no quiere comer («está cansado», «hoy tiene un mal día», «le están saliendo los dientes», «normalmente no se comporta así»), asume una actitud activa y deja de darle refrigerios tan saciantes y menos aún con «calorías vacías».

Si te acuerdas, anteriormente hablé de bebés, especialmente de los alimentados con leche materna, que se habían acostumbrado a «picar», a realizar tomas de sólo diez minutos, en vez de tomas completas, cada tres o cuatro horas (véase el recuadro de la página 103). Pues bien, lo mismo puede ocurrir con los niños si resulta que se pasan el día mordisqueando patatas fritas o galletitas. Si tu hijo pica en lugar de hacer tres comidas consistentes

¡NO LE ABRAS LA BOCA!

Tratar de abrirle la boca a un bebé de entre nueve y once meses es como intentar sacar a un pez de entre las fauces de un tiburón. Si tu hijo se niega a abrir la boca para que le introduzcas otro bocado, por favor, por favor, acepta que ya ha terminado y no quiere comer más.

¡SE ACABÓ PICAR!

Éste es un plan de ataque de tres días para erradicar el hábito de picotear y conseguir que el niño coma adecuadamente:

Cuando tu hijo se levante por la mañana a las 7, dale un biberón o una toma de pecho. Para desayunar, hacia las 9 de la mañana, tomará más bien un tentempié y no una comida completa, como de costumbre. Sin embargo, hoy será diferente, porque alrededor de las 10.30, cuando su energía empiece a flaquear, en lugar de ofrecerle galletas, fruta o lo que suelas darle habitualmente, te dedicarás a distraerlo. Juega con él o salid a pasear. Te garantizo que, a la hora del almuerzo, estará hambriento y comerá más. Si ves que se encuentra muy débil y agotado, puedes prepararle la comida un poco antes.

Por la tarde, sáltate también el refrigerio que solía tomar después de la siesta. Si normalmente se toma un biberón al despertarse, reduce a la mitad la cantidad que acostumbras a darle. Muchos padres se preocupan cuando les doy esta recomendación. «Pero, ¿no necesita comer más para tener suficiente energía? ¿No lo estaremos privando de alimento, verdad?» La respuesta es no, en absoluto. Recuerda que este plan debe durar como máximo *tres días*. De ninguna manera vas a matar de hambre a tu hijo. Le estás ofreciendo sus comidas precisamente cuando se supone que debe comerlas.

Créeme, va a ser más duro para ti que para él. No te desvíes de tu objetivo: ¿no prefieres esperar una hora y que haga una comida completa a que siga picoteando todo el día? Si ahora no te rindes, al tercer día —incluso antes en la mayoría de casos— tu bebé terminará todas sus comidas y habrá dejado de picar.

al día, concédete tres días para modificar ese patrón de conducta. A fin de conseguir que elimine ese mal hábito, debes mantener un horario fijo para las comidas y no darle nada para comer entre horas (véase el recuadro lateral).

Con esto no pretendo insinuar que los tentempiés son algo malo. De hecho, a algunos niños de constitución más pequeña les aportan más calorías que las comidas (véase recuadro «Buenas noticias para niños poco comedores», página 167), sobre todo a aquellos cuyos pequeños estómagos les piden comer más a menudo. En tales casos, los refrigerios (los que son realmente nutritivos) se convierten más bien en comidas ligeras. Observa los patrones de alimentación de tu hijo. Si le cuesta terminar las comidas y su peso está en el percentil bajo, esto será normal en su caso. De todas maneras, no le perjudicaría tomar tentempiés más calóricos, como aguacates, helado, queso, etc. Consulta también a tu pediatra acerca de darle de comer con más frecuencia. Los alimentos adecuados, en cantidades pequeñas, aportan enormes dosis de energía, además de ser una gran distracción en el supermercado. Por otra parte, las meriendas son todo un estilo de vida en cuanto el bebé empieza a tener vida social. Todas las madres suelen llevar refrigerios cuando salen. Por tanto, aunque te esfuerces en darle a tu hijo únicamente alimentos saludables, cuanto más socialice, más expuesto estará a una gran variedad de tentempiés, incluida la comida basura. Procura llevar siempre tus propios *snacks*, así podrás controlar lo que come iy evitarás que vaya mendigándolos a otras mamás!

Otra pregunta que planteo en este periodo es: **¿Te tomas como algo personal el hecho de que tu hijo no coma?** Cuando los bebés tienen menos de un año, que no coman rara vez tiene que ver con su voluntad o malicia. Los bebés no manipulan el comportamiento de los padres a través de la comida. Por eso lo normal es que suceda alguna otra cosa, como por ejemplo el inicio de la dentición (véase el recuadro

LA DENTICIÓN: UN EFICAZ INHIBIDOR DEL APETITO

Síntomas: un niño puede mostrar cualquiera de estos síntomas (o todos): mejillas enrojecidas, rozaduras o escozores por culpa de los pañales, babeo, hábito de morderse las uñas, moqueo y otros signos de goteo posnasal, fiebre u orina concentrada. Si le pones un biberón o el pecho en la boca los rechaza de inmediato porque tiene las encías irritadas. Es muy posible que su apetito disminuya, ya que comer le resulta incómodo. Si le tocas la zona bucal, probablemente notarás un bulto o verás un área roja. Si le estás dando de mamar, puede que incluso sientas cómo sale el diente.

Duración: el proceso de dentición se produce en fases de tres días: la preparación, la salida en sí del diente y las secuelas. Los peores tres días son cuando el diente está saliendo y rasga las encías.

Qué hacer: usa una dosis de calmante para la dentición de acuerdo a las indicaciones de tu pediatra. Tu bebé necesita masticar. Quizás querrá succionar un mordedor helado, mordisquear un panecillo frío o una toallita helada, aunque también puede que no lo desee.

lateral de esta página), falta de sueño, una enfermedad o sencillamente un día de menos hambre. No obstante, pasado el primer año, el acto de negarse a comer podría ser un arma que tu niño acaba de descubrir y utiliza conscientemente contra ti. Si sientes mucha ansiedad a causa de lo que come o deja de comer, te aseguro que a los quince meses o antes él se dará cuenta de tus sentimientos. Y saber que puede manipularte no creará un ambiente muy agradable a la hora de la comida. En casos así, he visto a niños que rehusaban probar alimentos nuevos o que incluso se negaban en redondo a comer nada.

LAS OLIMPIADAS DE LA COMIDA. La respuesta de los padres a la pregunta **¿vuestro hijo acostumbra a portarse mal durante las comidas?** me informa de si sus bebés participan en lo que yo llamo las «olimpiadas de la comida». Las preocupaciones que pertenecen a esta categoría incluyen cuestiones tales como:

Tengo que perseguir a mi hijo por toda la cocina para conseguir que coma algo.
Mi niño no quiere sentarse en la trona o bien trata de bajarse de ella.
Mi pequeño ni siquiera quiere intentar alimentarse él solito.
Mi hijo se niega a ponerse el babero.
Mi niño tira la comida al suelo repetidas veces o se la vierte encima de la cabeza.

Justo al mismo tiempo que da pasos gigantes en su desarrollo, tu hijo está descubriendo estas nuevas habilidades en la mesa. Alrededor del primer año, muchos niños ya pueden caminar. Y aquellos que todavía no saben, como mínimo gatean y trepan por todas partes. Y su curiosidad es insaciable. Para la mayoría de ellos, comer no se encuentra en un lugar destacado de su lista de actividades favoritas. ¿Quién quiere sentarse en una silla, aunque no sea más que durante diez minutos, cuando ahí fuera hay todo un mundo por explorar? ¿Y quién quiere comerse la comida, cuando tirarla y ensuciarlo todo es mucho más divertido? En muchos hogares con niños de uno a dos años las comidas son agotadoras, si no imposibles, y después queda todo hecho una pocilga. Los padres que tienen dificultades para controlar a sus hijos a la hora de las comidas acuden a mí preocupados por cuestiones que reflejan la creciente independencia, habilidad y determinación de sus pequeños; sobre todo, a medida que se acercan a los dos años. De hecho, a veces, la negativa de un niño a probar un alimento en concreto está más relacionada con su necesidad de experimentar con el control que con el sabor específico de ese alimento. A menudo es mejor no insistir con la comida y evitar esa lucha por el poder (en la comida siguiente, sustituye el alimento no grato por alguna otra cosa igualmente nutritiva).

Incluso con bebés de tan sólo un año, ya puedes empezar a establecer normas básicas. Puedo oír las protestas de algunos de vosotros: «Con un año, el niño es demasiado pequeño para *enseñarle* normas». Pues no, queridos, eso no es cierto. Es *ahora* cuando se debe comenzar, antes de que cumplan los terribles dos años y cualquier cosa acabe derivando en una lucha de poder.

Recuerda los cuatro puntos de mi acrónimo B. A .R. N. —comportamiento, actitud, rutina y nutrición— al leer algunas de las preocupaciones más comunes de los padres con relación a las olimpiadas de la comida. La «B»[10] representa los distintos tipo de conducta indeseable que ocurren a esta edad, comportamientos que persistirán durante mucho tiempo si no intervienes ahora.

NI JUEGUES CON ÉL, NI TRATES DE FORZARLO

Algunos padres convierten la hora de comer en un juego y luego se preguntan por qué sus hijos juegan con la comida. Si juegas con él al «avión», por ejemplo, poniendo comida en una cuchara y «haciéndola volar», no te sorprendas si más tarde tu hijo también lanza la comida, pero *sin* la cuchara.

Por otro lado, nunca se debería forzar a los niños a comer. Comerán cuando tengan hambre. Comerán cuando tengan delante comida que les gusta. Pero no comerán porque nosotros intentemos persuadirlos de que lo hagan. Cuando tratamos de engañarlos para que coman o de obligarlos a comer más, sin querer estamos propiciando que desarrollen sentimientos negativos hacia la comida y el acto de comer. Y tan pronto se dan cuenta de que nos entristecemos si no comen, enseguida llegan a la siguiente conclusión: «Oh, vaya, puedo usar esto como un arma para manipularlos».

La «A» —tu actitud— es crucial. Fíjate que en cada una de las afirmaciones citadas anteriormente y que expresan la preocupación de algunos padres por la conducta de su hijo: la implicación es que *el niño* es el único responsable. El hecho de que mamá o papá inicien sus quejas con frases como: «Mi hijo no quiere…» o «Mi hijo se niega a…» lo indica claramente. Sí, es verdad, estamos entrando en el «terrible» territorio de los dos años, pero no vayamos a pretender que es el bebé quien controla la situación durante las comidas. Eso es competencia de los adultos (los dos años no tienen por qué ser una pesadilla si sois vosotros los que en todo momento lleváis las riendas; véase al capítulo 8).

Para combatir estos problemas e instituir pautas de conducta, debemos acordarnos de echar una ojeada a la rutina de las comidas —la «R»—, la cual nos ofrece una forma de enfocar la situación consistente en *hacer* las cosas de una manera distinta. Es importante establecer una buena estructura y poner límites, sobre todo antes de los dieciocho meses, que es cuando el niño empieza a mostrar actitudes realmente obstinadas.

El secreto en esta etapa es mantener un sano equilibrio; es decir, permitir que tu hijo experimente libremente, pero siendo realista respecto a las limitaciones inherentes a su temprano grado de desarrollo. Por ejemplo, si tu pequeño se resiste a ponerse el babero, transmítele la idea de que él también puede decidir. Ofrécele dos baberos y pregúntale: «¿Cuál de los dos te gustaría ponerte?». Por otro lado, si tienes que perseguir a tu hijo por toda la cocina para lograr que coma algo, puede que le estés dando demasiadas opciones. En lugar de *preguntarle*: «¿Quieres comer?», como veo que hacen muchos padres, dile simplemente: «Es hora de comer». A los niños no se les da a elegir si desean comer o no. Se les dice: «Es hora de cenar» y punto. Si dicen que no, se los debe sentar igualmente a la mesa. Y si tienen hambre, ten por seguro que comerán. No obstante, si se portan mal, lo mejor es sacarlos de la trona y alejarlos de la mesa. Les puedes dar dos oportunidades y luego esperar a la hora de la próxima comida; entonces, sin duda, estarán hambrientos.

Hasta cierto punto, enredar durante las comidas, negarse a sentarse en la trona o querer ponerse de pie en lugar de permanecer sentados forma parte del comportamiento infantil a esta edad y muchas de esas actitudes rebeldes son imposibles de evitar. He descubierto, sin embargo, que las madres que contactan y conversan con sus hijos tienen menos problemas en este terreno. Hablar con él hace que el niño se implique en la comida. Pregúntale, por ejemplo: «¿Dónde están las patatas?» o señálale los guisantes con el dedo y dile: «¿Ves? Los guisantitos son verdes». Sonríe, háblale, felicítalo por lo bien que se está portando. Y cuando pare de comer o cuando veas que va a intentar ponerse de pie, debes tomar las riendas: saca al bebé de la trona inmediatamente y dile: «Muy bien, hemos terminado de comer. Ahora a lavarse las manitas».

Cuando un niño es exageradamente movido o parece incómodo en su trona, yo sospecho que sus padres le deben estar exigiendo demasiado. **¿Sientas a tu hijo en la trona y lo haces esperar hasta que has terminado de preparar la comida? Si es así, ¿cuánto tiempo tiene que esperar normalmente?** Para un niño activo, cinco minutos pueden ser una eternidad. Prepárale la comida y tenlo todo dispuesto *antes* de sentarlo en la trona. **¿Lo dejas en la trona una vez terminada la comida?** Si no lo sacas de ahí en cuanto ha acabado de comer, es posible que se sienta encarcelado en ella. Hace poco trabajé con una madre que intentaba que su pequeño de dieciocho meses permaneciera en la trona hasta haber terminado sus comidas y —sorpresa, sorpresa— su hijo no quería sentarse en la trona por nada del mundo. Y lo peor es que el niño es de poco comer y pone el grito en el cielo cada vez que alguien trata de sentarlo en la trona.

Luego está el bebé que se niega desde el principio a sentarse en ella y su madre se enfada y se exaspera en cada comida. A veces incluso tiene que pelear con él, lo cual aún aumenta más la resistencia del niño, o bien ella acaba por rendirse y darle de comer a su hijo como y donde puede. He visto esta última escena en muchas ocasiones: una madre persiguiendo a su hijo por toda la casa blandiendo una cuchara cargada de papilla de avena, que en algún momento espera poder introducir en la boca del niño. En tales casos, mamá se está buscando problemas. Es mucho mejor preguntarse *por qué* el pequeño odia tanto su trona y luego, con mucho tacto, conseguir que se reconcilie con ella. Así pues, mi siguiente pregunta es: **¿A qué edad pusiste a tu hijo en la trona por primera vez? En aquel momento, ¿ya era capaz de sentarse por su cuenta?** Si empezaste a colocar al niño en la trona antes de que fuera capaz de sentarse solo y mantenerse así durante un mínimo de veinte minutos, seguramente se sentía incómodo y fatigado. Por tanto, no es de extrañar que asocie la trona con una serie de sensaciones negativas.

Es importante reconocer las reticencias o los temores del niño. Si tu hijo da patadas, arquea la espalda o se retuerce en el instante en que lo sientas en su trona, sácalo de inmediato y dile: «Ya veo que justamente ahora no te apetece comer». Espera y pruébalo de nuevo al cabo de unos quince minutos. A veces el problema es que los padres no dedican un tiempo a realizar algún ritual de transición de una actividad a otra; en este caso, para que sus hijos pasen de jugar a comer. No es respetuoso hacer que un niño abandone de repente sus juegos y sentarlo sin más en la trona. Del mismo modo que necesita tiempo para hacerse a la idea de que es hora de acostarse (más acerca de la preparación para ir a la cama en el próximo capítulo), también necesita un tiempo para mentalizarse de que es el momento de comer. Háblale. («Cariño, ya es hora de comer. ¿Tienes hambre? Venga, vamos a recoger estos cubos y nos iremos a lavar las manos.») Concédele unos minutos para que digiera tus palabras, aproxímate a él con mucho respeto y, acto seguido, realiza las acciones que has anunciado: retira los juegos y ayúdalo a lavarse las manitas. Y, sobre todo, antes de ponerlo en la trona dile: «Muy bien, ahora mamá va a sentarte en la trona».

Esto es lo que la mayoría de niños necesita. Pero si tu hijo ha desarrollado una especie de fobia hacia la trona porque le provoca asociaciones negativas, retrocede un poco. Haz que el rato de las comidas vuelva a ser una experiencia placentera. Comienza por sentar al niño en tu falda y darle de comer así. Luego siéntate a su lado, usa una mesa para niños o una silla de bebé y ponla cerca de la mesa grande. Transcurridas unas semanas, puedes intentar que se siente de nuevo en la trona, aunque si sigue resistiéndose, tendrás que continuar con la silla de bebé. De todas maneras, las tronas tienen una vida muy corta: aproximadamente de seis a diez meses. Entre el primer año y los dieciocho meses, muchos niños prefieren sentarse a la mesa con el resto de la familia en su silla adaptada.

A menudo, hacer que un niño forme parte de las comidas familiares contribuye enormemente a fomentar no sólo un comportamiento cooperativo, sino también la voluntad del pequeño de aprender a comer por sí solo. Si tu hijo parece reticente a hacerlo, analiza tu parte de responsabilidad en el problema: **¿Cuál es tu actitud respecto al hecho de que se alimente por su cuenta? O, ¿sueles tener prisa durante las comidas? ¿Te preocupa que lo ensucie todo?** Me entristece ver a niños de dos años, que serían capaces que pinchar alimentos con un tenedor, cuyos padres no les permiten hacerlo porque tienen mucha prisa o porque son demasiado escrupulosos con la limpieza. Si te muestras impaciente, le limpias la cara continuamente o pasas la bayeta por la mesita de la trona *mientras* él está comiendo, tu hijo no tardará en darse cuenta de que eso no es nada divertido. Y entonces, ¿qué interés va a tener en aprender a comer solo?

También es una cuestión de si el niño está preparado o no. Por tanto, cuando un padre o una madre están angustiados porque su hijo todavía no sabe alimentarse solo, yo les pregunto: **¿Qué entendéis por «alimentarse solo»?** Puede que estos padres tengan que rebajar un poco sus expectativas. En su mayor parte, los bebés de un año son capaces de comer con las manos, pero no con una cuchara. Si tu hijo aún no ha empezado a comer con los dedos, ponle en una bandeja alimentos para comer así y al final verás que capta la idea. La utilización de una cuchara o de un tenedor es un asunto un poco más complicado. Piensa en todo lo que requiere: disponer de la habilidad manual necesaria para sujetar una cuchara, deslizarla bajo la comida, levantarla sin volcarla y, por último, saber introducírsela

en la boca. La mayoría de bebés ni siquiera puede comenzar a emprender estas complicadas maniobras hasta bien cumplidos los catorce meses. Antes de esa edad, puedes darle la cuchara para que juegue con ella. Mucho antes de ser capaz de usar una cuchara, tu hijo luchará a vida o muerte para arrebatártela de las manos. Y al final, se meterá la cuchara en la boca. En cuanto veas que lo hace, llénasela de comida: lo ideal sería una espesa papilla de avena que se pegue a la cuchara. Una gran parte irá a parar a sus cabellos (¡y también a los tuyos!); sin embargo, debes darle tiempo para que experimente y se equivoque mil veces antes de encontrar su propia boca.

Aunque, naturalmente, por muy preparado que esté tu hijo y por muy relajada que te muestres tú, todos los niños, en un momento u otro de su primera infancia, deciden ponerse por sombrero su plato de cereales o espaguetis. Cuando este tipo de numeritos se suceden *repetidamente*, yo siempre pregunto: **¿Te reíste la primera vez que tu bebé hizo una travesura?** Ya sé que fue un momento puntual y que tu pequeño puso una carita adorable e irresistible. ¿Cómo no se te iba a escapar la risa? El problema es que él disfrutó más con tu reacción que echándose los cereales por la cabeza. Y entonces ahora piensa: «¡Qué guay! A mamá le encanta que haga estas cosas.» Así que lo repite de nuevo pero, claro, la segunda, tercera y cuarta vez a ti ya no te hace tanta gracia. Cada vez te enfadas más y él está cada vez más desconcertado. «Si fue divertido hace dos días, cuando lo hice, ¿por qué mamá ya no se ríe?»

Es un hecho muy simple: a los niños les gusta tirar cosas; el mero hecho de hacerlo los hace sentirse poderosos. Para un niño pequeño no existe ninguna diferencia entre lanzar su pelota y arrojarte un perrito caliente a la cara. Si tiene menos de un año, no te preocupes demasiado, no lo hace para llamar tu atención, pero déjale bien claro que lanzar comida por los aires no es aceptable y que a ti no te gusta nada. Tal como le dijo una madre a su hijo de siete meses cuando éste empezó a tirar trozos de queso al suelo: «Vaya, veo que prefieres el queso en el suelo».

Si has tenido suerte hasta ahora y tu hijo todavía no se ha echado comida por la cabeza, prepárate. Está al caer. Y cuando ocurra, procura no reírte. Dile simplemente: «No, no puedes ponerte comida en la cabeza. La comida es para comérsela». Y a continuación, le retiras el plato. Si, por el contrario, ya le has reído las gracias en otras ocasiones, dile lo mismo, pero sé consciente de que te costará unos cuantos incidentes más cambiar su comportamiento. Si no actúas ahora, te aseguro que en la próxima etapa, de los dos a los tres años, tendrás que enfrentarte a una conducta mucho peor en la mesa.

¡ROMPE PAN, NO PLATOS!

Todos sabemos que no debemos dar a un niño un plato de cerámica o de cristal. Aunque quizás lo ideal sería prescindir totalmente del plato, sobre todo si siempre acaba en el suelo. Otra alternativa es usar un plato de plástico con ventosa. En cuanto tu hijo tenga la fuerza (y la inteligencia) suficiente para arrancarlo de un tirón, vuelve a ponerle la comida directamente sobre la bandeja de la trona.

De 2 a 3 años: fijación por algunos alimentos y otras manías irritantes

A partir de los dos años tu hijo ya puede comer o ya debería comer prácticamente todo lo que comemos los adultos. Además, a estas alturas es capaz de sentarse a la mesa, en su trona o en una sillita especial, y también deberías poder llevarlo a cualquier restaurante. Los problemas más complicados surgen alrededor de los dos años, cuando todo, absolutamente todo, es susceptible de convertirse en una lucha por el poder. A esta edad, puede que tu hijo se comporte estupendamente o que sea un pequeño demonio. Dependerá, en gran parte, de su propia naturaleza y de cómo hayas solucionado tú los problemas que surgieron en etapas anteriores. Afortunadamente, sin embargo, lo normal es que las cosas mejoren a medida que el niño se va aproximando a los tres años.

Durante este periodo, las preocupaciones más frecuentes de los padres suelen ser de dos clases: que el niño come poco o tiene manías extrañas con la comida y que se porta mal en la mesa, una continuación de malos hábitos que no fueron erradicados en su momento. Más adelante tenemos ejemplos de ambas categorías:

En la categoría del «poco comer y las manías extrañas», a menudo escucho quejas del tipo:

Mi hijo no es de comer mucho.
Mi hijo apenas come nada.
Mi hijo sólo toma tentempiés.
Mi hijo hace huelga de hambre.
Mi hijo insiste en comerse los alimentos en un orden determinado.
Mi hijo quiere comer siempre las mismas comidas.
Mi hijo puede coger un berrinche si las patatas y los guisantes de su plato se tocan.

Yo siempre pregunto a los padres qué significa para ellos que el niño «coma bien». ¿Que coma mucho? ¿Que coma de todo? A la hora de definir el concepto de «comer bien», sucede como con la belleza: todo depende del cristal con que se mira. Por tanto, si a los padres les angustia la ingesta de comida de su hijo, les digo que analicen detenidamente la situación y se pregunten a sí mismos qué está ocurriendo realmente.

El hecho de comer poco, ¿es algo reciente o él siempre ha sido poco comedor? Del mismo modo que existen todo tipo de personas, temperamentos, constituciones corporales, etc., también existen muchas maneras de comer. Las diferencias individuales en cuanto a temperamento, entorno familiar y actitudes respecto a la comida son factores que afectan a los patrones alimentarios de los niños. Hay niños que comen menos que otros, igual que los hay que son más sensibles a los sabores fuertes o no les gusta experimentar con nuevas comidas. Y hay niños, en cambio, que comen con más fruición que otros. Algunos son de constitución más menuda y no necesitan tanto alimento. Y otros tienen días de todas clases: a veces comen más, a veces menos.

Después de los dos años, deberías tener una idea bastante clara de qué clase de niño es tu

Buenas noticias para niños poco comedores (y para sus padres)

Varios estudios han demostrado que, entre los niños que tienen cuatro y cinco años, hasta un 30 % son maniáticos con la comida o comen más bien poco. Una investigación reciente, realizada en Finlandia, concluyó que los padres no tienen «motivos importantes para preocuparse». Los investigadores encuestaron a los padres de más de quinientos niños a quienes habían estado siguiendo desde los siete meses. En este estudio, cualquier niño que comiera demasiado poco «a menudo» o «a veces», según sus padres, era considerado un niño de poco comer. A los cinco años, los niños de poco comer tendían a ser ligeramente más bajitos y a pesar algo menos que el resto de niños; aunque, por otro lado, también habían sido más pequeños al nacer, cosa que indicaba que siempre necesitaron menos alimento para sustentarse. Dicho de otra manera, *por su tamaño*, los niños que comen menos, en realidad, no están consumiendo menos alimento que el resto de niños de su edad. No obstante, sí surgió una diferencia clara entre ellos: los niños poco comedores obtienen más calorías de los tentempiés que de las comidas regulares, así que es fundamental que sus padres tengan siempre a mano montones de refrigerios sanos y nutritivos.

hijo y de lo que es normal para él. Si ha sido reacio a comer desde siempre o come menos que los niños de su edad, sé realista sobre su ingesta de alimentos. Él es así. También es perfectamente normal que un niño coma menos un día que el anterior; seguro que lo compensará comiendo más al siguiente. Mientras el pediatra considere que goza de buena salud, déjalo hacer y no lo atosigues. Si continúas ofreciéndole alimentos sabrosos y saludables, procurando que sus comidas sean agradables y mostrando tú misma interés por la buena comida, probablemente comerá mejor que si nota que sufres un ataque de ansiedad cada vez que prueba un bocado. Un estudio ya clásico, realizado hace décadas por Clara Davis, una pediatra que investigó las preferencias alimentarias de los bebés y niños, demostró que, cuando se les daba a elegir, incluso los bebés más pequeños escogían exactamente lo que les hacía falta para llevar una dieta equilibrada. (Tal vez te interese saber que entre los alimentos favoritos citados en aquellos primeros estudios se encuentran probablemente los mismos que, en pleno siglo XXI, también le gustan a tu bebé: leche, huevos, plátanos, manzanas, naranjas y papillas de avena. Y las comidas que menos gustaban a los niños incluían las verduras, los melocotones, la piña, el hígado y los riñones; no te sorprende, ¿verdad?).

Si tu hijo comía bien en el pasado y ahora no, ¿qué otra cosa le está pasando? ¿Acaba de aprender a gatear? ¿Está enfermo? ¿Le están saliendo los dientes? ¿Está nervioso o estresado? Cualquiera de estos factores puede hacer que un niño que acostumbraba a comer bien pierda interés en la comida.

¿Comer es un acto social para tu hijo? Siempre y cuando nadie lo esté exhortando insistentemente: «¡Come!, ¡come!, ¡come!», sentarse a la mesa con toda la familia puede resultar una experiencia positiva para un niño reticente a comer. Y la experiencia es todavía mejor si se le da la oportunidad de comer con otros niños de su misma edad. Cuando te reúnas con otras madres para que vuestros hijos jueguen juntos, dedica parte de ese tiempo a un tentempié o a un almuerzo ligero. Asombrosamente, hasta un niño poco interesado en comer presta más atención a la comida cuando ve comer a otro niño (ambas ocasiones, comer en familia o con otros niños, son momentos muy propicios para afianzar sus buenos modales).

¿Realmente el niño no prueba bocado? Los padres tienen tendencia a no tener en cuenta ni la ingesta de líquidos ni las comidas ligeras entre horas. Apunta durante uno o dos días todo lo que entra en la boca de tu hijo y es muy posible que te sorprendas. Quizás es un niño que picotea más que come. Pero come, al fin y al cabo, sólo que no precisamente lo que le das durante las comidas. En ese caso, puedes tomar medidas para corregir ese hábito (véase el recuadro de la página 160). A menudo, una madre o un padre me comentan: «Mi hijo únicamente come tentempiés», y entonces yo quisiera responder: «Ya, ¿y quién le da esos tentempiés, el hada madrina?». Ante todo, debemos responsabilizarnos de lo que comen nuestros hijos y prestarles atención.

A veces, en esta etapa, incluso niños que empezaron a tomar alimentos sólidos sin problemas pueden desarrollar lo que yo llamo «fijación por determinadas comidas». Algunos no sólo picotean, sino que además son maniáticos y «tiquismiquis» con la comida. Ambas cosas son motivo de preocupación para los padres.

Los niños pequeños son particularmente propensos a tener fijaciones con la comida, tanto en el sentido conductual como en su elección de alimentos. Por regla general, suelen escoger uno o varios alimentos en concreto y, durante mucho tiempo, sólo querrán comer esos productos que prefieren, rechazando cualquier otra cosa. Por eso es tan importante que demos comida sana a nuestros hijos; al menos así nos aseguraremos de que el alimento que elija y que vaya a comer de forma casi exclusiva sea saludable. Asimismo, recuerda que cuando un niño se ha hartado de comer alguna comida en particular, lo más frecuente es que no quiera volver a probarla durante una buena temporada. De pequeña, y todavía hoy en día, Sophie, mi hija menor, tenía obsesión por determinados alimentos. Sin embargo, habitualmente, la mayoría de esas fijaciones no solían durarle más de diez días. Luego comía con normalidad por un tiempo y, justo cuando yo ya pensaba que había superado esa manía, volvía a elegir otro alimento como su favorito. De hecho, Sophie, que actualmente tiene diechiocho años, ha tenido estas fijaciones toda su vida, y es que, ahora que lo pienso, de casta le viene al galgo el ser rabilargo. Yo también tengo tendencia a preferir ciertos alimentos, pero ya soy bastante mayorcita para que mi madre se preocupe por ello. Quizás esto de las manías es genético, ¡aunque nunca he leído ningún estudio científico que lo demuestre!

Las conductas extravagantes en torno a la comida provocan aún más estrés entre los padres que los patrones de alimentación repetitivos. A continuación reproduzco un fragmento de un mensaje enviado a mi página web por una madre, a la que llamaremos Callie. Su pequeño de dos años y medio encaja claramente en el perfil que acabamos de describir. La madre explica que aunque su «maravilloso hijo», Devon, es «dulce, cariñoso y divertido», ella se siente «cada vez más frustrada» a causa de su comportamiento respecto de la comida.

Cada vez que Devon está comiendo y se le rompe algún alimento, por ejemplo si un plátano o una barrita de cereales se le parte en dos trozos, se niega a comer el resto. No consigo entender por qué lo hace, a menos que sea porque ve que los adultos comen estas mismas cosas enteras y no quiere que se le rompan. ¿A alguna otra madre le ocurre lo mismo o algo aparentemente igual de extraño?

¿Que si lo hace algún otro niño? Pues muchísimos. Las madres que contestaron al mensaje de Callie le hablaron de un niño que cogía una rabieta si su madre le daba una galleta rota, de otro que se negaba a comer platos de comida «mezclada», como estofados o guisos y, de un tercero, que sólo quería comerse lo que había encima de la tostada, pero no el pan. Algunos niños insisten en comer en un orden determinado; por ejemplo, conocí a un pequeño que, sin excepción alguna, tenía que empezar todas sus comidas con un plátano. O los hay que tienen normas estrictas sobre lo que se les pone delante, alimentos que no pueden tocarse entre sí o que deben servirse en cierto tipo de plato o bol. Las variaciones son únicas e infinitas. *¿Por qué* ocurren? ¡Quién lo sabe! Somos seres humanos y todos tenemos nuestras excentricidades. Tal vez las extravagancias a la hora de comer también sean genéticas. Lo único que os puedo decir con certeza es que, con el tiempo, a la mayoría de niños se les pasan.

Mientras tanto, ninguna de estas manías debería ser causa de preocupación. De hecho, si Callie reacciona con demasiada vehemencia o si invierte demasiada energía en tratar de «eliminar» la aversión de Devon a los alimentos «rotos», se arriesga a que la situación empeore.

El segundo tipo de problemas que suelo escuchar a esta edad se centra en la mala conducta durante las comidas, lo cual incluye quejas como:

Mi hijo tiene unos modales espantosos; ¿qué es lo correcto a esta edad?
Mi hijo es totalmente incapaz de sentarse quieto a la mesa (yo lo llamo el «síndrome del gusano que se retuerce»).
Mi hijo tira comida al suelo cuando no quiere más o cuando no le gusta.
Mi hijo coge berrinches a la hora de comer; cualquier menudencia puede hacer que explote.
Mi hijo lo ensucia todo a propósito, puede pintar la mesa (o a su nuevo hermanito) con la salsa de los espaguetis.

Muchos de estos problemas de conducta relacionados con las comidas son una extensión de cuestiones que van apareciendo a lo largo del día, pero a los padres les resultan más evidentes durante la cena, sobre todo si están en un restaurante y otras personas pueden presenciar la escena. A fin de averiguar si esto forma parte de un problema mayor, suelo hacer la siguiente pregunta: **¿Este comportamiento es nuevo o el niño ya hace un tiempo que se conduce de esa manera? Si se trata de esto último, ¿en qué otras ocasiones se comporta así? ¿Y por qué acostumbra a ocurrir?** Las más de las veces, el mal comportamiento no es nuevo. Es consecuencia de la negligencia de los padres: el niño monta el número y sus padres o bien tienen demasiada prisa o se sienten demasiado avergonzados para corregirlo, de modo que lo dejan estar o ceden ante cualesquiera que sean las exigencias de su hijo en ese momento (encontraréis mucha más información acerca de este patrón de conducta en el capítulo 8, dedicado a «cómo educar a los niños pequeños»).

Así pues, pongamos por caso que tu hijo está embadurnando la mesa con los dedos untados en salsa boloñesa. ¿Qué haces entonces? Si piensas: «No importa, ahora mismo lo limpio» y no le dices nada, al ignorar su mal comportamiento le estás dando a entender que lo que ha hecho está bien. Pero, ¿qué pasará unas semanas más tarde, cuando vayáis a comer a casa de la abuela y el niño se dedique a «decorar» el mantel de tu suegra, una auténtica reliquia de familia? Siendo sincera, yo tendría que decir que no es culpa de tu hijo, sino que es culpa tuya. Es tu obligación *enseñarle* que la salsa boloñesa no sirve para untarse los dedos y mancharlo todo. La segunda vez que lo hizo, deberías haberle dicho: «La comida es para comerla, no para jugar con ella. Y cuando termines de comer, haz el favor de dejar tu plato en el fregadero».

Supongamos ahora que tienes una hija que es más bien del tipo activo y que le encanta poner los pies encima de la mesa y taconear al ritmo de su canción predilecta. Para ella es una novedad, pero imagínate que hiciera lo mismo en la mesa de un restaurante. Probablemente tú querrías que te tragara la tierra. Sé coherente y perseverante. Sea cual sea el tipo de conducta inaceptable de tu hijo (poner los pies sobre la mesa, meterse el tenedor en la nariz, lanzar la comida o tirarla al suelo), sé directa y dile que eso está mal: «No, cariño, nosotros no [describe lo que esté haciendo] en la mesa». Si no para, ordénale que se marche del comedor. Al cabo de cinco minutos, puedes decirle que vuelva e intente comer como las personas. Mediante la continuidad y la perseverancia los niños aprenden no sólo lo que les espera, sino también lo que nosotros esperamos de ellos.

Lo mismo ocurre con el hecho de tirar la comida. Una cosa es ver a un bebé de catorce meses experimentando con el movimiento y lanzando comida, en cuyo caso lo mejor es no darle demasiada importancia (véase la página 165); y otra muy distinta es que lo haga un niño de dos o tres años con la intención de torearte. Si es así lo que tienes de hacer es reprenderlo y hacer que limpie todo lo que haya ensuciado. Por ejemplo, digamos que le acabas de servir un plato de pollo a tu hijo de dos años y él inmediatamente grita: «¡No!» y empieza a lanzar trozos de pollo al suelo. Retírale el plato y dile: «La comida no se tira». Sácalo de su silla e inténtalo de nuevo pasados cinco minutos. Dale un par de oportunidades y, si continúa igual, no le permitas comer nada.

Tal vez te parezca una reacción muy severa, pero créeme, a esta edad los niños saben perfectamente cómo manipular a sus padres. He visto a madres comportarse como verdaderas recogepelotas, atrapando trozos de comida en el aire pero sin explicarles nunca a sus hijos que eso está mal. En cambio, les dicen: «Oh, vaya, ¿preferirías un poco de queso?». Y entonces la mala conducta se convierte en un problema a largo plazo y resulta que en casa tienes a un lanzador no sólo de comida, sino también de juguetes y otros objetos potencialmente peligrosos (véase la historia de Bo en la página 319). Tienes que seguir dando los mismos pasos en cada una de las comidas hasta que enmiende su comportamiento. El problema es que, con frecuencia, a los padres se les agota la energía y al final acaban cediendo. Así pues, muchas madres se limitan a arreglar el desorden y a limpiar lo ensuciado. Se trata de un problema muy común y bastante grave en última instancia, porque los padres no pueden llevar a su hijo a ningún sitio. Yo odio ir a restaurantes donde veo niños que no saben comportarse.

Trituran el pan, esparcen la comida por doquier y a los padres no parece importarles en absoluto: simplemente dejan que el camarero limpie la mesa. Esos padres no muestran ningún respeto hacia sus propias comidas.

Y como excusa acostumbran a decir: «Sólo tiene dos añitos, ¿qué le vamos a decir?». Pero entonces, ¿quién le va a enseñar a ser respetuoso y cuándo? ¿Acaso se le aparecerá algún hada mágica y le enseñará buenos modales? Por supuesto que no; son sus padres quienes deben aleccionarle y mi consejo es que cuanto antes empiecen a hacerlo, mejor (más información sobre este tema en el capítulo 8).

A veces, los episodios de mala conducta se resuelven cuando los padres prestan más atención a las señales de su hijo. Por ejemplo, cuando una madre dice que su niño coge berrinches, yo le pregunto: **Cuando tu hijo come, ¿estás atenta a posibles signos de que ya está lleno?** Los padres a veces intentan que su hijo coma «una cucharada más», aunque el niño se esté quejando, girando la cabeza y dando patadas en señal de protesta. Ellos siguen insistiendo, hasta que al final al pequeño le da una rabieta. En cambio, cuando un niño no quiere comer más, lo que hay que hacer es llevárselo de la mesa de inmediato.

Sin ser consciente de ello, los padres pueden sembrar las semillas de problemas más serios que quizás surgirán más adelante; por tanto, tened cuidado con los mensajes que involuntariamente podáis transmitir a vuestro hijo sobre hábitos de alimentación. Forzarlo a comer más cuando ya se siente saciado le niega la posibilidad de controlar su propio cuerpo o de saber cuándo está lleno. Muchos adultos con sobrepeso, al analizar su infancia, recuerdan que sus padres les concedían muchos caprichos y dulces y que los elogiaban por no dejar nada en el plato. Solían decirles cosas como: «¡Qué buena chica eres! ¡Te lo has comido todo!»; y así estos niños rápidamente empezaron a asociar el hecho de comer con la aprobación de sus padres. Es muy importante que si tú misma tienes algún trastorno alimentario, ya sea estar a dieta permanentemente o tener fobia a ciertos alimentos, lo reconozcas y busques la ayuda de un especialista, de manera que esto no afecte a tu hijo.

Sin duda, aunque nosotros no tengamos trastornos de alimentación, está claro que hay mucho estrés emocional asociado al acto de alimentar a un bebé o a un niño. Queremos que nuestros hijos crezcan sanos. Y cuando no comen, lógicamente nos inquietamos. A veces podemos hacer algo para solucionarlo y a veces no. En cualquier caso, nosotros, los padres, debemos estar a cargo de la alimentación de nuestros hijos. Un bebé o un niño bien alimentado juega bien y duerme bien. Es nuestra obligación suministrar a nuestros niños el carburante que necesitan y, al mismo tiempo, respetar sus diferencias individuales e incluso su singular idiosincrasia. Y sólo para que no pierdas la perspectiva, en la página siguiente encontrarás «La dieta milagrosa del niño pequeño». Los días en que te sientas angustiada por no saber si tu hijo come lo suficiente, lee esta fantástica pieza de humor que ha aparecido en diversas páginas web relacionadas con la crianza de los hijos. Su anónimo autor o autora, que sin duda sabe lo que es criar a un niño, sugiere incluso que su dieta explica por qué la mayoría de niños están tan delgados.

LA DIETA MILAGROSA DEL NIÑO PEQUEÑO
CONSULTA A TU MÉDICO ANTES DE SEGUIR ESTE RÉGIMEN DE COMIDAS

DÍA 1

Desayuno: Un huevo revuelto, una tostada con gelatina de uva. Con los dedos, come dos mordiscos del huevo; tira el resto al suelo. Toma un pedacito de tostada y luego embadúrnate la cara y la ropa con la gelatina.

Almuerzo: Cuatro lápices de colores (de cualquier color), un puñado de patatas fritas y un vaso de leche (sólo tres sorbos, luego derrama el resto).

Cena: Un palo seco y una moneda de cinco céntimos, cuatro sorbos de Sprite sin gas.

Refrigerio antes de acostarse: Tira una tostada al suelo.

DÍA 2

Desayuno: Recoge la tostada seca del suelo de la cocina y cómetela. Bebe media botella de extracto de vainilla o un frasco de tinte vegetal.

Almuerzo: Media barra de pintalabios rosa y un puñado de Purina Dog Chow (de cualquier sabor). Si se desea, un cubito de hielo.

Merienda: Lame una piruleta hasta que esté bien pegajosa, llévatela al patio, entiérrala. Recupérala y continúa chupándola hasta dejarla limpia otra vez. A continuación, entra con ella en casa y tírala sobre la alfombra.

Cena: Una piedra o una judía cruda, que deberías meterte en el agujero izquierdo de la nariz. Vierte Tang de naranja encima de un puré de patatas; cómetelo con una cuchara.

DÍA 3

Desayuno: Dos crêpes con mucho sirope, cómete uno con los dedos y luego frótate el pelo con las manos. Un vaso de leche; bébete la mitad, introduce el otro crêpe en el vaso. Después del desayuno, recoge de la alfombra la piruleta de ayer, lame la pelusa pegada y pon la piruleta sobre el cojín de la mejor butaca del comedor.

Almuerzo: Tres cerillas, mantequilla de cacahuete y sándwich de gelatina. Escupe varios bocados al suelo. Vierte el vaso de leche del desayuno sobre la mesa y sórbelo.

Cena: Un plato de helado, un puñado de patatas fritas, un poco de ponche rojo. Si puedes, trata de sorber el ponche por la nariz.

ÚLTIMO DÍA

Desayuno: Un cuarto de tubo de pasta de dientes (de cualquier sabor), un poco de jabón, una oliva. Vierte un vaso de leche en un bol de copos de maíz, añade media taza de azúcar. En cuanto los cereales estén pastosos, bébete la leche y dale los cereales al perro.

Almuerzo: Cómete las migas de pan que encuentres en el suelo de la cocina y en la alfombra del comedor. Busca la piruleta de hace dos días y termina de comértela.

Cena: Deja caer unos cuantos espaguetis sobre el lomo del perro, métete una albóndiga en la oreja. Introduce pudin en un vaso de Tang y sórbelo con una pajita.

¡REPITE LA DIETA SEGÚN NECESIDAD!

5

ENSEÑAR A DORMIR AL BEBÉ

LOS PRIMEROS TRES MESES Y LAS SEIS VARIABLES PARA DETECTAR Y RESOLVER PROBLEMAS

¿DORMIR COMO UN BEBÉ?

No consigo que mi pequeña de cinco semanas se duerma en la cuna.

Mi hijo de seis semanas se resiste a que lo acueste para hacer la siesta.

Mi bebé de un mes duerme muy bien sus siestas, pero luego no duerme de noche.

Mi pequeño ya tiene tres meses y todavía se despierta por las noches.

Mi bebé de diez semanas se niega a dormir a menos que esté recostado sobre mi pecho.

Observo cualquier indicio de sueño y trato de poner a mi hija de cinco semanas en la cuna en cuanto parece cansada, pero apenas la acuesto rompe a llorar.

Mi bebé de ocho semanas sólo duerme en el coche, así que hemos tenido que meter su asiento para el coche en la cuna.

Cada día, mi buzón de correo electrónico se llena de mensajes como éstos, la mayoría procedentes de padres cuyos bebés tienen tres meses o menos. En la casilla «Asunto» suelen escribir frases de este tipo: «¡Socorro!», «Estoy desesperada»; o bien «De una madre falta de sueño». No es de extrañar: desde el momento en que los padres llegan a casa del hospital con su recién nacido, el sueño es el tema que más los mortifica. Incluso los más afortunados, cuyos bebés duermen bien por naturaleza, se preguntan: «¿Cuándo dormirá mi pequeño durante toda la noche?». Por otro lado, la importancia del sueño también radica en el hecho de que el resto de aspectos relacionados con el bienestar y el cuidado del bebé giran en torno a si duerme bien o no. Para el bebé, dormir es crecer. Si el niño está cansado, no comerá ni jugará. Estará nervioso e irritable y será propenso a padecer problemas digestivos y otras enfermedades.

Prácticamente en todos los casos en que el niño tiene dificultades para dormir, los padres se enfrentan al mismo problema básico: no se dan cuenta de que el sueño consiste en una serie de habilidades que debemos *enseñar* a los bebés: cómo dormirse solos y, cuando se despiertan en plena noche, cómo hacer que vuelvan a dormirse. No obstante, en lugar de tomar las riendas durante los tres primeros meses de vida del bebé, cuando deberían sentar las bases de unos buenos hábitos de sueño, se adaptan al comportamiento del niño y, sin quererlo, permiten que desarrolle todo tipo de malas costumbres.

En parte, la culpa también es de una idea equivocada, aceptada popularmente, sobre cómo duermen los bebés. Cuando un adulto dice: «Anoche dormí como un bebé», quiere decir que durmió la mar de bien esa noche; se le cerraron los ojos, la noche transcurrió sin incidentes y, al despertarse, se sintió descansado y cargado de energía. ¡Vaya, qué suerte! Y es que eso no suele ser lo normal, ¿verdad? La mayoría de mortales solemos dar mil vueltas en la cama toda la noche, nos levantamos para ir al baño, echamos un vistazo al reloj y nos preguntamos si habremos descansado lo suficiente para afrontar el día que nos espera. Pues bien, ¿sabéis qué? A los bebés les ocurre lo mismo. Si nuestra lengua fuese realmente precisa, «dormir como un bebé» significaría: «Me desperté cada cuarenta y cinco minutos». No, es cierto, los bebés no se inquietan por la falta de nuevos clientes, ni ensayan mentalmente un informe que deben presentar al día siguiente; sin embargo, sus patrones de sueño son muy similares a los nuestros. Al igual que los adultos, los bebés atraviesan ciclos de cuarenta y cinco minutos, alternando un sueño profundo, casi comatoso, con etapas REM (en castellano, MOR, movimiento ocular rápido) de sueño más ligero, cuando el cerebro está activo y tenemos tendencia a soñar. Antiguamente se creía que los bebés no soñaban, pero investigaciones recientes han demostrado que, de hecho, los bebés pasan un promedio que va desde un 50 hasta un 66 % de su tiempo de sueño en fase REM; mucho más que los adultos, cuya media oscila entre el 15 y el 20 %. Por eso los bebés acostumbran a despertarse a menudo durante la noche, como nosotros. Si nadie les ha enseñado a tranquilizarse solos, se ponen a llorar, con lo que nos dicen básicamente: «¡Mamá, papá, venid! No sé cómo volverme a dormir». Y si sus padres tampoco lo saben, entonces es cuando comienzan a sembrarse las semillas que crearán futuros malos hábitos de sueño.

Los problemas típicos de sueño que aparecen durante los tres primeros meses pueden clasificarse en dos tipos: el bebé *no quiere ir a dormir* (lo cual incluye la resistencia a la cuna) o *no permanece dormido*; o bien ambas cosas. En las páginas que siguen, analizaré los trastornos del sueño más frecuentes y sus posibles causas; y, en cada caso, ofreceré *un plan de acción* para resolver el problema. Por supuesto, los diferentes motivos de preocupación de los padres respecto al sueño de sus hijos son únicos, puesto que pertenecen a *cada familia* y a *cada bebé,* así que me resultaría imposible cubrir todas las posibilidades en un libro o en diez. Y es que, efectivamente, si hay un millón de bebés, existen un millón de problemas distintos.

Sin embargo, a fin de ayudaros con vuestro problema, puedo al menos ir más allá de las cuestiones básicas y permitiros echar un vistazo a mi cerebro. Mi objetivo es ayudaros a entender cómo clasifico los varios tipos de trastornos del sueño que ocurren durante los primeros tres meses, de manera que vosotros mismos aprendáis a detectarlos y solucionarlos (tened en cuenta que muchos de estos problemas también se dan más adelante, en bebés de mayor edad, aunque son mucho más fáciles de tratar cuando el niño aún no ha cumplido los cuatro meses). Mi esperanza es que esta información adicional os ayude a ver en qué os podéis haber equivocado a la hora de guiar a vuestros hijos hacia el país de los sueños.

Las seis variables para detectar y solucionar problemas

A cualquier edad, los trastornos de sueño tienden a ser el resultado de múltiples causas. El sueño se ve afectado no sólo por lo que sucede durante la noche, sino por lo ocurrido durante todo el día. Asimismo, el temperamento del bebé y la conducta de los padres también influyen de forma importante en el descanso nocturno. Por ejemplo, un bebé que se despierta repetidas veces a lo largo de la noche puede que, durante el día, esté durmiendo demasiado, comiendo demasiado poco o realizando demasiadas actividades. Al mismo tiempo, el hecho de despertarse tan a menudo también podría ser consecuencia de un comportamiento erróneo por parte de los padres. Quizás la madre, desesperada por encontrar una solución cada vez que su hijo se ponía a llorar sin parar a las 4 de la madrugada, se ha acostumbrado a darle el pecho cuando se despierta. O tal vez suele llevárselo a su cama y dejarlo dormir allí el resto de la noche. Puede que su hijo tenga tan sólo cuatro semanas, pero los bebés enseguida se habitúan a una rutina determinada, así que ahora el niño asocia el acto de dormir con el pecho de su madre o con hacerlo en la cama de matrimonio.

Por otro lado, una «alteración» del sueño cierta noche puede no tener nada que ver con la de la anterior. El bebé podría despertarse una noche porque su habitación está demasiado fría, la siguiente porque tiene hambre y unos días después porque se encuentra mal.

Supongo que sabéis a lo que me refiero. Aprender a solucionar los problemas de sueño es como resolver un rompecabezas: debemos convertirnos en pequeños detectives y juntar todas las piezas. Y, a continuación, tenemos que trazar *un plan*, un plan de acción.

Para complicar un poco más la circunstancia, la frase «dormir toda la noche» confunde a muchos padres. De hecho, a veces, cuando me llaman, descubro que el bebé no tiene ningún *problema* de sueño, lo que ocurre, más bien, es que sus padres esperan demasiado de él y demasiado pronto. Hace poco, la mamá de un recién nacido me dijo: «No consigo que duerma más de dos horas seguidas y estoy despierta a todas horas… ¿Cuándo dormirá toda la noche?».

¡Bienvenida al apasionante mundo de la maternidad! La falta de sueño (la tuya) forma parte de tu

«Dormir toda la noche» en otras culturas

Los diferentes hábitos de sueño reflejan la cultura en que se desarrollan. Probablemente, si nosotros estamos tan obsesionados con hacer dormir a nuestros bebés es porque tenemos que levantarnos al día siguiente y ponernos a trabajar. Necesitamos que el bebé coopere. En otras culturas, sin embargo, los bebés se integran más en la vida de los adultos. Por ejemplo, cuando un bebé nace entre los Kung San, una etnia de cazadores-recolectores del desierto del Kalahari, el recién nacido está constantemente en contacto directo, piel a piel, con su madre; duerme con ella por las noches y, de día, ella lo lleva encima a todas horas. La mamá amamanta a su hijo dándole pequeñas tomas de leche cada quince minutos aproximadamente. Si el bebé se irrita o se pone nervioso, ella responde de inmediato antes de que rompa a llorar a lágrima viva. No es de extrañar, por tanto, que nadie preste demasiada atención a si el bebé duerme de un tirón por la noche.

¡No lo hagas sola!

La falta de sueño es un problema de los padres, no del bebé. A tu recién nacido no le importa cuánto duerme por la noche. No tiene que cuidar de la casa ni ir a la oficina. Por lo que a él respecta, no hay nada malo en un día de veinticuatro horas. Durante las seis primeras semanas, sobre todo, es muy importante que alguien te ayude. Negocia con tu pareja a fin de que no todo el peso de las tomas en plena noche recaiga sobre ti. No pactes una noche sí y otra no. Los dos deberíais estar «de guardia» durante dos noches y libres durante otras dos, de este modo podréis recuperar plenamente el sueño perdido. Si eres madre soltera, pídele a tu propia madre o a una buena amiga o amigo que te eche una mano. Si ninguno puede pasar la noche contigo, invítalos al menos a que vayan a tu casa unas horas al día para que puedas echar unas cabezadas.

iniciación. Otra madre, cuya hija tenía ocho semanas, me escribió: «Quiero que se duerma a las 7 de la tarde y se despierte a las 7 de la mañana. ¿Qué me sugieres?». Pues mi sugerencia es que *mamá* necesita ayuda, no su hijita.

A ver, seamos realistas: los primeros meses los bebés no duermen durante *toda la noche*. En las seis semanas iniciales, la mayoría se despierta un par de veces por noche —a las 2 o a las 3 de la madrugada y, luego, a las 5 o a las 6— ya que su estómago no los sustenta por más tiempo. Además, necesitan calorías de forma continua para crecer. En primer lugar, tenemos que trabajar para eliminar la toma de las 2. Lo ideal es comenzar a enseñarle al bebé cómo dormirse desde el momento en que llega a casa del hospital, aunque probablemente no alcances esa meta hasta transcurridas entre cuatro y seis semanas. Entre otros factores, dependerá del temperamento y del tamaño de tu bebé. No obstante, debes ser sensata. Incluso cuando tu hijo ya haya cumplido las seis semanas y sea capaz de dormir por un periodo de tiempo más largo, al principio seguramente aún tendrás que levantarte a las 4, a las 5 o a las 6 de la mañana. Y para un adulto, cinco o seis horas de sueño ¡apenas se consideran «dormir toda la noche»! Lo cierto es que no hay mucho que puedas hacer, excepto irte a la cama más temprano y recordar que estos primeros meses pasarán bastante rápido.

En este capítulo, mi meta es ayudarte a ser realista acerca de la capacidad para dormir de tu bebé, a entender distintos escenarios a la hora de acostar al niño y a pensar como yo. Si tu bebé tiene dificultades para conciliar el sueño o se despierta inesperadamente a media noche, considera todas las causas posibles, obsérvalo y reflexiona también sobre tu propio comportamiento.

A fin de simplificar todo un poco, he aislado seis variables diferentes que pueden afectar al sueño de tu bebé durante los tres primeros meses (véase el recuadro de la página siguiente). Las seis variables están todas relacionadas entre sí, a veces dependen unas de otras y pueden seguir afectando a los hábitos de sueño de tu hijo hasta bien pasados sus cuatro meses de vida, en la primera infancia y, lamentablemente, incluso más adelante; por tanto, es una buena idea comprenderlas, independientemente de la edad que tenga ahora. Tres de dichas variables tienen que ver con lo que tú has estado haciendo (o no haciendo) para fomentar el sueño de tu bebé: falta de rutina, preparación inadecuada antes de llevarlo a la cama y errores de crianza. Y las otras tres tienen que ver con tu hijo: hambre, sobreestimulación/agotamiento y dolor/malestar/enfermedad.

En plena noche, precisamente cuando los padres no suelen estar en su mejor momento, no resulta

LAS 6 VARIABLES PARA DETECTAR Y SOLUCIONAR PROBLEMAS

Si un bebé se resiste a irse a dormir o no consigue conciliar el sueño, es por algo que sus padres hacen (o dejan de hacer) o bien por algo que le ocurre a él.

Los padres pueden haber:

- Fracasado a la hora de establecer una rutina diaria.

- Establecido un ritual inapropiado para dormir.

- Cometido algún error de crianza.

El bebé puede estar:

- Hambriento.

- Sobreexcitado, fatigado o ambas cosas.

- Sufriendo algún tipo de dolor, molestia o enfermedad.

fácil saber cuál de las seis variables es la culpable de la alteración del sueño, sobre todo, ¡si hay más de una en juego! Incluso yo misma, la experta en bebés, debo hacer una serie de preguntas antes de poder ayudar a una familia a recuperar la normalidad. De lo contrario, soy incapaz de adivinar nada. En cambio, una vez tengo las respuestas, puedo relacionar las pistas, atar cabos, averiguar el motivo —o motivos— del trastorno de sueño y elaborar un plan para enseñar a dormir al bebé. Estoy segura de que en cuanto entiendas la naturaleza del sueño del niño y de los factores que lo pueden alterar, serás tan buena detective como yo.

En cada una de las secciones que aparecen a continuación explico detalladamente las seis variables y propongo un plan de acción para cada una: lo que puedes hacer para cambiar la situación. Asimismo, encontrarás un recuadro titulado «Pistas» con el tipo de quejas que suelo oír más a menudo con relación a cada variable. Algunos de estos temas ya se han tratado en otros capítulos, tales como la importancia de la rutina, en el capítulo 1 y reconocer y solucionar el hambre, en el capítulo 3. Para no ser repetitiva, en algunos casos os remito a las páginas adecuadas. Sin embargo, aquí volvemos a analizar estas cuestiones en la medida en que se relacionan con el *sueño*.

NOTA IMPORTANTE

Si estás desesperada y necesitas ayuda para resolver un problema de sueño concreto, quizás prefieras saltarte las próximas 31 páginas y leer sólo los recuadros de «Pistas». (Aunque he numerado cada variable, éstas no aparecen en un orden determinado.) Identifica la situación (una o varias) que más se parezca a lo que está haciendo tu bebé y lee ese apartado. No obstante, verás que muy pocas «pistas» están relacionadas únicamente con una sola variable. Por ejemplo, cuando una madre me dice: «Mi bebé se niega a dormir en la cuna», sé de inmediato que se debe a algún tipo de error de crianza. De todos modos, dado que lo más frecuente es que las alteraciones del sueño estén causadas por *múltiples* variables, la mayoría de las pistas —como, por ejemplo: «Le cuesta tranquilizarse para dormir»— se citan más de una vez. Por eso es importante leerlo todo y comprender bien cada una de las seis posibilidades. Considéralo un curso intensivo en trastornos del sueño infantil.

VARIABLE 1: FALTA DE RUTINA

La primera pregunta que hago a los padres cuando acuden a mí porque su bebé tiene problemas para dormir es: **¿Lleváis un registro de sus comidas, siestas, horas de sueño nocturno y horas en que se despierta?** Si no lo hacen, entonces sospecho que nunca han establecido una rutina estructurada o que han sido incapaces de seguirla.

FALTA DE RUTINA. Sueño sensato es la parte «dormir» de la rutina E. A. S. Y. Y los primeros tres meses, más que resolver «problemas» de sueño *per se*, se trata de conseguir que tu hijo se adapte a esa rutina. Para bebés de menos de cuatro meses y un peso mediano al nacer, seguir una rutina de tres horas es un factor clave para lograr un buen descanso nocturno. Aunque tampoco estoy diciendo que los niños que siguen la rutina E. A. S. Y. jamás tengan alteraciones del sueño: al fin y al cabo, hay otras cinco variables. Sin embargo, los bebés que ya desde el primer día se van acostumbrando a una rutina estructurada tienen mucho terreno ganado.

UN PLAN: Si todavía no has establecido una rutina estructurada en casa, relee el primer capítulo y comprométete a darle a tu bebé una secuencia previsible de acontecimientos. O, si por alguna razón seguías la rutina y has perdido el ritmo, tendrás que *re*establecer E. A. S. Y. Sigue mi ritual «de los cuatro pasos» para calmar al bebé (véanse las páginas 183-187), cada vez que lo acuestes. Recuerda que una rutina no es lo mismo que un horario. Ésta consiste en observar a tu bebé, no en guiarte por el reloj. Un día tu bebé se dormirá para la siesta de la mañana a las 10 y, al siguiente, lo hará a las 10.15 h. Siempre y cuando la secuencia sea coherente —comer, actividad, dormir— y cada fase tenga lugar aproximadamente a la misma hora, estarás fomentando el sueño sensato.

LA INVERSIÓN DEL DÍA Y LA NOCHE. Una de las dificultades que suele surgir con más frecuencia a raíz de la falta de rutina es que el bebé cambia el día por la noche. Cuando un recién nacido viene al mundo, está acostumbrado a un ritmo de veinticuatro horas y no conoce la diferencia entre el día y la noche. Somos nosotros quienes debemos *enseñársela* al despertarlo para sus comidas regulares. Cuando me dicen que un bebé permanece despierto durante unas horas por la noche o que se despierta repetidamente, a menudo sospecho que los padres no han sido constantes con la rutina diurna. Esto generalmente se produce en bebés de unas ocho semanas o menos. A fin de asegurarme de que se trata de un problema de confusión entre el día y la noche, pregunto: **¿Cuántas siestas hace durante el día y qué duración tienen? En total, ¿cuántas horas duerme al día?** Durante las primeras semanas, una de las dificultades más importantes a la hora de enseñar al bebé a dormir es que los padres dejan que duerma más de cinco horas y media al día, lo cual arruina por completo la rutina de tres horas y hace que el niño permanezca despierto toda la noche. Básicamente, ha sustituido el día por la noche. Yo lo llamo «robar a Pedro (horas de sueño nocturno) para darle a Pablo (horas de sueño diurno)».

UN PLAN: Si tu bebé ha sustituido el día por la noche, alarga sus horas de vigilia durante el día. Si de día duerme más de dos horas seguidas, despiértalo. Si no lo haces y permites que se quede dormido durante una toma, tendrá que compensar esa falta de alimento por la noche. Y, sin embargo, escucho: «Pero es muy cruel despertar a un bebé dormido». No, es una manera de enseñarle a distinguir entre el día y la noche. Si eres una de esas personas que aún creen en el viejo mito del bebé dormido, mejor que te vayas olvidando de él.

Empieza por llevar un registro de las horas de sueño de tu bebé durante unos días. Si de día tu hijo duerme más de cinco horas seguidas de una vez o hace dos o más siestas de tres horas cada una, es muy probable que haya intercambiado el día por la noche. Por tanto, tendrás que volver a introducir la rutina E. A. S. Y. de esta forma: durante los primeros tres días, no dejes que tu bebé dé cabezadas de más de cuarenta y cinco minutos o una hora a lo largo del día. Esto eliminará el hábito de las largas siestas diurnas y garantizará que toma en sus comidas las calorías que necesita. En el momento de despertarlo, quítale la pequeña manta en que lo habías envuelto, aúpalo, hazle un suave masaje en las manitas

> ## ES UN MITO
> ### *JAMÁS DEBE DESPERTARSE A UN BEBÉ DORMIDO*
>
> En algún lugar, en algún momento de nuestras vidas, la mayoría de nosotros hemos oído la frase: «Jamás debe despertarse a un bebé dormido». ¡Tonterías! Los bebés nacen con un reloj interno de veinticuatro horas. No saben cómo dormir; desconocen la diferencia entre el día y la noche. Debemos enseñársela nosotros. Despertar a un bebé no sólo es aceptable, sino que es estrictamente necesario en determinadas ocasiones, puesto que al final lo capacita para seguir una rutina estructurada.

(no en los pies) y llévatelo de su dormitorio a otra parte de la casa donde haya actividad. Siéntalo recto, un truco sencillo que (la mayoría de las veces) hará que abra los ojos de golpe. Si te cuesta despertarlo, no pasa nada. Simplemente continúa intentándolo. A menos que duerma como un tronco o esté inconsciente, acabarás logrando que se despierte.

En cuanto hayas reducido las horas de sueño durante el día, tu hijo empezará a compensarlas por la noche y, gradualmente —cada tres días—, podrás aumentar unos quince minutos la duración de sus siestas. Nunca lo dejes dormir más de entre una hora y media y dos horas durante el día, ya que es el tiempo de siesta adecuado para bebés de cuatro meses o menos.

Aquí la única excepción son los bebés prematuros (véase el recuadro de la página 180) o de constitución menuda. Al principio, algunos bebés pequeños duermen cinco siestas de media hora al día, están despiertos apenas unos minutos entre una y otra y se vuelven a dormir hasta la siguiente toma. Todavía no están preparados para aguantar más tiempo entre las comidas, así que no te quedará otro remedio que sobrellevarlo durante unas cuantas semanas. No obstante, una vez que tu bebé alcance la edad correspondiente, es importante que, de forma paulatina, prolongues sus ratos de vigilia durante el día. A continuación, tenemos un escenario típico:

Randy, mi bebé prematuro que nació cinco semanas antes de lo previsto, tiene ahora cinco semanas y ha seguido tu método más o menos desde que tenía tres. Sin embar-

go, esta semana, después de su toma de la medianoche, ha permanecido despierto y nervioso hasta la de las 3 de la madrugada. La verdad es que se pasa la mayor parte del día durmiendo, con sólo quince minutos aquí y allá de vigilia. ¿Ha empezado a confundir la noche y el día? ¿Qué debo hacer? ¡He sido una zombi andante toda la semana!

Mamá tiene razón: Randy está confundiendo los días y las noches. Aunque su madre no me ha especificado qué rutina diurna sigue el bebé, sí me dice: «se pasa la mayor parte del día durmiendo», un indicio claro de que está robando a Pedro para pagar a Pablo. Dado que sólo permanece despierto quince minutos cada vez, me dice también que Randy se duerme durante las comidas. En consecuencia, puede que no se esté alimentando de manera correcta o que el suministro de leche de mamá no sea suficiente para él; cualquiera de estos dos problemas podrían mantenerlo despierto por las noches. Incluso a pesar de ser un bebé prematuro y de que, para desarrollarse con plena normalidad, aún necesita más horas de sueño que un bebé nacido a término (véanse los recuadros de la página 37 y de esta misma página), queremos animar a Randy a dormir esas horas de más por la noche. Ignoro su peso actual, pero sé que ha alcanzado la edad correspondiente e intuyo que, por tanto, ya está preparado para seguir una rutina E. A. S. Y. de al menos dos horas y media durante el día. Ahora su madre tendrá que trabajar para extender su tiempo de vigilia diurno, aunque tan sólo consiga mantenerlo despierto diez minutos más después de cada toma. Yo le sugeriría que continuara intentándolo entre tres días y una semana; cuando el niño sea capaz de permanecer despierto, debería empezar a incrementar sus periodos de vigilia hasta en quince o veinte minutos. Al final, Randy comenzará a robar a Pablo (sueño diurno) para devolver a Pedro, de manera que dormirá mucho mejor por las noches. También empezará a ganar peso y la capacidad de su estómago será cada vez mayor, lo que lo ayudará a dormir durante periodos más largos por la noche.

SABOTEADORES DE LA RUTINA. A veces los padres se desvían de la rutina que debe seguir el pequeño bebé

BEBÉS PREMATUROS
DORMIR, DORMIR Y DORMIR

Tal como expliqué en el capítulo anterior (página 149), si tu bebé nació prematuro, su edad cronológica —contando a partir del día de su nacimiento— no coincide con su edad de desarrollo. Los bebés prematuros necesitan dormir mucho, muchísimo. De hecho, tienes que procurar que duerma la mayor parte del tiempo. No olvides que se supone que, incluso un bebé nacido con sólo cuatro semanas de antelación, no debería estar aquí las primeras cuatro semanas de su vida. Así pues, si estás comparando a tu bebé de ocho semanas con el hijo de tu hermana, el cual a las ocho semanas ya podía dormir cinco o seis horas seguidas por la noche y, además, estás intentando mantener a tu hijo despierto durante ratos de veinte minutos para que realice alguna actividad, será mejor que rebajes tus expectativas. Tu bebé es diferente. Debe seguir una rutina de dos horas, al menos hasta que alcance su edad de desarrollo, que es cuando debería haber llegado al mundo. Por el momento, sus dos únicos «trabajos» son comer y dormir. Y tu jornada debe consistir en darle de comer, envolverlo y acostarlo de nuevo en una habitación tranquila y a oscuras. Cuando cumpla su edad correspondiente o la haya superado y pese como mínimo 2 kilos y 900 gramos, podrás pasar a una rutina de tres horas.

Si eres constante a la hora de aplicar tu rutina... esto es lo que puedes esperar

Las siguientes previsiones están pensadas para un bebé sano que ha seguido la rutina E. A. S. Y. desde el primer día. Tal vez tu hijo no encaje exactamente en este perfil. En cada caso, el resultado dependerá de su peso, de su temperamento y siempre y cuando se haya sido perseverante a la hora de *fomentar* el sueño sensato.

Una semana:

Día: Una toma cada tres horas; una siesta de hora y media cada tres horas.

Noche: Juntar comidas de las 5 y las 7 de la tarde, toma nocturna a las 11 de la noche.

Despertar: Entre 4.30 y 5 de la madrugada.

Un mes:

Día: Una toma cada tres horas; una siesta de hora y media cada tres horas.

Noche: Juntar comidas de las 5 y las 7 de la tarde, toma nocturna a las 11 de la noche.

Despertar: Entre 5 y 6 de la mañana.

Cuatro meses:

Día: Una toma cada cuatro horas; tres siestas de una hora y media o dos cada una, más una cabezada de cuarenta y cinco minutos al final de la tarde.

Noche: Cena a las 7 de la tarde, toma nocturna a las 11 de la noche.

Despertar: 7 de la mañana.

a causa de sus propias necesidades. **¿Llevas a tu pequeño contigo cuando sales a hacer recados durante el día?** Es importante que mantengas la rutina durante los primeros meses, puesto que estás enseñando a tu bebé a dormir. La constancia es vital.

UN PLAN: No estoy insinuando que no deberías salir nunca de casa. Pero si tu bebé tiene dificultades a la hora de calmarse, quizás sea porque no puede seguir tu ritmo. Durante un mínimo de dos semanas, cumple estrictamente una rutina estructurada, observa a tu bebé y establece un buen ritual antes de acostarlo. Si ves que las dificultades de tu pequeño para conciliar el sueño disminuyen o desaparecen del todo, sabrás que necesita más constancia por tu parte.

Si trabajas fuera de casa, a tiempo completo o parcial, que el bebé siga una rutina ya no está únicamente en tus manos. Puede que, al regresar a casa del trabajo o al recoger a tu hijo en la guardería, lo encuentres irritado y descolocado. **Aunque tú hayas instaurado una buena rutina, ¿estás completamente segura de que la persona que cuida del bebé en tu ausencia —tu pareja, la abuela, una niñera o la puericultora de la guardería— también la sigue? ¿Dedicaste algún tiempo a explicársela?** Si tienes una niñera, quédate en casa al menos durante una semana para enseñarle tu rutina, incluido el ritual que sueles utilizar para tranquilizar a tu bebé. Si llevas a tu hijo a una guardería lejos de casa, dedica un tiempo a mostrar al personal que lo cuida cómo le organizas la jornada y cómo lo preparas para las siestas. Dale a la puericultora que se encarga de él una libreta para que anote los altibajos de tu hijo. Así podrá escribir, por ejemplo: «Hoy no ha dormido bien la siesta» o «Ha sido complicado darle de comer». De todos modos, la mayoría de guarderías llevan un registro de cómo pasan el día los bebés, y si la tuya no lo hace o se niega a cumplir tu petición, no has elegido el centro adecuado. Tanto si tienes una niñera en casa como si llevas a tu hijo a una guardería, hazle una visita de vez en cuando (más información sobre otras circunstancias que pueden perturbar tu rutina diaria en el capítulo 10, páginas 374-376).

PISTAS 2

Las quejas siguientes a menudo indican que, al menos en parte, un ritual inadecuado para ir a dormir es la causa del problema de sueño de tu bebé:

A mi bebé le cuesta tranquilizarse para dormir.

Mi bebé consigue dormirse, pero luego se despierta de repente entre diez y treinta minutos más tarde.

VARIABLE 2: RITUAL INADECUADO PARA DORMIR

«Irse a dormir» no es un hecho puntual. Se trata más bien de un viaje que empieza cuando tu hijo da un primer bostezo y termina cuando finalmente sucumbe a un sueño profundo. Y tú debes ayudarlo a realizar con éxito ese viaje. Para conseguirlo, tienes que saber reconocer el momento óptimo para acostarlo y luego prepararlo para dormir con un buen ritual de relajación.

EL MOMENTO ÓPTIMO. Para fomentar el sueño, debes identificar el momento en que tu bebé necesita ir a la cama. **¿Sabes qué aspecto tiene tu bebé cuando está cansado? Al verlo cansado y soñoliento, ¿actúas inmediatamente?** Si se te pasa por alto el momento óptimo para acostar a tu hijo, luego te resultará más difícil lograr que se duerma.

UN PLAN: Por naturaleza, algunos bebés duermen mejor que otros; lo típico es que así lo hagan los bebés angelito y los de libro. Sin embargo, incluso este tipo de niños necesita que sus padres estén atentos a sus señales, ya que cada bebé es un individuo único e irrepetible. Así pues, presta atención y aprende a reconocer los signos de cansancio de *tu hijo.* Con los recién nacidos, que no tienen control sobre nada excepto sus bocas, un bostezo suele ser el indicio más claro. Tu bebé, no obstante, también puede irritarse (a los gruñones les ocurre a menudo), revolverse nerviosamente (los movidos, sobre todo) o realizar otro tipo de movimientos involuntarios. Algunos abren mucho los ojos (signo muy frecuente también en los bebés movidos), mientras que otros suenan como una puerta chirriante y los hay que emiten una especie de chillidos. A las seis semanas, a medida que el bebé posee cada vez más control sobre su cabeza, también puede girar la cara hacia ti o hacia un juguete o bien enterrarla en tu

¡TOMA NOTA!

A aquellos padres que tienen dificultades para interpretar las señales de su hijo, yo suelo recomendarles que lleven un diario de sus hábitos de sueño. Tomar nota de las siestas y descansos nocturnos del bebé te ayudará a afinar tu capacidad de observación. Durante cuatro días, anota no sólo a qué horas y por cuánto tiempo duerme tu pequeño, sino también lo que estuviste haciendo antes de que se durmiera y lo que hacía tu bebé, así como su aspecto y estado de ánimo en ese momento. Te prometo que verás surgir ciertos patrones de conducta y, si tu bebé no duerme bien, incluso puede que llegues a descubrir por qué.

cuello cuando lo lleves en brazos. Sean cuales sean sus gestos particulares, la idea es que actúes de inmediato. Si por falta de atención dejas pasar su momento óptimo o si deliberadamente tratas de alargar su tiempo de vigilia para que duerma más durante la noche (otro mito), te va a resultar mucho más difícil enseñarle la manera de relajarse.

LA RELAJACIÓN. Aunque se te dé bien reconocer los signos de cansancio de tu bebé y el momento oportuno para acostarle, no puedes ponerlo en la cuna sin más. Antes es absolutamente necesario proporcionarle unos instantes de transición (aunque sólo sea mirar un rato la pared). **¿Qué método has estado utilizando para acostar a tu bebé, ya sea para una siesta o para pasar la noche? ¿Acostumbras a envolverlo?** Si a tu hijo le cuesta calmarse, ¿sueles quedarte con él? Un ritual de relajación —una secuencia de acciones previsible y repetitiva— le indica al bebé qué es lo que le espera a continuación y el hecho de envolverlo hace que se sienta confortable y seguro. Ambas cosas sirven de indicadores a tu hijo, diciéndole en esencia: «Es hora de cambiar de marcha. Ahora toca prepararse para ir a dormir». Realizar un ritual de relajación, ya desde las primeras semanas de vida de tu bebé, no sólo le enseñará las técnicas para dormir que necesita, sino que además sentará las bases de un sentimiento de confianza, que será fundamental para combatir la ansiedad por separación que aparecerá unos meses más tarde.

Por lo general, cuando el bebé tiene menos de tres meses, prepararlo para ir a la cama o hacer la siesta no suele requerir más de quince minutos. Algunas mamás simplemente entran en el dormitorio, cierran las cortinas, envuelven a su hijo, lo tumban en la cuna y entonces él solito empieza a hacer gorgoritos y a balbucear hasta quedarse dormido. No obstante, la experiencia me ha enseñado que, justo antes de dormirse, la mayoría de niños necesitan la presencia calmante de sus padres para hacer la transición desde alguna actividad hacia el sueño. Y hay bebés —sobre todo, los de tipo movido y susceptible— que pueden necesitar una preparación aún mayor.

UN PLAN: Mi ritual de los «Cuatro pasos» consiste en: preparar el entorno (crear un ambiente propicio para el descanso), envolver al bebé (prepararlo para ir a dormir), sentarte con él (en silencio, sin estimulación física) y, cuando sea necesario, darle unas palmaditas en la espalda (dedicar unos momentos adicionales al contacto físico a fin de ayudar a un bebé nervioso o irritado a conciliar el sueño).

Preparar el entorno. Tanto si es para dormir la siesta como para pasar la noche, prepara el escenario alejando al niño de un ambiente estimulante y llevándotelo a un sitio más tranquilo. Ve a su cuarto, cierra las cortinas y, si quieres, pon música relajante a muy poco volumen. Procura que los dos últimos minutos sean silenciosos, calmados y sin incidentes.

Envolver al bebé. Los antiguos ya envolvían a sus bebés. Las culturas más primitivas envuelven a los bebés. En el hospital envolvieron a tu bebé y tú deberías continuar haciéndolo en casa. Es mejor envolver al bebé *antes* de tumbarlo en la cuna.

¿Por qué es tan beneficioso envolver al bebé? Con menos de tres meses, los bebés no tienen ningún control sobre sus brazos o piernas. A diferencia de los adultos, a quienes el agotamiento provoca una especie de letargo, a los bebés les ocurre lo contrario: cuando están exhaustos, se alteran y mueven o agitan los brazos y las piernas en el aire sin parar. Y cuando eso sucede, el bebé ni siquiera se da cuenta de que esas extremidades pertenecen a su cuerpo. Por lo que a él respecta, esos objetos en movimiento forman parte del entorno, lo distraen y perturban. Así pues, en cierto sentido, envolverlo es eliminar del ambiente un elemento más de sobreestimulación. Yo aconsejo envolver a los bebés hasta los tres o cuatro meses, aunque algunas madres lo hacen hasta los siete u ocho.

A pesar de que a muchas madres se les enseña la técnica de envolver a los bebés en el hospital, algunas abandonan esta práctica al llegar a casa. Si descartaste la idea de envolver a tu bebé (o no prestaste atención cuando te enseñaron a hacerlo), aquí tienes un breve recordatorio: extiende una mantita de bebé (las cuadradas van mejor) en forma de rombo. Pliega una esquina del rombo hacia abajo (hacia ti), de manera que te quede un triángulo perfecto. Tumba al bebé en la mantita; el cuello debe quedar alineado con el pliegue y la cabeza fuera de la manta. Colócale el brazo a través del pecho, en un ángulo de cuarenta y cinco grados, cúbrele el pecho con la esquina derecha del triángulo y remétela bajo la parte izquierda de su cuerpo. Acto seguido, cúbrele las piernas extendidas con la parte inferior de la manta. Y finalmente, cúbrele de nuevo el pecho con la esquina izquierda del envoltorio y remétela bajo su costado derecho. Haz que se sienta cómodo. Hay padres que temen envolver a su hijo por miedo a restringirle la respiración o la movilidad de las piernas; sin embargo, las investigaciones han demostrado que envolver correctamente al bebé no entraña ningún riesgo. Más bien lo contrario: esta antigua práctica ayuda a los bebés a dormir profundamente.

Más adelante, llega un momento en que tu bebé ya no se queda quieto después de envolverlo; ahora saca los brazos del envoltorio y empieza a moverlos y a explorar su entorno. A raíz de esto, a veces las madres dicen: «Ya no le gusta que lo envuelvan: se esfuerza por salir». Entonces yo pregunto: **¿Qué haces si tu hijo sale del envoltorio?** Una madre —no una de mis clientas, os lo aseguro— ¡usaba cinta aislante! La respuesta más habitual, sin embargo, es: «Dejo de envolverlo». Lo que tanto mamá como papá tienen que entender es que, en cuanto un bebé adquiere un mayor grado de movilidad, comenzará a moverse, esté envuelto o no. Algunos ya se mueven a las cuatro semanas, pues tienen más control sobre el cuello y los brazos. Si tu bebé deshace el envoltorio y sale de él, vuelve a envolverlo (sin cinta aislante, por favor). Un tiempo después, alrededor de los cuatro meses, prueba a dejarle un brazo fuera, de manera que pueda jugar a encontrarse el puño y los deditos.

Sentarse con el bebé. Una vez hayas envuelto a tu hijo, siéntate con él en silencio unos cinco minutos; el bebé debe estar en posición vertical. Lo más apropiado es que lo sientes en tu regazo, de modo que pueda esconder la cabeza en tu cuello o en tu hombro y así aislarse de cualquier estímulo visual. No debes mecerlo ni sacudirlo y no camines con él por la habitación. Lo sé, lo sé, eso es lo que hacéis la mayoría de vosotros. Es algo que vemos en las películas y que también hacen nuestros amigos; pero lo cierto es que mecer y menear al bebé consigue excitarlo más que calmarlo. Y si meneas a un bebé o te mueves demasiado deprisa, puedes acabar asustándolo. Deberías notar cómo se relaja su cuerpecito, quizás también dé una pequeña sacudida. Eso significa que está entrando en un sueño profundo. De todas formas, lo ideal es que lo acuestes en la cunita *antes* de que se duerma. Y aunque no sea posible lograrlo con todos los bebés, es un objetivo que debes marcarte. Cuando estés a punto de acostarlo en la cuna, dile: «Ahora vas a dormir, cariño. Nos veremos cuando te levantes». Dale un beso y túmbalo en la cama. Es probable que no comprenda tus palabras, pero sin duda captará las sensaciones. Si te parece que está tranquilo, márchate de la habitación y deja que se duerma solito. A menos que tenga dificultades para sosegarse, *no tienes que esperar a que se quede dormido.* Si tu bebé está envuelto y calmado, confía en él, en sus propios recursos para dormirse sin tu ayuda. La encuesta *Sleep in America* de 2004 (más información sobre este tema en el capítulo 7), realizada por la Fundación Nacional del Sueño (National Sleep Foundation), demuestra que el dormirse independientemente favorece un mejor descanso. Los bebés y niños que se van a la cama despiertos tienen más posibilidades de dormir por periodos más largos que aquellos a quienes sus padres acuestan dormidos; y es tres veces *menos* probable que se despierten dos o tres veces durante la noche.

Darle palmaditas al bebé. Si tu bebé se muestra un poco nervioso o se pone a llorar cuando intentas tumbarlo en la cuna, lo más seguro es que esté preparado para irse a dormir pero necesite algún tipo de *intervención física* a fin de tranquilizarse. Y justamente en este punto es donde los padres suelen incurrir en errores. O bien empiezan a mecer o sacudir al bebé o le dan algo para apaciguarlo. No obstante, yo sugiero otra solución: el método de las palmaditas tranquilizadoras. Consiste en susurrarle «sshh, sshh, sshh…» al bebé, y simultáneamente darle unas suaves palmaditas en la espalda. Yo uso esta técnica con todos aquellos bebés de menos de tres meses que tienen dificultades a la hora de serenarse solos. Los susurros y las palmadas los calman porque, en esta fase de su desarrollo, los bebés no son capaces de retener en la mente tres pensamientos al mismo tiempo. Por tanto, no pueden seguir concentrándose en llorar mientras se les susurra al oído y se les dan palmadas en la espalda. De esta manera, tu niño se centrará en tus susurros y palmadas y, al final, dejará de llorar. Sin embargo, es fundamental que lo hagas tal como indico a continuación.

Debes darle las palmaditas y susurrarle al oído mientras el bebé está en la cuna o bien, si no consigues tranquilizarlo, puedes auparlo y colocarlo sobre tu hombro: dale palmaditas en el centro de la espalda con movimientos rítmicos y constantes, como el tic-tac, tic-tac de un reloj. Las palmadas tienen que ser bastante enérgicas y, sobre todo, debes dárselas en la parte central de la espalda, no a los lados y tampoco tan abajo como hasta llegar a su pompis, porque entonces le estarías golpeando los riñones.

Mientras le das golpecitos, susúrrale al oído un lento pero fuerte «sshh… sshh… sshh». Alarga el sonido «sshh», de manera que parezca más una ráfaga de aire o un chorro de agua saliendo del grifo a máxima presión y no el lento traqueteo de un tren. La idea es transmitirle una sensación de confianza al bebé, como diciéndole: «Tranquilo, sé perfectamente lo que estoy haciendo». Es importante que no te muestres demasiado tímida ni comedida a la hora de darle las palmaditas y susurrarle al oído. Aunque tampoco se trata de golpearlo ni de gritarle; sólo de demostrarle que tú estás a cargo de la situación. Vigila también de no susurrarle directamente dentro de la oreja, puesto que le podrías perforar el tímpano. De hecho, los susurros deberían *pasar* junto a su oreja.

Cuando notes que la respiración se le vuelve un poco más profunda y que su cuerpo comienza a relajarse, túmbalo con suavidad en la cuna, ligeramente de costado, así podrás tocarle la espalda. Algunos padres se quejan de que es complicado darle palmaditas al bebé en la espalda cuando está acostado; por eso, al tenerlo tumbado, le dan palmadas en el hombro o en el pecho. Sin embargo, en mi opinión, eso no es tan efectivo. Yo prefiero acostarlo de lado y continuar dándole palmaditas en la espalda. Si está envuelto, es relativamente fácil darle la vuelta y usar un cojín de apoyo o una toalla enrollada para mantener al bebé en su sitio. (Pon cinta adhesiva en ambos extremos de la toalla, asegúrate de que queda bien compacta y no puede desenrollarse. Éste sería un *buen* uso de la cinta aislante, ¡siempre y cuando no pegues la toalla al bebé!) Con el cojín de apoyo o la toalla colocados en la barriga del niño, también me gusta poner mi otra mano sobre su pecho y luego seguir dándole palmaditas en la espalda. Asimismo, puedes inclinarte sobre la cuna y susurrarle desde allí, sin tener que cogerlo en brazos. Si la habitación no está lo suficientemente oscura, quizás también tendrás que ponerle una mano sobre los ojos, aunque sin tapárselos directamente, para bloquear cualquier estímulo visual.

Una vez que tu bebé esté en la cuna, recurre a las palmaditas y los susurros para que permanezca tranquilamente dentro de ella, a menos que empiece a llorar. Yo tengo por costumbre continuar dándole palmaditas de siete a diez minutos después de haberlo calmado. No paro aunque esté callado. Sigo con los golpecitos hasta que estoy prácticamente segura de que toda su atención se centra en las palmadas y luego voy haciendo cada vez más lento el ritmo de los golpecitos. Y, por último, también dejo de susurrarle. Si, con todo, tu bebé sigue sin calmarse, deberás continuar con las palmadas y los susurros simultáneos. Si llora, cógelo de nuevo en brazos y dale las palmaditas recostándolo sobre tu hombro. Cuando vuelvas a acostarlo, sigue con las palmadas y fíjate si empieza a inquietarse otra vez. Si lo hace, aúpalo y trata de serenarlo *de nuevo.*

En cuanto se haya calmado, apártate de la cuna y quédate unos minutos en la habitación para ver si se duerme profundamente o si vuelve a despertarse de repente, como les ocurre a algunos niños. Recuerda que un bebé tarda veinte minutos en atravesar los tres estadios del sueño: *el momento óptimo* (cuando tú percibes su cansancio y necesidad de dormir y preparas el entorno), *la zona* (cuando al bebé se le ponen los ojitos vidriosos y tú ya lo has envuelto), y *el dejarse ir* (cuando el bebé empieza a dormirse). La fase de *dejarse ir* es la más engañosa: para estar segura de que realmente se está durmiendo, tienes que conocer muy bien a tu hijo. Si es de los que concilian el sueño de forma bastante discontinua y espasmódica, necesitarás una dosis extra de palmadas y susurros para tranquilizarlo.

Lo que suele suceder a menudo, sin embargo, es que tu bebé cierra los ojos y piensas: «Genial, ya se ha dormido». Así que dejas de darle palmaditas y sales sigilosamente del cuarto, pero, justo en ese instante, todo su cuerpo da una sacudida, sus ojos se abren de golpe y —¡oh, sorpresa!— ya vuelve a estar consciente. Si te marchas demasiado pronto, es posible que tengas que estar entrando y saliendo de la habitación cada diez minutos durante una hora y media. Y cada vez tendrás que iniciar de nuevo todo el proceso, que requiere sus buenos veinte minutos (si tu bebé pertenece al tipo susceptible, movido o gruñón, los cuales tienden a cansarse más rápidamente y cuesta más apaciguarlos, puede que aún tardes más).

Yo siempre insisto a los padres que no dejen de dar las palmaditas demasiado pronto, es un error muy frecuente. Por ejemplo, recibí un mensaje de correo electrónico de la madre de un bebé de cinco semanas, que me escribió: «En cuanto Kent entra en la fase tres, abre unos ojos como platos y se despierta. La única manera en que logramos volverlo a dormir es dándole las palmaditas en la espalda y susurrándole "sshh". No sé cómo enseñarle a mi hijo a atravesar solito la fase tres. Al principio no llora, pero cuando lo dejamos para que se duerma por su cuenta, al final acaba poniéndose a llorar». Bueno, querida, es que Kent todavía no está preparado para dormirse solo. De todos modos, el método de las palmadas y los susurros es un recurso que, con el tiempo, le enseñará a hacerlo.

Relájate, date tiempo y repítete a ti misma: «Voy a estar junto a él hasta que lo consiga». Sabrás que tu hijo ha penetrado en un sueño profundo cuando sus ojos dejen de moverse de lado a lado bajo los párpados, la respiración se haga más lenta y superficial y su cuerpo se relaje por completo, como si se fundiera con el colchón. Si estuviste tranquilizándolo durante los veinte minutos necesarios (o más, dependiendo del temperamento de tu bebé), entonces podrás disfrutar de un poco de tiempo para ti misma, la «Y» de la rutina E .A. S. Y.; no te hará falta entrar y salir continuamente del dormitorio de tu hijo, lo cual es aún más frustrante que quedarse dentro. Además, al permanecer a su lado, podrás observar cómo tu bebé atraviesa las tres etapas del sueño, cosa que hará que lo conozcas mejor y añadirá más habilidades a tu repertorio como madre.

VARIABLE 3: ERRORES DE CRIANZA

En la introducción de este libro, subrayé la importancia de ser unos padres P. C., es decir, pacientes y conscientes. Cometer errores en la crianza de los hijos es justamente el resultado de lo contrario. Significa recurrir a la solución más cómoda —a un apaño rápido— porque no se tiene la paciencia de ser perseverante con una solución a largo plazo. También puede que te sientas culpable, como si la alteración del sueño de tu bebé significara que eres una mala madre o un mal padre. Y entonces reaccionas haciendo cualquier cosa o iniciando alguna práctica a la desesperada y sin pensártelo dos veces, porque no dispones ni de las técnicas ni de los conocimientos necesarios para hacerlo de otra manera. Y es que, afrontémoslo, queridas, los bebés no llegan con un manual bajo el brazo.

DEPENDENCIA DE APOYOS. Un «apoyo» es cualquier objeto o acción, fuera del control del bebé, que

Las quejas siguientes a menudo indican que, al menos en parte, un **error de crianza** es el responsable del trastorno de sueño de tu bebé:

Mi bebé no se duerme si no… le mezco, le doy de comer, me lo pongo sobre el pecho, etc.

Mi bebé parece cansado, pero en cuanto intento acostarla, empieza a llorar.

Mi bebé se despierta a la misma hora cada noche.

Cuando mi bebé se despierta por la noche, le doy de comer, aunque suele comer poco.

No consigo que mi bebé duerma la siesta más de media hora o cuarenta y cinco minutos.

Mi bebé se despierta a las cinco de la mañana y ya quiere empezar el día.

Mi bebé se niega a dormir en su cuna.

Mi bebé se despierta cada vez que el chupete se le cae de la boca.

los padres utilizan para conseguir que su hijo se duerma. Los apoyos son uno de los temas centrales de los errores en la crianza. Cuando les digo a los padres que me expliquen qué suelen hacer para dormir a su bebé, también les hago preguntas tales como: **¿Normalmente abrazas a tu bebé, lo meces, lo balanceas o caminas con él en brazos hasta que se duerme? ¿Le das el pecho o el biberón para que se calme? ¿Dejas que se quede dormido en tu pecho, en un balancín o en el asiento del coche? ¿Lo metes en tu cama cuando está triste, irritado o «pachucho»?** Si tu respuesta a alguna de estas preguntas es «sí», estás utilizando un «apoyo» y te aseguro que, más adelante, se va a convertir en un problema grave y difícil de resolver. Mecer al bebé, caminar con él en brazos o darle paseos en coche son apoyos-acción. Tú misma te conviertes en un apoyo humano cuando le das de mamar a tu hijo para ayudarlo a dormir, lo tumbas sobre tu estómago, lo sostienes en brazos, en el pliegue del codo o te lo llevas a tu cama y dejas que se duerma junto a ti.

Con frecuencia, la dependencia de apoyos empieza como una medida desesperada. Son las 3 de la madrugada y el bebé está agotado y no para de llorar, así que papá lo coge en brazos y camina con él pasillo arriba y pasillo abajo. Por arte de magia, el pequeño se tranquiliza y se queda dormido. Pero aunque sólo recurras a un apoyo durante algunas noches seguidas, pronto llegará un punto en que tu hijo será incapaz de relajarse o dormirse sin esa acción. Transcurrido un mes o unas semanas, puede que papá ya no tenga tantas ganas de pasear por el pasillo o que incluso le fastidie, sin embargo, se verá *obligado* a continuar haciéndolo, porque como él mismo explica: «El bebé no se duerme sin su paseo».

Traté una vez a un pequeño, Xavier, un bebé feliz y sano en todos los aspectos, excepto en uno: creía que el sofá del salón era su cama. Sus padres se habían acostumbrado a mecerlo, a pasear con él o simplemente a abrazarlo hasta que se dormía. Cuando al final lograba dormirse, sus padres lo acostaban en el sofá, temiendo que, si se alejaban mucho o lo acostaban en su cuna, se despertara. Aunque, de todos modos, se despertaba, y varias veces cada noche. Y eso ocurría porque, al despertarse, no tenía ni idea de dónde estaba; recordad: antes de quedarse dormido, estaba bien en brazos de su padre bien en los de su madre. Y tampoco tenía la más remota idea de cómo dormirse solo. Cuando yo lo conocí, había cumplido catorce semanas, ¡y mamá y papá no habían pasado una sola noche decente desde hacía más de cien días! Además, podría decirse que tampoco tenían una vida propia desde entonces. Les daba

APOYOS Y OBJETOS DE CONSUELO

Un apoyo *no* es lo mismo que un objeto de consuelo. La diferencia radica en quién tiene el control, los padres o el bebé. Un apoyo es algo que *los padres* eligen y controlan. Un objeto de consuelo, como una mantita o su peluche favorito, es algo adoptado por *el niño*. Generalmente, los padres recurren a algún apoyo durante las primeras semanas de vida del bebé, mientras que los bebés no adoptan objetos de consuelo hasta los seis meses o más.

Los chupetes pueden ser ambas cosas: si el bebé siempre se despierta cuando se le cae de la boca y necesita que su madre o su padre se lo vuelva a dar, es un apoyo. Si el niño duerme igualmente sin él o puede volver a ponérselo él solito en la boca, entonces es un objeto de consuelo.

miedo encender el lavavajillas o la lavadora por la noche, no podían invitar a amigos a cenar y, naturalmente, tampoco tenían tiempo para estar juntos como pareja.

A veces, los padres ofrecen un apoyo a sus hijos fruto de sus propias necesidades. Por ejemplo, una madre que disfruta haciéndole mimos o dándole el pecho a su recién nacido, no verá nada malo en granjearle «más atenciones» de lo habitual cuando esté alterado para ayudarlo a calmarse. Yo estoy totalmente a favor de abrazar, consolar y dar muestras de afecto a los bebés, pero debéis tener cuidado con lo que hacéis y cuándo lo hacéis, porque sin quererlo le estáis «transmitiendo» un mensaje a vuestro hijo. El problema es que, cuando papá camina arriba y abajo por el pasillo con el bebé en brazos o mamá le da de mamar hasta que se duerme, el niño recibe el siguiente mensaje: «Oh, así es cómo consigo dormirme». Si desde el principio te acostumbras a utilizar un determinado apoyo con un recién nacido, él lo asimilará enseguida y se habituará a él. Y cuando cumpla los tres o cuatro meses, si no recurres al apoyo al cual lo has acostumbrado, llorará para recuperarlo.

UN PLAN: Antes de que sea demasiado tarde, piensa detenidamente en las prácticas que deseas emplear. Cuando tu hijo tenga cinco meses, ¿querrás seguir paseándolo por el pasillo o darle el pecho dos y tres veces cada noche? ¿Y cuando pase de los once meses? ¿De los dos años? ¿Te gustará entonces tener que llevártelo a tu cama en plena noche hasta que *él* decida que ya no necesita vuestra compañía? Es mejor evitar los apoyos ahora que tener que eliminarlos más adelante, lo cual es mucho más duro.

Si ya has caído en la trampa de recurrir a un apoyo, las buenas noticias son que, en estos primeros meses, los malos hábitos desaparecen rápidamente. En lugar de fiarte del apoyo que has usado hasta ahora, utiliza mi ritual de los cuatro pasos (páginas 183-187). Incluye las palmaditas y los susurros si a tu bebé le cuesta más tiempo calmarse. Tal vez tardarás tres días, seis, quizás más de una semana, pero si perseveras, lograrás que pierda el mal hábito que *tú* creaste.

LOS PELIGROS DE PRECIPITARSE. El patrón de sueño de un bebé, tanto si se despierta con frecuencia por las noches como si lo hace a la misma hora cada una de ellas, a menudo me proporciona pistas importantes para averiguar dónde se equivocaron sus padres sin ser conscientes de ello. Si tu hijo se despierta con bastante frecuencia, necesito saber: **¿Cuántas veces se despierta durante la noche?** Un recién nacido que sigue una buena rutina no debería despertarse más de un par de veces por noche. Si tu hijo se despierta a cada hora o incluso cada dos horas y ya has comprobado que no tiene hambre ni le duele nada, es muy posible que, a causa de algo que *tú* estás haciendo, le resulte estimulante despertarse. Cuando tu bebé supere las seis semanas, el desarrollo de su cerebro dará un salto importante y él comenzará a hacer asociaciones. Por tanto, si has actuado de alguna forma determinada durante sus despertares nocturnos —por ejemplo, llevándotelo a tu cama—, va a esperar que lo hagas y protestará enérgicamente si no lo consigue.

No me malinterpretes. Tu hijo no está tratando de manipularte conscientemente, todavía no, en cualquier caso (más información sobre la manipulación en el capítulo 7). Sin embargo, es ahora, durante los primeros meses, cuando se empiezan a cometer errores en la crianza. Cuando los padres dicen: «Mi bebé no me deja...» o «Se niega a...», por lo general significa que han perdido el control de la situación y es el bebé quien manda y no ellos. Otra cuestión clave es: **¿Qué haces con el bebé cuando se despierta en plena noche o cuando termina demasiado pronto sus siestas? ¿Entras enseguida en su habitación? ¿Juegas con él? ¿Te lo llevas a tu cama?**

A estas alturas ya sabes que no creo en dejar llorar a los bebés. No obstante, a veces los padres no se dan cuenta de que estimular no es lo mismo que despertar. Si contestaste afirmativamente a alguna de las preguntas anteriores, es posible que te estés precipitando y entres en el dormitorio de tu hijo demasiado pronto, de manera que quizás interrumpes su sueño o lo despiertas antes de tiempo. De no intervenir tú, tal vez volvería a dormirse solo y sus «siestas demasiado cortas» se alargarían, y ya no se despertaría «con tanta frecuencia» por las noches o incluso dejaría de hacerlo por completo. Y lo mismo sucede cuando los niños se despiertan demasiado temprano por las mañanas; los padres cometen la equivocación de entrar rápidamente en la habitación y exclamar: «¡Buenos días, cariño! Te he echado de menos toda la noche». ¡A las 5 de la madrugada!

UN PLAN: Escucha atentamente y responde a los llantos de tu bebé, pero no te precipites a rescatarlo. Todos los bebés emiten ruiditos infantiles al salir de un sueño profundo; aprende a conocer los sonidos específicos de tu hijo. Yo lo llamo «benguaje» y suena como si estuvieran hablando consigo mismos. No tiene *nada* que ver con llorar y, a menudo, después vuelven a dormirse. Si oyes este tipo de balbuceos a media noche o durante alguna siesta, no corras en busca de tu bebé. Y cuando se despierte a las 5 o a las 5.30 de la madrugada y sepas (porque asumo que sigues una buena rutina y controlas sus comidas diurnas) que tiene hambre, simplemente dale de comer, envuélvelo bien y acuéstalo de nuevo a las 5.30 o a las 6 de la mañana. Utiliza el método de las palmadas y los susurros si es necesario. Sobre todo, no lo animes a despertarse. Más tarde por la mañana, cuando entres en su cuarto para empezar el día, vigila tu tono de voz. No actúes como si hubieses abandonado a esta pequeña criatura. Más bien dile: «¡Pero, mírate, ahí dormidito pasándotelo en grande tú solo! ¡Bien hecho, cielo!».

Despertares nocturnos habituales. De la misma manera que los adultos tienden a despertarse en plena noche, también lo hacen los bebés. La diferencia es que nosotros echamos un vistazo al reloj y nos lamentamos: «¡Oh, Dios, sólo son las 4.30 de la madrugada! Igual que anoche»; y acto seguido nos damos la vuelta e intentamos conciliar nuevamente el sueño. Algunos bebés también lo hacen, pero otros lloran y entonces sus padres acuden corriendo. Al hacerlo, estos padres están reforzando inconscientemente el mal hábito de su hijo. A fin de averiguar si un bebé se comporta según un patrón habitual, yo planteo la siguiente pregunta: ¿El bebé se despierta a la misma hora cada noche? Si es así y además se despierta más de dos días seguidos a esa hora, no hay duda de que el niño está desarrollando un patrón de sueño. Y lo más probable es que tú te hayas acostumbrado a ir a su habitación y uses algún tipo de apoyo. Pongamos por caso que, con tal de que tu bebé vuelva a dormirse, lo meces o le das de mamar. Puede que esto funcione, pero es un apaño a corto plazo, una tirita. Y lo que realmente necesitas es una solución definitiva.

UN PLAN: Nueve de cada diez veces, un niño que se despierta habitualmente no necesita comer más (a menos que esté dando un estirón de crecimiento; véanse las páginas

---

¿Despertar al bebé para dormirle? Tracy, ¡debes de estar bromeando!

Los padres acostumbran a quedarse perplejos cuando les recomiendo la estrategia de despertar-para-dormir para solucionar el problema de los despertares nocturnos habituales de su bebé. Programa el despertador una hora antes de cuando suele despertarse tu hijo y ve a su cuarto. Sacúdelo suavemente, masajéale un poco el vientre y ponle un chupete en la boca; todo esto lo ayudará a pasar a un estado de semiconciencia. A continuación, márchate de la habitación. Él volverá a dormirse. Esto te da *a ti* el control la situación y es mejor que esperar de brazos cruzados a que la mala costumbre de tu hijo desaparezca por arte de magia (lo que no ocurrirá). Al despertarlo una hora antes, trastocarás su hábito.

120-123, y 197). Por tanto, en lugar de darle el pecho o el biberón, lo que has de hacer es envolverlo de nuevo, si es necesario, darle un chupete para que se calme y aplicar el método de las palmaditas y los susurros para que se duerma otra vez. (Nota: a menos que un bebé tenga adicción al chupete —véase el recuadro de la página 189—, yo recomiendo el uso de chupete para bebés de hasta tres meses porque la mayoría no se vuelven adictos a ellos; véase la página 199.) Evita estimularlo. Nada de mecerlo ni de sacudirlo. Tampoco le cambies los pañales si no están sucios o empapados. Sigue el ritual de los cuatro pasos y quédate con él hasta que esté profundamente dormido. También debes tomar medidas para *romper* ese mal hábito de despertarse por las noches. Así pues, digamos que has descartado otras causas posibles, tales como dolor o malestar. Asimismo, también has eliminado el hambre, tanto aumentando su ingesta de comida durante el día como «llenándole la tripa» por la noche (véase también el apartado dedicado al hambre de las páginas 195-200). Y esto es lo que yo llamo mi técnica de «despertar-para-dormir»: en lugar de esperar tumbada en la cama a que tu bebé se despierte, ponte el despertador una hora antes del momento en que suele hacerlo normalmente y *despiértalo* tú (véase el recuadro de la página anterior). Lo más probable es que no se desvele del todo, pero puede que, bajo los párpados, sus ojitos se muevan rápidamente de un lado a otro; y también murmurará y se agitará un poco, como haría un adulto si lo interrumpieras en medio de un sueño profundo. Hazlo durante tres noches seguidas.

Sí, lo sé, casi puedo escuchar tu respuesta: «Pero, Tracy, ¿te has vuelto loca?». Soy consciente de que la técnica de despertar para dormir es una sugerencia que parece desafiar las leyes de la lógica, ¡pero funciona! De hecho, a veces basta una sola noche para romper la mala costumbre; de todos modos, yo aconsejo despertar al bebé tres noches seguidas igualmente. Si la técnica no surte efecto, tendrás que reconsiderar si su costumbre de despertarse se debe a algún otro motivo. Si has descartado todo lo demás, repite la operación al menos durante otras tres noches.

ROMPER LOS VÍNCULOS DE CONFIANZA. Un gran número de padres que contactan conmigo para resolver algún trastorno de sueño han probado antes varios otros métodos. La poca coherencia es un error a la hora de criar a los hijos. No es justo cambiarle las normas a tu bebé cada dos por tres. Yo denomino a mis estrategias para dormir «sueño sensato»: una filosofía moderada que respeta tanto las necesidades del bebé como las de los padres. No es espectacular ni extremista; sólo requiere constancia. Otros expertos en bebés abogan por tomar medidas más radicales; por un lado están los defensores del co-dormir o cama familiar (es decir, dormir con el bebé) y, por otro, aquellos que defienden el método de respuesta retardada, a veces también llamado «ferberización» o «llanto controlado» (dejar que el bebé llore por periodos de tiempo cada vez más prolongados). Ambos planteamientos tienen sus méritos, por supuesto, y encontrarás legiones de padres que luchan a favor de una u otra postura. Si las has probado y alguna de ellas te funciona, perfecto. No obstante, sospecho que, si estás leyendo este capítulo, tu bebé continúa teniendo dificultades para dormir. Y si empezaste a compartir la cama con tu hijo o a llevártelo a tu habitación y luego pasaste al otro extremo, tal vez te estés enfrentando también a una pérdida de confianza por parte de tu bebé.

Cuando un padre o una madre me dice que a su bebé «no le gusta irse a dormir» o que «detesta su cuna», yo siempre le pregunto: **¿Dónde ha estado durmiendo hasta ahora? ¿En un moisés?**

¿En una cuna? ¿La cuna está en su propia habitación, en una habitación compartida con otro hermanito, en tu dormitorio? Cuando un niño es reacio a dormir en su cuna, casi siempre es porque los padres no han actuado de forma coherente a la hora de enseñarle a dormir. A continuación, hago una serie de preguntas: **¿Estabas a favor de la idea de la «cama familiar» cuando nació tu bebé?** Si la respuesta es «sí», la intuición me dice que, en términos prácticos, no reflexionaste en profundidad sobre esta filosofía y tampoco te planteaste en qué momento trasladarías al niño de tu cama al moisés o a la cuna. Si ha estado durmiendo en su propia cama y ahora has comenzado a llevártelo a la tuya, porque en plena noche te resulta más práctico, definitivamente has cometido un error de crianza que lo ha confundido.

No soy adepta a ninguna de estas dos teorías. No creo que el co-dormir permita al niño aprender a dormirse de forma independiente (y menos aún que a ti te permita mantener una relación adulta); por otro lado, el hecho de dejar llorar solo a un bebé puede romper el vínculo de confianza entre padres e hijos. En mi opinión, es fundamental enseñar a un niño a dormir en su propia cama, sea un moisés o una cuna, y animarlo a conciliar el sueño por su cuenta desde el primer día.

Si tu bebé duerme sin problemas en la cama de matrimonio y tanto a ti como a tu pareja os va bien, no lo dudes y continúa haciéndolo. Hay padres que se sienten felices con esta práctica; mamá y papá han tomado la decisión de compartir su lecho con el recién nacido y trabajan como un equipo. Raras veces tengo noticias de este tipo de padres porque sus hijos no presentan trastornos de sueño. Sin embargo, algunos padres prueban el método de la cama familiar porque han oído en algún sitio que, si no comparten su cama con el bebé, éste no se vinculará afectivamente con ellos (yo opino que el afecto es una cuestión de cuidar de alguien y conectar con él las veinticuatro horas del día. Aunque no duermas con tu bebé, él continuará estrechamente ligado a ti). Otros padres meten al bebé en su cama para satisfacer sus propias necesidades afectivas. Y muchos oyen hablar de esta tendencia y les parece atractiva, pero no piensan detenidamente en lo que implica o si encaja con su estilo de vida. A menudo, uno de los dos está más comprometido con la idea y persuade al otro para ponerla en práctica. Por muchas y muy distintas razones, el co-dormir no funciona para ellos.

Los padres entonces pasan al otro extremo: desterrar al niño a una cuna colocada al fondo del pasillo, cuando el pobre no ha podido desarrollar la capacidad de calmarse solo. Y, lógicamente, el bebé reacciona ante este cambio. Chilla como un poseso, como diciendo: «*Pero, ¿dónde estoy? ¿Dónde están aquellos cuerpos grandes y cálidos que me arropaban?*». Y los padres también están confundidos porque no saben cómo consolar a su bebé.

Ante este tipo de escenarios, debo preguntar: **¿Has dejado que se quedara solo llorando?** Yo no estoy a favor de dejar llorar a los niños ni siquiera durante cinco minutos, sin acudir a consolarlos. El bebé no sabe adónde te has ido ni por qué lo has abandonado de repente. Para usar otra analogía, es como si tuvieras un novio, quedáis en veros y él no aparece durante dos noches seguidas. No te fiarías de su palabra, ¿verdad? La confianza es la base sobre la cual se construye cualquier relación. A mí se me ponen los pelos de punta cuando algunos padres me comentan que han dejado llorando a su hijo durante una o dos horas. Hay bebés que se angustian tanto que lloran y lloran con tanta fuerza, que acaban vomitando. Otros simplemente gastan energía, se alteran aún más y al final también les da hambre, cosa que les confunde a ellos y a sus padres y deja exhaustos a todos. Muchos bebés a quienes se ha dejado llorar hasta no poder más han adquirido un trastorno crónico del sueño a partir de ese momento, poniéndose en pie de guerra cada vez que llega la hora de ir a dormir e incluso temiendo a sus propias camas. Mientras tanto, además, la rutina diurna se desbarata por completo, ya no hay nada parecido a una estructura en la jornada del bebé. Está totalmente agotado, destemplado, se duerme durante las comidas y no consigue comer bien ni dormir bien.

Si has pasado de un extremo a otro y ahora tu bebé está triste, se muestra receloso y continúa sin poder dormir, tendrás que empezar desde cero. Asegúrate ante todo de seguir una buena rutina diaria y utiliza el ritual de los cuatro pasos (páginas 183-187), a fin de sosegarlo. Pero sobre todo, por favor, por favor, por favor, sé constante. Habrá días y noches en que las cosas no saldrán como estaba previsto y puede que tu hijo tarde tres días, una semana o un mes en modificar su patrón de sueño. No obstante, si sigues mis consejos y eres perseverante, *funcionarán*.

Evidentemente, la situación se complica si has dejado a tu hijo llorar solo en varias ocasiones y ahora él tiene miedo de que lo abandonen. En este caso, lo primero que deberás hacer es restablecer el sentimiento de confianza. Acude enseguida para satisfacer sus necesidades en cuanto emita el más leve sonido. Dicho en otras palabras, tendrás que estar más atenta que nunca a sus requerimientos. Puede parecer irónico, pero es mucho más difícil consolar a aquellos bebés que en algún momento han perdido la confianza en sus padres. Primero lo abandonas y luego estás ahí a cada instante: como es lógico, el bebé está desconcertado. Se ha acostumbrado tanto a llorar que, aunque ahora procures ser más receptiva, quizás se mostrará inconsolable cuando intentes calmarlo.

UN PLAN: Prepárate para invertir unas cuantas semanas en reconstruir su confianza, aunque tu hijo tenga sólo tres meses de edad (en los próximos dos capítulos, encontrarás estrategias adicionales para bebés mayores y niños pequeños, pero lo que explico a continuación puede aplicarse hasta los ocho meses). Da pasos lentos, pero seguros, a fin de demostrarle que estás a su lado, para siempre. Es posible que le cueste entre tres días y una semana confiar lo suficiente en ti como para sentirse a gusto en su cuna; y todo el proceso puede alargarse de tres semanas a un mes (cuando el bebé está sumamente asustado y es muy desconfiado, ¡incluso he tenido que meterme en la cuna *con* él! Véase el apartado «No duerme desde el día que nació», página 236).

Observa con mucha atención cualquier señal de sueño. Al primer indicio de somnolencia, inicia el ritual de los cuatro pasos, incluyendo la parte de las palmaditas y los susurros. Envuélvelo y siéntate en el suelo con él, de piernas cruzadas y apoyando la espalda en la pared o en el sofá. Cuando esté bien tranquilo, en lugar de intentar ponerlo en la cuna, túmbalo sobre una almohada gruesa de tamaño estándar que te habrás puesto encima de las rodillas. Quédate ahí con él y continúa dándole palmaditas y susurrándole al oído hasta que veas que se duerme profundamente. Espera como mínimo unos veinte minutos más y luego separa suavemente las piernas y deja que la almohada se deslice hasta el suelo. Permanece cerca de la almohada, de manera que estés justo a su lado cuando se despierte. Medita, lee, escucha música con los auriculares puestos o echa una cabezadita sin moverte de ahí. Debes quedarte con tu bebé toda la noche. Es un sacrificio que tienes que hacer si quieres recuperar la confianza de tu hijo.

La segunda semana, sigue con la misma rutina pero ahora pon el cojín en el suelo, delante de ti y no encima de tu regazo; cuando veas que está preparado, túmbalo sobre la almohada. De nuevo, permanece junto a él durante la noche. La tercera semana, siéntate en una silla con él y pon el cojín en la cuna. Cuando lo tumbes encima de la almohada, colócale una mano bajo la espalda, así sabrá que todavía estás ahí. Durante tres días, quédate a su lado hasta que haya conciliado definitivamente el sueño. El cuarto día, retira la mano pero continúa junto a la cuna mientras duerme. Tres días después, márchate de la habitación cuando veas que está profundamente dormido, pero si llora, regresa *de inmediato*. Por último, la cuarta semana, en vez de usar el cojín, ya deberías poder tumbarlo directamente sobre el colchón de su cuna. Si ves que se despierta, sigue con la almohada una semana más e inténtalo de nuevo más adelante.

Si todos estos pasos te parecen algo tediosos y duros de llevar a cabo, es normal: lo son. Pero si no haces nada para curar su fobia a la cuna, la situación no hará más que empeorar y, probablemente, a lo largo de los próximos años tu hijo se convertirá en un niño asustadizo y dependiente. Es mejor que recupere la fe en ti *ahora*.

VARIABLE 4: EL HAMBRE

Cuando los bebés se despiertan en plena noche, a menudo es porque tienen hambre. Sin embargo, eso no significa que no podamos hacer nada para evitarlo.

LLENARLE LA TRIPA AL BEBÉ. Tanto si tu hijo se despierta a cada hora como si lo hace al menos un par de veces por noche, yo te preguntaría: **¿Cuántas**

PISTAS 4

Con frecuencia, estas quejas indican que el **hambre** es, al menos en parte, el causante del trastorno de sueño del bebé:

Mi bebé se despierta llorando varias veces cada noche y, cuando le doy de comer, ingiere una toma completa.

Mi bebé no duerme más de tres o cuatro horas seguidas por las noches.

Mi bebé estaba durmiendo cinco o seis horas cada noche, pero de repente comenzó a despertarse.

veces le das de comer durante el día? Mi objetivo es descubrir si las tomas diurnas que realiza son suficientes para sustentarlo durante la noche. Excepto en el caso de los bebés prematuros (véanse los recuadros de las páginas 37 y 180), antes de los cuatro meses las comidas deberían ser cada tres horas. Si das de comer a tu hijo con menos frecuencia, es posible que le haga falta más alimento y se despierte por la noche para recuperar las calorías perdidas.

El estómago de los recién nacidos es tan pequeño que no tiene capacidad para retener demasiada comida, por eso los bebés de pocos meses necesitan despertarse cada tres o cuatro horas, incluso durante la noche. Sin duda, esto puede ser agotador para los padres, pero forma parte del lote. A medida que tu hijo crece, la meta es extender el intervalo entre tomas nocturnas a cinco o seis horas, eliminando en primer lugar la toma de las 2 de la madrugada. Si te preocupa que el bebé se despierte por la noche, sobre todo si tu hijo tiene seis semanas o más —es decir, es lo suficientemente mayor como para saltarse una comida—, yo te preguntaría: **¿A qué hora suele despertarse tras la última toma de la noche?** Si continúa despertándose a la 1 o las 2 de la madrugada, es que no consume las calorías que necesita.

UN PLAN: Llegado este momento y a fin de que duerma más horas por la noche, asegúrate de dar de comer a tu hijo cada tres horas durante el día. Además, te aconsejo que le llenes un poco más el estómago *antes* de acostarlo «embutiéndolo» (véanse las páginas 99-101), lo cual incluye juntar comidas (darle una toma adicional al final de la tarde) y una toma nocturna (a las 10 o las 11 de la noche, intentando *no* despertar al bebé).

RECONOCER LOS INDICIOS DE HAMBRE Y REACCIONAR ANTE ELLOS. Debes alimentar siempre a un bebé hambriento. Un problema frecuente, no obstante, es que los padres, sobre todo durante las primeras semanas, tienden a interpretar todos los llantos de su hijo como señales de hambre. Por eso, en mi primer libro, expliqué con tanto detalle los distintos tipos de llanto y lenguaje corporal. El hecho de llorar puede indicar hambre o dolor provocado por gases, reflujo gastroesofágico o cólicos. Los llantos también podrían deberse al agotamiento o a que el bebé tiene demasiado frío o demasiado calor (véanse las preguntas sobre el llanto en las páginas 33 y 105). Por este motivo es tan importante que aprendas a reconocer las señales de tu bebé. **¿Qué sonidos emite y qué aspecto tiene tu hijo cuando se pone a llorar?** Si le prestas atención, enseguida sabrás que su pequeño estómago está vacío (incluso antes de ese primer llanto), porque verás cómo se lame los labios primero y, acto seguido, empieza a buscar tu pecho, como si husmeara. Sacará la lengua y agitará la cabeza como una cría de pájaro pidiendo comida. A pesar de que, a esta edad, es demasiado pequeño para llevarse el puño a la boca y mordisquearlo o succionarlo, se tocará lo que yo llamo el «triángulo de la alimentación», con la boca como base y la nariz en la punta. Moverá enérgicamente los brazos e intentará golpearse ese triángulo pero, por supuesto, no lo logrará. Si, en respuesta a su lenguaje corporal, no le das el pecho o el biberón, emitirá un sonido vocal. Oirás una especie de tos procedente del fondo de su garganta y, finalmente, el primer llanto, que al principio es corto y luego continúa con un constante ritmo del tipo: uaa, uaa, uaa.

Naturalmente, si tu bebé se despierta a media noche llorando, no será posible que te fijes en los signos visuales. Sin embargo, si escuchas atentamente, con un poco de práctica distinguirás sus diferentes llantos. Si no estás segura de que tiene hambre, prueba a darle un chupete primero (si los chupetes no te hacen gracia, lee lo que yo opino de ellos más adelante, en este mismo capítulo, páginas 198-200). Si eso lo apacigua, acuéstalo de nuevo, envuelto en su mantita. Si rechaza el chupete, sabrás que se trata de hambre o bien de dolor.

¿Se despierta a una hora distinta cada noche? Tal como he explicado anteriormente, cuando el bebé se despierta según un patrón errático, casi siempre es porque está hambriento. Si no estás segura de si el patrón es errático, apúntate las horas en que se despierta durante unas cuantas noches. Aunque, por otro lado, también deberás considerar estas otras cuestiones:

¿Tu hijo está ganando peso de manera constante? Cuando los bebés han superado las seis semanas, esto es algo que me preocupa especialmente, sobre todo si es la primera vez que su madre da de mamar. Por lo general, el flujo de leche no se estabiliza hasta pasadas unas seis semanas desde el parto. Una falta de aumento de peso podría indicar que el bebé no come lo suficiente, ya sea porque el suministro de leche de mamá aún es insuficiente o porque él tiene problemas a la hora de succionar.

UN PLAN: Si tu hijo no gana peso de forma continuada, consulta al pediatra. También puedes hacerte una extracción a fin de descartar que tu suministro de leche sea inadecuado (véase la página 109). Si tu bebé se pega y se despega del pecho, podría deberse a que tu flujo de leche es lento. En ese caso, tendrás que «activar» tus pechos para que la leche fluya más deprisa: usa un extractor y extráete leche durante unos dos minutos antes de ponerte el bebé en el pecho. Si tu hijo tiene dificultades para succionar, consulta a una asesora en lactancia materna para asegurarte de que se prende bien al pecho (página 107) y de que no tiene ningún problema anatómico que le impida succionar correctamente.

ESTIRONES DE CRECIMIENTO. Puede que hasta ahora no hayas tenido problemas por lo que respecta a la alimentación. Tal vez tu bebé ha seguido una rutina fantástica. Sin embargo, alrededor de las seis semanas, de las doce semanas y en varias ocasiones puntuales después, es muy probable que tu bebé dé unos cuantos estirones. Su apetito se incrementará durante unos días, y aunque haya estado durmiendo cinco o seis horas seguidas por la noche, de repente empezará a despertarse con hambre. Recibo toneladas de llamadas de padres con hijos de dos, tres o cuatro meses: «Nuestro bebé era un angelito y ahora se ha convertido en un pequeño demonio. Se despierta un par de veces cada noche y vacía ambos pechos. Es como si nunca consiguiera saciarse». Entonces yo pregunto: **¿Ha dormido alguna vez cinco o seis horas seguidas por la noche?** Invariablemente, cuando los padres me dicen que su hijo *estaba* durmiendo bien y de golpe ha comenzado a despertarse, sé que el bebé está dando un estirón. A continuación tienes un ejemplo:

Damián tiene doce semanas de edad. Hace quince días empecé a acostarlo en la cuna para que hiciera la siesta. La mayoría de las veces se duerme con facilidad y sus siestas suelen durar entre hora y hora y media. Hoy hace una semana, comenzamos a acostarlo en la cuna también para que durmiera toda la noche. Se duerme sin llorar, pero luego se despierta repetidas veces a lo largo de toda la noche, en cualquier momento, cada dos o tres horas. Yo lo envuelvo y le doy un chupete para que se duerma. Entonces lloriquea y cuando voy a su dormitorio, veo que se ha desenvuelto y ya no tiene el chupete en la boca. Se lo doy de nuevo y vuelve a dormirse. Mientras duerme, lo envuelvo nuevamente, con la esperanza de que sea la última vez que se despierta. Pero se trata de un ciclo interminable. Se pone a llorar si no acudo a ver qué le pasa. ¡No sé qué hacer! ¡Por favor, ayúdame!

Éste es un ejemplo clásico de un supuesto problema de sueño que, en realidad, no es más que una cuestión de falta de alimento. Sin embargo, como esta madre se centra en el hecho de haber trasladado recientemente a su hijo a la cuna, parece no tener en cuenta el tema del hambre. Aquello que me indica que el bebé se despierta porque está hambriento es que lo hace cada dos o tres horas, lo cual tiene aspecto de horario de comidas. Para estar completamente segura, le preguntaría a esta madre cuestiones relacionadas con el hambre, incluyendo si Damián toma el pecho, ya que quizás su suministro de leche no es suficiente para sustentarlo. En cualquier caso, mi sugerencia sería que el niño consumiera más comida durante el día.

En este punto es cuando muchos padres comienzan a tener problemas. Dado que no han reconocido que su hijo está dando un estirón o no saben qué hacer al respecto, lo empiezan a alimentar por las noches en lugar de incrementar su ingesta de calorías *durante el día.* Y al darle de comer por la noche, establecen un patrón de conducta erróneo.

UN PLAN: Es una cuestión de actuar muy conscientemente. Toma nota de lo que tu bebé come de día y de noche. Si le das el biberón y lo vacía en cada comida, añade más leche. Digamos, por ejemplo, que durante el día está consumiendo cinco tomas de 115 gramos cada una y ves que se despierta en plena noche para tomar otros 115 gramos; significa que necesita 115 gramos más durante el día. Pero no le des otra toma, añade unos 30 gramos a cada uno de sus cinco biberones.

Si lo estás amamantando, la cosa es un poco más complicada, puesto que tendrás que enviar un mensaje a tu cuerpo para que produzca más leche. Así, durante tres días, deberás tomar algunas medidas para incrementar tu producción láctea. Puedes conseguirlo de cualquiera de estas dos formas:

A. Extráete leche una hora después de cada comida. Aunque sólo extraigas unos 30 o 60 gramos, guarda esa leche adicional en un biberón y utilízala para «completar» la próxima toma de tu bebé. Hazlo durante tres días seguidos y, al tercer día, tu cuerpo ya estará produciendo la cantidad de leche extra que necesita tu hijo.

B. En cada toma, haz que tu bebé vacíe un pecho y luego póntelo en el otro. En cuanto haya vaciado el segundo pecho, vuelve a ponértelo en el primero. A pesar de que a ti pueda parecerte que está vacío, el cuerpo siempre produce leche en respuesta a la succión de un bebé (que es como han trabajado siempre las amas de cría). Deja que tu hijo succione por unos minutos del primer pecho y luego del segundo. Las comidas serán algo más largas con este método, pero de esta manera inducirás a tu cuerpo a aumentar la producción de leche.

USAR UN CHUPETE. Cuando los padres me dicen: «Mi bebé quiere que le dé de comer toda la noche», enseguida sospecho que están confundiendo los indicios de hambre con la necesidad instintiva que tienen los bebés de succionar. A fin de saberlo con certeza, pregunto: **¿Tu hijo tiene chupete?** Hay gente que recomienda usar el chupete sólo si un bebé necesita un poco más de consuelo, pero yo estoy totalmente a favor de su uso cuando el niño es tan pequeño. El hecho de succionarlo tranquiliza a los bebés. Y a esta edad, muy pocos desarrollan dependencia del chupete (véase el recuadro de la página 189); si ocurre, no obstante, yo aconsejo a los padres que interrumpan su uso. Sin embargo, la experiencia me ha demostrado que la mayoría de bebés se duermen succionando un chupete y que, una vez en el país de los sueños, se les cae de la boca y ellos siguen durmiendo tan plácidamente. Darle un chupete al bebé cuando se despierta antes de tiempo de una siesta o en plena noche, también es una buena manera de comprobar si de verdad tiene hambre o si sólo necesita succionar.

A veces, cuando sugiero el uso de un chupete, los padres se escandalizan y se muestran reticentes: «No quiero que mi hijo se pasee por el centro comercial con un chupete en la boca», objetó una madre. Y yo estuve sinceramente de acuerdo con ella. A partir de los cuatro meses o más, yo jamás le daría un chupete a un niño que nunca lo ha utilizado. Pero el hijo de esta madre tenía sólo dos semanas y caminar con él por un centro comercial aún era un proyecto bastante lejano. Yo siempre recomiendo a los padres que empiecen a desacostumbrar a su hijo del chupete alrededor de los tres o cuatro meses o más tarde (sobre todo si restringes el uso del chupete a la cuna); sin embargo, los bebés de menos de tres meses *necesitan* esos ratos de succión adicionales. Todavía no son capaces de encontrarse los deditos, por tanto succionarlo es su única forma de calmarse.

Los padres que se niegan a dar el chupete a sus bebés en estos primeros meses, a menudo desencadenan un patrón muy malo. Cuando a un bebé sólo se le permite succionar el biberón o el pecho, o bien no se alimenta de forma eficiente o se le da de comer con demasiada frecuencia. Aquello que me indica que sucede lo primero es que la madre me llamará y me dirá: «Mi hijo no quiere despegarse del pecho; tarda una hora en terminar de comer». El bebé realiza un tipo de succión con las mandíbulas relajadas, que significa que emplea ese tiempo no para alimentarse, sino únicamente para succionar. De forma similar, cuando un bebé trata de dormirse y serenarse, instintivamente succiona. *Parece* hambriento, pero en realidad se está preparando para dormir. Al interpretar equivocadamente las señales, mamá le ofrece el biberón o el pecho. Eso calma al pequeño, pero no come demasiado porque, de hecho, no tenía hambre, solamente necesitaba succionar. Ambos ejemplos muestran cómo ocurren los errores de crianza. El bebé que se pasa una hora mamando va a adquirir el mal hábito de picotear. Y el que a menudo se duerme mamando, dependerá del pecho o del biberón para dormirse.

Es cierto que hay bebés que al principio se resisten a usar el chupete:

Lili, mi pequeña de cinco semanas, es una niña sumamente avispada. Toma el pecho, está un tiempo despierta y, cuando es hora de hacer la siesta, no logro que se duerma si no le vuelvo a dar el pecho durante unos minutos. Lili se niega a aceptar ningún chupete; lo he probado todo para conseguir que le entre sueño y, por lo visto, el pecho parece ser lo único que funciona. ¿Podrías ayudarme?

Os puedo garantizar que, si esta madre continúa dándole de mamar a Lili (un error especialmente frecuente entre las mamás), dentro de unos meses, si no antes, va a lamentar haberlo hecho. Recordad que un bebé suele tardar un promedio de veinte minutos en dormirse, incluso más en el caso de bebés extremadamente avispados.

UN PLAN: La mamá de Lili debería seguir intentando darle el chupete a su hija durante los ratos en que esté despierta y también debería probar distintos tipos de chupete, empezando por aquellos que más se parezcan a sus propios pezones. Además, si simplemente mete el chupete en la boquita de su hija, sin colocárselo correctamente, lo más probable es que la niña lo rechace. Si se lo pone en la lengua, ella no podrá apresarlo con los labios. Debe introducir el chupete de manera que toque el paladar del bebé. Esta madre tendrá que ser muy perseverante: deberá continuar dándole el chupete a su hija hasta que ella lo acepte.

PISTAS 5

Las siguientes quejas a menudo indican que la sobreestimulación es, al menos en parte, la causa del trastorno de sueño de tu bebé:

A mi bebé le cuesta tranquilizarse para dormir.

Por la noche, mi bebé se despierta con frecuencia llorando o duerme inquieto.

Mi bebé se resiste a dormir la siesta de la tarde.

Mi bebé se duerme, pero luego se despierta de golpe unos minutos después.

Mi bebé no quiere hacer la siesta casi nunca y, cuando la hace, no duerme más de media hora o cuarenta minutos.

Hace muy poco que llevo a mi hijo a jugar con otros niños y justo ahora ha comenzado a despertarse por las noches.

VARIABLE 5: SOBREESTIMULACIÓN

A un bebé sobreestimulado o demasiado cansado le cuesta muchísimo dormirse y, cuando lo consigue, lo hace de forma irregular y a menudo tampoco permanece dormido mucho tiempo. Por tanto, una de las estrategias clave para ayudar a tu bebé a dormirse es seguir un ritual de relajación en cuanto detectes su primer bostezo o movimiento corporal espasmódico (véase variable 2, página 182, para aprender a distinguir el momento óptimo para acostar al bebé).

PROBLEMAS A LA HORA DE HACER LA SIESTA. Los patrones diurnos de sueño me dicen mucho acerca de si la sobreestimulación o el agotamiento tienen relación con los trastornos del sueño nocturno. **¿Tu bebé ahora duerme siestas más cortas durante el día o siempre han durado menos de cuarenta minutos?** Si las siestas de tu hijo siempre han sido breves, es posible que ése sea su biorritmo. Si sus siestas son cortas, no está irritado ni nervioso durante el día y duerme bien por la noche, entonces no hay ningún problema que solucionar. Sin embargo, si sus hábitos a la hora de hacer la siesta han cambiado, a menudo significa que está sobreestimulado durante el día. Y además, eso también le impide descansar bien por la noche. Recuerda que, para dormir bien de noche, los bebés necesitan estar relajados de día. A diferencia de los adultos que, al dormir poco, acaban exhaustos, pero luego son capaces de caer profundamente dormidos y recuperar el sueño perdido, los bebés cuanto menos duermen *más* se alteran (por eso no se debe mantener a un bebé despierto más tarde de lo habitual con la esperanza de que dormirá mejor o durante más horas).

El siguiente es un mensaje de correo electrónico típico: «Tengo un hijo de tres meses y cada vez que lo acuesto en la cuna para que haga la siesta se pone a llorar de inmediato, o bien se despierta al cabo de diez o veinte minutos. ¿Alguna sugerencia?». Ciertos bebés, entre las ocho y las dieciséis semanas, a veces empiezan a dormir siestas de veinte a cuarenta minutos para cargar pilas: siestas energéticas, podríamos llamarlas. Si cuando está despierto el niño se muestra sereno y de buen humor y, además, duerme bien por las noches, puede que a él le baste con hacer siestas cortas. (Lo siento, mamá, ¡sé que te gustaría que sus siestas fueran más largas!) Pero si después de una siesta un bebé está «pachucho» y destemplado y por las noches se despierta repetidamente y tiene un sueño inquieto, es obvio que las siestas tan breves que hace son un problema. Lo más probable es que esté sobreestimulado y, a medida que sucumbe a un sueño profundo, al cabo de veinte minutos o más, su cuerpo da una sacudida espasmódica que lo despierta de repente. A menudo los padres, sin quererlo, aún refuerzan más ese patrón yendo en seguida en busca de su hijo y haciéndole arrumacos, en lugar de dejar que se vuelva a dormir él solito.

UN PLAN: Vigila lo que haces con tu hijo durante el día, sobre todo por las tardes. Procura no recibir demasiadas visitas ni hacer demasiados recados. Y antes de las siestas o de la hora de ir a dormir, no lo involucres en actividades estimulantes, ni siquiera lo expongas a colores demasiado chillones ni a muchos mimos, porque se alterará. Y lo más importante: dedica más tiempo al ritual de relajación (páginas 183-187), incluyendo las palmaditas y los susurros. Y no olvides que a los bebés sobreestimulados les cuesta el doble de tiempo tranquilizarse. No se duermen de forma plácida y gradual, sino que más bien se desploman de golpe y, a veces, ese comienzo tan abrupto los despierta. Quédate con tu hijo hasta que veas que está profundamente dormido (más información sobre problemas a la hora de dormir la siesta en bebés mayores en las páginas 244-247).

NO DETECTAR EL MOMENTO ÓPTIMO PARA ACOSTAR AL BEBÉ. Con los años, también he descubierto que los padres con frecuencia *ignoran* los indicios de

EMPIEZA AHORA
CREAR UN AMBIENTE TRANQUILO

Actualmente, los padres desean que sus hijos sean más listos, quieren asegurarse de que saben todos los colores y de que han visto todos los vídeos educativos que hay en el mercado. No es de extrañar, pues, que los niños estén sobreestimulados. El antídoto para nuestra acelerada cultura es crear un espacio de tranquilidad para nuestro bebé. Fomentar actividades que no lo exciten en exceso durante el día: contemplar su móvil en la cuna, intercambiar mimos con alguien o abrazar un muñeco de peluche durante un rato. Mientras estás con él realizando estas actividades, haz que reine la tranquilidad alrededor de su cunita. Hazle ver que se trata de un lugar agradable para juegos tranquilos y no únicamente un sitio para dormir. En los meses venideros, a medida que tu hijo empiece a adquirir una mayor movilidad, habrá valido la pena (véase el recuadro de la página 236).

sueño de sus hijos. ¿Normalmente sueles mantener a tu hijo despierto porque crees que así dormirá más? Éste es uno de los mitos más destructivos sobre el sueño. La realidad es que si mantienes a un bebé despierto más allá de su hora y permites que llegue a un estado de agotamiento, no sólo no dormirá más, sino que además tendrá un sueño agitado e incluso puede que se despierte prematuramente.

UN PLAN: Sé constante con tu rutina. Observa atentamente las señales que te manda tu bebé. Ambos os sentiréis más felices si sus siestas son consistentes. De vez en cuando está bien desviarse un poco de la rutina, pero a algunos niños los cambios les afectan mucho. Debes aprender a conocer bien el temperamento de tu hijo. Si se trata de un bebé susceptible, gruñón o movido, yo te diría que nunca es buena idea saltarte la rutina.

¿Mantienes a tu bebé despierto cuando tienes visitas o para que tú y/o papá podáis verle después del trabajo? Entiendo lo duro que es para los padres que trabajan estar separados de sus hijos durante el día. Pero es realmente egoísta pretender que un niño se adapte al horario laboral de los adultos. Un bebé necesita dormir. Si haces que tu hijo permanezca despierto hasta muy tarde, lo más probable es que el tiempo que pases con él no sea especialmente agradable, porque estará agotado y muerto de sueño. Si tú o papá deseáis pasar más tiempo con vuestro hijo, procurad regresar a casa lo antes posible o buscad otros momentos para estar con el niño. Muchas madres trabajadoras se levantan un poco más temprano para realizar el ritual de la mañana. Y los papás acostumbran a encargarse de la toma nocturna. Pero hagas lo que hagas, no le escatimes horas de sueño.

Trastornos en el desarrollo. En muchos casos, la sobreestimulación viene dada por el desarrollo físico del niño. De hecho, el cuerpo en constante crecimiento del bebé le impide dormir plácidamente. **¿Tu hijo ha realizado avances físicos últimamente: girar la cabeza, encontrarse los dedos, darse la vuelta?** Los padres a menudo se quejan: «Acuesto a mi bebé en el medio de la cuna y, unas horas después, rompe a llorar. Cuando voy a ver qué le pasa, me lo encuentro acurrucado en un rincón. ¿Podría haberse golpeado la cabeza?». Sí, es posible. O dicen: «Mi bebé dormía la mar de bien hasta que comenzó a darse la vuelta». Lo que ocurre es que los padres acuestan al niño de lado y, aunque lo envuelvan, él se las apaña para escurrirse de la mantita y girar hasta colocarse de espaldas. El problema es que luego no sabe recuperar la posición original y eso puede despertarlo y provocarle frustración. Además, dado que a esta edad los bebés no tienen nada de coordinación, es muy fácil que se despierten a sí mismos al agitar descontroladamente sus pequeños brazos y piernas. Consiguen sacar una mano de la manta que los envuelve y entonces se tiran de las orejas y del pelo, se meten el puño en los ojos… ¡y se preguntan quién les está haciendo esas cosas! Sus diminutos deditos rascan las sábanas de forma inconsciente y ese ruido puede despertarlos. También se dan cuenta de que ahora son capaces de hacer pequeños ruiditos que los distraen y los perturban al mismo tiempo.

UN PLAN: Observar cómo tu hijo aprende a controlar los movimientos de su cuerpo es algo ciertamente emocionante. Tú no puedes detener su desarrollo y seguro que tampoco lo querrías. No obstante, habrá temporadas en que este desarrollo físico interferirá en su descanso. Pongamos por caso que se da la vuelta con demasiada frecuencia y eso se ha convertido en un problema. Utiliza un cojín de apoyo o pon una toalla a ambos lados del cuerpo del bebé para evitar que se gire. Durante el día, podrías enseñarle a darse la vuelta hacia el otro lado, ¡pero quizás te cueste un par de meses! Está claro que algunos de estos cambios simplemente los tendrás que enfrentar como capearías un temporal. Otros pueden resolverse envolviendo al bebé.

MÁS ACTIVIDADES. A medida que transcurre la jornada, y con las actividades ordinarias del día tales como los cambios de ropa, de pañales, la observación de su entorno más inmediato, escuchar los ladridos del perro, el timbre de la puerta o el zumbido de la aspiradora, los bebés se van fatigando. De hecho, a las tres o a las cuatro de la tarde ya están cansados. Ahora añade a todo esto el tipo de actividades que existen hoy en día para las madres. Es mucho para que pueda digerirlo un ser tan pequeño. **¿Cuánta estimulación recibe tu bebé durante el día? ¿Has incorporado más actividades a su rutina? Si es así, ¿a tu hijo le cuesta más conciliar el sueño los días de mayor ajetreo?** A menudo, la sobreestimulación altera el sueño de los bebés («Hace poco que llevo a mi hijo a jugar con otros niños»). Si, al parecer, tu hijo adora su nuevo grupo de juegos o la clase de música en la que lo has inscrito, quizás pienses que bien valen unas horas menos de sueño. Sin embargo, si una actividad determinada perturba el descanso de tu hijo más de un día, probablemente deberías reconsiderar si vale la pena estresarlo tanto. En el caso de los bebés susceptibles, que son hipersensibles a los estímulos, el yoga para bebés o cualquier otra actividad «para bebés» puede que no sea una buena idea. Espera unos meses e inténtalo de nuevo. Una madre me comentó recientemente: «Mi bebé lloró durante su sesión de juegos». Bien, pues aquí tenemos un indicio claro de sobreestimulación.

UN PLAN: Si ves que realizar demasiadas actividades afecta al sueño de tu bebé, no salgas de casa con él a partir de las 2 o las 3 de la tarde. Ya sé que esto no siempre es posible; tal vez tengas un hijo o una hija mayor y debas ir al colegio para recogerlo a las 3.30 de la tarde. De ser así, quizás tengas que organizarte de otra manera o aceptar que el bebé se dormirá en el coche de camino hacia allí o de vuelta a casa y que su siesta no será tan satisfactoria como si la hubiera podido hacer en su propia cama. Dadas las circunstancias, no puedes evitarlo. Podrías dejarlo dormido en el asiento del coche y considerar que ha hecho la siesta. O bien, si se pone nervioso en el coche —a algunos bebés no les gusta dormir en el asiento de un vehículo—, tendrás que tranquilizarlo al llegar a casa e intentar, al menos, que eche una cabezada de unos cuarenta y cinco minutos a última hora de la tarde, antes de la cena. No te preocupes, no arruinará su descanso nocturno. De hecho, hará que duerma mejor.

VARIABLE 6: MALESTAR

Es de cajón: los bebés lloran cuando tienen hambre y están cansados, pero también lloran cuando están incómodos (tienen demasiado frío o demasiado calor), les duele algo o están enfermos. La cuestión es: ¿cuándo se trata de una cosa y cuándo de otra?

DETECTAR SÍNTOMAS DE MALESTAR. Tal como he comentado en repetidas ocasiones, una rutina estructurada te permitirá disponer de más información a la hora de averiguar por qué llora tu bebé.

Estas quejas a menudo indican que, al menos en parte, el malestar es la causa del problema de sueño de tu bebé:

A mi bebé le cuesta tranquilizarse para dormir.

Mi bebé se despierta con frecuencia por la noche.

Mi bebé se queda dormido, pero se despierta al cabo de unos minutos.

Mi bebé sólo consigue dormirse si está en una posición vertical, por ejemplo, en un balancín o en el asiento del coche.

Mi bebé parece cansado, pero en cuanto me dispongo a acostarlo, empieza a llorar.

No obstante, también deberás utilizar tu capacidad de observación. **¿Qué aspecto tiene cuando llora y qué tipo de sonidos emite?** Si tu bebé hace muecas, si su cuerpo se tensa, si levanta las piernas hacia arriba o se agita con fuerza mientras duerme o intenta dormirse, cualquiera de estas señales puede indicar dolor. Un llanto de dolor es más estridente y agudo que uno de hambre. Además, hay diferentes llantos de dolor. Por ejemplo, cuando un bebé llora porque tiene gases, su aspecto y el tipo de sonido de sus llantos es distinto de cuando llora porque tiene reflujo, así como también son distintas las estrategias que has de emplear para hacer que sea más receptivo al sueño (véanse las páginas 114-120).

Es importante tener en cuenta que, a esta edad, los bebés no suelen llorar a causa de errores cometidos accidentalmente por sus padres, sino sencillamente porque *necesitan* algo. Es cierto, sin embargo, que si un bebé llora en cuanto se lo tumba en la cuna podría presentar algún trastorno debido al comportamiento de ellos. Se ha habituado a que sus padres lo lleven en brazos de aquí para allá y ahora cree que irse a dormir consiste en eso. Aunque el hecho de que llore cuando se lo acuesta también podría ser síntoma de reflujo gastroesofágico; en posición horizontal, el ácido del estómago asciende por el esófago y le genera ardor. **¿Tu bebé sólo se duerme en el asiento del coche, en su silla de bebé o en un balancín?** Como expliqué en la página 117, una de las pruebas claras de que se trata de reflujo es que el bebé sólo logra conciliar el sueño estando en posición vertical. El problema es que luego se acostumbran a estar sentados y son incapaces de dormir de otra manera.

UN PLAN: Si sospechas que tu hijo no duerme bien a causa de algún tipo de trastorno intestinal, relee las páginas 114-120; te ayudarán a diferenciar entre gases, cólicos y reflujo y te darán consejos para paliar los síntomas de cada una de estas afecciones (véase también «El círculo vicioso del reflujo», al final de este capítulo, página 214). En lugar de fomentar una dependencia del balancín, tener que conducir por el barrio o meter el asiento del coche en la cuna, toma medidas para que tu bebé se sienta más cómodo en su propia cama. Eleva el colchón y cualquier otra superficie sobre la cual lo tumbes, como el cambiador, por ejemplo. Dobla una manta pequeña en forma de banda y cíñesela alrededor de la cintura, a modo de faja; a continuación, usa otra mantita para envolverlo. La suave presión de la faja será una manera mucho más segura de aliviarle el dolor que tumbarlo boca abajo para dormir, cosa que a menudo tienden a hacer los padres de bebés con reflujo.

ESTREÑIMIENTO. Al igual que la gente mayor que se pasa el día sentada viendo la televisión, los bebés de escasas semanas tienen una movilidad limitada y, por tanto, son propensos a sufrir estreñimiento, lo cual puede perturbarles el sueño. **¿Cuántas veces al día suele defecar tu bebé?** Si respondes: «Mi bebé no ha hecho caca desde hace tres días», también tendré que preguntarte: **¿Le das el pecho o toma el biberón?** Puesto que lo «normal» varía en uno y otro caso. Si un bebé que toma leche artificial está tres días sin defecar, es posible que esté estreñido. Los bebés alimentados con leche materna no sufren este problema tan a menudo; lo habitual es que hagan caca prácticamente tras cada comida y luego, de repente, a lo mejor se pasen tres o cuatro días sin deponer. Esto es normal. Toda la leche materna ha sido absorbida, asimilada por el organismo para formar células adiposas. Si un bebé que mama llora sin motivo aparente, se lleva las rodillas al pecho y parece sentirse incómodo, es posible que padezca estreñimiento. También puede que tenga el estómago distendido, coma menos y/o su orina tenga un color más oscuro, un olor más acre, lo que también podría indicar que está un poco deshidratado.

UN PLAN: Si tu bebé toma el biberón, asegúrate de que bebe como mínimo 120 mililitros más de agua al día; o bien de agua mezclada con zumo de ciruela (30 mililitros de ciruela por 90 de agua). Dale 30 mililitros cada vez, una hora después de cada comida (comprueba también que estás mezclando las cantidades correctas de agua y leche en polvo, tal como explico en el recuadro de la página 102). Moverle las piernecitas como si pedaleara también puede ayudarlo.

Aplica el mismo remedio si amamantas a tu hijo. Sin embargo, espera una semana para ver si realmente está estreñido. Si estás muy preocupada, consulta a tu pediatra, el cual podrá determinar si existe algún otro problema.

MALESTAR A CAUSA DE PAÑALES HÚMEDOS. Antes de cumplir las doce semanas, la mayoría de bebés no lloran porque sus pañales estén mojados, sobre todo si llevan los desechables, que absorben totalmente la humedad. No obstante, algunos bebés —en especial los de tipo gruñón y susceptible— son particularmente sensibles, incluso a esta pronta edad, y se despertarán si se sienten mojados.

UN PLAN: Cámbiale los pañales, envuélvelo de nuevo y cálmalo; luego acuéstalo otra vez. Aplícale muchísima crema hidratante en el culito, sobre todo por la noche, así la orina no le irritará tanto la piel.

MALESTAR TÉRMICO. Antes de las doce semanas, depende de los padres regular la temperatura del bebé. Él mostrará síntomas de tener demasiado frío, demasiado calor o de sentir bochorno. **¿Le palpas el cuerpo cuando se despierta: está sudado, pegajoso o frío?** Tal vez hace demasiado calor o demasiado frío en su dormitorio, especialmente al pasar del verano al invierno. Tócale las extremidades. Ponle la mano sobre la nariz y la frente. Si están frías, es que tiene frío. **¿Al despertarse, está húmedo o totalmente empapado?** La orina se enfría y eso puede enfriar todo su cuerpo. Por otro lado, a algunos bebés les aumenta mucho la temperatura corporal, incluso en invierno. En verano, hay bebés que tienen las manos, los pies y la cabeza fríos y húmedos; y suelen cerrar los puños y encoger los dedos de los pies.

UN PLAN: Eleva o disminuye la temperatura de la habitación de tu hijo. Si tiene frío, envuélvelo en una segunda manta o en una más caliente y hazle arrumacos para calmarlo. Ponle otro par de calcetines bajo el pijama. Si se escurre del envoltorio y suele hacerlo con frecuencia, quizás sería mejor que le compraras uno de esos pijamas de lana que lo mantendrán abrigado y cómodo toda la noche.

Si tu bebé tiene calor o bochorno, no se te ocurra jamás situar su cuna bajo un aparato de aire acondicionado, ni siquiera cerca. Dependiendo del calor que haga en el exterior, puedes colocar un ventilador delante de una ventana abierta; así entrará aire pero no se dirigirá directamente al bebé; (las picaduras de insectos son más difíciles de tratar que el calor; por tanto, asegúrate de poner mosquiteras en las ventanas). No le pongas ninguna camiseta interior bajo el pijama. Usa una manta más ligera. Si esto no funciona, quizás tendrás que recurrir a lo que hice con un bebé llamado Frank, cuya temperatura corporal era tan alta que se despertaba con el pijama sudado cada noche. Tuvimos que envolverlo desnudo, sólo con el pañal debajo.

TRATAR LAS 6 VARIABLES: ¿DE QUÉ NOS OCUPAMOS PRIMERO?

Tal como señalé anteriormente, las seis variables no aparecen en un orden particular. Además, en muchas ocasiones se trata de cuestiones que se solapan. Por ejemplo, cuando unos padres no siguen una rutina durante el día, a menudo tampoco siguen de manera coherente un buen ritual para ir a dormir. Y cuando un bebé está sobreestimulado o agotado, también suelo sospechar que los padres están cometiendo inconscientemente algún error de crianza. De hecho, por lo general, los trastornos del sueño están provocados por al menos dos variables, a veces incluso por tres o cuatro; por eso, los padres preguntan: «Entonces, ¿qué atacamos *primero*?».

A continuación tenéis cinco pautas de sentido común por las que guiaros:

1. INDEPENDIENTEMENTE DEL RESTO DE VARIABLES QUE PUEDAN ALTERAR EL SUEÑO DE TU BEBÉ Y DE LAS MEDIDAS QUE TOMES PARA SOLUCIONARLAS, MANTÉN O ESTABLECE UNA RUTINA DIURNA Y UN BUEN RITUAL PARA IR A DORMIR. Prácticamente en todos los casos en que un bebé tiene dificultades a la hora de dormirse o permanecer dormido, yo recomiendo seguir el ritual de los cuatro pasos y quedarse junto al bebé hasta que se haya dormido profundamente.

2. ANTES DE OCUPARTE DE LOS PROBLEMAS NOCTURNOS, HAZ CAMBIOS DURANTE EL DÍA. Nadie está en su mejor momento por la noche. Además, realizar algunas modificaciones durante el día, con frecuencia, resuelve problemas nocturnos sin necesidad de *hacer* nada más.

3. OCÚPATE PRIMERO DEL ASUNTO MÁS URGENTE. Usa el sentido común. Si te das cuenta, por ejemplo, de que tu hijo se despierta porque tu suministro de leche le resulta insuficiente o porque está dando un estirón de crecimiento, tu prioridad inmediata será darle más comida. Si tu bebé siente dolor, no funcionará ninguna técnica hasta que ese malestar haya desaparecido.

4. SÉ UNA MADRE P. C. Resolver las alteraciones del sueño requiere ser muy paciente y consciente. Se necesita paciencia para efectuar un cambio. Ten presente que cada paso puede llevarte *al menos* tres días o más, si de alguna manera el vínculo de confianza entre tú y tu bebé se ha roto. Necesitarás ser muy consciente a fin de agudizar tu capacidad de observación, tanto para detectar sus indicios de sueño como su reacción ante las nuevas medidas.

5. TEN PRESENTE QUE SE PRODUCIRÁ ALGÚN TIPO DE REGRESIÓN. Es típico que los padres me llamen y me digan: «Nuestro bebé estaba durmiendo de maravilla y de repente ahora se despierta otra vez a las 4 de la madrugada». Esto es muy frecuente (especialmente en bebés de sexo masculino). Empieza desde cero y repítelo todo de nuevo. Pero por favor, por favor, no le cambies las normas a tu hijo. Una vez hayas decidido probar una de las estrategias que sugiero, sé constante y, si es necesario, repítela.

A fin de mostrarte cómo afectan estas pautas a mi manera de pensar, voy a compartir una serie de casos reales contigo. Los he extraído de mensajes de correo electrónico que he recibido (lógicamente, he cambiado los nombres y algunos detalles). Si has leído este capítulo hasta aquí (en lugar de comenzar por el final, ¡como hago yo a veces!), deberías ser capaz de identificar las frases clave de cada mensaje y de resolver el problema al mismo tiempo que yo.

A LA HORA DE AYUDAR AL BEBÉ A DORMIRSE, ¿CUÁNDO ESTAMOS INTERVINIENDO DEMASIADO?

Recuerda que, en los primeros meses, estamos *enseñando* a dormirse a los bebés. Sobre todo si has probado otros métodos, te puede costar semanas, incluso un mes, cambiar un patrón o sosegar a un bebé que ha cogido miedo. A veces los padres, confundidos, se preguntan, como hizo la madre de Hailey, «¿cuándo termina nuestro trabajo y empieza el suyo?».

Hemos leído tu libro y nos ha encantado, especialmente después de haber quedado insatisfechos con otros métodos que recomiendan «dejar llorar» al bebé. Nuestra pequeña de nueve semanas, Hailey, gracias a tus consejos, ahora es capaz de hacer siestas —algo que antes nunca hacía de forma regular— y duerme entre seis y siete horas por la noche, lo cual, como bien debes suponer, es una bendición del cielo para nosotros.

A veces Hailey se duerme directamente. Sin embargo, por lo general, se revuelve un poco y agita brazos y piernas. Estos movimientos la mantienen despierta o la despiertan justo cuando acaba de dormirse. Para ayudarla durante estos momentos más difíciles, acostumbramos a envolverla de la cintura hacia abajo (o de cuerpo entero si vemos que está agotada o sobreestimulada), y luego nos quedamos con ella, «su-

surrándole» rítmicamente y dándole palmaditas suaves en la barriguita. Normalmente esto la adormece. Nos preocupa estar convirtiéndonos en un instrumento para que se duerma durante las siestas. Por las noches, sin embargo, no parece tener problemas para conciliar el sueño.

¿Cuándo deberíamos dejar de ayudar a Hailey a dormirse? Si no está llorando pero continúa despierta y resistiéndose a dormir, ¿tendríamos que marcharnos de su habitación y dejarla sola? ¿Y qué debemos hacer cuando rompe otra vez a llorar? Es difícil saber cuándo termina nuestro trabajo y empieza el suyo.

Cuando un bebé de pocas semanas necesita ayuda, debemos proporcionársela. En lugar de preocuparnos por si lo estamos «mimando» o «consintiendo» demasiado, lo que tenemos que hacer es concentrarnos en interpretar sus señales y satisfacer sus necesidades. Y en eso debemos ser persistentes. En este caso concreto, los padres *no* están haciendo demasiado: de hecho, *han de* quedarse junto a Hailey a fin de ayudarla a dormirse. Intuyo que el haberla «dejado llorar» anteriormente ha minado la confianza de su hija. Hailey no está segura de si puede contar con ellos. Además, si «se revuelve un poco y agita brazos y piernas», significa que está extremadamente fatigada y quizás sobreestimulada. Tal vez mamá la anime a realizar actividades demasiado excitantes antes de la hora de la siesta y, a lo mejor, no dedica un tiempo a seguir un ritual de relajación para que la niña «cambie el chip» y pase de las actividades al sueño. Yo sugeriría que la envolviesen *siempre* y no sólo de la cintura para abajo. (Recordad que los bebés de menos de tres meses no son conscientes de que sus brazos les pertenecen. Cuando están cansados, es más probable que agiten las extremidades, ¡y esos apéndices en movimiento les alteran el descanso!) Me da la impresión de que Hailey es un bebé que necesita sentirse muy protegido y seguro, por eso hay que invertir más tiempo en calmarla. A menos que sus padres sean constantes ahora y le dediquen un tiempo extra durante el día y antes de acostarla, los próximos meses van a lamentarlo.

CÓMO LAS NECESIDADES DE LOS PADRES PUEDEN ECLIPSAR LAS DEL BEBÉ

A veces el propio egoísmo de los padres les puede impedir ver lo que es realmente importante. Parecen olvidar que tienen un *bebé* a quien deben enseñar a dormir y el cual, a pesar de haber aprendido a tranquilizarse solito, no puede dormir doce horas seguidas por la noche. En muchos de estos casos, el supuesto problema de sueño se reduce a una incompatibilidad entre las necesidades del niño y las de sus padres, que pretenden incluir al pequeño en su estilo de vida sin que ello les cause demasiados inconvenientes. Reflexiona sobre el siguiente mensaje; se trata de una madre a punto de reincorporarse al trabajo, que intenta *darle prisa* a su hijo para que encaje en *su* horario.

Mi hijo Sandor tiene once semanas y hace muy poco que he comenzado a utilizar tu método. Han transcurrido unos cuatro días y no sé qué hacer respecto a dos cuestiones: 1) El cansancio le sobreviene aproximadamente entre las 8 y las 9 de la noche, pero tengo miedo de acostarlo tan temprano y que luego me despierte en plena noche. Habitualmente, su sueño nocturno es de entre cinco y siete horas seguidas. Una noche durmió siete horas y, a la siguiente, nueve. Después, volvió otra vez a despertarse a las 4 de la madrugada. Así pues, ¿lo acuesto a las 8 o me aseguro de que sólo se trata de una cabezada? Me da mucho miedo. 2) En segundo lugar está el hecho de que, efectivamente, me despierta a las 4 o 4.30 de la madrugada. ¿Qué hago? ¿Le doy el chupete e intento que vuelva a dormirse? Y si no lo hace, ¿le doy de comer? ¿Esto le creará el mal hábito de comer durante la noche? Y otra cosa: ¿cuánto tiempo debo dedicar a intentar dormirlo de nuevo con el chupete, si es eso lo que tengo que hacer? Dentro de diez días he de volver a trabajar a jornada completa y me horroriza pensar que me tendrá despierta por las noches y terminaremos los dos agotados.

¡Uau! Hasta yo misma quedé agotada al leer el mensaje. Es evidente que la madre de Sandor está muy angustiada y agobiada. No obstante, dice que, a las once semanas, el pequeño dormía siete o nueve horas de un tirón. A mí me parece fantástico. ¡Conozco madres que matarían por un bebé así!

La principal preocupación de esta madre es que su bebé ha «vuelto» a despertarse a las 4 de la madrugada y eso perturba su *propio* descanso. Por lo que explica, sospecho que Sandor está dando un estirón de crecimiento. Ya había llegado al punto de dormir largos periodos de tiempo, lo cual me indica que su estómago es capaz de contener la cantidad de comida necesaria para sustentarlo durante siete horas seguidas. A fin de confirmar esta intuición, me haría falta más información sobre la vida del niño: cuánto come o si toma leche materna o leche artificial, por ejemplo. Creo que se despierta porque tiene hambre (aunque generalmente el hecho de despertarse a media noche se debe a errores inconscientes por parte de los padres, existen excepciones, sobre todo cuando hay otros indicios de hambre). Si Sandor está hambriento, su madre tendrá que darle de comer y, sobre todo, incrementar su ingesta de calorías durante el día. Si, por el contrario, empieza a alimentarlo por las noches, va a crear un hábito que más adelante le supondrá un verdadero problema.

No obstante, este mensaje merece más comentarios de lo que parece a primera vista. Si la madre de Sandor quiere estar tranquila en el trabajo, tendrá que analizar la situación a fondo y con una mayor perspectiva. Para empezar, veo claramente que su hijo no sigue ninguna rutina. Si no, el niño no estaría despierto hasta tan tarde. Así pues, una medida ineludible es adelantar la hora de ir a dormir del bebé a las 7, en lugar de acostarlo a las 8 o las 9 de la noche y, además, debe dársele una toma nocturna a las 11 (que probablemente será necesaria hasta que Sandor comience a ingerir alimentos sólidos). Por otro lado, es obvio que mamá es muy poco realista y algo impaciente. El bebé tiene casi tres meses, y cuanto mayor es un bebé, más cuesta corregir sus malos hábitos. En cambio, ella se siente defraudada porque no ve grandes avances después de tan sólo *cuatro* días. Hay niños a quienes incluso les cuesta más tiempo cambiar los hábitos (tampoco sé a qué se refiere esta madre cuando dice: «Hace muy poco que he comenzado a utilizar tu método», pero ciertamente no parece que Sandor esté siguiendo mi rutina E. A. S. Y.). Lo que debería hacer es adoptar un plan y aplicarlo de manera consecuente. Por lo que respecta a su vuelta al trabajo, si ha estado amamantando a su hijo, yo quisiera preguntarle si ya le ha dado algún biberón y quién va a ocuparse del bebé cuando ella no esté. Le conviene empezar a considerar muchas otras cosas, aparte de su propia fatiga.

INTERVENCIONES INAPROPIADAS: NO P. U./P. D. ANTES DE LOS TRES MESES

Algunos padres que han leído acerca de mi método *pick up/put down* (P. U./P. D.; véase el próximo capítulo) lo prueban con bebés de menos de tres meses y no les suele funcionar sencillamente porque se trata de un método demasiado estimulante cuando son tan pequeños. Además, tal como explicaré con más detalle en el próximo capítulo, ésta es una técnica concebida como instrumento de aprendizaje para enseñar a los bebés a calmarse solos, y antes de los tres meses, son demasiado pequeñitos para empezar. Para serenar a bebés de menos de tres meses lo único adecuado es darles palmaditas y susurrarles simultáneamente. Con mucha frecuencia, cuando los padres prueban el método P. U./P. D. a una edad demasiado temprana, también entran en juego errores de crianza y otras variables, y entonces se aferran a cualquier cosa que les pueda ayudar, sin darse cuenta de que su bebé aún no está preparado para ello, desde el punto de vista del desarrollo:

> *Mi hijo responde en gran parte a la definición de Tracy de lo que es un bebé angelito. Iván tiene alrededor de cuatro semanas. Prácticamente la mitad de las veces que lo acuesto para la siesta, se duerme él solo sin problemas durante unos diez minutos, pero luego se despierta muy alterado y revolviéndose en la cuna. Hace casi una semana que ha comenzado a darse la vuelta solito y lo hace tanto que se escurre de la mantita en la que lo envuelvo. Está tan inquieto que me cuesta una hora o más de P. U./P. D. conseguir que vuelva a dormirse. A veces, en lugar de dormir, se mueve nerviosamente todo el rato que debería durar la siesta y continúa despierto hasta que le toca la siguiente comida. ¿Qué es lo que tendría que hacer? La mayor parte del tiempo se porta tan bien que esto me resulta descorazonador.*

En primer lugar, advertirle a esta madre que, de hecho, la técnica P. U./P. D. puede agravar aún más la situación, puesto que los bebés se alteran cuando se los coge repetidamente en brazos y luego se los acuesta de nuevo. Y además, puede que mamá no lo esté haciendo correctamente. Tal vez lo aúpa y deja que el bebé se duerma en sus brazos. Entonces, al tumbarlo en la cuna, el pequeño se sobresalta y se despierta. Si éste es el caso, la madre de Iván está estableciendo un mal patrón de crianza. Yo le aconsejaría que retomara las estrategias básicas y dedicara más tiempo a realizar el ritual de relajación de los cuatro pasos con su hijo. Al fin y al cabo, el niño se calma con facilidad antes de las siestas, es después cuando se agita. Por lo que describe la madre, tengo la sensación de que durante los diez minutos que permanece dormido, Iván atraviesa los primeros estadios del sueño; sin embargo, ella después abandona la habitación. Debería quedarse diez minutos más *con* él, así se aseguraría de que está profundamente dormido. Si se queda junto a la cuna del bebé, le da palmaditas suaves cuando se le abran los ojitos y lo protege de cualquier estímulo visual con la mano, puedo garantizar que el pequeño se volverá a dormir y continuará dormido. Pero cada vez que el ciclo se interrumpe, ella tiene que empezar de nuevo desde el principio. Si ahora no invierte tiempo en conseguir que su hijo duerma bien, ¡pronto dejará de ser un bebé angelito!

LO PRIMERO ES LO PRIMERO

Tal como señalé al principio de este capítulo, los muchos trastornos del sueño están originados por múltiples causas. Y naturalmente, los padres se desesperan. Algunos se dan cuenta de que se han equivocado desde el comienzo; otros no. Como quiera que sea, lo importante es saber qué hacer primero. En el siguiente mensaje, escrito por Maureen, vemos a una madre que intenta guiarse por los libros al pie de la letra, como suele decirse:

Dylan ha tenido un sueño inquieto durante las siete semanas de su corta vida. Empezó con los días y las noches invertidos. Nunca le ha gustado dormir en el moisés y con el tiempo esta aversión ha empeorado. Estando en el moisés, ha llegado a pasarse más de una hora llorando y a pesar de haber intentado tranquilizarlo con el método P. U./P. D., tampoco me ha funcionado. Se resiste a dormir de manera habitual y, cuando logra hacerlo, se despierta de repente tras cinco, diez o quince minutos y después le resulta imposible volver a conciliar el sueño. Quiere que lo abracen y le hagan mimos durante casi todo el día y toda la noche y, entonces, normalmente duerme bien. Desgraciadamente, la situación está empeorando: ahora ni siquiera duerme tranquilo durante un paseo en coche o en su cochecito, porque se despierta como si algo lo hubiera asustado (al menos antes podía recurrir a estos paseos y confiar en que se dormiría). Me encanta tu filosofía respecto a los niños y quiero que Dylan aprenda a ser independiente y adquiera unos buenos hábitos de sueño. He probado muchas de las sugerencias que aparecen en tu libro, pero ninguna parece encajar con mi hijo (creo que pertenece al tipo que defines como movido). Necesito que Dylan duerma según un horario regular, pero jamás puedo contar con que hará una siesta o se quedará dormido, independientemente de las circunstancias.

A lo largo de todo el mensaje, da la impresión de que Maureen atribuye las dificultades para dormir de Dylan a su obstinación («se resiste», «quiere», «nunca le ha gustado»). De este modo, evita asumir ninguna responsabilidad por lo que *ella* ha hecho (o ha dejado de hacer) para influir en el comportamiento de su hijo.

Las expectativas de Maureen, además, son un poco elevadas. En su mensaje, dice: «Empezó con los días y las noches invertidos». Todos los bebés vienen al mundo con un reloj de veinticuatro horas, por así decirlo, y si los padres no les enseñan a separar el día de la noche (véanse las páginas 178-180), ¿cómo van a saber ellos la diferencia? La madre de Dylan explica: «Le resulta imposible volver a conciliar el sueño», pero, repito, ¿es que alguien le ha enseñado a hacerlo? En lugar de eso, por lo que yo entiendo, le han dado a entender que dormir significa recibir mimos y abrazos.

No obstante, la parte más elocuente del mensaje de Maureen es cuando revela que Dylan se ha pasado «más de una hora llorando» en el moisés. Al dejar que el niño llore solo tanto rato, ella ha roto el vínculo de confianza. No es extraño, pues, que ahora le resulte difícil consolar a su hijo. Para colmo de males, los padres han estado utilizando toda clase de apoyos para conseguir que Dylan se duerma: abrazarlo, pasearlo en el cochecito, dar vueltas con él en el coche. No me sorprende en lo más mínimo que las cosas estén empeorando. El hecho de que Dylan se despierte «de golpe tras cinco, diez o quince minutos» me indica que además está sometido a un exceso de estimulación.

Dicho de otra manera, desde el primer día, los padres de Dylan no lo han respetado ni lo han escuchado. Los llantos son la única forma que tiene de comunicarse con ellos, pero no le han prestado atención ni han hecho nada en respuesta a sus «peticiones». Si desde que llegó a casa desde el hospital lloraba porque «nunca le ha gustado dormir en el moisés», ¿por qué sus padres no buscaron enseguida una alternativa? Algunos bebés, sobre todo los de tipo gruñón y susceptible, son extremadamente sensibles a su entorno. Los colchones de los moisés a menudo son delgados, de no más de cinco centímetros y poco consistentes; tal vez Dylan estaba incómodo. Me atrevería a decir que, a medida que ganaba peso y adquiría más conciencia de su entorno, se sentía cada vez más incómodo.

Resumiendo, en lugar de escuchar y responder a las demandas de Dylan, sus padres han recurrido a un apaño rápido tras otro. Y sospecho que Maureen también probó el método P. U./P. D. («He probado muchas de las sugerencias que aparecen en tu libro»), lo cual no es nada adecuado para bebés de tan corta edad. Así pues, ¿por dónde empezar? Está claro que esta madre debería estructurar la jornada de su hijo según una buena rutina; si durante el día lo despierta cada tres horas para darle sus comidas, resolverá fácilmente la inversión del día por la noche. Sin embargo, antes que nada deberá sacar al niño del moisés, que probablemente le resulta incómodo y, al mismo tiempo, tendrá que comenzar a ganarse de nuevo su confianza. Debería comenzar con la técnica del cojín que describo en la página 194 y, de forma muy gradual, trasladarlo finalmente a la cuna. Los padres habrán de comprometerse a realizar el ritual de los cuatro pasos —preparar el ambiente para dormir, envolverlo, sentarse junto a él y darle las palmaditas acompañadas de susurros— *antes de cada siesta, no sólo por la noche.* Y cada vez, alguien deberá quedarse con Dylan hasta que esté profundamente dormido.

Otro caso frecuente de alteraciones del sueño que incluye diversas variables es cuando los padres van a remolque del bebé, en vez de establecer una rutina estructurada. El niño se siente confundido porque nunca sabe qué le espera a continuación. Y es menos probable que los padres sean capaces de «interpretar» correctamente sus señales. Esto, además, tiene un efecto rebote, causando caos y desconcierto en toda la familia y provocando no sólo trastornos de sueño (a los padres, al bebé y a sus hermanos, si los tiene), sino también cambios radicales y negativos en su personalidad. El siguiente mensaje de correo electrónico, enviado por Joan, sobre un bebé de seis semanas lo ejemplifica a la perfección. Apostaría a que la pequeña Ellie seguramente era un bebé angelito, pero ahora se está convirtiendo rápidamente en una gruñona:

> [...] La niña come bien, se toma los biberones sonriente y alerta, pero tengo problemas a la hora de detectar cuándo necesita dormir. Me siento como si me pasara la mayor parte del día intentando que duerma. Puedo tardar una hora entera en calmarla, darle las palmaditas, etc., para conseguir que lo haga durante unos veinte minutos. Esto me preocupa porque está demasiado cansada y se muestra irritable y gruñona casi todo el día.
>
> Ellie generalmente duerme bien por la noche y tengo la sensación de que la distingue claramente del día. Por la noche es capaz de dormir seis o siete horas seguidas y, luego, vuelve a dormirse por otro periodo largo. En ocasiones, entre las 6 o las 7 de la tarde y las 6 o las 7 de la mañana, sólo tenemos que darle de comer un par de veces. ¿Por qué duerme tan poco durante el día? Se despierta fatigada y de mal humor, a menudo incluso llorando. Yo le doy masajes y palmadas en la barriguita y le hablo suavemente. Entonces parece pasar a la fase tres y dormirse por su cuenta, pero enseguida se despierta otra vez y quiere jugar. Como si hubiese descansado una hora. ¿Qué puedo hacer para lograr que duerma durante el día?
>
> He intentado seguir la rutina E. A. S. Y.; sin embargo, me he dado cuenta de que con frecuencia tiene sueño en las comidas porque está cansada después de una siesta demasiado corta, en el ciclo anterior de comer, actividad y dormir. Estoy en tratamiento por depresión posparto. Cuando nació mi hija Allison, que ahora tiene tres años, también sufrí depresión posparto. Las siestas diurnas de mi hija duraban cuarenta y cinco minutos y dormía bien por la noche. Con ella también pasé mucho tiempo procurando que durmiera durante el día. Al final me rendí. Afortunadamente, era bastante buena con nosotros por la noche y a partir de los cuatro o cinco meses ya dormía de doce a quince horas, hasta que cumplió el año y medio. Actualmente duerme entre once y doce horas. No puedo quejarme. Ahora ya está dejando de hacer siestas durante el día.

A pesar de que Joan dice que ha «intentado seguir la rutina E. A. S. Y.», a mí me resulta evidente que ha estado siguiendo el ritmo de su hija. Permite que Ellie duerma demasiadas horas entre las comidas y sólo le da una toma durante cada uno de los dos largos periodos de sueño que describe. Un bebé de seis semanas necesita alimentarse cada tres horas durante el día. Es fantástico que Ellie sea capaz de dormir de seis a siete horas seguidas por la noche, pero Joan no debería dejar que durmiera por «otro periodo largo». Por supuesto que la niña duerme poco durante el día. ¡Por la noche ha estado durmiendo entre doce y catorce horas! Eso está bien para un niño de tres años, pero Ellie es sólo un bebé. Es posible que Joan, que obviamente tiene sus propios problemas emocionales, esté agradecida de que su hijita la deje dormir por la mañana, pero también está pagando un precio por ello. La niña se despierta «fatigada y de mal humor, a menudo incluso llorando» porque tiene hambre. Si su madre la despierta para darle una toma, en lugar de dejar que duerma tantas horas seguidas, las siestas diurnas de Ellie mejorarán de forma natural. En otras palabras, la niña debería seguir la rutina E. A. S. Y., lo cual significa que su madre tendría que darle de comer a las 7 de la mañana, a las 10, a la 1 del mediodía, a las 4 y a las 7 de la tarde, además de la toma nocturna de las 11. Dada la capacidad de su hija, sin duda dormirá hasta las 7 de la mañana siguiente.

A fin de cambiar la situación, Joan también tendrá que *observar a su bebé*. Necesita conocer y aceptar quién es Ellie. Resulta interesante comprobar que Joan dispone de información importante sobre el temperamento de su hija, pero no relaciona todos los datos. Ellie es su segunda hija y, si no me equivoco, se parece mucho a su hermana mayor, Allison, la cual también hacía siestas de cuarenta y cinco minutos y dormía bien por la noche. Joan dice que al final se rindió y aceptó los ciclos de sueño naturales de Allison; sin embargo, no está haciendo lo mismo con Ellie. Estoy convencida de que si durante el día da de comer a Ellie cada tres horas y le permite dormir un periodo largo por la noche, su humor mejorará ostensiblemente. Respecto de las siestas, a esta niña, al igual que a su hermana mayor, puede que le baste con dormir sólo cuarenta y cinco minutos. Y Joan sencillamente tendrá que vivir con ello.

El círculo vicioso del reflujo

Recibo incontables mensajes de padres que dicen que sus bebés «nunca duermen» o que están «despiertos a todas horas». A algunos de estos niños se les ha diagnosticado reflujo, pero los padres continúan teniendo problemas para conseguir que se sientan lo suficientemente cómodos para dormir. Otros no se percatan de que sus bebés sufren dolor; sin embargo, determinados indicios me dicen cuándo un bebé duerme mal por culpa de molestias gástricas. Sin duda, el reflujo, especialmente los casos graves, causa estragos en muchas casas. Y a menudo también da al traste con la rutina. En todos estos casos, lo más importante es combatir el dolor primero. Curiosamente, incluso aquellos padres que son conscientes de que su bebé padece reflujo no suelen darse cuenta de lo relacionados que están estos factores. El siguiente mensaje de Vanessa, la «desesperada madre de un bebé de cinco semanas», es un buen ejemplo:

> *Estamos trabajando en varias de tus técnicas para dormir, pero realmente nos está costando horrores aplicarlas con éxito. En cuanto Timothy muestra los primeros signos de cansancio, lo acostamos en su cuna. Las primeras dos noches que lo probamos, durmió cinco horas seguidas. Eso fue la semana pasada y desde entonces no ha vuelto a dormir tanto. Parece quedarse encallado en el tercer estadio. Bosteza, la mirada se le nubla y, cuando ya está casi dormido, da la sacudida del tercer estadio. Y acto seguido vuelve a repetir todo el proceso. Rompe a llorar y lo tranquilizamos, se calma y luego el círculo*

vicioso comienza de nuevo. Cada vez es más agotador y tardamos horas en conseguir que se duerma. Sus siestas también han empeorado. Estamos intentando mantener la misma rutina, pero es frustrante. Además Timothy tiene reflujo y lo pasa muy mal, así que si llora mucho, cosa que tratamos de evitar, suele acabar vomitando. Por favor, ¡necesitamos ayuda! (Hicimos el test de tu libro y Tim está entre el tipo movido y el susceptible.)

En primer lugar, como muchos otros padres, Vanessa y su pareja no se quedan junto a Tim el tiempo suficiente. Esto es particularmente importante en el caso de bebés susceptibles y movidos; y resulta que el pequeño Timothy es una combinación de ambos tipos. Sus padres deberían estar junto a él cuando se despierta con esa sacudida que describe su madre. Pero también tendrían que ocuparse de aliviarle el dolor que le provoca el reflujo. La mejor forma es elevar todas las superficies en que acostumbran a tumbar al bebé: tanto el cambiador como la cuna. Si no lo han hecho todavía, deberían buscar el asesoramiento de su pediatra o de un pediatra gastroenterólogo que pueda prescribirles antiácido y/o medicación contra el dolor para paliar los síntomas del reflujo. Cuando tu bebé padece dolores, *antes que nada* lo esencial es aliviar ese malestar; elevar su colchón a un ángulo de cuarenta y cinco grados con un cojín especial (¡o con un tomo de enciclopedia!), ponerle una faja bajo el envoltorio y suministrarle la medicación apropiada (véanse las páginas 116-118). Ninguna de las técnicas para dormir existentes en el mundo funcionará si tu bebé está sufriendo.

Para mi desesperación, no obstante, muchos padres ven la medicación como un último recurso:

Estoy preocupada porque las comidas prolongadas y los gases, en general, están afectando al sueño de mi pequeña Gretchen, de diez semanas. He seguido durante varios días todos los consejos que da Tracy Hogg en su libro, pero sin obtener resultados (por ejemplo, múltiples rondas de palmaditas y susurros; colchón inclinado; eructos frecuentes; minimización de estímulos visuales y auditivos). En realidad no estoy segura de cómo continuar. ¿Debería seguir haciendo lo mismo que hasta ahora o acaso hay algo que se me escapa? ¿Debería correr a la consulta del pediatra? Estoy exhausta y pienso que quizás Gretchen sea demasiado pequeña para «manipularla»; sin embargo, suscribo totalmente el mantra de Tracy, «Empieza tal como tengas intención de continuar». Pero lo que veo no es sostenible a largo plazo para ninguna de las dos...

Definitivamente, Gretchen padece un problema digestivo —probablemente reflujo—, puesto que las comidas prolongadas y los gases, en general, son síntomas típicos. El hecho de que, al describir posibles alternativas, su madre use la frase «correr a la consulta del pediatra» me dice que no es consciente de que tendría que solucionar el *dolor* de su hija primero y luego resolver el resto de problemas. A la más mínima sospecha de que tu hijo padece un trastorno digestivo, debes acudir al pediatra *enseguida*, no como último recurso.

Sobre todo cuando se trata de bebés con reflujo, hay que tener mucho cuidado de no consolarlos más allá del punto en que dejan de llorar. Esto supone una especie de trampa y es fácil incurrir en un error de crianza. Aunque te estés volviendo loca, no uses un apoyo para sosegar y aliviarle el dolor a tu bebé. Cierto, determinado tipo de apoyos —el asiento del coche, una sillita de bebé, el pecho de la madre o del padre o un balancín— calman el malestar del reflujo gastroesofágico porque elevan la cabeza del bebé. Comprendo la necesidad desesperada de los padres de paliar el sufrimiento de su hijo, pero al utilizar un apoyo, mucho después de que haya desaparecido el dolor el bebé continuará dependiendo de él. Aquí tenemos un ejemplo típico:

> *Mi hija de nueve semanas, Tara, tiene reflujo y ha estado durmiendo en su sillita de bebé desde que tenía una semana. Sólo así y sobre mi pecho lograba conciliar el sueño, porque la pobre escupía muchísimo. Ahora que Tara es más grande (5 kilos y 600 gramos) y toma medicamentos, yo quisiera que durmiera en la cuna. Mi médico sugirió el método de Ferber, pero mi hija se puso histérica. Sé que no puedo repetir la experiencia de ninguna manera. He leído en su libro sobre los «errores de crianza» y soy consciente de que eso es lo que he hecho. ¿Cómo puedo conseguir que duerma en posición horizontal y luego en su cuna? Cuando la tumbo para que duerma, arquea la espalda y se pone a chillar. Voy a volverme loca y mi marido también. Le agradeceríamos cualquier tipo de ayuda.*

Estoy segura de que has adivinado que los padres de Tara tienen que sacarla de la sillita y no ponérsela al pecho para que se duerma. También tendrían que elevar el colchón de la cuna; para Tara, un ángulo de cuarenta y cinco grados sería muy similar a estar en su sillita. Dado que probaron el método llamado ferberización, además tendrán que pasar más tiempo con su hija antes de cada siesta y antes de acostarla por la noche. Deberán quedarse a su lado hasta que esté dormida del todo, así Tara recuperará la confianza en ellos (véanse las páginas 192-195). Por otro lado, este caso también me sirve para ilustrar otro punto importante: si a Tara le diagnosticaron reflujo en su primera semana de vida, ahora han transcurrido dos meses y seguramente casi habrá duplicado el peso que tuvo al nacer. Por tanto, es posible que la dosis de antiácido o de medicación contra el dolor que le prescribieron originalmente ya no sea suficiente para aliviarle el dolor *ahora*. Los padres deberán comprobar con el pediatra que le están suministrando a su hija la dosis correspondiente a su peso.

¿Qué tal? ¿Cómo ha ido la cosa? ¿Has sido capaz de diagnosticar los casos expuestos anteriormente, de imaginar qué otras preguntas podrías hacer y de pensar en varios planes de acción? ¿Puedes analizar ahora tu propia situación? Sé que es mucha información para asimilar de golpe, pero esto es lo bueno de los libros: puedes releerlos y consultarlos una y otra vez. Te prometo que estos conocimientos que has adquirido sobre los hábitos de sueño de los bebés te acompañarán en los meses y años por venir. Son la base sobre la cual se fundamentan todas mis otras observaciones y técnicas. Cuanto mejor seas a la hora de averiguar qué le pasa a tu hijo a los tres meses o menos, tanto mejor preparada estarás para el resto de sus meses como bebé y de sus años de primera infancia, que trataré en los próximos dos capítulos.

6

P. U./P. D.

Una estrategia para que consiga conciliar el sueño: de los cuatro meses al primer año

Un grave error de crianza

Cuando conocí a James, él tenía cinco meses y nunca había dormido en su propia cuna, ni para hacer la siesta ni por las noches. No podía dormir a menos que su madre estuviera pegada a él, en la cama de papá y mamá. No obstante, no se trataba en absoluto de una idílica situación de cama familiar. La madre de James, Jackie, tenía que acostarse cada noche a las 8 y tumbarse junto a su hijo cada mañana y cada tarde, cuando al niño le tocaba hacer la siesta. Y el pobre padre, Mike, debía entrar sigilosamente en su casa al volver del trabajo. «Si la luz del piso de arriba está encendida, sé que está despierto», me explicó Mike. «Si no, tengo que infiltrarme en mi propia casa como un ladrón de guante blanco.» Jackie y Mike transformaron su vida por James pero, aun así, él *continuaba* sin dormir bien. De hecho, se despertaba en varias ocasiones cada noche y su madre sólo conseguía que volviera a dormirse dándole el pecho. «Sé que no tiene hambre», me confesó Jackie el día que nos conocimos. «Simplemente me despierta porque quiere compañía.»

Como ocurre con muchos bebés que tienen dificultades para conciliar el sueño durante su primer año, el problema se originó cuando James tenía tan sólo un mes. Sus padres, al ver que «se resistía» a todos sus esfuerzos por hacerlo dormir, empezaron a turnarse para mecerlo en un balancín. Al final conseguían que se durmiera, pero en cuanto lo acostaban en la cuna, James abría los ojitos de golpe. Mamá, desesperada, comenzó a calmarlo poniéndoselo en el pecho. Y, naturalmente, la calidez del cuerpo de su madre lo sedaba. Muerta de cansancio, Jackie se tumbaba con él en la cama de matrimonio y los dos se quedaban dormidos. El niño nunca volvía a su cuna. Cada vez que su hijo se despertaba, Jackie se lo acercaba al pecho y esperaba que conciliara el sueño de nuevo. «Hacía todo lo posible por retrasar lo inevitable, darle de mamar otra vez.» Aunque, por supuesto, siempre acababa dándole una toma extra. Lógicamente, durante el día James dormía mejor las siestas: estaba agotado después de pasarse la noche en vela.

A estas alturas ya deberías haber reconocido esta situación como un caso flagrante de error de crianza. A diario recibo, literalmente, miles de llamadas y mensajes de correo electrónico de padres con bebés de cuatro meses o más diciéndome que su hijo:

- Todavía se despierta con frecuencia por las noches.
- Los despierta a una hora intempestiva por las mañana.
- Nunca hace una siesta larga (o, como dijo una madre, «no duerme la siesta»).
- Depende de ellos para dormirse.

Estos problemas, y sus muchas variantes, suelen ser lo más común durante el primer año. Si los padres no toman medidas para corregir la situación, este tipo de dificultades empeora y se alarga hasta bien entrada la primera infancia, si no más. El caso de James ilustra todos estos problemas, ¡por eso lo he seleccionado!

A los tres o cuatro meses, los bebés ya deberían estar siguiendo una rutina consistente y durmiendo en sus propias cunas, tanto para hacer la siesta de día como por las noches. También deberían ser capaces de calmarse y de dormirse solos, así como de volver a dormirse si se despiertan en plena noche. Asimismo, deberían poder dormir toda la noche, como mínimo por un periodo de seis horas seguidas. Sin embargo, desafortunadamente muchos bebés no encajan en esta descripción, ni a los cuatro meses, ni a los ocho, ni siquiera al cumplir un año o más. Y cuando sus padres contactan conmigo, me recuerdan enormemente a Jackie y a Mike. Desesperados por solucionar el problema, saben que se han equivocado en algún momento, pero no tienen ni idea de cómo enderezar la situación.

A fin de resolver un trastorno del sueño, especialmente con bebés mayores, tenemos que analizar la jornada completa del pequeño. El origen de todos los problemas citados anteriormente puede atribuirse a una rutina inconsistente, inapropiada o inexistente (por ejemplo, un bebé de cinco meses siguiendo una rutina de tres horas). Aunque, por supuesto, los padres también han tenido su parte de responsabilidad.

Generalmente, en casi todos los casos se ha producido la misma secuencia de acontecimientos: durante los primeros meses, el bebé no duerme bien o duerme de forma errática. Los padres buscan una solución rápida. Se llevan al bebé a su cama de matrimonio, dejan que se duerma en un balancín o en el asiento del coche; o bien se utilizan a sí mismos: mamá le ofrece el pecho para que se calme, papá pasea con él por el pasillo. A un bebé le bastan tan sólo tres o cuatro noches para volverse dependiente de un apoyo. En cada uno de los casos, la solución pasa por establecer o recuperar una buena rutina para el bebé. Por eso, con el objetivo de instaurar o cambiar la rutina de un bebé de tres meses o más, les enseño a los padres el método *pick up/put down*: P. U./P. D.

Si tu bebé duerme sin dificultad y sigue una buena rutina, la técnica P. U./P. D. no te hace falta. Sin embargo, si estás leyendo esto, lo más probable es que la necesites. Este capítulo se centra exclusivamente en este método: en qué consiste y en cómo varía según los diferentes grupos de edad. A fin de mostrarte cómo aplicar P. U./P. D., pongo de relieve las alteraciones del sueño típicas del primer año y analizo algunos casos reales correspondientes a cada grupo de edad. Hacia el final del capítulo (páginas 244-247), también encontrarás un apartado especial dedicado a las siestas, un problema común a todas las edades. Por último, dado que muchos padres me han escrito diciéndome que el método P. U./P. D. no funciona con *su* hijo, examino los puntos en que madres y padres suelen equivocarse.

¿Qué es el método P. U./P. D.?

Pick up/put down, coger al bebé en brazos para que se tranquilice y enseguida volver a acostarlo en la cuna, es la piedra angular de mi filosofía respecto a los hábitos de sueño. Es tanto un instrumento de aprendizaje como un método para resolver problemas. Con esta técnica, tu hijo no será dependiente de ti ni de ninguna clase de apoyo para dormirse y tampoco se sentirá abandonado. No dejamos al niño solo, sino que nos quedamos junto a él; así pues, nada de «dejarlo llorar hasta que se canse».

Yo utilizo el método P. U./P. D. con bebés de entre tres meses y un año que no han aprendido cómo dormirse solos; a veces incluso con bebés mayores, en casos particularmente difíciles o en los cuales el niño jamás ha seguido ningún tipo de rutina. El P. U./P. D. no sustituye al ritual de relajación de los cuatro pasos (véanse las páginas 183-187); se trata más bien de una medida para usar como último recurso. Y se necesita, sobre todo, cuando se han cometido errores de crianza.

Si tu hijo se muestra nervioso e inquieto cuando le toca dormir o si tienes que recurrir a un apoyo para conseguir que se duerma, es fundamental que modifiques esos hábitos antes de que arraiguen profundamente y conduzcan a problemas más serios. Cuando la pequeña Janine tenía dos meses, por ejemplo, «sólo quería dormir en su cochecito», según su madre, la cual ahora dice: «Si no le doy un paseo en coche, es imposible que se duerma». La dependencia de un apoyo para dormir, al igual que cualquier clase de adicción, se agrava con el tiempo. Y ahí es donde entra en juego el método P. U./P. D. Yo lo empleo para:

- Enseñar a los bebés que dependen de apoyos a dormirse por su cuenta, tanto de día como por la noche.
- Instaurar una rutina en la jornada de bebés mayores o reestablecer una cuando los padres han perdido el ritmo.
- Ayudar a un bebé a pasar de una rutina de tres horas a una de cuatro.
- Alargar siestas demasiado cortas.
- Ayudar a un bebé a dormir más horas por la mañana, cuando se despierta demasiado temprano, debido a algo que han hecho sus padres y no a causa de sus biorritmos.

La técnica P. U./P. D. no es magia. Conlleva trabajar mucho y muy duro (por eso yo sugiero a los padres que coordinen sus esfuerzos y hagan turnos; véanse la página 253 y el recuadro de la página 176). Al fin y al cabo, pretendes cambiar la manera en que habitualmente pones a dormir a tu bebé. Por tanto, cuando lo acuestes sin su apoyo, lo más probable es que rompa a llorar, porque está acostumbrado a su antigua forma de ir a la cama —succionando el biberón, el pecho, dando un paseo, siendo mecido o con suaves sacudidas—, es decir, con cualquiera que fuera el apoyo que utilizabas en el pasado. Vas a encontrar resistencia desde el primer momento, puesto que tu bebé no comprende lo que intentas hacer. Bien, dicho esto, empezaremos. En primer lugar, coges a tu hijo en brazos y en tono tranquilizador le aseguras que al menos *tú* sí sabes lo que estás haciendo. Dependiendo de la edad de tu bebé, de su fortaleza física y de lo activo que sea, tendrás que adaptar el método a sus características (encontrarás cómo hacerlo en cada una de las secciones que incluyo más adelante, dedicadas a los distintos grupos de edad). No obstante, el método P. U./P. D. consiste básicamente en este simple procedimiento:

Cuando el bebé llore, ve a su habitación. Primero procura serenarlo con palabras y poniéndole la mano suavemente en la espalda. Hasta los seis meses también puedes darle las palmaditas y susurrarle al mismo tiempo. No obstante, en bebés mayores, las palmadas y los susurros, especialmente el sonido, pueden perturbarles el sueño, así que nos limitaremos a ponerles una mano en la espalda para que sientan nuestra presencia. Si el bebé no para de llorar, cógelo en brazos, pero vuelve a tumbarlo en cuanto se calme, ni un segundo después. Estás tratando de consolarlo, no de volver a dormirlo, eso tiene que hacerlo él solito. Sin embargo, si llora y arquea la espalda, túmbalo enseguida. Nunca te opongas a un bebé que llora. En cualquier caso, mantén el contacto físico poniendo la mano en su espalda con firmeza, para que sepa que estás ahí. Quédate con él. Tranquilízalo también con palabras: «Cariño, no pasa nada, es sólo la hora de dormir. Simplemente vas a dormir un poco, ya está».

Incluso aunque llore en el instante en que lo separes de tu hombro o mientras te dispones a acostarlo en la cuna, no dejes de hacerlo: túmbalo en el colchón. Si llora, cógelo de nuevo. La idea de esta técnica es que le des consuelo y seguridad y que él sienta esas emociones. En esencia, tu comportamiento le dice: «Puedes llorar, pero mamá/papá está a tu lado. Sé que te cuesta volver a conciliar el sueño, pero estoy aquí para ayudarte».

Si cuando lo acuestas en la cuna llora, vuelve a cogerlo. Pero acuérdate de no forzarlo si arquea la espalda. En parte, si se resiste y se retuerce, es porque está intentando volver a dormirse. Apartarse de ti y hundirse en el colchón es su manera de ponerse cómodo para dormir. No te sientas culpable. No le estás haciendo daño. Y no te lo tomes como algo personal, no está enfadado contigo. Sólo está frustrado porque nunca ha aprendido cómo dormirse y tú debes permanecer con él para ayudarlo y apaciguarlo. Al igual que los adultos que dan vueltas en la cama durante una noche en blanco, lo único que tu bebé quiere es descansar un poco.

Como promedio, se tarda unos veinte minutos en calmar a un bebé mediante el método P. U./P. D., pero el proceso puede llegar a durar una hora o más. No estoy segura de cuál es mi récord, pero con algunos bebés he tenido que hacerlo más de cien veces. Muy a menudo los padres no se fían de esta técnica. Están convencidos de que con *su* bebé no funcionará. No ven este método como un *instrumento*. Las mamás, en concreto, suelen decir: «Si no recurro a darle el pecho, ¿qué voy a hacer? ¿Cómo lograré calmarlo?». Pues tienes tu voz y la intervención física. La voz, lo creas o no, es tu arma más poderosa. Hablándole en tono suave y cariñoso y, si es necesario, diciéndole una y otra vez: «Sólo vas a dormir, cariño; no pasa absolutamente nada», le harás saber a tu hijo que no vas a abandonarlo. Únicamente lo estás ayudando a conciliar el sueño. Los bebés cuyos padres practican el método P. U./P. D., al final acaban asociando la voz con una sensación de consuelo y serenidad y ya no les hace falta que los cojan en brazos. Se sienten seguros al escuchar las balsámicas palabras de sus padres y eso es todo lo que necesitan para serenarse.

Si aplicas correctamente esta técnica —coger al bebé en brazos cuando llore y tumbarlo en la cuna en cuanto pare—, al final se cansará y llorará menos. Al principio, quizás resoplará o jadeará entre lloriqueos, lo cual significa que le está empezando a entrar sueño. Tú sigue sin quitarle la mano del cuerpo. La leve presión de tu mano acompañada de tus palabras de sosiego le indican que aún estás con él. No debes darle palmaditas, ni susurrarle, ni marcharte de la habitación… hasta que lo veas sucumbir de lleno al sueño (véase la página 186).

La técnica P. U./P. D. se basa en tranquilizar al bebé e infundirle confianza. Aunque te cueste cincuenta o cien veces, incluso ciento cincuenta, seguro que estás dispuesta a hacerlo con tal de enseñar a dormir a tu hijo y recuperar tu propio tiempo, ¿verdad, querida? Si no es así, entonces estás leyendo el libro equivocado. En estos casos, no existen las soluciones fáciles y rápidas.

El método P. U./P. D. no evita los llantos. Sin embargo, previene el miedo al abandono, ya que *mientras el bebé llora, tú permaneces junto a él y le das consuelo*. Tu hijo no llora porque te odie o porque le estés haciendo daño. Llora porque estás intentando hacer que se duerma de un modo distinto a como él estaba acostumbrado y, lógicamente, se siente frustrado. Todos los niños lloran cuando les cambian los hábitos. Pero lloran de frustración y ése es un tipo de llanto muy diferente a cuando lloran porque se sienten abandonados; el llanto por abandono es más desesperado, temeroso y casi primitivo, pensado para que acudas de inmediato a socorrerlos.

Retomemos la historia de la pequeña Janine, por ejemplo, a quien ya mencioné anteriormente. Cuando su madre dejó de usar un apoyo con movimiento para que se durmiera, ni el cochecito ni el coche, a ella no le gustó nada. Al principio no hacía más que llorar y lo que realmente estaba diciendo era: «¿Qué estás haciendo, mamá? ¡Así no es como nos vamos a dormir normalmente!». Sin embargo, tras unas cuantas noches de P. U./P. D., Janine fue capaz de dormirse sin necesidad de ningún apoyo.

Para que sea efectivo, debemos adaptar el método al desarrollo del bebé. A fin de cuentas, no es lo mismo tratar con una criatura de cuatro meses que con una de once. Es de sentido común, pues, que adaptemos el método a las necesidades y las características cambiantes de cada niño. En las siguientes cuatro secciones —de los tres a los cuatro meses, de los cuatro a los seis, de los seis a los ocho y de los ocho al primer año—, te ofrezco una rápida visión general de cómo son los bebés a cada edad y de cómo van cambiando con el tiempo sus posibles alteraciones del sueño (los trastornos del sueño después del primer año se tratan en el capítulo 7). No obstante, la situación no varía demasiado según el grupo de edad y muchos de los problemas más comunes, como despertarse en plena noche y hacer siestas muy breves, pueden persistir a lo largo de los meses. En estos apartados también incluyo las preguntas clave que hago a los padres a fin de comprender un problema concreto en su totalidad. Naturalmente, acostumbro a plantear otras preguntas sobre los hábitos de sueño del bebé, sus patrones alimenticios, las actividades que suele realizar, etc., pero asumo que, si has leído hasta aquí, ya sabes con qué profundidad indago en cada caso (tal como te he aconsejado en otras ocasiones, te insto a que leas *todos* los apartados, no sólo el dedicado a un grupo de edad determinado. Aunque tu bebé ya haya superado algunas de las fases previas, esas preguntas te proporcionarán información adicional que te ayudará a averiguar por qué tu hijo tiene dificultades para dormir). Y luego explico cómo adaptar la técnica P. U./P. D. a cada grupo de edad. Después de cada una de las secciones, expongo un caso de estudio para ese grupo, a fin de mostrarte cómo aplicar el método según las distintas circunstancias y en diferentes estadios de desarrollo.

DE 3 A 4 MESES: MODIFICAR LA RUTINA

Tal vez te sorprenda que nos centremos en una etapa de sólo un mes, en lugar de crear una categoría que englobe de los «tres a los seis meses». Esto es porque, a los cuatro meses, la mayoría de bebés ya puede pasar de una rutina de tres horas a una de cuatro (quizás necesites releer la tabla del capítulo 1, página 44). Si tu pequeño dormía tres siestas y echaba una cabezadita a los tres meses, a los cuatro sólo le harán falta dos siestas y una de las cabezadas. Si tomaba cinco comidas al día (a las 7, a las 11, a las 3 y a las 7 de la tarde) más la toma nocturna y, después de una comida, sólo aguantaba despierto de media hora a cuarenta y cinco minutos, ahora permanecerá despierto unas dos horas o más.

A veces, la etapa de los cuatro meses coincide con un estirón de crecimiento (véanse las páginas 120-123 y 197-198). Sin embargo, a diferencia de estirones anteriores, éste no sólo implica darle más alimento durante el día, sino *extender* el intervalo de tiempo entre comidas. Si esto te parece extraño, recuerda que ahora el estómago de tu bebé es más grande y que él come de forma más eficiente y puede ingerir más cantidad de comida de una sola vez que la que comía durante los primeros meses. Además, también *necesita* comer más porque sus niveles de actividad están a punto de aumentar y puede estar despierto más tiempo. Si no modificas su rutina o si tu hijo hasta el momento no ha seguido ninguna rutina estructurada, durante este mes es cuando se desarrollan «misteriosamente» muchos trastornos del sueño, problemas que desaparecen de forma igualmente misteriosa en cuanto se establece o se modifica la rutina que estructura adecuadamente la jornada del bebé. De igual modo, si no te das cuenta de que tu hijo está dando un estirón y empiezas a darle de comer cuando se despierta en plena noche, incluso un bebé que dormía largamente podría desarrollar alteraciones del sueño de manera «repentina».

A los tres meses, las habilidades motrices del bebé todavía son limitadas, pero está creciendo a pasos agigantados. Ya puede mover la cabeza, los brazos y las piernas. Es posible que también sea capaz de darse la vuelta. Está más alerta y es más consciente de su entorno. Tú ya conoces sus distintos llantos y su lenguaje corporal; llegado este punto, ya deberías reconocer la diferencia entre hambre, fatiga, dolor y sobreestimulación. Cuando un bebé tiene hambre, sin duda hay que darle de comer. En cambio, a un bebé cansado y/o frustrado hay que enseñarle cómo volver a dormirse. Puede que arquee la espalda mientras llora. Si no está envuelto, también es probable que levante las piernas hacia arriba y las golpee contra el colchón cuando se sienta frustrado.

PROBLEMAS FRECUENTES. Si la jornada de un bebé no está bien estructurada o no se ha producido la transición de una rutina de tres horas a una de cuatro, existen muchas posibilidades de que se despierte a media noche, sólo duerma cabezaditas, se despierte demasiado temprano o todo eso junto.

Cuando los padres han seguido el ritmo de su hijo en lugar de guiarlo, recibo mensajes como éste, de la madre de un bebé de cuatro meses:

Justina no ha seguido ningún tipo de horario. A poco que yo la tranquilice, consigo que se duerma para las siestas, pero por muy relajante que sea el ambiente de su cuarto, no hay manera de que duerma durante más de media hora y aún tiene sueño cuando se despierta.

Más adelante en su mensaje, esta madre se queja de que Justina «se lo pone muy difícil para seguir la rutina E. A. S. Y.», aunque en realidad la culpa es suya y no de su hija. Es ella quien debe tomar las riendas. Si, además, los padres de Justina han estado usando algún apoyo —ellos mismos o algo con movimiento— para dormir a su pequeña, habrán empeorado aún más el problema.

Por otro lado, a esta edad, a medida que un bebé se adentra en un nivel de sueño más profundo, su cuerpo se vuelve laxo, así como sus labios, por eso el chupete se le cae de la boca. Al caérseles el chupete, muchos bebés continúan dormidos, pero algunos se despiertan. Para estos niños, el chupete es un apoyo (véase la página 190). El hecho de despertarse al perder el chupete puede continuar sucediendo hasta que el bebé cumpla los siete meses aproximadamente, momento en el cual ya podrá volver a ponerse el chupete en la boca sin ayuda de sus padres. Entretanto, no obstante, si sigues poniéndole de nuevo el chupete cada vez que se le cae, estarás reforzando un error de crianza típico. Lo que tienes que hacer, en cambio, es dejar que continúe sin el chupete y ofrecerle consuelo de otras formas (si hasta ahora nunca le has dado un chupete, mejor no empezar).

PREGUNTAS CLAVE. ¿Has hecho que tu hijo siguiera alguna vez una rutina? Si todavía no, tendrás que introducir una (véanse las páginas 49-55). **¿Estás intentando mantener a tu bebé en una rutina de tres horas?** Si es así, deberás ayudarle a realizar la transición a una de cuatro horas. El proceso es el mismo que el de introducir la rutina E. A. S. Y. en la jornada de un bebé de cuatro meses (lo encontraréis explicado con gran detalle en la página 227). ¿Sus siestas se están acortando? Esto también podría indicar que tu bebé debería seguir una rutina de cuatro horas. Alrededor de los cuatro meses, más o menos, muchos bebés ya pueden aguantar despiertos como mínimo un par de horas. Algunos lo hacen antes, otros más tarde, pero si todavía toman sus comidas según un horario de tres horas, comer con demasiada frecuencia puede interferir en sus siestas (véase la tabla de la página 44, donde se puede comparar fácilmente la rutina de tres horas con la de cuatro). Y aunque hayan estado durmiendo bien sus siestas hasta ese momento, comenzarán a dormir durante periodos cada vez más cortos. Acostumbra a suceder de modo muy gradual y muchos padres no se dan cuenta hasta que las siestas duran sólo cuarenta y cinco minutos o menos (véanse las páginas 244-247). Si te fijas, podrás detectar los primeros indicios del nuevo patrón. No dejes que se establezca. Cambia enseguida a una rutina de cuatro horas.

¿Tu bebé quiere comer más a menudo? Digamos, por ejemplo, que le toca una toma a las 10 de la mañana, pero mucho antes ya parece muerto de hambre. Cuando se despierta por la noche, **¿realiza una toma completa?** Si es así, lo más probable es que esté dando un estirón. De nuevo, la

DESPERTARES TEMPRANOS *¿DE QUIÉN: TUYOS O DE TU BEBÉ?*

Recientemente conocí a la madre del pequeño Oliver, de ocho meses, el cual durante el día dormía siestas de dos horas, se iba a dormir a las 6 de la tarde y dormía de un tirón hasta las 5.30 de la madrugada. A su madre no le gustaba levantarse tan pronto, «por eso», me dijo, «he estado intentando mantenerlo despierto hasta más tarde». Oliver, que en circunstancias normales era un niño alegre que seguía perfectamente su rutina, de repente se había vuelto malhumorado e irritable por las noches. Su madre quería saber qué hacer ahora, puesto que era evidente que mantenerlo despierto hasta más tarde no estaba funcionando y este pequeño, que nunca había sido reacio a irse a la cama, ahora tenía problemas para dormirse. «¿Deberíamos probar a dejarlo llorar?», me preguntó. Rotundamente no. Esta madre había creado un problema donde no había ninguno y ahora tenía que ser responsable y resolverlo. Los bebés disponen de sus propios relojes internos. Si tu bebé duerme once horas y media cada noche —de las 6 de la tarde a las 5.30 de la madrugada, por ejemplo—, ésa es la cantidad de horas de sueño adecuada para él, sobre todo si duerme bien sus siestas durante el día. En cualquier caso, podrías intentar posponer un poco la hora de acostarlo y hacerlo a las 6.30 o a las 7 de la tarde, por ejemplo, probándolo a intervalos de sólo quince minutos para asegurarte de que tu hijo no se fatiga en exceso. Sin embargo, puede que su reloj interno se resista; en ese caso, deberás respetar su horario natural y acostarlo a las 6. Si *estás* cansada porque no te gusta levantarte tan pronto, ¡vete antes a la cama!

solución es pasar a una rutina de cuatro horas. Resiste la tentación de alimentarlo más a menudo. En lugar de eso, sigue el plan de alimentación que explico en las páginas 198-199 y dale más comida a las 7 de la mañana y, durante un periodo de tres o cuatro días, incrementa gradualmente la cantidad de leche en cada toma, añadiendo más gramos a sus biberones o dale de mamar de ambos pechos, cosa que aumentará tu producción de leche. Si no ingiere la cantidad añadida, entonces es que aún no está preparado; de todas maneras, a partir de ahora fíjate mucho en su ingesta de comida. A los cuatro o cuatro meses y medio, ya será capaz de aguantar cuatro horas entre comida y comida. La excepción sería un bebé prematuro, cuya edad cronológica es de cuatro meses pero, si llegó al mundo con seis semanas de antelación, su edad de desarrollo corresponde a la de un bebé de dos meses y medio (véase la página 149 y recuadro de la página 180).

¿Se levanta más temprano? A esta edad, los bebés no necesariamente piden comida en cuanto se despiertan, ya que al igual que ocurre con los adultos, algunos quieren comer enseguida y otros no. Muchos balbucean y sueltan gorjeos y, si nadie acude a su habitación, vuelven a dormirse. En este punto, es fundamental que sepas interpretar las señales de tu hijo. Si tu bebé llora porque tiene hambre, debes alimentarlo; pero, a continuación, ponlo inmediatamente a dormir. Si no se durmiera, tendrías que recurrir al método P. U./P. D.; a medida que incrementas su ingesta de comida durante el día y pasas de una rutina de tres horas a una de cuatro, su hora de despertarse probablemente se estabilizará. Pero supongamos que no se termina la comida. Entonces sabrás que, obviamente, no estaba demasiado hambriento y que simplemente quería succionar para calmarse. En el pasado, cuando tu bebé se despertaba en plena noche, **¿siempre has acudido a él y le has dado una toma?** Si es así, casi seguro que ha adquirido el mal hábito de despertarte para que le des el pecho o el biberón. Sin embargo, ahora en lugar de darle de comer lo tranquilizarás con el método P. U./P. D.

Cómo adaptar **P. U./P. D.** Con un bebé tan pequeño, además del procedimiento básico que he descrito anteriormente, cuando entres en su dormitorio, tal vez tengas que envolverlo otra vez. Hazlo mientras está tumbado en la cuna. Si no consigues calmarlo *en la cuna* con palabras de sosiego y unas palmaditas suaves, cógelo en brazos. Sostenlo hasta que deje de llorar, pero no más de cuatro o cinco minutos. No sigas sujetándolo si ves que se resiste, arqueando la espalda o tratando de apartarse de ti. Ponlo en la cuna. De nuevo, intenta serenarlo dándole palmaditas en la cuna. Si no funciona, vuelve a cogerlo. Como promedio, a los tres o cuatro meses, para que la técnica P. U./P. D. funcione se necesitan unos veinte minutos. Afortunadamente, aunque tu hijo haya desarrollado un hábito en respuesta a tu error de crianza, lo más seguro es que aún no esté demasiado arraigado. La única excepción sería que hubieses empleado el método del llanto controlado y, de ese modo, tu hijo hubiese perdido la confianza.

Modificar la jornada de tu bebé de **4** meses para resolver trastornos del sueño por la noche

Cuando los bebés de cuatro meses (o más) siguen una rutina E. A. S. Y. de tres horas, duermen siestas irregulares y se despiertan con frecuencia por la noche. Si ellos no hacen la transición a una rutina de cuatro horas de manera espontánea, tendremos que ayudarlos (si tu hijo nunca ha seguido una rutina estructurada, consulta las páginas 49-55 para aprender cómo introducir E. A. S. Y.).

El siguiente plan, diseñado específicamente para un bebé de cuatro meses, consiste en incrementos de tres días. Funciona bien con la mayoría de bebés, pero no te preocupes si a tu hijo le cuesta más tiempo llegar al objetivo. Según la tabla (página 227), por ejemplo, cada toma requiere media hora, pero quizás tu hijo tarde cuarenta y cinco minutos. Si tu bebé ya se ha acostumbrado a hacer siestas de cuarenta y cinco minutos, tal vez te costará algo más de tiempo conseguir que, durante el día, duerma durante periodos más prolongados. No obstante, lo importante es continuar avanzando en la dirección correcta. En el apartado que sigue a esta tabla, encontrarás la historia de Lincoln, un caso de estudio en el cual tuvimos que ayudar a un bebé a realizar la transición hacia las cuatro horas y usamos el método P. U./P. D. para alargar sus siestas.

Del día uno al día tres. Emplea este tiempo en observar la rutina de tres horas de tu hijo, cuánto come y cuánto duerme. Por lo general, los bebés de tres meses comen cinco veces al día: a las 7 de la mañana, a las 10, a la 1 del mediodía, a las 4 y a las 7 de la tarde. En la página 227 se incluye un día «ideal», pero muchos bebés no lo cumplen exactamente (en la lista sólo incluyo comidas, actividad y horas de sueño; omito la «Y», de «tiempo para ti», a fin de simplificar).

Del día cuatro al día siete. Dale de comer a las 7, en cuanto se despierta, alarga su actividad de la mañana unos quince minutos y durante el resto del día, dale las comidas un cuarto de hora más tarde; por ejemplo, la segunda toma en lugar de a las 10, será a las 10.15 y la tercera a la 1.15, no a la 1 del mediodía. Continuará haciendo tres siestas (de hora y media, hora y tres cuartos y dos horas), más una cabezada de entre media hora y cuarenta y cinco minutos; sin embargo, el intervalo *entre siestas* se habrá extendido ligeramente y seguirá alargándose, a medida que continúes con este plan. Dicho de otra manera, el bebé permanecerá despierto durante periodos de tiempo cada vez más largos. Utiliza el método P. U./P. D. para prolongar sus siestas.

DEL DÍA OCHO AL DÍA ONCE. Continúa dándole de comer a las 7, cuando se despierte, pero extiende su actividad matinal otro cuarto de hora, lo que también retrasará todas sus comidas quince minutos más: su toma de las 10 ahora será a las 10.30 de la mañana; la de la 1, a la 1.30, etc. Durante unos días, también eliminarás la cabezada de última hora de la tarde, para así prolongar las otras tres siestas, aproximadamente una hora y media y una hora cuarenta y cinco minutos por la mañana y dos horas por la tarde. Al suprimir la cabezada, es posible que tu bebé se muestre muy cansado. Si es así, tal vez tendrás que acostarlo a las 6.30, en lugar de a las 7.30 de la tarde.

DEL DÍA DOCE AL DÍA QUINCE (O MÁS). A partir de ahora, comienza a alargar *media hora* más el rato de actividad matutina de tu bebé, lo cual hará que todas sus comidas también se pospongan treinta minutos: su comida de las 10 ahora tendrá lugar a las 11 de la mañana, la de la 1 a las 2 de la tarde, etc. A fin de que el resto de siestas se hagan más largas, continúa evitando la cabezada de la tarde, aproximadamente de dos horas a una hora y media por la mañana y una hora y media por la tarde. Estos días serán los más duros, pero sé constante. De nuevo, si tu hijo se muestra fatigado al no dormir la siesta de la tarde, acuéstalo antes. Si has estado juntando comidas, dale la última a las 7 de la tarde, antes de que se vaya a dormir.

Ya puedo imaginarme las cartas y mensajes que voy a recibir: «Pero, Tracy, dijiste que no deberíamos darle de comer al bebé para que se durmiera». Es cierto. Dar de comer para dormir —práctica mediante la cual un bebé se vuelve dependiente del biberón o del pecho de su madre para poder conciliar el sueño— es uno de los errores de crianza más comunes. Los bebés que toman leche para dormirse no logran dormir de ninguna otra manera y, además, tienden a despertarse con frecuencia por la noche. Existe una gran diferencia, no obstante, entre darle de comer para que se duerma y darle de comer justo antes de la *hora de acostarlo* y luego en la toma nocturna (cuando ni siquiera está despierto), lo cual ayuda al bebé a dormir unas cinco o seis horas seguidas. Mi sugerencia es darle de comer, bañarlo y acostarlo, aunque también puedes invertir el orden y darle el baño primero. Dependerá de tu bebé. Algunos se alteran después del baño, por eso es mejor bañarlos antes de la comida; a otros les da sueño y a veces incluso se quedan dormidos mientras comen. Tú misma debes decidir qué funciona mejor con tu hijo. En cualquier caso, la toma de las 7 de la tarde no es un error de crianza ni un mal hábito; para que así fuera, tu bebé necesitaría comer *siempre* para poder dormirse.

EL OBJETIVO. Al llegar a este punto, por las mañanas tomará sus comidas a las horas adecuadas: las 7 y las 11. Durante los tres días, una semana (o más), concéntrate en ajustar las comidas de la tarde. Empieza retrasando las tomas, que ahora son a las 2.15 (tú quieres que sea a las 3) y a las 5 (tú quie-

Días 1-3	Días 4-7	Días 8-11	Días 12-15	El objetivo
E: 7 h	E: 7 h	E: 7 h	E: 7 h	E: 7 h comida
A: 7.30 h	A: 7.30 h	A: 7.30 h	A: 7.30 h	A: 7.30 h
S: 8.30 h (1 ½ h)	S: 8.45 h (1 ½ h)	S: 9 (1 ½ h)	S: 9 h siesta (2 h)	S: 9 h siesta (2 h)
E: 10 h	E: 10.15 h	E: 10.30 h	E: 11 h	E: 11 h
A: 10.30 h	A: 10.45 h	A: 11 h	A: 11.30 h	A: 11.30 h
S: 11.30 h (1 ½ h)	S: 12.15 h (1 ¾ h)	S: 12.30 h (1 ¾ h)	S: 12.45 h (1 ½ h)	S: 1 h (2 h)
E: 1 h	E: 1.15 h	E: 1.45 h	E: 2.15 h	E: 3 h
A: 1.30 h	A: 2 h	A: 2.15 h	A: 2.45 h	A: 3.30 h
S: 2.30 h (1 ½ h)	S: 2.45 h (2 h)	S: 3 h siesta (2 h)	S: 3.30 h siesta (1 ½ h)	S: de 5 a 6 h cabezada (½ a ¾ h)
E: 4 h	E: 4.15 h	E: 4.30 h	E: 5 h comida	E. A. S.: 7.30 h, comida, baño y cama
A: 4.30 h	A: 4.45 h	A: 5 h	A: Baño	E: Toma nocturna
S: Cabezada (1 ½ a ¾ h)	S: Cabezada (1 ½ a ¾ h)	S: ¡Ninguna siesta!	S: A la cama a las 6.30 o 7 h	
E y A: 7 h comida y baño	E y A: 7.15 h comida y baño	E. A. S.: 6.30 o 7 h comida, baño y hora de acostarse	E: Toma nocturna	
S: 7.30 h	S: 7.30 h	E: 11 h, toma nocturna		
E: 11 h, toma nocturna	E: 11 h, toma nocturna			

res que sea a las 6 o a las 7) entre quince y treinta minutos. Es probable que, al extender su periodo de vigilia, tu bebé necesite la cabezada de la tarde. Si continúas en esta línea, como verás en la última columna de la tabla anterior, finalmente reducirás las cinco tomas a cuatro: a las 7, a las 11, a las 3 y a las 7 de la tarde, más la toma nocturna; y los tres periodos de sueño diurno serán dos siestas de dos horas, por la mañana y a primera hora de la tarde, más una mini siesta al final de la tarde. De esta forma, también habrás extendido su tiempo de vigilia y tu hijo podrá permanecer despierto durante dos horas seguidas.

Caso de estudio a los 4 meses: adaptarse a una rutina E. A. S. Y. de cuatro horas

May contactó conmigo porque el pequeño Lincoln, de tres meses y medio, estaba perturbando el sueño de toda la familia. «No hay forma de que se duerma solo y cuando se despierta por la noche no quiere volver a dormirse», me explicó la madre. «Si lo acuesto en la cuna despierto, llora y llora sin parar: no se revuelve pero chilla. Entonces voy a su cuarto, porque no creo en la filosofía de dejarlo llorando, pero me cuesta mucho tranquilizarlo. Parece no querer nada, excepto el biberón. Durante el día, a veces duerme la siesta, pero nunca a la misma hora ni por igual periodo de tiempo. Sin embargo, hay días en que no duerme nada de nada. Nunca duerme toda la noche de un tirón. Tampoco se despierta a la misma hora cada noche. Normalmente duerme unas cinco o seis horas seguidas, se despierta para tomar un biberón de 175 mililitros y luego vuelve a dormirse durante un par de horas más. No obstante, algunas noches sólo toma unos 30 o 60 mililitros de leche, nunca lo sé.» May estaba preocupada porque, aparte de que ella y su marido tenían una gran falta de sueño, se le estaba agotando la paciencia. «Lincoln es lo opuesto totalmente a Tamika, que ahora tiene cuatro años; ella dormía toda la noche desde los tres meses y siempre hacía sus siestas. Simplemente no sé qué hacer con mi hijo.».

Cuando le pregunté a May con qué frecuencia comía Lincoln, ella me contestó que cada tres horas. Sin embargo, a mí enseguida me pareció evidente que al niño le faltaba una rutina estructurada. Además, sin duda estaba dando un estirón, ya que se despertaba erráticamente y engullía 175 mililitros de leche después de haber dormido durante cinco o seis horas seguidas. En primer lugar, teníamos que ocuparnos inmediatamente del estirón, así que incrementamos la ingesta de comida de Lincoln durante el día. Por otro lado, también teníamos que solucionar la ausencia de rutina en la vida de este pequeño, lo cual hacía que May tuviera dificultades a la hora de interpretar sus señales. Y además, los padres estaban incurriendo también en un incipiente error de crianza. Lincoln se había acostumbrado a dos tipos de apoyo: su mamá y el biberón. Tuvimos que estructurar su jornada mediante la rutina E. A. S. Y., lo cual resolvería el tema del hambre y ayudaría a May a sintonizar con sus llantos y lenguaje corporal.

Dado que Lincoln ya estaba a punto de cumplir los cuatro meses, nuestro objetivo era que hiciera la transición de una rutina de tres horas a una de cuatro. Para conseguirlo, íbamos a usar el método P. U./P. D., aunque le advertí a May que todo el proceso podía durar alrededor de unas dos semanas o más. Al faltarle un par de semanas para los cuatro meses, Lincoln posiblemente no sería capaz de adaptarse de golpe a periodos de cuatro horas, así que extendimos el intervalo entre comidas de forma paulatina, sobre todo porque su patrón de alimentación era muy errático. Le recomendé a May seguir el plan expuesto en la página 226, que yo he utilizado en centenares de casos similares: cada tres días, las comidas de Lincoln debían retrasarse un poco, primero un cuarto de hora y luego media hora. También añadimos media hora más a su periodo de actividad. De esta manera, pudimos concentrar sus cuatro siestas diarias, de cuarenta minutos, en dos siestas largas y una cabezada.

Mientras tenía lugar este proceso, era importante que May escribiera un diario registrando las comidas, los ratos de actividad, las siestas y las horas de descanso nocturno de su hijo. La hora de despertar a Lincoln sería siempre las 7 de la mañana, la de acostarse, las 7 o 7.30 de la tarde y la toma nocturna, a las 11 de la noche. Por otro lado, al extender sus periodos de actividad, las horas de las comidas y las siestas también cambiarían, posponiéndose a intervalos de quince y treinta minutos. Esta situación y al introducir la rutina E. A. S. Y. por primera vez en la jornada de un bebé de cuatro meses o más (véanse las páginas 49-55), son las dos *únicas* ocasiones en que aconsejo mirar el reloj. Especialmente cuando los padres son incapaces de interpretar las señales de su bebé, tomar nota de las horas a las que suele comer, dormir, etc., les da una idea de lo que puede necesitar su hijo. A esta edad, ellos a menudo alimentan al pequeño cuando se despierta, puesto que no saben distinguir si se trata de cansancio o de hambre.

Le expliqué a May que, dado que los patrones de sueño de Lincoln habían sido tan erráticos, no podíamos limitarnos a cruzar los dedos y esperar a que el bebé se adaptara sin más a la nueva rutina. Antes debíamos prepararlo. Y aquí es donde entra en juego la técnica P. U./P. D.: May tendría que usarla para prolongar las siestas de Lincoln durante el día (cuando, por ejemplo, su hijo dormía sólo cuarenta minutos en lugar de una hora y media), para conseguir que volviera a dormirse cuando se despertaba en plena noche y, en caso de ser necesario, para postergar la hora en la que lo hacía por las mañanas.

Naturalmente, Lincoln rechazó el nuevo orden. El primer día se despertó a las 7 de la mañana: buen comienzo. May le dio de comer como de costumbre. A las 8.30, a pesar de que Lincoln bostezaba y tenía aspecto de estar algo cansado, le recomendé a May que, en lugar de acostarlo, intentara mantenerlo despierto hasta las 8.45, puesto que queríamos empezar a habituarlo a una rutina de cuatro horas. May lo consiguió, pero Lincoln durmió sólo cuarenta y cinco minutos; por un lado, porque estaba acostumbrado a hacer siestas breves y, por el otro, porque seguramente también se sentía un poco fatigado al haber estado despierto más rato de lo normal. Yo siempre insisto en que se debe acostar enseguida a un bebé que tiene sueño; sin embargo, ésta era una situación especial, puesto que estábamos intentando modificar el reloj interno de Lincoln. Se trata de lograr ese equilibrio tan delicado: no mantener al bebé despierto tanto tiempo como para que pueda cansarse, pero sí lo suficiente para alargar un poco su periodo de actividad. Aproximadamente hacia los cuatro meses, es factible extender los ratos de actividad del bebé entre quince y treinta minutos.

Puesto que nuestro objetivo era conseguir que Lincoln durmiera siestas de al menos una hora y media y, en última instancia, de dos, cuando se despertó de su siesta a las 9.30 h, le mostré a May cómo aplicar el método P. U./P. D. para hacerlo dormir más tiempo. Pero Lincoln se negaba en redondo. May estuvo intentándolo durante casi una hora. Y como ya era prácticamente el momento de darle de comer, le dije que lo dejara estar y que se llevara al niño fuera de la habitación. El nivel de actividad, no obstante, debía mantenerse muy bajo y tranquilo ya que, supuestamente, Lincoln aún tendría que estar durmiendo. Como es lógico, a las 10, la hora de su próxima toma, el pequeño estaba cansado e irritable. Pero tanto llorar además le había dado hambre, así que comió la mar de bien. Para May suponía todo un reto mantenerlo despierto hasta su próxima siesta, a las 11.30 h. Sin embargo, trabajó duro para conseguirlo. Le cambió los pañales durante la comida y en cuanto vio que Lincoln empezaba a dormirse, le retiró el biberón de la boca y lo sentó erguido. La mayoría de bebés no puede dormir en esa posición y sus ojitos se abren de repente como los de un muñeco.

A las 11.15 h, el niño estaba verdaderamente agotado. May realizó el ritual de relajación de los cuatro pasos e intentó acostar a su hijo sin el apoyo del biberón. Tuvo que volver a practicar la técnica P. U./P. D.; y a pesar de que esta vez tardó menos, el pequeño no se durmió hasta las 12.15 h. «No dejes que continúe durmiendo más allá de la 1 del mediodía», le advertí a May. «Recuerda que estás tratando de habituar su cuerpo a un buen horario de sueño.»

Escéptica pero desesperada, May siguió mis instrucciones y se mantuvo firme. A los tres días ya comenzó a notar la diferencia. Aunque a Lincoln aún le faltaba un tiempo para culminar el proceso, ahora ya le costaba mucho menos conciliar el sueño. Su madre continuó con el plan, y a pesar de que algunos días el pequeño parecía retroceder, al undécimo día May vio claramente los progresos:

en lugar de picotear, como tenía por costumbre, ahora su bebé comía más en cada toma. Por otro lado, el tiempo que le llevaba cogerlo en brazos y volverlo a dejar en la cuna para que se durmiera se iba acortando.

May se sentía exhausta y apenas podía creer que modificar el horario de Lincoln fuera tan complicado. No obstante, al ojear su diario pudo comprobar que su hijo había hecho pequeñas mejoras y eso la animó a seguir. Si antes el niño se levantaba a las 2.30 de la madrugada, ahora que ella le daba la toma nocturna dormía de un tirón hasta las 4.30; y, con ayuda del chupete, May aún conseguía que durmiera una hora más. A las 5.30 le daba de comer y aunque normalmente él habría permanecido despierto a esa hora, May recurría al método P. U./P. D. y lograba que se durmiera de nuevo. Le llevaba cuarenta minutos, pero luego Lincoln dormía hasta las 7. De hecho, a esa hora *aún* dormía. May se sentía tentada de dejar que lo hiciera un poco más (¡y así poder dormir ella también!), pero recordó lo que yo le había dicho sobre empezar según tengas intención de continuar. Si le permitía a su hijo dormir más allá de las 7 de la mañana, la nueva rutina del niño se iría al traste y todos sus esfuerzos se echarían a perder.

Al cabo de catorce días, los periodos de actividad de Lincoln se habían prolongado y sus siestas de la mañana y la tarde duraban como mínimo una hora. Ya no pedía un biberón cada vez que su madre se disponía a acostarlo y May pudo prescindir del método P. U./P. D. Incluso aunque se despertara, la mayoría de las veces lo único que ella tenía que hacer era ponerle una mano en la espalda y Lincoln enseguida se calmaba y volvía a quedarse dormido.

DE LOS 4 A LOS 6 MESES

A medida que el repertorio de habilidades físicas de tu bebé se expande, su recién adquirida movilidad le puede causar alteraciones del sueño. Ahora es capaz de hacer muchas más cosas con los brazos, las piernas y las manos (alcanzar objetos, por ejemplo, así como sujetarlos), y su torso se ha vuelto más fuerte. Ya empieza a ponerse de rodillas y puede empujarse hacia adelante en la cama. Tal vez lo tumbes en medio de la cuna y, horas más tarde, lo encuentres acurrucado en un rincón. Quizás trate de levantarse, poniéndose de rodillas, y levante el torso del colchón cuando se sienta frustrado. Y si está cansado, su llanto alcanzará tres o cuatro crescendos distintos: cada vez el llanto se iniciará e irá aumentando de tono e intensidad hasta que, de repente, llegará a su punto culminante y comenzará a decrecer. Si estás intentando corregir

ES UN MITO
ACUÉSTALO MÁS TARDE Y SE DESPERTARÁ MÁS TARDE

Me asombra el número de padres que me llaman quejándose de que su bebé se despierta demasiado temprano y cuyo pediatra les ha aconsejado: «Procurad mantenerlo despierto hasta más tarde». Eso significa que estará excesivamente fatigado cuando finalmente se vaya a dormir. Se debe acostar a los bebés *en cuanto muestran indicios de cansancio.* De lo contrario, su descanso nocturno será irregular y, además, seguirán despertándose a la misma hora.

algún error de crianza o no has interpretado bien sus señales y ahora tu hijo está agotado, también lo notarás a través de su lenguaje corporal: cuando lo cojas en brazos, arqueará la espalda hacia atrás o empujará los pies hacia abajo.

CUESTIONES FRECUENTES. En esta etapa, muchos problemas coinciden con los de estadios anteriores, pero aún no han sido resueltos. Si el movimiento los desvela y todavía no han desarrollado la capacidad de volver a dormirse solos, eso también podría perturbarles el sueño en plena noche. A veces, llegados a este punto, los padres sienten la tentación de empezar a darles alimentos sólidos o de introducir cereales en sus biberones. No obstante, contrariamente a lo que afirma este mito, la comida sólida no hace dormir mejor a los bebés (véase el recuadro lateral de la página 145), y ciertamente no es una solución para un posible error de crianza. El dormir bien es una habilidad adquirida, no la consecuencia de tener el estómago lleno. Si un bebé se ha habituado a dormir por periodos cortos de tiempo y nadie le ha enseñado cómo volver a conciliar el sueño, las siestas demasiado breves también pueden convertirse en un problema a esta edad.

PREGUNTAS CLAVE. Yo suelo plantear las mismas preguntas que en fases anteriores. Dado que las siestas son a menudo el tema más problemático, también pregunto: **¿Las siestas del bebé han sido siempre cortas o hace poco que ha comenzado a dormir menos?** Si resulta que es algo reciente, pregunto además acerca de otras cuestiones: qué está sucediendo en el hogar, cómo son sus comidas, si ha conocido a gente nueva o ha empezado a realizar actividades diferentes (véase además «Unas palabras acerca de la siesta», página 244). Si la situación ha sido relativamente estable, pregunto: **Después de la siesta, ¿tu bebé parece malhumorado y algo destemplado? ¿Duerme bien por las noches?** Si el bebé se encuentra bien durante el día y no tiene dificultades para dormir por la noche, puede tratarse simplemente de su biorritmo: tu hijo no necesita

EL LLANTO MANTRA

Cuando tu hijo haya cumplido los tres o cuatro meses, ya deberías conocer su personalidad y ser capaz de interpretar sin problemas sus señales, tanto su lenguaje corporal como sus diferentes tipos de llanto. Deberías saber distinguir cuándo llora porque realmente necesita ayuda y cuándo se trata de lo que yo llamo el «llanto mantra», un extraño lloro que se escucha en la mayoría de bebés poco antes de conciliar el sueño. *No debemos coger al bebé en brazos cuando es un llanto mantra.* En lugar de eso, nos mantendremos en un segundo plano para ver si logra calmarse por su cuenta. En cambio, si el llanto es genuino, *sí* debemos cogerlo en brazos, porque es su manera de decir: «Tengo una necesidad que se ha de resolver».

En parte, el éxito del método P. U./P. D. dependerá de tu capacidad para diferenciar entre un llanto genuino y un llanto mantra. Este último es único e individual en cada bebé. Aprende a reconocer cómo suena el llanto mantra de tu hijo. Verás que, cuando se sienta físicamente cansado, parpadeará y bostezará y es probable que agite los brazos y las piernas, si está rendido. También emitirá un sonido del tipo «uaa... uaa... uaa...». Igual que un mantra que se repite una y otra vez con una intensidad y un tono que serán siempre los mismos. Definitivamente, *no* suena como un lloro genuino, que va aumentando de volumen.

hacer siestas más largas. Sin embargo, si de día está de mal humor, tendremos que recurrir al método P. U./P. D. para prolongar sus siestas, ya que evidentemente le hace falta dormir más.

Cómo adaptar P. U./P. D. Si tu bebé hunde la cabeza en el colchón, girándola de un lado a otro, poniéndose de rodillas o dejándose caer de costado, no lo cojas enseguida en brazos. Si lo haces, recibirás un golpe en el pecho o te tirará de los pelos. Continúa hablándole en un tono suave, tranquilizador. Cuando finalmente lo aúpes, *sostenlo sólo durante dos o tres minutos*. Vuelve a tumbarlo en la cuna aunque siga llorando. Luego cógelo de nuevo y continúa con la misma rutina. A esta edad, es muy probable que los bebés opongan resistencia física a cualquier cambio de hábito que pretendas llevar a cabo; y una de las equivocaciones que los padres cometen con más frecuencia en esta fase es coger al bebé durante demasiado tiempo (léase la historia de Sarah en el apartado siguiente). Si tu hijo se te resiste, deja de sujetarlo en brazos. Es posible que, por ejemplo, agache la cabecita y luego intente alejarse de ti empujándose con los brazos y las piernas. Llegado este momento, dile: «De acuerdo, pues, ahora mismo te acuesto en la cuna». Lo más seguro es que, como está de un humor belicoso, no pare de llorar. Cógelo inmediatamente. Si empieza a pelear contigo otra vez, ponlo en la cuna. Observa si empieza a dormirse solo, entonando quizás su llanto mantra (véase el recuadro de la página 231). Túmbalo de espaldas, cógele la manita y háblale: «Venga, venga, tranquilo, sshh, sshh. Sólo vas a dormir. Ya sé que es duro, cariño, pero esfuérzate un poquito».

Los padres con bebés que rondan los cinco meses de edad a menudo comentan: «Cuando cojo a mi bebé en brazos, veo que se calma. Sin embargo, en cuanto me dispongo a acostarlo en la cuna, rompe a llorar, antes incluso de haber podido tumbarlo sobre el colchón. ¿Qué puedo hacer?». Tienes que tumbarlo igualmente en la cuna, evitando el contacto físico y, a continuación, decirle: «Ahora voy a cogerte otra vez». Si no, significa que le estás enseñando a llorar para que lo aúpen. Por eso debes seguir hasta el final, acostándolo en la cuna. Luego, ve y cógelo de nuevo en brazos.

Caso de estudio de los **4** a los **6** meses: coger al bebé en brazos demasiado tiempo

Rona me llamó porque no sabía cómo actuar con su pequeña Sarah, de cinco meses, la cual había estado durmiendo sin problemas durante los primeros cuatro meses de su vida. «Cada vez que lloraba, yo la cogía en brazos», me contó Rona. «Pero ahora se desvela a media noche y se queda despierta una hora. Yo siempre voy a su habitación. Entonces ella se tranquiliza y luego, unos minutos después, tengo que volver a entrar.» Le pregunté a Rona que recordara la *primera* vez que Sarah se despertó en plena noche. «Vaya, pues me sorprendió mucho porque no era típico de ella, así que los dos, mi marido Ed y yo, fuimos corriendo a su cuarto a ver qué pasaba. Nos sentimos muy mal.»

Le expliqué que un bebé tarda muy poco en darse cuenta de que *cuando lloro de esta forma, mamá o papá vienen enseguida* (en este caso, mamá y papá). Y tampoco le cuesta demasiado asociar el hecho de ir a dormir con algún apoyo: que lo cojan en brazos, por ejemplo. Puede que esto te parezca extraño, pero mi técnica consiste en *aupar* y luego tumbar al bebé en la cuna. El problema es que muchos padres siguen calmando a su hijo más allá de lo necesario y, entonces, la parte de sostenerlo en brazos se alarga demasiado. A esta edad, en especial, es muy importante no tener al bebé en brazos durante demasiado tiempo.

En casos como éste, no obstante, me he dado cuenta de que cuando los padres dicen: «Nuestro hijo solía…» es una señal de alarma. Por regla general, algo le ha sucedido al bebé que le ha alterado el sueño. Por tanto, le pregunté a Rona si últimamente se habían producido cambios en casa o en la rutina de Sarah; y, en efecto, había habido unos cuantos: «Sí, hace poco trasladamos a la niña de nuestra habitación a su nuevo cuarto», explicó la madre. «Las primeras dos noches durmió bien, pero ahora se despierta». Hizo una pausa y de repente me miró: «¡Ah! Y también empecé a trabajar media jornada, de lunes a miércoles».

Sin duda eran muchos cambios para un bebé de cinco meses. Pero, al menos, tanto la madre como el padre estaban deseosos de implicarse y solucionar el problema. Decidimos empezar el fin de semana, cuando todo el mundo tenía tiempo libre. Aunque también tuve que averiguar quién estaría con Sarah los días en que Rona se iba a trabajar. Ninguna estrategia para dormir funciona si no se aplica de manera sistemática, día y noche, laborables y festivos. La madre de Rona era quien se encargaba de cuidar a Sarah los días en que su hija trabajaba. Por eso sugerí que ella también viniera. Aunque hasta ese momento la niña únicamente se despertaba por la noche, dados los cambios que habían tenido lugar en el hogar, existía la posibilidad de que sus siestas también se vieran alteradas. Pensé que lo mejor sería explicarles el plan a los tres… sólo por si acaso.

Como la pequeña Sarah estaba tan acostumbrada a que su madre acudiera a su habitación a media noche, les recomendé que Ed fuese el primero en practicar el método P. U./P. D. con su hija en cuanto ésta se despertara. Lo haría el viernes por la noche y el sábado; y Rona debería mantenerse al margen y no intervenir. Ella estaría «de servicio» las dos noches siguientes. «Si crees que no vas a poder resistir la tentación de entrar en el cuarto de Sarah y ayudar a Ed», le comenté, «entonces será mejor que te vayas de casa directamente. Vete a dormir a casa de tu madre, por ejemplo.»

La primera noche fue difícil para Ed, el cual solía quedarse dormido o al menos permanecía tumbado en la cama, cuando Sarah se despertaba. Normalmente era Rona quien se ocupaba de la niña por las noches. No obstante, el padre se mostró ansioso y dispuesto a colaborar. Aquel día tuvo que coger a Sarah más de sesenta veces hasta conseguir que se durmiera, pero se sintió orgulloso de haberlo logrado finalmente. La noche siguiente, cuando Sarah se despertó, su padre tardó sólo diez minutos en dormirla de nuevo. El domingo por la mañana, cuando hablé con la pareja, Rona admitió que al principio no creyó que Ed fuera capaz de aplicar con éxito la técnica P. U./P. D.; estaba tan impresionada que le propuso hacerlo una noche más. Sin embargo, lo que pasó fue que el domingo Sarah se revolvió ligeramente en la cuna, pero se volvió a dormir enseguida. Y a papá no le hizo falta entrar en su habitación.

Durante las tres noches siguientes, Sarah durmió de un tirón. El jueves por la noche, en cambio, se desveló otra vez. Dado que yo ya había advertido a Rona y a Ed de que podría producirse algún retroceso (sucede casi siempre en casos de despertares habituales), al menos Rona sabía qué podía esperar. Acudió al dormitorio de Sarah, pero tuvo que cogerla y tumbarla tan sólo tres veces para conseguir que se durmiera. Al cabo de unas semanas, los despertares nocturnos de Sarah eran ya un lejano recuerdo.

De los 6 a los 8 meses: LAS CAPACIDADES FÍSICAS DEL BEBÉ

Ahora las capacidades físicas de tu bebé son mucho mayores. Se está esforzando por sentarse él solito o incluso puede que ya lo haga y, además, quizás también sea capaz de ponerse de pie. En algún momento al final de los cuatro meses debería dormir periodos de seis o siete horas por la noche; o en todo caso, cuando hayas introducido definitivamente alimentos sólidos en su dieta. Alrededor de los siete u ocho meses, las tomas nocturnas se suprimen, puesto que por entonces tu bebé ya ingiere entre 175 y 230 mililitros por toma, además de una cantidad considerable de comida sólida. Es importante no eliminar la toma nocturna de forma abrupta; podría ser problemático para el bebé. Así pues, antes de suprimirlas por la noche, deberás incrementar gradualmente las calorías que consume durante el día (en el recuadro de la página 127 encontrarás un plan, paso a paso, para eliminar paulatinamente las tomas nocturnas).

PROBLEMAS FRECUENTES. La creciente movilidad y las nuevas habilidades físicas del bebé pueden perturbarle el sueño. Al despertarse normalmente mientras duerme, si no vuelve a conciliar el sueño de forma inmediata, puede que se siente en la cama o que incluso se ponga de pie. Si todavía no domina la técnica de volver a dormirse, se sentirá frustrado y te llamará. Dependiendo de cómo resuelvas el problema, podría establecerse un mal hábito. También es posible que, a medida que introduces alimentos sólidos en su dieta, tu hijo experimente dolores de estómago (por eso, debes introducir los nuevos alimentos siempre por la mañana, véase la página 156). A esta edad, también se ha de tener en cuenta el proceso de dentición, así como las vacunas de refuerzo. Ambas cosas pueden trastornar los hábitos de sueño del niño. A los siete meses, algunos bebés comienzan a experimentar angustia por separación, lo cual tiende a afectarles más el sueño durante las siestas que durante el descanso nocturno; no obstante, por lo general, este sentimiento de angustia suele presentarse más adelante (véase «De los ocho meses al primer año», página 238).

HACER DE LA CUNA UN LUGAR DIVERTIDO

Si tu hijo siente aversión por la cuna, te propongo que lo acuestes en ella cuando no es hora de dormir. Haz que estar en la cuna se convierta en un juego. Introduce montones de juguetes y peluches (pero acuérdate de quitarlos por la noche). Pon a tu bebé dentro y hazle reír jugando al cucú y diciéndole: «¡Ahora estoy, ahora no estoy!». Al principio, quédate con él en la habitación. Ocúpate de algo, ordena la ropa, por ejemplo, pero habla con tu hijo todo el rato. A medida que comience a jugar con sus muñecos y se dé cuenta de que la cuna es un lugar divertido y no una cárcel, podrás marcharte de su cuarto. Sin embargo, tampoco te pases con los juegos y nunca lo dejes llorando solo.

PREGUNTAS CLAVE. ¿Tu bebé se despierta a la misma hora cada noche o sus despertares son más bien erráticos? ¿Se despierta solamente una o dos veces durante la noche? ¿Llora? ¿Acudes de inmediato a ver qué le pasa? Ya he explicado anteriormente que cuando un bebé se despierta de forma errática, generalmente significa que está dando un estirón de crecimiento y/o no ingiere suficiente comida durante el día para pasar la noche sin hambre. La norma básica es: si te despierta por la noche, dale más comida durante el día (véase las páginas 195-196). En cambio, cuando un niño se despierta habitualmente, casi siempre es consecuencia de algún error de crianza (véase la página 191). Cuanto mayor sea tu hijo, sin embargo, más difícil será erradicar ese mal hábito. Si se desvela únicamente una vez en toda la noche, prueba mi técnica de despertarlo para que se duerma, descrita en el capítulo 5 (véase el recuadro lateral de la página 191): en lugar de quedarte tumbada en la cama esperando a que te despierte a las 4 de la madrugada, entra en el dormitorio de tu bebé una hora antes y despiértalo. Si se despierta *varias* veces cada noche, no es sólo su reloj biológico aquello que le hace perder el sueño: significa también que, tan pronto se agita, tú acudes corriendo a su lado. Y si esto ha estado ocurriendo durante meses, tendrás que utilizar el método P. U./P. D. para eliminar esa mala costumbre. ¿Inicias el ritual de relajación en cuanto ves que tu bebé está cansado? A los seis meses, ya no deberías tener ningún problema a la hora de detectar los indicios de fatiga de tu hijo. Si se revuelve nervioso, incluso después de haberlo cambiado de escenario, entonces definitivamente es que está cansado. ¿Lo acuestas de la misma forma que lo has hecho siempre? ¿Se ha comportado siempre así? ¿Qué hacías antes para calmarlo? Si esto no había ocurrido nunca, yo hago una serie de preguntas sobre la jornada entera del bebé: cómo es su rutina, qué tipo de actividades suele realizar, qué cambios se han producido en su entorno. ¿Ha dejado de dormir alguna de sus siestas? A esta edad, los bebés aún necesitan dos siestas, por tanto, puede que no esté durmiendo lo suficiente durante el día. ¿Se muestra muy activo y capaz de moverse de manera independiente? ¿Gatea, se escurre con rapidez y consigue ponerse recto él solito? ¿Qué clase de actividades acostumbra a realizar? Quizás tendrás que elegir actividades más tranquilas antes de las siestas, sobre todo por la tarde. ¿Has comenzado a darle alimentos sólidos? ¿Qué has añadido a su dieta? ¿Introduces los nuevos alimentos por la mañana? (véase la página 156). Tal vez alguno de esos alimentos le esté revolviendo el estómago.

CÓMO ADAPTAR EL MÉTODO P. U./P. D. Habitualmente, cuando los padres dicen: «Cuando lo cojo en brazos todavía se disgusta más», se refieren a bebés que ya tienen entre seis y ocho meses y que son perfectamente capaces de oponer resistencia física. Por tanto, si quieres que haya buena sintonía entre tú y tu hijo, en vez de agacharte y auparlo sin más, extiende los brazos y espera a que él haga lo mismo. Dile: «Cariño, ven aquí. Deja que mamá/papá te coja en brazos». En cuanto lo alces, pon su cuerpo en posición horizontal, como acunándolo y dile: «Vamos, tranquilo, sólo vas a dormir un poco». No te pongas a mecerlo ni lo balancees. Acuéstalo enseguida. No establezcas contacto visual con él al apaciguarlo, ya que si lo haces no podrá evitar alterarse. Tal vez tengas que ayudarlo a controlar el movimiento de sus brazos y piernas. En cuanto empiece a agitarlos, no sabrá cómo calmarse; todavía no ha desarrollado la capacidad de hacerlo. Necesita tu ayuda. A la mayoría de bebés de seis meses ya no hace falta envolverlos, pero puedes ceñirle una mantita alrededor del cuerpo y dejarle un brazo libre. Sujetarlo firmemente pero con suavidad (quizás apoyando el peso de los antebrazos a lo largo de su cuerpecito) podría ayudarlo a sosegarse. Cuando comience a relajarse, verás que se calma por su cuenta. Su forma de llorar tal vez se parezca más a un llanto «mantra» (véase el recuadro de la página 231). No insistas, pero actúa como una presencia tranquilizadora. Que note la suave presión de tu mano en su cuerpo, pero no le susurres ni le des palmaditas. A esta edad, el sonido de la voz y la sensación de las palmadas pueden mantener a un bebé despierto. Si rompe a llorar de nuevo, extiende los brazos en su dirección y espera a que él haga lo mismo. Continúa hablándole de forma tranquilizadora. Si levanta los brazos hacia ti, cógelo otra vez y sigue el mismo procedimiento. Cuando se empiece a calmar, quizás tengas que dar un paso atrás para que no te vea. Dependerá del niño. A algunos les cuesta más conciliar el sueño si te tienen a la vista, porque para ellos la madre es una distracción demasiado intensa.

CASO DE ESTUDIO DE LOS **6** A LOS **8** MESES: NO DUERME DESDE EL DÍA QUE NACIÓ

«¡Kelly se pone a chillar como una loca cuando es hora de ir a la cama! ¿Por qué esta niña es así? ¿Qué intenta decirme?» Shannon estaba al borde de la locura por culpa de su pequeña de ocho meses. El comportamiento nocturno de Kelly se había vuelto aún más exasperante en el transcurso de los últimos meses. «He probado a cogerla hasta notar que se tranquiliza y de tumbarla luego en la cuna. Sin embargo, lo único que consigo es que se disguste más cuando la acuesto de nuevo.» Shannon admitió que temía cada noche la hora de acostar a Kelly en la cama y que, recientemente, le estaba ocurriendo también antes de las siestas. «Chilla de esa manera cada vez que se duerme en su cama, en el coche o en el cochecito. Sé que está cansada porque se friega los ojos y se tira de las orejas. Mantengo su habitación prácticamente a oscuras; solamente dejo encendida una pequeña lámpara. Lo he probado con y sin lamparilla, con música y sin música… La verdad es que ya no sé qué hacer.» Como había leído mi primer libro, Shannon añadió: «No he cometido ningún error de crianza. Kelly jamás se duerme en mis brazos ni en mi cama. Simplemente no duerme».

Si no fuera porque Shannon me informó de una serie de datos importantes, yo también podría haberme sentido bastante desconcertada. Para empezar, me comentó: «Esto ha estado sucediendo desde que nació». A pesar de que Shannon *creía* no haber cometido ninguna equivocación, a mí me pareció obvio que había habituado a su hija a depender de su presencia. Para la pequeña, el hecho de que su madre acudiera rápidamente a cogerla en brazos en cuanto se ponía a llorar se había convertido en un apoyo. No hay duda de que es importantísimo consolar a un bebé que llora, pero esta madre sostenía a su hija en brazos durante *demasiado tiempo*. Y aunque la aplaudí por observar tan certeramente los síntomas de sueño de Kelly, enseguida sospeché que en ese terreno también reaccionaba demasiado tarde. Cuando un bebé de ocho meses se refriega los ojos y se tira de las orejas, significa que ya está considerablemente fatigado. Mamá debería actuar antes.

Con bebés mayores, hay que alcanzar el objetivo paso a paso, sin precipitarse. Le aconsejé a Shannon que enseñara a la niña a dormirse mediante la técnica P. U./P. D., primero antes de las siestas y luego a la hora de acostarla. Me llamó al día siguiente: «Tracy, lo hice tal como me dijiste pero fue aún peor, se puso a chillar y a berrear como nunca. Y pensé: "Esto no puede ser lo que Tracy tiene en mente"».

Así pues, tuvimos que recurrir al plan B, el cual suele ser necesario cuando un bebé mayorcito arrastra un mal hábito de sueño desde que nació. Estamos tratando de erradicar un patrón de conducta profundamente arraigado. Al día siguiente, me presenté en casa de Shannon para ayudarla. Cuando llegó la hora de la siesta de Kelly, realizamos el ritual de relajación habitual. A continuación, tumbé a la niña en la cuna y empezó a llorar de inmediato, como su madre había predicho; entonces bajé los barrotes laterales de la cuna y me metí dentro *con* ella. Introduje todo mi cuerpo allí. Tendrías que haber visto la carita que puso al verme hacer eso y también la expresión de sorpresa en el rostro de Shannon.

Tumbada junto a Kelly, acerqué mi mejilla a la suya. No la cogí en brazos en ningún momento. Para tranquilizarla, usé sólo mi voz y mi presencia. Y luego, incluso después de que se hubiera calmado y estuviera profundamente dormida, me quedé a su lado. Se despertó al cabo de una hora y media y yo continuaba junto a ella.

Shannon estaba confundida: «¿Pero, esto no es co-dormir?». Le expliqué que nuestro objetivo final era lograr que Kelly aprendiera a dormirse de forma independiente, pero que ahora mismo la niña no disponía de esa capacidad. Además, también percibí que le tenía miedo a su cuna. De lo contrario, ¿por qué gritaba de esa manera? Por eso me pareció importante estar presente en el momento en que se despertara. En cualquier caso, no nos llevamos a la niña a la cama de matrimonio; yo me quedé con ella *en su propia cuna*.

Al ahondar más en la situación, le hice a la madre una serie de preguntas y ella reconoció haber recurrido al método del llanto controlado «en una o dos ocasiones» durante los últimos meses; no obstante, lo dejó porque «nunca funcionó». Al oír esto, todo encajó. Me di cuenta al instante de que se trataba tanto de un caso de pérdida de confianza como de alteración del sueño. Aunque Shannon había probado el llanto controlado únicamente un par de veces, cada vez había dado un giro de 180 grados en la conducta hacia su hija. Primero la había dejado llorar y luego había vuelto a cogerla. Sin ser consciente de ello, había confundido a su pequeña. Peor: sin querer, había hecho sufrir a Kelly, al dejarla llorar sola en su cuarto, sólo para acabar «rescatándola» poco después de una práctica que *ella misma* había iniciado.

En este tipo de casos, no puedes empezar con el método P. U./P. D. hasta haber solucionado el problema de la confianza. En cuanto hubimos discutido este tema, Shannon comprendió que, en efecto, *había* cometido bastantes errores con su hija. A la hora de la segunda siesta de la niña, yo me metí en la cuna *primero* y le pedí a su madre que me la alcanzara. Me tumbé y cuando Kelly estuvo tendida a mi lado, salí de la cuna. Naturalmente, la pequeña rompió a llorar. «Vamos, vamos, Kelly, cálmate. No pasa nada», le dije en un tono de voz tranquilizador. «No te dejaremos sola. Sólo vas a dormir un poco.» Al principio sus llantos fueron intensos, pero tras acariciarle la barriguita unas quince veces, se durmió. Shannon prosiguió practicando el método P. U./P. D. cuando Kelly se despertó. Se dio cuenta de que mecerla en sus brazos y acostarla inmediatamente después era muy diferente a cogerla y sostenerla unos instantes. También le recomendé que pusiera a su hija en la cuna por periodos de tiempo cada vez más largos y exclusivamente para jugar. «Introduce juguetes en su cuna. Haz que sea un lugar divertido mientras está despierta. Así ella verá que en realidad la cuna es un sitio agradable y confortable [véase el recuadro de la página 234]. Con el tiempo, incluso podrás marcharte de la habitación sin que a tu hija le dé un ataque».

Al cabo de una semana, Kelly le cogió el gusto a jugar en la cuna. Y tanto sus siestas como sus noches mejoraron notablemente. Con todo, aún se despertaba de vez en cuando y llamaba a su madre a gritos. Pero al menos, ahora Shannon sabía cómo utilizar la técnica P. U./P. D. de manera adecuada y conseguía que su hija se durmiera bastante rápido.

DE LOS 8 MESES AL 1er AÑO: CUANDO LOS ERRORES DE CRIANZA ALCANZAN SUS PEORES CONSECUENCIAS

Llegado este momento, muchos bebés ya están dando los primeros pasos, los hay que incluso andan y todos son capaces de adoptar una postura erguida. Cuando no pueden dormir, a menudo utilizan los juguetes y muñecos que tienen en la cuna como misiles. Su vida emocional también es más rica y compleja: tienen más memoria y entienden la relación causa y efecto. A pesar de que la angustia por separación puede aparecer precozmente a los siete meses, a esta edad es cuando suele manifestarse con toda plenitud (véanse las páginas 87-90). Al ser lo suficientemente mayores para darse cuenta de que algo falta, en mayor o menor grado, todos los niños padecen este sentimiento de angustia al perder de vista a su madre, padre, etc. A veces se ponen a llorar porque echan de menos su muñequita o su manta preferida. Así que también pueden pensar: «Oh, mamá se ha ido de mi cuarto», y preguntarse con temor: «¿Va a volver?». Por otro lado, a esta edad ya debes comenzar a prestar atención a lo que ven por televisión, puesto que las imágenes se les graban en la mente y pueden no dejarlos dormir.

PROBLEMAS FRECUENTES. Dado que tu bebé tiene más energía y que ahora estar con él es más divertido, tal vez te sientas tentada de mantenerlo despierto hasta más tarde. Sin embargo, hacia los siete u ocho meses, él querrá irse a dormir antes, sobre todo si ya ha comenzado a prescindir de una de sus siestas. Aunque la dentición, una vida social más activa y los miedos puedan causar trastornos ocasionales del sueño, cuando el patrón persiste, casi siempre es culpa de algún error de los padres. Y a veces, huelga decirlo, los malos hábitos hace meses que han arraigado: «Vaya, nuestro hijo nunca ha dormido bien y ahora está echando los dientes». De todos modos, los padres a menudo contribuyen a que el bebé desarrolle nuevos «vicios» al correr enseguida a su habitación en plena noche y cogerlo en brazos, en lugar de calmarlo y enseñarle cómo volver a conciliar el sueño. Por supuesto, si el niño está asustado, se le debe consolar y tranquilizar; si le están saliendo los primeros dientes, debemos paliarle el dolor y, en ambos casos, también habrá que hacerle unos cuantos arrumacos de más. No obstante, serás tú quien deberá poner los límites para no *reaccionar de forma exagerada*. Si no, tu hijo rápidamente captará tu sentimiento de angustia y pronto aprenderá a manipularte. Con frecuencia, las alteraciones del sueño que surgen a esta edad, como consecuencia de algún error de crianza, son mucho más difíciles de solucionar que en etapas anteriores, puesto que se les acumulan diversas capas de problemas antiguos (véase el caso de Amelia, en la página 242).

Durante esta época, también es fácil que se desestabilice la rutina y vemos muchas variaciones, según las familias. Algunos días tu bebé necesitará una siesta por la mañana, otros días se la saltará o no querrá dormir la de la tarde. A esta edad, la mayoría de bebés duerme una siesta de unos cuarenta y cinco minutos por la mañana y otra más larga por la tarde. Los hay cuyas siestas oscilan entre la hora y media y las tres horas. Si te dejas llevar por las circunstancias y tienes presente que estos cambios durarán solamente unas semanas, será menos probable que incurras en errores que si te desesperas y recurres a una solución rápida para acabar con el problema (más información acerca de las siestas en las páginas 244-247).

PREGUNTAS CLAVE. ¿Cómo empezó a despertarse por la noche y qué hiciste la primera vez? ¿Se despierta a la misma hora cada noche? Si se despierta puntualmente a la misma hora, casi siempre se trata de un mal hábito. Si se despierta erráticamente y, sobre todo, si su edad ronda los nueve meses, es muy posible que esté dando otro estirón. Si se ha estado despertando durante varias noches, **¿has hecho siempre lo mismo? ¿Te lo has llevado a dormir contigo? A un bebé le bastan sólo dos o tres días para adquirir un mal hábito. ¿Cuando tu bebé se despierta, le ofreces un biberón o le das el pecho?** Si se toma la leche, podría tratarse de un estirón; si no, es una mala costumbre debida a un error de crianza. **¿El bebé reacciona así sólo contigo o también con tu pareja?** Sucede a menudo que uno de los padres me dice que el bebé sufre angustia por separación y, en cambio, el otro discrepa; a veces la madre es muy posesiva y cree que ella sabe manejar mejor al bebé que papá. Tenemos que determinar quién va a hacerse cargo de la situación. Sin duda alguna, es mejor si el padre y la madre pueden coordinar sus esfuerzos y encargarse cada uno del bebé durante dos noches seguidas (véanse la página 253 y el recuadro de la página 176); aunque eso presupone que ambos están en casa por la noche y que siguen más o menos el mismo ritmo de vida. No obstante, si uno de los dos tiene tendencia a sostener al bebé en brazos demasiado tiempo, si no es muy riguroso a la hora de acostarlo según el horario establecido o si recurre a un apoyo para lograr que se duerma, estas incoherencias al final derivarán en un trastorno del sueño.

Ahora que tu hijo es mayor, **¿intentas mantenerlo despierto hasta un poco más tarde?** Si es así, estás alterando el patrón natural que tú has establecido, cosa que podría perturbarle el sueño. **¿Ya le han salido los dientes? ¿Cómo es su alimentación?** Si ya tiene algunos dientecitos, puede que le hayan salido todos de golpe. Hay bebés cuyo proceso de dentición es muy problemático y lo pasan verdaderamente mal: les gotea la nariz, se les irrita el trasero, duermen de forma irregular. A menudo también empiezan a rechazar la comida, pero luego el hambre los despierta por la noche. A otros, en cambio, ves que de repente les ha salido un diente sin síntomas que lo precedieran.

Cuando intuyo que los miedos son los causantes del trastorno del sueño, pregunto: **¿Se ha atragantado alguna vez al comer alimentos sólidos? ¿Ha habido algo que lo haya asustado recientemente? ¿Ha comenzado a jugar con otros niños? Si es así, ¿alguno de ellos le ha intimidado? ¿Ha cambiado algo a nivel familiar: una nueva niñera, mamá ha vuelto al trabajo, un traslado de casa?** Normalmente, o bien ha ocurrido algo o está ocurriendo y por eso el bebé tiene el sueño alterado. **¿Ha visto algún programa o alguna película nueva por la televisión o en vídeo?** Tu hijo ya es lo suficientemente mayor para recordar imágenes que más adelante pueden asustarlo. **¿Lo has trasladado de la cuna a una cama normal?** Mucha gente piensa que un año es la edad apropiada para trasladar a los bebés a un cama grande, pero yo opino que es demasiado pronto (más información acerca del cambio a una cama grande en la página 265).

CÓMO ADAPTAR LA TÉCNICA P.U./P. D. Cuando tu hijo rompa a llorar reclamando tu presencia, ve a su habitación, pero *espera a que él se ponga de pie*. Por regla general, un bebé de entre ocho y doce meses se tranquilizará solo antes que en tus brazos. Por tanto, no lo aúpes del todo, a menos que esté muy alterado o se sienta muy desconsolado. De hecho, prácticamente con todos los bebés de más de diez meses realizo sólo la segunda parte del método P. U./P. D., es decir, no los cojo en brazos (véase la página 272). Si eres bajita, como yo, ten un taburete a mano, así te será más fácil aupar a tu hijo desde la cuna.

Mientras estés junto a la cuna, pon un brazo por debajo de sus rodillas y rodéale la espalda con el otro brazo, haz que gire su cuerpo y túmbalo en el colchón de manera que no pueda verte la cara. Cada vez, espera hasta que se ponga de pie antes de volver a tumbarlo. A continuación, cógelo en brazos e *inmediatamente* tiéndelo de nuevo de la misma forma. Tranquilízalo apoyando una mano con firmeza sobre su espalda: «No pasa nada, cariño, sólo vas a dormir». A esta edad, tienes que usar más tu voz si cabe que en etapas anteriores, ya que los bebés son capaces de entender gran parte de lo que les dices. Además, también puedes empezar a poner nombre a sus emociones, una práctica que continuarás incluso cuando ya no te haga falta recurrir a la técnica P. U./P. D. (más acerca de este tema en el capítulo 8). «No te preocupes, no voy a dejarte solo. Sé que te sientes [frustrado/asustado, agotado].» Tu hijo se volverá a levantar y quizás tengas que repetir el proceso muchas veces, dependiendo del tiempo que persistió el error de crianza antes de ocasionar el problema. Utiliza las mismas palabras tranquilizadoras y añade: «Es hora de ir a dormir» o «Es hora de hacer la siesta». Si no lo has hecho antes, es importante que ahora introduzcas estas palabras en su vocabulario. Ayúdalo a ver el sueño como algo bueno.

Al final, acabará cansándose. Y entonces, en lugar de ponerse de pie, se quedará sentado. Cada vez que lo haga, vuelve a tumbarlo. Recuerda que alrededor de los ocho meses tendrá suficiente memoria como para saber que cuando te vas, no es para siempre, sino que volverás. Así pues, con ayuda del método P. U./P. D., tu presencia junto a la cuna está contribuyendo a construir ese sentimiento de confianza. También es una buena idea que, en otros momentos del día, le digas: «Me voy a la cocina, pero volveré enseguida». Eso le demostrará que cumples tu palabra y reforzará su confianza en ti.

Si tu hijo todavía no ha adoptado ningún objeto que le dé seguridad, como una manta suave o algún peluche bien mullido, ésta es una buena época para escoger alguno. Cuando esté acostado en la cuna, ponle una mantita o un peluche en las manos y dile: «Mira, aquí tienes la mantita que tanto te gusta [o di el nombre del animal de peluche]», y después repite las palabras: «No pasa nada, sólo vas a dormir».

Con frecuencia, los padres de bebés de diez, once o doce meses que han empleado la técnica P. U./P. D. o cualquier otro método, me preguntan: «Mi hijo ha aprendido a dormirse por su cuenta, pero se pone a llorar si no me quedo con él hasta que está completamente dormido. Entonces, ¿cómo salgo de la habitación?». Lógicamente, queremos evitar que el bebé nos retenga como rehenes, lo cual no es muy distinto a tener que pasear con él por el pasillo. En cuanto lo hayas estado cogiendo y tumbando de manera alternativa en la cuna, hasta lograr que se duerma con relativa rapidez, puede que aún tardes dos o tres días (o incluso más) en poder escabullirte de su cuarto. La primera noche, después de que se haya relajado, quédate junto a la cuna. Probablemente levantará la cabecita para ver si todavía estás ahí. Si tu presencia lo distrae demasiado, agáchate al cabo de un rato para que no pueda verte, si es posible. En cualquier caso, no digas nada ni establezcas contacto visual con él. Quédate en su habitación hasta asegurarte de que duerme profundamente. La próxima noche, haz lo mismo, pero aléjate un poco más de la cuna. Durante las noches sucesivas, continúa alejándote de la cuna y situándote más cerca de la puerta, hasta que al final salgas del dormitorio.

Si tu hijo sufre ansiedad por separación y se aferra a ti para que no puedas acostarlo, procura introducir tu cuerpo en la cuna y serenarlo desde allí: «Tranquilo, estaré aquí contigo». Cuando sus lloros se intensifiquen,

USAR UNA COLCHONETA INFLABLE

En ciertos casos en que utilizo el método P. U./P. D., también me llevo una colchoneta inflable al dormitorio del bebé y monto mi campamento a su lado. A veces sólo tengo que hacerlo una noche, otras una semana o incluso más, depende de la situación. He recurrido a esta estrategia con bebés muy pequeños, hasta de tres meses, pero acostumbro a usar la colchoneta con bebés mayores y niños que ya gatean, sobre todo, cuando:

- Un niño jamás ha dormido solo.

- Hay que destetar a un bebé que no puede dormir por la noche sin succionar el pecho de su madre.

- Un niño se despierta de forma errática y la madre tiene que acudir a su habitación y volver a dormirlo en cuanto se despierta.

- Los padres han dejado llorar a su hijo y ahora él ya no confía en que vayan a satisfacer sus necesidades.

cógelo en brazos. Si has probado el método del llanto controlado en alguna ocasión anterior, prepárate para un berrinche bastante fuerte la primera noche. A raíz de aquella experiencia, tu bebé *temerá* que te marches y lo abandones, por eso controlará a cada momento si aún estás a su lado. En tales casos, yo suelo llevarme una colchoneta inflable a la habitación del niño para dormir *con él* al menos la primera noche. La segunda noche, retiro la colchoneta y utilizo únicamente la técnica P. U./P. D. Por norma general, a la tercera noche ya lo habremos conseguido (véanse también las páginas 272-273).

Caso de estudio de los *8* meses al 1er año: múltiples problemas, un plan

Inicialmente, Patricia contactó conmigo por correo electrónico, porque estaba preocupada por su pequeña Amelia, de once meses. Luego hablé varias veces por teléfono con ella y con su marido, Dan. Expongo este caso porque demuestra lo insidiosos que pueden ser los errores de crianza con frecuencia, que un mal hábito se crea a partir de otro, y cómo un contratiempo temporal, como la dentición, puede complicar aún más una situación ya de por sí problemática. El siguiente caso también refleja cómo la falta de sincronía en una pareja puede sabotear unos planes diseñados para corregir las cosas:

De los dos a los seis meses, Amelia solía dormirse solita y hacerlo durante toda la noche. Desde que echó su primer diente, a los seis meses, las cosas han ido de mal en peor. Durante meses, cometí el error de pasear con ella para que durmiera sus siestas, costumbre que al final logré eliminar. Dan y yo también nos la habíamos llevado a la cama de matrimonio cuando no quería volverse a dormir. Sin embargo, todo esto ya no nos funciona, porque ahora ni siquiera se quiere dormir en nuestra cama. De modo que, antes de la siesta y de acostarla por la noche, la acuno con nanas. Y tenemos nuestro ritual de ir a dormir, consistente en libros, biberón y balanceo con música. No siempre le doy un baño cada noche. ¿Es esto un problema?

Acabo de empezar con el método P. U./P. D.; a veces todavía se disgusta, se enfada más y llora más y más fuerte hasta que finalmente ya no puedo aguantarlo y la acuno de nuevo en mis brazos para que se duerma. Estoy tratando de hacerle entender a mi marido que tenemos que enseñarle a la niña a dormirse por su cuenta. Con once meses, ¿es demasiado tarde para enseñárselo? No sé si a esta edad debería dejar que tomara un biberón a media noche. Solía despertarse sólo para que yo le pusiera el chupete otra vez en la boca y acto seguido se volvía a dormir; pero ahora no quiere dormirse de ninguna manera. Y la situación es realmente difícil para mí, porque mi marido no soporta oírla llorar durante más de un minuto. Enseguida corre a cogerla en brazos cuando sólo está nerviosa y ni siquiera llora. También estoy intentando educarlo a él. Necesito ayuda, tengo la sensación de que todos mis esfuerzos son inútiles.

A lo largo de muchos meses, a la pequeña Amelia se le ha enseñado que: si lloras bien fuerte y durante el rato suficiente, alguien acudirá a cogerte, abrazarte y mecerte. Seguramente habrás reconocido la frase delatora «Amelia solía…». Así pues, he aquí un bebé cuyos padres han estado cometiendo errores desde el primer día. A pesar de que Patricia afirmaba haber «eliminado» la costumbre de pasear a la niña en el cochecito, más tarde admitió que ella y Dan casi siempre tenían que acunar a Amelia para que se durmiera, incluso desde el principio. Luego, cuando la niña comenzó a echar los dientes, sus padres tuvieron que intervenir aún más. Y para complicar en mayor medida las cosas, da la impresión de que mamá y papá no están en la misma onda. En este caso, es Dan quien parece padecer todos los síntomas de lo que yo llamo el síndrome del «pobre bebé», que ocurre cuando los padres se sienten culpables al ver llorar a su hijo y están dispuestos a hacer lo que sea para consolar a su querido retoño.

No obstante, esta pareja me pareció entrañable, porque ambos estaban realmente concienciados y dispuestos a cambiar su comportamiento. Además, se tomaron el proyecto muy en serio. Patricia sabía que nunca había enseñado a Amelia a dormirse sola. Era consciente de que tanto ella como su marido habían cometido toda clase de equivocaciones. Creo que incluso sabía que había intentado sentirse algo mejor acerca de sus propios errores al señalar que Dan malcriaba a la niña («Enseguida corre a cogerla en brazos cuando sólo está nerviosa»). Sin embargo, en realidad Patricia no quería convertir a su marido en el chivo expiatorio del asunto. De hecho, se sintió aliviada cuando le dije: «Lo primero que tenemos que dejar claro es que tú y Dan estáis en el mismo equipo. No vale la pena preocuparse ahora por quién hizo qué. Lo importante es elaborar un plan de acción».

Les aconsejé que siguieran el método P. U./P. D. y que tumbaran a Amelia en la cuna en cuanto intentara incorporarse. Ellos se habían habituado a mecerla, pero ahora debían enseñarle a dormirse tumbada en un colchón. «Se pondrá como una auténtica fiera», les advertí, «y se sentirá terriblemente frustrada. Pero recordad que llorar es su forma de decir: "Yo no sé cómo hacer esto. ¿Podéis hacerlo por mí?".» También les sugerí que fuese Patricia la encargada de ir al cuarto de Amelia. «Dan, eres un gran padre, muy comprometido. Pero tú mismo has dicho que para ti es duro ver llorar a tu hija. Por eso, es mejor que sea mamá quien entre en la habitación; seguramente ella tendrá más constancia, mientras que tú quizás acabarás cediendo al chantaje de Amelia. Al parecer, como les sucede a muchos padres, tienes miedo de abandonar a tu hija o de que, si no respondes a cada uno de sus llantos, ella deje de quererte.»

Dan reconoció que yo tenía razón. «Cuando Amelia nació, vi a esta preciosa niñita y pensé que, de alguna manera, debía protegerla del mundo. Y cada vez que la oigo llorar, siento que le he fallado.» Dan no está solo; muchos padres, especialmente de bebés niña, sienten una necesidad imperiosa de protegerlas del mundo exterior. Pero Amelia ahora no necesitaba que la rescataran, sino que le enseñaran unos buenos hábitos de sueño. Aclarado esto, Dan y yo hicimos un pacto y él prometió no interferir.

Después de la primera noche, Patricia me llamó. «Hice exactamente lo que me dijiste y Dan también cumplió su palabra. Él se quedó en la habitación contigua, escuchando todo lo que ocurría. En ningún momento entró en el cuarto de Amelia. Aunque tampoco creo que pudiera pegar ojo. ¿Es normal tener que coger al bebé más de cien veces? Incluso *yo* tuve la sensación de que estábamos torturando a la pobre criatura. Estuve en su habitación durante más de una hora.»

Felicité a Patricia por haber seguido el plan a rajatabla y le aseguré que estaba en el buen camino. «Simplemente le estás enseñando a dormirse sola. Sin embargo, como ya le has enseñado que si llora por un tiempo determinado tú acudirás a cogerla en brazos, ella se pregunta cuánto rato tiene que seguir llorando para que vuelvas a hacer lo mismo.»

La tercera noche, la situación pareció mejorar un poco; Patricia sólo tardó cuarenta minutos en acallar a su hija. Dan admiró el aguante de su esposa, pero Patricia se sintió decepcionada. «¡Pues vaya con los tres días mágicos de que hablabas en tu primer libro!» Le expliqué que, de hecho, en muchos casos, a los tres días ya se perciben resultados, pero que el mal hábito de Amelia estaba muy arraigado. Patricia debía fijarse en sus progresos: en su punto de partida y en que cada vez le costaba menos tiempo lograr que Amelia se durmiera.

Al sexto día, Patricia estaba exultante. «Es un milagro», exclamó. «Anoche tardé únicamente dos minutos en conseguir que se durmiera. Se revolvió un poco en la cuna, pero luego cogió su mantita preferida, se dio la vuelta y se puso a dormir. Con todo, tuve que tranquilizarla con mi voz.» Sin duda, Patricia estaba en vías de solucionar su problema. Todos los niños necesitan que los tranquilicen, le dije. Es muy raro que una madre o un padre acueste a su hijo y éste se adentre inmediatamente en el reino de los sueños. Le advertí que tuviera mucho cuidado de no saltarse la rutina de antes de irse a la cama: leerle un cuento, hacerle unos cuantos arrumacos y, por último, acostar a la niña.

Dos semanas después, Patricia volvió a llamarme. Hacía ocho días que Amelia se dormía enseguida y ella sola, sin necesidad de que intervinieran sus padres. El problema ahora era que mamá y papá tenían miedo de que la nueva situación no durara. Entonces avisé muy seriamente a Patricia: «Si continuáis obsesionados con esa idea, os garantizo que Amelia no tardará en captar vuestra inquietud y aprovecharse de ella. Tratad de vivir el momento. Asumid las cosas tal como están. Y no olvidéis que si efectivamente al final experimenta una regresión, al menos ahora sabréis qué hacer. Ser padres significa estar a las duras y a las maduras. Si el 99 % del tiempo tu hija duerme bien y un 1 % tienes que dedicarle más atención y persuadirla para que se duerma, pues bien, así es la vida.»

¡Y quién lo iba a decir! Un mes más tarde, Patricia llamó de nuevo. «Estoy orgullosa de mí misma. Amelia se despertó a media noche. Dan y yo creemos que está echando los dientes, pero enseguida supe cómo reaccionar. Le di un calmante infantil para el dolor, me quedé a su lado y la tranquilicé. Al principio, Dan se mostró escéptico, pero como habíamos tenido tanto éxito con el método P. U./P. D., no se opuso. Mi estrategia funcionó, por supuesto. Así que ahora estoy preparada para lo que pueda pasar.»

Unas palabras acerca de la siesta

Aunque en cada una de las secciones anteriores he hablado de los problemas a la hora de hacer la siesta, el tema del descanso diurno —en niños que no duermen la siesta, cuyas siestas son demasiado breves o bien duermen según un patrón irregular— afecta a todos los grupos de edad. Las siestas son una parte muy importante de la rutina E. A. S. Y., puesto que dormir el tiempo apropiado durante el día mejora los hábitos alimentarios de los bebés y les permite dormir más horas seguidas por la noche.

La queja que suelo escuchar con mayor frecuencia de aquellos padres cuyos hijos tienen dificultades para hacer la siesta es: «Mi bebé no duerme siestas de más de tres cuartos de hora». Eso no es ningún misterio, la verdad. El ciclo del sueño humano dura aproximadamente unos cuarenta y cinco minutos. Algunos bebés sólo consiguen completar un ciclo de sueño y, en lugar de realizar la transición y volverse a dormir, se despiertan (esto a veces también ocurre por la noche). Entonces emiten unos leves ruiditos o incluso puede que lloren su típico llanto mantra (véase el recuadro de la página 231). Si en cuanto lo oyen despertarse el padre o la madre entran rápidamente en la habitación, el bebé se habitúa a estas siestas más cortas.

Cuando un bebé se va a dormir agotado, sus siestas también serán demasiado breves (ni siquiera llegarán a cuarenta minutos) o directamente no dormirá. A veces, cuando los padres esperan demasiado al acostar a su hijo, sus siestas son erráticas. Si bosteza, se refriega los ojos, se tira de las orejas o incluso se araña la cara, significa que tiene sueño y es el momento óptimo para acostarlo. Con bebés de cuatro meses o más, especialmente, los padres han de actuar de inmediato. Si no saben interpretar los indicios de sueño de su bebé y lo mantienen despierto hasta el *agotamiento*, el resultado a menudo son unas siestas demasiado cortas.

La sobreestimulación es una causa corriente de las malas siestas, por tanto, es fundamental *preparar* al bebé para dormir la siesta. No se lo puede poner en la cuna sin relajarlo antes. He observado que la mayoría de padres son plenamente conscientes de la importancia de realizar un ritual de relajación antes de acostar a su hijo por la noche: el baño, una nana tranquila, un rato de mimos; en cambio, se olvidan de llevar a cabo un ritual similar en el caso de las siestas.

Las siestas no deberían ser ni demasiado cortas ni demasiado largas; ambas cosas descoordinan la rutina. A esta edad, unos malos hábitos de sueño impiden el correcto seguimiento de una rutina y provocan que el bebé se resista a cualquier horario, puesto que una criatura permanentemente fatigada es incapaz de seguir un ritmo. El siguiente caso es un ejemplo perfecto de este problema. Georgina, una madre del estado de Tennessee, escribió:

He leído su libro y creo que la rutina E. A. S. Y. funcionará con mi pequeña Dana. Por desgracia, Dana cumplirá cuatro meses dentro de una semana y nunca ha seguido ningún tipo de rutina estructurada. Sólo con tranquilizarla un poco, consigo que se quede dormida a la hora de la siesta, pero por muy relajante que sea el ambiente en su cuarto, es imposible que duerma más de treinta minutos seguidos y siempre se levanta con sueño. Esto hace que me sea muy difícil seguir la rutina E. A. S. Y. porque no puedo darle de comer cuando se despierta, ya que han transcurrido, como mucho, un par de horas desde la toma anterior. Le agradecería enormemente que me diera su opinión acerca de este tema.

Dana no necesita tomar más comidas; ésa es una equivocación que cometen muchos padres. Para

siesta

PAUTAS PARA INTERVENIR EN LA SIESTA

Saber cuándo intervenir a menudo es cuestión de fiarte de tu propio criterio y usar el sentido común. Si ya has aprendido a interpretar las señales de tu bebé —lo cual es de esperar a los cuatro meses—, te darás cuenta de que, prestando un poco de atención, las siestas no entrañan tanto misterio:

Si, *de vez en cuando,* tu bebé se despierta demasiado temprano de una siesta y parece feliz, no te preocupes.

Si se despierta antes de tiempo pero se pone a llorar, normalmente significa que necesita descansar más. Intervén físicamente utilizando la técnica P. U./P. D. para ayudarlo a conciliar nuevamente el sueño.

Si se despierta prematuramente de una siesta durante *dos o tres días seguidos,* ten cuidado. Puede que tu hijo esté desarrollando un nuevo patrón, y tú no quieres que se acostumbre a dormir siestas de cuarenta y cinco minutos. Corta el problema de raíz mediante los métodos despertar-para-dormir o P. U./P. D.

poder seguir sin problemas la rutina E. A. S. Y., lo que realmente necesita es dormir más durante el día. Georgina tendrá de dedicar unos días a alargar las siestas de su hija mediante el método P. U./P. D. A su edad, Dana debería hacer dos siestas diarias de una hora y media cada una, como mínimo. Si solamente duerme media hora, entonces su madre tendrá que pasarse la próxima hora cogiéndola y acostándola, hasta que se habitúe a dormir más. Después de esa hora y media, Georgina deberá despertarla. El primer día, Dana comerá despacio —sin duda, estará cansada— pero al final corregirá el mal hábito de dormir tan poco y podrá seguir la rutina sin dificultad (dado que la niña está a punto de cumplir los cuatro meses, Georgina tendrá que pasar a una rutina de cuatro horas; véanse las páginas 49-55).

Con frecuencia, el hecho de no dormir bien la siesta forma parte de un trastorno del sueño en general, pero normalmente tratamos primero el problema de las siestas porque un buen descanso diurno conduce a un buen descanso nocturno. A fin de prolongar las siestas, anota cómo transcurre la jornada de tu hijo durante tres días. Pongamos por caso que nos ocupamos de un bebé de entre cuatro y seis meses. Se despierta a las 7 y su primera siesta suele ser hacia las 9 de la mañana. Si has pasado por los veinte minutos del ritual de relajación de los cuatro pasos (véase la página 183), y por regla general tu bebé se despierta al cabo de cuarenta minutos (alrededor de las 10), tienes que mandarlo de nuevo a dormir (los bebés de seis a ocho meses también duermen su primera siesta hacia las 9 de la mañana. Entre los nueve meses y el primer año, la siesta de la mañana puede retrasarse hasta las 9.30 de la mañana. No obstante, independientemente de la edad, a la hora de extender las siestas, son válidos los mismos principios).

Puedes elegir entre dos enfoques:

1. DESPERTAR-PARA-DORMIR. En lugar de esperar a que tu hijo se despierte, entra en su habitación al cabo de media hora, ya que entonces es cuando comenzará a salir de un sueño profundo (recuerda que los ciclos de sueño acostumbran a durar unos cuarenta minutos). Antes de que vuelva totalmente en sí, dale unas palmaditas suaves hasta que veas que su cuerpo se relaja de nuevo. Tal vez necesites hacerlo unos quince o veinte minutos. Sin embargo, si empieza a llorar, tendrás que recurrir al método P. U./P. D. para lograr que vuelva a dormirse (véanse también las páginas 191-192).

2. P. U./P. D. Si tu hijo es absolutamente reacio a hacer la siesta, puedes utilizar esta técnica para ayudarlo a conciliar el sueño. O, si se levanta cuarenta minutos después de haberlo acostado, P. U./P. D. te servirá para conseguir que se duerma otra vez. Sí, es cierto: el primer día que pruebes el nuevo método para remediar una de estas dos situaciones, quizás tengas que pasarte todo el rato de la siesta cogiendo y tumbando de nuevo a tu hijo. Con lo cual, justo después ya le tocará su próxima toma ¡y ambos estaréis exhaustos! Pero no saltarse la rutina es igual de importante que prolongar las siestas del bebé; por tanto, deberás darle de comer y luego intentar mantenerlo despierto al menos durante media hora antes de acostarlo para su próxima siesta; y lo más probable es que tengas que volver a usar el método P. U./P. D., porque tu hijo estará agotado.

Aquellos padres que están más habituados a seguir el ritmo arbitrario de su bebé que el de una rutina estructurada, a menudo se confunden cuando les doy instrucciones sobre las siestas. Quieren que su hijo duerma durante más tiempo, pero tienden a olvidarse de mantener la rutina, lo cual es igual de importante, puesto que todo forma parte del plan diario. Por ejemplo, una madre podría decir: «Mi pequeño se despierta a las 7, pero a veces no quiere comer hasta las 8 de la mañana. En ese caso, ¿también debería acostarlo más tarde para la siesta?». Antes que nada, a las 7.15 o las 7.30, como muy tarde, ya deberías estar dándole el desayuno: recuerda que se trata de seguir una rutina estructurada. En cualquier caso, tendrías que acostar a tu hijo a las 9 o 9.15 de la mañana como máximo, porque entonces es cuando se sentirá cansado. Luego, este tipo de padres también pregunta: «Pero, ¿no le estoy dando de comer justo antes de irse a dormir?». No, después de los cuatro meses las comidas ya no duran cuarenta minutos. De hecho, algunos bebés se beben un biberón entero o vacían un pecho en tan sólo un cuarto de hora. Así pues, después de comer aún les queda un poco de tiempo para realizar alguna actividad.

Indudablemente, intentar alargar la duración de las siestas puede ser una empresa frustrante. En realidad, requiere más tiempo establecer un buen horario de siestas que solucionar una alteración del sueño nocturno: por norma general, una o dos semanas en comparación con unos días. Esto ocurre porque, por la noche, dispones de un periodo de tiempo más largo para trabajar. Durante el día, en cambio, sólo tienes el rato que va desde el inicio de una siesta hasta la siguiente toma, alrededor de unos noventa minutos, normalmente. No obstante, te aseguro que, al cabo de unos días, el método P. U./P. D. surtirá efecto cada vez más deprisa y tu bebé dormirá siestas cada vez más largas. Siempre y cuando, lógicamente, no te des por vencida demasiado pronto, ni te encalles en alguno de los escollos que analizo en el próximo apartado.

12 RAZONES POR LAS CUALES EL MÉTODO P. U./P. D. NO FUNCIONA

Cuando los padres siguen mis planes, éstos funcionan. Sin embargo, desde que mi primer libro se publicó, he recibido miles de mensajes acerca de la técnica P. U./P. D. Los padres oyen hablar del método a amigos, consultan cómo practicarlo en mi página web o bien leen mi primer libro (en el cual la filosofía básica del método se expone de forma muy sucinta). Muchos de sus mensajes de correo electrónico son como éste:

> *Estoy tan confundida y desesperada... Ahora Heidi tiene un año y acabo de empezar con la técnica P. U./P. D. ¿Qué tengo que hacer cuando se levanta y se sienta en la cama? ¿Se supone que debo hablarle mientras hace esto? ¿Le susurro sshh... sshh? ¿Le doy palmaditas o no? ¿Me marcho de su cuarto y vuelvo a entrar? (¿Inmediatamente o espero hasta que llore?), ¿o simplemente me quedo junto a su cuna, cogiéndola y volviéndola a tumbar? ¿Cómo suprimo la toma nocturna ahora? Se la doy a las 10.30 de la noche. ¿Por qué se despierta a las 5.30 o a las 6 de la madrugada? ¿Puedo hacer algo para que se despierte más tarde? Espero con impaciencia y desesperación tu respuesta. Por favor, por favor, contéstame.*

Al menos «Una madre desesperada», tal como se identifica ésta, admite estar confundida y no saber por dónde empezar. Otros mensajes continúan recitando los problemas del bebé («Mi hijo se niega a...», «No quiere...»). Hasta que al final, quien escribe —generalmente la madre— insiste: «Probé el método P. U./P. D., pero con *mi* bebé no funciona». El hecho de recibir tal alud de mensajes sobre el supuesto fracaso del método me animó a revisar los cientos de casos que he tratado a lo largo de los últimos años y a analizar en qué suelen equivocarse la mayoría de padres:

1. LOS PADRES COMIENZAN A UTILIZAR LA TÉCNICA P. U./P. D. CUANDO SU BEBÉ AÚN ES DEMASIADO PEQUEÑO. Tal como señalé en el capítulo anterior, no es adecuado recurrir al método P. U./P. D. con bebés menores de tres meses porque los puede excitar en exceso. Todavía no pueden asumir que los aúpen y los tumben repetidamente. Además, al llorar queman tantas calorías que es difícil saber si tienen hambre, están cansados o les duele algo. Por tanto, antes de los tres meses la técnica normalmente fracasa. En estos casos, yo acostumbro a aconsejar a los padres que se aseguren de seguir un buen ritual para ir a dormir y que, en lugar de servirse de un apoyo, calmen a su bebé mediante las palmaditas y los susurros.

2. LOS PADRES NO COMPRENDEN POR QUÉ ESTÁN UTILIZANDO LA TÉCNICA P. U./P. D. Y, EN CONSECUENCIA, NO LO HACEN CORRECTAMENTE. Si bien el método de las palmadas y los susurros sirve para aquietar al bebé, la técnica P. U./P. D. sirve para enseñarle a tranquilizarse por sí mismo cuando no es suficiente con los susurros y las palmaditas. Yo no sugiero jamás empezar directamente con este método. Es mejor tratar de serenar al bebé en la cuna. Comienza con tu ritual de relajación: deja la habitación a oscuras, pon música relajante, bésalo y, a continuación, acuéstalo. De repente, rompe a llorar. ¿Qué haces? Detente. No te precipites. Inclínate y susúrrale «sshh... sshh... sshh...» al oído. Cúbrele los ojitos para impedir cualquier estímulo visual. Si tiene menos de seis meses, dale unas palmaditas rítmicas en la espalda (a los bebés de más de seis meses, las palmadas y los susurros los distraen, pero no los relajan; véase la página 185). Si es mayor, simplemente ponle una mano en la espalda. Si eso no lo apacigua, utiliza el método P. U./P. D.

Tal como muestra la historia de Sarah (en las páginas 232-234), algunos padres sostienen a su bebé en brazos durante demasiado tiempo. Siguen consolándolo más allá de lo necesario. A los bebés de entre tres y cuatro meses no hay que cogerlos más de cuatro o cinco minutos y, cuanto mayores son, menos tiempo necesitan. Incluso hay bebés que paran de llorar tan pronto los cogen en brazos. Y entonces, su madre, por ejemplo, dirá: «Deja de llorar en cuanto lo aúpo, pero cuando lo tumbo en la cuna, empieza otra vez». En mi opinión, esto es señal de que lo tiene en brazos demasiado tiempo. Y así está creando un nuevo apoyo: iella misma!

3. LOS PADRES NO SE DAN CUENTA DE QUE TIENEN QUE OBSERVAR —Y ESTRUCTURAR— LA JORNADA ENTERA DE SU BEBÉ. Un trastorno del sueño no puede resolverse analizando únicamente los hábitos de sueño del bebé o centrándose sólo en lo que ocurre justo antes de la hora en que se va a dormir. Debes fijarte en lo que come tu hijo y, sobre todo, en las actividades que realiza. Hoy en día, casi todos los bebés corren el riesgo de estar sobreestimulados. iExisten tantos juguetes y objetos variados para niños en las tiendas y se presiona tanto a los padres para que los compren: el balancín, las sillitas que vibran, los móviles musicales y que se iluminan para la cuna! Es como si tuviera que estar sucediendo algo a cada momento. Pero, con un bebé, menos es más. Cuanto más sereno consigas que esté, mejor dormirá y mayor será su crecimiento neuronal. Recuerda que ellos no pueden apartar los cachivaches que cuelgan encima de su cabeza. Durante los ratos de actividad, los padres a menudo escuchan un primer gritito o un llanto nervioso y enseguida piensan: «Vaya, está aburrido» y, a continuación, menean algún juguete delante de su carita. Cada vez que oigas a tu bebé hacer algún tipo de ruido, significa que algo le pasa. Cuanto antes entres en acción —al primer grito o bostezo—, más posibilidades tendrás de lograr que tu hijo se duerma sin necesidad de recurrir al método P. U./.P. D.

4. LOS PADRES NO SE HAN GUIADO POR LAS SEÑALES Y LOS LLANTOS DE SU BEBÉ Y TAMPOCO HAN OBSERVADO SU LENGUAJE CORPORAL. Siempre que uses la técnica P. U./P. D., debes adaptarla a las características de *tu* bebé. Cuando se trata de un niño de cuatro meses, por ejemplo, les digo a los padres que lo sostengan en brazos «cuatro o cinco minutos a lo sumo». No obstante, ése es un tiempo *estimativo*. Si la respiración de tu bebé se vuelve cada vez más profunda y notas que su cuerpo se relaja rápidamente, acuéstalo enseguida. De lo contrario, te arriesgas a sostenerlo más tiempo del necesario. Por otro lado, también recomiendo a los padres que no vayan a coger al bebé si no es en respuesta a un llanto genuino, no a un llanto mantra (véase el recuadro de la página 231). Si no sabes distinguir la diferencia, corres el peligro de cogerlo en brazos con demasiada frecuencia. A veces, cuando se ha recurrido a muchos apoyos, se pierde la esencia de lo que el bebé necesita realmente. Ocurre a menudo que los padres no reconocen cómo suena un llanto de frustración, ya que siempre han reaccionado meciendo a su hijo hasta dormirlo o consolándolo con el pecho. Y no es necesariamente porque los padres no presten atención a su pequeño. Es sólo que se acostumbran a echar mano de soluciones que les funcionan a corto plazo y no se dan cuenta, hasta que es demasiado tarde, de que se han ido metiendo en un oscuro callejón y no es tan fácil encontrar la salida. Lo que estamos intentando es enseñar a nuestros hijos a dormirse y a crear hábitos de sueño que funcionen a largo plazo. Debo confesar que como yo me dedico a esto, suelo identificar con facilidad las expresiones faciales de los bebés, la forma en que extienden los brazos o la manera en que golpean las piernas contra el colchón. Dado que he vivido todas las situaciones imaginables, soy capaz de diferenciar al instante un llanto mantra, que le sirve al bebé para calmarse, de uno que requiere la intervención de sus padres. Por favor, querida, no te rasgues las vestiduras si a ti (que sólo tienes a un bebé para observar) te cuesta un poco más de tiempo.

5. LOS PADRES NO SE DAN CUENTA DE QUE, A MEDIDA QUE SU HIJO CRECE, DEBEN ADAPTAR LA TÉCNICA P. U./P. D. PARA ADECUARLA A SU DESARROLLO. Este método no es una técnica que pueda aplicarse de la misma manera a todas las edades. Si bien, después de auparlo, puedes tener en brazos a un bebé de cuatro meses durante cuatro o cinco minutos y a uno de seis sólo durante dos o tres, a un niño de nueve meses tendrás que tumbarlo inmediatamente. Y mientras que a un bebé de cuatro meses lo apacigua que le des palmaditas, esto mismo alterará a uno de siete meses (véase el apartado «Cómo adaptar P. U./P. D.» para cada grupo de edad).

6. LAS PROPIAS EMOCIONES DE LOS PADRES INTERFIEREN EN EL PROCESO, ESPECIALMENTE EL SENTIMIENTO DE CULPA. Al consolar a sus hijos, los padres a veces emplean un tono de lástima. Es uno de los síntomas del síndrome del pobre bebé (véase la página 243). El método P. U./P. D. no funcionará si tu voz suena como si tu hijo te diera pena.

Cuando una mamá acude a mí y me dice: «Es culpa mía», yo enseguida pienso para mis adentros: «Perdona, pero tu sentimiento de culpa es evidente». En algunos casos, la madre no tiene nada que ver con el trastorno del sueño de su hijo. El proceso de dentición, una enfermedad o cualquier problema digestivo, por ejemplo, escapan totalmente a su control. Es cierto, sin embargo, que cuando se han producido errores de crianza sí hay «culpa» por parte de los padres. Efectivamente, los padres son responsables de que los niños desarrollen malos hábitos. Con todo, la culpa no ayuda a nadie, ni al bebé ni a sus padres. Por eso, cuando una madre o un padre ha estado haciendo algo contraproducente para el buen descanso de su hijo y admite: «Hice esto o lo otro», mi respuesta es simple: «Está bien que reconozcas tu equivocación. Ahora busquemos una solución».

A veces las madres también preguntan: «¿Es porque me reincorporé al trabajo y no lo veo lo suficiente durante el día?». Normalmente, lo que eso significa es que mamá cree que su bebé la ha echado de menos todo el día y desea verla por la noche, cuando ella llega a casa; por eso lo deja estar despierto hasta más tarde. Lo que debería hacer, en cambio, es replantearse su propio horario laboral o bien encargarle a la niñera que acueste al bebé a su hora.

Cuando los padres actúan con sentimiento de culpa, el bebé no piensa conscientemente: «Genial, mamá y papá harán todo lo que yo quiera»; no obstante, sí que captará esa sensación y la utilizará. A menudo, una madre o un padre que se siente culpable también está confundido, duda y es incapaz de poner en marcha una estrategia y llevarla a cabo con constancia; y lo peor es que todas estas cosas pueden infundirle miedo al bebé. «Pues si mis padres no saben qué hacer conmigo, ¿qué voy a hacer yo? ¡Sólo soy un bebé!» Para que el método P. U./P. D. tenga éxito, los padres han de rebosar confianza. Su lenguaje corporal y su tono de voz deberían transmitirle al niño: «No te preocupes, tesoro. Sé lo frustrado que estás, pero voy a ayudarte a superarlo».

Los padres que se sienten culpables son más propensos a desistir en su empeño de resolver el problema de sueño (véase el punto 12, en la página 255). Al utilizar la técnica P. U./P. D., temen estar haciéndole daño a su hijo o privándolo de su amor. Yo sé a ciencia cierta que el método P. U./P. D. funciona, pero tú también has de verlo como un instrumento para enseñar a dormir a tu bebé, no como un castigo ni como algo que puede herirlo o hacerle sentir como si no lo quisieras. Asimismo, cuando una madre o un padre me pregunta: «¿Cuántas veces tengo que hacerlo?», también me da la impresión de que se siente culpable. Aunque esa pregunta también podría significar que la persona es un poco perezosa o que no está realmente comprometida en hacer las cosas de un modo distinto. Por otro lado, me indica que él o ella incluye esta técnica en la categoría de medicina, ¡y que además la considera una de las que duelen! Pero nada más lejos de la realidad. Si has decidido seguir el método P. U./P. D., es para enseñar a tu hijo a dormir en su propia cama. Mediante esta técnica, el bebé se siente seguro, protegido y ve que tú estás ahí para ayudarlo a desarrollar la capacidad de dormirse por sí mismo.

7. La habitación del bebé no está ambientada para dormir. Al poner en práctica el método P. U./P. D., debes minimizar las distracciones. Raramente funciona a plena luz del día o con una luz intensa encima de la cuna y, menos aún, con el equipo de música sonando de fondo. Por supuesto, debe haber algo de luz en la habitación, procedente del pasillo, por ejemplo, o bien de una lamparilla de noche. Has de ser capaz de observar el lenguaje corporal de tu hijo, así como de ver claramente la salida cuando te marches de su cuarto.

8. Los padres no tienen en cuenta el temperamento de su hijo. El método P. U./P. D. ha de adaptarse a los diferentes tipos de personalidad. Para cuando lo uses —nunca antes de los cuatro meses— ya deberías tener una idea bastante clara de lo que le gusta y no le gusta a tu bebé, de aquello que lo irrita y qué es lo que le produce calma. A los bebés angelito y de manual resulta relativamente fácil sosegarlos. Los de tipo gruñón suelen ser más agresivos; son los que acostumbran a arquear la espalda y a alejarte a empujones cuando se sienten frustrados. Quizás te parecería que los bebés movidos también encajan en esa descripción, pero la experiencia me ha demostrado que no es el caso. De todas maneras, tanto con bebés movidos como con bebés susceptibles, prepárate para invertir un poco más de tiempo en el método P. U./P. D. Ambos tipos tienen tendencia a llorar mucho y a sentirse muy frustrados. Además, también se distraen con facilidad, así que tendrás que vigilar que no haya demasiada luz en la habitación, que no se filtren olores desde la cocina, que no se escuchen demasiados ruidos en casa y que los hermanos, si los hay, tampoco molesten. Trata de eliminar, o al menos de minimizar, el máximo de distracciones posibles.

El método, sin embargo, será básicamente el mismo, independientemente del temperamento de tu bebé. Sencillamente es cuestión de saber que te llevará un poco más de tiempo. Asimismo, cuanto más tranquilo sea el rato de actividad antes de acostar al niño, mejor irá todo. No se puede sacar a una criatura de su gimnasio y meterla directamente en la cuna. Es necesario dedicar un mínimo de quince o veinte minutos a relajarla y prepararla para dormir (véanse las páginas 183-187). Para los bebés de tipo movido y susceptible, es especialmente importante dejar la habitación a oscuras y bloquear cualquier estímulo visual. A algunos, sobre todo a los susceptibles, les cuesta mucho mantener los ojos cerrados. Entonces comienzan a observar su entorno y no consiguen ni desconectar ni relajarse. Por eso lloran de esa forma tan desesperada: quieren «aislarse» del mundo y no pueden. Cuando son más pequeños, las palmaditas y los susurros lograrán que dejen de llorar y se concentren en el contacto físico y en el sonido de tu voz. Pero cuando hayan superado los seis meses, tranquilízalos exclusivamente con tus palabras y con la técnica P. U./P. D., aunque sólo hasta haberlos consolado, no más.

9. Uno de los dos progenitores no está preparado. El método P. U./P. D. no funciona a menos que se impliquen ambos miembros de la pareja. Lo que sucede a veces es que uno de los dos está harto de la situación e instiga un cambio. Digamos que una pareja lleva semanas sin dormir y papá finalmente dice: «Estoy convencido de que debe haber *algo* que podamos hacer. No es normal que el bebé acabe en nuestra cama, un día sí y otro también». Sin embargo, si la madre no comparte su opinión —o si, de hecho, disfruta haciéndole mimos a su hijo y cree que eso lo ayuda a sentirse más seguro y protegido—, explicará la situación de la siguiente manera: «Mi marido quiere que nuestro bebé duerma de un tirón toda la noche, pero a mí realmente no me afecta».

Tras una visita de los abuelos, suele darse un panorama similar. La abuela hace un comentario del estilo: «A estas alturas, supongo que el niño ya duerme toda la noche, ¿verdad?» y mamá (que secretamente está de acuerdo con ella, pero no sabe cómo conseguirlo) se siente avergonzada. Tal vez me llame para una visita, pero por su voz sé que aún no está preparada para actuar y cambiar su propio comportamiento. Yo le propondré un plan y ella enseguida querrá modificarlo. «Pero, es que los jueves y los viernes hago tal y tal cosa, ¿y ahora dices que tendré que quedarme en casa?» O bien me replicará con una serie de objeciones: ¿Y si no me importa llevarme a mi hijo a la cama? ¿Y si llora más de veinte minutos? ¿Y si resulta que vomita porque lo está pasando muy mal? Llegado este punto, yo me detengo y le pregunto: **¿De verdad estás dispuesta a intentar cambiar la situación? ¿Cómo es tu vida actualmente? Olvídate de tu marido y de tu madre: ¿realmente piensas que la rutina de tu bebé debe cambiar?** Siempre les ruego a los padres que sean sinceros. Yo puedo ofrecerles todos los planes del mundo, pero si ellos oponen mil razones para no tener que llevarlos a cabo e insisten en que no funcionarán, el resultado será obvio: nada de lo que yo les proponga funcionará.

10. LOS PADRES NO COORDINAN SUS ESFUERZOS DE FORMA EFECTIVA. A fin de corregir un hábito de sueño, tal como expliqué en el caso de Patricia y Dan (véase la página 242), los padres necesitan un plan que les indique qué *hacer*. Una buena solución también prevé cualquier contingencia imprevista que pueda surgir, es decir, un plan B. Al mismo tiempo, tanto el padre como la madre deben conocer los errores más frecuentes a la hora de utilizar el método P. U./P. D. Este mensaje de correo electrónico de Ashley, la mamá de la pequeña Trina, de cinco meses, es un claro ejemplo de cómo los padres, sin ser conscientes de ello, pueden echar a perder el proceso y, lo que es igual de importante, de por qué algunos tienden a abandonar tan pronto (véase el punto 12, en la página 255):

Tras cinco meses de mecer a Trina para lograr que se duerma, ahora estoy probando el método P. U./P. D. El segundo día fue el mejor. Con sólo veinte minutos de darle palmaditas en la barriga ya se durmió. Ahora, al quinto día, estoy casi a punto de dejarlo estar. Esta mañana no ha habido manera de que conciliara el sueño. Cuando empiezo a acostarla y mi marido entra en el cuarto para darme un respiro, Trina rompe a llorar histéricamente si él la coge en brazos y luego no se calma hasta que la cojo yo. ¿Este comportamiento es normal? De verdad quiero que el nuevo método funcione y que mi hija aprenda a dormirse por su cuenta, pero no sé qué es lo que estoy haciendo mal.

Se trata de un escenario muy habitual: mamá acaba agotada y de mal humor y entonces papá ha de intervenir. Sin embargo, los padres no se percatan de que, *para el bebé*, la llegada de papá es una distracción. Aunque él entre en la habitación y comience a coger y a tumbar a su hijo exactamente igual que mamá, será como empezar de cero. El padre es otra persona y todos sabemos que los bebés no reaccionan igual con ambos progenitores. Además, al bebé puede distraerlo mucho que tanto mamá como papá estén en su dormitorio, sobre todo si ya tiene seis meses o más. Por tanto, yo suelo recomendar a los padres que cada uno se comprometa a encargarse del bebé durante dos noches seguidas, de manera que el niño sólo vea a uno de ellos cada vez.

En algunos casos, si mamá se siente físicamente incapaz de aupar y tumbar al bebé tantas veces, es más conveniente que sea papá quien tome el relevo o que, al menos, se ocupe varias noches del proceso. O bien, si la madre ya había probado el método P. U./P. D. en el pasado y se había dado por vencida, es mejor que papá lo intente un par o tres de noches como mínimo. Algunas madres saben de antemano que no van a poder hacerlo. Analicemos el caso de James, por ejemplo, que ya apareció al principio de este capítulo. Cuando le expliqué mi plan a su madre, Jackie, ella inmediatamente reconoció: «No creo que pueda ayudarlo a dormirse sin darle el pecho. No soporto verlo llorar». Jackie era una «rescatadora» crónica y hasta ese momento había sido muy reticente a permitir que papá participara demasiado. En casos así, voy incluso más lejos y sugiero que la madre se marche de casa directamente y pase unas cuantas noches con algún familiar.

Por lo general, los padres son más eficientes que las madres a la hora de poner en práctica un método como P. U./P. D., aunque algunos pueden caer víctimas del síndrome del pobre bebé (véanse las páginas 243-244). No obstante, aunque estén plenamente dispuestos a solucionar el trastorno del sueño, tampoco es nada fácil para ellos, creedme. Antes de que pudiéramos siquiera probar el nuevo método, el padre de James, Mike, tuvo que *estar* con su hijo durante dos noches, puesto que el niño no estaba acostumbrado a que su padre lo tuviera en brazos. Así pues, cuando Mike intentaba consolar a su hijo, James aún se disgustaba más. Él quería a su mamá porque no conocía nada más.

Cuando el padre es designado para realizar la intervención, la madre ha de procurar no entrometerse a medio proceso. Yo suelo advertirles a menudo: «Aunque el bebé te reclame a ti, debes dejar que se encargue su padre. Si no, vas a hacer que se convierta en el malo de la película». En esta misma línea, papá debe comprometerse a seguir con el proceso hasta el final. Lo que no puede hacer, mientras el bebé llora a pleno pulmón, es girarse hacia su mujer y decirle: «Hazlo tú». Sin embargo, es maravilloso que, a pesar de que hasta el momento el padre haya tenido una participación mínima en la resolución de los problemas o los haya dejado enteramente en manos de su esposa, el hecho de implementar con éxito la técnica P. U./ P. D. pueda cambiar por completo la dinámica de una relación. A partir de entonces, las madres sienten un gran respeto por papá y él gana una confianza en sus propias habilidades como padre, que antes no existía.

11. Los padres tienen unas expectativas poco realistas. No me cansaré de repetirlo: el método P. U./P. D. no es mágico. No «cura» los cólicos ni el reflujo, tampoco alivia los dolores y molestias de la dentición y, menos aún, consigue que un bebé obstinado sea más fácil de tratar. Simplemente se trata de una forma sensata de habituar al niño a dormir más. Cuando empieces, tu bebé se sentirá tremendamente frustrado y contrariado —mentalízate de que llorará mucho—, pero como estarás siempre a su lado, en ningún momento pensará que lo abandonas. Tal como señalé antes, determinados temperamentos son más difíciles de manejar (los bebés de tipo susceptible, movido y gruñón). En cualquiera de las situaciones posibles, has de conceder tiempo para el cambio y esperar que se produzca una regresión. No olvides que estás tratando con un bebé agotado, que no ha seguido ninguna clase de rutina y a quien, inconscientemente, has malcriado para lograr que durmiera. Y ahora, a fin de deshacer esos errores, debes recurrir a una medida más drástica. ¿Tu bebé sufrirá angustia y dolor? No, pero sin duda vas a provocarle un fuerte sentimiento de frustración, porque vas a cambiar aquello a lo que estaba acostumbrado. Llorará, arqueará la espalda y se agitará como un pez en la cuna.

Yo he hecho esto con miles de niños y te aseguro que se puede tardar hasta una hora en dormir a un bebé; y que también puede implicar tener que auparlo y tumbarlo unas noventa o incluso cien veces. Cuando tengo entre manos a un bebé como el pequeño Emanuel, de once meses, sé que no vamos a lograrlo en una noche. Emanuel se despertaba prácticamente a cada hora y media para que le dieran una toma; cuando el primer día se despertó a las 10 de la noche, supe que tendríamos suerte si conseguíamos que se durmiera a las 11, aunque advertí a sus padres: «Se levantará otra vez a la 1 de la madrugada». Y efectivamente, eso es lo que hizo. La buena noticia fue que aunque aquella noche sólo durmió durante periodos de dos horas, cada vez teníamos que auparlo y tenderlo menos veces para que volviera a dormirse.

La experiencia me permite hacer este tipo de predicciones. A continuación, encontrarás cuatro de los patrones más recurrentes que he observado a lo largo de los años. Quizás tu hijo no encaje exactamente con ninguno de ellos, pero estas situaciones te darán una idea de lo que puedes esperar:

- Si un bebé se duerme razonablemente deprisa mediante el método P. U./P. D. —digamos que entre veinte minutos y media hora—, lo más probable es que duerma tres horas seguidas por la noche. Por tanto, si empiezas a las 7 de la tarde, se despertará de nuevo alrededor de las 11.30 de la noche. Esa primera noche tendrás que cogerlo y tumbarlo a esa hora y luego otra vez hacia las 5 o las 5.30 de la madrugada.

- Si tu hijo es como Emanuel, tiene ocho meses o más, lleva varios meses despertándose con frecuencia por las noches y encima tú has recurrido a alguna clase de apoyo para que conciliara el sueño, es muy posible que tengas que practicar el método P. U./P. D. más de un centenar de veces. Y cuando finalmente logres que se duerma, la primera vez no va a permanecer dormido más de dos horas seguidas. Lo único que puedo sugerirte es que procures echar una cabezada en cuanto él se duerma y que estés preparada para hacerlo otra vez y otra y otra, durante unas cuantas noches.

- Si un niño ha estado durmiendo siestas más bien cortas —de entre veinte y cuarenta y cinco minutos—, cuando pongas en práctica el método P. U./P. D. por primera vez, lo normal es que sólo duerma unos veinte minutos más, dado que no está habituado a dormir más de cuarenta y cinco minutos seguidos. Vuelve a entrar en su habitación, cógelo y túmbalo hasta que complete su periodo de sueño o hasta su próxima toma. Pero, sobre todo, nunca permitas que se salte una comida por estar dormido.

- Si has probado el método del llanto controlado y has dejado a tu hijo llorando solo, te costará más tiempo aplicar con éxito la técnica P. U./P. D. (tanto a la hora de la siesta como por la noche), ya que tendrá miedo. A veces, incluso será necesario que tomes medidas para recuperar la confianza de tu hijo antes siquiera de poder intentar el nuevo método. Al final, P. U./P. D. funcionará y, cuando eso suceda, tu bebé quizás dormirá dos o tres noches de un tirón y tú creerás que lo has conseguido. Pero a la tercera noche se despertará de nuevo y entonces me llamarás: «Tracy, esto no funciona porque ha empezado a despertarse otra vez». Sin embargo, que tu hijo haya vuelto a despertarse puntualmente tan sólo significa que has de ser constante y seguir con esta técnica.

12. Los padres se desmoralizan y entonces abandonan. Cuando han pasado una mala noche o un mal día, muchos padres tienen la sensación de que la técnica P. U./P. D. les ha fallado. No ha sido así, pero si te das por vencida ahora, indudablemente fracasará. Debes mantenerte firme y continuar intentándolo. Por eso es importante que anotes cómo estaban las cosas cuando empezaste y que vayas registrando tus progresos. Aunque tu hijo duerma sólo diez minutos más de lo que solía, eso ya es un avance. Cuando hago visitas, siempre llevo la libreta de notas conmigo y les digo a los padres: «Esto es lo que vuestro hijo estaba haciendo hace una semana». A fin de animarte a continuar, has de notar algunos cambios. Con bebés de tipo movido, susceptible y gruñón se puede tardar más tiempo en obtener resultados, pero no te rindas.

Cuando se está intentando enseñar a un bebé a dormir, no existen las medias tintas. Lo peor que puedes hacer es abandonar a medio camino. Tal vez tengas que seguir cogiéndolo y tumbándolo por un tiempo. Estate preparada para una travesía larga. Créeme, sé que el método P. U./P. D. resulta difícil y extenuante para los progenitores, especialmente para las madres. Por eso no me extraño cuando…

Muchas abandonan ya la primera noche. Cuando más tarde les pregunto: **¿Durante cuánto tiempo lo intentaste?** Me responden: «Diez o quince minutos, no pude aguantar más». Como es lógico, diez minutos no bastan. En casos de bebés con problemas profundamente arraigados, yo he tenido que hacerlo durante más de una hora. Y puedo asegurar que la segunda vez es más corta. Cuando realizo visitas a domicilio y, de hecho, *practico* la técnica *con* una cliente (tanto para tratar un trastorno del sueño nocturno, como un problema de siestas demasiado breves durante el día), las mamás a menudo admiten: «Yo nunca habría podido coger y tumbar a mi hijo durante más de veinte minutos». Si es por la noche, dicen: «Seguro que me habría rendido y le habría dado el pecho para que se durmiera». Si es de día: «Yo lo habría dejado y habría dado la siesta por terminada, a pesar de saber que el niño estaría de mal humor el resto del día». Pues bien, cuando yo estoy con ellas, no les queda más remedio que perseverar. Sin embargo, por su cuenta, muchas madres no realizan el esfuerzo.

Lo intentan durante una sola noche y luego lo dejan. Si has sido sistemática con tus errores, ahora debes ser igual de constante con las estrategias que corregirán la situación. Es verdad que, a primera vista, a muchos padres les parece que algunos de mis consejos son antinaturales, como despertar a un bebé para que siga su rutina. Por eso, si no creen sinceramente que algo va a funcionar, al no obtener resultados inmediatos enseguida corren a probar alguna otra cosa. Y como no son consecuentes con ningún método, su hijo está confundido y la técnica P. U./P. D. parece no funcionar.

Abandonan tras lograr solamente unos pocos avances. Pongamos por caso que el bebé ha pasado de dormir siestas de unos veinte o treinta minutos a dormir una hora entera. Mamá está contenta con que duerma ese tiempo, pero para el niño eso no es suficiente para seguir una rutina de cuatro horas. A medida que crezca y queme más calorías, se mostrará cada vez más irritable, tendrá menos coordinación y estará más cansado si sus siestas no duran al menos una hora y media. Ser constante con la técnica evita que el problema reaparezca más adelante.

Obtienen un éxito inicial, pero cuando el problema se repite, como sucede a menudo con las alteraciones del sueño, no vuelven a utilizar el método P. U./P. D. En lugar de eso, prueban alguna otra cosa. De haber continuado con la técnica, les habría costado menos tiempo y esfuerzo recuperar la normalidad, porque el bebé se habría acordado y cada vez habrían necesitado intervenir menos para calmarlo.

Por supuesto, no existen fórmulas mágicas para solucionar los trastornos del sueño, pero yo personalmente jamás he tratado ningún caso en que el método P. U./P. D. no funcionara. En el cuadro de la página siguiente, encontrarás algunas estrategias que te ayudarán a mantenerte firme en el empeño. Recuerda que si eres igual de constante con la nueva técnica como lo fuiste con tus antiguos hábitos, sin duda *se producirá* un cambio. Pero has de tener paciencia y perseverar hasta el final. Ya verás cómo funcionará.

No olvides, además, que en este momento las alteraciones del sueño son infinitamente más manejables que si dejas que persistan hasta los primeros años del niño. De hecho, aunque tu hijo todavía no haya celebrado su primer cumpleaños, te recomiendo que leas el siguiente capítulo, así verás lo que te espera si *no* resuelves ahora los problemas de sueño de tu bebé. ¡Ése puede ser tu mejor incentivo!

ESTRATEGIAS DE SUPERVIVENCIA PARA EL MÉTODO P. U./P. D. *CÓMO NO RENDIRSE*

Tal como dice el refrán, «No abandones antes del milagro». Aquí tienes algunas técnicas de supervivencia que pueden ayudarte a no desfallecer.

- Organízate bien antes de poner en práctica el nuevo método. Llevar a cabo la técnica P. U./P. D. es muy estresante para que lo haga sólo un miembro de la pareja. ¡Es realmente agotador, la verdad! Si conoces bien tu temperamento y temes que pueda llegar un punto en que no aguantes más, *no* lo intentes en solitario. Hazlo en *colaboración* con otra persona. No importa que no tengas pareja: tu madre, tu padre o una amiga íntima podrán formar equipo contigo (véase el punto 10 de la página 253 y el recuadro lateral de la página 176); o, como mínimo, invita a alguien a tu casa para que te dé apoyo moral. La persona no tendrá por qué *hacer* nada con tu hijo. Pero el mero hecho de tener a alguien *a tu lado*, alguien ante quien poder quejarte de lo duro que te resulta todo y que te recuerde que te estás esforzando por ayudar a tu bebé a dormirse solo y recuperar la tranquilidad en casa, te será un gran alivio.

- Empieza con el nuevo método un viernes, de manera que dispongas de todo el fin de semana y te sea más fácil reclutar ayuda, bien sea de papá, de la abuela o de una buena amiga.

- Ponte tapones en las orejas cuando estés en el dormitorio con tu hijo. No creas que te estoy sugiriendo que ignores a tu bebé; simplemente te lo digo para amortiguar un poco la intensidad de sus llantos; así será menos probable que hieran tus oídos.

- No sientas lástima de tu hijo. Si estás utilizando la técnica P. U./P. D es porque quieres que aprenda a dormir de forma independiente y eso es un gran regalo.

- Si sientes tentaciones de abandonar, pregúntate a ti misma: *¿Qué ocurrirá si lo dejo ahora?* Si tu hijo se pasa cuarenta minutos llorando y entonces tú te das por vencida y vuelves a intentar serenarlo mediante cualquiera que fuese el método que adoptaste meses atrás, ¡habrás hecho sufrir a tu bebé para nada! Estarás de nuevo en el punto de partida: él no sabrá cómo relajarse y conciliar el sueño y tú te sentirás fracasada.

7

EL BEBÉ TODAVÍA NO DUERME LO SUFICIENTE

Trastornos del sueño después del primer año

Una crisis norteamericana

Según una encuesta realizada en el año 2004 por la Fundación Nacional del Sueño (National Sleep Foundation), los bebés y niños norteamericanos no duermen lo suficiente. Los resultados se publicaron justamente mientras estábamos redactando este capítulo sobre problemas del sueño más allá del primer año. Aunque la encuesta abarcaba desde recién nacidos hasta adolescentes, nosotras nos centramos en los datos referentes a niños en edad de gatear (lo que en la encuesta incluyó a pequeños de entre doce y treinta y cinco meses). Leyendo entre líneas, es fácil ver cómo las conclusiones subrayan la importancia de enseñar a nuestros hijos a dormirse solos y a permanecer dormidos:

- *Los trastornos del sueño persisten hasta bien entrada la infancia.* Los bebés y sus padres no son en absoluto los únicos seres humanos faltos de sueño de nuestra cultura. El 63 % de los niños pequeños tiene problemas relacionados con el sueño. Estos problemas engloban: resistirse a ir a dormir (32 %), negarse del todo a dormir (24 %) y/o estar demasiado cansados en horas diurnas, varios días o noches a la semana (24 %). Prácticamente la mitad de los niños se despierta como mínimo una vez a lo largo de la noche; el 10 % se desvela en diversas ocasiones y, cada una de las veces, permanece despierto durante una media de casi veinte minutos. Alrededor del 10 % permanece despierto cuarenta y cinco minutos o más.
- *La mayoría de bebés y niños pequeños se van a la cama demasiado tarde.* Por término medio, los bebés (recién nacidos hasta once meses) se acuestan entre las 21.11 h y las 21.30 h y los niños, a las 20.55 h. Casi la mitad de los niños está en la cama después de las 21 h. Yo he observado este problema con frecuencia entre mis clientes, algunos de los cuales mantienen despiertos a sus hijos para poder pasar más rato con ellos al regresar del trabajo. Otros lo hacen porque nunca han habituado a sus hijos a acostarse a una hora de-

cente y luego les resulta imposible que se vayan a la cama más temprano. Yo aconsejo que, al menos hasta los cinco años, los niños se acuesten a las 7 o a las 7.30 de la tarde; la encuesta, sin embargo, muestra que únicamente el 10 % de los niños (y de los bebés, en este caso) están en la cama tan pronto. Y eso que, en ambas categorías, la hora de despertarse es, por término medio, poco más las 7 de la mañana. No hace falta ser un experto en matemáticas para ver por qué los niños no duermen todo lo que necesitan (no me sorprendería que ésta fuera una de las razones por las cuales actualmente hay tanta hiperactividad y agresividad entre los niños. La falta de sueño no provoca estos desórdenes, pero sin duda los agrava).

- *Muchos padres niegan los malos hábitos de sus hijos.* Ante la pregunta de cuántas horas dormían realmente sus hijos en comparación con las horas que ellos creían que *deberían* dormir, alrededor de un tercio de los padres con niños pequeños respondieron que sus hijos dormían menos de lo que deberían. Pero cuando se les pidió que dijeran si sus hijos dormían muy poco, demasiado o el número de horas adecuadas, la gran mayoría —el 85 %— contestó que su hijo dormía la cantidad adecuada de horas. Además, a pesar de que el factor de alteraciones del sueño en niños pequeños es tan frecuente, sólo uno de cada diez padres se muestra preocupado (y la intuición me dice que en ese 10 % preocupado están los mismos que responden que sus hijos permanecen despiertos cuarenta y cinco minutos o más, en plena noche).

Los resultados obtenidos por los investigadores ilustran un problema muy extendido al que me enfrento a diario: los padres tienden a permitir que los malos hábitos de sueño de sus hijos persistan hasta que ellos —los progenitores— están absolutamente desesperados. Por norma general, me llaman pidiendo ayuda cuando la mujer está a punto de volver al trabajo y teme no poder rendir con normalidad en la oficina o cuando las discusiones de una pareja han ido de mal en peor, porque las noches en blanco, por culpa del mal dormir del niño, están causando estragos en su relación.

- *Los padres de niños pequeños continúan cometiendo numerosos errores de crianza.* Cerca de la mitad de los niños (el 43 %) se va a dormir con la presencia de uno de sus progenitores en la habitación y uno de cada cuatro ya está dormido cuando sus padres lo acuestan en la cama. En ambos casos, eso significa que bien la madre, el padre o quien cuida del niño, está literalmente haciendo dormir al niño en lugar de permitir que se duerma solo. Mientras que la mitad de los padres cuyos hijos pequeños se despiertan por la noche los dejan dormirse de nuevo por sí mismos, la encuesta revela que el 59 % acude rápidamente al cuarto del niño, el 44 % se queda con él hasta que se duerme, el 13 % se lo lleva a una cama de adulto y el restante 5 % permite que duerma con ellos. Aunque yo sospecho que, en realidad, los dos últimos porcentajes son aún más elevados. Cuando una encuesta por Internet conducida por babycenter.com preguntó: «¿Tu bebé dormirá —o duerme— en tu cama?», más de las dos terceras partes de los padres respondieron: «ocasionalmente» (el 34 %) o «siempre» (el 35 %). Quizás el anonimato que ofrece una encuesta por Internet animó a los padres a contestar con mayor franqueza.

La buena noticia es que la misma investigación también mostró que los padres que *enseñan* a sus hijos a dormirse independientemente acostumbran a tener niños que duermen mejor. No se despiertan excesivamente temprano, hacen siestas durante el día, se van a dormir enseguida y concilian el sueño sin demasiada dificultad; además, es menos probable que se despierten a media noche. Por ejemplo, los niños que se van a la cama despiertos suelen dormir más horas que aquellos a quienes sus padres acuestan ya dormidos (9,9 horas en comparación con 8,8), y son casi tres veces *menos* propensos a despertarse repetidamente durante la noche (el 13 % en comparación con el 37 %). Y cuando los padres dicen que nunca o muy raras veces están presentes en el cuarto mientras su hijo se duerme —una señal de que el bebé es capaz de dormirse por su cuenta—, también es más probable que su hijo no se despierte por la noche.

Hasta el momento, éste es el estudio más exhaustivo sobre los hábitos de sueño de los niños pequeños y, a pesar de que indica que algunos niños están aprendiendo a tener buenos hábitos de sueño y son capaces de dormirse por sí solos, un abrumador 69 % padece problemas relacionados con la falta de sueño o con alteraciones del mismo, varias veces por semana. No es de extrañar, pues, que sus padres también pierdan aproximadamente unas doscientas horas de sueño al año. Con tantos niños y adultos privados de sueño, todos los miembros de la familia resultan afectados y las relaciones se tensan al máximo. Los padres se enfadan con sus hijos; los hermanos se pelean; las parejas discuten. Entre otras causas, el informe atribuye esta epidemia de insomnio y trastornos del sueño al ritmo de vida de la sociedad moderna. Uno de los miembros de la Fundación del Sueño, el doctor Jodi Mindell, profesor de psicología de la St. Joseph's University, especializado en alteraciones del sueño, explica: «Todas las presiones de la sociedad no sólo están afectando a los adultos, sino que las estamos trasmitiendo a nuestros hijos. Esto es una advertencia de que debemos prestar la misma atención al tiempo que los niños pasan dormidos que al que pasan despiertos; al fin y al cabo, las horas de sueño constituyen la mitad de sus vidas».

Yo aún añadiría otro motivo: muchos adultos no están *enseñando* a dormir a sus hijos. A menudo no son conscientes de que el buen dormir es una habilidad adquirida y esperan ingenuamente que su bebé acabe aprendiendo él solito cómo dormirse por su cuenta. Pero cuando el bebé alcanza la edad de gatear, tiene un gran problema y sus padres no saben en qué se equivocaron ni cómo resolver el trastorno.

En los próximos dos apartados, hago un resumen de las alteraciones del sueño que tienen lugar durante el segundo y el tercer año de vida. Puede que parezcan dos grupos de edad muy amplios; no obstante, aunque durante la infancia cada pocos meses se producen sutiles diferencias en cuanto al desarrollo, esos cambios no afectan a los patrones de sueño del niño ni al tipo de intervención que yo propongo. A continuación, repaso las estrategias para dormir que introduje anteriormente, explico cómo adaptarlas a niños un poco mayores y expongo casos típicos que ejemplifican las distintas técnicas.

Trastornos del sueño durante el segundo año

Los cambios en el desarrollo y un creciente sentimiento de independencia son los causantes de diversos problemas de sueño a lo largo del segundo año de un niño. Por tanto, cuando una madre o un padre me dicen que «no hay manera» de que su hijo duerma ni de día ni de noche, enseguida le pregunto: **¿El niño ya ha empezado a caminar? ¿Y a hablar?** Los bebés aprenden a andar poco después de cumplir su primer año. Incluso aquellos que comienzan a caminar tarde, a esta edad ya tienen una fuerza considerable en las piernas. Tal como expliqué en el capítulo anterior, este reciente descubrimiento físico también puede afectar a su descanso, en especial durante el periodo en que está dando sus primeros pasos. Algunos niños se ponen de pie en plena noche, estando dormidos, y caminan por el perímetro de la cuna. Y cuando se despiertan, no saben cómo llegaron hasta ahí ni cómo volver a tumbarse. Por otro lado, los espasmos musculares pueden despertar a tu hijo, así como la sensación de que va a caerse. Piensa en cuántas veces se cae tu hijo durante el día.

Yo no aconsejo que los niños pequeños que vean la televisión o películas de vídeo; estos medios audiovisuales pueden sobreestimularlos o dejarles imágenes inquietantes en la cabecita, lo cual quizás también les perturbe el sueño. Al alcanzar el primer año, la fase REM disminuye aproximadamente hasta un 35 %, pero los niños a esa edad todavía pasan mucho tiempo soñando. A pesar de que también pueden tener pesadillas —repeticiones de momentos de miedo—, lo más probable es que padezcan terrores nocturnos, más relacionados con el esfuerzo físico y la estimulación que con los sueños angustiosos (véase la tabla de la página 266). Los niños tienen tendencia a recrear esos momentos mientras duermen.

Asimismo, has de tener en cuenta al resto de la familia: **¿Tu hijo tiene hermanos que puedan alterarlo?** Cuando un niño empieza a andar, a su hermano o hermana le resulta más divertido fastidiarlo, una diversión sana, naturalmente. Sin embargo, esto puede contrariar mucho a un niño pequeño y hacer que se despierte por la noche.

Ahora tu hijo también se mostrará más activo y curioso. «Le interesa todo» es la frase que se usa más a menudo para describir a niños de entre uno y dos años. Aunque todavía no hable formulando frases completas, seguramente parlotea mucho más y, sin duda, entiende todo lo que dices. Tal vez lo escuches charlar por la mañana con sus muñecos de peluche, lo cual significa que ya ha aprendido a entretenerse y divertirse solito. A menos que entres a toda prisa en su habitación, este avance en su desarrollo te concederá unos deliciosos momentos más en la cama.

Cuando un bebé que solía dormir bien al llegar a la infancia de repente comienza a tener problemas de sueño, lo que hago es buscar pistas relacionadas con su salud o con su entorno. Por eso pregunto a la madre o al padre: **¿Se ha producido algún cambio en la rutina familiar? ¿Al niño le están saliendo los dientes? ¿Ha empezado a realizar actividades nuevas? ¿Ha estado enfermo recientemente? ¿Ha comenzado a ir a la guardería o a jugar con otros niños? ¿Ha habido cambios en la vida de otros miembros de la familia con relación al trabajo, la salud o la disponibilidad?** Quizás tengas que hacer memoria y remontarte a las últimas semanas o meses; analiza qué ocurrió y qué hiciste tú en respuesta a aquel hecho. Por ejemplo, Gini se puso en contacto conmigo no hace mucho porque su pequeño de dieciséis meses de repente había empezado a despertarse por las noches. Cuando le planteé una serie de preguntas, Gini insistió en que no había habido ningún cambio relevante en casa. Luego, casi en el último momento, me comentó: «Bueno, sí, Ben tuvo un resfriado hace unas cinco o seis semanas y, ahora que lo pienso, desde entonces no ha vuelto a dormir bien». Y al proseguir con mis preguntas, no me sorprendió que me dijera que se había llevado a Ben a su propia cama «para calmarlo».

En esta etapa, las siestas también se complican. Durante el segundo año, la mayoría de niños pasan de dormir dos siestas de una hora y media o dos a hacer una sola siesta más prolongada (véase el recuadro de la página 278). Esto parece relativamente sencillo sobre el papel, pero el proceso puede ser como montar un toro mecánico ¡con montones de altibajos que amenazan con hacerte saltar por los aires! Tal vez tu hijo prescinda de su siesta de la mañana durante unos días, pero luego vuelva a su antiguo patrón sin ninguna razón aparente. Y a diferencia de los bebés más pequeños, a quienes las siestas les aseguran un buen descanso nocturno, a uno que tenga más de un año dormir una siesta demasiado tarde puede perturbarle el sueño durante la noche. Cuando un niño pequeño se ha habituado a dormir la siesta al final de la tarde, yo les sugiero a sus padres que lo acuesten antes y les aconsejo que no lo dejen dormir hasta más allá de las 3.30 de la tarde. De lo contrario, puede que no le quede suficiente tiempo para realizar actividades y expulsar toda su energía antes de irse a la cama. Dicho esto, siempre hay excepciones a la regla: si tu hijo ha dormido menos en los días previos y necesita recuperar horas de sueño, si está enfermo y le hace más falta dormir que jugar o, simplemente, si notas que ese día en concreto le hará bien dormir un rato más; en todos estos casos por supuesto que debes permitirle dormir la siesta hasta un poco más tarde.

En cuanto a su desarrollo, el salto más importante es que ahora tu hijo comprende la relación entre causa y efecto. Te darás cuenta por la forma en que utiliza sus juguetes. A raíz de esta recién adquirida capacidad de tu hijo, tus errores de crianza se notarán de manera más inmediata. En el pasado, si mecías a tu bebé o le dabas el pecho para adormecerlo, esto al final se convertía en un hábito, de la misma manera en que Pavlov condicionó a «su» perro. El científico hacía sonar una campanilla cada vez que le ofrecía comida y el animal no tardó en segregar saliva ante el toque de la campana. Ahora, en cambio, como tu hijo entiende la relación causa y efecto, tus errores no serán sólo cuestión de condicionamiento. Cada lección que le enseñes (conscientemente o no) quedará archivada en el pequeño ordenador de su cabeza, lista para futuras descargas. Si no vas con cuidado durante esta etapa, ¡tu hijo acabará dominando perfectamente el sutil arte de la manipulación!

Pongamos por caso que tu pequeño de quince meses se despierta de repente a la 3 de la madrugada. Podría ser porque le están saliendo las muelas o porque ha tenido una pesadilla. Tal vez ha jugado con un grupo de niños especialmente activos o ha recibido una estimulante visita del abuelo. También puede que se trate de algo incluso más simple: ha despertado de un sueño profundo y cualquier ruido o algún rayo de luz han picado su insaciable curiosidad. A los niños en edad de gatear les interesa absolutamente todo. Por tanto, cuando su sueño nocturno queda interrumpido, le cuesta mucho volver a dormirse.

Sobre todo si es la primera vez que se despierta en plena noche (un hecho poco probable en la mayoría de familias), es muy importante que no cometas equivocaciones. Si acudes demasiado rápido a su habitación, lo coges en brazos y te dices a ti misma: «Le leeré un cuento para que se calme, pero sólo por esta vez», te aseguro que mañana por la noche se despertará de nuevo y querrá que le leas ese mismo cuento; y es probable que además doble la apuesta y quiera dos cuentos, una bebida y un rato extra de mimos y abrazos. Esto ocurre porque ahora es capaz de establecer la conexión entre sus acciones y tu reacción. «Éste es el ruido que hice. Y entonces mamá vino e hizo aquello.» La tercera noche la asociación será perfecta: «Hago este ruido, mamá entra en mi cuarto, me lee un cuento y luego empieza a mecerme. Entonces, mientras me acuesta, hago el ruido de nuevo y ella me acuna un poco más». En fin, ahora ya estás atrapada en la gran ratonera conocida como el niño manipulador.

No es difícil ver cuándo unos padres han caído en esta trampa. Yo suelo preguntar: **¿El niño coge berrinches durante el día?** En cuanto un niño ha aprendido a manipular, toda su conducta se verá afectada. La mayoría de estos pequeños tiranos exhibirán la misma actitud de exigencia tanto durante la noche como durante el día: en las comidas, a la hora de vestirse, de jugar con otros niños, etc. (más información acerca de estas cuestiones de comportamiento en el próximo capítulo). Recuerda también que ésta es la edad del «¡No!». Al aprender esta palabra, los niños se sienten poderosos y les encanta usarla.

Aunque, lógicamente, cuando los padres han estado cometiendo errores y negligencias desde el principio, las alteraciones del sueño —como despertarse demasiado temprano, despertarse por la noche, las siestas irregulares y la dependencia de apoyos— están más relacionadas con malos hábitos ya firmemente arraigados que con el desarrollo del niño. Hay dos preguntas clave que me ayudan a determinar si un niño acarrea un historial de problemas de sueño o no: **¿Tu hijo ha dormido alguna vez durante toda la noche?** y **¿Siempre has tenido dificultades a la hora de acostarlo?** Un «no» a la primera pregunta y un «sí» a la segunda me indican que estoy ante un niño que jamás ha aprendido a dormirse solo y que, al despertarse antes de tiempo, carece de la habilidad para volver a conciliar el sueño. Acto seguido, mediante una serie de preguntas, debo indagar los detalles y averiguar, por ejemplo, qué clase de apoyos han estado utilizando los padres. He aquí algunas de esas preguntas: **¿Actualmente, cómo acuestas a tu hijo? ¿Dónde duerme? ¿Todavía le das de mamar? Si es así, ¿recurres al pecho para conseguir que se duerma? ¿Sientes lástima por él cuando llora por la noche? ¿Acudes corriendo a su habitación? ¿Te lo llevas a tu cama? Cuando tu bebé era más pequeño, ¿podías marcharte de su cuarto antes de que se hubiera dormido completamente? ¿Cuánto duran las siestas que hace durante el día y dónde las duerme? ¿Alguna vez has utilizado el método del llanto controlado?** Este tipo de preguntas también me ayuda a valorar el alcance de los errores cometidos por los padres. Algunos casos son clarísimos, como muestra este mensaje tan típico:

Mi hija de veintidós meses no ha aprendido a dormirse por su cuenta, por eso tengo que dormir con ella noche tras noche y estoy esperando otro bebé. Además, creo que la actitud de mi marido no está ayudando demasiado. Pienso que no le dice las cosas adecuadas a la niña cuando ella necesita estar constantemente sobre mi pecho cada noche. ¡Por favor, ayúdeme!

Lamentablemente, ni mamá ni papá saben qué hacer y éste es un panorama muy frecuente. Cuando a un niño se le ha permitido dormir cuando y como ha querido durante casi dos años y aún no ha aprendido a conciliar el sueño por sí solo, tendremos que elaborar un plan muy detallado y asegurarnos de que ambos progenitores se comprometen a llevarlo a cabo y no a actuar cada uno por su lado; o peor, a discutir sobre qué camino tomar. Otro factor a considerar es que no se haya producido ninguna brecha en la confianza entre el hijo y sus padres; de ser así, la situación se complica todavía más porque el niño no se siente seguro ni confiado al quedarse solo. Por tanto, la primera intervención debe incluir la reconstrucción de esa confianza (véanse las páginas 192 y 273).

EL PASO DE LA CUNA A LA CAMA

No tengas prisa (intenta esperar a que tu hijo cumpla al menos los dos años), pero tampoco esperes demasiado para dar este paso si hay otro bebé en camino. Ten la precaución de iniciar el proceso, como mínimo, tres meses antes de la fecha prevista para el nacimiento del otro bebé.

Háblale a tu hijo del paso que está a punto de dar e involúcralo en el proceso: «Cariño, creo que ya es hora de que duermas en una cama como la de mamá y papá. ¿Te gustaría ir a comprar unas sábanas bien bonitas para tu nueva cama?». Si el niño tiene menos de dos años, para empezar yo recomendaría una cama con barandillas laterales extraíbles.

No cambies tu rutina ni el ritual de ir a la cama al realizar la transición. Ahora es más importante que nunca ser sistemático.

Envía a tu hijo a dormir inmediatamente —y sin arrumacos— si logra escabullirse de su nueva cama y entra en tu cuarto.

No te sientas culpable por imponerle la obligación de no salir de su habitación una vez acostado y por poner barrotes, si es necesario. Si tu hijo es de los que se levanta temprano pero antes se entretenía solo y ahora se presenta de buena mañana en tu dormitorio, cómprale un despertador y dile que hasta que no suene, no podrá salir de su cuarto.

Haz que su habitación sea un lugar seguro (si no lo has hecho todavía): cubre los enchufes, aparta los cables y pon cerrojos en los cajones, de manera que no pueda usarlos para encaramarse a sitios altos.

No tientes a la suerte, especialmente si tu hijo es menor de tres años. Coloca la cama contra la pared; usa sólo colchón (sin una base), así la cama estará más cerca del suelo; y, al menos durante los primeros meses, pon una barandilla protectora.

¿POR QUÉ LOS NIÑOS PEQUEÑOS GRITAN EN SUEÑOS?

¿QUÉ ES?	Pesadilla: Una experiencia psicológica que tiene lugar durante la fase de sueño REM; es el consabido «mal» sueño, mediante el cual un niño revive una emoción desagradable o un trauma anterior. Su mente está activa pero su cuerpo (excepto por el movimiento rápido de los ojos) está en reposo.	Terror nocturno: Llamado «despertar confusional» en los niños (los terrores nocturnos de verdad ocurren en la adolescencia y son bastante excepcionales). Al igual que el sonambulismo, es una experiencia fisiológica. En lugar de realizar la transición normal desde el sueño profundo a la fase REM, el niño queda atrapado entre los dos estadios. Su cuerpo está activo, pero su mente no.
¿CUÁNDO OCURRE?	Generalmente durante la segunda mitad de la noche, cuando la fase REM es más intensa.	Generalmente entre las dos y las tres primeras horas de sueño, en el primer tercio de la noche.
¿QUÉ TIPO DE SONIDOS EMITE EL NIÑO Y CUÁL ES SU COMPORTAMIENTO?	El niño se despierta gritando pero está consciente cuando acudes a él o bien se despierta poco después. Probablemente recuerde la experiencia: las pesadillas pueden obsesionar a los niños durante años.	Empieza con un grito agudo. Los ojos del niño se abren, su cuerpo está rígido, posiblemente cubierto de sudor frío, y puede que tenga el rostro colorado. Tal vez no te reconozca cuando entres en la habitación y, más adelante, no recordará nada de lo ocurrido.
¿QUÉ DEBES HACER CUANDO SUCEDE?	Consolar y tranquilizar a tu hijo, así como animarlo a hablar del sueño, si recuerda los detalles. No minimices sus miedos: para él la pesadilla es muy real. Cálmalo con muchos mimos y abrazos, incluso túmbate un rato con él, pero no te lo lleves a tu cama.	No lo despiertes; eso sólo conseguiría prolongar el episodio, que suele tener una duración de aproximadamente diez minutos (aunque también podría durar un minuto o cuarenta). El terror nocturno te perturbará más a ti que a él, así que trata de relajarte y espera a que se le pase tranquilizándolo sólo con palabras. Vigila que no se dé ningún golpe con los muebles.
¿CÓMO PUEDES PREVENIR FUTUROS EPISODIOS?	Intenta averiguar qué es lo que puede estresar o atemorizar a tu hijo y evítalo durante el día. Acuéstalo siempre a la misma hora y realiza el ritual de relajación acostumbrado. Si a tu hijo lo asustan los «monstruos», dale una pequeña linterna y comprueba junto con él que debajo de la cama no se esconde ninguno.	Intenta mantener su rutina y evita que se fatigue demasiado durante el día. Si estos episodios ocurren con frecuencia o si en la familia existe una tendencia al sonambulismo, quizás sería conveniente que hablaras con el pediatra o consultaras a un especialista del sueño.

Trastornos del sueño durante el tercer año

Muchos de los problemas del segundo año continúan en el tercero; sin embargo, al tener un año más, la capacidad mental y la sensibilidad de los niños para captar lo que ocurre a su alrededor es aún mayor. Ahora les afectan más los cambios que se producen en la familia y en su entorno. Si recibes visita, creerán que cualquier persona que entra por la puerta es un posible compañero de juegos. No quieren perderse nada. Y puede que se despierten por ruidos que antes les pasaban desapercibidos.

A los tres años, sus capacidades físicas también aumentan. **¿Tu hijo consigue salir de la cuna y llegar a tu habitación?** Algunos niños ya logran realizar esta pequeña hazaña a los dieciocho meses, pero no lo hacen necesariamente a propósito. Antes de los dos años, la cabeza de tu hijo aún tiene un tamaño desproporcionado en comparación con su cuerpo y, al inclinarse sobre el lateral de la cuna, podría perder el equilibrio y caerse. En cambio, con dos años, ya puede averiguar cómo subirse a los protectores de la cuna y saltar desde ahí. Y una vez hecho esto, se las apañará para aparecer en tu habitación a media noche. En esta época, por lo general, es cuando la mayoría de padres empieza a plantearse trasladar a su hijo a una cama (véase el recuadro de la página 265). Si sugiero posponer al máximo este paso —como mínimo hasta los años, si no más—, es porque de algún modo reduce esas visitas inesperadas en plena noche (la única excepción es cuando un niño padece fobia a la cuna; véanse las páginas 274-275). **¿Qué haces cuando tu hijo entra en tu habitación a media noche?** Si se lo permites una o dos veces por semana, lo más probable es que acabes teniendo un problema difícil de solucionar.

Dado que los niños de dos o tres años son tan sumamente sensibles a las modificaciones en el hogar, yo siempre pregunto: **¿Ha habido algún cambio en la vida de la familia?** La llegada de un hermanito, la muerte de algún pariente, problemas matrimoniales de los padres y/o un divorcio, nuevas parejas, una niñera diferente, situaciones sociales más estimulantes, etc. Cualquiera de estas cosas puede perturbar el sueño de un niño pequeño, sobre todo si nunca ha aprendido a dormirse de forma independiente o a calmarse por su cuenta. Ésta es también la edad en que la sociabilidad de las criaturas se intensifica y, tal como he señalado antes, las actividades afectan a su descanso. **¿Tu hijo ha comenzado a jugar regularmente con otros niños? ¿Lo has apuntado a alguna actividad nueva, como Gymboree,[11] yoga infantil, aeróbic para niños, natación, etc.?** Profundiza más en este tema y ten en cuenta también los detalles: **¿Qué ocurre exactamente en su nuevo grupo de juegos? ¿Qué tipo de actividades realiza tu hijo? ¿Cómo son los otros niños?** Ante un estrés excesivo, incluso un niño que siempre había dormido bien puede empezar a tener dificultades para descansar (de hecho, un niño tan pequeño no debería recibir lecciones formales ni tener un «entrenador» de gimnasia, por ejemplo). Otro factor particularmente perturbador es convertirse en blanco de burlas o en víctima de algún matón que no levanta un palmo del suelo (véase la historia de Alicia en el próximo capítulo, páginas 304-307).

Para los padres, las alteraciones del sueño en esta etapa son más extenuantes que nunca. Estos niños ya tienen el don de la palabra, son capaces de pedir un vaso de agua, un cuento, un abrazo más, de negociar y protestar incesantemente. Muchos padres tienden a perder los estribos con un niño de esta edad, mientras que anteriormente habrían racionalizado la situación: «El pobrecito no lo entiende» o «Es un bebé, no puede evitarlo». Si el mal hábito está profundamente arraigado y la madre o el padre no reaccionan como el niño espera y desea, es muy probable que éste se enfade y sacuda la cuna con fuerza. También es posible que coja berrinches durante el día. Los niños de más edad entienden bastante bien que un determinado comportamiento puede tener como consecuencia que mamá y/o papá acudan corriendo.

Si tienes un hijo de entre dos y tres años con dificultades para dormir, es importante analizar el pasado. **¿Tu hijo ha dormido alguna vez durante toda la noche?** En muchísimos casos tenemos que empezar desde cero. Y también es necesario examinar la historia emocional del niño. Si existe un historial de conductas exigentes, ahora el pequeño dictador se habrá convertido probablemente en un tirano en toda regla. Esta actitud puede manifestarse de muchas formas: dar golpes con la cabeza, empujones, bofetadas, morder, tirar del pelo, dar patadas, lanzarse al suelo, tensar el cuerpo, etc., cuando se lo sostiene en brazos. Si sus padres no han intervenido de una manera correcta durante las horas de vigilia (véanse las páginas 322-327), por la noche su comportamiento será aún peor, porque estará cansado.

Los padres a menudo confunden la manipulación que ejerce el niño sobre ellos con la ansiedad por separación, un trastorno que suele aparecer entre los siete y los nueve meses y que acostumbra a desaparecer entre los quince meses y el año y medio; esto, claro está, siempre y cuando los padres hayan sido amables y afectuosos con su hijo, lo hayan tranquilizado y no hayan cometido errores de crianza a fin de desvanecer sus miedos. Por tanto, cuando los padres de un niño de dos años me llaman y me dicen: «Mi hijo se despierta por las noches porque sufre ansiedad por separación», nueve veces de cada diez es un niño que los está manipulando. El trastorno del sueño no ocurre porque el niño tenga miedo, sino porque el sentimiento de separación por ansiedad, que es normal, se ha tratado de manera errónea (véanse las páginas 87-90 y 187-195).

No obstante, ten cuidado de no equivocarte: a esta edad, como la capacidad de comprensión es mucho mayor, también existen temores genuinos. Tu hijo ya entiende plenamente lo que sucede a su alrededor: que pronto llegará un nuevo bebé, que mamá y papá están enfadados y no se hablan, que un niño del grupo de juegos siempre le quita sus juguetes, que el pequeño pez en la película *Buscando a Nemo* fue separado de su padre. Además, también es muy impresionable. No hace mucho, escuché una historia genial sobre un niño que observó cómo su padre instalaba cerrojos en todas las ventanas del primer piso de su casa. Papá le explicó a su hijo de dos años y medio que lo hacía para que «los ladrones no pudiesen entrar». Esa noche, el pequeño se despertó a las tres de la madrugada gritando: «¡Que vienen los ladrones! ¡Que vienen los ladrones!». Yo misma tuve una experiencia muy parecida cuando mi hija mayor tenía unos tres años. Pensé que le gustaría ver la película *E. T. El extraterrestre*, muy popular en aquella época. A mí me parecía prácticamente inofensiva, pero incluso meses después de haberla visto, Sara continuaba teniendo pesadillas, pensando que unos pequeños E. T. se colaban en casa a través de la puerta del jardín.

Durante el tercer año, los padres suelen permitir que el niño mire más la televisión y juegue más tiempo con el ordenador, por eso no es de extrañar que sufra pesadillas. Es importante que intentes examinar antes todo lo que quieras mostrarle a tu hijo y que lo veas a través de sus ojos. ¿Estás segura de que realmente disfrutará viendo *Bambi* o *Buscando a Nemo*? ¿No crees que a un niño tan pequeño puede inquietarlo ver cómo, en ambas películas, las madres de los personajes protagonistas son asesinadas? Vigila asimismo el tipo de historias que le cuentas y los libros que le lees. Los cuentos de fantasmas y las imágenes espeluznantes pueden quedarse grabados en su memoria. Es muy importante que, si la televisión y los ordenadores forman parte de la rutina diaria de tu hijo, te asegures de crear un espacio de calma antes de acostarlo. Personalmente, aconsejo prescindir de cualquier medio audiovisual al final del día.

ESTRATEGIAS PARA AYUDAR A LOS NIÑOS A DORMIRSE

Muchas de las prácticas y estrategias que he explicado a lo largo de este libro son aplicables a los problemas de sueño que padecen los niños en edad de gatear, aunque con algunas modificaciones. A continuación, he incluido una serie de recordatorios importantes, además de ejemplos extraídos de la vida real. A fin de facilitar la búsqueda de un problema concreto, verás unos recuadros de identificación de problemas en los márgenes.

> «De repente, se pone nervioso e irritable durante el ritual de ir a la cama.»

Todavía necesitas una rutina, pero puede que tengas que modificarla a medida que tu hijo se hace mayor. Lola se puso en contacto conmigo a causa de su niño de diecinueve meses: «De repente, Carlos se pone nervioso e irritable durante nuestro ritual de ir a la cama. Antes le encantaba su baño y, en cambio, ahora le disgusta muchísimo». Tras hacerle a Lola unas cuantas preguntas acerca de los últimos acontecimientos en la vida de Carlos, resultó que recientemente la familia había realizado un viaje a la Guatemala natal de Lola y que Carlos había comenzado a asistir a clases de música. Le expliqué a su madre que era lógico que todo aquello tuviera algún tipo de repercusión. El viaje supuso una ruptura con la rutìna habitual y las clases de música significaban un nuevo nivel de socialización. Por otro lado, como ahora Carlos era mucho más activo, posiblemente su ritual de ir a dormir también tendría que cambiar. A muchos niños pequeños, por ejemplo, les va mejor si los acuestan a las 6 o a las 6.30 de la tarde. Además, a esta edad, tomar un baño antes de ir a la cama puede estimular excesivamente a algunos pequeños. De ser el caso del hijo de Lola, lo más recomendable sería o bien bañarlo antes —digamos que a las 4 o a las 5 de la tarde, antes de la cena— o bien darle un baño por la mañana y luego un lavado rápido con esponja antes de acostarlo por la noche. Al principio, Lola se quejó: «Pero nosotros lo bañamos por la noche para que papá pueda hacerlo». Bueno, naturalmente, eso era elección suya. De todos modos, yo fui sincera: «Está bien, pero entonces acepta que piensas más bien en ti misma que en tu bebé». Afortunadamente, Carlos, un niño de libro, era una personita adaptable, y Lola, una madre creativa. Ella sugirió que papá se lo llevara con él a la ducha por la mañana. A Carlos le encantó y así empezó un nuevo ritual con papá.

Esfuérzate por no variar el ritual para ir a dormir y utilízalo para anticipar posibles problemas. Por supuesto, las rutinas de antes de ir a dormir deberían incluir un tiempo para leer cuentos y un rato de mimos. Además, dado que la comprensión del niño ha aumentado tanto, también podrías añadir un poco de conversación al ritual, tal como hizo Julie, la madre de la pequeña Megan, de veintitrés meses. Julie se lleva a Megan al trabajo con ella, aunque admite: «Nuestras jornadas a menudo son totalmente impredecibles». Más abajo, reproduzco determinadas partes de sus largos mensajes para aplaudir su ingenio e inventiva, así como su aguda capacidad de observación. Gracias a que conoce el carácter de su hija (dice que Megan pertenece al tipo susceptible), a que sabe conectar con ella y a que suele escuchar cualquier sugerencia y consejo, creó un ritual para acostarla, que resultó ideal para su niña:

«Le cuesta mucho tiempo conciliar el sueño; sus siestas son irregulares.»

Escribí hace un par de semanas consultando por los hábitos de sueño de mi hija. Estuve intentando enseñarle a dormirse por su cuenta, ¡pero ella acabó cantando, riendo y hablando durante dos horas cada noche! Después de que sus siestas duraran entre una hora y media y dos horas y media, de manera regular, se redujeron a unos cuarenta minutos. Durante el día, estaba de mal humor —aunque no lloraba ni se mostraba irritable a la hora de ir a dormir— y no había forma de que pegara ojo… Alguien me sugirió que, como Megan se comporta muy bien a lo largo de todo el día, quizás al final de la tarde ya ha agotado su capacidad de adaptación y por eso tenía dificultades para relajarse y prepararse para dormir. Creo que esa persona dio justo en el clavo…

Así pues, la primera cosa que hice fue instaurar una rutina coherente: leerle dos cuentos, un beso, dos historias cortas en la cama, un estribillo de su canción favorita y a dormir. También me comentaron que, a lo mejor, Megan necesitaba ayuda para asimilar lo que le ocurría durante el día. ¡Jamás se me había ocurrido pensar en eso! Entonces, antes de la lectura de los cuentos, comencé a hablar con ella de cómo había pasado la jornada. Sin embargo, como la conversación se alargaba demasiado, ahora hablamos de diferentes partes del día mientras la preparo para acostarse. De esta manera, cuando le he puesto el pijama y estamos en su habitación, ya hemos comentado todos los sucesos que ocurrieron. La última cosa que hice fue convertir su cuna en un pequeño nido de lo más confortable. Siempre he notado que cuando estamos en el trabajo duerme mejor sus siestas. Su cuna en la sala de dormir de la empresa es más pequeña que la cuna estándar que tenemos en casa y la sala en sí mide sólo 1,52 x 1,65 m.

Pensé en la recomendación de Tracy de recrear una atmósfera similar a la del útero materno para los bebés susceptibles, así que coloqué una manta de ante sintético muy suave sobre el colchón y enseguida le encantó. Además, también introduje un trozo de mi alfombra de piel de carnero, lo suficientemente grande como para cubrir media cuna. Corté la piel para que no fuera demasiado larga, pero sí muy acogedora y con el olor del cuarto de mamá. Por último, le conseguí un pequeño cojín (de aproximadamente 15 x 15 cm) de ante sintético por un lado y lana por el otro. Megan también me pidió que le enrollara una mantita y la pusiera junto a ella, igual que cuando era un bebé, cuando yo solía enrollarle toallas para ponérselas alrededor del cuerpo y así se sentía más protegida.

Parece una oruguita dentro de su capullo, ¡pero a ella le encanta! La otra noche estaba muy apática y me ofrecí a cogerla en brazos mientras se dormía. Al cabo de unos cinco minutos, me pidió que la llevara a su cuna. Y eso que Megan se ha pasado un año durmiendo en mi cama y SIEMPRE había preferido estar en mis brazos a cualquier otra cosa.

Sea como sea, no sé si esto ayudará a alguna otra madre, pero estoy segura de que Megan necesitaba un entorno más reducido y más seguro donde acostarse, además de un poco de ayuda a la hora de procesar los acontecimientos del día y de una rutina muy previsible al irse a dormir, para contrarrestar un horario diurno muy imprevisible. Sé que pronto le saldrán las muelas de los dos años, ¡así que espero que esto nos ayude a superarlo!

Es posible que el ritual para irse a la cama de Megan no sea apropiado para tu bebé, pero yo lo expongo a modo de ejemplo de que sintonizar con tu hijo te ayuda a diseñarle uno especial y a medida para él.

«Se entretiene a la hora de ir a la cama; se despierta por la noche.»

Asimismo, el ritual de ir a dormir también te servirá para anticipar problemas que puedan surgir y para resolverlos *antes* de acostar a tu niño, no después. Por ejemplo, a los veintiún meses, Jason comenzó a despertarse sobre las 4 de la madrugada con la excusa de que tenía sed. El niño lo hizo un par de noches seguidas; afortunadamente, Maryann, su madre, enseguida se dio cuenta de que su hijo estaba adquiriendo un mal hábito y me llamó de inmediato. Le sugerí que le diera a Jason una taza para sorber llena de agua, con un sistema que impidiera que se derramara el líquido y que se la pusiera cada noche en la cuna. «Haz que forme parte de su ritual nocturno», le expliqué. «Antes de darle el abrazo y el beso de buenas noches, dile simplemente: "Y aquí tienes tu tacita de agua por si te despiertas con sed".»

Otro caso es el de la pequeña Olivia, de dos años, que empezó a tener pesadillas. Aconsejé a sus padres que cuando papá la acostara le diera mucha importancia a «Googie», el zorrito de peluche que Olivia había adoptado como su objeto de consuelo especial. La última cosa que su padre le decía antes de darle las buenas noches era: «No te preocupes, Oli. Googie estará aquí contigo si lo necesitas». Piensa qué es lo que podría funcionar en el caso concreto de *tu* hijo. El objetivo es transmitirle al niño la idea de que dispone de los recursos necesarios para pasar la noche solo. Si incorporar otras acciones al ritual de ir a dormir hace que tu hijo se sienta seguro —como comprobar que no haya monstruos bajo la cama, por ejemplo—, por favor, añadidlas a vuestra rutina. Repasar los sucesos del día es también una idea maravillosa, sobre todo porque ayuda a tu hijo a

«Tiene pesadillas.»

procesar sus miedos. Incluso antes de que tu niño pueda expresarse verbalmente sin ningún problema, igualmente puedes hablarle de las cosas que han ocurrido durante la jornada.

Es especialmente importante mantener un ritual de noche coherente cuando tu hijo deje la cuna para dormir en una cama de niño mayor (véase la página 265). Deberás esforzarte para que todo siga igual; excepto la nueva cama, lógicamente. Es interesante señalar que muchos niños, al cambiar a una cama de verdad, ya no se levantan de ella una vez acostados. Es como si recordaran las barreras físicas que les imponía la cuna. Por supuesto, los hay que sí lo hacen y éstos tantearán a sus padres para averiguar si la nueva cama significa también nuevas libertades. Al no variar tu rutina —contándole el mismo número de cuentos que antes, acostándolo a la misma hora y realizando los mismos rituales de buenas noches—, le estás enviando a tu hijo un mensaje claro: puede que la cama sea nueva, pero las normas continúan siendo las mismas.

«Llora por la noche.»

Si tu hijo llora una noche mientras duerme, no te apresures a entrar en su habitación. Durante esta primera infancia, es absolutamente crucial que continúes una práctica que empezaste (espero) cuando tu bebé era una criatura diminuta: observa antes de actuar. Si tu hijo no llora, no entres en su dormitorio. Tal vez lo oigas balbucear en la cuna. Si lo dejas estar, probablemente volverá a dormirse solo. Si llora, intenta distinguir si es su llanto mantra típico o si te está llamando porque realmente necesita ayuda (véase el recuadro de la página 231). En el primer caso, espera un poco. En el segundo, entra en la habitación pero no digas nada. No le hables ni trates de llamar su atención.

P. U./P.D. se convierte en «P. D.». Como los niños pesan más que los bebés y cuesta más auparlos, además de que ahora el colchón está más bajo, yo no recomiendo cogerlos en brazos; es mejor limitarse a la parte de tumbarlos. Dicho de otra manera, deja que tu hijo se ponga de pie (con frecuencia, cuando sus padres llegan a la habitación, la mayoría de niños ya están levantados), pero no lo aúpes. Simplemente túmbalo. Utiliza las palabras tranquilizadoras de siempre y añade: «Vamos, duérmete, es hora de dormir» o «Es hora de hacer la siesta».

Naturalmente, esta técnica requerirá más tiempo con aquellos niños cuyos padres hayan cometido errores de crianza. Aunque seas consciente de haberte equivocado, debes tener en cuenta que tardarás un tiempo en *des*hacer el error. Betsy, por ejemplo, me escribió siendo consciente del error que había cometido con Noah. La frase que encabezaba su mensaje de correo electrónico rezaba: «Bebé de ocho meses lleva la voz cantante a la hora de ir a dormir». Se trata de un caso clásico en el sentido de que engloba varios temas familiares: una larga historia de errores por parte de los padres, complicada por la creciente capacidad física y mental del niño *y* por una enfermedad con hospitalización:

He «malcriado» a mi hijo Noah y ahora quiere que lo acunen mientras duerme. Una vez en la cama, «a veces» vuelve a dormirse. Algunas noches lo oímos balbucear un rato y luego notamos que se ha dormido de nuevo él solo. En otras ocasiones, sin embargo, se despierta llorando. Y si eso ocurre, ¡es imposible volver a acostarlo en la cuna! En cuanto me muevo para levantarme de la silla, rompe a llorar. Y hace exactamente lo mismo a la hora de la siesta. De hecho, lo ha estado haciendo durante sus dieciocho meses de *vida. ¿Alguna sugerencia? Noah pesa 12 kilos y cuesta mucho subir y bajar el lateral de su cuna. Además ha estado enfermo (salió del hospital, donde estuvo por deshidratación hace tan sólo unos días), pero hoy el doctor le ha dado el alta. Descubrí los libros de Tracy mientras Noah estaba en el hospital. ¡Ojalá hubiera leído el primero hace diecisiete meses!*

«Quiere que lo acunen para dormir; no sabe volver a dormirse por su cuenta.»

Obviamente, éste es un problema que viene de antiguo, nunca se ha solucionado y además se ha agravado con el crecimiento y desarrollo del bebé. Es curioso que Betsy afirme que su hijo «ha estado haciendo» esto durante dieciocho meses. Pero, en realidad, ella y su marido le han *enseñado* al niño lo siguiente: «Si me pongo a llorar, mis papás vendrán corriendo y me mecerán». Ahora que Noah pesa 12 kilos, a papá y mamá esa perspectiva ya no les parece tan atractiva (no obstante, quiero creerles cuando aseguran que nunca se lo han llevado a su cama). A estas alturas, sus errores no son una mera cuestión de condicionamiento; Noah los está manipulando conscientemente. Por tanto, en este caso, necesitamos un plan que conste de dos partes: acostar a Noah en su cuna sin mecerlo y, si empieza a llorar, recurrir a P. D. Los padres deberían permanecer en la habitación para demostrarle a su hijo que están físicamente ahí para ayudarlo, pero sin decirle nada. Tampoco deben aupar a Noah bajo ninguna circunstancia, no sólo porque pesa demasiado y sería fatigoso hacerlo, sino porque eso forma parte del mal hábito que ellos han creado. Tendrían que tranquilizarlo con palabras: «Vamos, Noah, ahora tienes que dormir». A esta edad, el niño lo entiende prácticamente todo. De hecho, aunque este patrón se haya repetido a lo largo de dieciocho meses, Betsy se sorprenderá de los resultados, si se muestra realmente firme en su empeño.

Si es necesario reestablecer la confianza, quédate en el cuarto de tu hijo y duerme junto a él en una colchoneta hinchable, antes incluso de recurrir al método P. D. No me cansaré de repetirlo: un bebé que ha sufrido el trauma del abandono a esta edad suele tener dificultades más graves para dormir y solucionarlas también requiere más tiempo. Tu hijo *cree* que vas a marcharte de su cuarto e intentará comprobar si aún estás ahí. En algunos casos severos que he tratado, cuando existe un verdadero sentimiento de fobia a la cuna, el niño grita hasta desgañitarse. La madre o el padre lograrán tumbarlo en el colchón, pero no podrán marcharse. En tales casos, yo acostumbro a quedarme *en* el dormitorio del niño, durmiendo en una colchoneta, al menos durante la primera noche. Con frecuencia, a la tercera, ya se consigue el resultado esperado. Sin embargo, si es un problema que se arrastra desde hace mucho tiempo, yo recomiendo que cada tres noches, y de forma progresiva, los padres vayan alejando la colchoneta de la cuna (y la acerquen cada vez más a la puerta).

Cada caso, no obstante, es un poco diferente. A veces también incluyo un paso transitorio, usando una silla. Es decir, una vez retirada la colchoneta del dormitorio, me siento en una silla al lado de la cuna mientras el niño duerme. Las noches siguientes, traslado la silla cada vez más lejos (para un ejemplo detallado de la vida real, véase la historia de Elliott, en la página 275).

«No me deja abandonar su habitación.»

Si tu hijo jamás ha dormido en su cuna, empieza a hacer la transición a una cama de niño. Si tu hijo ha padecido alteraciones crónicas del sueño y justo ahora

—a los quince, dieciocho o incluso veinticuatro meses— estás iniciando el proceso de enseñarle a dormirse solo, no tiene demasiado sentido que intentes acostumbrarlo a la cuna; sobre todo, si hasta el momento ha estado durmiendo en tu cama. Llegado este punto, es mejor realizar la transición directamente a su propia cama (véase la página 272). Durante el día, llévatelo contigo a comprar la cama o como mínimo las sábanas. Déjalo elegir algún modelo con sus personajes o colores favoritos. Esa tarde, permítele ayudarte a hacer la cama. Y luego, la primera noche, duerme con él en su cuarto. Tu hijo dormirá en su gran cama de niño mayor y tú en una colchoneta en el suelo, junto a él. Las noches siguientes, irás alejando la colchoneta gradualmente de su cama; luego la sustituirás por una silla y te sentarás unas cuantas noches más a su lado hasta que se quede dormido. Finalmente, el niño será capaz de dormir en su propia cama sin necesidad de tu presencia. Si aparece en tu habitación en plena noche, con ternura, pero sin hablar con él, llévatelo a su habitación y acuéstalo.

«Se levanta de la cama a media noche.»

Si se trata de un problema crónico, instala unos barrotes en la cama e insiste en que, a partir de ahora, tiene que dormir en *su* cama. Si te lo llevas contigo a la cama una sola vez, duplicarás la magnitud del problema, te lo garantizo. En casos muy severos, yo les sugiero a los padres que transformen el proceso en un juego y recompensen al niño cada vez que permanezca toda la noche en su dormitorio (véase la historia de Adam, páginas 282-284).

En última instancia, los padres hacen lo que tienen que hacer a fin de conseguir que su hijo duerma en su cama. Recuerdo el caso de Luke, un niño de dos años que no sólo dormía exclusivamente en la cama de sus padres, sino que no conciliaba el sueño a menos que pudiera sujetar la oreja de su papá o de su mamá. Su madre se dio cuenta de que el único sitio donde parecía dormirse solito era el sofá del cuarto de estar. Así pues, decidieron trasladar ese sofá al dormitorio del pequeño, donde también lo esperaba una flamante cama de niño mayor. Luke rechazó la cama, pero durmió gustoso en el sofá durante los dos años siguientes, porque ése era un lugar que conocía y en el cual se sentía seguro.

«Le da terror meterse en la cuna.»

Con frecuencia me he dado cuenta de que los padres son incapaces de atar cabos cuando de repente su hijo siente «terror a dormir en su cuna». Con estas palabras definió la madre de la pequeña Samantha, de dieciocho meses, el problema de su hija. Leslie, la mamá de Samantha, me juró y perjuró que su hija «había estado durmiendo bien por las noches» hasta hacía un par de meses. «Se duerme en cualquier otro sitio, pero en cuanto la acostamos en la cuna, se despierta histérica y se pone a toser y a vomitar.» Las palabras «terror» y «gritos» fueron señales reveladoras. De inmediato sospeché que los padres de Samantha habían intentado controlar su llanto. Peor incluso: lo habían hecho en más de una ocasión. «Sí, hemos probado a dejarla llorar y algunas noches funciona, pero no todas», me comentó Leslie, ignorando por completo lo mucho que había contribuido al problema de Samantha. Ese bebé ahora estaba traumatizado y a los dieciocho meses es muy difícil reconstruir la confianza. Para la niña, los barrotes de la cuna son una barrera entre ella y su madre, la cuna misma es como una cárcel. En lugar de tratar de que vuelva a dormir en su cuna, los padres de Samantha tendrán que ayudarla a realizar la transición a una cama de niña mayor.

Acude siempre a la habitación de tu hijo, pero no le permitas meterse en tu cama. Cuando te haga una visita nocturna, llévatelo enseguida a su dormitorio. Sé firme también durante el día. Incúlcale la obligación de llamar siempre a tu puerta antes de entrar. Recibo millones de consultas de padres que se encuentran en un aprieto porque creen que una rutina estructurada y la imposición de una serie de normas pueden perjudicar a su hijo. «¡Pamplinas!», respondo yo. A medida que los niños se hacen mayores, los padres *deben* enseñarles que hay que llamar a la puerta. Predica tú también con el ejemplo y llama a su puerta antes de entrar. Es una regla básica de respeto y límites. Y si, aun así, irrumpe sin más en tu cuarto, dile simplemente: «No, no puedes entrar en la habitación de mamá sin llamar».

Si estás tratando un problema de fobia a la cuna y necesitas que tu hijo recupere la confianza en ti, tal vez tendrás que dormir unas cuantas noches en su cuarto; usa una colchoneta inflable. De todos modos, *no* te quedes con él para siempre. Dormir en una colchoneta es sólo una estrategia de transición para lograr que el niño se sienta seguro.

«Se presenta en mi habitación en plena noche.»

Por supuesto, en muchos casos, las visitas a media noche de un niño no surgen de la nada. Son más bien el resultado de una larga historia de errores de crianza. Pero ahora que el niño ha crecido, su presencia *parece* más invasiva. Asimismo, he descubierto que a veces los padres se engañan a sí mismos acerca de los hábitos de sueño de sus hijos. Por ejemplo, cuando recibí este mensaje de correo electrónico de Sandra, no tardé en deducir que aquello no era todo:

Elliott es incapaz de dormirse solo por las noches. Su padre y yo tenemos que tumbarnos literalmente en un colchón de matrimonio, que hemos colocado en el suelo para él. Al parecer, se despierta cada dos horas, entonces se pone hecho una fiera, entra en nuestra habitación y nos arrastra hasta que nos acostamos junto al niño en el colchón. ¡AYUDA, por favor! ¡Mi marido y yo necesitamos un descanso de nuestro hijo! No podemos encerrarlo en su dormitorio porque las puertas son correderas y las puede abrir. Sinceramente, no sé cuántos llantos más seremos capaces de soportar, porque Elliott tuvo cólicos durante cuatro meses y lloraba las veinticuatro horas del día. ¿Cómo podemos salir de este círculo vicioso y conseguir que duerma solo? Tiene el sueño ligero y siempre ha sido así, ¡necesitamos ayuda!

Se diría que Sandra y su marido están siguiendo mi consejo de no permitirle a Elliott dormir con ellos. Sin embargo, tampoco han hecho demasiado para promover la *independencia* de su hijo durante la noche. A estas alturas, seguramente ya has detectado algunas pistas en el mensaje de esta madre y también tienes unas cuantas preguntas que hacerle. En primer lugar, ¿por qué razón Elliott duerme en un colchón de matrimonio colocado en el suelo? Apuesto a que alguien más dormía con él. Quizás lo hacía solamente mamá y ahora papá quiere que vuelva con él a la cama de ambos. Como quiera que fuera, la cuestión es que los padres iniciaron ese hábito.

En este caso, yo no recomendaría el uso de una colchoneta, porque los padres ya han estado durmiendo en la habitación del niño. Por tanto, en vez de dormir *con* él o de tumbarse junto a su cuna en una cama separada, tendrían que pasar directamente a la fase de la silla. A la hora de acostarlo, deberían entrar en su cuarto con una silla y explicarle: «Mamá [o papá, ¡el que sea menos propenso a claudicar!] se quedará aquí contigo hasta que te hayas dormido». Al cabo de tres días, antes de ir al cuarto de Elliott para empezar el ritual de ir a la cama, deberían acercar la silla un palmo a las puertas correderas, de manera que el niño no los vea cuando lo hacen. Cada tres noches, la silla se situará más cerca de las puertas. Y cada noche, quienquiera que se quede con Elliott lo tranquilizará, asegurándole: «No te preocupes, estoy aquí contigo». Cuando estén preparados para retirar la silla, le dirán: «Esta noche nos llevaremos la silla, pero nos quedaremos a tu lado hasta que te duermas». Cumplirán esa promesa, manteniéndose ligeramente alejados de él y sin hablarle. En cuanto hayan quitado la silla de la habitación, es de esperar que el niño ya sea capaz de conciliar el sueño por su cuenta. Si no, cuando trate de salir de la cama o se despierte luego durante la noche, sus padres tendrán que acompañarlo de vuelta a su cuarto, acostarlo y decirle: «Sabemos que estás disgustado, pero ahora tienes que dormir».

«Tengo miedo de que esto dure para siempre.»

Entonces deberían permanecer allí, de nuevo a cierta distancia, tranquilizándolo: «Estamos aquí, no te preocupes». De todas formas, los padres deberán procurar no establecer contacto visual con él, ni entablar ningún tipo de conversación y, mucho menos, permitir que Elliott los manipule. Finalmente, tendrían que prescindir de las palabras y limitarse a tumbarlo en la cama si se levantara. Es importante que se comprometan a hacerlo. Por lo que se refiere a encerrar al niño en su dormitorio, es algo que de todas maneras nunca deberían intentar. En cualquier caso, podrían instalar en la puerta de la habitación de matrimonio algún un pestillo o algo parecido, para que él no pueda entrar.

Si tu hijo ya dormía mal de bebé, es importante analizar y respetar su pasado, pero no dejes que el miedo domine tus acciones de hoy. Lee entre líneas el mensaje de Sandra (página anterior); presta especial atención a estas palabras: «Sinceramente, no sé cuántos llantos más seremos capaces de soportar, porque Elliott tuvo cólicos durante cuatro meses y lloraba las veinticuatro horas del día». A mí me resulta obvio, probablemente porque he tratado con muchísimas madres de bebés con cólicos, que Sandra aún se está recuperando de los primeros cuatro meses de Elliott. Es como si estuviese predispuesta a esperar lo peor. Intuyo, además, que cuando era un bebé, las noches de Elliott fueron a menudo intranquilas e irregulares, puesto que mamá y papá no sabían cómo enseñarle el arte de dormir. Sin embargo, ellos atribuyen su conducta simplemente a que «tiene el sueño ligero». Y ahora que el niño ha cumplido los dieciocho meses, están petrificados: ¿Seguirá así toda la vida? Esta ansiedad sobre el pasado puede boicotear cualquier solución que intentemos aplicar en el presente. La culpa, la rabia y la inquietud son contraproducentes. Por eso yo siempre les recuerdo a los padres: «Eso era antes y esto es ahora. No podemos borrar el pasado, pero sí podemos deshacer el daño causado… si somos perseverantes».

«Se despierta demasiado temprano; y a media mañana ya está cansado.»

Usa mi técnica de despertar-para-dormir a fin de extender sus periodos de sueño. La técnica de despertar-para-dormir (véase «Despertares nocturnos habituales» y el recuadro en la página 191) también funciona con niños en edad de gatear. Yo la recomiendo a menudo a padres cuyos hijos se despiertan muy pronto por la mañana o bien repetidas veces en plena noche. De hecho, en algunos casos, el método despertar-para-dormir es el primer paso de un plan de acción. Por ejemplo, Karen, la madre de Mac, de diecisiete meses, y de Brock, de cuatro, quería saber cómo ayudar a Mac a pasar de dos siestas a una. Pero cuando me dijo que el niño se despertaba cada mañana a las 6, supe que debíamos resolver ese problema primero. De lo contrario, el pequeño no tendría suficiente energía para aguantar hasta las 12 o la 1 del mediodía y estaría demasiado fatigado para dormir una buena siesta. Así pues, nuestro primer objetivo era lograr que Mac se despertara más tarde. Una vez conseguido esto y de modo *gradual*, podríamos tratar de concentrar sus dos siestas en una sola (véase la página siguiente). Le sugerí a Karen que entrara en el cuarto de Mac una hora antes y lo despertara a las 5 de la madrugada. «Perfecto», me contestó enseguida, lo cual me sorprendió, porque la mayoría de padres me miran con mala cara cuando les hago esta sugerencia. Luego añadió: «De todas maneras, a esa hora ya estoy despierta por el bebé». Le dije a Karen que le cambiara los pañales a Mac y lo acostara de nuevo inmediatamente, explicándole: «Es demasiado temprano para empezar el día. Vamos a dormir un poco más». Yo sabía que seguramente el niño no se despertaría del todo. Volvería a dormirse al cabo de muy poco, algo malhumorado quizás, pero al menos se iría desacostumbrando y dejaría de despertarse tan temprano. Nuestra intención era que continuara durmiendo hasta las 7, así tendría más energía por la mañana.

> «Quiero reducir sus dos siestas diarias a una solas.»

Introduce los cambios de forma gradual. A veces a los padres se les ocurren buenas soluciones para resolver los problemas de sus hijos, pero con frecuencia también actúan con demasiada prisa, sin darle tiempo al niño para adaptarse a la nueva rutina. Como tienen buena memoria, hacer las cosas de repente y a palo seco no suele funcionar con los niños. A partir de los dos años, ya pueden anticipar acontecimientos. No esperes que acepten sin más que les modifiques la rutina. Antes de hablar conmigo, por ejemplo, Karen había intentado eliminar la siesta matinal de Mac, con la esperanza de que entonces su hijo, de tipo movido, durmiese una sola siesta más larga por la tarde. Sin embargo, en lugar de eso, el niño estaba agotado y acababa haciendo su siesta de la mañana igualmente o durmiéndose en el coche y con un sueño inquieto. En vez de proceder de forma tan brusca, Karen debería haber suprimido la siesta de la mañana poco a poco.

En cuanto Mac comenzó a levantarse más tarde por las mañanas, pudimos pasar a la segunda fase de nuestro plan (véase anteriormente). Si solía hacer la primera siesta aproximadamente a las 9.30, ahora Karen intentaría posponerla hasta las 10 o, si eso era demasiado para el niño, sólo hasta las 9.45 de la mañana. Luego, tres días después, volvería a posponer la hora de la siesta, usando el mismo intervalo de quince o treinta minutos. Mac podría tomar un tentempié matinal y luego despertarse y almorzar. No ocurrió de la noche a la mañana. El proceso duró aproximadamente un mes y hubo algunos días en que el pequeño retrocedió considerablemente, despertándose demasiado temprano o durmiendo una larga siesta matutina. No obstante, esto entraba dentro de la normalidad, no sólo porque estábamos tratando de cambiar un hábito, sino también porque Mac acababa de convertirse en hermano mayor y su cabecita todavía estaba intentando asimilar la nueva situación.

¡RÁPIDO! DOS SIESTAS EN UNA

Alargando de forma progresiva la siesta de la mañana, ¡al final podrás eliminarla! El esquema temporal que sugiero a continuación supone que tu hijo tiene, como mínimo, un año y que habitualmente duerme la siesta a las 9.30 de la mañana. Dependiendo de la naturaleza de tu hijo, los intervalos de tiempo pueden variar, pero los principios básicos de la transición gradual se mantienen.

Días 1-3: Acuéstalo quince-treinta minutos más tarde para su siesta de la mañana: a las 9.45 o a las 10.

Días 4-6: A ser posible, acuéstalo treinta minutos más tarde, de manera que se duerma alrededor de las 10.30 de la mañana. Dale un refrigerio a las 9 o 9.30; dormirá unas dos horas o dos horas y media y tomará el almuerzo hacia la 1 del mediodía.

A partir del día 7 hasta que la transición finalice: Cada tres días, retrasa la siesta entre quinte y treinta minutos más. Puedes darle a tu hijo un tentempié matinal a las 10 o a las 10.30, acostarlo a las 11.30 y despertarlo para el almuerzo alrededor de las 2 de la tarde. Al principio, tal vez te toque lidiar con algunas tardes complicadas.

El objetivo: Al final, tu hijo será capaz de estar despierto hasta el mediodía, tomar su almuerzo, jugar un rato y, poco después, dormir una larga y deliciosa siesta. Quizás haya días en que no pueda prescindir de una pequeña siesta por la mañana. Déjalo dormir, pero nunca durante más de una hora.

Sé tan sistemático/a con la nueva rutina como lo fuiste con la antigua. Si hasta el momento has cometido algún tipo de error de crianza, tu hijo espera que reacciones de una determinada manera cuando le cuesta conciliar el sueño o cuando se despierta en plena noche. Por tanto, cuando vea que actúas de forma diferente —negarte a darle una toma a las 3 de la madrugada, tumbarlo en su cuna en lugar de llevártelo a tu cama—, inevitablemente *opondrá resistencia*. ¡Te lo garantizo! No obstante, si eres constante y proyectas un aire de confianza y determinación, quedarás asombrada ante el cambio. Pero si, de lo contrario, te muestras poco entusiasta, tu hijo lo notará. Entonces él se atrincherará en sus posiciones —chillará más fuerte, se despertará con mayor frecuencia— y tú acabarás cediendo.

«Nos rendimos después de la primera noche.»

No confundas el hecho de consolar a tu hijo con el de mimarlo y consentírselo todo. La primera infancia es una época especialmente caótica y los niños necesitan del apoyo de sus padres más que nunca. A esta edad, los pequeños generalmente dejan de dormir una de sus siestas, pero esto no sucede de la noche a la mañana. Quizás un día tu hijo se saltará la siesta de la mañana y, al siguiente, será incapaz de aguantar despierto hasta la hora de comer. Además, en el universo del niño están ocurriendo infinidad de novedades. A pesar de estar creciendo y de ser cada vez más independientes, ellos todavía necesitan saber que mamá y papá están ahí para tranquilizarlos y darles seguridad cuando las cosas se ponen difíciles. Pero yo me solidarizo con los padres, porque a veces es complicado saber qué clase de comportamientos son «típicos» y cuándo las reacciones son exageradas:

«Está de mal humor después de dormir la siesta.»

Roberto tiene casi dos años y, que yo recuerde, siempre se ha despertado de la siesta muy irritable; además, se pone a gritar y a lloriquear durante una hora y después, de repente, se le pasa y vuelve a la normalidad. He probado diversas técnicas. Si me siento junto a él, extiende los brazos para que lo aúpe pero luego se retuerce para que lo baje otra vez. Entonces me dice que tiene sed, pero cuando le doy algo de beber, lo rechaza, como si no supiera exactamente lo que quiere. También he intentado dejar que se despierte solo e ignorarlo, pero eso tampoco funciona. Se tumba en el colchón boca abajo, con los brazos y las piernas bajo el cuerpecito y acostumbra a dormir como mínimo dos o tres horas. Si se lo despierta aún es peor, y si alguien viene a casa o hace algún ruido mientras duerme, también se irrita sobremanera. En cambio, está bien cuando se despierta por las mañanas. ¿A alguien más le ha ocurrido esto antes? Ahora ha llegado un punto en que ya no dejo que nadie venga a casa cuando Roberto duerme o está a punto de irse a dormir.

Esta madre sólo tiene un bebé a quien observar, yo he visto a miles. En primer lugar, Roberto parece pertenecer al tipo gruñón: estos bebés a menudo necesitan más tiempo que los demás para despertarse completamente de las siestas. Sin embargo, sean del tipo que sean, todas las personas tienen diferentes formas de despertarse. Además, Roberto es un niño muy típico. Es fundamental calmarlo y darle consuelo, lo cual es muy distinto a malcriarlo. Transmitirle a un niño una sensación de seguridad es un acto compasivo. La madre de Roberto debería concederle el tiempo que él necesita para volver en sí tras la siesta y no intentar forzarlo antes de hora, cuando aún no está preparado. Podría cogerlo un ratito en brazos y decirle: «Sólo te estás despertando. Mamá está aquí contigo. Saldremos de tu cuarto cuando estés preparado». Tengo la impresión de que su madre trata de acelerar el ritmo natural de Roberto y, en realidad, con eso lo único que consigue es demorar el proceso. Si le concede el tiempo que él necesita en vez de darle prisa, lo más probable es que su hijo se quede sentado en silencio durante unos minutos. Entonces, de repente, se fijará en algún juguete y lo cogerá. O simplemente alzará la vista hacia mamá y sonreirá, como diciendo: «Ahora ya estoy despierto».

Si con dos o tres años a tu hijo aún le cuesta dormir, examina tu propio horario y lo que has estado haciendo con él hasta ahora. A pesar de que la encuesta citada al comienzo de este capítulo muestra una especie de epidemia de trastornos del sueño entre niños de corta edad, afortunadamente las alteraciones del dormir no son contagiosas. Sin duda alguna, el acelerado ritmo de nuestra cultura está afectando a nuestros hijos. Pero también los afecta la actitud de los padres. Algunos detestan ver cómo su niño deja de ser un bebé; y lo miman excesivamente, incluso se lo llevan a su cama, no porque su hijo lo necesite, sino porque ellos así lo desean. Por tanto, debes preguntarte a ti misma: **¿De verdad estás preparada para dejar crecer a tu hijo? ¿Para permitir que se convierta en una personita independiente?** Puede que estas preguntas suenen algo tontas cuando hablamos de niños de dos y tres años. Sin embargo, dar libertad a nuestros hijos y enseñarles a ser independientes no empieza cuando son lo suficientemente mayores para sacarse el permiso de conducir. Es ahora cuando has de plantar cuidadosamente las semillas, buscando el equilibrio entre el aumento de sus responsabilidades y tu amor y consuelo. Asimismo, recuerda también que una falta de independencia por la noche tiene sus consecuencias durante el día. Los niños que duermen bien tienen menos tendencia a pegarse a las faldas de su madre, a lloriquear y a comportarse mal durante sus horas de vigilia.

Por otro lado, los padres que han cometido errores de crianza o que han adoptado una práctica determinada, como la cama familiar, suelen cambiar de parecer cuando su bebé se hace mayor (véase la historia de Nicholas al final de este capítulo, páginas 284-287). Puede que se estén planteando la posibilidad de tener un segundo hijo o que mamá tenga intención de reincorporarse al trabajo, a tiempo completo o parcial, y vean que aún les toca estar despiertos dos o tres veces por noche, a causa de su pequeño. Recibo toneladas de mensajes de padres en ambas situaciones. Y claro, no es extraño que ahora tanto a mamá como a papá les corra más prisa resolver las alteraciones del sueño de su hijo; sobre todo si lo han acostumbrado a dormir con ellos. Este mensaje de correo electrónico muestra a unos padres típicamente desesperados:

Tenemos un niño de diecinueve meses y siempre ha dormido con nosotros en la cama de matrimonio. Ahora estamos esperando otro bebé, ¡y esto debe cambiar! Nos da miedo probar alguno de los métodos que se escuchan por ahí, como eso de dejarlo llorar, etc. Es demasiado doloroso… ¿Alguien nos puede dar un consejo?

Con un bebé, es más fácil decirse: «Ya se le pasará» o «Sólo está atravesando una fase». Además, a los padres les avergüenzan los problemas de sueño. Les dan pavor los comentarios del tipo: «¿Quieres decir que *todavía* os despierta a media noche?». Y especialmente si hay otro bebé en camino o si la falta de sueño está afectando a su rendimiento en el trabajo, se preocupan: *¿Algún día podremos dormir toda la noche?* El problema es: simplemente porque vosotros ahora necesitéis descansar bien por la noche no significa que vuestro hijo esté preparado; sobre todo, si no habéis dado los pasos adecuados para que adquiriera unos buenos hábitos a la hora de dormir.

A veces los padres se engañan a sí mismos. No podría calcular cuántos de ellos me han insistido en que han «hecho todo lo posible» para ayudar a su hijo a desarrollar unos buenos hábitos de sueño, tal como dice Claudia, una madre de mi Inglaterra natal, en el mensaje que reproduzco a continuación. De nuevo, es importante saber leer entre líneas:

Hola, mi problema es que siento que he hecho todo lo posible para ayudar a Edward a dormir durante toda la noche y a calmarse solo, pero ahora se me han agotado las ideas. Antes de acostarlo por la noche, seguimos un buen ritual y el 99 % de las veces se duerme por su cuenta. NUNCA le hacemos arrumacos para que se duerma y jamás le he dado de comer para que lo hiciera. No usa chupete y tiene un objeto especial, «Moo».

Se despierta en varias ocasiones a lo largo de la noche, siempre lo ha hecho, y entonces grita para que acudamos a su habitación. Normalmente esperamos un rato a ver si vuelve a conciliar el sueño solo, cosa que hace en alguna ocasión. No obstante, la mayoría de las veces se altera muchísimo, así que uno de nosotros tiene que ir; no le hablamos, comprobamos que esté tumbado y que tenga a Moo junto a él. Harry y yo le damos un pequeño sorbo de agua de su vaso y luego nos vamos y él suele dormirse de nuevo. Esto no parece un gran problema, pero yo trabajo media jornada y por las noches tengo informes que preparar en casa, después de acostar a Edward. Me resulta realmente duro realizar mi trabajo cuando el niño nos despierta un par de veces o más cada noche porque, a menudo, yo tampoco consigo volver a conciliar el sueño después.

Y si decidimos no acudir a su habitación, acaba cubierto de mocos, de tanto llorar de pie en la cuna, y demasiado histérico para calmarse solo y volver a dormirse.

Claudia ha hecho muchas cosas correctas: establecer una buena rutina para las noches, evitar la trampa de darle el pecho o el biberón para dormirlo y ofrecerle a su hijo un objeto que le aporte seguridad. Pero también ha malinterpretado algunos de mis consejos. Mecer a un bebé hasta dormirlo no es lo mismo que hacerle mimos. Sinceramente, creo que esta madre es un poco inflexible. Además, Claudia no se percata de que, a pesar de sus buenas intenciones, sí ha cometido algún error con Edward: ella o Harry le dan un sorbo de agua a su hijo cada vez que se despierta. Ese vaso de agua se ha convertido en un apoyo para él. Sin embargo, la parte más reveladora de este mensaje está en el último párrafo: «Y si decidimos no acudir a su habitación…». En otras palabras, en más de una ocasión, mamá y papá han dejado a Edward llorando solo en su cuarto. Por supuesto, después el niño está «demasiado histérico para calmarse y volverse a dormir». Yo quisiera preguntarle qué hacen el 1 % de las noches en que su hijo no logra conciliar el sueño por su cuenta. ¿También lo dejan llorar hasta el agotamiento? Sea como fuere, sé que los padres de Edward han sido constantes con un método. Cuando el niño se despierta, no sabe cómo volverse a dormir él solo, ni si sus padres acudirán a darle consuelo.

¿Por dónde empezamos? Antes que nada, Claudia y Harry han de ganarse de nuevo la confianza de su hijo. Yo les sugeriría que uno de los dos durmiera en la habitación de Edward, en una colchoneta. Así, alguien estaría con él cuando se despertara y podría ayudarlo a conciliar otra vez el sueño. Al principio, mi recomendación sería hacerlo durante una semana. Por otro lado, también les dará la oportunidad de ver exactamente qué hace el niño al despertarse. De modo gradual, yo retiraría la colchoneta de la habitación (véanse las páginas 273-274). Pero si Edward llora, tendrán que acudir a él y practicar el método P. D. Deberían esperar a que el niño estuviera de pie y entonces tumbarlo en la cama inmediatamente. Y también deberían erradicar la costumbre de darle agua, dejándole a mano una taza de las que están provistas de un sistema para que no se derrame el líquido, de modo que él mismo la pueda coger si tiene sed.

Éste es uno de esos casos en que yo me sentaría con Claudia y Harry y les explicaría que ellos han conducido a Edward hasta este punto y que, por tanto, les corresponde solucionar el problema de su hijo y enseñarle a dormir adecuadamente, aunque eso les interrumpa el sueño durante una semana o dos. De lo contrario, puede que les esperen varios *años* más de sueño interrumpido.

Concluyo este capítulo con dos casos de estudio más, que expongo de manera detallada. Ambos tienen como protagonista a un niño de dos años. Los dos fueron bastante complejos.

ADAM, EL NIÑO PESADILLA

Marlene estaba llorando la primera vez que me llamó para hablarme acerca de Adam. «Esto es una pesadilla… no, *él* es una pesadilla», dijo de su pequeño de dos años. «Se niega a dormir solo y se despierta dos o tres veces por noche y luego anda vagando por la casa. A veces quiere subir a la cama con nosotros y, otras, sólo pide que le demos un vaso de agua». Adam, según supe después, al hacer más preguntas, era un niño de tipo movido. «Aunque yo me mantengo en mis trece», explicó Marlene, «es una lucha constante con él y a mi marido y a mí nos resulta muy duro de soportar. Mi hijo es un niño muy tenaz y siempre trata de dominar la situación. Por ejemplo, si está jugando y yo quiero salir del cuarto, se pone como una fiera y empieza a chillar: "No, mamá, no te vayas". ¿Pero, a su edad, no es demasiado tarde para sufrir ansiedad por separación? En ocasiones, es difícil mantener la cordura.»

En primer lugar, nos enfrentábamos a un niño movido que además estaba en plena época de rebeldía, los veinticuatro meses. Tuve claro enseguida que no se trataba tanto de una lucha como del resultado de dos años seguidos de errores de crianza. Los padres se equivocaron desde el principio, al seguir a Adam en vez de guiarlo. Marlene me comentó: «Hemos tratado de aplicar los consejos de diferentes expertos en diversas ocasiones, pero nada nos ha funcionado». Seguramente porque cada dos por tres le han estado cambiando las normas al niño, diría yo. Y ahora él los está manipulando. Es verdad que, de manera innata, la naturaleza de algunos niños es más tiránica que la de otros; y ciertamente, los niños de tipo movido tienen ese potencial. No obstante, incluso un niño movido puede aprender a cooperar y a obedecer unas normas *si se le transmiten correctamente* (más sobre este tema en el próximo capítulo).

«Se despierta y anda vagando por la casa; a menudo quiere subirse a nuestra cama.»

Entre «los consejos de diferentes expertos» que probaron con Adam, supuse que también debía estar el método del llanto controlado. Si no, ¿por qué a los dos años este niño insistiría tanto en tener a su madre cerca a todas horas? Marlene enseguida admitió que lo habían probado. «Pero eso tampoco funcionó. Adam estuvo gritando durante tres horas y luego vomitó.» Tragué saliva al escuchar esto. *Tres horas de gritos.* A pesar de que Marlene estaba interesada en «intentar conseguir que Adam se comportara, hiciera lo que se le mandaba y durmiera toda la noche», éste era un caso claro de pérdida de confianza; por tanto, hasta que el niño no hubiera recuperado la confianza en sus padres, era inútil examinar cualquier otro problema. Quizás esas tres horas de llantos en sí no ocasionaran todas las dificultades de Adam, pero sin duda fueron un factor muy significativo en la ecuación.

Éste era un caso complicado y requería un plan de acción más bien largo y la total implicación de los padres. Era evidente que en esta familia había serias cuestiones de comportamiento a tratar. Pero no se puede disciplinar a un niño con falta de sueño. Primero tuvimos que centrarnos en lo más básico y revisar la rutina de ir a dormir. Los padres de Adam seguirían leyéndole un cuento y haciéndole cuatro arrumacos, como de costumbre, pero también le darían una pequeña bandeja con una tacita de agua para que se la llevara a la cama. Le explicarían que ahora ya no tendría que molestar a mamá o a papá. Él mismo podría beberse el agua si se despertaba con sed.

Y lo más importante, teníamos que recuperar la confianza del niño. Colocamos una colchoneta en su habitación y, durante las primeras tres noches, Marlene se acostó a la misma hora que Adam. Al principio, protestó, nada entusiasmada con la idea de meterse en la cama a las 7.30 de la tarde. Entonces yo le sugerí: «Si no quieres irte a dormir tan pronto, llévate un libro y una linterna y, cuando él se haya dormido, al menos podrás leer». La cuarta noche, después de que el niño se hubo dormido, Marlene se marchó. Unas horas más tarde, Adam se despertó, así que ella acudió enseguida a su cuarto y se quedó allí hasta el amanecer. La noche siguiente, su hijo durmió de un tirón.

También le expliqué a Marlene que, durante la primera semana, sobre todo, tenía que mostrarse especialmente solícita con su hijo; de este modo, él vería que podía contar con ella en sus horas de vigilia. Por suerte, Marlene pudo hacer un hueco en su agenda y así sentirse libre de la presión de otras responsabilidades. Ella le diría: «Cariño, vámonos un rato a jugar a tu habitación». Y una vez que él estuviera enfrascado en alguna actividad u ocupado con algún juguete, Marlene, muy de pasada, le diría: «Me voy al baño». El primer día, Adam protestó, pero no nos pilló desprevenidas. Yo había dado instrucciones a Marlene para que llevara un despertador en el bolsillo. «Mira, mamá volverá cuando suene el despertador», le dijo. Dos minutos después, aliviada en más de un sentido, Marlene regresó a la habitación; el niño estaba algo tenso, pero sonriente.

A comienzos de la segunda semana, mientras Adam jugaba en su cuarto, Marlene podía salir durante unos cinco minutos, cada vez con una excusa distinta («Tengo que… ir a la cocina para vigilar la cena / hacer una llamada / poner la ropa en la secadora»). También había llegado el momento de quitar la colchoneta del dormitorio de su hijo. Marlene no dijo gran cosa al respecto y papá se la llevó mientras Adam cenaba. Esa noche realizaron su ritual corriente de irse a la cama, pero Marlene le explicó al niño: «Hoy vamos a cepillarnos los dientes, luego leeremos un cuento y nos daremos las buenas noches, como hacemos siempre. Y cuando apaguemos la luz, me quedaré un rato sentada aquí contigo. Pero cuando el despertador suene, me marcharé». Programaron el despertador solamente para tres minutos después (una eternidad para un niño pequeño), de manera que Adam no empezara a adormecerse y justo entonces sonara la alarma y lo despertara.

No fue ninguna sorpresa que aquella primera noche Adam pusiera a sus padres a prueba; en cuanto su papá cerró la puerta del dormitorio, él rompió a llorar. Papá volvió a entrar al instante y puso de nuevo el despertador. «Me quedaré contigo unos minutos y luego me iré.» Esto se repitió unas cuantas veces más. En el momento en que el niño se dio cuenta de que llorando no iba a conseguir los resultados de antes, se levantó de la cama silenciosamente y se dirigió al salón. Sin decirle una palabra, papá se lo llevó inmediatamente de regreso a su cuarto. La primera noche estuvieron así durante un par de horas. La segunda noche ocurrió únicamente una vez.

Después de esto, Marlene y Jack empezaron a utilizar el despertador para conseguir que su hijo permaneciera más tiempo solo en su habitación durante el día. Llegado ese punto, Adam ya se sentía más a gusto jugando por su cuenta, porque Marlene lo había ayudado a habituarse a ello. A pesar de que realmente lo que queríamos era que el niño dejara de presentarse en el dormitorio de sus padres a las 6 de la madrugada, primero debíamos hacerle entender la idea de que se quedara en su cuarto hasta que fuera la hora de salir. Al principio, sus padres inventaron un juego: «Veamos si eres capaz de quedarte en tu habitación hasta que la alarma suene». Cada vez que Adam lo hacía bien, le daban una estrellita dorada. Y cuando hubo conseguido cinco estrellas doradas, como premio por haber permanecido en su cuarto, se lo llevaron a un parque donde él nunca había estado.

Finalmente, le dijeron a su hijo que ya estaba preparado para un «reloj de niño mayor». Montaron todo un número a la hora de regalarle su primer reloj digital de Mickey Mouse, mostrándole cómo un gran «7» aparecía en la pantallita por la mañana, cosa que le indicaría que ya podía levantarse de la cama. Le enseñaron cómo funcionaba la alarma y le explicaron: «Cuando suene de esta manera, significa que es hora de levantarse y que puedes salir de tu habitación». Sin embargo, ésta fue la parte más importante de la estrategia: a pesar de haber programado la alarma de Adam para las 7, Marlene y Jack pusieron la suya a las 6.30 de la mañana. El primer día esperaron tras la puerta de su hijo hasta que la alarma se disparó y justo entonces entraron en su cuarto. «¡Qué requetebién lo has hecho! Te has quedado en tu habitación hasta que ha sonado el reloj. Definitivamente, ¡eso merece una estrella!». A la mañana siguiente, hicieron lo mismo. Y por último, a la tercera, esperaron a ver qué hacía Adam. El pequeño no salió del cuarto hasta que sonó la alarma y, cuando lo hizo, ellos de nuevo elogiaron con entusiasmo su conducta.

Adam no se convirtió por arte de magia en un niño que colaboraba. Continuó siendo un pequeño manipulador y poniendo a sus padres a prueba en casi todo. No obstante, por lo menos ahora eran ellos quienes dominaban la situación. Cuando el niño se comportaba como un tirano, ya no se desesperaban. Tomaron medidas para solucionar el problema; elaboraron un plan. Durante los meses siguientes, aunque a veces Adam trataba de demorar el momento de acostarse y aún se despertaba ocasionalmente a media noche, sin duda dormía —y se portaba— *mucho mejor* que cuando Marlene contactó conmigo. Tal como verás en el próximo capítulo, siempre supone una dura lucha corregir cuestiones de conducta, cuando un niño está demasiado cansado o no duerme lo suficiente.

NICHOLAS, EL ETERNO LACTANTE NOCTURNO

Incluyo la historia de Nicholas en este apartado porque refleja un fenómeno cada vez más frecuente en mi consulta: niños de dos años (y a veces incluso de más edad) que no sólo *continúan* tomando el pecho, sino que son incapaces de dormirse sin mamar. Annie me llamó cuando su hijo tenía veintidós meses. «Se niega a dormir en ningún otro sitio que no sea mi pecho, tanto para las siestas como por la noche.» Le pregunté por qué había tardado tanto en tratar este problema. «Bueno, es que Grant y yo hemos estado practicando el co-dormir, así que por las noches realmente no me supone demasiada molestia. Pero acabo de saber que estoy embarazada de cuatro semanas. Por eso me gustaría destetarlo del todo y conseguir que durmiera en su propia cama antes de que naciera el otro bebé.»

Le advertí a Annie que se preparara para una ardua travesía y que más le valía empezar lo antes posible. Lo primero que le pregunté fue: «¿Estás segura de querer destetarlo definitivamente y te comprometes de verdad a hacerlo? ¿Tu marido está dispuesto a echar una mano?». Ambas cuestiones eran cruciales para el éxito de esta empresa. Annie tenía que destetar a Nicholas de inmediato. Durante el día resultaría más sencillo, porque podría distraerlo con cualquier otra actividad o darle algún tentempié cada vez que el niño quisiera el pecho. Por la noche, el papel de papá sería fundamental. En estos casos, yo siempre recurro a los padres o al menos a otra persona que no sea la madre. Al fin y al cabo, hay que evitar ser cruel con el bebé. La madre lo ha estado amamantando durante más de un año y ahora, de pronto, deja de hacerlo. Lógicamente, el niño no comprende por qué. En cambio, de su padre no espera el pecho.

> «Necesita mamar para conciliar el sueño; todavía duerme en nuestra cama y estamos esperando un segundo bebé.»

Otro aspecto de esta situación es que, a los veintitrés meses, no tenía mucho sentido acostumbrar a Nick a dormir en una cuna. Por tanto, aconsejé a sus padres que le compraran una cama de niño mayor y colocaran algún tipo de barrera en la puerta de su habitación. Para este tipo de problemas, no existe una solución rápida y fácil, les expliqué. Con suerte, necesitaríamos unas dos semanas. He aquí el plan que diseñé para esta familia:

DEL PRIMER AL TERCER DÍA. Lo primero era sacar a Nicholas de la cama de sus padres y acostumbrarlo a dormir junto a ellos, no entre ellos. Annie y Grant compraron una cama nueva para el dormitorio de Nick. Quitaron el colchón de esa cama y lo pusieron junto a la suya, en el lado de papá. La primera noche el niño lloró e intentó subirse a la cama de sus padres. Cada vez que lo hizo, papá intervino y lo tumbó de nuevo en su colchón. El niño puso el grito en el cielo. Su rostro reflejaba total desconcierto e indignación, como diciendo: «Pero ¿qué os pasa? ¡Llevamos dos años haciendo esto!».

Aquella noche nadie pudo descansar demasiado. Así que, a la siguiente, les sugerí que Annie durmiera en la habitación de invitados. Al menos si Nicholas lograba meterse en la cama de matrimonio, ella no estaría. Además, como la mamá estaba destetando a su hijo de golpe, tenía que cuidar de sí misma: llevar un sujetador bien ajustado, asegurarse de dormir las horas suficientes, etc. (si Annie hubiese dicho que temía sucumbir y salir al «rescate» de Grant en plena noche, yo le hubiera recomendado que pernoctara en casa de sus padres o de alguna amiga).

La segunda noche, Grant intervino como había hecho el día anterior. Por muy intensos que fueran los llantos de Nicholas, él siguió tumbándolo una y otra vez en el colchón. Yo le había advertido que no se acostara con Nicky; si era necesario, podía ponerse de rodillas al lado del colchón, pero nunca encima. El padre no paró de decirle: «Cariño, ahora mami no está aquí. Yo te cogeré de la mano, pero tienes que dormir en tu propia cama». Grant era un hombre trabajador, fiable y resignado. Aguantó la tormenta y, tras dos o tres berrinches, finalmente Nicholas se quedó dormido en su propio colchón por primera vez en la vida. La tercera noche, Grant aún tuvo menos problemas, pero todavía no habíamos superado el peligro, ni mucho menos.

DEL CUARTO AL SEXTO DÍA. Al cuarto día, les propuse a Annie y a Grant que le dijeran a Nicholas que, como recompensa por haber dormido en su colchón, lo dejarían escoger un juego de sábanas y cojines especial para *su propio dormitorio.* Él eligió unas sábanas con dibujos de su personaje favorito, Barney, y mamá le explicó que ahora iban a colocar el colchón, con las sábanas de Barney, en su nueva cama de niño mayor.

Aquella noche Annie volvió a dormir en su propia cama y Grant puso una colchoneta en la habitación de Nick, junto a la nueva del niño. Instalaron una barrera en la puerta. No era empezar desde cero, aunque, como es comprensible, Nicholas estaba muy alterado a la hora de irse a dormir. Papá le aseguró repetidamente que se quedaría con él; si no, Nick se hubiese levantado continuamente de la cama. Huelga decir que, al principio, lo intentó varias veces. Y cuando Grant lo volvía a tumbar, en cuanto sus pies tocaban el colchón, Nicholas aprovechaba para impulsarse de nuevo hacia arriba. Yo ya había avisado a papá que sujetara a su hijo con fuerza: «Ten cuidado de no convertir el P.D. en un juego». A veces, a esta edad, si un niño tiene una rabieta y tú lo tiendes en la cama una y otra vez, él piensa: «Vaya, ¡qué divertido es esto! Me pongo de pie y papá me tumba en la cama». Le aconsejé a Grant que no estableciera contacto visual con Nicholas y que no le dijera nada. «En este momento, te bastará con el contacto físico», le expliqué.

DEL DÍA SIETE AL CATORCE. Al séptimo día y de manera progresiva, Grant empezó a acercar la colchoneta a la puerta. Entonces le expliqué: «Quizás tardes otra semana en retirar la colchoneta de la habitación. Tienes que ser firme pero sistemático. Cuando estés preparado, no trates de engañarlo ni de desaparecer sigilosamente. Dile sencillamente: "Escucha, cielo, esta noche papá se irá a dormir a su habitación"».

Llegado este punto, Annie estaba bastante fuera del proceso. Cuando hay un problema de destete, siempre es mejor recurrir al padre, si está dispuesto a colaborar, por supuesto. Y una vez que el padre asume la responsabilidad de acostar él solo al niño, debería continuar con el ritual hasta el final, sin cambiar a mamá. A fin de cuentas, durante dos años Annie había estado dando el pecho a Nicholas para que se durmiera y le había permitido hacerlo entre los dos en la cama de matrimonio (en el caso de madres solteras o cuando el padre no está dispuesto a colaborar, la mujer ha de reclutar la ayuda de alguna otra persona durante al menos tres noches, hasta que sus pechos ya no representen ningún problema; véase el recuadro de la página 129. De lo contrario, lo más probable es que acabe rindiéndose y dándole de nuevo el pecho a su hijo).

El final de esta historia fue que Annie logró destetar a Nicholas con éxito al término de la primera semana. Hacia finales de la segunda, papá todavía dormía en la habitación de Nicky, sobre la colchoneta. La madre estaba exultante por haber recuperado la libertad, pero Grant empezaba a estar harto de dormir en el cuarto de su hijo. De común acuerdo, ambos decidieron que quizás el co-dormir no era el problema, después de todo. Ahora, por lo menos, el niño ya no dependía del pecho de su madre para quedarse dormido. «La cama familiar se adapta a nuestra forma de ser y de sentir», me dijo Annie para explicar su decisión. «Vamos a dejar que Nicholas continúe durmiendo con nosotros. Cuando nazca el bebé, lo acostaremos en un moisés y partiremos de ahí.»

A menudo he conocido padres que se conforman con menos de lo que querían conseguir en un principio; no quieren seguir con el esfuerzo que requiere lograr el objetivo inicial porque no son capaces de imaginar que una estrategia finalmente funcione o porque de verdad cambiaron de opinión respecto a su primera idea. Tal vez en este caso las tres razones estuviesen en juego. ¿Y quiénes somos nosotros para juzgar por qué unos padres toman una decisión determinada? De hecho, yo siempre digo a mis clientes: «Si os funciona, perfecto: se trata de *vuestra* familia».

8

CÓMO EDUCAR A LOS NIÑOS PEQUEÑOS

Enseñarles a ser emocionalmente sanos

La epidemia «hacerlos felices»

«Courtney ha sido una niña angelito hasta ahora», insistió Carol la primera vez que me llamó para hablarme acerca de su hija de dos años. «De forma inesperada, ha empezado a coger berrinches cada vez que no obtiene lo que quiere. Si no la tomamos en brazos, no le damos el juguete que pide o si otro niño está en el columpio y ella quiere subirse, Courtney se lanza a una pataleta. Es algo realmente desagradable y Terry y yo no sabemos qué hacer al respecto. Le hemos dado amor, afecto y todo lo que una criatura de dos años podría desear.»

Yo soy siempre muy escéptica cuando los padres insisten en que la conducta de un niño ha cambiado de repente y sin ningún motivo. A menos que se haya producido algún tipo de catástrofe familiar o un suceso traumático, las respuestas emocionales de los niños no suelen modificar su comportamiento sin avisar. Lo más probable es que las rabietas comiencen como pequeños arrebatos sentimentales y que, a medida que el niño se hace mayor, si nadie hace nada para enseñarle que su conducta es inaceptable, dichos arrebatos también se hagan cada vez mayores, hasta convertirse en berrinches en toda regla.

«¿Qué haces cuando Courtney empieza una rabieta?», le pregunté a Carol, con la esperanza de hacerme una idea de cómo ella y Terry gestionan los sentimientos de su hija. Todos los niños tienen emociones; lo importante es cómo sus padres reaccionan ante ellas. «¿Alguna vez le has dicho que no o has intentado frenar esa clase de conductas?»

«No», contestó Carol. «De hecho, nunca tuvimos que hacerlo. Nos hemos desvivido para entretenerla, divertirla y enseñarle cosas. No queríamos que en ningún momento sintiera que la ignorábamos o que la abandonábamos. Siempre nos hemos esforzado muchísimo por evitar que llorara. Así que supongo que siempre le hemos dado lo que quería. Y nos ha funcionado: Courtney es una niña verdaderamente feliz.»

Unos días más tarde, conocí a esta pareja de padres —unas personas encantadoras, ambos cercanos a los cuarenta años— en su modesta casa del valle central de California. Carol, una diseñadora gráfica, decidió quedarse en casa durante el primer año de Courtney y actualmente trabaja dos días y medio a la semana, y Terry es propietario de una ferretería, así que normalmente llega a casa a una hora razonable. La mayoría de las noches procuran cenar en familia. Al escuchar a estos padres hablar de Courtney, una niña muy deseada y concebida tras varios años de intentos, me resultó evidente que los dos adoraban a su hija y que se desvivían por organizar sus vidas alrededor de la de ella.

La pequeña es pelirroja, tiene el pelo rizado, una niña adorable y muy elocuente para su edad, tan feliz como encantadora. Mientras me acompañaba a su habitación, me pregunté si era la misma criatura que me había descrito su madre. Una vez dentro, me di cuenta de que, efectivamente, Carol y Terry le habían dado a su hija todo lo que una criatura puede desear. ¡Había más juguetes en aquel dormitorio que en una juguetería! En los estantes se amontonaban todo tipo de artilugios y juegos educativos y de entretenimiento. En una de las paredes se alzaba una librería entera atiborrada de libros de cuentos; y, en el otro lado, Courtney tenía su propio televisor con DVD y aparato de vídeo. ¡Hasta un magnate de Hollywood hubiera envidiado su inmensa colección de vídeos!

Al cabo de unos minutos de estar a solas con Courtney, Carol entró en el cuarto y dijo: «Cariño, ahora voy a llevarme a Tracy al salón, para que papá y yo podamos hablar con ella». La niña no se inmutó. «¡No! Yo quiero que Tracy se quede a jugar conmigo.» Le aseguré que volvería en unos minutos, pero ella no quiso ni oír hablar del tema y entonces fue cuando la vi tirarse al suelo y patalear como una loca. Su madre le habló con suavidad y trató de levantarla, pero Courtney parecía un animalito salvaje. Yo me mantuve al margen a propósito, porque para mí era importante ver cómo los padres, que acudieron corriendo a la habitación, reaccionaban ante el arrebato de su pequeña. Era obvio que Carol se sentía avergonzada y, como hacen muchas madres, recurrió a la solución más fácil. «Vamos, Courtney, tranquilízate. Tracy no se va a marchar. ¿Qué te parece si nos acompañas al salón y te doy una galletita mientras nosotras tomamos el té?»

Carol y Terry se comportan de la misma manera que un gran número de padres que he conocido a lo largo de los años. A pesar de habérselo dado todo a su hija, hay algo muy importante que no hicieron: imponerle límites. Para empeorar más las cosas, a menudo, acceder a los caprichos de Courtney era su forma de responder a las emociones de la niña. Ambos se sentían culpables cuando su hija estaba triste o enfadada y la colmaban de juguetes para distraerla. Además, cedían continuamente ante sus más mínimas presiones, reforzando así su creciente habilidad para manipularlos.

Estos padres son víctimas de lo que yo he llegado a considerar una auténtica epidemia de «Haz feliz a tu hijo». Los padres que trabajan y los de más edad son especialmente propensos a ello, pero sin duda éste es un fenómeno que trasciende factores como la edad, la situación económica, el lugar de origen o la cultura. En mis viajes, no sólo por Estados Unidos, sino también por el resto del mundo, una inmensa mayoría de progenitores actualmente tiene dificultades a la hora de disciplinar a sus hijos, ya que al parecer creen que su trabajo es hacerlos felices. Sin embargo, nadie puede sentirse feliz en todo momento: la vida no es así. Es necesario ayudar a los hijos a identificar y tolerar el amplio espectro de emociones humanas que experimentan. De lo contrario, se estará privándolos del derecho a aprender cómo calmarse por sí mismos y cómo estar en el mundo. Un niño ha de ser capaz de aceptar que le impongan reglas, comprender los sentimientos de otras personas y pasar de una actividad a otra; todas estas habilidades son signos de buena salud emocional.

Por lo tanto, deberíamos preocuparnos menos por hacer felices a los niños y más por enseñarles a ser «emocionalmente sanos». La idea no es proteger a los pequeños de sus sentimientos, sino darles recursos para que aprendan a superar sus pequeños enfados cotidianos, sensaciones como el aburrimiento o la decepción y toda clase de retos, a medida que se enfrentan con la vida. Y esto se consigue estableciendo límites, ayudándolos a entender sus propios sentimientos y mostrándoles cómo controlar sus estados de ánimo. Cuando el niño ve que sus padres están al mando, puede confiar en que dicen lo que piensan y piensan lo que dicen.

La salud emocional fortalece el vínculo entre padres e hijos, puesto que llena el depósito de confianza, un depósito que empieza a desarrollarse el mismo día en que el bebé llega al mundo. Esta base de confianza es crucial para los niños; al fin y al cabo, queremos que sepan que pueden acudir a nosotros con sus temores, su rabia y su entusiasmo, así como que pueden comunicarnos lo que sienten, sin que perdamos la calma.

Este capítulo te ayudará a conocer los ingredientes de la salud emocional: por qué es tan importante tratar las emociones desbocadas (como las rabietas de Courtney) y qué hacer cuando un niño se descontrola. Analizaremos la importancia de ser unos padres *objetivos* que saben cómo tomar perspectiva, asumen el carácter de su hijo y ven claramente su conducta; y lo que es igualmente importante, saben cómo mantener sus propias emociones al margen, de modo que pueden actuar sobre los sentimientos de su hijo, en lugar de negarlos.

EMOCIONES DESBOCADAS: LOS FACTORES DE RIESGO

Aunque el perfil emocional del niño cambia entre el primer y el tercer año de edad, hay un tema fundamental que afecta a los distintos estadios de su desarrollo: la necesidad de orientación y límites por parte de sus padres. Como padre o madre, debes enseñar a tu hijo a distinguir entre acciones buenas o malas, correctas o incorrectas, así como a comprender y dominar sus propias emociones. De lo contrario, no sabrá qué hacer cuando sus sentimientos lo abrumen. Y, sobre todo, cuando se encuentre con algún límite o restricción, se frustrará y experimentará lo que yo llamo «emociones desbocadas».

Al experimentar ese tipo de emociones, tu hijo no entiende lo que le está sucediendo y se siente impotente para frenar la escalada de sus sentimientos. No es extraño, pues, que los niños con tendencia a sentirlas se conviertan a menudo en marginados sociales. Todos sabemos de qué tipo de niños estoy hablando: «Solíamos invitar a Bobby a jugar con nuestro hijo, pero es un niño tan salvaje que al final dejamos de hacerlo». Y desgraciadamente no es culpa del pobre Bobby. Nadie le ha enseñado a calmar sus sentimientos o a controlarlos cuándo amenazan con superarlo. Seguramente fue un bebé movido, propenso a grandes arrebatos emocionales, pero el temperamento no tiene por qué marcar irremisiblemente nuestro destino. Las emociones desbocadas también pueden conducir hacia una tendencia crónica a las actitudes violentas e intimidatorias, que son el resultado de volcar sobre los demás la propia frustración y de una espiral de sentimientos incontrolables.

Tal como resume la siguiente tabla, existen cuatro elementos que pueden provocar que un niño experimente emociones desbocadas: *su temperamento, factores ambientales, cuestiones de desarrollo* y, quizás el más importante, *el comportamiento de sus padres.* Obviamente, estos cuatro factores de riesgo actúan conjuntamente, aunque a veces uno de ellos predomina sobre el resto. En las secciones que siguen a la tabla, analizo brevemente cada elemento.

EMOCIONES DESBOCADAS: LOS FACTORES DE RIESGO

El temperamento del niño y su estilo emocional/social	Factores ambientales	Cuestiones de desarrollo	El comportamiento de los padres
Es más probable que los niños experimenten emociones desbocadas cuando su temperamento y su estilo emocional/social es más vulnerable...	Es más probable que los niños experimenten emociones desbocadas si...	Es más probable que los niños experimenten emociones desbocadas si están atravesando...	Es más probable que los niños experimenten emociones desbocadas cuando los padres...
• temperamento (gruñón, movido, susceptible) • estilo emocional/ social (acomodaticio pero poco asertivo, altamente reactivo, ultrasensible)	• su casa no está adecuadamente preparada para evitar accidentes infantiles • no tienen un lugar donde descargar su energía • ha habido cambios o cierto caos en la familia	• un trastorno de ansiedad por separación • un periodo en que les falta lenguaje expresivo • la etapa de los dos años • el proceso de dentición	• son subjetivos y no objetivos (véase el recuadro de la página 309) • no corrigen conductas indeseables desde el primer momento • son incoherentes • tienen una escala de valores distinta y discuten constantemente • no preparan a sus hijos para acontecimientos futuros que pueden ser estresantes

* Los diferentes tipos de temperamento se describen en las páginas 63-66 y los «estilos emocionales/sociales» en las páginas 293-294.

ESTILOS EMOCIONALES/SOCIALES DE LOS NIÑOS

Ciertos temperamentos predisponen más a los berrinches: los niños de tipo susceptible, movido y gruñón necesitan más atención que el resto a la hora de prepararse emocionalmente. Por ejemplo, Geoff (a quien reencontrarás de nuevo en la página 298) era un niño susceptible que siempre necesitaba mucho tiempo para adaptarse a situaciones desconocidas. Cuando su madre le daba prisa o lo presionaba para que interactuara con otros niños antes de estar él preparado, se ponía a llorar de forma inconsolable. Además de su temperamento, que descubrimos literalmente desde el día en que nacen, los niños también desarrollan determinados estilos emocionales/sociales en sus *relaciones*:

EL NIÑO «FELIZ DE LA VIDA» JUEGA EN GRUPO SIN PROBLEMAS. Cuando se porta mal, puedes regañarlo y enseguida aprende. Compartirá sus posesiones de buen grado e incluso ofrecerá sus juguetes a otros niños. En casa, es la clase de niño que acostumbra a hacer lo que se le pide; por ejemplo, recoge sus juguetes sin rechistar. A menudo se convierten en líderes de grupo, pero no buscan mandar. De manera espontánea, otros niños gravitan a su alrededor. Los padres no tienen que hacer nada para optimizar la vida social de este tipo de criatura; los grupos son su medio natural y se adapta fácilmente a la mayoría de situaciones. Es fácil deducir, pues, que los niños felices de la vida pertenecen a los tipos angelito o de libro, aunque algunos del tipo movido, cuyos padres han sabido canalizar su exceso de energía hacia actividades e intereses apropiados, también encajan en esta descripción.

EL NIÑO «ACOMODATICIO PERO POCO ASERTIVO» ES RESERVADO. En casa, es plácido y no suele llorar innecesariamente, a menos que se haya hecho daño o esté cansado. Esta clase de pequeño observa muy detenidamente las interacciones de los demás. Si tiene un juguete y otro niño más agresivo lo quiere, él lo cede al instante; ha visto cómo las gasta el otro y tiene miedo. No es tan temeroso como un niño ultrasensible, pero debes vigilar en qué clase de situaciones lo introduces. Es bueno que lo expongas al contacto con otros compañeros de su edad y a situaciones nuevas, pero quédate siempre en la retaguardia, cerca de él. No manifiestes inquietud por su carácter solitario. Considera más bien que tiene la suficiente seguridad en sí mismo como para jugar solo. Puedes intentar ampliar su vida social haciendo que juegue con otro niño acomodaticio, pero poco asertivo, o incluso con algún feliz de la vida con quien se lleve bien y podrán estar juntos. Muchos gruñones pueden pertenecer a este grupo, así como algunos niños tipo angelito y de libro.

EL NIÑO ULTRASENSIBLE ES COMO SU NOMBRE INDICA. El más mínimo estímulo lo perturba emocionalmente. De bebé, sus padres lo llevaron mucho en brazos. Ante cualquier situación desconocida, le gusta estar cerca de ellos. Cuando se encuentra en un grupo, es probable que se siente en el regazo de su madre, observándolo todo pero sin interactuar con el resto de niños. Llora con facilidad. Y puede irritarse si otro pequeño se le acerca demasiado, si le usurpan un juguete o incluso si su madre le presta atención a otra criatura. Su comportamiento tiende a ser quejica o, como decimos en Yorkshire, es muy mohíno (como si siempre estuviera enfadado con el mundo). Algunos niños ultrasensibles también se enfadan con rapidez porque enseguida se frustran. Es importante que, a la hora de exponerlos a situaciones nuevas, los padres tengan cuidado y les concedan el tiempo necesario para adaptarse. Muchos niños susceptibles pertenecen a esta categoría, al igual que algunos de tipo gruñón.

EL NIÑO «ALTAMENTE REACTIVO» TIENE MUCHA ENERGÍA. El hecho de tener tanta energía, puede hacerle muy asertivo, incluso agresivo e impulsivo. Si bien es cierto que la mayoría de niños pequeños piensan que todo es suyo, éste lo cree con mayor vehemencia. Es muy fuerte, hábil y tiene destreza física. Enseguida se da cuenta de que puede abofetear, morder, dar patadas o usar la fuerza de otras maneras, a fin de conseguir lo que desea. Si tratas de obligarlo a compartir, puede coger una rabieta espectacular. Los otros niños, a menudo, lo consideran el «matón» del grupo. Esta clase de pequeños necesita mucha actividad para canalizar su energía. Es importante que sus padres sepan aquello que los altera e irrita, que detecten rápidamente los indicios de que empiezan a perder el control y procuren evitar un berrinche antes de que ocurra. Los niños altamente reactivos responden bien a las modificaciones de conducta: es positivo recompensarlos con premios y regalos cuando se portan bien. Los niños de tipo movido encajan típicamente en esta categoría y, a veces, también los de tipo gruñón.

A diferencia del temperamento, que permanece más o menos invariable a lo largo de la vida, los estilos emocionales/sociales evolucionan a medida que el niño crece. Con el tiempo, uno acomodaticio pero poco asertivo puede finalmente «salir de su caparazón». Y uno altamente reactivo podría haber suavizado su carácter al llegar a la etapa preescolar. No obstante, por lo general, todos estos cambios se producen *gracias a la ayuda e intervención de los padres*. Por eso, los «beneficios de la compatibilidad» entre padres e hijos (véanse las páginas 76-79) continúan siendo algo tan importante. La naturaleza de un padre o una madre puede chocar con la personalidad de su hijo o bien complementarla. A medida que nuestros niños se hacen mayores, los vamos conociendo mejor y los vemos actuar en una variedad de situaciones más amplia. Sin embargo, a fin de conocer perfectamente nuestros puntos débiles y de saber por dónde nos pueden atacar nuestros hijos, debemos mirarnos también en el espejo. Si somos maduros, podremos adaptarnos para actuar en función de su mayor beneficio, que es la esencia de un padre o madre *objetivo*, tal como explicaré en las páginas 301-303.

FACTORES AMBIENTALES

Dado que la franja de edad entre uno y tres años coincide con un gran salto hacia adelante en cuanto a comprensión y conocimiento de sí mismos, los niños se muestran particularmente sensibles a los cambios que se producen en su entorno. Aunque a menudo los padres crean que su hijo de dos añitos no entiende lo que sucede durante un divorcio, por ejemplo, o si muere alguien de la familia, a esta edad ellos son como esponjas emocionales. Perciben rápidamente los sentimientos de sus padres y cuando en casa las cosas son diferentes, lo notan. Si te trasladas a un nuevo domicilio, tienes un nuevo bebé o tu rutina cotidiana cambia (por ejemplo, si vuelves a trabajar), o si tú o tu pareja guardáis cama una semana por culpa de la gripe, éstas y otras incidencias fuera de lo habitual tendrán un efecto en las emociones de tu hijo.

De un modo similar, si el niño empieza a acudir a un nuevo grupo de juego o conoce a algún otro compañero (que resulta ser un pequeño matón), prepárate para las consecuencias: más llantos, más agresividad, más dependencia. Al igual que ocurre con los adultos, a partir de los nueve meses, ya hay química entre los niños. Si pones a determinados tipos en contacto, es probable que uno de ellos experimente emociones desbocadas. Por tanto, si tu hijo se involucra repetidas veces en alguna pelea, sea en tanto que agresor o como víctima, y alguien siempre acaba sangrando, significa que el nuevo grupo o el nuevo amiguito no son lo mejor para él. Por lo que se refiere a amistades, respeta las preferencias de tu hijo. Y eso también se aplica a los distintos miembros de la familia. Puede que no le guste el abuelo o una vieja tía. Procura que pasen tiempo juntos, pero no fuerces la situación.

Aunque, por supuesto, la vida nos depara imprevistos en cualquier momento. No pretendo sugerir que mantengamos a nuestros pequeños en una burbuja, sólo que debemos estar atentos y percatarnos de cuándo, por todo lo que sucede a su alrededor, necesitan algo más de apoyo y protección.

Por otro lado, a los niños les hace falta un lugar apropiado donde dar rienda suelta a toda su energía. Si tu casa no está lo suficientemente protegida y te pasas el día corriendo detrás de tu hijo y advirtiéndole «ahí no» o «no toques eso», te garantizo que vas a convertir a tu pequeño en una criatura frustrada, siempre a punto de montar una pataleta. Deja a su alcance algunos de tus objetos menos frágiles y valiosos y enséñale que hay ciertas cosas que sólo puede tocar con ayuda de papá o mamá. Además, al crecer, los niños también se aburren con sus juguetes de bebé, por eso es importante actualizar su entorno y hacerlo más estimulante y lleno de nuevos retos. Deshazte de los viejos juguetes de tu hijo y juega con él a juegos más desafiantes; asimismo, crea un espacio dentro de casa donde le esté permitido campar a sus anchas y experimentar; y otro, en el exterior, donde pueda explorar libre de peligros y sin que tú temas por su seguridad. En climas fríos y especialmente en pleno invierno, los niños (y los adultos) tienen muchas posibilidades de sufrir los efectos de la claustrofobia y el enclaustramiento, a menos que se los abrigue bien y puedan salir a jugar a la pelota al aire libre, correr por algún prado o hacer muñecos de nieve.

CUESTIONES DE DESARROLLO

Determinados periodos en la vida están marcados por una mayor agitación emocional que otros (entre ellos, ¡prácticamente toda la infancia!). Como es lógico, no puedes, ni quieres, frenar el desarrollo de tu hijo. No obstante, puedes vigilarlo y tratar de protegerlo en aquellos momentos en que posiblemente le resulte más difícil controlar sus sentimientos.

ANSIEDAD POR SEPARACIÓN. Como ya señalé anteriormente, el trastorno de ansiedad por separación empieza a manifestarse hacia los siete meses y, en algunos niños, puede perdurar hasta el año y medio de edad. Hay criaturas que apenas lo acusan, mientras que otras lo sufren con tanta intensidad que sus padres han de esforzarse especialmente por reforzar la confianza de su hijo (véanse las páginas 79-81). Si apartas a un niño de tu regazo antes de que esté preparado para comenzar a jugar con el resto del grupo, no te sorprendas si se pone histérico. En vez de darle prisa, lo que debes hacer es darle tiempo. Respeta sus emociones y organiza encuentros con pequeños grupos de niños apacibles como él; no lo mortifiques haciéndolo jugar con un pequeño altamente reactivo.

FALTA DE VOCABULARIO. Si, al igual que les sucede a muchos niños, tu hijo está atravesando una etapa en la que sabe lo que quiere pero no dispone de las palabras para expresarlo, es posible que tanto él como tú os sintáis muy frustrados. Pongamos por caso que te está señalando un armario y lloriqueando. Aúpalo y dile: «Muéstrame lo que quieres». Y luego di: «Ya veo, quieres uvas. ¿Puedes decir "uvas"?». Tal vez todavía no sea capaz, pero al menos tú le estarás ayudando a desarrollar el lenguaje y así es como se empieza.

ESTIRONES DE CRECIMIENTO Y AUMENTO DE LA MOVILIDAD. Como aprendiste en los capítulos anteriores dedicados a la alimentación y el sueño, los estirones de crecimiento y el desarrollo físico —aprender a gatear o a caminar, por ejemplo— pueden perturbar el descanso de tu hijo. A su vez, un niño que duerme menos de lo que necesita puede volverse más sensible, más agresivo o simplemente estar más «pachucho» determinado día o al siguiente. Los días que sepas que tu hijo ha pasado una mala noche, procura que su jornada sea muy tranquila. No lo expongas a nuevos retos si no se encuentra en su mejor momento.

LA DENTICIÓN. El proceso de dentición también hace que un niño se sienta más vulnerable, lo cual, a su vez, puede desencadenar emociones desbocadas (véase el recuadro lateral de la página 161, sobre consejos durante la dentición). Esto ocurre, sobre todo, si sus padres sienten y manifiestan lástima por él, olvidándose además de imponer límites a su comportamiento, excusándolo todo con un: «Pobrecito, le están saliendo los dientes».

LOS DOS AÑOS. Éste es el único caso en que los padres pueden decir justificadamente: «La inesperada conducta de nuestro hijo parece haber surgido de la nada». En efecto, es como si tu niño se transformara de la noche a la mañana. Primero se muestra obediente y dulce y, un minuto después, negativo y exigente. A esta edad, los cambios de humor repentinos son bastante frecuentes. Está jugando feliz y contento, parpadeas y… de golpe y porrazo, rompe a llorar. Sin embargo, la etapa de los dos años no tiene por qué ser «terrible», sobre todo si comienzas pronto a fomentar el desarrollo emocional de tu hijo. Durante este complicado estadio de su evolución, debes mostrarte más alerta que nunca, a fin de prevenir que exploten las emociones desbocadas y, más firme que nunca, a la hora de hacerle saber a tu niño lo que puede y lo que no puede hacer.

EL COMPORTAMIENTO DE LOS PADRES

Aunque todos los elementos que se han descrito anteriormente pueden predisponer a los niños a experimentar emociones desbocadas, si yo tuviera que clasificar por orden de importancia los cuatro factores de riesgo, «el comportamiento de los padres» aparecería en el primer lugar de la lista. Es verdad, los padres no *causan* la mala conducta de sus hijos, como tampoco pueden acelerar su desarrollo. No obstante, la forma en que reaccionan a una etapa determinada o a un acto de desafío, de agresión o de rebeldía les ayudará a mantener bajo control ese tipo de actitud en el futuro, *o bien* a perpetuarla.

PADRES OBJETIVOS Y PADRES SUBJETIVOS. En el cuadro de la página 301, hago un resumen de las diferencias entre *padres objetivos*, motivados por las necesidades individuales del niño, y *padres subjetivos*, motivados por sus propias emociones. Los padres subjetivos no ven a su hijo ni observan su comportamiento con ojos imparciales, lo cual les crea dificultad para actuar apropiadamente. De hecho, al no hacer nada o reaccionar de manera equivocada a los berrinches de su hijo, los padres perpetúan el problema, sin ser conscientes de ello. Afrontémoslo: nadie desea que su pequeño pegue golpes, mienta o lance su camión de juguete a la cabeza de otro niño. Pero al no intervenir ante tales actos, los estamos consintiendo.

EL DOBLE RASERO. No puedes imponer unas normas en casa y otras distintas en el resto del mundo. Sin embargo, la primera vez que el niño hace algo incorrecto o indeseable —tirar comida, actuar agresivamente, coger una rabieta—, lo que sucede con frecuencia es que los padres se ponen a reír. Les parece que es gracioso, de persona mayor, o que refleja el carácter de su hijo. Y no se dan cuenta de que su risa refuerza positivamente esa mala conducta. Luego, cuando se encuentran fuera de casa y el niño hace las mismas travesuras, sienten vergüenza. Pero si en casa lo dejan tirar la comida, ¿qué esperan que haga en un restaurante? El niño no entiende por qué papá y mamá se rieron una vez y otra no, así que lo vuelve a hacer, como diciendo: «¿Dónde están vuestras risas ahora? Antes bien que os reísteis».

Cuando los padres no están de acuerdo —otra modalidad de doble moral—, el niño también corre el riesgo de sentir emociones desbocadas. Puede que uno de los progenitores sea sumamente condescendiente y crea que todo lo que hace el pequeño es súper divertido, guay o de machote, mientras que el otro esté intentando desesperadamente enseñarle buenas maneras. Por ejemplo, mamá está preocupada porque Charlie ha comenzado a pegar a sus compañeros en la clase de Gymboree. Llega a casa y se lo comenta a papá, pero éste le quita hierro al asunto. «Bueno, no hay para tanto, Grace, el niño sólo quiere hacerse valer. Tampoco querrás que sea un blandengue, ¿verdad?» Y también es posible que discutan delante de su hijo, lo cual no es nunca una buena idea.

Por supuesto, los niños se comportan de modo diferente con distintos adultos; eso es natural. Sin embargo, en una casa donde existe la regla «no se come en el salón», no es nada acertado que papá se apoltrone en el sofá y se ponga a comer patatas fritas con su hijo en cuanto mamá sale por la puerta; sobre todo, si le dice al pequeño: «Mami se enfadaría muchísimo si nos viera comer aquí, así que no le diremos nada, ¿de acuerdo?».

FALTA DE PREPARACIÓN EMOCIONAL. Los padres, sin querer, pueden desencadenar emociones desbocadas en su hijo si no se toman el tiempo necesario para prepararlo ante circunstancias estresantes. A través de los ojos de los niños —que es como debemos mirar cada acontecimiento futuro—, una situación estresante puede incluir cualquier actividad, desde una simple tarde de juegos en compañía de otros niños, hasta una visita al pediatra o una fiesta de cumpleaños. Por ejemplo, una amiga mía se ofreció a preparar en su casa la fiesta del segundo aniversario de su nieto. Por casualidad, resulta que yo estuve allí a primera hora del día y pude presenciar cómo montaban un castillo en el patio de atrás y ataban encima lo que parecían quinientos globos de helio. Para un adulto, era un espectáculo mágico, pero el pequeño Geoff, que no sabía nada de los planes de sus padres, estaba muerto de miedo cuando lo llevaron al patio aquella tarde. Allí había un pirata ataviado hasta el último detalle, montones de niños —algunos de su misma edad y otros mayores— y alrededor de treinta adultos. Al ver aquello, el pobrecito Geoff rompió a llorar inconsolablemente. Al día siguiente, su abuela dijo: «No sé si los niños pueden ser desagradecidos a esta edad, pero mi nieto se pasó toda la fiesta conmigo en mi habitación». ¿Desagradecido? Geoff tiene dos añitos y nadie lo preparó o le explicó siquiera que le iban a organizar una fiesta de cumpleaños. ¿Qué esperaban? El pobre se asustó. Tuve que decirle a la abuela: «Sinceramente, ¿para quién era la fiesta en realidad?». Ella me miró avergonzada. «Entiendo lo que quieres decir: seguramente fue más bien para los adultos y los niños mayores» (véase también el apartado «Saboteadores de la confianza», en la página 81).

ANATOMÍA DE LOS PADRES SUBJETIVOS

Realmente me irrita cuando los padres dicen: «Johnny se niega a…» o «Johnny no quiere escuchar…», como si ellos no tuviesen nada que ver con las acciones de su hijo. Tal como comenté al inicio de este capítulo, hoy en día hay demasiados progenitores que sienten un miedo desesperado a hacer infelices a sus niños y se dejan tomar el pelo. Les preocupa que, si establecen ciertos límites, su hijo no los quiera. También es posible que no sepan cómo cortar de raíz la mala conducta del pequeño. Y, cuando finalmente intentan atajar el problema, tienen pocas ganas de realizar el esfuerzo o bien no se muestran lo suficientemente sistemáticos. Para empeorar más la situación, como han esperado tanto a intervenir, detener los malos hábitos de comportamiento les resultará aún más difícil. Y si los padres pierden su autoridad, todo se descontrola.

No podremos fomentar una buena salud emocional en nuestros hijos si nosotros mismos no somos emocionalmente sanos. Y para mí, la esencia de la salud emocional adulta es la objetividad, la capacidad de tomar perspectiva y evaluar realmente una situación, sin dejar que las propias emociones influyan en nuestra reacción. Por regla general, los padres objetivos no suelen contactar conmigo. La mayoría de mamás y papás que me llaman o me escriben preocupados por el comportamiento de sus hijos, son padres

PRETEXTOS TÍPICOS

Con frecuencia, los padres subjetivos alegan excusas para justificar el mal comportamiento de sus hijos. En lugar de enfrentarse a la cuestión de su mala conducta, se dedican simplemente a hablar *sobre* el niño, lo cual no contribuye en absoluto a fomentar una buena salud emocional. Y lo que es peor, retrasa lo inevitable: el surgimiento de problemas en el mundo real. Los padres suelen recurrir a estos pretextos cuando tienen invitados en casa o cuando salen con el pequeño.

«No es nada, solamente tiene hambre y así es como se pone.»

«Hoy no se encuentra muy bien.»

«Es que, ya sabéis, nació prematuro, y…» (añadirán cualquier excusa).

«Es cosa de familia.»

«Le han estado saliendo los dientes.»

«Es una niña preciosa y la quiero muchísimo, sin embargo…» (Necesitan confirmar que su hija es maravillosa, pero en realidad no aceptan su personalidad y desearían que se convirtiera por arte de magia en la niña de sus sueños.)

«Es un ángel la mayor parte del tiempo.»

«Su papá trabaja muchas horas y está poco en casa; normalmente estoy yo sola con él y no quiero decirle que no a todas horas.»

«Está cansado. No durmió bien anoche.»

«Está *pachucha*.»

«No me preocupa; ya se le pasará.»

subjetivos. De manera inconsciente, ellos actúan, sobre todo, guiados por *sus propios sentimientos* y no tanto por lo que más conviene a sus hijos. Esto no quiere decir que los padres objetivos repriman sus sentimientos. Más bien lo contrario: los que son objetivos están plenamente en contacto con sus emociones, pero no permiten que sus sentimientos los guíen, como acostumbran a hacer los de tipo subjetivo.

Por ejemplo, digamos que el pequeño Héctor, de dieciocho meses, coge un berrinche en una zapatería porque ve una inmensa pecera llena de piruletas encima del mostrador y se le antoja una *en ese preciso instante.* El padre o la madre subjetivo/a enseguida empieza a pensar: «Oh, no. Espero que ahora no monte una escena». Posiblemente, primero intentará negociar con Héctor («Cariño, te daré una de tus piruletas especiales sin azúcar en cuanto lleguemos a casa»). Lo más probable es que ya haya practicado este tipo de tratos en numerosas ocasiones anteriores y sin demasiado éxito, de modo que su propia rabia y una parte considerable de culpa («Debe de ser culpa mía que este niño sea así») aumentan con cada una de las exigencias de Héctor. Cuando el niño comienza a lloriquear y luego ya llora a moco tendido, ella se enfada aún más y se toma el comportamiento de su hijo como algo personal («No puedo creer que me lo esté haciendo *otra vez*»). Avergonzada de tener que pelear con el niño en público, cuando él se tira al suelo y empieza a darle puñetazos en el zapato, ella se rinde.

Cuando los padres son subjetivos, reaccionan a sus propias emociones y no son capaces de distanciarse y responder a lo que siente el pequeño. Y eso es porque los padres subjetivos tienden a ver todo lo que hace su hijo como un reflejo de ellos mismos. Les cuesta aceptar el temperamento del niño («Normalmente es un angelito») y, a menudo, tratan de negarle sus sentimientos («Vamos Héctor, déjalo ya. Esa piruleta no te apetece. Te quitará el apetito para cenar»). Le da miedo decir lo que verdaderamente quisiera decirle a su hijo, que es: «No, ahora no puedes comer ningún caramelo».

Dado que los padres subjetivos se identifican tanto con sus hijos, los sentimientos del niño se convierten prácticamente en *sus* sentimientos. A menudo tienen dificultades a la hora de lidiar con las emociones del pequeño, en especial con la rabia y la tristeza. Tal vez sea porque ellos mismos son incapaces de ocuparse de los sentimientos negativos o porque ven sus debilidades reflejadas en la criatura, o por ambas cosas. Así pues, no es extraño que los padres subjetivos no sepan imponer límites; se comportan más como compañeros de sus hijos que como padres. Con la intención de fortalecer la autoestima del niño, razonan constantemente, se justifican y se engañan a sí mismos, pero raras veces admiten: «Yo soy su padre/su madre y esto es inaceptable».

Yo intuyo que trato con una madre subjetiva cuando me dice: «Es muy bueno con su padre (o con su abuela), pero no conmigo». Eso podría deberse a que sus expectativas son más elevadas: son más bien un reflejo de lo que ella *quiere*, no de lo que su niño es capaz de hacer. Este tipo de madre tendría que preguntarse si está siendo realista. Los niños no son adultos pequeños; les quedan muchos años por delante antes de saber dominar sus impulsos. Aunque, de hecho, también podría ser que a papá se le dé mejor conseguir que su hijo se comporte; y eso es porque él sí le dice lo que está bien y lo que está mal y lo corrige y regaña cuando el niño se pasa de la raya. Por tanto, mamá debería preguntarse: «¿Qué hace mi marido (o mi madre) que yo no haga?».

Los hijos de padres subjetivos se convierten en pequeños profesionales de la manipulación y el chantaje emocional. Todos los niños, especialmente los que aún gatean, ponen a prueba los límites que se les imponen y se dan perfecta cuenta de cuándo sus padres no son coherentes y carecen de límites ellos mismos. No es que sean malos; sencillamente hacen aquello que sus progenitores, de manera inconsciente, les han enseñado a hacer: pelear, discutir o presionar para obtener lo que desean; y, si eso no funciona, recurrir a una monumental rabieta. Así pues, incluso ante algo tan simple como: «Ya está bien, es hora de guardar los juguetes», los padres subjetivos se exponen a una batalla. «¡No!», exclama el niño. Entonces la madre lo intenta de nuevo: «Vamos, cariño. Yo te ayudaré». Ella misma empieza a poner un juguete en el estante; su hijo no se mueve. «Venga, tesoro. No voy a hacerlo todo yo sola.» Él continúa sin mover un dedo. Mamá echa un vistazo al reloj y se da cuenta de que casi es hora de comenzar a preparar la cena. Papá no tardará en llegar. En silencio, ordena el resto de juguetes. Hacerlo sola le resulta más rápido y fácil, o eso piensa ella. Pero, en realidad, acaba de enseñarle a su hijo que: a) no hay coherencia entre sus palabras y sus actos; y que b) aunque la hubiera, lo único que tiene que hacer es decir «no» y lloriquear y así no le hace falta escucharla.

No es de extrañar, pues, que los padres subjetivos con frecuencia se sientan confundidos, avergonzados y culpables cuando su hijo pierde el control. En un instante pasan de la rabia a unas alabanzas excesivas o inmerecidas. Sí, por un lado, sus propios padres fueron tremendamente estrictos o ellos sienten cierta presión social por parte de otros progenitores para que el suyo sea un niño «bueno»; pero por otro, tienen miedo de hacer infeliz a su hijo o de que no se sienta querido. Y cuando se comporta mal, cosa que hacen todos los críos pequeños, en lugar de juzgarlo objetivamente y darse cuenta de que está desarrollando un patrón de conducta negativo, tienden a ignorar o a justificar su comportamiento (véase el recuadro «Pretextos típicos», en la página 299). Una madre subjetiva primero buscará excusas o explicaciones para la actitud del niño y luego, a medida que su mala conducta se intensifique, pasará

DIFERENCIAS ENTRE PADRES SUBJETIVOS Y PADRES OBJETIVOS

LOS PADRES SUBJETIVOS...	LOS PADRES OBJETIVOS...
• Se identifican con las emociones del niño.	• Consideran al niño un ser independiente, no una parte de ellos mismos.
• Reaccionan desde dentro: sus propias emociones interfieren en las decisiones que toman.	• Basan su reacción en la circunstancia concreta.
• A menudo se sienten culpables porque la conducta del niño los hace quedar mal.	• Observan la situación y buscan pistas que los ayuden a entender la conducta del niño (véanse las páginas 304-307).
• Inventan excusas y explicaciones para justificar la conducta de su hijo.	• Le enseñan al niño habilidades emocionales nuevas (a resolver problemas, la relación causa y efecto, a negociar, a expresar sus sentimientos).
• Ante una pataleta, no investigan lo que ha desencadenado la reacción del niño.	• Hacen que el niño se enfrente a las consecuencias de sus actos.
• Sin querer, le enseñan al niño que el mal comportamiento es aceptable.	• Elogian al niño de forma apropiada; es decir, para reforzar las buenas conductas y las buenas habilidades sociales, como el hecho de ser amable, de compartir y de colaborar.
• Halagan al niño de manera excesiva o cuando realmente no se lo merece.	

al extremo opuesto y perderá los estribos. Se dirá a sí misma que perdió los nervios porque su hijo la empujó a ello. Pero en realidad, es ella quien ha estado acumulando resentimiento, un resentimiento que finalmente emergerá de su interior, tan destructivo como la lava de un volcán.

El resultado es que los padres subjetivos cometen un tipo de error de crianza particularmente insidioso. Cuando una madre o un padre cede constantemente a las exigencias de su hijo, hace que éste se sienta temporalmente poderoso. Además, contribuye a perpetuar su mal comportamiento. Y, al mismo tiempo, al permitir que su hijo la o lo controle, el progenitor subjetivo pierde la autoestima y el respeto por sí mismo. Nos enojamos no sólo con nuestros hijos, sino con todas las personas que nos rodean. Se trata de una situación en la que pierden tanto los padres como el niño.

CONVERTIRSE EN UN PADRE OBJETIVO

Si te ves reflejado en esta descripción de lo que es un progenitor subjetivo, anímate. Si te comprometes de verdad a cambiar tu modo habitual de actuar, verás que no es tan difícil aprender a ser una madre o un padre objetivo. Una vez que te acostumbres a pensar y a reaccionar objetivamente, ganarás seguridad en ti mismo. Y lo que es mejor, tu hijo percibirá tu aplomo y confianza y se sentirá más seguro al saber que tú estarás ahí para ayudarlo siempre que lo necesite.

Para ser una madre o un padre objetivo, naturalmente primero debes ser un progenitor P.C., es decir, paciente y consciente: acepta el temperamento de tu hijo y sé consciente de lo que le está ocurriendo en cada etapa concreta de su desarrollo. Un padre/madre objetivo/a conoce las debilidades y los puntos fuertes de su hijo y, por tanto, es capaz de prepararlo con antelación para las nuevas situaciones. Una madre así normalmente puede prevenir los problemas antes de que surjan. Y también tendrá la paciencia de apoyar a su hijo en los momentos más difíciles: ella sabe que enseñarle algo a un niño lleva tiempo. Por ejemplo, en mi página web, la mamá de un bebé de dieciséis meses mostraba su preocupación porque su pequeño era muy posesivo con los juguetes e incluso había empezado a empujar a los demás niños de su grupo de juegos y a apoderarse a la fuerza de los juguetes ajenos. Como respuesta, una madre objetiva, «la mamá de Isaiah», compartió con ella la siguiente estrategia:

> *Pienso que tengo que estar cerca de mi hijo de dieciséis meses y medio cuando juega con otros niños. ¡Por ahora! Todavía está aprendiendo a compartir y a jugar en compañía de otros y necesito enseñarle cómo hacerlo. Así pues, me siento a su lado y le «muestro» exactamente qué tiene que hacer. Si veo que comienza a ponerse agresivo, lo cojo de la manita y lo ayudo a tocar a los demás amablemente, explicándole que debe ser bueno con sus amigos. Si trata de usurpar algún juguete, le sujeto la mano y le explico: «No, cariño, Billy está jugando con ese juguete ahora mismo. Tú tienes el camión. Y Billy la pelota. Tienes que esperar tu turno para la pelota». Isaiah odia esperar e intenta volver a arrebatarle la pelota al otro niño, pero yo entonces hago exactamente lo mismo; le cojo la mano de nuevo y le explico que debe esperar su turno. Y si lo intenta una tercera vez, lo aúpo y me lo llevo de la sala. No lo hago a modo de castigo ni para que se relaje, sino solamente para distraerlo e impedirle que se salga con la suya con ese mal comportamiento.*

> *En esta etapa se trata, sobre todo, de prevenir los problemas y enseñarles la forma correcta de comportarse. Sencillamente la tienen que pasar y nosotras debemos enseñarles lo que queremos que hagan. ¡Durante un año más o menos! Es un proceso que requiere mucho tiempo y mucha paciencia porque hay que repetir las cosas una y otra vez. A esta edad, a los niños aún les resulta muy difícil controlar sus impulsos, pero si los ayudamos mucho ahora, más adelante será más fácil.*

Los padres objetivos, como la madre de Isaiah, son conscientes de que *enseñar* a sus hijos a comportarse adecuadamente es responsabilidad suya. No es algo que ocurra sin más. Aunque, por supuesto, hay niños que por naturaleza son más dóciles y fáciles de tratar; que se muestran más relajados estando en grupo y que tienen una mayor capacidad para asimilar la estimulación que conlleva jugar con otros. Sin embargo, pese a estas diferencias, los padres serán siempre sus primeros maestros. Los progenitores objetivos no negocian ni esperan que su hijo «atienda a razones», como haría un padre o

CONSEJOS PARA EVITAR QUE SEA UN NIÑO MIMADO

Sé honesta con el niño sobre su conducta, lo cual incluye elogiarlo sólo cuando realmente se lo merezca.

Con la mayoría de niños, razonar no sirve de nada. En lugar de eso, es más efectivo imponer límites realistas y exponerlos a situaciones seguras para que puedan explorar.

Tus acciones serán más elocuentes que tus palabras. Intervén antes de que las emociones de tu hijo se desboquen. Asimismo, sé para él un modelo de buen comportamiento.

Asume la responsabilidad, tanto a la hora de respetar a tu hijo como a la hora de corregirlo si se porta mal.

una madre subjetivo. No se puede razonar con un niño en edad de gatear; sobre todo, cuando está a punto de explotar o, peor aún, en pleno berrinche. Tú eres el adulto y debes demostrarle que sabes más que él.

Volvamos al ejemplo de Héctor, el niño que quería una piruleta en la zapatería. Una madre objetiva le hubiera dicho con firmeza: «Sé que deseas esa piruleta, pero no, ahora no voy a darte ninguna». Es probable que esta madre ya hubiese anticipado los hechos (cuando vas con un niño a hacer recados, las tentaciones aparecen por todas partes) y tuviera algún tentempié a mano. Se lo dará a su hijo como sustituto del caramelo y si Héctor sigue insistiendo, primero lo ignorará y, si eso tampoco funciona, se lo llevará de la tienda («Sé que estás enfadado. Cuando te tranquilices, podremos entrar a comprarte los zapatos nuevos»). En cuanto el niño deje de llorar, lo abrazará y lo felicitará por haber sabido controlar sus sentimientos («Muy bien, tesoro, has conseguido calmarte tú solito»).

Los padres objetivos son francos con sus propias emociones, pero nunca las emplean para avergonzar al niño («Estás haciendo pasar vergüenza a mamá»). Una madre objetiva comparte lo que siente con su hijo cuando es relevante hacerlo («No, no debes pegar. Eso hiere a mamá y la pone triste»). Y lo que es más importante, una madre objetiva siempre respira hondo antes de actuar. Si su hijo juega con algún otro niño y empiezan a pelearse, primero tomará nota de lo que ha pasado, valorará la situación dejando de lado sus emociones y luego actuará. Incluso aunque su hijo le diga: «Te odio, mamá» (cosa que, afrontémoslo, muchos niños hacen cuando no consiguen lo que quieren), una madre objetiva no se preocupará ni se sentirá culpable. Sencillamente seguirá adelante con su objetivo y le contestará al niño: «Me sabe mal que te sientas así y ya veo lo mucho que te estás enfadando, pero la respuesta continúa siendo "no"». Y cuando todo haya pasado, felicitará a su hijo por haber dominado sus sentimientos.

Sin duda alguna, vivir con un niño pequeño es como andar por un campo de minas: las posibilidades de que exploten a lo largo del día son incontables; sobre todo, en momentos de transición: a la hora de recoger y limpiar después de alguna actividad, de sentarse en la trona, de bañarse o de irse a la cama. Y siempre será peor si tu hijo está cansado, si hay otros niños alrededor o si se encuentra en un entorno desconocido. No obstante, sea cual sea la situación, los padres objetivos planean las cosas de antemano, asumen el control y aprovechan cualquier ocasión para instruir a su hijo. Pero no de una forma severa, como si fueran policías, sino como amables profesores mostrando a su alumno el camino. (Si necesitas ayuda, usa mi estrategia F. I. T., que explico en las páginas 308-314.)

Reunir pruebas

Si tuviera que enumerar las tres mentiras más grandes que los padres se dicen a sí mismos, una tendría que ser: «Ya se le pasará». Es cierto, determinados tipos de comportamiento van estrechamente ligados a una etapa concreta, tal como muestra la tabla de la página 292, ya que las emociones desbocadas a menudo tienen su origen en cuestiones relacionadas con el desarrollo. Sin embargo, si un problema en particular, como la agresividad, no se corrige en su momento, persistirá una vez superada la fase del desarrollo en que apareció.

No hace mucho traté un caso en Inglaterra en que un pequeño de dieciocho meses, Max, se golpeaba la cabeza cuando se sentía frustrado. Cuando lo conocí, su frente estaba cubierta de morados y sus padres tenían una profunda angustia. La conducta del niño no sólo los tenía atemorizados, sino que les hacía temer que los golpes le causaran lesiones permanentes. Así pues, cada vez que Max se golpeaba la cabeza, sus padres acudían corriendo y le prestaban todo tipo de atenciones, lo cual reforzaba su comportamiento. Como resultado, su hijo se convirtió en un pequeño tirano y, siempre que no obtenía lo que deseaba, chantajeaba emocionalmente a sus pobres padres golpeándose la cabeza contra cualquier superficie dura que encontraba cerca, fuera madera, hormigón o cristal. Parte del problema tenía que ver con su desarrollo: Max lo entendía todo pero disponía de un vocabulario muy limitado. Y se sentía constantemente frustrado porque no podía comunicar a los demás lo que quería. ¿Se le «pasaría»? Seguramente, pero mientras tanto sus padres tenían que acabar con aquellos berrinches autolesivos (más adelante, en las páginas 320-321, retomaré la historia de Max y explicaré lo que hicimos para solucionar el problema).

Independientemente de qué otros factores puedan estar involucrados, como cuestiones de desarrollo, factores ambientales o el tipo de temperamento (Max además era un niño movido), cuando un pequeño se comporta agresivamente (pega, muerde, lanza objetos, da empujones), coge rabietas con frecuencia o su conducta simplemente no es correcta (miente, roba, engaña), debes tomar el máximo de perspectiva y contemplar la situación en su globalidad antes de actuar. Recopila pruebas preguntándote una serie de cuestiones: **Este tipo de comportamiento, ¿cuándo empezó? ¿Qué es lo que suele provocarlo? ¿Qué has hecho en el pasado para remediarlo? ¿Lo has dejado pasar, lo has atribuido a «una fase» pasajera o lo has justificado argumentando que «todos los niños lo hacen»? ¿Ha sucedido algo nuevo en la vida de tu hijo, en la familia, en sus actividades sociales que pueda hacerlo sentir emocionalmente más vulnerable?**

Sobre todo quiero dejar bien clara una cosa: el hecho de reunir pruebas no tiene como objeto abrirle un expediente a tu hijo. Se trata más bien de buscar pistas que expliquen su comportamiento, de manera que seas capaz de ayudarlo a manejar sus emociones de una forma positiva y apropiada. Una madre objetiva reúne pruebas casi de manera instintiva, porque observa a su hijo prácticamente a todas horas; estudia su comportamiento y el contexto en que surgen ciertos estados de ánimo. Por ejemplo, Dyan, una de mis clientas más antiguas, la cual con el tiempo se ha convertido en una buena amiga, me llamó recientemente porque su hija de dos años y medio, Alicia, empezó a tener pesadillas unas semanas antes y, además, también se negaba a asistir a unas clases de gimnasia que su madre estaba segura de que le encantaban. Aquello era totalmente impropio del carácter de la niña.

Desde que tenía cuatro semanas de vida, «Alicia, el angelito», como la llamábamos nosotras, había dormido plácidamente, incluso durante la época en que le salieron los dientes. Ahora, sin embargo, se despertaba de repente por las noches, llorando a pleno pulmón. De inmediato le pregunté a Dyan qué novedades se habían producido en la vida social de la niña. «Sinceramente, no lo sé», me respondió ella. «La primera vez que la llevé a esta clase de gimnasia pareció encantarle y ya ha asistido a la mitad de las sesiones. Pero ahora, cada vez que la dejo en el centro, le da un ataque.» Eso tampoco era propio de Alicia. La niña jamás había tenido ningún problema cuando su madre la llevaba a alguna actividad; en cambio ahora le estaba diciendo claramente a Dyan: «Por favor, no me dejes sola». Su madre pensó que podría tratarse de algún tipo de ansiedad por separación, pero Alicia ya era demasiado mayor para sufrir dicho trastorno. Mi sugerencia fue que algo debía de estar sucediendo en su imaginación activa y que, a fin de averiguarlo, Dyan tendría que reunir pruebas y atar cabos: «Sé especialmente observadora», le indiqué. «Presta mucha atención cuando juegue sola en su habitación».

Unos días más tarde, Dyan volvió a llamarme entusiasmada. Había descubierto algo muy importante al escuchar a Alicia hablar con su muñeca preferida: «No te preocupes, Tiffany, no dejaré que Matthew te aleje de mí. Te lo prometo». Dyan reconoció el nombre de «Matthew»: era uno de los compañeros de Alicia en la clase de gimnasia. Entonces habló enseguida con la profesora, quien le dijo que Matthew era un niño «un poco agresivo» y que, en varias ocasiones, la había tomado con Alicia. La profesora había regañado a Matthew y había consolado a Alicia, pero obviamente aquellos incidentes habían afectado a la niña más de lo que ella creía. A la luz de este descubrimiento, otro nuevo comportamiento de la niña cobró sentido para Dyan: durante las últimas semanas, su hija se había acostumbrado a prepararse una pequeña mochila. En ella metía a su muñeca predilecta, Tiffany, cargada de adornos varios y a «Woofy», el raído y gastado perrito de peluche con el que había dormido desde que era un bebé. Dyan se percató de que Alicia sufría si no llevaba la mochila consigo en todo momento. «Un día salimos de casa sin ella y tuve que volver a buscarla cuando se dio cuenta de que no la tenía.» Eso era una buena señal, le comenté a Dyan. La pequeña era lo suficientemente fuerte y avispada como para armarse de objetos que le proporcionaran seguridad.

Con la información que Dyan había averiguado, entre las dos elaboramos un plan: puesto que Alicia charlaba tan naturalmente con su muñeca, Dyan también podía unirse a la conversación. «¿Quieres que hagamos gimnasia con Tiffany?», sugirió Dyan, mientras se sentaba en el suelo junto a su hija. Alicia enseguida entró en el juego. «¿Qué haces en la clase de gimnasia, Tiffany?», preguntó la madre, que sabía perfectamente que su hija respondería en nombre de la muñeca. Tras comentar durante un rato la rutina de la clase, Dyan le preguntó a la pequeña muñeca: «¿Y qué te parece ese chico, Matthew?».

«No nos gusta, mami», respondió Alicia de inmediato. «Me pega y trata de quitarme a Tiffany. Un día vino corriendo y me la quitó y luego la tiró contra la pared. No queremos volver allí, mamá.»

De esta manera, Dyan pudo tener acceso a la vida emocional de Alicia. Estaba claro que la niña tenía miedo de Matthew, pero hablar de ello constituía el primer paso para lograr superarlo. Dyan le prometió a la niña que iría a la clase de gimnasia *con* ella y también que hablaría con la profesora y con la madre de Matthew. A partir de ahora, ese niño tendría prohibido golpear a Alicia o usurparle la muñeca. Al haber reunido pruebas, Dyan había comprendido que Alicia necesitaba ver que su mamá estaba firmemente decidida a protegerla.

A continuación, otro ejemplo. En el siguiente caso, en cambio, la pequeña Julia, una hija única de veintisiete meses, no es la víctima; *es* la agresora. Su madre, Miranda, estaba preocupada porque Julia había estado «pegando a otros niños sin ningún motivo». Miranda sospechaba que su hija había estado imitando a Seth, un niño algo mayor que ella, vecino de la misma calle. La personalidad de Seth, según explicó Miranda, «es más bien autoritaria y posesiva. Cuando juegan juntos, como Seth quiere todos los juguetes para él, tengo que estar recordándole continuamente que los comparta o le devuelva los suyos a Julia».

Le pedí a Miranda que me describiera un poco más el comportamiento de Julia. «Pues bien, estos últimos meses ha estado muy irritable, enseguida se enfada. Y cuando está en los columpios del parque les grita "no" a los niños que pasan. A veces parece arremeter contra algún otro pequeño porque sí, pero también suele dar golpes a los demás cuando intentan quitarle sus juguetes. Hace algunas semanas, se cruzó accidentalmente con un niño en el tobogán, le gritó "no" al instante y lo empujó tobogán abajo. Es como si su reacción hacia Seth y todos los demás niños se hubiera vuelto negativa. Aparentemente, no tiene demasiadas ganas de jugar en compañía. Y cuando tiene cerca a otra criatura, se muestra muy agresiva.»

Miranda tenía razón al sospechar que la conducta de Julia estaba, en parte, influenciada por la agresividad de Seth. Indudablemente, los niños pequeños imitan el comportamiento de sus compañeros y prueban a empujar y a pegar para ver qué resultados obtienen. No obstante, yo también sabía que a Miranda se le pasaban por alto otros datos importantes. Al parecer, la naturaleza de Julia era de tipo movido. Su estilo emocional/social altamente reactivo también era evidente, independientemente de con quién jugara. Tras unos minutos más de escuchar a Miranda contándome cómo era Julia de bebé, las nuevas pruebas confirmaron mis sospechas: «Al jugar con sus juguetes, Julia suele tardar poco en sentirse frustrada», admitió Miranda. «Por ejemplo, cuando está construyendo algo y los cubos se le desmoronan, tiene tendencia a enfadarse y a golpear los cubos, incluso a lanzar algunos contra el suelo». En otras situaciones sociales, en compañía de más niños, su actitud era similar. Pese a haberse portado bien en una clase de música y arte, allí también empezó a mostrar conductas agresivas. Cuanto más hablábamos Miranda y yo, más claro lo veía ella: «Julia está bien si canta con el resto de niños en un círculo o si cada uno se dedica a su propio proyecto artístico, supongo que son situaciones en las que se establece una interacción limitada con el resto del grupo, pero un día vi que gritaba "no" a un niño que estaba guardando unos materiales y que luego lo empujaba hacia el suelo».

Esta madre suspiró al teléfono mientras me aseguraba: «Mi marido y yo hemos tratado de decirle calmadamente que no debe pegar ni dar empujones a los demás, que eso duele y que gritar no está bien. Cuando empieza a golpear, la apartamos de la situación y nos la llevamos a otro cuarto para que se tranquilice. Sin embargo, nada de todo esto parece hacer mella en su actitud. Ya no sabemos cómo ayudarla a reprimir sus impulsos, especialmente cuando se enfrenta a algún otro niño. Es obvio que estamos haciendo algo mal».

Le dije a Miranda que no se mortificara. Todavía no había reunido suficientes pruebas, pero ahora estaba comenzando a ver la verdad. Tiempo atrás, cuando Seth y Julia acabaron a golpes por uno de los juguetes de la niña, Miranda rápidamente le recordó a Seth que debía aprender a compartir, pero tendría que haber hecho lo mismo con su propia hija. Es cierto, hay niños que pueden influir en el comportamiento de tu hijo; sin embargo, si nos atenemos a las pruebas, Julia ya iba encaminada a convertirse en una niña agresiva antes de empezar a jugar con Seth. Puede que él le enseñara algunos trucos, pero Miranda aún tenía que intervenir cuando su hija se portaba mal. La agresividad, como ocurrió en este caso, normalmente va a más; y, en mi opinión, la razón por la cual los padres de Julia habían fracasado a la hora de cambiar el comportamiento de su hija fue que empezaron demasiado tarde. Tenían que enseñarle a ser una niña emocionalmente sana.

ENSEÑAR A LOS NIÑOS A SER EMOCIONALMENTE SANOS

No hace mucho Leah, una madre que conocí cuando su hijo Alex acababa de nacer, me llamó y me dijo: «Tengo la sensación de que Alex, no puede controlarse». Leah parecía culpar a Alex, un niño de nueve meses, por saltar encima del sofá cuando iban de visita a casa de alguna amiga, por arrebatarle los juguetes a otros niños y por correr de un lado a otro «como un cachorrillo». Después de hacerle una serie de preguntas a fin de reunir pruebas, descubrí que, en casa, al niño se le permitía saltar sobre el sofá, que su madre consideraba una «cucada» que le cogiera cosas del bolso y que, a menudo, jugaban a «perseguirse» por el salón. El comportamiento de Alex era perfectamente comprensible, pero él no podría cambiar hasta que Leah no asumiera su responsabilidad (véase la página 310).

Los niños no aprenden a controlarse a menos que unos padres objetivos les enseñen cómo hacerlo. ¿Cómo no perder la paciencia con un niño rebelde e indisciplinado? En primer lugar, no esperes a que las cosas se salgan de madre. Y en se-

LOS CIENTÍFICOS ESTÁN DE ACUERDO: F. I. T. FUNCIONA

Los terapeutas del Centro de Aprendizaje Social de Oregón (Oregon Social Learning Center) enseñaron a varias parejas de padres de niños abiertamente agresivos a romper lo que ellos denominan el «círculo de refuerzo» mediante el método «crianza contra tipo de niño». Tras un arrebato violento, en lugar de enfadarse o castigar a sus pequeños terremotos, tal como habían estado haciendo, una reacción muy común cuando un niño pone constantemente a prueba los límites impuestos por sus padres, los expertos les aconsejaron que hablaran con sus hijos y, más importante aún, que los escucharan. El estudio demostró que dejar que un niño dé rienda suelta a su rabia y luego hablar con él de aquello que la provocó, ayuda a prevenir futuros berrinches. Además, los niños del estudio también se mostraron menos impulsivos y obtuvieron mejores resultados en la escuela que otros niños violentos cuyos padres no habían aprendido las nuevas técnicas.

gundo lugar, debes elaborar un *plan*. Piensa con antelación en las situaciones que le esperan al niño y anticípate a los problemas. Por ejemplo, si vas a llevar a tu pequeño a jugar con otros niños, pregúntate: ¿Qué puede ir mal? ¿Cuál es el talón de Aquiles de mi hijo cuando está en un grupo? En un momento de enfado, es difícil conducir adecuadamente las emociones de un niño si antes no se ha reflexionado un poco sobre el tema. Y si además eres una madre subjetiva, tu propia vergüenza, culpa y una mezcla de otros muchos sentimientos, pueden impedirte tomar la decisión correcta a la hora de intervenir. No obstante, aunque seas una madre objetiva y quizás te resulte más fácil capear los frecuentes cambios de humor de tu hijo ya que lo conoces bien y además procuras no caer víctima de tus propios impulsos, siempre resulta complicado mantenerse firme y sereno ante una rabieta. Por eso, aquí tienes una solución muy sencilla: piensa en clave «F. I. T.».

El acrónimo F. I. T.[12] significa:

- *Feeling* [sentir] (reconocer las emociones).
- *Intervening* [intervenir].
- *Telling* [decir] (decirle a tu hijo qué esperas de él y/o lo que puede hacer en vez de explotar).

En resumen, F. I. T. es un recordatorio de que cuando el niño siente algo, debes ayudarlo inmediatamente a identificar esa emoción y, luego, a comportarse de un modo apropiado. No es cuestión de recurrir al F. I. T. cuando tu hijo está experimentando emociones muy intensas o cuando está a punto de explotar y montar una rabieta. Lo ideal es practicar el F. I. T. como una parte habitual de la jornada de tu hijo. De la misma manera que, a fin de que pudiera ejercitarse, cogerías de la mano a un niño que aprende a caminar, ahora estarás ayudando a tu hijo a conocer y controlar sus emociones. Las investigaciones realizadas en niños ostensiblemente agresivos han demostrado que la premisa básica funciona, incluso en casos de pequeños muy difíciles (véase el recuadro lateral de la página 307).

Tal como muestran las siguientes explicaciones, cada letra de F .I. T. es importante. Sin embargo, cada una entraña también sus dificultades, así que tendrás que vigilar los posibles riesgos.

Respeta (y serás respetado)

El respeto es una calle de doble sentido. Exige respeto por ti misma imponiendo límites razonables, dejando claro tu umbral de tolerancia y esperando las cortesías básicas, como «por favor» y «gracias». Pero sobre todo *respeta* también a tu hijo:

Mantén tus propias emociones a raya. No reacciones desmesuradamente, no chilles, ni des golpes. Recuerda que debes ser un ejemplo de salud emocional para tu hijo.

No hables del problema de tu hijo delante de tus amigas. Lo he visto infinidad de veces cuando las madres se reúnen para que sus hijos jueguen juntos: se sientan en grupo y charlan de todas las travesuras y maldades que hacen sus niños.

Considera la disciplina como un instrumento de aprendizaje, no un castigo. Permítele a tu hijo experimentar las consecuencias de sus acciones, pero asegúrate de que son adecuadas a su desarrollo y proporcionales al «delito» cometido.

Elogia su buena conducta. Comentarios del estilo: «Bien hecho, has compartido tus juguetes», «Muy bien, has escuchado todo lo que te he dicho», y «Bravo, te has tranquilizado tú solo», contribuyen a fomentar la inteligencia emocional de tu hijo (véase la página 58).

Feeling [sentir] (reconocer las emociones). Tenemos que dejar que los niños experimenten sus propios sentimientos y no tratar de negárselos o ignorarlos completamente. Los niños necesitan que les expliquemos qué son los sentimientos. No esperes a que tu hijo explote. Háblale de tus sentimientos mientras realizáis actividades cotidianas juntos («Me siento feliz cuando salimos a dar un paseo»), cuando estéis mirando la televisión («Mira, Barney está triste porque sus amigos se han ido a casa»), o cuando tu hijo juegue con otro niño («Sé que Billy te hace enfadar cuando te quita los juguetes»).

Si tu hijo se ha alterado mucho y ha sido desbordado por sus emociones, llévatelo enseguida del escenario de la acción. Dale tiempo para que se calme. Simplemente siéntalo en tu regazo de espaldas a ti. Sugiérele que respire hondo. Si se retuerce y se niega a permanecer en tu falda, ponlo en el suelo, también de espaldas a ti. Describe sus sentimientos por él («Ya veo que estás [nervioso/ enojado a causa de…]»), pero establece siempre un límite («no podrás volver a la sala a jugar con Danny hasta que te sosiegues»). En cuanto se haya tranquilizado, dale un buen abrazo y elógialo: «Muy bien, tú mismo has recuperado la serenidad».

El peligro aquí es que hablar de los sentimientos a menudo no es fácil. Tal como he subrayado repetidas veces en las secciones anteriores de este capítulo, los padres subjetivos acostumbran a tener problemas para controlar sus emociones y más aún las de sus hijos. Quizás las emociones del niño les recuerdan a alguna otra persona (o a ellos mismos). Si es así, es probable que deseen reprimirlas en su hijo. Conocer tus propias debilidades ya es un gran paso adelante. Si hablar de sentimientos te resulta difícil, practica. Ármate de un buen guión e interpreta tu papel con ayuda de tu pareja o de algún amigo.

Además, los padres con frecuencia tienen miedo de llamar a las cosas por su nombre, especialmente cuando un niño miente o roba algún objeto. Lo creas o no, los niños son capaces de tales «delitos»; y ese comportamiento debe censurarse, de lo contrario, persistirá. Y realmente no podemos culpar a un niño de su mal comportamiento si nadie le ha dicho que lo que ha hecho no es correcto. Carissa, por ejemplo, se negaba rotundamente a permitir que su pequeño de tres años, Phillip, tuviera una pistola de juguete. Y cuando encontró cuatro pistolas de plástico escondidas bajo su cama, me llamó alarmada. A pesar de su estupefacción, supuso que Phillip las debía de

¡PROTEGE A TU HIJO!

A menudo recibo mensajes de padres angustiados porque otro niño ha estado pegándole mordiscos, empujones y golpes a su hijo, o bien le ha estado quitando los juguetes. Están preocupados por dos motivos: cómo detener al niño agresivo y cómo impedir que su propio hijo adquiera malos hábitos de conducta.

La solución es fácil: buscar nuevos compañeros de juego. Sin duda, los niños copian los comportamientos de los demás. Pero lo peor de esta situación es que, si no alejas a tu hijo del niño agresivo, le estarás enseñando que el mundo no es un lugar seguro. Un niño acosado pierde la autoestima.

Y, si por casualidad, eres testigo de uno de los ataques del pequeño agresivo, intervén inmediatamente sin dudarlo un segundo. Nunca dejes que hagan daño a tu hijo, aunque eso implique regañar al hijo de otra persona. De lo contrario, es como si le estuvieras diciendo al tuyo: «Mala suerte, cariño, estás solo».

haber robado a otros niños. De todos modos, cuando le preguntó de dónde las había sacado, su hijo le contestó: «Gregory las dejó ahí».

Carissa prosiguió: «No podía llamarle mentiroso, ¿verdad? Sólo tiene tres años y no entiende lo que significa robar». Muchos padres se sienten así, pero tal como le expliqué a Carissa: ¿de qué otra forma aprenderá Phillip que no está bien mentir ni robar, si ella no llama a esas malas conductas *por su nombre*? Naturalmente, también tendrá que hacer algo al respecto: intervenir; pero antes deberá enseñarle a Phillip que está mal robar y mentir y que, además, su comportamiento afecta a los demás niños (véase la página 311).

Intervening [intervenir]. Las acciones son más elocuentes que las palabras, especialmente para los niños pequeños. Tu obligación es acabar con el comportamiento indeseable, tanto mediante el hecho de nombrarlo, como interviniendo físicamente. Por ejemplo, en un programa de televisión, una madre llamó y me preguntó: «¿Cómo puedo apaciguar a mi hijo de tres años? Cada vez que salimos se comporta como un animalito salvaje». Yo le respondí que seguramente ella no le estaba imponiendo límites ni restricciones. Lo normal es que los niños estén llenos de vida y sean traviesos por naturaleza; y más aún en el caso de niños movidos y de los que tienen un estilo emocional/social altamente reactivo. Sin embargo, cuando escucho a algún padre o madre comparar a su hijo con algo «salvaje», estoy bastante segura de que no se trata sólo de una cuestión de temperamento. A ese niño jamás se le ha dicho lo que se espera de él. La disciplina requiere establecer unos límites moderados pero firmes. Le expliqué a aquella madre que cuando su hijo se porta mal o monta una pataleta, ella debe enseñarle que ese tipo de comportamiento no es aceptable. Debe darle la vuelta físicamente, sentarlo en el suelo y decirle: «No quiero que te portes de esta manera tan salvaje cuando salgamos a la calle». Y si continúa comportándose mal, deberá llevárselo a casa. Y la próxima vez, planificará las cosas con antelación. Quizás sea mejor salir durante menos tiempo. En cualquier caso, siempre se debería disponer de un plan B, por si la salida resulta demasiado para el niño.

Telling [decir] (decirle a tu hijo lo que esperas de él y/o lo que puede hacer en lugar de explotar). Si tu hijo ha dado bofetadas, mordiscos, golpes, empujones o le ha arrebatado un juguete a otro niño, debes intervenir enseguida, pero también tienes que enseñarle que existe una forma alternativa de comportarse. Después de haber hablado con Leah acerca de la conducta de Alex y de haberle aconsejado que aplicara el método F. I. T., ella me prometió que intervendría de inmediato cada vez que su hijo se portara mal. Y efectivamente, aquella misma tarde, su hijo le quitó el espejo del bolso. Entonces Leah, en lugar de ignorarlo, le quitó el espejo de las manos al instante. A continuación, se refirió a sus sentimientos, pero marcándole los límites al mismo tiempo: «Ya veo que te has encaprichado del espejo, pero ese espejo es de mamá y mamá no quiere que se rompa». Así, Leah volvió a convertirse en *la madre*, en la figura responsable de educar al niño. Asumió el control de la situación, pero también le dio una alternativa a Alex: «A ver, busquemos entre tus juguetes alguna otra cosa con la que te apetezca jugar». Fíjate que ella no intentó razonar con su hijo, ni le explicó con demasiado detalle por qué no debía coger el espejo. Con los niños pequeños no hay que razonar: hay que ofrecerles opciones basadas en las alternativas que a ti te parecen adecuadas. Dicho en otras palabras, a un niño no es cuestión de preguntarle: «¿Qué quieres tomar, un trozo de zanahoria o un helado?», sino: «¿Qué prefieres, una zanahoria o un puñado de uvas?».

Asimismo, recuerda también que los niños pequeños ya son capaces de comprender que sus acciones tienen consecuencias. Decir «lo siento» es inútil si el niño lo repite como un loro y en realidad no *hace* nada por la otra persona. Siempre que veo a un pequeño dar un golpe a otro y luego decir rápidamente «lo siento», sé que sus padres no lo han dejado experimentar las consecuencias de sus actos. Le han transmitido la idea de que pronunciar la frase «lo siento» le confiere cierta clase de inmunidad; por tanto, en su pequeña cabecita, piensa: «Mientras luego diga "lo siento", puedo hacer lo que quiera». En el caso de Phillip, mi sugerencia fue que Carissa le hiciera devolver cada una de las pistolas de juguete que había robado y que pidiera perdón a los otros niños (cuando un niño le rompe un juguete a otro, debería compensarlo con uno de los suyos).

Otra posibilidad también es hacer que el niño te dicte una disculpa escrita como parte de sus intentos de enmienda. Hace poco conocí el caso de Wyatt, un niño de tres años y medio que jugaba con el perro de una vecina. La mujer le había dicho al pequeño que no lanzara la pelota de tenis por encima de la colina, porque el perro luego la iba a buscar, y eso para Rufus (el perro) era peligroso, porque se metía entre las zarzas. Sin embargo, en cuanto Wyatt vio que los adultos estaban ocupados conversando, lanzó la pelota hacia la colina. La vecina ordenó al perro que no se moviera y acto seguido miró severamente en dirección al niño. «¿Acaso no entendiste lo que te dije sobre no lanzar la pelota hacia la colina?» Avergonzado, él contestó que sí. Entonces la vecina le dijo: «Bien, pues supongo que le debes una pelota a Rufus». Unos días más tarde, ella se encontró un paquete torpemente envuelto delante de su puerta. Dentro había un par de pelotas de tenis y una nota de Wyatt (que le había dictado a su madre): «Siento haber perdido la pelota de Rufus. No lo volveré a hacer». La mamá de este pequeño hizo un buen trabajo al ayudar a su hijo a ver que su comportamiento tenía consecuencias (ahora la vecina no quería que Wyatt jugara con el perro) y al enseñarle cómo disculparse.

MOMENTOS IMPORTANTES EN LA VIDA EMOCIONAL Y SOCIAL DEL NIÑO: CÓMO ADAPTAR F. I. T. A TU HIJO

En el segundo capítulo analizamos en qué forma la creciente capacidad cerebral del niño contribuye a ir enriqueciendo su repertorio emocional (páginas 58-62). A continuación, examinaré los momentos más significativos en la vida emocional y social del niño entre su primer y su tercer año de vida. Del mismo modo que quieres saber aquello que es «normal» en lo referente al desarrollo intelectual o físico de tu hijo, también necesitas comprender sus aptitudes en el ámbito de lo emocional; de esta manera tendrás una idea realista de lo que puede entender y de lo que todavía se le escapa, así como de lo que tú puedes y no puedes hacer para ayudarlo. Por ejemplo, si tratas de «amonestar» a un pequeño de ocho o nueve meses por introducir una galleta en el aparato de vídeo, tus palabras no servirán de mucho. A su edad, el niño no mete la galleta en el vídeo ni aprieta los botones para volverte loca. Lo hace porque está experimentando con su recién adquirida destreza y porque le fascinan las lucecitas y sonidos que salen del aparato. Así es como juega también con sus juguetes, ¿y qué le dice que tu vídeo no es uno de ellos? Si piensas que lo está haciendo a propósito, lo más probable es que pierdas la paciencia mucho antes. Por otro lado, si tu hijo tiene un par de años y nunca le has dicho a nada que «no», ni le has impuesto ninguna clase de límites, porque no te das cuenta de que ya es capaz de cierto autocontrol, su comportamiento sólo habrá de empeorar.

DE UN AÑO A DIECIOCHO MESES. Con un año, tu hijo se mostrará sumamente curioso acerca de *todo* lo que tiene a su alrededor; por tanto, tendrás que ofrecerle la oportunidad de explorar, pero siempre asegurándote de que esté en un entorno seguro y no corra riesgos. Probará diferentes sentimientos y algunos te parecerán agresivos; pero al principio su comportamiento tiene menos que ver con una rabia consciente que con la puesta en práctica de sus nuevas habilidades físicas. A partir del primer año, tu hijo entiende la relación causa y efecto. Cuando le pega un tortazo a otro niño y se queja de dolor, es como cuando presiona un botón en uno de sus juguetes para que emita un sonido o salte un conejito. Tú has de estar ahí para explicarle que golpear a otra persona es algo distinto: «No, no debes pegar a nadie. Eso duele, Sally. Sé amable». Dicho de otro modo, aunque antes de los catorce o quince meses el niño no acaba de comprender plenamente las consecuencias de sus actos ni es capaz de controlarse del todo, debes hacerlo por él. Tú eres su guía, su conciencia.

Durante esta etapa, tu hijo también hablará más y, aunque su vocabulario no sea demasiado extenso, entenderá todo lo que le digas; y a veces, ¡incluso puede que te ignore conscientemente! Éste es el comienzo de «probar» los diferentes tipos de comportamiento, así como el de los primeros berrinches. Tal vez coopere cuando le digas que «no» o intente poner a prueba tus límites. Y hay ocasiones en que no se trata en absoluto de poner límites a prueba; muchos niños carecen del vocabulario suficiente para expresar sus necesidades y gran parte de su «mala» conducta a esta edad es, en realidad, frustración. No intentes negociar ni razonar con tu pequeño; cuida de él con cariño. Procura *prevenir* incidentes protegiendo tu casa de posibles peligros para tu hijo y llevándolo a sitios donde no tenga que comportarse como un adulto; evita exponerlo a situaciones en que debas intervenir continuamente. Sobre todo, si empezó a caminar enseguida, es un niño hiperactivo o muy impulsivo, dale oportunidades para que corra, salte y trepe. Recuerda que si lo dejas usar el sofá del salón como trampolín o ponerse de pie encima de la mesa del comedor, lógicamente pensará que puede hacer lo mismo en casa de la abuela o en un restaurante. Así pues, sé coherente. La distracción es una gran estrategia a esta edad; por tanto, si vais a ir a una casa donde hay muchos objetos intocables, lleva unos cuantos juguetes contigo a fin de desviar su atención y energía hacia otro lado.

DE LOS DIECIOCHO MESES A LOS DOS AÑOS. Los dieciocho meses son un momento crucial en cuanto al desarrollo del cerebro. Se trata más o menos de la época en que los padres exclaman sorprendidos: «¡Vaya! Cómo ha crecido de repente». Ahora el niño aprende las palabras «yo», «a mí» y «mío», o comienza a construir frases con su propio nombre («Henry lo hace»). Se refiere a menudo a sí mismo y no sólo porque el lenguaje se lo permite, sino porque, de hecho, posee un mayor sentido de su persona. En consecuencia, está adoptando una actitud más asertiva: para él, todo lo que hay en el mundo es «mío» (véase «Los ocho principios del niño pequeño», en la página 314). Además, su cerebro en constante desarrollo finalmente le permite adquirir un poco de autocontrol (con tu ayuda, por supuesto). *Si* todo este tiempo tú le has estado enseñando qué clase de conducta es aceptable («No, no está bien [pegar, morder, abofetear, empujar, o quitarles los juguetes a otros niños]»), a estas alturas ya será capaz de contener sus impulsos, aunque no de un modo perfecto. Si le dices: «Espera un minuto e iré a buscarte ese juguete», él podrá esperar. No obstante, si no le has enseñado a diferenciar entre comportamientos correctos e incorrectos, probablemente se haya convertido en un experto a la hora de manipularte. Comienza a establecer límites *ahora*.

Durante este periodo, sigue siendo fundamental planificar las cosas de antemano, conocer bien a tu hijo y saber hasta dónde llegan su capacidad y su tolerancia. Y recuerda también que el control de uno mismo es una habilidad que él continúa desarrollando. A algunos niños, compartir no les resulta nada fácil, lo cual no significa que tu pequeño de dos años sea malo o inmaduro. De hecho, cuando la mayoría de niños desean realizar una actividad o intentar hacer algo nuevo, les cuesta mucho esperar, resistir o ceder. Con todo, *es* posible reconocer sus deseos y sentimientos e imponerles límites. Por ejemplo, si en una fiesta de cumpleaños se sirve una bandeja con galletitas y tu hijo coge más de una, una madre objetiva no se dirá inmediatamente a sí misma: «¡Qué horror! El resto de madres pensarán que lo he criado como a un glotón. Ojalá no se hayan dado cuenta de que Zack ha cogido dos galletas». Una madre objetiva reconocerá los sentimientos de Zack («Sé que quieres dos galletas…»), pero *al mismo tiempo* enunciará la norma («…pero sólo puedes coger una…») y la reforzará interviniendo («…así que haz el favor de dejar la segunda galleta en la bandeja»). Si Zack responde: «¡No! ¡Son *mis* galletas!», y se aferra a su botín, su madre tendrá que quitárselas y apartarlo de la mesa diciéndole: «Aquí las cosas se comparten». No olvides que debes ayudar a tu hijo a dominar sus emociones cuando éstas son demasiado intensas para que él pueda reprimirlas. Si al final resulta que tienes que marcharte porque no hay manera de que se calme, no actúes como si fuera «malo» o como si eso fuera un «castigo». Sé compasiva, dile: «Tendremos que trabajar más duro para que aprendas a controlarte».

DE LOS DOS A LOS TRES AÑOS. Ahora ya tienes encima los legendarios y terribles dos años y algunos niños parecen cambiar de carácter de la noche a la mañana. (¡Esta transformación es un avance de la adolescencia!) Espero que no hayas tardado tanto en marcarle los límites a tu hijo y en enseñarle a autocontrolarse. Pese a que tu niño aún esté aprendiendo a compartir, a contenerse y a dominar sus estados de ánimo, si has sido constante, a los tres años sus habilidades emocionales y sociales mejorarán mucho. Pero, si no lo has guiado emocionalmente, ten cuidado, puesto que la negatividad y la agresividad alcanzan su punto crítico hacia los dos años. De todas formas, en cualquiera de los dos casos, dado que tu hijo tiene tantas cosas nuevas por decir y por hacer además de ideas muy determinadas sobre cómo hacerlas, puede que te parezca que su capacidad de autocontrol ha experimentado un retroceso. Si sufre retrasos en el lenguaje, a esta edad su grado de frustración será todavía mayor. Es muy posible que cambie súbitamente de humor: estará jugando feliz y contento en su habitación y, un minuto después, lo verás dando puñetazos en el suelo, víctima de una rabieta.

Ahora *tu* comportamiento, en tanto que modelo de conducta emocional, será más importante que nunca. A causa de la volubilidad emocional típica de los dos años, es prácticamente imposible evitar los berrinches, sobre todo si tu hijo está cansado o se encuentra mal. Si está sobreexcitado, también será especialmente complicado corregir su comportamiento. Pero a fin de minimizar las pataletas, puedes al menos estructurar las situaciones conflictivas. No planees salidas a la hora de su siesta; no realices demasiadas actividades que requieran mucha energía en un solo día; evita situaciones que otras veces hayan provocado una rabieta. Y si lo llevas a jugar con otros niños y en el pasado tu hijo ha tenido problemas para adaptarse, háblale de compartir y de no ser agresivo *antes* de que lleguen los demás. Pregúntale si hay algún juguete especial que quiera reservarse. Dile que estarás a su lado si se altera o se disgusta. Incluso puedes hacer un poco de teatro. «Hagamos ver que yo soy Peter y estoy jugando con tu coche. ¿Qué harás si tú también lo quieres?». A los niños de esta edad se les da muy bien interpretar papeles. Puedes sugerirle alternativas. «Podríamos utilizar un despertador y, cuando suene la alarma, será tu turno» o «Cuando Peter esté jugando con tu cochecito, tu puedes coger el coche de bomberos». Insiste en que debe usar las palabras en lugar de las manos.

Ten cuidado con la televisión y el ordenador. La Academia Americana de Pediatría (The American Academy of Pediatrics) recomienda que *los niños menores de dos años no miren la televisión,* pero sé de muy pocos hogares en los que se siga esta recomendación. De hecho, a los dos años, muchos niños ya son ávidos telespectadores. Al menos, vigila: un gran número de estudios han demostrado que, sin sombra de duda, la pantalla revoluciona a los pequeños, especialmente a los de tipo movido o a cualquier niño con un estilo emocional/social altamente reactivo (y, tal como señalé en el capítulo 7, algunos contenidos, además, pueden asustarlos). En vez de tanta televisión, organiza más actividades y salidas al aire libre u ofrécele juegos muy activos dentro de casa. A esta edad, el niño ya puede empezar a ayudarte con el trabajo doméstico y en la cocina. Asegúrate de encargarle tareas que él pueda llevar a cabo y que no entrañen ningún riesgo. Y, sobre todo, ten paciencia. Para él, todo supone una novedad y requiere un proceso de aprendizaje.

Por último, cuando veas que tu hijo se comporta apropiadamente colaborando, compartiendo o perseverando pacientemente en alguna tarea difícil para él, reconócele el mérito. «Gracias por ayudarme»; «¡Qué bien te has portado al compartir tus juguetes!»; «Vaya, has trabajado duro y al final has logrado construir esa torre tú solito».

LOS OCHO PRINCIPIOS DEL NIÑO PEQUEÑO

Encontré esta breve joya en Internet, y la reproduzco aquí porque parece resumir la vida emocional y social de un niño. Mis felicitaciones al autor anónimo del texto, quien obviamente tiene a un pequeño en casa.

1. Si me gusta: es mío.

2. Si está en mi mano: es mío.

3. Si te lo puedo arrebatar: es mío.

4. Si yo lo tenía hace un rato: es mío.

5. Si es mío, ¡jamás debe parecer tuyo de ninguna forma o manera!

6. Si estoy haciendo o construyendo algo: todas las piezas son mías.

7. Si parece mío: es mío.

8. Si yo creo que es mío: es mío.

Típicas transgresiones infantiles

Los padres siempre quieren respuestas específicas sobre cómo manejar las emociones desbocadas. ¿Qué hago si mi hijo pega golpes, coge berrinches, muerde a otros niños? Como habrás descubierto si has leído hasta aquí este libro, las respuestas simples no existen. Los problemas de conducta siempre son complejos y están causados por uno o más de los cuatro factores de riesgo (véase la página 292).

BERRINCHES. Este mensaje de correo electrónico, enviado por Peggy, es representativo de las muchas consultas que recibo acerca de las rabietas:

> *Kerry, mi hija de dos años y medio, se pasa la mayor parte del tiempo tratando de controlarlo todo en lugar de divertirse como los demás niños. He probado estrategias de tu libro, así como de otros manuales, y una cosa ha sido siempre constante en mi comportamiento durante sus berrinches… Le digo: «Cariño, llorar no te servirá de nada». Kerry ha sido una niña difícil desde el primer día. Monta rabietas con cualquier motivo. La he privado de cosas de valor, le he concedido tiempo para que se calmara, me he marchado de muchos parques, etc. Es tremendamente obstinada y testaruda. Estoy desesperada y no sé si lo podré aguantar mucho más tiempo. Me he estado planteando llevarla al jardín de infancia mañana y tarde y volver a trabajar, pero eso sólo me daría un poco de tranquilidad durante el día y no resolvería realmente el problema. De hecho, se porta bien cuando está a cargo de cualquier otra persona. Creo, francamente, que las pataletas tienen que ver sólo conmigo.*

En primer lugar, Peggy no se da cuenta de que querer «controlarlo todo» es una actividad normal en los niños pequeños. Aclarado esto, me temo que tiene razón al pensar que, al menos en parte, los berrinches de su hija son el resultado de errores de crianza que ella ha cometido. El hecho de que haya probado tantas estrategias distintas con la niña me indica que no ha sido coherente y me atrevería a jurar que la pequeña Kerry está confundida. Nunca sabe qué puede esperar de su madre, lo cual tal vez explique por qué «se porta bien cuando está a cargo de cualquier otra persona».

Peggy afirma que «ha sido una niña difícil desde el primer día»; y yo no lo dudo. Ese tipo de temperamento la hace propensa a las emociones desbocadas. No obstante, está claro que tiene una madre subjetiva. Culpa a su hija sin analizar a fondo las situaciones y no asume su parte de responsabilidad. Peggy debería examinar el historial de su hija y, lo que es más importante, sus propias reacciones en el pasado cada vez que Kerry tenía una pataleta. ¿Qué hacía ella? Además, debería reflexionar sobre su propia actitud. Quizás la madre sufrió un pequeño *shock* cuando la niña nació, ya que de repente se dio cuenta de lo que realmente significa tener una criatura. Y quizás se sintió culpable por experimentar esos sentimientos. Sea cual sea la razón, las pruebas apuntan al hecho de que no le ha impuesto ninguna clase de límites a su hija. Por tanto, primero tenemos que cambiar por completo el comportamiento de mamá. Si Peggy aprende a aproximarse a la niña de un modo distinto, Kerry *cambiará*, aunque no de la noche a la mañana, naturalmente, porque éste es un caso bastante crónico (y desgraciadamente, muy típico) de lucha por el poder.

Peggy deberá empezar a preparar con antelación sus salidas con Kerry. Conoce bien el carácter de su hija y su mejor opción es planificar las situaciones a fin de evitar berrinches. Digamos que la pequeña coge una rabieta siempre que las dos salen a hacer recados. Mamá tendrá que llevar consigo tentempiés y juguetes para ofrecérselos cada vez que ésta se encapriche de alguna fruslería. Y si eso no funciona, tendrá que apelar a los sentimientos de la criatura («Ya veo que estás enfadada»), pero ignorando su comportamiento. En lugar de decirle: «Llorar no te servirá de nada», lo cual para un niño pequeño no tiene ningún sentido, ha de ser más concreta: «Mamá se quedará aquí contigo hasta que dejes de llorar». Y luego no debería hablar más con ella, sino simplemente permanecer a su lado. Al ver que su madre sabe lo que hace y que está dispuesta a protegerla («Me quedaré contigo hasta que te calmes»), la niña se tranquilizará. Si, aun así, Kerry no se sosiega, Peggy tendrá que llevársela a otro sitio. Y cuando finalmente logren superar la rabieta, mamá deberá elogiarla por haber controlado sus emociones («Felicidades por haberte serenado solita»).

Si mamá comienza a ayudar de verdad a Kerry, en vez de apartarse de ella y sentirse contrariada por su conducta, las pataletas disminuirán. Si leo entre líneas, veo a una madre terriblemente enfadada e incluso con sentimientos contradictorios respecto de su hija. La niña percibe esa distancia y recurre a los berrinches para atraer su interés. En cuanto empiece a obtener la atención de su mamá por su buen comportamiento, ya no necesitará reclamársela de una forma tan negativa.

MORDISCOS. Antes del primer año, el hábito de morder a menudo surge por accidente durante el amamantamiento. Muchas madres gritan «¡Ay!» cuando les ocurre, e instintivamente alejan al bebé de su pecho. La criatura entonces se asusta y eso suele disuadirla de morder en el futuro. Sin embargo, existen varias razones más por las cuales los niños pequeños muerden. Por regla general, al observar y reunir pruebas podrás deducir por qué tu hijo tiende a dar mordiscos. Fíjate en este mensaje de mi página web, donde se refleja una situación de la vida real:

> *Mi hijo Raoul, de un año, está empezando a morder. Cuando está cansado todavía es peor; su padre y yo intentamos impedírselo diciéndole que NO, pero él nos ataca y cree que es un juego. Lo hemos probado todo, incluso le hemos dado golpecitos en la boca al decirle NO. ¿Alguien más ha pasado por esto?*

En realidad, son muchos los padres que pasan por esta misma experiencia. Esta madre tendría que detectar antes los indicios de fatiga en su hijo y no dejar que llegara a la fase de morder. El hecho de que Raoul tenga más ganas de morder cuando está cansado me dice que, probablemente, su conducta es una combinación de frustración y exceso de estimulación. Que el niño crea que morder «es un juego», me hace sospechar que, en algún momento del pasado, alguien le rió la gracia cuando intentó dar un mordisco. Para muchos niños, esto es también una forma de llamar la atención, cosa que quizá sea el caso de este pequeño. Para otros, está relacionado con el proceso de dentición. Y los hay que, al no poder verbalizar aún sus pensamientos, muerden a causa de la frustración que les provoca desear algo y no ser capaces de pedirlo.

Supongo que ahora entiendes por qué es tan importante que los padres de Raoul observen atentamente el comportamiento de su hijo y saquen conclusiones. En cuanto hayan considerado todos los motivos posibles, podrán tomar medidas, siempre que resulte factible, para eliminar los detonantes que impulsan al niño a morder: deberán procurar que descanse lo suficiente, saber qué aspecto tiene y qué acostumbra a hacer Raoul antes de morder y, sobre todo, no reírse jamás de su mala conducta. Cada vez que muerda, independientemente de la causa, sus padres deberán detenerlo inmediatamente y luego recordarle la norma y decirle cómo se sienten: «No has de morder. Eso duele». Acto seguido, no deberían mirarlo ni hacerle el más mínimo caso; simplemente tendrían que dejarlo solo. Cuando un niño muerde, lo normal es que sus padres se enfaden con él; el hecho de alejarse un momento les permite serenarse y dominar sus propias emociones.

También he presenciado casos en que el niño daba mordiscos para defenderse. En una ocasión, recibí un mensaje de correo electrónico en que la madre de una niña de dos años expresaba su preocupación porque su hija «mordía a otros niños cuando le cogían su mantita. Lo ha hecho un par de veces y en ambas se le ha dicho ¡NO! y se la ha apartado de los otros niños. ¿Deberíamos restringirle la manta a la hora de la siesta y por la noche o eso sería injusto?». Veamos, si yo fuera esa niña pequeña, seguro que también mordería. Para empezar, su madre no debería permitir que nadie más cogiera su «mantita». Está castigando a su hija sin tener en consideración los motivos de su comportamiento. Es su mantita especial. ¿Por qué razón tendría que compartirla?

Por supuesto, en muchos casos los niños muerden porque pierden el control. Por ejemplo, estás tratando de limpiarle las manos a tu hijo después de comer, él se enfurece y te pega un mordisco en la mano para que pares. Aquí la cuestión es reconocer qué situaciones lo irritan. Si permanecer demasiado rato en la trona lo agobia, bájalo antes. Y quizás preferirá que le laves las manos en el fregadero y no ahí mismo. A menudo, los niños que muerden han sido acosados o intimidados, por eso también es importante examinar su vida social. La mayoría de criaturas soportará las agresiones de otras únicamente durante un tiempo. Luego, a modo de represalia, serán ellos mismos quienes morderán.

Algunos padres le restan importancia al hecho de morder. Con frecuencia escucho comentarios como: «No hay para tanto. Todos los críos lo hacen». El problema es que el mal hábito de dar mordiscos puede derivar hacia otras formas de agresión (véase «La historia de Harrison», en la página 323). Además, sobre todo si el niño ha estado mordiendo durante varios meses y mamá y papá han recibido unos cuantos mordiscos en los hombros o en la pantorrilla, puede que el pequeño sienta que ejerce cierto poder sobre ellos y que perciba su nerviosismo. Por eso, cuando ocurre, es fundamental que sean objetivos y se muestren muy serios; asimismo, es mejor que dejen de lado la emotividad.

Recuerda que a los niños los hace sentir bien el acto de morder. Les produce una sensación muy agradable. Para ellos, hundir los dientes en algo cálido y carnoso es una forma de juego físico. Yo sugiero dar a los «mordedores» crónicos una de esas pelotas antiestrés que venden en las tiendas de deportes. Llámala su «pelota para morder». Y procura llevarla en el bolsillo siempre que se te acerque con esa expresión en la cara que dice: *¡Estoy a punto de hincarte el diente!* En esta misma línea, una madre a cuyo hijo le gusta morderle las pantorrillas mientras ella está cocinando compartió su experiencia en la página web y explicó que guarda un pequeño montón de anillos de dentición en la encimera, siempre a mano. Cuando ve aproximarse a su hijo, le da un anillo y le dice: «A mamá no se la muerde, pero toma, muerde esto». Y cuando el niño clava los dientes en el anillo, ella comenta: «Lo aplaudo y lo felicito con entusiasmo».

A veces, los padres optan por pegar al niño en la boca, como hacían los de Raoul o bien por devolverle el mordisco. Dicen que funciona, pero yo no creo en contrarrestar una forma de agresión con otra. Se supone que nosotros somos los modelos de conducta de nuestros hijos y, lógicamente, les resultará confuso ver a mamá o papá haciendo lo mismo que ellos tienen prohibido.

GOLPES Y BOFETADAS. Pegar golpes y bofetadas, al igual que morder, a menudo comienza de manera inocente, tal como muestra este mensaje de Judy acerca de su hijo Jake, de nueve meses. También lo incluyo aquí, porque la madre además se pregunta si debería proteger la casa de la acción del niño.

> *Mi hijo Jake ha estado gateando e intentando ponerse de pie desde hace aproximadamente unas tres semanas. Me pregunto cómo podría enseñarle a no tocar los adornos de la mesa de centro, las plantas, etc., así como el significado de la palabra «no». Jake también tiene la costumbre de abofetear a la gente; no lo hace con mala intención, pero de todos modos tengo que vigilarlo cuando está con otros niños. Es un bebé muy feliz y no pretende hacer daño. Sencillamente no comprende que tendría que «dar una palmadita» o acariciar la cara de la persona y no darle una bofetada. Yo le cojo la manita y hago el gesto de acariciar, para que sepa lo que tiene que hacer, pero luego él vuelve a abofetear. No sé si es demasiado pequeño.*

Judy va bien encaminada. Como todos los bebés de su edad, Jake siente curiosidad por el mundo que lo rodea. Y a pesar de que aún le queda medio año antes de adquirir el más mínimo grado de autocontrol, no es demasiado pronto para empezar a enseñarle lo que está bien y lo que está mal. Cuando Judy vea que su hijo se acerca a otro niño o al perrito de la familia, que para el caso es lo mismo, debería decirle: «Con suavidad, Jake, con suavidad», y guiar su mano tal como ha estado haciendo. Como he señalado anteriormente, las primeras muestras de agresividad en los niños pequeños están motivadas por la curiosidad. El niño prueba a ver si obtiene una reacción. Por tanto, Judy ha de decirle: «No, cariño, le estás haciendo daño a Annie. Trátala con delicadeza». Y si de todas maneras acaba dando una bofetada, tendrá que cogerle la mano y regañarlo: «No, no debes abofetear a las personas».

Por lo que se refiere al tema de proteger la casa, es poco realista esperar que a los nueve meses tu hijo tenga algún tipo de autocontrol. En mi opinión, no tiene demasiado sentido vaciar tu vivienda: los niños deben aprender a vivir rodeados de objetos y saber que algunos no se pueden tocar. Retira únicamente aquello que no quieras arriesgar o cualquier cosa que suponga un peligro para el niño. Camina con él por la casa. Explícale: «Mira, esto puedes tocarlo cuando mamá esté aquí». Déjalo coger cosas y examinarlas. A menudo, eso les quita el misterio a muchos de los objetos intocables que hay a su alrededor. Los niños se aburren enseguida. Procura ofrecerle otras cosas que él pueda toquetear y manipular. Ten en cuenta que querrá golpearlas, hacer ruidos con ellas, fragmentar sus partes, etc. ¡Así que no le pongas a mano tu equipo de música! A los niños varones, sobre todo, les encanta montar y desmontar cosas. Judy haría bien en comprarle a Jake un pequeño martillo de juguete y una mesa donde poder dar golpes.

Arrojar objetos. Los «lanzamientos» acostumbran a empezar cuando un bebé arroja un juguete de la cuna o comida desde la trona. No se trata de coger el juguete y decirle: «Vaya, así que has tirado tu juguete; supongo que quieres que esté en el suelo entonces», ni de que papá y mamá se pasen el día recogiendo los objetos que su hijo lanza, sino que deben actuar de otra forma; porque si no, el niño piensa: «¡Qué juego tan divertido!». Este mal hábito también puede iniciarse cuando un niño —los chicos sobre todo— le arroja un juguete a alguien (generalmente a la madre, puesto que es quien más tiempo pasa con él). El siguiente mensaje de correo electrónico lo ejemplifica:

> *He aquí el problema que tengo: mi hijo Bo tiene dieciocho meses y durante los últimos seis ha estado lanzando cosas: mientras juega, mientras come, y lo peor es que también arroja juguetes a la gente. Yo veo que no lo hace para herir a nadie. De todos modos, esto debe terminar. Cuando lanza comida, le digo que no lo haga. A veces también tomo medidas: le retiro la comida, lo regaño, etc. Pero cuando tira los juguetes, el problema es que no sé qué decirle, excepto: «No le arrojes juguetes a mamá. Me hace daño», y acto seguido, quitárselo. ¡Aunque enseguida encuentra otro juguete para lanzar! No se lo puedo quitar todo… Y tampoco me lo puedo llevar a otro sitio, ¡porque estamos en casa! Además, tiene un montón de juguetes, así que técnicamente no puedo quitárselos todos…*

Esta madre va por el buen camino. Probablemente, Bo lanza objetos porque acaba de descubrir una nueva habilidad, no porque pretenda hacer daño a sus compañeros de juegos. Su madre, no obstante, ve claro que debe corregir de inmediato esa mala costumbre del niño. El problema es que no le está ofreciendo a su hijo una forma alternativa de comportarse. Dicho de otra manera, tendría que *mostrarle* situaciones en que normalmente sea apropiado arrojar objetos sin que se pueda hacer daño a otras personas. Al fin y al cabo, su madre tampoco conseguiría ni querría que Bo dejara totalmente de lanzar cosas: es un chiquillo y es natural que lo haga (no pretendo ser sexista al decir esto; a muchas niñas pequeñas también les encanta arrojar objetos y, más adelante, algunas incluso se convertirán en grandes atletas. Es sólo que, en mi experiencia, el hecho de tirar cosas es más un «problema» de *niños varones*). Así pues, la mamá de Bo tendría que buscar un sitio adecuado donde su pequeño pudiera canalizar sus ganas de arrojar objetos. Un consejo: consíguele cinco pelotas de diferentes tamaños para que pueda lanzarlas y jugar con ellas. Llévatelo al exterior y explícale: «Aquí sí puedes lanzar cosas». Si es invierno y hace mucho frío, llévalo a un gimnasio. Es importante ir con el niño a un lugar totalmente distinto, de modo que entienda que arrojar objetos no está permitido dentro de casa (a menos que dispongas de un gran espacio interior destinado a jugar). Elógialo con entusiasmo cuando lance la pelota allí donde puede hacerlo.

Dado que Bo hace seis meses que lanza objetos de manera regular un tercio de toda su vida, sospecho que también ha aprendido a convertirlo en un juego y se ha vuelto un pequeño experto a la hora de manipular a su madre. De hecho, ella puede y debería hacer algo más que quitarle el juguete. Aunque esté en casa con él, puede llevárselo de su habitación llena de juguetes a un lugar más aburrido (como el salón), y sentarse allí *con* él (yo no creo en dejar al niño solo como castigo; véase el recuadro lateral de la página 82). El niño tiene dieciocho meses, por tanto lo comprende todo y rápidamente se dará cuenta de que su madre no tolera sus lanzamientos (más información sobre el hábito de arrojar comida en las páginas 164-165).

DARSE GOLPES CON LA CABEZA, TIRARSE DE LOS PELOS, HURGARSE LA NARIZ, ABOFETEARSE, MORDERSE LAS UÑAS. Tal vez te sorprenda que haya agrupado los golpes de cabeza con los cuatro comportamientos restantes. Sin embargo, los cinco «vicios», al igual que otros tipos de conductas ritualistas desarrolladas por los niños, son métodos para calmarse a sí mismos y, a menudo, una forma de reaccionar ante la frustración. Pese a que ocurre en muy raras ocasiones, algunos de estos comportamientos podrían indicar que existe un trastorno neurológico. Las modalidades benignas son asombrosamente comunes, incluso el hecho de darse golpes con la cabeza, que algunos especialistas calculan que afecta al 20 % de los niños. La mayoría de estas conductas son más molestas que peligrosas y desaparecen tan súbitamente como surgieron, siempre y cuando los padres no les presten demasiada atención. El problema es que, cuando un niño se golpea la cabeza a propósito, se abofetea las mejillas, se mete el dedo en la nariz o se muerde las uñas, sus progenitores se disgustan mucho, lo cual es absolutamente comprensible. Y, sin embargo, cuanto más se preocupan o se enfadan ellos, más lo percibe el niño y piensa: «¡Vaya, ésta es una manera fantástica de llamar la atención de papá y mamá!». Y llegado este punto, el hábito en cuestión, que al principio el pequeño utilizaba para tranquilizarse, se convierte en una efectiva forma de manipulación. Por eso es mejor ignorarlo, pero siempre vigilando que no pueda hacerse daño.

Éste fue precisamente el caso de Max, el niño de dieciocho meses que se golpeaba la cabeza, al cual me referí anteriormente (página 304). En un principio, empezó a darse golpes en la cabeza a fin de desahogar su frustración, ya que le faltaba el vocabulario suficiente para expresar lo que deseaba. No obstante, muy rápidamente, los episodios autolesivos de Max fueron en aumento, puesto que se dio cuenta de que eran un método infalible para que sus padres dejaran todo lo que estaban haciendo en ese instante y corrieran a rescatarlo. Cuando lo conocí, el pequeño era el amo y señor de la casa. Se negaba a comer, dormía poco y mal y su comportamiento era intolerable: daba golpes y gritaba por cualquier cosa. Max sabía que siempre podía salirse con la suya, ya que todas las normas y restricciones se relajaban en cuanto empezaba a golpearse la cabeza.

Para resolver la cuestión de la seguridad, trajimos un pequeño puf y cada vez que Max comenzaba su sesión de golpes en la cabeza, lo poníamos en el puf. Eliminar el elemento de riesgo hizo que a sus padres les resultara más fácil dejarlo terminar el berrinche sin interferir y sin pelear con él, lo cual era aún peor. Al principio, el niño se resistió, pataleando con fuerza cuando intentábamos sentarlo en el puf; sin embargo, fuimos consecuentes: «No, Max, no saldrás del puf hasta que te hayas calmado».

De todas formas, era importante no detenernos ahí. En todos los comportamientos anteriormente citados, si los padres se dejan manipular, significa casi siempre que dejan que el niño tenga la última palabra. Y en el presente caso, enseguida vi claro que también debíamos acabar con varios meses de dominio despótico por parte del pequeño en su casa. Era como si sus padres y su hermano mayor se hubieran convertido en rehenes de su comportamiento. El niño apenas comía nada que no fuese comida basura y rechazaba lo que tomaba el resto de la familia; además, todavía se despertaba en plena noche para captar la atención de sus padres. Teníamos que enseñarle que, de ahora en adelante, imperaría un nuevo régimen y que él ya no estaría al mando.

Les expliqué a los padres que, cada vez que su hijo intentara hacerse con las riendas, ellos debían mantenerse firmes y demostrarle que no pensaban ceder. Durante mi visita, les mostré cómo hacerlo cuando, como de costumbre, el niño apartó su almuerzo y repitió sin cesar: «Galleta… galleta… galleta». Yo lo miré directamente a los ojos y le dije: «No, Max, no te daremos ninguna galleta hasta que hayas comido un poco de pasta». Pero era un pequeño muy tozudo. Acostumbrado a llevar la voz cantante, estaba estupefacto y no paraba de lloriquear. «Vamos, Max, solamente un poquito», seguí insistiendo. (Debes empezar muy poco a poco: incluso *un* solo macarrón ya representaba un gran progreso!) Finalmente, *una hora después*, transigió. Comió una cucharada de pasta y yo le di una galleta a cambio. Cuando llegó su hora de hacer la siesta, se produjo el mismo enfrentamiento. Afortunadamente, el asalto del almuerzo lo había debilitado un poco, así que sólo tuve que practicar la técnica P. U./P. D. unas cuantas veces. Por otro lado, es cierto que yo no era ni su madre ni su padre y él sabía, por mi perseverancia a la hora de comer, que a mí no podía manipularme. Al verme actuar, sin embargo, los padres de Max pudieron comprobar que era posible lograr que su hijo se comportara correctamente.

Parecerá increíble, pero este niño era otra persona cuatro días más tarde. Sus padres continuaron usando el puf para sus rabietas y se mostraron implacables durante las comidas y a la hora de la siesta. A los dos años, cuando les cambias las normas, los pequeños se dan cuenta con bastante rapidez, y más en este caso, ya que se trataba más bien de imponer normas por primera vez. Comenzó a ir él solito al puf cuando se sentía frustrado. Al cabo de unos cuantos meses, los golpes en la cabeza se habían convertido en algo muy esporádico y entre los miembros de la familia reinaba una gran sensación de calma, porque ahora eran los padres quienes mandaban en casa, no su hijo Max.

PERO ¿Y SI RESULTA QUE MI HIJO TIENE ALGÚN PROBLEMA... Y NO PUEDE EVITAR COMPORTARSE AGRESIVAMENTE?

Durante la última década, los expertos en desarrollo infantil han realizado importantes descubrimientos sobre el funcionamiento del cerebro de los niños y sobre cómo las primeras experiencias pueden llegar a transformar su estructura. A partir de dichos descubrimientos, un número creciente de terapeutas especializados en patologías del habla y del lenguaje, dinámicas familiares y terapia ocupacional han centrado su atención en niños muy pequeños. La teoría es que, si logramos identificar y diagnosticar los problemas a una edad temprana e intervenir adecuadamente, se puede prevenir la aparición de trastornos más graves cuando el niño ya está escolarizado. Ciertamente, tiene mucho sentido y para muchos pequeños una intervención temprana es fundamental. No obstante, el problema es que algunos siguen una terapia porque sus padres están demasiado preocupados o porque buscan que otra persona solucione el comportamiento de su hijo.

Un artículo de la revista *New York*, publicado en el año 2004, relataba la historia de un niño pequeño cuya madre emprendió una «odisea de un año», que la llevó a adentrarse «en una subcultura de psicólogos, logopedas y terapeutas ocupacionales que emitieron diagnósticos plagados de términos como *dispraxia*, *prioceptores* y sistemas de integración sensorial, y le recomendaron a su hijo terapia intensiva». Manhattan es, sin duda, uno de esos sitios donde los padres ricos e influyentes quieren que sus hijos les sigan los pasos. Sin embargo, con las masivas ventas de juguetes educacionales, como Baby Einstein y Leap Frog, es obvio y comprensible que en todo el mundo los progenitores deseen que sus hijos destaquen. Y también que, en todo el mundo, los terapeutas estén ansiosos por ayudarles a conseguirlo. Lógicamente, si un niño padece de verdad algún tipo de problema neurobiológico, lo adecuado es someterlo cuanto antes a la clase de terapia que necesite. ¿Pero, qué ocurre con los niños que están en el límite y que simplemente empiezan a hablar un poco más tarde, que son algo más torpes que sus compañeros y que prefieren jugar solos a interactuar con otros niños? ¿Cómo pueden saber los padres si los primeros signos de agresividad de su hijo se deben a un auténtico trastorno del lenguaje o a un control deficiente de sus impulsos, si se trata de algo que «se le pasará» o si necesita ayuda *ahora*?

Desafortunadamente, no hay respuestas fáciles. Desde luego, si tu hijo tarda más de lo normal en alcanzar los varios estadios de desarrollo (sobre todo el habla) y/o existen antecedentes familiares de trastorno por déficit de atención o de dificultades de aprendizaje, un término general que engloba los trastornos del lenguaje, la dislexia, los trastornos del espectro autista, las alteraciones perceptivas, el retraso mental o la parálisis cerebral, lo mejor es buscar ayuda desde el principio. A los padres les resulta frustrante abrirse camino entre la jerga clínica, especialmente porque no todos los médicos utilizan los mismos términos. A pesar de esto, ellos generalmente saben cuándo su hijo destaca para bien o para mal en algún aspecto, sobre todo si tiene un problema de conducta. La parte complicada es averiguar por qué. No existen dos niños iguales; por tanto, es mejor buscar asesoramiento profesional a fin de salir de la confusión.

Momento crítico en las trincheras
La historia de Harrison: cuando la agresividad se intensifica

Hay niños a los que les cuesta más disciplinar que a otros. Sus padres han de estar siempre alerta, tener mucha paciencia y ser coherentes y creativos. Lori contactó conmigo porque su hijo Harrison, de dos años, la mordió un día, al parecer de forma inesperada. Ella reaccionó correctamente, con un sonoro: «¡Ay! Eso duele. A las personas no se las muerde». Harrison, sin embargo, se mostró persistente y un poco taimado. Fingía que estaba a punto de abrazarla y, entonces, la mordía. Ahí fue cuando Lori se equivocó. En lugar de seguir corrigiéndolo («Ya te lo dije: "No muerdas a las personas"»), decidió ignorar su comportamiento. Unos días más tarde, una de las madres del grupo de juego de Harrison la llamó para decirle que su hijo había golpeado a otro niño en la cara, así que Lori comenzó a vigilar a Harrison más de cerca, diciéndole: «No, no has de…» cada vez que el niño se disponía a agredir. Pero el pequeño descubrió una nueva forma de descargar su agresividad: empezó a dar patadas. Lori estaba fuera de sí: «Estoy harta de decirle que "no". Últimamente estar con él no es nada agradable. La gente ya no quiere venir a nuestra casa porque Harrison ha empezado a usar sus juguetes como proyectiles y los lanza contra otros niños».

La conducta cada vez más violenta de Harrison era comprensible, en tanto que tenía varios de los elementos que suponen un riesgo de experimentar emociones desbocadas: era un niño movido, en plena etapa de los terribles dos años y, hasta el momento, su madre no había sido consecuente. A partir de ahora, ella tendría que ayudarlo a identificar sus sentimientos, darle órdenes e imponerle límites y, cuando fuera necesario, apartarlo de las refriegas. Ninguna de estas medidas funcionó inmediatamente. Advertí a Lori que tuviera paciencia y se mantuviera firme. Aunque también debía acordarse de colmar a su hijo de alabanzas por su buen comportamiento. Le sugerí que elaborara una tabla de «Buena Conducta» para él. La tabla tenía cuatro columnas que dividían la jornada en distintas franjas horarias: desde que se despertaba hasta antes del desayuno, del desayuno al almuerzo, de la comida a la merienda y de la merienda hasta la hora de ir a dormir. El trato era que, si conseguía cuatro estrellas en un día, papá se lo llevaría a jugar al parque. Y en verano, el premio era ir a nadar. El proceso requirió unos cuantos meses, pero ahora el comportamiento agresivo de Harrison es meramente ocasional.

La mayoría de expertos sostiene que es difícil elaborar un diagnóstico concluyente antes de los dieciocho meses; pero eso es crucial para obtener el tipo de ayuda apropiado a cualquier edad, tal como lo explica la logopeda Lyn Hacker: «Los niños con dificultades en el habla y desarrollo tardío del lenguaje se portarán mal a fin de comunicarse, porque regresarán al elemento más primitivo: las señas y los gestos. Comportamientos violentos, como pegar golpes, pueden ser una forma de expresar frustración, si estamos seguros de que la capacidad de comprensión del niño está intacta. Pero dar golpes también puede ser un indicio de alguna dificultad de aprendizaje, de haberle pedido al niño algo que no sabe hacer o de un trastorno por déficit de atención; en todos estos casos, al pequeño le costará reprimir sus reacciones y su grado de tolerancia a la frustración será bajo. En mi opinión, un "signo leve" de trastorno por déficit de atención es que no soporte que le digan que "no", puesto que un niño con dicho trastorno es un existencialista. No comprende que un "no" no es para siempre, sino que atañe al momento presente. Esto, unido a una gran impaciencia, hace que no pueda siquiera escuchar palabras como, "ahora no" y "pero"».

Asimismo, Hacker también reconoce que muchos problemas de comportamiento *empiezan* por los padres. «Si a un niño se le ha realizado un examen físico exhaustivo, no se le ha detectado ningún problema y ha superado con normalidad las fases de desarrollo propias de su edad, entonces el paso siguiente es analizar la relación padres-hijo. Tal vez la madre necesite descubrir qué es lo que irrita a su hijo para intentar evitarlo.» De todas maneras, incluso cuando se confirma un diagnóstico neurológico, los padres son un factor clave en el problema.

En primer lugar, recuerda que *tú* eres quien mejor conoce a tu hijo. Puede que el doctor Smith sea un experto en trastornos del lenguaje, pero *tú* eres la experta en tu hijo. Lo observas las veinticuatro horas del día, los siete días de la semana; el doctor Smith, en cambio, sólo lo ve en el ámbito de su consulta. Incluso aunque un profesional realice una visita a domicilio, cosa que actualmente algunos hacen, es imposible que él o ella conozca a tu hijo como lo conoces tú. Veamos el caso de la pequeña Isabella, por ejemplo, cuyos padres buscaron ayuda poco antes de su segundo cumpleaños porque, como explicó Felicia, su madre: «Isabella apenas hablaba. Y lo que hacía la situación tan dura es que se notaba claramente que la niña tenía muchas cosas en la cabeza, pero era incapaz de decir nada. Esto le causaba mucha frustración, que ella manifestaba dando empujones y comportándose con cierta agresividad».

Felicia afirma que ella misma contribuyó activamente a solucionar el problema por su propio pasado: «Yo también comencé a hablar tarde. Mi madre no se acuerda exactamente cuándo, pero fue sin duda tras cumplir los dos años, y puede que incluso fuera casi a los tres. Además [el país donde vivo], ofrece pruebas y servicios de forma gratuita. Los profesionales vienen a tu casa y son sencillamente maravillosos, así que se hace difícil *no* aprovechar todo lo que ofrecen».

Cuando a Isabella se le realizaron las pruebas, Felicia recuerda: «No tenía un retraso suficiente como para recibir tratamiento: el retraso ha de ser del 25 % por lo menos. Pero tuvieron en cuenta sus habilidades a la hora de jugar, varios meses *por delante* de su edad. Finalmente recibió ayuda a causa de la discrepancia existente entre su capacidad de hablar y de jugar». En realidad, a menudo no son tanto los bajos resultados obtenidos por un niño en un test concreto lo que indica un problema; más bien es el hecho de que obtenga una puntuación excepcionalmente alta en unas áreas y muy baja en otras. La persona que llevó a cabo la prueba sugirió que Isabella siguiera una terapia de lenguaje. Ahora, algo más de un año después, Isabella posee el vocabulario de una niña de tres años y medio. Felicia admite: «La verdad es que no sabría decir con certeza si la terapia en sí la ayudó o si fue simplemente la madurez , o ambas cosas. Pero su mejora ha sido sorprendente».

El jardín de infancia donde inscribieron a Isabella también recomendó a sus padres que la niña siguiera una terapia adicional; los motivos: «Bajo tono muscular» y su agresividad hacia otros niños. Sin embargo, Felicia se negó. A algunos padres les resulta duro aceptar que su hijo necesita terapia, por mucho que, supuestamente, los *especialistas* sepan más. Esta madre tan sabia recuerda: «Hice un poco de investigación por mi cuenta y no pude encontrar indicios de bajo tono muscular. La escuela me había aconsejado toda clase de terapias adicionales que nos habrían costado cientos, incluso miles de dólares. Pero la intuición me decía que ella se sentía frustrada porque no podía hablar. Para apaciguar a los maestros, llamé de nuevo a los del condado para que le repitieran las pruebas a Isabella y ellos me confirmaron que la niña estaba perfectamente bien. La escuela aún quería que yo buscara una tercera opinión, pero lo fui posponiendo. Y ahora, ¿sabes qué? Isabella habla sin dificultades y ha dejado de comportarse agresivamente. ¡Quién lo iba a decir!».

La historia de Felicia ejemplifica la situación ideal: que los padres y los profesionales *trabajen conjuntamente*. Desde luego, los progenitores no deberían dejar el destino de sus hijos en manos de ninguna otra persona, por muchos títulos que cuelguen en las paredes de su despacho. Asimismo, deben estar dispuestos a poner en práctica cualquier estrategia que les sugiera el terapeuta y mostrarse más atentos que nunca a la hora de responsabilizarse del niño. No obstante, muchos padres se exasperan o sienten lástima de su hijo e incluso ambas cosas. Resulta que están pagando un montón de dinero por la terapia y su pequeño continúa portándose mal. Este mensaje de Geraldine ilustra el problema:

> *Mi hijo era un bebé «de libro» que se ha convertido en un niño «movido». William tiene casi dos años y medio y les pega en exceso a sus amigos y a otros críos. Tuvo problemas graves al nacer y se le ha diagnosticado disfunción de integración sensorial. Ha hecho terapia ocupacional, actualmente sigue una terapia del habla y acude al jardín de infancia cinco mañanas a la semana. Hemos visto grandes mejoras, excepto en el tema de los golpes. Sé que muchos niños pequeños pegan y muerden, pero al parecer yo no puedo llevarlo a ningún sitio sin que golpee a alguien, y no una sola vez. Incluso se atreve a pegar a niños mayores que él, hasta de ocho años. He descubierto que William es un «macho alfa». Y también prefiere amigos de más edad. Con todo, en la escuela no suele agredir mucho, lo cual es interesante. Todas las personas a quienes he preguntado piensan que es porque sus habilidades verbales todavía no están desarrolladas. En cierto modo, estoy de acuerdo, ya que cuando pega golpes no siempre es por agresividad o porque no quiere compartir algo. A veces, es como si utilizara los golpes para comunicarse con otros niños. He hablado con sus terapeutas, con los profesores de su colegio, etc. Lo he probado TODO. He sido el árbitro, he intentado decirles a los otros niños que se alejen de él o que le digan que no les gusta que les pegue, he tratado de ofrecerle alternativas verbales, me lo he llevado, abandonando el escenario de la agresión, lo he alejado de la situación durante unos minutos, he esperado un tiempo a que se relajara, etc., etc. Todo el mundo me dice que no me preocupe. Estoy embarazada de siete meses y medio y me agota decirle que «no» continuamente y tener la sensación de que no me entiende. No tiene miedo y es como si no le afectara nada de lo que yo le diga o haga. ¿Qué puedo hacer para ayudarlo?*

Compadezco a Geraldine. Algunos niños son verdaderamente complicados debido a su configuración neurobiológica y, en muchos aspectos, William parece ser uno de ellos. Sin duda alguna, se siente frustrado porque no puede comunicarse verbalmente y no consigue expresar lo que quiere. No obstante, en este mensaje hay información oculta. Aunque Geraldine insistiera en haberlo «probado todo», yo tuve la impresión de que no tenía una imagen clara de su hijo. Resulta difícil creer que fuera alguna vez un bebé de libro; fueron pocas las ocasiones en que superó las distintas etapas de su desarrollo en el tiempo previsto. Además, probablemente su madre tampoco tuvo un comportamiento demasiado coherente. Hasta ella misma reconoció que el niño «no suele hacerlo mucho en la escuela». Decidí hacerle una llamada para seguir el caso.

Tal como supe más adelante, resultó que a los nueve meses William ya dio muestras de agresividad: abofeteaba regularmente a su madre y con frecuencia le arrebataba cosas; y no sólo a ella, sino también a sus compañeros de juego. Geraldine lo atribuía a su condición de «macho alfa». Cuando el niño cumplió los dieciocho meses, se hizo evidente que padecía retrasos en el habla, que se distraía con mucha facilidad y que era impulsivo. No mostraba el más mínimo interés por aprender a vestirse solo o a comer con una cuchara. Era absolutamente incapaz de controlar sus impulsos y tenía muchas dificultades para realizar la transición de una actividad a otra. La hora de ir a dormir se convertía siempre en una lucha. Gran parte de su comportamiento se debía a su diagnóstico; de todas formas, independientemente de sus problemas de integración sensorial, nadie había vigilado su agresividad durante un tiempo. Este niño sabía cómo engatusar a su madre. Cuando no obtenía lo que deseaba mediante una sonrisa encantadora, acosarla siempre funcionaba.

De hecho, Geraldine no empezó a tomarse verdaderamente en serio la conducta de su hijo hasta que comenzó a pegarle a otros niños. No obstante, en cuanto le diagnosticaron el problema, ella pensó que la terapia se ocuparía de todo. Éste es un error muy extendido entre los padres a cuyos hijos les detectan alguna clase de dificultad en el aprendizaje. «El terapeuta de William sin duda lo ayudará con el lenguaje, con sus habilidades motrices e incluso a controlar sus impulsos, pero si tú no estableces ciertos límites en casa», le dije a su madre, «su agresividad no desaparecerá.»

También le advertí a Geraldine que hasta *yo* tengo problemas para manejar a algunos niños; sin embargo, al ver los progresos de William en la terapia, tuve la sensación de que si ella era consecuente y se mostraba siempre dispuesta a seguir adelante, pronto empezaría a notar un cambio. Esta madre tenía que aprender a dejar a un lado sus propias emociones y a no compadecer al «pobre» niño por sus carencias. En lugar de eso, tendría que mantenerse firme con él *en todo momento.* Además debería estar preparada; a veces, al tiempo que se resuelve un problema surge otro. Entretanto, tendría que esforzarse al máximo por llevar las riendas de la situación. Debería dedicar tiempo a preparar a su hijo, ensayando cualquier circunstancia a la que el niño pudiera verse expuesto y a advertirle con antelación de las consecuencias de sus actos en caso de no obedecerla. Asimismo, practicar el F. I. T. con William también sería de gran ayuda; de esta manera él podría aprender a expresarse sin palabras o, al menos, mediante las acciones apropiadas. Tendría que darle alternativas. Así, pasaría más tiempo intentando evitar que su hijo cometiera agresiones que tratando de detenerlas. Por último, le sugerí a Geraldine que modificara el comportamiento del pequeño. Ella inició un sistema de estrellas doradas parecido al que usó la madre de Harrison (véase la página 323). Además, conseguimos implicar a papá más activamente en el proyecto. El pequeño necesitaba dar salida a sus características de «macho alfa» y, en lugar de limitarse a etiquetar su temperamento, sus padres tenían que proporcionarle una forma adecuada de expresarlo. Papá trabajaba muchas horas, pero a pesar de eso se comprometió a llegar a casa antes dos noches por semana, para pasar más tiempo con William. Además de esas dos noches, los sábados por la mañana también tenían una cita fija para realizar juntos alguna actividad. La relación del niño con su padre cobraría aún mayor importancia al cabo de unos meses, cuando naciera su nuevo hermanito. Por otro lado, también le aconsejé a Geraldine que reclutara ayuda de parientes y amigos. No sólo porque era menos probable que su hijo practicara sus trucos con otras personas, sino porque ella necesitaba un respiro.

Seguramente William nunca sería un niño «fácil»; sin embargo, transcurridas unas cuantas semanas, Geraldine percibió una diferencia considerable. El pequeño se peleaba menos con ella en casa, las transiciones dejaron de ser tan complicadas (puesto que ella lo preparaba y le concedía más tiempo para realizarlas), y cuando el niño comenzaba a irritarse, su madre era capaz de intervenir antes de que se descontrolara del todo. «Ahora me doy cuenta», reconoció, «de que antes vivía en un estado de tensión permanente. Últimamente me siento más relajada y tengo la impresión de que mi nuevo estado de ánimo se le contagia y lo beneficia.»

Indudablemente, cuando estamos tranquilos, reaccionamos mejor ante las emociones de nuestros hijos y, además, ellos tienden a imitarnos. La premisa básica es que la salud emocional, al igual que la caridad, ¡debe empezar por casa!

CÓMO TRATAR A UN NIÑO CON PROBLEMAS

Si a tu hijo le han diagnosticado una dificultad del aprendizaje, un trastorno por déficit de atención, problemas de integración sensorial o cualquiera de las posibles disfunciones de la primera infancia, es más importante que nunca…

Respetar sus sentimientos. Aunque todavía no se comunique verbalmente, ayúdalo a aprender el lenguaje de las emociones.

Establece límites. Hazle saber lo que esperas de él.

Estructura su jornada. No alteres su rutina, así siempre sabrá lo que viene a continuación.

Sé coherente y sistemática. No lo ignores un día cuando se ponga a saltar encima del sofá para decirle al siguiente: «En el sofá no se salta».

Descubre qué es lo que le hace perder los nervios y evita que se produzcan situaciones peligrosas. Si sabes que tu hijo está demasiado excitado a la hora de irse a dormir, cuando se ha pasado la tarde correteando arriba y abajo, acostúmbrate a organizar actividades más tranquilas al final del día.

Elógialo y prémialo por su buena conducta. Da mejores resultados que castigarlo. Cuando veas que se comporta adecuadamente, elógialo. Recompénsalo con una estrella dorada, a fin de demostrarle lo mucho que está progresando.

Trabaja conjuntamente con tu pareja. Haced que la salud emocional de vuestro hijo se convierta en una prioridad. Hablad de ello, planificad las cosas de antemano y eliminad cualquier desavenencia entre vosotros, pero nunca delante del niño.

Involucra a otras personas. No temas hablar de los problemas de tu hijo (cuando él no esté presente o no pueda oírlo), y explica de qué manera se manifiestan en situaciones cotidianas. Evita los berrinches de tu hijo ayudando a la familia, a los amigos y a quienes cuidan de él a comprenderlo mejor y a actuar de la forma más apropiada.

9

CON E. E. A. S. Y. LO CONSEGUIRÁS

ENSEÑAR AL NIÑO A IR AL LAVABO

PÁNICO AL ORINAL

Pese a que los padres están principalmente preocupados por las cuestiones relacionadas con el sueño, seguidas muy de cerca por la comida, su ansiedad parece alcanzar nuevas cotas cuando se *plantean* el tema de enseñarles a sus hijos a ir al baño. ¿Cuándo debo empezar? ¿De qué manera? ¿Y si mi hijo se resiste? ¿Y si tiene accidentes? Las preguntas son interminables. Aunque a veces los padres se inquietan e impacientan si sus hijos no superan otros retos físicos a la edad que marcan los libros (o lo hacen más tarde que sus compañeros de juegos), al final suelen tomárselo con calma y asumen que el cerebro y los músculos necesitan su tiempo para desarrollarse. Esos mismos padres, sin embargo, se ponen muy nerviosos cuando llega el momento de enseñarles a los hijos a deponer en el lavabo, lo cual es sencillamente otro reto más.

Las estadísticas muestran que, a lo largo de los últimos sesenta años, la edad para comenzar a enseñarles a los pequeños a hacer sus necesidades en el baño se ha pospuesto significativamente. Esto se debe, en parte, a la actual tendencia hacia un estilo de crianza centrado en el niño y, en parte, a que los pañales desechables son tan eficaces que los críos no se sienten incómodos cuando se han hecho pipí o caca. Las cifras de este retraso son espectaculares: en 1957, los estudios indicaban que el 92 % de los niños sabía pedir cómo ir al lavabo a los dieciocho meses. Hoy en día, según un estudio llevado a cabo por el Children's Hospital de Filadelfia, en 2004, ese porcentaje ha descendido hasta menos del 25 %. De acuerdo con los datos del estudio, únicamente el 60 % de los niños sabe utilizar el retrete sin dificultades a los tres años y un 2 % continúa sin saber usarlo a los cuatro años.

Quizás el hecho de postergar tanto el uso del baño les da a los padres más tiempo para preocuparse sobre lo que puede ir mal. O tal vez su ansiedad sea la misma que sintieron los progenitores que enseñaron a sus hijos a hacerlo a una edad más temprana. La cuestión es que los hábitos a la hora de usar el lavabo tienen implicaciones «morales» subyacentes. En cualquier caso, está claro que a los padres modernos, y a los norteamericanos en particular, les cuesta contemplar el paso de los pañales a la taza del váter con la misma distancia y objetividad con que contemplan otros momentos de transición, como cuando el niño comienza a sentarse por sí mismo, a andar o, incluso, a hablar.

Relájate. En realidad, enseñarle a tu hijo cómo usar el baño no es diferente de enseñarle cualquiera de las otras habilidades que has conseguido que aprenda hasta ahora. Y si te lo tomas meramente como un reto más, es probable que tu actitud cambie. Plantéatelo de este modo: ¿verdad que no esperas que tu niño se ponga de pie un día y, acto seguido, esté preparado para correr la maratón de Boston? Sabes de sobra que los avances en su desarrollo no ocurren de la noche a la mañana: son un proceso, no un suceso. Para cada nueva fase de su desarrollo, existen avisos y pasos previos. Por ejemplo, mucho antes de que tu hijo dé un paso de verdad, tú observas llena de alegría cómo intenta levantarse solito. Te das cuenta de que está practicando y de que pronto sus piernas serán lo suficientemente fuertes para soportar el peso de su cuerpo. A continuación, empieza a avanzar, agarrándose a los muebles (o a la parte inferior de tu cuerpo). Ésta es la primera vez que prueba a impulsar sus pequeñas piernas hacia adelante. Un día verás que intenta hacerlo prescindiendo de sus apoyos. Primero soltará una mano, luego las dos. Y enseguida te mirará como diciendo: «Mira, mamá: ¡sin manos!». Y tú le responderás con una enorme sonrisa y lo elogiarás verbalmente, orgullosa de sus progresos («¡Bien hecho, tesoro!»). Él seguirá practicando y, al final, tendrá la fuerza y la confianza suficientes para dar el primer paso. Al verlo, tú te agacharás y abrirás los brazos para animarlo a continuar; o quizás le darás la mano para que no pierda el equilibrio a medida que da algunos pasos más. Al cabo de una semana o dos, se negará en redondo a coger tu mano; será su forma de decirte sin palabras: «Puedo hacerlo solo». Cuando camine tambaleante de un lado a otro, se parecerá un poco a Frankenstein. Y seguramente se caerá de espaldas al intentar levantar un juguete o girar. Pero a medida que vayan transcurriendo los meses, se moverá completamente erguido y no sólo andará, sino que cargará cosas, saltará e incluso correrá. Al mirar atrás, te darás cuenta de que «comenzó a caminar» entre cuatro y seis meses antes. Aprender a andar, al igual que el resto de logros en su desarrollo, es un signo de que tu hijo está más cerca de alcanzar la independencia. Observarás la emoción en la cara de tu pequeño, así como su sentimiento de libertad, ya que ahora se siente capaz de explorar el mundo por sí mismo. A los críos les encanta aprender habilidades nuevas y a nosotras nos encanta contemplarlos.

Por lo que se refiere al desarrollo, lo mismo ocurre con la deposición. Las señales de que tu hijo está preparado para hacer sus necesidades en un retrete, en lugar de en los pañales, empiezan mucho antes de que *vaya* al lavabo. Sin embargo, a menudo no prestamos atención a esos indicios premonitorios y no alentamos a nuestros hijos en su camino hacia la independencia. Parte del problema es que el bebé no se siente incómodo. Actualmente, los pañales desechables cumplen tan bien su función que los niños no se dan cuenta de que están mojados. Si a eso le añadimos el hecho de que la mayoría de nosotros llevamos una vida estresante y frenética, acostumbrar al pequeño a ir al baño parece una tarea desbordante que nos ocuparía demasiado tiempo. La actitud imperante hoy en día es «Puede esperar»; además, la refuerzan los expertos que nos dicen que los niños necesitan «madurar» antes de que intentemos siquiera introducir el tema del lavabo. El problema, no obstante, es que esperamos demasiado.

COMENZAR A LOS *9* MESES PUEDE SER FÁCIL CON E. E. A. S. Y.

A pesar de que un reducido contingente de especialistas adoptan posturas extremas respecto a enseñar a los niños a ir al lavabo (véase el recuadro de la derecha), la «sabiduría convencional» sobre el tema recogida en la mayoría de libros y expresada por numerosos pediatras es que a los críos *no se les puede* enseñar a deponer en la taza del váter antes de que cumplan los dos años y que algunos no lo harán con éxito hasta bien entrado su tercer año de vida. Aunque en general se admite que algunos bebés aprenden antes a ir al baño, del mismo modo que los hay que tardan más o menos en andar o hablar, la mayoría de expertos, no obstante, recomiendan a los padres que esperen a que el pequeño muestre casi todos, si no todos, los signos de que está preparado para dejar los pañales. El supuesto es que el niño ha de comprender en qué consiste el aprendizaje y que los músculos de su esfínter han de estar plenamente maduros (proceso que empieza hacia el primer año). Hasta cierto punto, aunque en Inglaterra enseñamos a los niños a usar el váter meses antes que los norteamericanos, yo misma acepté la creencia convencional en un principio, cuando comencé a trabajar con los pequeños. En mi primer libro, de hecho, sugerí empezar a los dieciocho meses. Sin embargo, hoy en día, tras haber ayudado a muchísimas parejas de padres, haber leído las investigaciones más recientes acerca del tema y observar lo que sucede en el resto del mundo, discrepo tanto de la sabiduría convencional como de los extremistas.

Esto no quiere decir que no encuentre puntos positivos en ambas posturas. El enfoque centrado en el niño respeta sus sentimientos: un precepto básico de mi filosofía del cuidado infantil. No obs-

¿CUÁNDO HAY QUE ENSEÑAR AL NIÑO A IR AL BAÑO? LAS DOS TENDENCIAS PRINCIPALES

Prácticamente todas las cuestiones relacionadas con la crianza de los hijos tienen defensores, en un extremo y en otro. Y, como siempre, ambas posturas tienen aspectos positivos. Mi propia teoría estaría más o menos en medio de esos dos polos:

Aprendizaje centrado en el niño. Esta teoría, que arraigó a principios de la década de 1960 y según la cual «cuanto más tarde mejor», defiende que empezar a usar el lavabo debería depender exclusivamente del niño. Los padres enseñan con el ejemplo, están atentos a las señales y le ofrecen a su hijo ocasiones de utilizar el baño, pero jamás lo presionan. La idea es que, cuando está preparado, él mismo pide ir al lavabo. Aunque puede que no suceda hasta que tenga cuatro años.

Bebés sin pañales. Propugnada por aquellos que observan que, previo a la década de 1950, en Estados Unidos se enseñaba a los bebés a usar el váter mucho antes que ahora y que, en las culturas primitivas, los niños van sin pañales desde que nacen (una idea defendida también por algunos ecologistas), el objetivo es enseñar al bebé a conectar con sus sensaciones y necesidades de evacuar, antes incluso de que sea lo suficientemente mayor como para sentarse. En el momento en que los padres, por los signos y el lenguaje corporal de su hijo, detecten que tiene ganas de deponer, deben sostenerle sobre un inodoro (o sobre un cubo) y emitir un sonido estimulante, como «sss» o «pii-pii». De esta forma, se condiciona al niño a evacuar con la ayuda de un adulto.

tante, dejar que sea el pequeño quien decida cuándo está «preparado», y que él mismo adquiera el hábito de emplear el váter es como ponerle un plato de comida en el suelo y esperar que aprenda él solo a comportarse en la mesa. Podría ser, pero ¿para que están los padres sino para guiar a sus hijos y socializarlos? Además, en mi opinión, que el niño *inicie* el proceso de aprendizaje a los dos años o a los dos años y medio es demasiado «tarde», porque a dicha edad ellos ya han desarrollado la negatividad y rebeldía propias de esa etapa; les interesa menos complacer a sus padres y se muestran más decididos a hacer las cosas a su manera, por eso es tan fácil que los padres pierdan el control del proceso.

Por lo que se refiere a la escuela de los sin pañales, también llamada *elimination communication*,[13] o «comunicación de la eliminación», no puedo encontrarle defectos a un método que se basa principalmente en observar al niño e irle indicando el camino. También pienso que es positivo darle a un crío la oportunidad de practicar nuevas habilidades antes de que sea capaz de dominarlas a la perfección. Y, desde luego, opino que los padres deberían empezar a enseñar a sus hijos a utilizar el baño antes de lo que suele hacerse en Estados Unidos, donde el promedio de edad para abandonar definitivamente los pañales está entre los treinta y seis y los cuarenta y ocho meses. En el resto del mundo, «más del 50 % de los niños saben ir al lavabo alrededor del primer año de edad», según un profesor de pediatría de la Facultad de Medicina de la Universidad de Colorado, citado en el número de marzo de 2004 de la revista *Contemporary Pediatrics*, y el 80 % entre los doce y los dieciocho meses, de acuerdo a los defensores de esta postura. De todos modos, tengo mis recelos por lo que respecta a cualquier modelo que base su filosofía en una cultura primitiva. Vivimos en una sociedad moderna. Y no creo que sea aconsejable sostener a una criatura sobre un cubo o sobre la taza del váter. Y lo que es igual de importante, pienso que el niño debería comprender hasta cierto punto el proceso, así como tener algo de control y participación en él. Ponerlo encima de un inodoro antes de que pueda sentarse por sí solo me parece, ciertamente, demasiado pronto.

No es de extrañar, pues, que mi posición quede a medio camino entre ambos extremos. Yo recomiendo comenzar el aprendizaje hacia los nueve meses o en cuanto tu hijo sea capaz de sentarse cómodamente y de forma estable. Muchos de los bebés cuyos padres han seguido mi plan adquieren un control total de sus necesidades durante el día aproximadamente al cumplir el primer año. Otros no, por supuesto, pero las investigaciones demuestran que incluso los más rezagados han completado su aprendizaje justo cuando sus iguales empiezan.

Dado que la sabiduría convencional actual sobre el tema está tan extendida gracias, en parte, a la industria de los pañales desechables, que se beneficia de un uso tardío del váter, muchos padres hacen caso omiso de sus propias observaciones y su conocimiento del niño. El siguiente mensaje, por ejemplo, lo ilustra claramente. Lo envió a mi página web la madre de una niña de quince meses:

> *Durante el último par de meses, como Jessica quería sentarse en el váter grande, la hemos estado sentando en el orinal antes de la hora del baño. La mayoría de las veces no ocurre nada, pero de cuando en cuando hace algún pis. ¡Sí, ya sé que es sólo cuestión de tiempo y suerte! Pero ahí va lo más curioso. La semana pasada, de forma inesperada, Jessica comenzó a traerme pañales nuevos durante el día; los extendía en el suelo y luego se tumbaba encima. Al principio pensé simplemente que era divertido y lo ignoré sin darle más vueltas, pero no pude apartar a Jessie de los pañales, así que al final decidí seguirle la corriente y ponérselos. ¡Y vaya si tenía ganas de hacer caca!*
>
> *Esto lleva sucediendo desde hace seis días y si le pregunto: «Jessie, ¿tienes caca?», ella me responde con un «sí» o bien dice «pipí» y siempre tiene razón. Además, jamás me ha traído un pañal estando seca y limpia. ¿Es esto una señal de que está preparada para usar el orinal tan pronto? Por un lado, eso sería fantástico, porque voy a estar en casa con ella hasta septiembre. Por otro, sin embargo, no quisiera presionarla si todavía no es el momento. ¿Alguna idea?*

Lamentablemente, la madre de Jessica tiene todos los indicios justo delante de sus narices, pero a causa de lo que aconsejan la mayoría de libros, artículos y páginas de Internet, no está prestándole a *su hija* la atención que debería. Muchas otras madres apoyan el llamado «evangelio» sobre la cuestión («No empieces antes de los dieciocho meses»). Por ejemplo, en respuesta a este mensaje, una mamá escribió: «Sí, yo diría que es una señal, pero si es la única, aún no comenzaría a enseñarle a usar el orinal. Tu hija te informa después, no antes de hacer sus necesidades. Además, es sólo en lo referente a la caca y no al pipí, que es más frecuente. Con todo, diría que va cogiendo la idea, así que con suerte pronto entenderá que tiene que avisarte *antes*».

¿«Pronto lo entenderá»? Jessica tiene sólo quince meses. ¿Acaso su madre dejaría que ella sola «averiguara» cómo utilizar una cuchara, cómo vestirse o cómo comportarse con otros niños? Sinceramente, espero que no. Por otro lado, el hábito de ir al retrete no se adquiere de la noche a la mañana.

¿CÓMO SABRÉ QUE EL NIÑO ESTÁ PREPARADO PARA APRENDER A IR AL BAÑO?

La Academia Americana de Pediatría (American Academy of Pediatrics) ofrece a los padres las pautas que incluyo a continuación. Seguro que encontrarás centenares de listas similares en otros libros y en Internet. Tómatelas con cautela. Algunos puntos se alcanzan más tarde que otros. Los padres observadores se fijarán en expresiones faciales y posturas que indican que el niño está haciendo pipí o caca *mucho antes* de aprender a caminar o a desvestirse solo, y también mucho antes de que pida llevar ropa interior de adulto. Además, los críos maduran a ritmos diferentes y tienen distintos grados de tolerancia a los pañales sucios. Utiliza el sentido común y el conocimiento que tienes del carácter de tu hijo. *No* es necesario que cumpla todos estos requisitos para que empieces a enseñarle a ir al lavabo:

- Durante el día, tu hijo está como mínimo dos horas seguidas sin mojar el pañal o ves que, tras las siestas, tiene el pañal seco.

- Sus evacuaciones se han vuelto regulares y predecibles.

- Sus expresiones faciales, posturas o palabras revelan que está a punto de orinar o defecar.

- Tu hijo es capaz de seguir instrucciones sencillas.

- Tu hijo puede ir y volver solo del cuarto de baño, así como colaborar a la hora de desvestirse.

- Ves que tu hijo se siente incómodo con los pañales sucios y quiere que se los cambies.

- Tu hijo te pide usar el váter o el orinal.

- Tu hijo te pide llevar ropa interior de adulto.

Es un proceso que se inicia cuando el niño tiene conciencia de sus deposiciones, como es sin duda el caso de esta pequeña. Si informa a su madre *después* del hecho es porque nadie la está ayudando a asociar sus sensaciones físicas. Necesita explicaciones y ejemplos. Por último, es absolutamente absurdo afirmar que un niño ha de mostrar *todos* los indicios de preparación para poder empezar el aprendizaje. Por sus acciones, es fácil deducir que Jessica está pidiendo a gritos que su madre la ayude; (aunque ofrezco una lista de puntos que hay que tener en cuenta en el recuadro anterior, quiero dejar bien claro que el niño no necesariamente tiene que presentar *todos* los indicios).

A pesar de que, como mínimo, la mitad de los niños del mundo saben ir al baño *antes* de cumplir su primer año, muchas de vosotras os mostráis escépticas, si no sorprendidas, cuando os sugiero que comencéis a una edad tan temprana como los nueve meses. Por tanto, dejad que me explique. Para mí, a los nueve meses, el proceso de evacuación forma parte de la rutina diaria del bebé y la tarea de sus padres es hacerle consciente de ello. De la misma manera que hay tiempo para comer, jugar y dormir, también debes dedicar un tiempo a las deposiciones. Veinte minutos después de que tu hijo haya comido o bebido, llévalo al lavabo y siéntalo en la taza del inodoro. De hecho, tu niño sigue una «rutina E. E. A. S. Y.»: comer, evacuar, actividad, dormir y tiempo para ti (que, sin duda, a medida que tu pequeño se aproxima a los dos años, es cada vez menos). A partir de ahora, comer y evacuar se suceden en cuanto se levanta por la mañana, porque tú lo llevas al baño enseguida, antes de que coma (véase «El plan», en las páginas 337-339).

Naturalmente, cuando inicias el aprendizaje entre los nueve meses y el primer año, tu bebé no tiene aún el control ni la consciencia de un niño de más edad. Por consiguiente, la introducción al lavabo no consiste tanto en enseñarle directamente a usarlo, sino en ir *condicionándolo*. Al sentarlo en la taza del inodoro en los momentos del día en que él suele orinar o hacer de vientre, o cuando muestre síntomas de estar a punto de hacer pipí o caca (generalmente tras haber comido), es probable que consigas que evacúe allí, quizás no cada vez, pero sí algunas. Y hay que reconocer que, muchas veces, el éxito es fruto de un error bien orquestado. Tu hijo nota el asiento del váter bajo las nalgas y aprende a relajar los músculos del esfínter. Y cuando lo haga, lo felicitarás y le mostrarás tu satisfacción, como hiciste al ver que comenzaba a intentar mantenerse erguido o moverse por la casa. Se encuentra en una edad en la que todavía quiere complacerte (lo cual, con toda seguridad, *no querrá* hacer al superar los dos años), y tus ánimos lo ayudarán a darse cuenta de que valoras ese acto de evacuación accidental.

Al comenzar a enseñarle pronto, permites que se entrene en relajar los músculos del esfínter y haga pipí y caca en un receptáculo, en lugar de en los pañales. ¿Y acaso no consiste en eso adquirir una habilidad? ¡Práctica, práctica y más práctica! Por el contrario, cuando esperas hasta los dos años, el niño ya se ha acostumbrado a hacer sus necesidades en los pañales y para aprender a hacerlo en un váter, no sólo deberá conectar con sus señales corporales, sino que además tendrá que mostrarse dispuesto a evacuar en un sitio distinto. Y de momento no ha tenido nada de práctica. Sería como pretender que un niño andara y tenerlo en la cuna sentadito esperando a que se decida a caminar. Sin esos meses de tanteo, de ir fortaleciendo las piernas y aprendiendo a coordinar los movimientos, no sabría dar muchos pasos, ¿verdad?

En la próxima sección, explico mi plan para iniciar al niño en el uso del lavabo entre los nueve y los quince meses, así como a edades posteriores. Al final del capítulo, examino algunos de los problemas habituales con los que suelo encontrarme.

¿Cuándo podrá tu hijo prescindir totalmente de los pañales? Yo no puedo predecir eso de ninguna manera. Dependerá de cuándo comiences a habituarlo a ir al baño, de tu grado de implicación y paciencia, de la personalidad y características físicas de tu hijo y de cualquier otra cosa que esté sucediendo en tu hogar. Puedo asegurarte, sin embargo, que si observas a tu pequeño con atención, sigues mi plan y te planteas este aprendizaje como cualquier otro reto en su desarrollo, para él será una transición mucho más fácil que si te dejas llevar por el pánico.

En marcha: de los 9 a los 15 meses

Si inicias el aprendizaje como te sugiero, entre los nueve y los quince meses, tal vez detectes algunos de los síntomas típicos de que el niño está preparado (véase el recuadro de la página 334), pero también puede que no los adviertas. No pasa nada. Si tu hijo es lo suficientemente mayor como para sentarse solo, es que está listo para empezar. Piensa simplemente que aprender a ir al retrete es una más de las habilidades que tu niño necesita adquirir, igual que beber de una taza, caminar o montar un puzzle. Considera el proceso un desafío interesante, no una tarea de enormes proporciones. Recuerda que tú debes guiarlo en todo momento.

QUÉ NECESITARÁS. Yo prefiero los asientos que se colocan encima de la taza de un inodoro normal a un orinal independiente, porque así el niño ha de realizar una transición menos. En esta franja de edad, apenas existe resistencia con el váter, puesto que los niños aún están deseosos de complacer y participar en aquello que sus padres les proponen. Procura que el asiento disponga de una especie de reposapiés, eso hará que tu hijo se sienta más seguro y además le irá bien si tiene que empujar un poco para acabar de evacuar. Muchos bebés de entre nueve y quince meses todavía no tienen la coordinación necesaria para subir y bajar del váter sin ayuda de un adulto; no obstante, es importante invertir en una robusta escalerita de dos o tres peldaños, puesto que tu objetivo es fomentar su independencia. El niño podrá usarla para subirse y bajarse de la taza del inodoro, así como para llegar al lavamanos y llevar a cabo otras rutinas de aseo, como cepillarse los dientes y lavarse las manos.

Anota en una libreta los hábitos de higiene de tu pequeño (véase «¿Cómo sabré que el niño está preparado para aprender a ir al baño?», página 334). Cárgate de paciencia mientras estés en ello. No emprendas esta tarea si estás sumamente ocupada/o en algún proyecto, a punto de trasladarte de casa, de marcharte de vacaciones o si tú o el niño estáis enfermos. Mentalízate para mantenerte firme y constante hasta el final.

CÓMO PREPARARLO. Para empezar, enseñar a un niño a ir al baño a una edad temprana (y tardía, para el caso) implica observarlo con detenimiento y controlar su rutina diaria. Si hasta ahora has adoptado mi filosofía del cuidado infantil y has aprendido a sintonizar con tu hijo, a reconocer sus llantos, su lenguaje corporal y a tratarlo como la pequeña personita que es, cuando cumpla los nueve meses ya no tendrás ninguna dificultad para distinguir cómo se comporta justo antes de hacer pipí o caca. Cuando tenía tan sólo unos meses, por ejemplo, probablemente dejaba de succionar cada vez que realizaba una evacuación. Los bebés son incapaces de centrarse en más de dos cosas al mismo tiempo. Estate alerta también ahora para detectar signos parecidos. Si todavía no anda, puede que veas una expresión extraña en su cara. Tal vez haga muecas o suelte algún gruñido. Y es posible que pare de hacer lo que esté haciendo para poder concentrarse en el proceso. Si ya ha comenzado a caminar, quizás se vaya a un rincón o detrás del sofá, cuando tenga ganas de hacer caca. Puede que agarre el pañal e intente mirar dentro o meta la mano para ver qué es lo que ha salido de su cuerpo. A pesar de que éstas son señales bastante habituales, a lo mejor tu bebé hace cosas totalmente diferentes. Te garantizo que si mantienes los ojos abiertos, sabrás reconocer los gestos de tu hijo cuando esté a punto de hacer de vientre.

Toma notas. El contexto y la rutina también pueden servirte de guía. A los nueve meses, muchos bebés tienden a defecar más o menos a la misma hora, cada día. A menudo orinan unos veinte o treinta minutos después de haber bebido algún líquido. Estos conocimientos, unidos a tus observaciones, deberían darte una idea relativamente buena de cuándo y con qué frecuencia orina tu hijo durante el día.

Incluso aunque creas que no te entiende, háblale de sus funciones fisiológicas de la forma en que acostumbréis a hacerlo en tu familia: «¿Estás haciendo popó, cariño?». Y lo que es igual de importante, háblale de tus propios hábitos: «Ahora mami tiene que ir al lavabo». Sería ideal que no sintieras vergüenza, no tienes por qué, al *mostrarle* a tu hijo cómo lo haces. Como quiera que sea, una buena solución es que el progenitor del mismo sexo se lo enseñe, aunque eso no siempre es posible. Dado que los niños varones, en un principio, aprenden a orinar sentados (y así es como sus padres deberían enseñarles primero), ver a mamá sentada en la taza del váter también es un buen ejemplo para ellos. Los niños aprenden por imitación y están ansiosos por imitar a sus padres.

De esta forma, estarás empezando a ayudar a tu hijo a ser más consciente de lo que ocurre en su cuerpo cuando tiene necesidad de hacer pipí o caca. Es difícil traducir esas sensaciones en palabras; sobre todo, porque tú puedes sentir la vejiga llena de un modo distinto a tu hijo. Una madre que conozco le dijo a su hijo de quince meses: «Cuando sientas un hormigueo en la barriguita, avisa a mamá, porque eso significa que tienes pipí». Me temo que todavía está esperando. «Un hormigueo en la barriga» no significa *nada* para un niño. Él debe aprender mediante sus propias experiencias.

EL PLAN. Durante las primeras semanas, sienta a tu hija en el váter en cuanto se despierte. Incluye este hábito en el ritual de la mañana. Entras en su dormitorio, la saludas con un gran beso, subes las persianas y le dices: «¡Buenos días! ¿Cómo está hoy mi niñita?». Y acto seguido, la sacas de la cuna. «Es hora de ir al lavabo». *No se lo preguntes. Sencillamente hazlo.* De la misma manera que cepi-

llarse los dientes forma parte de su ritual de antes de acostarse, ir al baño —y lavarse las manos después— debería formar parte de su ritual matutino. Por supuesto, habrá orinado durante la noche y tendrá los pañales mojados. Por tanto, puede que vuelva a hacer pipí o puede que no. Déjala sentada en la taza sólo unos minutos, nunca más de cinco. Agáchate o siéntate en un taburete, así estarás a su altura. Léele un cuento, cántale una canción, háblale de lo que vais a hacer durante el día. Si orina, muestra tu entusiasmo («¡Vaya, estás haciendo pipí igual que mamá, y dentro del váter!») y

CONTROL DE LAS EVACUACIONES

Normalmente, los niños adquieren control sobre sus esfínteres en el siguiente orden:

1. Control nocturno del esfínter anal.

2. Control diurno del esfínter anal.

3. Control diurno del esfínter vesical.

4. Control nocturno del esfínter vesical.

elógiala profusamente. (Ésta es la única ocasión en que aconsejo a los padres que sean absolutamente exagerados con sus alabanzas.) Pero sobre todo haz referencia al acto en sí. Dicho en otras palabras, no exclames: «¡Buena chica!», sino más bien: «¡Buen trabajo!» o «¡Bien hecho!». Enséñale también a limpiarse el culito. Si ves que no orina, llévatela del lavabo, cámbiale los pañales y dale el desayuno.

Si tienes un hijo varón, puede que tenga una erección. A mí no me gustan esos protectores de pene que llevan algunos orinales y adaptadores para váter, porque los delicados genitales de los niños pueden quedar enganchados en ellos. Además, tampoco enseñan al niño a sostener el pene y a dirigirlo hacia el recipiente. Al principio, tendrás que hacerlo tú. Una buena manera es colocárselo entre las piernas y juntarle los muslos con suavidad. A esta edad, es mejor que lo limpies tú, sobre todo después de defecar; no obstante, explícaselo siempre y deja que tu hijo lo vaya probando él solito. Si tienes una niña, acuérdate de enseñarle a limpiarse de delante hacia atrás.

Veinte minutos después de haber ingerido algún líquido, sienta a tu hijo de nuevo en la taza del inodoro y repite el proceso. Continuarás haciéndolo durante el resto del día, tras las comidas y a las horas en que tu pequeño acostumbre a tener ganas de hacer caca. También es frecuente que los niños orinen o defequen justo antes de que les toque bañarse o bien que lo hagan en la bañera. Si eso forma parte de los hábitos de tu hijo, siéntalo en el váter antes del baño. Pronuncia siempre las mismas palabras: «Vamos al lavabo. Te quitaremos el pañal. Mamá te ayudará». Estas frases le servirán para asociar sus funciones fisiológicas con el lavabo. Si integras esas breves visitas al cuarto de aseo en la rutina cotidiana de tu pequeño —E. E. A. S. Y.—, igual que haces tú varias veces a lo largo de la jornada, el proceso le parecerá algo natural. Incluye el lavado de manos como parte del ritual.

Ve despacio las primeras semanas, pero sé sistemática. Hay personas que, al comienzo, sugieren poner al niño sobre la taza del váter solamente una vez al día; sin embargo, yo opino que eso puede confundirlo. Quizás se pregunte: *¿por qué sólo vamos al lavabo después de desayunar o antes del baño?*

La idea es hacer que tu hijo conecte con su cuerpo y relacione el hecho de evacuar con sentarse en la taza del retrete. Es posible que hasta que cumpla el primer año o más tu bebé aún no tenga un control total de los esfínteres (véase el recuadro lateral de la página 337). Pero incluso un músculo inmaduro del esfínter enviará al cerebro una señal que el bebé reconocerá. Al colocarlo en el inodoro, le estás ofreciendo la oportunidad de identificar esa sensación y practicar el control de sus esfínteres.

¿Recuerdas que te advertí que necesitarías mucha paciencia? Tu hijo no va a aprender en una o dos semanas. No obstante, verás que rápidamente comienza a hacer la asociación y, antes de que te des cuenta, todo el tema le parecerá tan divertido que querrá ir al cuarto de baño incluso cuando tú no se lo propongas. Shelley, por ejemplo, que hace poco puso en marcha este plan con su hijo Tyronne, de un año, me llamó exasperada unas semanas más tarde. «Mi hijo quiere que lo siente en la taza del váter a todas horas y, la mayoría de las veces, no hace nada. Para serte sincera, Tracy, estoy harta. No me muestro enfadada, por supuesto, pero es una auténtica pérdida de tiempo cuando Tyronne se queda simplemente ahí sentado.»

Le dije a Shelley que, por muy frustrante —o aburrido— que le pareciese, tenía que seguir con el plan. «Al principio se trata de un tanteo, de aprender a fuerza de equivocarse. Pero aun así, lo estás ayudando a reconocer las sensaciones físicas que se producen en su cuerpo. No puedes abandonar ahora.» Lo que le ocurría a esta madre es muy común. Al fin y al cabo, ir al lavabo es una experiencia muy nueva y emocionante para un niño pequeño, aunque no tanto para sus padres. El inodoro contiene agua en su interior y un dispositivo que hace que el agua caiga en cascada arremolinándose: ¡qué *divertido!* De hecho, *hacer* algo mientras está sentado en el váter es mucho más importante para ti que para tu hijo. Pero es sólo cuestión de tiempo: al final orinará y defecará allí y, cuando lo consiga, tú lo harás sentir como si hubiera ganado la lotería. La alegría de compartir su logro es todo lo que un bebé necesita para completar con éxito el proceso. Cuanto más apoyo le prestes, mejores resultados obtendrás.

Tan pronto como veas que, durante el día, no ha mojado los pañales en una semana entera —y que no ha habido «accidentes»—, deberías retirarle el pañal y ponerle ropa interior convencional, no desechable. A mí, la ropa interior desechable no me gusta porque se parece demasiado a los pañales e impide que el niño *se sienta* mojado. Por regla general, los pequeños suelen tardar unas semanas o unos meses más en no orinarse por la noche. Cuando se haya levantado «seco» durante un par de semanas seguidas, podrás retirarle el pañal por la noche con bastante seguridad.

PERO ¿Y SI NO HE COMENZADO A ENSEÑARLE TAN PRONTO?

Pongamos por caso que has leído mis recomendaciones sobre cómo enseñar al niño a usar el inodoro, pero sigues siendo escéptica al respecto. En tu opinión, un bebé de nueve meses o incluso de un año es aún demasiado pequeño. Marla, por ejemplo, protestó cuando le sugerí que empezara a enseñárselo a su hijo Harry, de once meses, inmediatamente; el niño decía «pipí» con mucha frecuencia y, además, parecía detestar que sus pañales estuvieran sucios. «Pero es tan pequeño, Tracy», insistió ella. «¿Cómo le voy a hacer eso?» Ella estaba decidida a esperar hasta que Harry tuviera como mínimo un año y medio, dos o incluso más. Ésa fue su elección y puede que también sea la tuya. Si es así, has de saber que el plan será ligeramente distinto y que esperar a que el niño tenga dos años o más significa que, aparte de enseñarle a usar el baño, también tendrás que lidiar con el comportamiento rebelde propio de esa edad.

O quizás ahora mires atrás y pienses que habría sido una gran idea empezar antes, pero tu hijo ya tiene dos años (véase la historia de Sadie, en la página 348). Obviamente, tratar con niños de diferentes edades requiere estrategias algo distintas. Pero jamás debes cruzarte de brazos y esperar a que tu hijo tome la iniciativa. A continuación, tienes varias propuestas para educar al niño en el uso del váter, pasados los quince meses. Y, en el último apartado de este capítulo, analizaremos una serie de problemas relacionados con el tema.

Cuando aún tiene ganas de colaborar: de los 16 a los 23 meses

Ésta es mi segunda época preferida para iniciar al niño en el empleo del inodoro, puesto que a esta edad todavía desea complacer a sus padres. Procederás prácticamente del mismo modo que con un bebé más pequeño (véanse las páginas 336-339), pero la comunicación será más fluida, porque ahora tu hijo comprende todo lo que le dices. Por otro lado, su vejiga también es más grande y no necesita orinar tan a menudo. Además, ya tiene un mayor control de sus esfínteres. El truco es hacerlo consciente de cómo y cuándo ejercer ese control.

QUÉ NECESITARÁS. El llamado adaptador o reductor para váter, tal como se describe en la página 336. Aunque tu hijo no vaya a pasarse más de cinco minutos seguidos sentado en el adaptador, es una buena idea tener a mano unos cuantos libros para leer sólo en el cuarto de aseo, algunos sobre el uso del retrete y otros que a tu hijo simplemente le diviertan. Llévate al pequeño de compras y deja que escoja sus nuevas braguitas o calzoncillos de personita mayor. Enfatiza el hecho de que se trata del mismo tipo de ropa interior que llevan papá o mamá. Cómprale, como mínimo, unos ocho calzoncillos o bragas, porque habrá accidentes.

CÓMO PREPARARLO. Si todavía no sabes qué gestos suele hacer tu hijo antes de hacer caca o pipí, empieza a prestarle atención. En el caso de niños mayores, las señales acostumbran a ser más evidentes. Fíjate en cómo se comporta tu pequeño justo antes de evacuar. Anótalo en tu libreta. Además, durante el mes previo al aprendizaje, cámbiale los pañales con más frecuencia, así sabrá lo que se siente estando «seco» y preferirá eso a estar mojado. A esta edad, los niños suelen orinar unos cuarenta minutos después de haber bebido. La semana antes de iniciar el aprendizaje, cambia a tu hijo cada cuarenta minutos o, al menos, comprueba si ha mojado el pañal; de esta manera podrás hacerte una idea bastante clara de sus hábitos.

Por otro lado, dedica este periodo a hablarle del uso del retrete, procurando utilizar palabras relacionadas con la evacuación, así harás que tu hijo sea más consciente del proceso («¡Oh, mira qué bien! ¡Estás haciendo caquita!»). Si se tira del pañal, dile: «Cielo, estás mojado. Vamos a cambiarte». Es especialmente importante enseñarle con el ejemplo a hacer pipí o caca en el lavabo («¿Quieres entrar al baño a ver cómo papá hace pipí?»). Lee libros y/o mira

¿Esperar al verano?

Numerosos libros y especialistas aconsejan iniciar el aprendizaje de cómo usar el váter en verano, así el niño puede ir desnudo o al menos con el culito al aire. Yo no estoy de acuerdo. En mi opinión, eso es como desnudar completamente a un niño antes de cada comida para que no se manche. Pienso que debemos enseñar a los niños a comportarse civilizadamente en el mundo real. El único momento en que creo oportuno dejar que el niño vaya desnudo al lavabo es justo antes de darle un baño.

vídeos relacionados con ir al aseo. Tanto si tu hijo usa pañales de tela como si son de tipo desechable, te recomiendo que le muestres dónde debe ir realmente la caca, llevándolo al cuarto de baño, depositando los excrementos en el váter y mostrándole cómo tiras de la cadena.

Algunos expertos sugieren introducir un objeto inanimado en el inodoro para enseñarle al niño su funcionamiento. Para mí, sin embargo, tirar al váter una muñeca, un muñeco de plástico o un osito de peluche, no tiene ningún sentido. Si funciona con tu hijo, no hay nada malo en hacerlo, naturalmente, pero muchos niños pequeños no serían capaces de realizar la abstracción. Los niños aprenden con el ejemplo de sus mayores, los modelos de conducta y las demostraciones. Desean hacer lo mismo que mamá y papá. ¿No es lógico, por tanto, que para aprender de verdad a usar el lavabo nosotros les *mostremos* cómo se hace?

EL PLAN. Tal como he explicado antes, siéntalo en la taza del váter tan pronto se despierte. Cuando lo vistas, ponle calzoncillos, braguitas o unos pantalones de deporte de algodón grueso, *no le pongas pañales*. Es importante que note una sensación diferente en el pompis y que se sienta *mojado* si tiene algún descuido. Como he comentado anteriormente, no me gusta la ropa interior desechable: para eso, más vale no quitarle los pañales. A continuación, siéntalo en el inodoro una media hora después de las comidas o cuando ha tomado un tentempié y una bebida, como hacen la mayoría de los niños. Una vez más, debo insistir: jamás le preguntes si quiere ir al lavabo, a menos que quieras escuchar un «no» por respuesta. No olvides que a esta edad se toman sus juegos muy en serio. Aunque sea hora de hacer uno de los viajes al aseo, si ves que está a punto de completar una gran tarea, como colocar un ladrillo de plástico encima de otro, espera a que termine.

Siéntate en el cuarto de baño junto a él, pero nunca durante más de cinco minutos. Distráelo leyéndole un cuento o cantándole una canción. No lo presiones (¡pero puedes abrir el grifo y dejar que corra el agua!). Ahora tu hijo ya es capaz de expresar aquello que le gusta y aquello que no; y, sobre todo, si te dispones a comenzar este proceso cuando tiene cerca de dos años, puede que topes con cierta resistencia. Al principio, las evacuaciones en el váter serán casuales, pero en cuanto el niño empiece a establecer la conexión, el ciclo se irá reforzando, especialmente si lo elogias con generosidad. Si tu hijo se muestra reticente, puede que aún no esté preparado. Espera un par de semanas y vuelve a intentarlo.

Si tiene algún accidente, no le des demasiada importancia. Dile simplemente: «No pasa nada. La próxima vez

TAZAS PARA BEBER Y USO DEL LAVABO

Hoy en día, muchos padres animan a sus hijos a andar por ahí con una bebida en la mano. Con la invención de las tazas para sorber equipadas con sistema antiderrame, eso es más cómodo que preguntarle al niño a todas horas si tiene sed. Siempre y cuando le des agua o agua con un poco de zumo, no hay nada de malo en esta práctica, *excepto* si le estás enseñando a ir al lavabo. ¡Todo lo que entra debe salir! Quizás te interese más limitar las bebidas a las horas habituales: tras las comidas, como tentempié al cabo de dos horas, etc. Al menos, de esta forma, tu hijo expulsará el líquido a intervalos predecibles.

lo conseguirás». Acuérdate de tirar los excrementos al váter para que él aprenda dónde deben ir («Esta vez yo los tiraré al váter por ti»). Antes de los dos años, la mayoría de niños no piensan de sí mismos que «huelen mal» o que son «sucios», así que elimina esas palabras de tu repertorio. Sólo una reacción negativa por parte del adulto induce al niño a creer que hay algo de lo que avergonzarse.

EVITAR LAS LUCHAS DE PODER: DE LOS **2** A LOS **3** AÑOS Y MÁS ALLÁ

Aunque ahora la preparación y el plan serán básicamente iguales, después de los dos años los padres normalmente deben afrontar pequeñas luchas de poder a la hora de educar a sus hijos en el uso del lavabo. Superados los dos primeros años, los niños son más independientes y capaces, y no siempre están interesados en complacer a sus padres. En este momento, tu hijo ya tiene una personalidad muy definida, con sus gustos y preferencias. A algunos pequeños les resulta sumamente molesto llevar los pañales mojados o sucios y ellos mismos pedirán que se los cambien. Lógicamente, este tipo de críos será más fácil de educar. Si, por norma general, tu hijo colabora y suele obedecerte, eso también facilitará su aprendizaje. Sin embargo, si es un niño beligerante, tal vez tengas que dorarle la píldora, por así decirlo, creando un sistema de incentivos.

Hay padres que dibujan una tabla y premian al niño con estrellitas doradas por cada visita exitosa al lavabo. Otros sobornan a sus hijos con caramelos y chucherías que no les están permitidos habitualmente. No obstante, las recompensas no funcionan si se ofrecen sólo por colaborar o sentarse en la taza del inodoro. El niño ha de recibir su premio al evacuar en el váter. Yo estoy totalmente a favor de las recompensas, pero eres *tú* quien mejor conoce a tu hijo y sabe lo que realmente funciona con él. A algunos niños los premios les traen sin cuidado; en cambio, a otros, los incentivos los motivan enormemente.

Si actúas de forma coherente y sistemática, tu hijo *aprenderá* a hacer sus necesidades en el lavabo. No te olvides de E. E. A. S. Y., e incluye las visitas al cuarto de baño en su rutina diaria: «Como hemos tomado el almuerzo hace poco y has bebido un vaso de agua, iremos al aseo y después nos lavaremos las manos». A esta edad, puedes explicarle las cosas con más detalle: en cuanto un niño es consciente de las señales que le envía su cuerpo para orinar o defecar, ya puedes decirle: «Sólo tienes que aguantarte hasta que lleguemos al baño y, cuando estés sentado en el váter, te relajas y lo dejas ir».

Los padres a menudo me preguntan: «¿Cómo podemos saber si un niño se muestra reacio o sencillamente es que todavía no está preparado?». Este mensaje de correo electrónico es típico:

Mi pequeña de dos años se pone en pie de guerra cada vez que quiero llevarla al lavabo. Algunas amigas me dicen que aún no está preparada, pero yo opino que se trata de la rebeldía propia de su edad. ¿Debería dejarlo? Y si lo hago, ¿cuándo podría intentarlo de nuevo?

A los dos años, la mayoría de niños ya están preparados, pero cierto grado de oposición va en el lote, así que puede ser una época delicada para iniciar el aprendizaje. De todos modos, no se trata de un problema irresoluble. Uno de los mayores errores que veo cometer a los padres es que empiezan con el aprendizaje y al poco tiempo paran, luego vuelven a empezar y vuelven a parar. Esto es desaconsejable a cualquier edad, pero a los dos años o más, resulta especialmente contraproducente. Tu hijo comprende a la perfección lo que sucede a su alrededor y el hecho de que quieras enseñarle a ir al lavabo puede convertirse en una gran oportunidad para manipularte.

No pelees con él. Pero si tu hijo se resiste, *interrumpe el proceso durante un día, dos como máximo*. Te sorprenderás: un día es importante. Además, ahora tu hijo es mucho mayor y si esperas una o dos semanas, aún lo será más y puede que oponga incluso mayor resistencia. Continúa intentándolo. No lo fuerces, pero tampoco tires la toalla. Haz que sea una experiencia agradable y recurre a toda clase de distracciones y recompensas. Si tu hijo no deposita nada en el váter, no elogies ni premies su esfuerzo. Prueba de nuevo al cabo de media hora. Si entretanto se orina encima, no lo regañes ni le des demasiada importancia. Simplemente procura tener a mano ropa interior limpia y una muda. Un niño de dos años no suele tener ninguna dificultad para cambiarse solito de ropa. Si se ha hecho pis, será sólo cuestión de ponerle un nuevo par de pantalones u otra falda. Si se ha hecho caca, haz que se meta vestido en la bañera y dile que se quite la ropa y se lave. Esto no es ningún castigo, sino una forma de hacerle entender plenamente las consecuencias de sus actos. No seas demasiado estricta. Estás ahí para ayudarlo, pero debes dejarle claro que es él mismo quien ha de lavarse. No lo sermonees ni lo humilles mientras lo hace. Hazlo partícipe del proceso y enséñale que debe compartir la responsabilidad.

Para tu información, trata de averiguar si fue realmente un accidente o si tu hijo estaba esperando deliberadamente a *salir* del lavabo para hacer de vientre. Si se trata de lo último, sabrás que ha descubierto cómo usar el lavabo para chantajearle y que pretende captar tu atención. La mejor estrategia sería prestarle atención positiva de otras maneras: pasa más tiempo a solas con él y encárgale alguna tarea especial que podáis hacer *juntos*, como clasificar calcetines cuando ordenes la colada. Dale una pequeña parte del jardín para plantar o un tiesto para poner en el alféizar. A medida que vea crecer la planta, establece el paralelismo: «¿Ves, cariño? Está creciendo, igual que tú».

Observa también tu propio temperamento y tus reacciones. Si ya llevas un tiempo en ello, es posible que el proceso te esté afectando emocionalmente y que tu hijo perciba la tensión. Esta combinación es infalible para que se produzca una batalla.

A esta edad, debes estar preparada para todo tipo de actos de rebeldía: patadas, mordiscos, gritos, arqueos de la espalda y otros comportamientos propios de los berrinches. Introduce las opciones a elegir: «¿Quieres que yo vaya al baño primero o prefieres ir tú antes que mamá?», o bien «¿Quieres que te lea este cuento o prefieres mirártelo tú mismo mientras estás sentado en el váter?». Dicho de otra forma, las alternativas que le ofrezcas deben limitarse a la experiencia de ir al lavabo; nunca has de preguntarle: «¿Quieres ver media horita la tele y luego ir al aseo?».

Sigue esta misma pauta para el aprendizaje por la noche: cuando tu hijo se haya levantado seco durante un par de semanas seguidas, retírale los pañales para dormir; ponle ropa interior o sólo los pantalones del pijama. Vigila que no beba demasiado líquido antes de la hora de acostarse. A esta edad, pese a que por la noche los niños inevitablemente tienen accidentes, cuando permanecen secos durante el día y se despiertan con los pañales secos por las mañanas, el éxito nocturno estará casi asegurado (un dato interesante es que muy pocas de las consultas que recibo de padres de niños pequeños tratan de problemas nocturnos, lo cual me indica que, en cuanto el niño se ha habituado a evacuar en el lavabo durante el día, no tendrá dificultades en hacerlo también de noche).

Muchos de los problemas que observo son consecuencia de enseñar al niño a usar el váter demasiado tarde (véase el apartado «Problemas relacionados con el uso del lavabo», más adelante). Si a los cuatro años tu hijo todavía no sabe ir al lavabo —a esa edad, el 98 % de los niños ya son independientes con relación a ese aspecto—, consulta a tu pediatra o a un urólogo infantil para comprobar que no sea debido a algún problema físico.

PROBLEMAS RELACIONADOS CON EL USO DEL LAVABO

A continuación, he seleccionado una serie de problemas reales extraídos de mi página web, de mi buzón de correo electrónico y de mis archivos de clientes. En cada caso, las primeras dos preguntas que planteo son: **¿Cuándo empezaste a enseñar a tu hijo a ir al lavabo?** y **¿Has sido sistemática durante el proceso?** Me he dado cuenta de que, al menos en parte, muchos problemas se deben a la falta de constancia de los padres. Empiezan (en mi opinión, demasiado tarde) y luego, ante las primeras muestras de resistencia, paran y vuelven a comenzar; y así continúan: parando y empezando de nuevo hasta que, antes de darse cuenta, se encuentran enzarzados en una verdadera lucha de poder con su hijo. Verás que este tema se repite en muchos de los casos siguientes:

«A los veintidós meses todavía no muestra ninguna predisposición»

Mi hijo de casi dos años, Carson, empezó a decir «pipí» la semana pasada. Le pregunté si necesitaba hacer pipí o si ya lo había hecho. Y no recibí una respuesta clara ni en un sentido ni en el otro. Aún no ha mostrado ningún signo de estar preparado para aprender a usar el retrete. Podría llevar el pañal a punto de explotar de orina y heces sin ni siquiera inmutarse. Tenemos un orinal en el cuarto de baño para él y actualmente lo usa para subirse encima y así llegar al lavamanos. No sé si dice «pipí» sólo porque es una palabra nueva que ha oído o porque realmente sabe lo que significa. ¿Debería intentar sentarlo en el orinal cada vez que dice «pipí»? Carson nos ha visto, tanto a mí como a mi marido, infinidad de veces en el cuarto de baño y entonces yo le digo: «Vamos al orinal». Estoy tratando de preparar un poco el terreno. Y otra duda, ¿cuándo empiezo a ponerle calzoncillos desechables? Aún lleva pañales normales. Aunque no creo que deba preocuparme de los calzoncillos desechables hasta que esté preparado para aprender a ir al lavabo.

A esta edad, Carson lo entiende todo. Es posible que sea uno de esos niños a quienes les importa un rábano llevar el pañal mojado y lleno de caca, pero sin duda es capaz de comprender que el pipí y la caca se hacen en el lavabo, sobre todo si ha estado observando a sus padres. Tampoco estoy de acuerdo en que «no ha mostrado ningún signo de estar preparado». Probablemente, Carson sabe lo que es el «pipí» y lo que significa. Yo le preguntaría a su madre: **¿Acaso has probado a sentarlo en la taza del váter alguna vez?** Sospecho que no. Bien, pues, ¿y a qué está esperando mamá? Tiene que empezar a seguir un plan y ser constante, sentando a su hijo en el inodoro unos cuarenta minutos después de que haya bebido. Y aparte de eso, debería darle una caja de madera o una escalerita de dos o tres peldaños para que llegue al lavamanos. De lo contrario, ¿cómo entenderá el niño la verdadera función de un orinal o de un váter? O mejor aún, debería comprarle un adaptador para inodoro. A estas alturas, Carson ya sabe que el váter es lo que utilizan mamá y papá, y así su madre se ahorraría el tener que realizar otra transición más adelante. Además, yo le recordaría a esta mamá que el paso del pañal al retrete requiere mucha paciencia. Tendría que dejarlo menos al azar y adoptar un papel más activo en la educación de su pequeño.

«Niña de dos años y medio que tras un año de intentos aún no sabe ir al lavabo»

Betsy tiene dos años y medio. Mi pareja y yo hemos estado tratando de enseñarle a ir al baño desde que cumplió los dieciocho meses. Actualmente lleva braguitas desechables. Hay días en que se niega en redondo a usar el váter y grita todas sus objeciones contra él. Ayer estuvo toda la cena sentada a la mesa con las braguitas empapadas y ni siquiera nos lo dijo. Y cuando le viene en gana, va al lavabo. Si salimos fuera, me pide que la lleve al baño, pero normalmente es porque quiere hacer algo. ¿Cómo puedo lograr que haga sus necesidades en el lavabo?

Cuando escucho un caso como éste, en que un niño empezó su aprendizaje a los dieciocho meses y un año después sólo usa el retrete «cuando le viene en gana», sobre todo siendo niña (por lo general, suelen aprender más deprisa que los varones), sé con certeza que los padres no han sido coherentes; y además, debo añadirlo, han sido perezosos. Parte del problema es que los pañales desechables exoneran a los padres del sentimiento de culpa que sentían en épocas anteriores por dejar que un niño llevara el pañal de tela mojado. Por eso vivimos en una cultura en la cual muchos padres no sienten la más mínima motivación a la hora de comenzar a enseñar a sus hijos a ir al baño; y lo que hacen es pasar a usar esa dichosa ropa interior desechable, que no es mucho mejor que los pañales. En el caso de Betsy, yo le aconsejaría a su madre que se la llevara inmediatamente de compras y le dejara escoger unas cuantas braguitas de niña mayor. Lo más seguro es que, en comparación con las desechables, Betsy no se sienta tan a gusto con unas braguitas de algodón empapadas de orina. Si se hace pipí o caca encima, no tendrá más remedio que cambiarse.

No obstante, creo que hay algo más en esta historia. Dado que Betsy «grita» cuando no desea ir al lavabo, yo le preguntaría a su madre: **¿Le preguntas si quiere ir al lavabo o simplemente le**

dices: «es hora de ir al baño»? A los niños de más de dos años es más efectivo decirles: «Es hora de ir al baño» y, acto seguido, ofrecerles un incentivo: «…y cuando acabemos jugaremos juntas a tomar el té». Por otro lado, percibo cierta frustración en las palabras de esta madre (¿y quién no lo estaría tras un año de intentos?). **¿Tu hija también coge berrinches cuando le pides que haga otras cosas?** Quizás el temperamento de Betsy sea particularmente obstinado. Si la madre no ha conseguido corregir sus rabietas en otros contextos, seguro que tampoco lo logrará en el cuarto de baño. A los dos años y medio, es el niño quien controla el proceso de evacuación, no sus padres. **¿Has perdido alguna vez los nervios o has regañado a tu hijo por haberse hecho caca encima?** Si es así, tendrás que respirar hondo y hacer algo respecto a tu propio comportamiento. Las amenazas no son buenas a la hora de enseñar. En ocasiones de este tipo, yo sugeriría que mamá se mantuviera al margen lo máximo posible. Y en lugar de recordarle a su hija que debe ir al lavabo, podría ajustar un despertador o un temporizador y explicarle que, al sonar, ella solita ha de sentarse en la taza del váter.

Por último, con una niña como Betsy, los programas de incentivos funcionan bien. A fin de elaborar uno que resulte efectivo, yo le preguntaría a su madre: **¿Qué motiva a tu hija?** A algunos niños les encanta conseguir estrellas que al final sean intercambiables por una excursión especial. Otros se portan bien para que les den un caramelo de menta después de cenar.

«Lo he probado todo y, a los tres años y medio, mi hijo sigue sin saber ir al lavabo»

> *Mi hijo, Louis, tiene tres años y medio. Lo he probado todo con él, pero se niega a usar el orinal. Sabe cómo hacerlo y cuándo, y no parece tener miedo. A veces, va él solo. Otras va si lo animamos. Pero, por lo general, se niega. Intenté castigarlo, pero lo dejé rápidamente; aún empeoraba más las cosas. He probado a darle recompensas, como caramelos, pegatinas, coches y juguetes. También lo he intentado con elogios, abrazos y besos. Hasta ahora nada lo ha motivado durante más de tres o cuatro días. Ir mojado sólo parece preocuparle la mitad del tiempo. Si se le ocurre alguna idea, por favor, dígamelo.*

Muchas de las dificultades de la madre de Louis son las mismas que tenía la de Betsy (aunque aquí el problema ha persistido durante más tiempo); por tanto, yo le haría las mismas preguntas (véase la página 345). De todas formas, también he incluido su mensaje porque es un perfecto ejemplo de incongruencia. Siempre que alguien me dice que lo ha «probado todo» (incluso el castigo, en este caso), normalmente significa que no ha sido constante con un método durante el tiempo suficiente como para que pudiera funcionar. Lo que probablemente esté sucediendo en este caso es que, en el momento en que Louis tiene un accidente, mamá cambia las normas.

En primer lugar, esta madre debería escoger una estrategia y seguir con ella, pase lo que pase. Además, ha de asumir el control del proceso. Tal como están ahora las cosas, es su hijo de tres años y medio quien lleva las riendas. Él percibe la frustración de su madre y sabe cómo hacerla reaccionar —cómo engatusarla u obtener de ella recompensas o alabanzas—, lo cual le ha dado esa prepotencia.

En segundo lugar, debe ponerle a Louis calzoncillos normales (ella no lo menciona, pero apuesto a que el niño lleva ropa interior desechable). Luego debería recurrir al método del despertador, tal como le recomendé a la madre de Betsy. Y también tendrá que procurar que las visitas al cuarto de baño no coincidan con ninguna actividad, ya que seguramente Louis no querrá colaborar si le interrumpen algún juego. Por otro lado, el niño debería encargarse de vestirse y desvestirse solito.

Una observación acerca de «castigar» a un pequeño: nunca funciona y a menudo le crea serios problemas en el futuro, tales como miedo al retrete e incontinencia urinaria. Además, cuando un niño llega a la edad de Louis, el mundo real ya es castigo suficiente. A los tres años y medio, la mayoría de críos ya sabe ir al lavabo. Y no pasará mucho tiempo antes de que algunos de los compañeros de juegos de Louis se rían de sus pantalones sucios o mojados. Mamá no debería aumentar esa humillación, ni señalar que «otros niños» (los niños buenos) hacen sus necesidades en el váter o ya no necesitan llevar ni pañales ni calzoncillos desechables.

«Tiene dos años y de repente le da miedo ir al lavabo»

Mi hija de dos años, Kayla, estaba habituándose sin problemas a utilizar el orinal. De día, no se había mojado los pañales durante varias semanas seguidas y luego, de repente, empezó a tener miedo del lavabo. No sé qué ha podido ocurrir. Trabajo tres días a la semana y tenemos una niñera estupenda que la cuida cuando yo estoy en la oficina. ¿Es esto normal?

La madre de Kayla debe respetar el miedo de su hija y averiguar qué fue lo que lo provocó. Cuando las cosas han estado yendo bien y, de forma totalmente inesperada, un niño comienza a sentir miedo al lavabo, casi siempre es porque algo ha sucedido. **¿Kayla ha sufrido estreñimiento últimamente?** Si es así, quizás un día hizo demasiada fuerza al defecar y ahora asocia ese malestar con el hecho de ir al lavabo. Sólo por si acaso, yo añadiría más fibra a su dieta: maíz, guisantes, cereales integrales, ciruelas pasas, fruta fresca. Asimismo, le sugeriría a su madre que incrementara la ingesta de líquido. **¿Qué tipo de asiento usas?** Si se trata de un adaptador, tal vez Kayla no se sentó adecuadamente un día y se escurrió un poco hacia adentro o quizás el asiento no estaba bien fijado y se movió cuando ella se sentó encima o cuando bajó de él. Si era un orinal independiente, a lo mejor volcó. **¿Le colocas un taburete bajo los pies?** Sin ningún apoyo para los pies, puede que Kayla se haya sentido insegura.

Dado que la madre de esta niña no es la única que se encarga de enseñarle a ir al lavabo, yo preguntaría además algunos detalles sobre la niñera. **¿Dedicaste un tiempo a explicarle tu plan —mejor aún, se lo pusiste por escrito— y le mostraste exactamente lo que debía hacer?** Si durante el día tu hijo está al cuidado de otras personas, es importante asegurarse de que el personal de la guardería, la niñera o la abuela sepan que le estás enseñando a ir al lavabo y cómo lo estás haciendo. Y, sobre todo, que sigan con esa misma estrategia cuando tú no estás. **¿Le comentaste a la niñera lo que sueles hacer cuando Kayla se hace pipí o caca encima?** También es importante evaluar la actitud de la persona que cuida a tu hijo, especialmente si procede de otro país. Hay gente que ridiculiza a los niños o que incluso les da una bofetada cuando se hacen caca encima. Ya sé que a veces es difícil averiguar con exactitud lo que ocurrió en tu ausencia, éstas son sólo algunas posibilidades que puedes explorar (siempre con mucho tacto).

Cuando un niño tiene miedo, debemos respetar sus temores. La madre de Kayla podría preguntarle: «¿Quieres decirle a mamá de qué tienes miedo?». En cuanto descubra qué originó el miedo de la niña (a través de ella misma o mediante otras pesquisas), mamá tendrá que volver a lo básico: leer uno o más libros de niños sobre el uso del retrete. Ir al cuarto de baño con Kayla y darle a elegir: «¿Quieres hacer pipí antes que mamá o prefieres que lo haga yo primero?». Cuando el niño va con su madre o con su padre al baño, se da cuenta de que no hay nada que temer. Si todo lo demás falla, mamá podría probar si Kayla estaría dispuesta a sentarse con ella en la taza del váter, encima de su regazo y hacer pipí entre sus piernas. Hasta que el miedo de la niña disminuya, su madre puede servirle de adaptador humano para el váter. Cumplidos los dos años, no es probable que la pequeña se vuelva dependiente de su madre. A esta edad, los niños desean ser «mayores» y tan pronto como sus temores desaparezcan, sin duda Kayla querrá ir sola al lavabo.

A veces a los niños les dan miedo los servicios públicos. En ese caso, es mejor procurar que el niño vacíe la vejiga antes de salir de casa. Asimismo, será más conveniente realizar salidas breves durante la fase de aprendizaje. Si estás haciendo recados con tu hijo por el barrio, para en casa de alguna amiga para que él pueda ir al lavabo.

«Empezó muy bien y luego hizo una regresión»

Pensé que mi hijo Eric estaba en el buen camino a la hora de aprender a usar el retrete, pero cuando nos trasladamos a nuestra nueva casa, comenzó a oponer resistencia cada vez que yo quería llevarlo al lavabo. ¿Qué es lo que hice mal?

¿Cuánto tiempo antes de la mudanza empezaste el aprendizaje? Puede que el problema de la mamá de Eric sea que comenzó a enseñarle a su hijo a ir al baño en un mal momento. Nunca es aconsejable iniciar la transición del pañal al lavabo antes de un gran cambio en la familia, como es un traslado de casa, la llegada de un nuevo bebé o cuando el niño en cuestión está atravesando un proceso de cambio; por ejemplo, la dentición o alguna enfermedad. **¿Está sucediendo alguna otra cosa nueva o inusual en casa?** El aprendizaje también puede verse interrumpido por peleas entre papá y mamá, por una nueva niñera o por cualquier cambio en casa o en su grupo de juegos, que pueda haber alterado al pequeño.

Si éste es el caso, vuelve al principio y retoma de nuevo tu plan inicial.

«Se me pasó el momento de enseñarle y ahora es una guerra constante»

Sadie mostró varios indicios de estar preparada entre los diecisiete y los veinte meses, pero yo pospuse su aprendizaje porque mi segundo bebé estaba en camino. La niña

estaba realmente dispuesta y, de hecho, cuando su hermanito tenía tan sólo unos días, hizo sus necesidades en el orinal unas cuantas veces. Pero mi segundo hijo me daba tanto trabajo que yo no tenía la suficiente energía, ni física ni mental, para invertir en el proceso. De modo que ahora tengo que esperar hasta que ella decida lo que quiere hacer o bien ponerme dura y tener una pelea traumática con ella.

Respeto la sinceridad de la madre de Sadie y que supiera que no era buena idea enseñarle a su hija a ir al baño cuando se avecinaba un cambio tan grande en la familia. Pero está claro que, además, le tiene pánico al orinal, y eso no le deja ver sus otras alternativas. Su hija comenzó a dar muestras de estar preparada a los diecisiete meses. Si ella hubiese iniciado el aprendizaje en ese punto —antes de nacer el segundo bebé—, ahora la niña probablemente no tendría ningún problema para ir al baño. En cualquier caso, eso no es lo que sucedió. Sadie ya ha cumplido los dos años y, pese a que empezar el aprendizaje a esta edad es más complicado, especialmente con una nueva criatura en casa, existen otras soluciones aparte de ponerse «dura» o tener una «pelea traumática» con la pequeña.

Es evidente que Sadie está lista para aprender y que puede comunicarse con su madre. Yo le sugeriría a esta mamá que implementara mi plan: primero, dedicar una semana a observar los patrones de evacuación de su hija y a hablar con ella sobre hábitos a la hora de ir al váter. Es importante que se lleve a su hija con ella al baño. Y también que ambas vayan de compras y la criatura elija unas cuantas braguitas de niña grande. Cuando llegue el momento de iniciar el aprendizaje, mamá cambiará los pañales del bebé unos minutos antes de que Sadie pueda tener ganas de orinar o hacer de vientre. Y además, hará que ella se involucre en el proceso: «¿Te gustaría ayudar a mamá a cambiar al bebé?». Subida a una escalerita, la niña podrá acercarse más al cambiador y entonces sería ideal que su madre la dejara sostener el pañal, la crema hidratante y que la hiciera sentir como una pequeña ayudante. Como de pasada, mamá también podría comentarle: «¿Ves, Sadie? Tú ya no necesitas pañales porque sabes ir al lavabo como hago yo y todas las personas mayores. En cuanto acabe de cambiarle el pañal a tu hermanito, tú y yo iremos juntas al cuarto de baño, ¿qué te parece?». Si le permite participar, programa bien sus visitas al lavabo y le da opciones para escoger («¿Prefieres hacer pipí tú primero o que vaya mamá antes?»), será menos probable que tenga que pelear con su hija.

«Niña de tres años finge hacer sus necesidades en el orinal, pero luego las hace en el pañal»

Amy se sienta en el orinal y finge hacer sus necesidades, pero en realidad nunca hace nada. Ya lleva braguitas normales, pero cuando tiene que ir al orinal, anuncia: «Necesito un pañal, por favor»; y entonces hace pipí o caca en el pañal. Mi marido y yo hablamos de este tema con el pediatra y él nos comentó que, obviamente, Amy PODRÍA evacuar en el orinal, porque es capaz de controlar sus esfínteres lo suficiente como para esperar a que le den un pañal. Él nos aconsejó que no la forzáramos a ir al lavabo, ya que cuanto más la presionáramos, más insistiría ella en hacer las cosas a su manera. Para nosotros, ésta es una situación difícil porque nuestro otro hijo, que ahora tiene siete años, aprendió a usar el orinal y el váter muy fácilmente. Con Amy me da miedo, su voluntad es más fuerte que la mía.

Otra madre que escribió a mi página web sugirió que le dieran a Amy un pañal, pero con un agujero cortado en el centro; de este modo, podría llevar pañal e ir al lavabo. Hay niños que tienen verdaderos problemas para hacer de vientre. Y en este caso, un agujero en el pañal quizás ayudaría. No obstante, Amy tiene tres años y es una niña muy lista e independiente. El hecho de que su madre afirme: «Su voluntad es más fuerte que la mía», me indica que el drama del lavabo no es la única batalla que se libra en esa casa. Yo preguntaría: **¿Amy quiere hacer prevalecer su opinión también en otros contextos? ¿Las luchas de poder entre vosotras son frecuentes?** Si es así, significa que la niña ha descubierto una nueva forma de manipular a su familia, una estrategia bastante habitual en los pequeños. Mi enfoque sería deshacerse de todos los pañales que hubiera en casa e informar a Amy de ello. Así, cuando ella pidiera un pañal, su madre podría recordárselo: «No te puedo dar ninguno, cielo. Ya no tenemos pañales, ¿recuerdas? Pero si quieres podemos ir al lavabo». Me parece comprensible que un pediatra aconseje no forzar a un niño a los dos años, pero a los tres, no lo veo tan claro. Algunas criaturas necesitan un pequeño empujón y tengo la impresión de que ésta es una de ellas.

«Usa el pene como una manguera contra incendios»

¡Naturalmente que lo hace! Es lógico a su edad. En efecto, enseñar a evacuar en el baño a un niño varón a menudo es un caso de «vigila porque… te puede caer encima». Ni siquiera enseñar a los niños a orinar sentados al principio resuelve siempre el problema. En cuanto le pillan el truco a usar el pene, los varones cogen una auténtica fijación por el tiro al blanco. Un padre ideó una manera para sacarle el máximo provecho a esta afición, acelerando además el proceso de aprendizaje de su hijo: introdujo sus cereales favoritos en la taza del váter y lo animó a apuntar y dar en el blanco. Si su hijo fallaba el tiro, él mismo tenía que limpiar el lavabo. Y una madre enseñó a sus hijos e hijas a usar el retrete prescindiendo totalmente de orinal y de adaptadores y haciéndolos sentarse al revés, es decir, de cara a la cisterna del váter.

«Mi hija quiere hacer pipí de pie»

Es normal que quiera hacerlo, sobre todo si ha visto orinar a su padre o a un hermano mayor. Se trata simplemente de tener paciencia y explicarle que los niños hacen pipí de una manera y las niñas de otra. Demuéstraselo con el ejemplo. En el peor de los casos, déjala orinar de pie, pero adviértele que, si no acierta, tendrá que limpiar el váter ella misma. Por lo general, la sensación de notar el pipí mojándoles las piernas es lo único que las niñas necesitan para olvidarse rápidamente de este «antojo».

«Me cuesta *sacarla* del orinal»

A los dieciocho meses, mi hija mostró un interés enorme por aprender a usar el orinal, así que mi pareja y yo empezamos entonces a enseñárselo. Desafortunadamente, estábamos en invierno y entre que ella se puso enferma y yo tenía que cuidar de mi segundo hijo recién nacido, lo interrumpimos y volvimos a comenzar varias veces, hasta que finalmente lo dejamos pasar. Ahora la niña tiene casi veintitrés meses y nos estamos planteando empezar de nuevo. Y me doy cuenta de que al principio cometimos algunos errores: empezar, parar, dejarla sentarse en el orinal durante una hora leyendo libros. Mi pregunta es: ¿hay otros niños que se resistan tanto a levantarse del orinal tras los tres minutos de rigor? Tengo la impresión de que mi hija lo volverá a hacer y esta vez quiero estar mejor preparada. Antes, no quería levantarse de ninguna manera y, si yo insistía, nos habríamos peleado, pero yo no quería que asociara las peleas con el uso del orinal, así que la dejaba quedarse ahí sentada el tiempo que ella quisiera. ¿Algún consejo sobre cómo conseguir que deje el orinal sin tener que discutir?

Lo primero que yo sugeriría en este caso es usar un despertador. A los veintitrés meses ya se le puede decir a un niño: «Cuando suene la alarma, veremos si has hecho pipí o caca». Si no hay nada en el orinal, dile: «Bueno, ha sido un buen intento; podemos volver más tarde y probarlo otra vez». De todos modos, aquí hay una cuestión más importante. Esta madre cedió a las presiones de su hija a fin de evitar una pelea, según ella, sobre el uso del orinal. Sin embargo, yo me temo que actúa de la misma manera también en otras ocasiones.

Consejos fundamentales a la hora de enseñar al niño a ir al lavabo

Una madre, cuyo hijo todavía no sabía ir al lavabo a los tres años, me comentó que el pediatra calmó su ansiedad al decirle que mirara a su alrededor: «¡Me preguntó si conocía a algún adulto que llevara pañales!». Y tenía razón. La mayoría de niños acaban por aprender… tarde o temprano. Algunos lo logran al cabo de tan sólo unos días, porque están preparados y porque sus padres lo dejan todo a un lado para poder concentrarse en esta importante tarea. Y a otros les costará un año o más prescindir definitivamente de los pañales. Si existen mil especialistas (por supuesto, hay más) lo más probable es que existan mil variaciones sobre cómo y cuándo enseñar a los niños a usar el baño: desde iniciar el aprendizaje a los pocos meses de nacer, hasta esperar a que el niño se muestre dispuesto. Infórmate de todos los métodos y elige el planteamiento y la estrategia que te parezca más conveniente para tu bebé y tu estilo de vida. Habla con otras parejas de padres y averigua qué les funcionó a ellos. Sea cual sea el método que escojas, no te lo tomes demasiado en serio. Relájate y ríete mucho. Cuanta menos ansiedad sientas, más posibilidades tendrás de que tu hijo culmine con éxito su aprendizaje. Concluyo este capítulo con una serie de recomendaciones de varias guerreras de primera fila: madres que están en pleno proceso de enseñar a sus hijos o bien que hace poco han terminado de hacerlo. Éstas son el tipo de joyas de sabiduría que he encontrado en la sala de chat de mi página web:

- No atosigues continuamente a tu hijo para que vaya al aseo. Nosotros jamás ejercimos ningún tipo de presión sobre nuestra hija; en cambio, la animamos y felicitamos efusivamente por cada uno de sus éxitos.

- Recomiendo encarecidamente el libro *The Potty Book for Girls/Boys*, ya que ayuda a transmitir el mensaje al niño y además es entretenido también para los padres.

- No empieces cuando se avecine un gran cambio en tu vida: la llegada de un nuevo bebé, llevar a tu hijo a la guardería, invitados en casa, un viaje, aunque sólo sea de un fin de semana. Los cambios en la rutina lo echan todo a perder y, cada vez que suceden, el niño da tres enormes pasos hacia atrás.

- Puedes dejarlos ir desnudos si quieres, pero yo tengo la sensación de que simplemente acabarán haciéndose pis encima, lo cual luego los avergonzará.

- Recuerda que tu hijo es un ser único y, si haces que se sienta cómodo y con el control de la situación (aunque en realidad seas tú quien secretamente lleve las riendas), es mucho más probable que obtengas resultados positivos.

- Piensa que *tú* estás aprendiendo a enseñar a ir al lavabo tanto como tu hijo está aprendiendo a que le enseñen. No seas demasiado dura contigo misma si cometes algunas equivocaciones a lo largo del proceso.

- En la vida real no será tan sencillo como parece al leer los libros. Pero, ¿acaso lo fue el embarazo? ¿Y el parto? ¿Y luego la lactancia?

- No te estreses por lograr que tu hijo aprenda a usar el baño en un determinado periodo de tiempo. Aprender a caminar también fue un proceso lleno de falsos comienzos.

- No le comentes a nadie que estás enseñando a tu hijo a ir al lavabo; de lo contrario, cada día te darán la lata con críticas y «consejos útiles». Espera a que el proceso haya finalizado y, a continuación, anuncia a bombo y platillo el gran logro de tu niño. La excepción es que cuentes con el asesoramiento de un grupo de gente maravillosa, como el equipo de www.babywhisperer.com, donde puedas compartir tus éxitos y frustraciones y la gente te responda dándote ánimos y ofreciéndote ayuda *de verdad*.

10

JUSTO CUANDO CREAS QUE YA LO HAS CONSEGUIDO… ¡TODO CAMBIA!

LAS DOCE PREGUNTAS FUNDAMENTALES Y LOS DOCE PRINCIPIOS BÁSICOS PARA RESOLVER PROBLEMAS

UNA VERDAD INDISCUTIBLE SOBRE LA CRIANZA DE LOS HIJOS

Cuando estaba discutiendo con mi coautora los contenidos que nos propusieron para este libro, decidimos, lógicamente, cubrir primero los temas más preocupantes para los padres —establecer una rutina, hábitos de sueño, hábitos a la hora de comer, cuestiones de conducta—, y luego nos preguntamos cómo terminarlo. Nuestro manual iba a consistir fundamentalmente en ofrecer soluciones, pero ¿cómo podíamos prever y resumir todos los problemas con que pueden encontrarse los progenitores?

Jennifer, cuyo hijo Henry tenía unos cuatro meses en aquel momento, vino en nuestra ayuda. Henry, un bebé angelito de carácter alegre y despierto que enseguida se adaptó a la rutina E. A. S. Y., y entonces ya dormía sus buenas cinco o seis horas seguidas por la noche, de repente había empezado a despertarse a las 4 de la madrugada. En cuanto hubimos descartado que tuviera hambre, yo le sugerí a su madre que probara mi estrategia de despertar-para-dormir (véase el recuadro lateral de la página 191). Ella se mostró escéptica al principio, pero unas cuantas noches más tarde, el sonido de su perro vomitando a las 3 de la madrugada la despertó casualmente, una hora antes de la hora en que solía hacerlo el niño. «De todos modos, ya estaba despierta», nos explicó Jennifer unos días después, «así que pensé, ¿por qué no probarlo?» Para su enorme gran sorpresa, despertar antes de tiempo a su hijo rompió aquel círculo vicioso y el bebé pronto volvió a su antiguo patrón de sueño. Sin embargo, éste no es el quid de la historia. Como sabía que nos estábamos devanando los sesos para perfilar el contenido del último capítulo de este libro, Jennifer nos propuso: «¿Qué os parece, "Justo cuando creas que ya lo has conseguido… ¡todo cambia!"?».

¡Genial! Con su breve experiencia, esta madre había dado en el clavo, definiendo una verdad indiscutible acerca de la crianza de los hijos: nada permanece igual durante mucho tiempo. Al fin y al cabo, éste es el único trabajo del mundo en que no sólo los requisitos cambian constantemente, sino también «el producto».

Las mamás y los papás sabios y hábiles comprenden los altibajos en el desarrollo del niño y son capaces de sacarse de la manga trucos efectivos para salir del paso. No obstante, ni siquiera eso garantiza que todo sea siempre coser y cantar. No hay padres a quienes su hijo, tarde o temprano, no pille desprevenidos.

Entonces enviamos mensajes de correo electrónico a diversas parejas, preguntándoles qué situaciones les gustaría que incluyéramos en el libro. Cuando recibimos la siguiente respuesta de Erica, supimos que íbamos bien encaminadas. No sólo nuestro libro, sino *todos* los libros sobre crianza infantil deberían concluir así:

- Justo cuando creas que tu hijo por fin se dormirá solo sin problemas, él descubrirá que si arma suficiente alboroto te quedarás con él.
- Justo cuando creas que a tu hija le encantan las verduras y que, por fin, comerá de todo, cogerá una fijación por las galletas y descubrirá que puede expresar sus preferencias.
- Justo cuando creas que tu hijo ha aprendido a beber correctamente de una taza para sorber, descubrirá lo divertido que es escupir.
- Justo cuando creas que a tu hija le gusta dibujar y colorear, ella descubrirá que no tiene por qué limitarse al papel: paredes, suelos y mesas se convertirán en fantásticas superficies donde plasmar su arte.
- Justo cuando creas que tu hijo adora la lectura, él descubrirá el placer de los DVD y los dibujos animados.
- Justo cuando creas que tu hija ha asimilado las normas básicas de cortesía el decir siempre «por favor» y «gracias», descubrirá que es más divertido portarse mal…

Cualquier padre o madre que lea la lista de Erica podría añadir algún punto más. A fin de cuentas, educar a un hijo es un continuo exclamar: «Justo cuando…». Estos momentos de cambio son un hecho insoslayable de la vida. El crecimiento de un niño y el de cualquier persona, en definitiva, se caracteriza por periodos de equilibrio (calma) y periodos de desequilibrio (caos y trastorno). Para los padres, el viaje de cada día es como una larga ascensión hacia la cima de una montaña. Primero inviertes una gran cantidad de esfuerzo en subir un tramo empinado y luego llegas a una planicie. A partir de ahí, el terreno se allana y, por un tiempo, avanzas feliz y contenta, hasta que encuentras una nueva subida mucho más dura de escalar. Si quieres llegar a la cumbre, no tienes más remedio que seguir avanzando.

En estas páginas finales, analizaremos el día a día de ser padres y los tramos pedregosos que parecen surgir de la nada. Estos accidentes del terreno pueden hacer tropezar incluso a los progenitores más diligentes. Dado que me es totalmente imposible predecir con qué dificultades concretas se encontrará tu familia, te ofrezco unas cuantas estrategias para resolver problemas. Luego, te muestro cómo aplicar esas estrategias mediante una selección de situaciones frecuentes. Algunos temas no se han tratado en ningún otro sitio. Otros están relacionados con hábitos de sueño, de alimentación y de conducta, cuestiones que ya he examinado en gran profundidad y que implican usar técnicas que, si has leído el libro hasta aquí, seguramente ya has aprendido. Sin embargo, ahora el objetivo es centrarse en la complejidad de estos problemas y en su contexto más amplio.

Las **12** preguntas fundamentales

Tal como expliqué en la introducción, estos últimos años mi vida ha dado un giro al pasar de ser «la mujer que susurra a los bebés» a la «señora Arreglalotodo». Creo que hay un señor o señora Arreglalotodo en cada padre y madre; sólo hace falta un poco de orientación para que aflore. Resolver problemas significa hacerse las preguntas adecuadas, de manera que uno pueda averiguar por qué el niño está alterado y las causas de su nuevo comportamiento; asimismo, al conocer sus motivos, será mucho más sencillo elaborar un plan para cambiar la situación, o bien para aprender a vivir según las nuevas circunstancias.

«No lo entendemos, su comportamiento no tiene explicación», insisten la mayoría de padres. No, queridos. Cuando sucede algo inesperado, casi siempre es por alguna razón. Despertarse por la noche, un cambio en los hábitos alimenticios, malhumor e irritabilidad, rechazo a relacionarse con otros niños o a colaborar, sea cual sea la nueva conducta o actitud, estas cosas raramente surgen de la nada.

Los padres tenéis tendencia a sentiros frustrados y abrumados en esos momentos de cambio súbito; por eso he ideado una forma de ayudaros a dar un paso atrás, adquirir una mayor perspectiva y analizar lo que ha estado ocurriendo en vuestro hogar, en vuestra vida y con vuestro hijo: las doce preguntas fundamentales. A lo largo de este libro, he planteado numerosos interrogantes que os ayudarán a entender cómo afronto una determinada cuestión y os enseñarán a pensar como yo. Aquí, sin embargo, he concentrado y resumido lo que para mí son las cuestiones esenciales: aquellas que debéis preguntaros *en primer lugar* porque reflejan la causa más común de los cambios bruscos de comportamiento. En muchas situaciones de «justo cuando...», entran en juego varios factores: el desarrollo de tu hijo, algo que estáis haciendo (o dejando de hacer), modificaciones en vuestra rutina diaria o en el entorno familiar. A veces no es fácil descubrir lo que está pasando, o qué hacer primero. Contestar a todas las preguntas que aparecen más abajo, aunque algunas de ellas no os parezcan relevantes, os ayudará a solucionar mejor los problemas.

Te recomiendo que copies estas preguntas en una libreta y, al menos al principio, mientras aún estés aprendiendo cómo resolver problemas, escribas al lado las respuestas. Una advertencia: puede que te sientas culpable al contestar a estas preguntas, ya que algunas respuestas apuntan a una falta de responsabilidad por parte de los padres. Pero, créeme, no propongo este ejercicio para que concluyas: «Oh, no, es culpa mía que el pequeño Johnny haya estado arrasando la casa como un ciclón». El sentimiento de culpa, tal como he señalado en ocasiones anteriores, no sirve de nada. En lugar de flagelarse y darle vueltas a las cosas inútilmente, es mejor que dediques tu mente y tu energía a entender *por qué*, y luego a tomar medidas para cambiar las situaciones. Cualquier problema puede solucionarse empezando otra vez desde cero, *siempre y cuando sepas qué lo originó.*

En los apartados que siguen, analizaremos las doce preguntas con más detalle; asimismo, comentaremos unos cuantos ejemplos extraídos de situaciones reales, en las cuales el hecho de responder a las preguntas contribuyó a desentrañar la causa del problema.

LAS DOCE PREGUNTAS FUNDAMENTALES

1. ¿Tu hijo se está aproximando a una nueva etapa en su desarrollo físico, está aprendiendo a sentarse, a andar, a hablar, o está atravesando alguna otra fase de crecimiento que pueda estar influyendo en este nuevo comportamiento?

2. ¿Esta nueva conducta es coherente con la personalidad de tu hijo? Si es así, ¿podrías precisar qué otros factores (relacionados con su desarrollo, con el entorno o con la familia) pueden empeorarla?

3. ¿Tu rutina cotidiana ha cambiado?

4. ¿La dieta de tu hijo ha cambiado?

5. ¿Tu hijo ha comenzado a realizar actividades nuevas? Si es así, ¿son apropiadas para su edad y su temperamento?

6. ¿Sus patrones de sueño diurnos o nocturnos han cambiado?

7. ¿Has estado fuera de casa más de lo habitual, te has ido de viaje o de vacaciones con la familia?

8. ¿A tu hijo han empezado a salirle los dientes, se ha estado recuperando de algún accidente (por pequeño que sea), de alguna enfermedad u operación?

9. ¿Tú —o algún otro adulto cercano a tu hijo— estás enferma, excepcionalmente ocupada o atravesando un momento emocionalmente difícil?

10. ¿Qué más está ocurriendo en tu hogar que pueda afectar a tu hijo: discusiones entre tú y tu pareja, una nueva niñera, un cambio de trabajo, una mudanza, una enfermedad o la muerte de alguien de la familia?

11. ¿Sin querer has estado reforzando una determinada conducta al ceder continuamente ante las presiones de tu hijo?

12. ¿Recientemente has probado un nuevo método de crianza porque el anterior «no te funcionaba»?

● ● ●

PRESTA ATENCIÓN A LAS CONSECUENCIAS QUE TIENE EL DESARROLLO DE TU HIJO

La primera pregunta refleja cambios en cuanto al desarrollo del niño:

1. ¿Tu hijo se está aproximando a una nueva etapa en su desarrollo físico, está aprendiendo a sentarse, a andar, a hablar, o bien atraviesa alguna otra fase de su crecimiento que pueda estar influyendo en este nuevo comportamiento?

Los cambios debidos al desarrollo son, lógicamente, inevitables. Ningún progenitor se libra de ellos. Y tampoco sería deseable que alguien quisiera detener el crecimiento de un niño. ¡Pero hablando de desequilibrio! Lo más sorprendente es que los pequeños a menudo cambian literalmente de la noche a la mañana. Recuerdo que una noche acosté a mi hija menor siendo un angelito y, lo juro, a la mañana siguiente se levantó convertida en un auténtico demonio. Mi esposo y yo pensamos que alguien había secuestrado a nuestra Sophie de verdad. De golpe y porrazo se transformó en una niña testaruda, más autoritaria y más independiente. Sin embargo, nuestro caso no fue ni mucho menos algo inusual. ¡No creerías la cantidad de mensajes que recibo de padres que me aseguran que unos alienígenas se introdujeron en su casa mientras dormían y les cambiaron al niño por un pequeño diablillo!

El truco para superar las transformaciones que conlleva el desarrollo es tomárselas con calma. Cuando los padres quedan descolocados y desconcertados por un comportamiento insólito, a veces se olvidan de seguir la rutina, lo cual es más importante que nunca durante los periodos de desequilibrio. Y para empeorar más las cosas, cometen además errores de crianza. Tal como verás en «El dilema de Dorian» (véanse las páginas 368-372) una historia real sobre un problema de cambio repentino provocado no sólo por cuestiones de desarrollo, sino también por otros factores, de forma natural, los niños ponen a prueba sus nuevas habilidades con aquellas personas que tienen más cerca: sus padres. Cuando éstos reaccionan y ellos se dan cuenta de que su conducta tiene un efecto determinado, se sienten poderosos y eso refuerza la nueva actitud.

A veces, lo único que tienes que hacer es aguantar estoicamente y esperar a que pase la tormenta. Puede que te ayude considerar la nueva conducta como parte de la necesidad que siente tu hijo de explorar el mundo y hacerse valer y no como un ataque personal (¡a pesar de que te parezca más bien esto último!). A menos que tu hijo esté en peligro o que su comportamiento esté afectando a otros, lo mejor suele ser ignorar la situación. No obstante, a veces, los cambios en el desarrollo requieren que hagas alguna modificación. Por ejemplo, si tu bebé solía jugar plácidamente él solo y ahora reclama tu compañía cada vez con más frecuencia, podría ser que su cerebro hubiese madurado lo suficiente como para percatarse de que te necesita. Aunque también podría ser que sus antiguos juguetes hubieran dejado de motivarlo. En cuanto un niño aprende cómo funciona un juguete y llega a dominar sus mecanismos, no tarda en buscar un reto más estimulante.

A menudo, los padres no se dan cuenta de que, a veces, lo que parece un problema de conducta es, en realidad, un avance en el desarrollo del niño que exige una modificación de su rutina o bien tomar medidas, a fin de dar salida a sus nuevas necesidades y aptitudes. ¿Te acuerdas de Jake, cuya madre, Judy, estaba preocupada por enseñarle a su hijo a no dar bofetadas y a no tocar los objetos de valor que tenía en casa (véase la página 318)? De hecho, todos los supuestos problemas de Jake estaban relacionados con su desarrollo. Cada vez que escucho que, de forma repentina, un bebé «se mete en todo», sé que ha madurado y que sus padres tendrán que hacer cambios para adaptarse a una personalidad más compleja. En aquella ocasión, aconsejé a Judy que protegiera su casa, de modo que ella y su hijo no tuvieran que pelear constantemente y el niño no se sintiera tan frustrado por la interminable cantilena de «no hagas eso» y «no toques eso otro» de mamá. En cuanto ella hubo creado un espacio seguro donde Jake pudiera ejercitar con libertad sus músculos, lo único que tuvo que hacer fue continuar así, vigilar que no se pegara tortazos y esperar a que esa etapa de su desarrollo pasara. De haber sido una madre menos consciente, la agresividad del pequeño podría haberse agravado. Y eso habría sido una lástima, porque la verdadera causa de aquel problema era que el crío estaba creciendo y adquiriendo una mayor independencia.

CONOCE A TU PROPIO HIJO

La segunda cuestión tiene que ver con una máxima de suma importancia que he estado subrayando a lo largo de todo el libro y que acostumbro a inculcar a los padres en todas mis charlas: *Conoced a vuestro hijo*.

> **2. ¿Esta nueva conducta es coherente con la personalidad de tu niño? Si es así, ¿podrías precisar qué otros factores (relacionados con su desarrollo, con el entorno o con la familia) pueden empeorarla?**

Tal vez una madre me diga: «Por supuesto que me doy cuenta de que tiene su propia personalidad y de que debo respetar su carácter singular». Sin embargo, aceptar sinceramente el temperamento de un hijo es mucho más difícil que decirlo de boquilla (para más información sobre este tema, véase «Por qué algunos padres no "ven" cómo son realmente sus hijos», página 73). A medida que los niños crecen y, sobre todo, a medida que descubren el mundo y pasan más tiempo con otros niños y en entornos sociales nuevos, las buenas intenciones de los padres, con frecuencia, se quedan a medio camino.

Veamos el caso de Susan, por ejemplo, una abogada de Houston a quien conocí en una firma de libros en Los Ángeles. Ella redujo su jornada cuando nació Emma para poder «hacer más cosas» con su hija. Sin embargo, la niña era mucho menos sociable que su alegre y parlanchina madre. Más o menos cuando Emma cumplió los veintidós meses, Susan tuvo que afrontar la verdad acerca de su pequeña. Pese a adorar la música, se escondió detrás del sofá cuando su madre le dijo: «Cariño, hoy empieza tu primera clase de música». Al principio, Susan pensó que se trataba de un juego y que el hecho de esconderse no tenía nada que ver con la actividad, así que simplemente ignoró el comportamiento de su hija. Cuando llegaron a la clase y Emma cogió un berrinche, Susan se convenció de que «mi hija no debe de haber dormido bien esta noche» (y así lo comunicó al resto de madres). Finalmente, tras comprobar que este tipo de episodios se repetía a lo largo de las semanas siguientes, me llamó.

Después de contestar a las doce preguntas fundamentales, esta madre se dio cuenta de que, en efecto, su hija había sido una criatura sumamente sensible desde que nació; no obstante, ella siempre había pensado o, más bien, deseado que se trataba sólo de una fase y que se le pasaría. De modo que exponía continuamente a la niña a numerosas situaciones sociales, con la esperanza de que eso la ayudara a superar su timidez. Y cuanto más se resistía Emma, más la presionaba su madre. «En la clase de Gymboree, ella sólo quería sentarse en mi regazo, pero yo no la dejé. Le estuve diciendo todo el rato: "Vamos, tesoro, ve a jugar con los otros niños". A ver, para eso estábamos allí, y ¿de qué otra manera iba a aprender?». La supuesta resistencia repentina de Emma había estado ahí desde siempre, pero Susan no había prestado atención a los síntomas. Ahora, sin embargo, el proceso de madurez de la niña llevó las cosas a un punto crítico. Ya tenía casi dos años, su comprensión era mayor y tenía más recursos para hacerse valer; por tanto, con sus rabietas, estaba diciendo: «Basta, mamá, ¡todo esto es demasiado para mí!».

En este caso, regresar al punto de partida significaba que, en adelante, Susan tendría que tomar en consideración la sensibilidad de Emma en sus salidas cotidianas. En lugar de empujarla a la palestra, debería concederle a su hija el tiempo suficiente para adaptarse a situaciones desconocidas y a grupos de niños nuevos. «¿Crees que deberíamos abandonar definitivamente las clases?», me preguntó. «En absoluto», le respondí. «Eso le enseñaría a Emma que cuando algo le da miedo, le resulta difícil o bien frustrante, tú dejas de intentarlo.» Mi sugerencia fue que volviera a las clases de música, pero asegurándole a la niña que podría quedarse en su falda hasta que se sintiera preparada para jugar con los instrumentos y con el resto de los niños del grupo. Aunque le costara semanas e incluso hasta el final de las sesiones, mamá tendría que ser constante.

No obstante, entretanto, podría pedirle a la profesora una lista de las canciones que aprendían en clase (en muchos centros también venden CDs de la música que se enseña en los cursos), y cantarlas con Emma en casa. Los niños tímidos responden mejor cuando saben lo que les espera y sienten que pueden estar a la altura. Asimismo, mamá podría plantearse la posibilidad de comprar o tomar prestado algún instrumento: un triángulo, una pandereta o unas maracas como las que usaban en clase, de manera que su pequeña pudiera practicar y familiarizarse más con el instrumento en cuestión. Si, al cabo de unas cuantas clases, Emma se mostraba aunque sea ligeramente interesada en formar parte del grupo, Susan debería sentarse en el suelo con ella. «Es posible que tu hija no se separe de tu lado, pero no te preocupes, es normal», le recalqué. «Te garantizo que si le das el tiempo que necesita, al final se atreverá a jugar ella sola.»

CUIDADO CON LOS SABOTEADORES DE LA RUTINA

Las siguientes preguntas giran en torno a tu rutina diaria y al tipo de acontecimientos y/o circunstancias que pueden alterarla:

3. **¿Tu rutina cotidiana ha cambiado?**
4. **¿La dieta de tu hijo ha cambiado?**
5. **¿Tu hijo ha comenzado a realizar actividades nuevas? Si es así, ¿son apropiadas para su edad y su temperamento?**
6. **¿Sus patrones de sueño diurnos o nocturnos han cambiado?**
7. **¿Has estado fuera de casa más de lo habitual, te has ido de viaje o de vacaciones con la familia?**
8. **¿A tu hijo han empezado a salirle los dientes, se ha estado recuperando de algún accidente (por pequeño que sea), o de alguna enfermedad u operación?**

La rutina es la clave de la estabilidad en la vida familiar. He dedicado un gran número de páginas de este libro a problemas derivados de la falta de rutina o de una rutina poco sistemática. A pesar de eso, también es cierto que hay ocasiones en que hasta los padres más organizados y conscientes no pueden evitar saltarse la suya. La dentición, alguna enfermedad y los viajes pueden desbaratar los planes familiares, así como cualquier cambio relacionado con las letras de E. A. S. Y.: una nueva dieta (E), nuevas actividades (A), alteraciones de los hábitos de sueño (S), algún cambio en tu propia vida (Y). Aun así, no importa qué haya sido lo que ha trastornado tu rutina y la del niño; en cuanto tomes consciencia de ello, siempre podrás volver a la «normalidad».

Haz todo lo que sea necesario para regresar a la rutina. Por ejemplo, si algo ha perturbado los patrones de sueño de tu hijo, usa el método P. U./P. D. para que vuelva a sus hábitos anteriores (véase el capítulo 6). O quizás resulta que te has reincorporado al trabajo y ahora tu pequeño va a la guardería o lo cuida alguna otra persona en casa. Si ves que se porta inusitadamente mal, puede ser que la niñera no esté siguiendo tu rutina. Explícale tu plan; pónselo por escrito. Y asegúrate de seguirlo tú también cuando estés en casa con el niño.

Los momentos de cambio pueden ser asimismo un signo de que las necesidades de tu hijo han variado, ahora es más independiente y, por tanto, es probable que necesite una *nueva* rutina; por ejemplo, comer cada cuatro horas en lugar de cada tres (véase el recuadro de la página 44), o prescindir de la siesta de la mañana (véase la página 278). No trates de dar marcha atrás. Déjalo crecer. Si el niño está realizando la transición de líquidos a sólidos (véase el capítulo 4), tal vez le duela la barriga porque algún alimento nuevo no le ha sentado bien; sin embargo, eso no significa que tú debas volver a alimentarlo sólo con líquidos. En lugar de eso, procura introducir las nuevas comidas más lentamente. Y recuerda: si surgen problemas, regresa siempre al punto de partida.

Cuando la rutina se ve alterada por factores que causan incomodidad y malestar al niño, la cosa se complica. La dentición, una enfermedad, alguna herida física o el síndrome del pobre bebé afectan enormemente a la rutina (para un ejemplo detallado, véase la página 372). De repente, los padres dejan que el niño esté despierto hasta más tarde o, peor, se lo llevan a la cama con ellos. No tienen en cuenta las consecuencias a largo plazo de sus acciones y, entonces, unas semanas después les entra el pánico: «¿Qué le ha ocurrido a nuestra pequeña? Ya no duerme, no come bien y llora más de lo que solía». Pues bien, querida, eso es porque el cambio reciente ha perturbado su rutina; sentiste lástima de ella, dejaste de marcarle límites y ahora tu hija no sabe a qué atenerse. Cuando tu hijo sufra, intenta eliminar su malestar y dale mucho amor y todas las atenciones del mundo, pero procura, en la medida de lo posible, no alejarte demasiado de su antigua rutina.

Algunos cambios en la rutina son previsibles. Tú ya sabes, por ejemplo, que si te vas de viaje, al volver a casa tendrás que contar con una serie de repercusiones, al menos durante unos días o una semana. Un bebé pequeñito que haya estado de vacaciones dos o tres semanas y que aún no sea capaz de retener en la memoria la idea de «casa» por tanto tiempo, se preguntará: «¿Dónde estoy *ahora*?». Y, por supuesto, será todavía peor si entretanto has cometido algún error de crianza. «Fue un desastre», recuerda Marcia refiriéndose a su regreso a casa con Bethany, su hijita de dieciocho meses, tras un viaje a las Bahamas. «El folleto del hotel anunciaba que tenían cunas, pero cuando llegamos, nos dieron una de esas endebles cunas portátiles. Se trataba más bien de un parque y Bethany no quería dormir en ella, así que acabó durmiendo en la cama conmigo y con mi marido.»

Después del viaje, Marcia tuvo que recurrir varias noches a la técnica P. U./P. D. a fin de reacostumbrar a Bethany a su antiguo ritual de ir a dormir y ayudarla a volver a conciliar el sueño de forma independiente. De todos modos, si planificas las cosas con antelación, puedes lograr que el regreso al hogar sea más fácil. Tanto si vas a estar alojada en casa de unos parientes como en algún establecimiento hotelero, llama antes y averigua exactamente de qué clase de equipamientos disponen. Si es una cuna-parque y tu hijo no está habituado a dormir en una de ese tipo, toma prestada alguna de una amiga y haz que el niño duerma allí un par de siestas antes de marcharos. Si tu hijo es demasiado grande para una cuna así, pregunta a tu anfitrión si sería posible que algún vecino te dejara una cuna normal o al hotel si podrías contactar con alguna compañía de alquiler de cunas de la zona. Cuando hagas las maletas para el viaje, llévate los juguetes y la ropa predilecta de tu hijo, así como objetos que le recuerden a su casa. Y durante el viaje o las vacaciones mismas, aunque te encuentres en un entorno desconocido, mantén al máximo tus prácticas cotidianas: procura que la hora de las comidas y la de acostar al niño sea lo más cercana posible a la habitual. Tendrás menos problemas al volver a casa.

PROTEGE TU ENTORNO FAMILIAR

Las siguientes dos preguntas versan sobre cambios de mayor alcance y, a menudo, más duraderos, en el entorno de la familia:

> **9. ¿Tú —o algún otro adulto cercano a tu hijo— estás enferma, excepcionalmente ocupada o atravesando un momento emocionalmente difícil?**
>
> **10. ¿Qué más está ocurriendo en tu hogar que pueda afectar a tu hijo: discusiones entre tú y tu pareja, una nueva niñera, un cambio de trabajo, un traslado, una enfermedad o la muerte de alguien de la familia?**

Los niños, igual que las esponjas, absorben todo lo que les rodea. Distintas investigaciones han demostrado que incluso los bebés perciben y absorben el estado emocional de sus padres, así como otros cambios en su entorno más inmediato. Si tú estás triste, tu hijo también lo estará. Si en casa el ambiente es caótico, él se sentirá como atrapado en un torbellino. Naturalmente, todos los adultos pasan por etapas de crisis y grandes cambios a lo largo de su vida: nosotros también tenemos nuestros momentos de transición. Es imposible prever tales acontecimientos en nuestra propia existencia, pero al menos podemos reconocer el impacto que tienen en los miembros más jóvenes de la familia.

Bridget, una artista gráfica que trabajaba en casa, perdió a su madre de un cáncer de huesos, tras un horrible periodo de enfermedad. Su hijo Michael tenía entonces tres años. Bridget había estado siempre muy unida a su madre y el sentimiento de pérdida fue muy profundo. Durante semanas, se quedaba postrada en la cama a oscuras, entre sollozos y ataques de rabia. «Michael acababa de empezar preescolar cuando mi madre murió», me explicó, «así que al menos el pobre pasaba tres horas fuera de casa cada mañana. Yo intentaba recomponerme antes de ir a buscarlo. Y más o menos en esa misma época, descubrí que estaba embarazada.»

Poco después, Bridget recibió una llamada de la profesora de Michael. El pequeño había estado golpeando a otros niños y diciéndoles: «Voy a hacerte muerto». Cuando Bridget se hizo las doce preguntas fundamentales, sospechó que aquel comportamiento era la reacción de su hijo al dolor que ella sentía por la muerte de su propia madre. «Pero», objetó Bridget, «¿cómo puede ser de otra manera? Yo necesito un tiempo para hacer el duelo. ¿O es que no tengo derecho?»

Le contesté que tenía todo el derecho del mundo, por supuesto. Pero que, aun así, también debía tomar en consideración los sentimientos de Michael. Él había perdido a su abuela y aunque Bridget *creyera* que recobraba la compostura al ir a recogerlo al colegio, a un niño de tres años no le pasan en absoluto desapercibidos unos ojos enrojecidos y hinchados. Y lo que es más importante, un crío de esta edad «siente» las emociones de su madre. El pequeño no sólo estaba absorbiendo la tristeza de Bridget, sino que además se sentía como si ella hubiera desaparecido. A fin de tratar la recién descubierta agresividad de su hijo en la escuela, le expliqué a Bridget que teníamos que elaborar un plan que modificara el ambiente en casa.

Ella empezó a hablarle a Michael de su madre, cosa que hasta ese momento todavía no había hecho. Le reconoció al niño que últimamente había estado muy triste porque echaba de menos a la abuela Rose. Y lo animó a expresar y compartir con ella sus emociones. Él dijo que también echaba de menos a la abuelita. Bridget sabía que era positivo para ambos continuar hablando de ella y recordando los buenos tiempos. «Quizás podríamos ir a aquel tiovivo en el parque o al lago donde te llevaba la abuela a dar de comer a los patos», le propuso a su hijo. «Tal vez nos haga sentir más cerca de ella.»

Y tal vez, el paso más importante, fue que Bridget comenzó a ocuparse de sus propias necesidades emocionales. Se incorporó a un grupo de apoyo en el duelo y allí pudo hablar de sus sentimientos con otros adultos. A medida que empezó a sentirse mejor consigo misma y a ser capaz de compartir sus emociones con su hijo de forma sincera y apropiada a la edad del niño, Michael recuperó la serenidad y las ganas de colaborar.

VIGILA LOS ERRORES DE CRIANZA, EVALÚA SUS DAÑOS

Las dos últimas preguntas están relacionadas con los errores de crianza:

11. **¿Sin querer has estado reforzando una determinada conducta al ceder continuamente ante las presiones de tu hijo?**
12. **¿Recientemente has probado un nuevo método de crianza porque el anterior «no te funcionaba»?**

Los errores de crianza se producen cuando los padres no son consecuentes y continuamente le cambian las «normas» a su hijo. Por ejemplo, una noche le permiten dormir con ellos en la cama de matrimonio y a la siguiente lo dejan llorando solo en su habitación hasta que se duerme. O bien, ante una conducta desconocida del niño, los padres recurren a una solución rápida: usar un apoyo para conseguir que el crío concilie el sueño o cogerlo tan pronto como se pone a llorar, sin darse unos minutos para averiguar la causa del problema.

Tal como he ido señalando a lo largo de estas páginas, los errores de crianza pueden ser el origen principal de un problema o bien, ante una situación de cambio, pueden hacer que se prolongue. Las soluciones rápidas nunca resuelven nada. Es como ponerle al paciente una tirita en la herida, sin darle ningún antibiótico para combatir la infección. Tal vez la herida deje de sangrar e incluso puede que se cure. Pero no desaparecerá del todo porque los gérmenes seguirán en el cuerpo. Y es probable que, con el tiempo, la herida empeore. Lo mismo puede decirse de los momentos de transición. Algunos desaparecerán tan rápidamente como aparecieron. Y otros, sin embargo, malinterpretados y tratados de forma errónea por los padres, se convertirán en el preludio de un trastorno más grave.

Muchos padres no son conscientes de este proceso. Echan mano de las tiritas una y otra vez cediendo ante las exigencias de su hijo, tratando de engañarlo, permitiéndole saltarse unos límites que ellos mismos habían establecido, y antes de que se den cuenta, el niño se negará a dormir en su cama, su comportamiento será intolerable y controlará a los adultos de la familia con sus caprichos.

Por el contrario, hay otros padres, sobre todo, los que han leído mis primeros dos libros, que tienen plena consciencia de cómo se empieza con los errores de crianza. Y entonces me dicen: «Sabíamos que no debíamos mecerlo, pero…» o «Contactamos contigo porque sabíamos que necesitábamos una estrategia de la cual no arrepentirnos a largo plazo». No obstante, o acaban cometiendo la equivocación de todas maneras («sólo por una noche»), o bien, en el fragor del momento, se olvidan de sus buenas intenciones.

El siguiente mensaje es un interesante ejemplo de cómo suelen empezar los errores de crianza e ilustra claramente cómo pueden llegar a complicar estos periodos de transición:

Nuestra pequeña de trece meses, Rebecca, tiene dificultades para conciliar el sueño por las noches. Sus problemas para dormir empezaron hace un mes. Rebecca y yo hicimos un viaje (de extremo a extremo del país) para ir a casa de mi hermano, en California. Cuando regresamos, mi marido y yo decidimos que ya era hora de que la niña prescindiera del chupete. Hasta entonces sólo lo había usado a la hora de la siesta y por la noche, nunca durante el día. La idea no le hizo gracia, pero dejamos que llorara y la animamos a consolarse con su manta favorita. Luego pilló un resfriado y estuvo enferma un par de semanas, aproximadamente. Después, durante tres noches seguidas, se durmió sola como hacía antes. Pero ahora le está saliendo su primera muela y estamos desesperados. Cada noche, antes de dormirse, se pasa una hora llorando, como mínimo. Parece no saber conciliar el sueño sin el chupete. Por otro lado, no se despierta en ningún momento por la noche. ¿Deberíamos seguir dejándola llorar hasta que ella misma se calme, o más bien deberíamos ir a su habitación para consolarla (pero sin acunarla)? Necesitamos ayuda.

Tal como quizás habréis adivinado, estos agotados padres se enfrentaron a una serie de acontecimientos que alteraron su rutina habitual: un viaje, después una enfermedad y, justo cuando pensaban que su hija volvía a la normalidad, el inicio de un periodo de dentición. Con todo, ellos también contribuyeron lo suyo a la alteración del sueño sufrida por Rebecca. Sin ninguna duda, le habrían ahorrado a la niña (y a ellos mismos) algunas de estas dificultades si, en lugar de quitarle el chupete nada más regresar de California, hubiesen esperado unas semanas. Al volver a casa tras un viaje, los niños necesitan sus apoyos de siempre para dormirse. Los ayudan a readaptarse a su antigua rutina. El chupete de Rebecca no era un apoyo; ella no dependía de sus padres para usarlo, sino que era lo suficientemente mayor como para volvérselo a introducir en la boca cuando se le caía. Y además, no lo llevaba encima todo el día. En definitiva, no había ninguna urgencia en hacer que la pequeña prescindiera de él. Dicho esto, sin embargo, no creo que quitarle el chupete tuviera como consecuencia que la niña «olvidara» cómo dormirse sola. Más bien fue el hecho de que, mientras estaban fuera, mamá probablemente no acostó o no pudo acostar a su hija a la hora acostumbrada; asimismo, es muy posible que otros aspectos de la rutina también se viesen afectados por el viaje.

Y luego, para agudizar la situación, los padres de Rebecca la dejaron llorar por la noche, lo cual me hace deducir que quisieron emplear el método del «llanto controlado» para lograr que se durmiera por sí misma. Así pues, he aquí una niña que tenía unos buenos hábitos de sueño, cuya rutina fue modificada y cuyos padres, además de quitarle el chupete, le cambiaron las normas. Respecto del resfriado, está claro que Rebecca habría estado enferma de todos modos, pero al menos no habría significado un doble revés para ella.

En este caso, el plan de acción se basaría en dar marcha atrás y regresar al principio. Posiblemente, los padres de Rebecca tendrían que recurrir a la técnica P. U./P. D. para ayudarla a recobrar su antigua capacidad de conciliar el sueño sola, pero para que se volviera más independiente, jamás deberían abandonarla. Otro aspecto importante de este ejemplo es que los padres deberían haber visto que hay momentos en que, simplemente, es necesario tranquilizar a un niño con mimos y afecto. Cuando una criatura sufre, está asustada o se siente perturbada porque el entorno y las circunstancias no le son familiares, *necesita* a sus padres para calmarse.

DISEÑAR UN PLAN: LOS 12 PRINCIPIOS BÁSICOS PARA RESOLVER PROBLEMAS

Cuando tengas que afrontar un cambio de actitud repentino, antes que nada, respira hondo. Hazte las doce preguntas fundamentales y analiza la situación con objetividad (véanse las páginas 355-365). A continuación, considera los doce principios básicos para resolver problemas, a la hora de elaborar un plan de acción. Si has estado leyendo el libro desde el comienzo, la mayoría de estas pautas te resultarán familiares. Y si no, verás que no hace falta ser un genio para entenderlas. Se trata, más bien, de usar el sentido común y considerar detenidamente las cosas.

1. IDENTIFICA LA CAUSA O LAS CAUSAS DEL PROBLEMA. Hazte las doce preguntas fundamentales. Si las contestas con franqueza, deberías poder hacerte una idea bastante clara de lo que está afectando a tu hijo en este momento.

2. DECIDE QUÉ ES PRIORITARIO SOLUCIONAR PRIMERO. Ésta será a menudo la cuestión más urgente. Por ejemplo, si tu hijo se despierta tres noches seguidas porque le han estado saliendo los dientes, ha estado resfriado o ha padecido alguna afección gastrointestinal, tal vez esté desarrollando un mal hábito de sueño. Sin embargo, primero debes aliviarle el dolor. Del mismo modo, si has probado el método del llanto controlado y, de repente, tu hijo chilla al ver la cuna, tendrás que volver a ganarte su confianza (véanse las páginas 192-195), antes de enfrentarte al hecho de que no sabe cómo conciliar el sueño por sí mismo.

En algunos casos, puede ser más sensato tratar primero el problema más fácil y así tener un fuego menos que apagar. Digamos, por ejemplo, que has estado en el chalet de vacaciones de tus padres en la playa, donde la familia entera se reúne cada verano. Todos los días, tu pequeño se ha estado acostando a las 9 o las 10 de la noche y, ahora, de regreso a casa, espera privilegios similares. Además, al jugar con sus primos mayores, también ha aprendido a ser más agresivo y está practicando los trucos que aprendió con sus amiguitos. Tendrás que corregir su conducta, por supuesto, pero adelantar la hora de ir a dormir es la cuestión más sencilla.

3. VUELVE AL PUNTO DE PARTIDA. Como seguramente sabes, hay una tarjeta en el juego del Monopoly que te dice: «Vaya directamente a la cárcel». Pues bien, a veces ser padres es así. Hay que volver al principio. Una vez hayas analizado el problema, averigua por qué y de qué manera te alejaste del plan inicial y establece la estrategia para corregir tu actitud. Si has ignorado el temperamento de tu hijo, adapta el plan que sigas a su naturaleza. Si la rutina del niño se ha desbaratado, recuerda la secuencia de E. A. S. Y. Si en el pasado utilizaste la técnica P. U./P. D. para enseñar a tu pequeño a dormirse solo y el problema de sueño reapareció misteriosamente unas semanas más tarde, recurre al método que sabes que funciona.

LOS DOCE PRINCIPIOS BÁSICOS PARA RESOLVER PROBLEMAS

1. Identifica la causa o las causas del problema.
2. Decide qué es prioritario solucionar primero.
3. Simplifica las cosas y vuelve al punto de partida.
4. Acepta aquello que no puedas cambiar.
5. Juzga si la solución que has elegido es buena a largo plazo.
6. Consuela a tu hijo cuando lo necesite.
7. Mantente al frente de la situación.
8. En lugar de atraerlo hacia ti, debes ser siempre tú la que vaya hacia el niño.
9. Comprométete a llevar a cabo el plan que hayas ideado.
10. Sé una madre/padre paciente y consciente.
11. Cuídate.
12. Aprende de la experiencia.

4. ACEPTA AQUELLO QUE NO PUEDAS CAMBIAR. Le tengo mucho cariño a la *Oración de la Serenidad*: «Dios, concédeme la serenidad para aceptar las cosas que no puedo cambiar; valor para cambiar las que sí puedo; y sabiduría para ver la diferencia». Un gran número de momentos de cambio requieren simplemente aceptación. Tu hijo está disgustado porque hace muy poco que has vuelto a trabajar fuera de casa y coge una pataleta cada vez que te marchas… pero tú necesitas el dinero. Te sientes decepcionada porque tu niño es menos sociable que tú… pero su carácter es así. Estás harta de ser la única que le dice que «no» a tu pequeño; has intentado en varias ocasiones que tu pareja se implique más… pero él es un adicto al trabajo y tú eres la que está en casa. Tu hijo ha empezado inesperadamente a darse golpes en la cabeza… pero el pediatra te ha dicho que lo ignores. Ninguna de estas situaciones es fácil de aceptar; sin duda querrías poder hacer algo para cambiarlas. Sin embargo, a veces no hay más remedio que tomar distancia y dejar que el tiempo ponga las cosas en su sitio.

5. JUZGA SI LA SOLUCIÓN QUE HAS ELEGIDO ES BUENA A LARGO PLAZO. Si no empiezas como tienes intención de continuar, es probable que acabes cometiendo errores de crianza. Si has optado por un apaño rápido —una tirita—, y no por una solución a la larga o si te exige más esfuerzo a ti que a tu hijo (por ejemplo, tienes que pasarte las noches corriendo para volver a ponerle el chupete en la boca), quizás quieras replantearte la decisión.

6. CONSUELA A TU HIJO CUANDO LO NECESITE. En toda situación de cambio, es probable que tu hijo necesite una dosis de amor extra. Los estirones de crecimiento, el hecho de adquirir una mayor movilidad, abrirse al mundo, el proceso de la dentición, un resfriado..., cualquiera de estas cosas puede dar al traste con la rutina de un niño. Aunque es importante intentar evitar errores de crianza, tu pequeño necesita saber que estás ahí para sujetarlo si se cae (¡literalmente!). Consolar a un crío con muestras de afecto es un acto compasivo que le aporta seguridad.

7. MANTENTE AL FRENTE DE LA SITUACIÓN. Incluso si todavía no tienes claro qué vas a hacer, no permitas que sea tu hijo quien mande en casa. Si el niño está enfermo, es comprensible que te sientas triste y preocupada por él. Tal como he comentado anteriormente, tienes que ofrecerle esa dosis adicional de consuelo. Pero tampoco te pases y le des todo lo que te pida, ni permitas que se erija en amo y señor de la casa. Te aseguro que, si lo haces, pronto lo lamentarás, porque tu vida familiar se convertirá en un caos. Y aún peor, tal vez tu pequeño acabe siendo la clase de crío que otros padres y niños intentan rehuir.

8. EN LUGAR DE ATRAERLO HACIA TI, DEBES SER SIEMPRE TÚ LA QUE VAYA HACIA EL NIÑO. Si tu hijo se encuentra muy enfermo y estás inquieta por él, llévate una colchoneta a su habitación (véanse las páginas 273-274 y la historia de Elliot, en la página 275). También sé de padres que han dormido en el suelo, junto a la cuna de su pequeño. Créeme, es mejor sacrificar tu comodidad unas cuantas noches a tener que dedicar semanas o meses a corregir el mal hábito de sueño de tu niño.

9. COMPROMÉTETE A LLEVAR A CABO EL PLAN QUE HAYAS IDEADO. No tires la toalla si tu plan parece no surtir efecto de manera inmediata o si, de repente, tu hijo revierte a su antiguo patrón de conducta. Lo he visto una y otra vez: los padres tienen siempre la tentación de probar algo nuevo. Y eso, además de confundir al niño, raramente funciona.

10. SÉ UNA MADRE/PADRE PACIENTE Y CONSCIENTE. Paciencia y conciencia son factores decisivos a la hora de llevar a término un plan. Si consta de varias partes —pongamos por caso que quieres resolver una alteración del sueño *y* un problema de alimentación—, procura sobre todo realizar cada paso muy lentamente. No puedes acelerar el proceso.

11. Cuídate. Piensa en las instrucciones que dan las azafatas de vuelo al informar a los pasajeros sobre las medidas de seguridad en los aviones: «Si viaja con un niño pequeño, póngase la mascarilla de oxígeno usted primero y luego ocúpese de su hijo». Ejercer de padres es lo mismo. Si tú no puedes respirar, ¿cómo vas a cuidar y orientar a tu hijo?

12. Aprende de la experiencia. Con frecuencia, las situaciones de cambio se repiten, aunque con ligeras variaciones. Repasa mentalmente los problemas que surgieron en ocasiones anteriores y cómo los solucionaste. Aún mejor, ponlo todo por escrito. Es muy posible que empieces a detectar patrones; por ejemplo, a menudo, si no preparas a tu hijo para un acontecimiento futuro, te encuentras con dificultades o que siempre está alterado tras jugar con otros niños. Eso no significa que tengas que quedarte en casa todo el tiempo. Sin embargo, la próxima vez, no olvides preparar a tu hijo y así minimizarás el trastorno. Acorta las visitas a otros pequeños; elige compañeros de juego más flexibles.

En estas páginas finales, ilustro de qué manera los doce principios para resolver problemas se aplican a los dilemas cotidianos de la mayoría de padres. Verás que, en algunas situaciones, sólo entran en juego tres o cuatro de estos principios. No obstante, en el primer ejemplo, «El dilema de Dorian», fue necesario utilizar prácticamente todas y cada una de las premisas (las cuales se indican en negrita y resaltadas en un pequeño recuadro al margen). Ten paciencia, querida: es un caso un poco largo e intrincado, pero ejemplifica la complejidad de muchos otros que he tratado: la razón por la cual los padres, a menudo, no saben por dónde empezar.

El dilema de Dorian: «De forma repentina, el niño se muestra rebelde todo el tiempo»

A pesar de que muchas veces los cambios súbitos de actitud *parecen* haber surgido «de la noche a la mañana», siempre es porque han confluido una serie de factores. El mensaje de Dorian, enviado inicialmente a un grupo de madres en la red, refleja esta complejidad:

Nuestro hijo de veinte meses, Andrew, que siempre fue muy activo e intrépido, parece haber hecho un cambio radical estos últimos días. Ahora la única palabra que sale de su boca es «¡NO!». Quiere hacerlo todo él solo, se pone como una fiera si intento ayudarlo y se muestra rebelde todo el tiempo. El hecho de que tire comida al suelo o arroje objetos contra su padre y contra mí, también es algo inusitado. No es que antes nunca hubiera hecho este tipo de cosas, pero ahora las hace de forma más decidida y enérgica. Es plenamente consciente de que lo sigue haciendo aunque le hayamos dicho que pare. Nos desafía constantemente. He enviado este mensaje porque me asusta mi propia reacción a este cambio. El otro día, me enfadé de verdad con él por primera vez y noté que perdía los estribos. En parte, fue porque acababa de descubrir que volvía a estar embarazada y me preguntaba si aquello podría ser el motivo de todo (todavía no se lo he dicho a mi hijo, ya que mi embarazo es muy reciente). Tengo la sensación de que se trata de los típicos signos que anuncian la inminente llegada de los «terribles» dos años, pero estoy desconcertada por lo repentino del cambio, ya que pensaba que iba a ser más gradual. Me preguntaba si alguna de vosotras ha pasado por una etapa como ésta y cómo hicisteis para no perder los nervios.

Mamá tiene razón: Andrew se está aproximando a un periodo muy significativo en cuanto a su desarrollo: los dos años. La negatividad y la obstinación forman parte de esta etapa (véase la página 296). Y sí, este tipo de cambio puede darse definitivamente de la noche a la mañana, tal como lo expresa ella misma. Por otro lado, sospecho que los padres de este niño probablemente no se han ocupado de su temperamento. A pesar de que Dorian describe a su hijo como un niño «muy activo e intrépido» desde siempre y admite que «no es que antes nunca hubiera hecho este tipo de cosas», tal vez no reconozca que ésa es su naturaleza y que tiene que trabajar partiendo de esa realidad. Cuando se tiene un niño movido, como lo es Andrew, resulta especialmente importante que sus padres estén siempre al mando, pero de un modo muy sutil y afectuoso. Sin embargo, si los padres apaciguan al pequeño, lo engatusan y al final acaban cediendo a sus exigencias, sea para mantener la paz o para complacerlo, estarán incurriendo en un error de crianza. Con su reacción, lo único que conseguirán es reforzar el mal comportamiento de su hijo y, cuando éste cumpla los temidos dos años, se convertirá en un auténtico torbellino. Si además se rieron de sus travesuras —quizás porque era la primera vez que él se hacía valer y les hizo gracia—, sin quererlo premiaron su actitud. Incluso aunque sólo sucediera en una ocasión, el niño repetirá su actuación varias veces al día, con la esperanza de obtener otra sonrisa. Pero ahora nadie lo encontrará divertido.

> Identifica la causa o las causas del problema.

Al leer entre líneas, pues, veo claro que han sido varios los factores que han contribuido a la «nueva» conducta de Andrew: su desarrollo, la reacción de los padres a su temperamento y algunos errores de crianza. El embarazo de Dorian, un cambio inminente en el entorno familiar, también es un factor. Quizás el crío no sepa exactamente que tendrá un hermanito, pero sin duda percibe la ansiedad de su madre. Es evidente que ahora ella, debido a los cambios psíquicos y físicos que provoca su nuevo estado, reacciona de forma más exacerbada a la rebeldía de Andrew. Por consiguiente, a la hora de trazar un plan para solucionar esta crisis, es necesario tener en cuenta todos estos factores y corregir los errores que se han producido hasta el momento.

> Decide qué es prioritario solucionar primero.

Sin lugar a dudas, el comportamiento de Andrew es la cuestión principal, así que no es difícil saber por dónde empezar. Está descontrolado y no sólo porque pronto cumplirá los dos años. Tengo la corazonada de que ni Dorian ni su marido le han impuesto límites consistentes a su hijo. Si eso es cierto, ahora va a resultarles más duro disciplinar al niño, aunque no imposible, por supuesto (¡y en todo caso, será mucho más fácil que si fuera un adolescente!). Pese a ser (muy) agotador, ambos progenitores deben mantenerse firmes.

Vuelve al punto de partida.

Los padres de Andrew han de asumir que son los primeros maestros del niño; asimismo, han de considerar el hecho de «disciplinarlo» no como un castigo, sino como una forma de ayudarlo a entender lo que está bien y lo está mal, lo que es aceptable y lo que no. Mientras su mala conducta no suponga un peligro para él, ni para nadie de su entorno, sus padres no deberían prestarle la más mínima atención. Por ejemplo, si el crío le chilla a Dorian, ella tendría que decirle, en un tono de voz muy tranquilo: «No voy a hablar contigo si gritas de ese modo». Pero ha de decirlo *de verdad* y demostrárselo, ignorándolo por completo, hasta que él le hable como es debido. De la misma manera, si Andrew está sentado en la trona y empieza a tirar la comida, *cada vez que lo haga* sus padres deberán bajarlo inmediatamente y decirle: «La comida no se tira». Y después de esperar unos minutos, volver a sentarlo. Si, de nuevo en la trona, tira otra vez los alimentos, tendrán que bajarlo por segunda vez y dar la comida por terminada. Cuando el niño arroje un juguete, deberán regañarlo y decirle que eso está mal. Si está en medio de un berrinche, Dorian debería cogerle suavemente la mano, sentarlo en su regazo y decirle: «Me quedaré aquí contigo hasta que te tranquilices». Y aunque Andrew trate de salirse con la suya dando patadas, golpes y gritando aún más fuerte, ella no podrá echarse atrás.

Mantén las riendas.

Juzga si la solución que has elegido es buena a largo plazo.

Hasta el momento, los padres de Andrew han recurrido a apaños rápidos para salir del paso. De ahora en adelante, habrán de adoptar una perspectiva a largo plazo. Y, ciertamente, dados los constantes desafíos del niño a su autoridad, no les va a resultar fácil. Aun así, por muy cansados que estén, tendrán que sacar fuerzas de flaqueza para corregirlo, contenerse cuando estén tan exasperados que preferirían ceder a sus presiones y continuar mirando hacia el futuro, pese a tener la impresión de que la situación no va a cambiar nunca.

Acepta aquello que no puedas cambiar.

Por otro lado, puesto que Andrew es como es y su temperamento no va a experimentar ningún cambio radical, sus padres tendrán que crear un ambiente adecuado a la naturaleza de su hijo. Es decir: ofrecerle numerosas oportunidades de realizar actividades seguras y vigorosas; llevarlo al parque, a correr, a jugar, a descargar parte de ese exceso de energía; organizar sesiones de juegos con otros niños activos y de carácter asertivo; evitar salidas y ocasiones en que se supone que él debe quedarse quieto.

Aprende de la experiencia.

Los padres de Andrew también tienen que acostumbrarse a anticipar y prevenir incidentes futuros. Deberían aprender a identificar qué cosas o situaciones alteran a su hijo, así como el aspecto que tiene y cómo actúa antes de perder el control. Han de procurar que nunca llegue a estar demasiado hambriento, ni demasiado fatigado. Y, al final de la tarde, tendría que relajarse para no acostarse excesivamente agotado. Por regla general, los niños movidos tienden a comportarse peor cuando están sobreexcitados o muy cansados (igual que los padres).

Dado que, al menos, parte de la mala conducta de Andrew tiene como objetivo captar la atención de sus padres, sobre todo la de su madre, Dorian tendrá que hacerle ver a su hijo que también puede atraer su atención mediante actitudes más positivas. Yo le sugeriría a ella que analizara cuánto tiempo pasa realmente *con* su hijo, sin el teléfono sonando, la televisión de fondo o aprovechando para hacer algunas tareas domésticas. Los niños notan cuando no estamos con ellos al cien por cien. Sería buena idea que su mamá se *reservara* determinados momentos para dedicárselos exclusivamente a Andrew. Y que le hiciera saber de forma entusiasta que esos ratos son sólo para ellos dos, lo cual también será importante cuando nazca el nuevo bebé. Se trata de una madre trabajadora (otro factor que no se puede cambiar), y tiene el tiempo muy justo; sin embargo, si intenta encontrarlo por las mañanas o al llegar a casa del trabajo, para *estar* con su hijo, seguramente él se mostrará menos exigente en otros momentos del día. Asimismo, tanto Dorian como su marido tendrían que hacer un esfuerzo por «pillar» a Andrew portándose bien y elogiarlo efusivamente por ello. Y, sobre todo, alabarlo también, cada vez que logre controlar sus emociones («Bravo Andrew, te has calmado tú solito»).

Consuela a tu hijo cuando lo necesite.

Si mamá y papá son plenamente consecuentes, tarde o temprano, Andrew comprenderá que ellos le dicen las cosas en serio y hacen realmente lo que le advierten que van a hacer. Dorian y su marido deben armarse de valor para digerir los reveses, ya que sin duda los sufrirán. Habrá días en que su hijo tendrá más ganas de colaborar y, otros, en que les dará la impresión de que ha dado un gran paso hacia atrás.

Cuídate.

Además, mamá y papá tendrán que vigilar su propio comportamiento, sobre todo Dorian, quien admite que esta situación de cambio casi la vuelve loca. No me sorprende que le esté costando ser una madre paciente con su hijo. Está muy estresada: trabaja a tiempo completo, tiene un hijo de casi dos años y otro bebé en camino. Con todo, es necesario que mantenga la perspectiva respecto de los altibajos de Andrew. Si no pierde de vista cuál es el temperamento de su pequeño y procura sacar el máximo provecho de sus virtudes y minimizar sus puntos débiles, cuando el niño cumpla los tres años, gran parte de esa negatividad y agresividad habrán disminuido. Dorian también debería ser una madre más consciente. Los críos de tipo movido, antes de explotar, suelen mostrar claros signos premonitorios: comienzan a hablar en voz más alta o a chillar, se enfadan o se pone más histéricos, empiezan a coger cosas. La madre ha de intervenir antes de que se desboquen sus emociones y aumente su agresividad física (véanse las páginas 315-322). Al observar atentamente a Andrew, distraerlo y ofrecerle opciones que *ella* apruebe, Dorian incluso podrá ser capaz de evitar que surjan muchos problemas.

Sé una madre/ padre paciente y consciente.

Y, por último, Dorian deberá examinar su propio comportamiento. Es lógico que, con sus alteradas hormonas y su obsesiva preocupación por Andrew, «pierda los nervios». El problema es que su rabia sólo empeorará la actitud del niño y será más difícil tratarlo. Sobre todo, hay que conservar siempre la calma, porque reaccionar con violencia generará más violencia. Ella deberá darle tanta importancia a la letra «Y» de la rutina E. A. S. Y., como al resto de las letras. Tendrá que pedirle a su marido, a sus padres y a sus amigas que le echen una mano para poder dedicarse un poco de tiempo a sí misma cada día. Aunque sólo sean unos minutos de relax y desconexión, la ayudarán a tener más cuidado a la hora de responder a las rabietas de su hijo. De lo contrario, establecerá un patrón de conducta muy negativo con él, una constante guerra de voluntades.

LAMENTO POSRECUPERACIÓN: «NO PODEMOS VOLVER A LA NORMALIDAD»

Cuando un niño padece una enfermedad o le sucede algo malo, los padres han de cuidarlo y atenderlo hasta que se recupere. El problema es que, luego, a menudo les cuesta volver a la rutina habitual. Los periodos de enfermedad, las operaciones y los accidentes suelen ser las situaciones de transición más agotadoras y delicadas. Comprensiblemente, sufres por tu hijo y quieres consolarlo. Te preocupa que nunca se recupere, aunque sólo le estén saliendo los dientes, etapa por la que pasan todos los niños. Con todo, el reto es lograr mantener el equilibrio entre proporcionarle todas las atenciones que necesita y acabar siendo víctima del síndrome del «pobre bebé», que casi siempre conduce a errores de crianza. Y cuando el momento de crisis ha pasado, no sólo tienes que afrontar las consecuencias de una serie de malos hábitos y conductas nuevas, sino que además no sabes cómo restablecer la normalidad y «volver a como era todo antes», tal como lo expresó Linda, la madre del pequeño Stuart, de diez meses, al escribirme pidiendo ayuda.

Conocí a Linda y a su marido, George, una pareja encantadora de Yorkshire, en un reciente viaje a casa. Linda me contó que Stuart tenía alrededor de ocho meses cuando comenzaron a salirle los dientes. Al igual que muchos niños al experimentar este proceso, al pequeño le moqueaba la nariz, tenía diarrea, se sentía fatal durante el día y tenía repetidos despertares nocturnos. Cada noche, su madre lo mecía y paseaba con él en brazos, hasta que se dormía. Unas semanas más tarde, cuando le salió el primer diente, Stuart estaba tan acostumbrado a que lo acunaran que, cada vez que su padre o su madre intentaban tumbarlo en la cuna, él se resistía con todas sus fuerzas. Entonces Linda empezó a buscar excusas para justificar la actitud del pequeño. «No es él mismo» o «Es culpa del dolor que le producen los dientes». Y mientras tanto, se estaba convirtiendo en una prisionera en su propio hogar.

Como, al parecer, Stuart le había cogido un miedo repentino a la cuna, aunque únicamente por la noche, Linda pensó que sufría terrores nocturnos. Yo le pregunté: «¿Qué hiciste cuando comenzaron a salirle los dientes?». Linda no se alteró: «Ay, pobrecito. Al principio ni siquiera me di cuenta de que eran los dientes. Creí que se trataba de un resfriado. Y supuse que si estaba tan irritable y "pachucho" era porque no dormía lo suficiente. Pero entonces lo vi tan triste que me pareció que estaba asustado por algo».

Supe de inmediato que Linda padecía el síndrome del «pobre bebé» (véase la página 243). Se sentía horriblemente mal consigo misma por no haber reconocido antes que Stuart había iniciado el proceso de la dentición. A su entender, era una «mala madre». Pese a que algunos bebés de diez meses tienen pesadillas, yo estaba prácticamente segura de que éste era un caso de dentición complicada —hay niños que sufren más que otros— y de madre con sentimiento de culpa. Por su parte, George estaba harto de ver a su mujer paseando arriba y abajo con el bebé en brazos, noche tras noche. «No podemos pasar una sola noche juntos», se quejó, «porque incluso cuando Stuart está dormido, ella no despega la oreja de la puerta, por si el niño se despierta.»

No fue difícil decidir qué había que hacer primero en este caso: aliviarle el dolor a Stuart. Les indiqué a sus padres que le dieran un calmante y le aplicaran alguna crema para aliviar el dolor de las encías. En cuanto el niño se sintiera mejor, podríamos ocuparnos de restaurar sus antiguos patrones de sueño. Volviendo a las estrategias básicas, les sugerí la técnica P. U./P. D., e insistí en que fuera George quien se encargara de hacerlo. Cuando una madre tiene el síndrome del «pobre bebé», casi siempre prefiero que se mantenga al margen y que sea el padre quien, cuando menos, inicie el proceso de P. U./P. D. Así, mamá puede descansar un poco y papá siente que tiene un papel importante entre manos (lo cual es cierto). Además, de este modo, no nos arriesgamos a que ella sucumba porque le da lástima su pequeño.

A la hora de implementar el método P. U./P. D., George siguió mis instrucciones al pie de la letra; y a pesar de que la primera noche fue infernal —Stuart se despertó cada dos horas—, su padre se mantuvo firme. «Fue increíble lo bien que lo hizo», me comentó Linda asombrada al día siguiente, admitiendo que ella se hubiera rendido a las primeras de cambio. «George estaba exhausto pero radiante.» Observar a su marido aquella noche y la siguiente (yo siempre sugiero que, al utilizar el método P. U./P. D. para corregir un trastorno del sueño, las parejas se alternen cada dos noches; véanse las páginas 253-254), le dio a Linda el coraje necesario para ser constante con la técnica. Al cabo de una semana, Stuart ya dormía toda la noche de un tirón.

Igual que muchas madres en casos como éste, Linda me preguntó: «¿Tendré que volver a pasar por esto cuando le salga el segundo diente?». Mi respuesta fue que podría ser, pero que debía aprender de la experiencia, puesto que si su hijo volvía a estar enfermo o se hacía alguna herida, probablemente ella se enfrentaría al mismo problema. «Si recurres de nuevo a mecerlo para que se duerma», le advertí, «estarás otra vez justo donde empezaste.»

Fobias repentinas: «Tiene miedo de la bañera»

Maya me llamó porque su hija Jade, de once meses, empezó misteriosamente a negarse a que la bañasen. «Antes adoraba el agua», señaló Maya, «desde que era un bebé. Y, en cambio, ahora se pone a gritar cuando la meto en la bañera y no quiere sentarse de ningún modo.» Este problema, aunque no es muy grave, se da con bastante frecuencia. Aun así, a muchos padres les afecta, por eso he decidido incluirlo en esta sección.

Cuando un niño coge miedo a la bañera inesperadamente, nueve de cada diez veces es porque se ha asustado de algo. Resbaló bajo el agua, se le metió jabón en los ojos, tocó un grifo muy caliente. Y necesitará tiempo para recuperar la confianza. Para que el jabón no suponga ningún problema, no le laves la cabeza durante unas cuantas noches. (¡En realidad, los bebés y los niños pequeños no se ensucian demasiado!) Si resulta que resbaló, eso los aterroriza. Prueba a bañarte *con* tu hija para hacerla sentir más segura. Si, incluso contigo, sigue mostrándose reacia a entrar en la bañera, aséala con una esponja durante unas cuantas semanas.

Si el incidente no ocurrió mientras la bañabas tú, habla con las otras personas que también suelen darle el baño. Quizás la bañera le parece demasiado grande o ha oído ecos de su propia voz, lo cual puede asustar mucho a una niña pequeña. De ser así, la verías balbucear y luego parar de golpe, con los ojos abiertos como platos, como diciendo: «¿Qué es eso?».

Finalmente, también podría ser que la pequeña estuviera demasiado cansada a la hora del baño, cosa que le causaría temores o los intensificaría. A medida que los niños se hacen mayores e interactúan más con sus juguetes y con las personas que los rodean, la experiencia del baño se convierte en lo que una madre definió en mi página web como «la fiesta de la bañera»: un desmadre salvaje de chapoteos y salpicones de agua, que acaba empapando a quien da el baño. Algunos críos digieren bien esta actividad tan intensa; pero, para otros, la fiesta de la bañera es demasiado estimulante. Si es el caso de tu hijo, tal vez sea mejor modificar su rutina y bañarlo cuando esté menos agotado (véase la historia de Carlos, página 269).

Si no logras determinar por qué tu hijo siente miedo, simplifica las cosas y vuelve al principio. Introdúcelo en la bañera muy despacio y mantén el ambiente tranquilo. Y, a fin de atraerlo, dale juguetes nuevos para el baño (no hace falta que los compres, simplemente puedes utilizar tazas de plástico y jarras de colores). Si está asustado de verdad, empieza con una bañera infantil y permítele quedarse fuera y jugar con el agua mientras le pasas la esponja. Dile: «Mira, aquí te bañaba mamá cuando eras un bebé». Deja que se siente en la bañera si quiere. Si está más cómodo en el cuarto de baño, prepara la bañera grande, pero llénala sólo un poco. Deja que se meta dentro y que permanezca de pie. Jamás fuerces a un niño a sentarse en la bañera si tiene miedo. Quizás tarde algunos meses, pero lo superará.

ANSIEDAD ANTE LOS EXTRAÑOS: «LA NIÑERA NO PODÍA CONSOLARLO»

Vera me llamó hace poco agobiada. La conocí cuando su hijo Sean, de nueve meses, era tan sólo un bebé. «Tracy, me temo que Sean está cambiando», me dijo. «Nunca lo había visto comportarse así.»

«¿Comportarse cómo?», le pregunté, intentando adivinar el motivo de su llamada. Sean era un niño muy apacible. Enseguida conseguimos que se adaptara a una buena rutina y, a pesar de que Vera llamaba de vez en cuando para informarme de los progresos de su hijo, raramente tenía dudas o preocupaciones.

«Anoche salimos a cenar y dejamos a Sean con una canguro, algo que antes del incidente, habíamos hecho en muchas ocasiones. Cuando estábamos en la mitad de la cena, sonó mi móvil. La canguro, una mujer muy dulce y competente a quien conocí en casa de una amiga, llamó para decirme que Sean se había despertado. Ella había intentado que volviera a dormirse usando las palabras que yo le había sugerido: "Vamos, Sean, no pasa nada, vuelve a dormirte". Sin embargo, me contó que el niño la miró y empezó a chillar más fuerte que antes. Nada de lo que la canguro hiciese lo tranquilizaba: ni mecerlo, ni leerle un cuento, ni siquiera encender la televisión. Al final, volvimos después del cóctel de gambas. Por suerte, el restaurante estaba sólo a unos minutos de casa; sin embargo, mi hijo estaba histérico cuando llegamos. Enseguida se me echó en los brazos y no tardé ni un segundo en calmarlo.

»Pobre señora Grey. Me dijo que, en todos los años que había estado cuidando bebés y niños pequeños, nunca una criatura le había cogido tanta antipatía. ¿Qué ocurrió, Tracy? Soy consciente de que la señora Grey era una canguro nueva, pero no era la primera vez que Sean se quedaba con alguien desconocido. ¿Crees que está desarrollando ansiedad por separación?»

La teoría de Vera era razonable. Muchos bebés desarrollan ansiedad por separación a esta edad (véanse las páginas 87-90). No obstante, cuando repasamos juntas las doce preguntas fundamentales, resultó evidente que aquél había sido un episodio aislado. Sean no era excesivamente dependiente de su madre. De hecho, podía pasarse cuarenta y cinco minutos o más jugando solo en su habitación. Y no se alteraba cuando Vera salía de casa para hacer la compra y le dejaba con Alice, la mujer de la limpieza que había trabajado para la familia desde mucho antes que él naciera y que, a veces, también hacía de niñera. Entonces caí en la cuenta de que la noche de la cena fue la primera vez que Sean estuvo con la señora Grey. Y con tal de asegurarme, le pregunté a Vera: «Antes de que tú y tu marido salierais hacia el restaurante, ¿Sean había pasado algo de tiempo con la nueva canguro?».

«No, ¿por qué lo preguntas?», respondió ella sin ver la relación. «Acostamos a Sean a las 7 de la tarde, como de costumbre. Cuando la señora Grey llegó, le mostramos la casa y dónde estaba todo. Luego le expliqué lo que tenía que hacer si el niño se despertaba. Aunque creí, sinceramente, que dormiría de un tirón toda la noche.»

Pero, por supuesto, Sean *se despertó*. Justo cuando creas que tu hijo va a dormir toda la noche mientras tú estás fuera de casa, ¡él se despertará! Además, para empeorar la situación —y provocarle pánico—, lo primero que vio el pequeño al despertar fue la cara de una extraña. Quizás una pesadilla lo despertara inicialmente (una posibilidad plausible a los nueve meses), o tal vez el movimiento de sus piernas le perturbara el sueño (había comenzado a dar sus primeros pasos justo entonces). Fuese lo que fuese, lo cierto es que la criatura no esperaba ver a la señora Grey al abrir los ojos.

«Pero él nunca había reaccionado así en el pasado», objetó Vera. «No tenemos una canguro fija y se ha tenido que acostumbrar a ver muchos rostros diferentes.» Le expliqué a esta madre que su hijo estaba creciendo. Cuando era más pequeñito, prácticamente todas las caras (excepto la suya) le parecían iguales. Durante sus primeros meses, despertarse ante un rostro desconocido no lo asustaba porque su cerebro de bebé no registraba a la nueva persona como «un extraño». En cambio, a los ocho o nueve meses, el circuito neurológico del crío empieza a madurar. Así pues, el mismo mecanismo que activa la ansiedad por separación es también el responsable de que los niños se atemoricen ante personas desconocidas. Aunque la señora Grey hubiese sonreído y abrazado al pequeño, para él no era más que una desconocida y, por tanto, él le tenía miedo.

La moraleja de esta historia es triple: uno, elimina el término «nunca» de tu vocabulario. ¿Cuántas veces los padres se han arrepentido de sus palabras después de decir: «Mi hijo *nunca* se despierta a media noche» o «Nuestra hija *nunca* coge una rabieta en público»?

Dos, trata de ponerte en la piel de tu hijo e imagina una situación determinada desde su punto de vista. Antes de la noche en cuestión, Vera debería haber presentado a la señora Grey a su niño; tal vez invitarla a casa para una breve visita o encargarle que cuidara de Sean una tarde. De esta manera, él habría podido conocerla con antelación y su presencia no le habría supuesto un sobresalto tan grande.

Tres, infórmate sobre los distintos estadios en el desarrollo de tu hijo. Yo no creo en medir los progresos del niño según una tabla; no obstante, es bueno tener una idea general de la evolución de sus habilidades mentales y emocionales. Los bebés y los niños pequeños casi siempre entienden más de lo que sus padres creen. Muy a menudo, la actitud de los progenitores es asumir que su hijo «es sólo un bebé»: no se acordará… no lo comprende… no ve la diferencia… Y, por lo general, están muy equivocados.

LA ALINEACIÓN DE LOS PLANETAS

Así pues, resulta que ya has leído todas las preguntas y estrategias que aparecen en el libro, pero continúas sin saber por qué tu hijo de repente ha decidido que cada noche a las 4 de la madrugada es hora de jugar, o por qué razón han dejado de gustarle las papillas de avena, después de haber sido su comida favorita durante un año. Bien, querida, he intentado analizar todos los problemas que me habéis planteado en persona, por teléfono y por correo electrónico. He destacado todas las preguntas que yo haría a fin de trazar un plan de acción. Y os he transmitido todas las estrategias secretas guardadas en mi cámara acorazada. Si todavía estás perdida, también puedes culpar a la alineación de los planetas. Quién sabe, quizás Mercurio esté en retroceso. Y es que, con todo lo que hacemos y todo lo que sabemos, a veces simplemente ocurre que la excelente solución de ayer resulta inútil ante el dilema de hoy; y no existe ningún motivo que lo explique. Sin embargo, si no haces nada al respecto y esperas sin más a que pase, ¡te garantizo que pronto tendrás que lidiar con un nuevo problema, aún más urgente!

ÍNDICE ANALÍTICO

Bochorno y humedad, 205-206

British Journal of Urology, 332

C

Calor, 205-207

Calostro, 107-108

Calzoncillos, del pañal a los, 339-344, 346-347, 349-350

Cama, de la cuna a la, 266, 272-275, 285-286

Cama de niño mayor, transición a, 266, 272-275, 285-286

Cama familiar, 188-189, 192-193, 279-285

Cambio, 18-19, 42, 51, 354-365

    como norma de crianza, 353-355

    compromiso para el, 19-20

    empezar con E. A. S. Y. a los 4 meses o más, 48-55

    en el entorno familiar, 361-363

    rutina, 359-362

    y las doce preguntas fundamentales, 354-356

Carne, 154

Casa protegida, 294-295, 311-312, 318-319

Causa y efecto, 76, 263-264, 310-311

Cebada, 151

Cereales, 145, 149, 151, 154, 167

Cereales integrales, 151-152

Cerebro, 59, 70, 87

    desarrollo, 59-63, 190, 311-313, 321-323

Cesárea, 115-116

Chess, Stella, 76

Chupete, 71-72, 103, 105, 188-189, 191, 196-200, 223

    como apoyo, 188-189, 223

    desacostumbrarse del, 363-365

    para succionar entre tomas, 105, 199-200

    tipos de, 199-200

    usar un, 199-200

Claustrofobia y sensación de enclaustramiento, 294-296

Coche, como apoyo para dormir, 187-188, 204-205, 221-222

Co-dormir. *Véase* Cama familiar

Colchoneta hinchable, para los trastornos del sueño, 240-241, 273-274, 283, 285-287, 366-367

Cólico, 102, 114-120, 204-205

    descripción y remedios, 118-120

Comida. *Véanse alimentos específicos*; Alimentos sólidos; Dieta líquida

Compartir, 312-314, 317-318

Compota de manzana, 151

Comportamiento:

    ante la comida, 142-143, 161-162, 164-171

    modificación del, 294-295, 326-327

Comunicación, 61-62, 78-79

    contacto visual, 84

    llanto como forma de, 79-80, 85, 211-212

    real, 84-85

Conciencia, 15-16, 72-73, 206-207

Conectar con el bebé/niño, 12-14

Confianza, 78-86

    consejos para restablecer la confianza, 84-86

    niños pequeños, 272-274, 281-283

    P. U./P. D., 220-221

    romper el vínculo de, 81-84, 192-195, 211-212, 237-238, 264-265

Conocer a tu propio hijo, 357-360

Contacto visual, 84

Contemporary Pediatrics, 332

Control de los esfínteres, 334, 337-341

Cortisol, 65

Crear un ambiente tranquilo, 201-202

Crecimiento, estirones, 40, 46, 49, 97-98, 104, 196-199, 209, 222-223

D

F

K

L

M

Trona, 154
    fobia, 163-164
    y alimentos sólidos, 154, 163-165

U

Última leche, 108, 111-112
Universidad de Colorado, Facultad de Medicina, 332

V

Verduras y hortalizas, 145, 147, 151-152, 154, 167
Viaje, el: de ser alimentado a alimentarse, 137-141
Visitas a la consulta del médico, 83

Vocabulario, falta de, 296, 311-314, 316-317, 323-326
Vómitos, 116-117, 155-156, 214-215
    fuertes y repentinos, 116-117

W

Wyndaele, doctor J. J., 332

Y

Yarrow, Ruth, *Super Baby Food*, 143

Z

Zumo, 128-129, 135, 341

Notas

1. En inglés, *easy* significa «fácil», y a su vez, las siglas que componen la palabra representan los siguientes conceptos: E = *eat* (comer), A = *activity* (actividad), S = *sleep* (dormir), Y = *you* (tú, tiempo para ti). (*N. de la T.*)

2. En inglés, *slow* significa «lento», y a su vez, las siglas que componen la palabra representan los siguientes conceptos: S = *stop* (parar), L = *listen* (escuchar), O = *observe* (observar), W = *what's up?* (¿qué ocurre?). (*N. de la T.*)

3. En inglés, *help* significa «ayuda», y a su vez, las siglas que componen la palabra representan los siguientes conceptos: H = *hold yourself back* (reprímete), E = *encourage exploration* (fomenta la exploración), L = *limit* (pon límites), P = *praise* (elogia). (*N. de la T.*)

4. En inglés, «aupar/acostar» al bebé. Es decir, coger al bebé en brazos para que se calme, pero volver a dejarlo enseguida en la cuna. (*N. de la T.*)

5. Véase la nota número 3. (*N. de la T.*)

6. En inglés, attachment parenting. (*N. de la T.*)

7. Nombre con que se conoce al lugar donde anteriormente se hallaba el World Trade Center. (*N. de la T.*)

8. *Behavior, Attitude, Routine, Nourishment = Barn*, que en inglés significa «establo». (*N. de la T.*)

9. *Bran*, en inglés, significa «salvado de trigo». (*N. de la T.*)

10. *Behaviour*, en inglés, significa «comportamiento». (*N. de la T.*)

11. Creado por Joan Barnes, una madre californiana, el Gymboree es un programa de juego, música y movimiento para ayudar al desarrollo de los niños durante sus primeros seis años de vida. El primer centro se inauguró en California en 1976 y actualmente existen en varios países. (*N. de la T.*)

12. En inglés, *fit* a su vez significa «sano». (*N. de la T.*)

13. Término creado por Ingrid Bauer en su libro *Diaper-Free, The Gentle Wisdom of Natural Infant Hygiene.* (*N. de la T.*)